GOETHE IM ZWANZIGSTEN JAHRHUNDERT

Spiegelungen und Deutungen

Herausgegeben
von Hans Mayer

Insel Verlag

Erste Auflage 1987

Quellenhinweise zur Ausgabe
und zu den einzelnen Texten am Schluß des Bandes
Druck: Wagner GmbH, Nördlingen
Printed in Germany

GOETHE
IM ZWANZIGSTEN JAHRHUNDERT

INHALT

Anhang

THOMAS MANN

Goethes Werther

Das Büchlein *Werther* oder, mit seinem ganzen Titel *Die Leiden des jungen Werther, ein Roman in Briefen* war der größte, ausgedehnteste, sensationellste Erfolg, den Goethe, der Schriftsteller, je erlebt hat. Der Frankfurter Jurist war ganze vierundzwanzig Jahre alt, als er dies äußerlich wenig umfangreiche, auch als Welt- und Lebensbild jugendlich eingeschränkte, aber mit explosivem Gefühl unglaublich geladene Werkchen schrieb. Es war erst seine zweite größere Arbeit. Nur ein shakespearisierendes Drama aus der deutsch-ritterlichen Vergangenheit, der *Götz von Berlichingen,* war vorangegangen und hatte dank seiner Kraft und Wärme, durch die Art, wie es die Historie mit Intimität und Leben erfüllte, schon die Augen der literarischen Welt auf den jungen Verfasser gelenkt. Der *Werther* aber zeigte diesen von einer ganz anderen Seite und war nach Charakter und Wirkung ein von dem früheren völlig verschiedenes Werk. Sein Erfolg hatte zum Teil sogar einen skandalösen Charakter. Die entnervende und zerrüttende Empfindsamkeit des kleinen Buches rief die Sittenwächter auf den Plan, war der Schrecken und Abscheu der Moralisten, die eine Verherrlichung des Selbstmordes und die Verführung dazu in diesen Blättern sahen; aber eben diese Eigenschaften erregten auch einen Erfolgssturm, der alle Grenzen überschritt, und machten buchstäblich die Welt verrückt vor Sterbenswonne: der Roman rief einen Rausch, ein Fieber, eine über die bewohnte Erde hinlaufende Ekstase hervor und wirkte wie der Funke, der ins Pulverfaß fällt, wobei in plötzlicher Ausdehnung eine gefährliche Menge von Kräften frei wird.

Es wäre nicht leicht, den Seelenzustand zu analysieren, der zu jener Zeit den Untergrund der europäischen Zivilisation bildete. Es war, historisch gesehen, der Zustand vor der Katastrophe und ungeheueren Lufterneuerungen der französischen Revolution; geistesgeschichtlich gesehen die Epoche, der Rousseau den Stempel seines empfindsam empörerischen Geistes aufgedrückt hatte. Überdruß an der Zivilisation, Emanzipation des Gefühls, wühlende Sehnsucht nach Heimkehr ins Natürlich-Elementare, Rütteln an den Fesseln einer erstarrten Kultur, Revolte gegen Konvention und bürgerliche Enge, alles trat zusammen, um den Geist gegen die Beschränkung der Individuation selbst anrennen und ein schwärmerisch grenzenloses Lebensverlangen die Gestalt der Todessehnsucht annehmen zu lassen. Melancholie, Überdruß am rhythmischen Einerlei des Lebens war gang und gäbe. In Deutschland wurde die Bewegung, die man »Weltschmerz« nennt, verstärkt durch die Vertiefung in eine gewisse Grabespoesie, die die englische Literatur damals hervorbrachte. Selbst Shakespeare trug dazu bei. *Hamlet* und seine Monologe spukten in allen jungen Gemütern. *Ossian* und die schauerlich-urtümlich-düster heroischen Stimmungen, die er vermittelte, bildeten die Passion der jungen Leute.

Es war, als ob das Publikum aller Länder, insgeheim und ohne es zu wissen, genau auf das Werk eines noch ganz beliebigen jungen deutschen Reichsstädters gewartet hätte, das der gebundenen Sehnsucht einer Welt auf revolutionär entbindende Weise gerecht würde, – ein Treffer ins Schwarze, das erlösende Wort. Es gibt die Geschichte, daß ein junger Engländer, der in späteren Jahren nach Weimar kam und Goethe vorübergehen sah, auf offener Straße ohnmächtig wurde, da er sich zuviel zugemutet hatte und es über seine Kräfte ging, den Verfasser des *Werther* in Person zu erblicken. Goethe erinnert später in einem venezianischen Epigramm an den Welterfolg des *Werther*:

Deutschland ahmte mich nach und Frankreich mochte
mich lesen.
England! freundlich empfingst du den zerrütteten Gast.
Doch was fördert es mich, daß auch sogar der Chinese
Malet, mit ängstlicher Hand, Werthern und Lotten auf
Glas?

Das Paar trat von Anfang an in die Reihe der klassischen Liebespaare der Dichtung und der Legende ein: Laura und Petrarca, Romeo und Julia, Abälard und Heloise, Paolo und Francesca, zu ihnen gesellte es sich. Jeder Jüngling wünschte sich, so zu lieben, jedes Mädchen, so geliebt zu sein. Eine ganze Generation junger Menschen erkannte ihre Seelenverfassung in der Werthers wieder. Man ging schwärmerisch-demonstrativ in der Tracht umher, die dem jungen Todeskandidaten im Roman zugeschrieben wird: dem blauen Frack mit gelber Weste und Hose. Die Nachahmung, die melancholische Gefolgschaft ging bis zum äußersten: Selbstmorde ereigneten sich, die offenkundig und erklärtermaßen Befolgungen von Werthers Beispiel waren, und die also, so sagten die Moralisten, der Autor des zerrüttenden Romans auf dem Gewissen hatte. Diese betörten Jünglinge vergaßen nur, daß zwar der Dichter des *Werther* die Entwicklung des Entschlusses zum Selbstmord in einer jungen Brust mit großer Kunst geschildert hatte, daß er selbst aber sich keineswegs getötet, sondern auf schöpferischem Wege über die tödlichen Stimmungen hinweggekommen war, sich im Gedichte davon befreit hatte. Goethe spricht in seinen Lebenserinnerungen von diesem fast grotesken Unterschied zwischen der heilsamen Funktion, die dem *Werther*-Roman für sein eignes Leben zukam, und der äußeren Wirkung, die er übte. Er war persönlich durch das alles hindurchgegangen, was seine Generation quälte und entnervte. Der Gedanke des Selbstmordes war ihm keineswegs fremd, er war auch in ihm zeitweise beinahe Vorsatz gewesen. Er erzählt in *Dich-*

tung und Wahrheit, wie er in der Zeit vor dem *Werther* jeden Abend, ehe er das Licht auslöschte, versucht habe, ob es ihm nicht gelingen möchte, sich die scharfe Spitze eines Dolches, den er besaß, ein paar Zoll tief in die Brust zu senken. Da es nicht gelang, lachte er sich selber aus und beschloß zu leben. Doch fühlte er, daß er das nicht könne, ohne eine dichterische Aufgabe zur Ausführung zu bringen, worin alles, was er über diesen Punkt gedacht und empfunden, zur Sprache kommen sollte. Dies Bekenntnis, diese »Generalbeichte«, wie Goethe es nennt, war der *Werther*. Als das Werk getan war, fühlte er sich frei und zu neuem Leben berechtigt. Während nun aber er sich erleichtert und aufgeklärt hatte indem er die Wirklichkeit in Poesie verwandelte, wurden andere junge Leute dadurch verwirrt und glaubten, man müsse die Poesie in Wirklichkeit verwandeln, den Roman nachspielen und sich allenfalls selbst erschießen. Und so wurde, was ihm so sehr genützt hatte, als höchst schädlich verschrieen.

Goethe war bis an sein Lebensende stolz auf dieses sein Jugendwerk, auf das er sich, neben dem *Faust*, am meisten zugute tat. »Wer mit Vierundzwanzig den *Werther* schrieb«, sagt er als alter Mann, »ist eben doch keine Katze.« Einer der bedeutendsten Augenblicke seines Lebens, die Begegnung mit Napoleon in Erfurt, ist mit diesem Gegenstand verbunden. Der Kaiser hatte den kleinen Roman nicht weniger als siebenmal gelesen, ja er hatte ihn auf dem ägyptischen Feldzug begleitet, und bei jener berühmten Audienz nahm er den Dichter darüber in ein kritisches Verhör. Der große Lebensvollender hat die problematische Jugendgestalt niemals verleugnet, ihr Schatten hat ihn immer brüderlich begleitet, und der Fünfundsiebzigjährige, der um der jungen Ulrike willen noch einmal die süßen und schrecklichen Verstörungen der Liebe dulden mußte, spricht in einem Gedicht *An Werther* seine Wiederkehr geisterhaft aus. –

Das dem *Werther* zugrunde liegende Erlebnis, die idyllischschmerzliche Geschichte von Goethes Liebe zu Lotte Buff, der lieblichen Amtsmannstochter zu Wetzlar an der Lahn, ist ebenso berühmt geworden wie der Roman selbst, und das mit Recht, denn große Teile des Buches decken sich vollständig mit der Realität, sind eine getreue und unveränderte Abschrift von ihr. Goethe kam 1772, dreiundzwanzigjährig, in das reizend gelegene rheinische Landstädtchen nach Weisung seines Vaters, der wollte, daß der junge Dr. juris am dortigen Reichskammergericht praktiziere. Seine eigene Absicht war vielmehr, die schönen Wissenschaften zu treiben, zu dichten und zu leben, und das tat er; das Kammergericht hat ihn kaum zu sehen bekommen. Die Gassen von Wetzlar waren eng und schmutzig, aber die natürliche Umgebung war reizend. Es war Maienzeit, alles stand in Blüte, und der poetische Müßiggänger hatte bald an Brunnen, Bächen und romantischen Aussichtspunkten über dem Lahntal seine Lieblingsplätze, wo er seinen Homer, seinen Pindar las, mit Freunden disputierte, zeichnete und sann. Ein ländliches Ballfest junger Leute führt ihn mit der neunzehnjährigen Lotte zusammen, die mit ihrem verwitweten Vater und ihren zahlreichen Geschwistern das sogenannte Deutschordenshaus bewohnt. Sie ist zierlich, blond, blauäugig, von heiterem, tüchtigen Charakter, ohne höhere Bildung, aber auf gesunde Art feinfühlig, kindlich und ernst zugleich, denn seit dem Tode der Amtmännin vertritt sie die Mutterstelle bei einer ganzen Schar jüngerer Geschwister und führt ihrem Vater den Hausstand. Goethe sieht sie zuerst, als er sie von ihrem Gehöft abholt, wo sie, schon zum Balle angekleidet, in einem weißen, mit rosa Schleifen garnierten Kleide dasteht und den sie umringenden Kleinen das Vesperbrot schneidet – eine im *Werther* genau verewigte und von der bildenden Kunst oft wiedergegebene Szene. Er verbringt den Abend mit ihr, er legt Besuch bei ihr ab am nächsten Tage, und er ist verliebt über beide Ohren, bevor er weiß, daß Lotte verlobt ist. Er erfährt es bald. Der Bräutigam ist ein

Legationssekretär Kestner aus Hannover, ein Mann von vortrefflichem Durchschnitt, der Lotte aufrichtig liebt und den sie auf eine vertrauensvolle Weise wiederliebt. Wohlgemerkt, hier ist keine Leidenschaft, hier ist eine ruhige, wenn auch nicht unzärtliche wechselseitige Zuneigung, auf gemeinsame Zukunft, rationelle Ziele, Familiengründung gerichtet. Man wartet nur darauf, daß die Lebensumstände des Bräutigams ihn zu einer Heirat instand setzen.

In dieses Verhältnis tritt Goethe als Dritter, als von beiden Brautleuten bewunderter und herzlich wohlgelittener Freund und Gefährte ein – der Dichter, das Genie, der treuherzige und aufrichtige, aber auch wieder treulose und in irdischem Sinne unzuverlässige Vagabund des Gefühls, der eben Friederike Brion verraten und verlassen hatte, weil er vor der bindenden Heirat zurückgeschreckt ist. Es ist der junge Dämon, der im *Faust* von sich sagt: »Bin ich der Flüchtling nicht? Der Unbehauste? Der Unmensch ohne Zweck und Ruh?« – Ein liebenswürdiger Unmensch: schön, hochbegabt, geladen mit Geist und Leben, feurig, gefühlvoll, ausgelassen und schwermütig, kurz närrisch in einem lieben Sinn; die Brautleute, Kestner sowohl wie Lotte, haben ihn sehr gern, auch die Kinder des Hauses zumal haben ihn liebend gern, und man verbringt einen seltsamen, glückseligen und gefährlichen Sommer zu dritt – zu zweit recht oft nur, denn Kestner, pflichttreu und vielbeschäftigt wie er ist, kann nicht immer, ja nur selten dabei sein, und während er bei seinem Gesandten rackert, steckt Goethe, der nichts zu tun hat, bei Lotte, der Braut.

Er hilft ihr in der Wirtschaft, auf dem Krautland und im Garten, nimmt Obst mit ihr ab, schneidet Bohnen mit ihr. Vor dem absorbierten Bräutigam hat er alle Vorteile einer freien und unbeschwerten Gegenwart, abgesehen von den Vorteilen seiner genialen Jünglingspersönlichkeit, mit der diejenige des redlichen Kestner überhaupt den Vergleich nicht aushält. Lotte hat ihn zweifellos geliebt, aber als gescheites, vernünftiges Mädchen, das wußte, was es wollte, ihr Gefühl für ihn ebenso im Zaum zu halten gewußt wie sie seine irrlichternde Leidenschaft, die sich nicht immer verbarg, im Zaume und bei Verstande zu halten wußte. Wenigstens meistens. Einmal, in den Himbeeren, ließ er sich hinreißen sie zu küssen – sie war sehr ungnädig darüber und stand nicht an, es ihrem Verlobten – soll man sagen anzugeben oder zu beichten? Genug, man beschloß, ihn kürzer zu halten, ihn kühler zu behandeln, wofür auch sprach, daß wirklich schon ein gewisses Gerede über das sonderbare Verhältnis umging. Kestner war ein wenig verstimmt; sehr zornig konnte er nicht sein. Lotte las dem Sünder die Leviten, erklärte ihm ein für allemal, daß er nie etwas anderes von ihr zu hoffen habe als gute Kameradschaft. Hatte er das nicht gewußt – da er so traurig dastand? Hatte er je gedacht, das Mädchen ihrem guten Hans Christian auszuspannen und sie sich selber zu nehmen, wie manche Leute schon zu sehen glaubten? Gewiß nicht, schon aus Treue und Anstand nicht – und nicht nur von wegen Treue und Anstand, sondern weil sein Lieben ganz der Kestnerschen Lebenssolidität und Zweckmäßigkeit entbehrte, vagierendes Gefühl, ziellose Leidenschaft, im Grunde werdende Dichtung war.

Die Brautleute hatten Mitleid mit der Verwirrung, dem unvernünftigen Leiden des lieben Menschen. Sie machten ihm sonderbare Trostgeschenke: eine Silhouette Lottens, eine der rosa Schleifen, die sie an dem Tage, da er sie zuerst gesehn, an ihrem Kleide getragen. Wohlgemerkt, diese Gaben kamen nicht nur von Lotte, sie kamen auch von Kestner, dem Bräutigam, und sie erregen uns ein ähnliches Gefühl, wie wenn wir einen Prinzen von sehr einfachen guten Leuten Almosen empfangen sehen.

Als der Herbst kam, reiste Goethe heimlich ab. Plötzlich war er weg. Vier Monate hatte das Idyll zu dritt gedauert. Die Eindrücke, die es dem Dichter gebracht hatte, und in denen vollste, schmerzlich-hingegebene Aufrichtigkeit des

Gefühls sich gewiß allezeit mit dem Zweckgedanken der Dichtung vermischt hatte, wurden in Frankfurt, wohin er sich wandte, ergänzt durch Erfahrungen mit einer anderen Frau, für die sein Leben, gleich nachdem er sich von Lotte losgerissen, merkwürdigerweise Platz hatte. Es war dies Maximiliane La Roche aus Ehrenbreitstein, ein ungewöhnlich schönes, schwarzäugiges Mädchen, das gerade eben einen reichen Witwer in Frankfurt, den Kaufmann Peter Brentano, geheiratet hatte und sich an seiner Seite, in einem düsteren Hause mit Öl- und Käsegeruch recht unglücklich fühlte. Goethe saß viel bei ihr, machte Unsinn mit ihren fünf Stiefkindern, wie er es mit Lottes Geschwistern getan (denn er war ein rechter Kindernarr, und alle Kinder hingen sofort an ihm), begleitete Maxies Klavierspiel auf dem Cello, und – damit ist wohl nicht alles gesagt. Denn der Kaufmann Brentano schritt eines Tages zornig ein, es gab einen Eklat, es kam zu, wie Goethe selber sagt, »schrecklichen Augenblikken«, und die Freundschaft flog auf. Die schwarzen Augen aber, die Lotte im Wertherbuch hat, während sie doch in Wirklichkeit blaue hatte, stammen von Frau Brentano.

Der Umgang mit ihr hat sehr dazu beigetragen, die Fabel des Romans zu kompletieren. Besonders aber tat das ein Todesfall, der sich gerade um diese Zeit in dem Bekanntenkreise des Dichters ereignete. Der Legationssekretär Jerusalem aus Braunschweig, eine begabte, melancholische, am Leben leidende Natur, hatte sich, verstrickt in hoffnungslose Liebe zu der Frau eines anderen, außerdem durch gesellschaftliche Zurücksetzungen tief verbittert, eine Kugel in den Kopf geschossen. Der Fall erregte verbreitetes Aufsehen,und daß er auch Goethe menschlich sehr nahe ging, hinderte nicht, daß er ihm zugleich wie gerufen kam: er gab der noch im Vagen schwebenden Wetzlarer Dichtung, die objektive Handlung; ein Prozeß der Selbst-Identifizierung mit Jerusalem, der eine den Gedanken des Dichters längst wohlvertraute Tat begangen hatte, setzte ein; die Figur war geeignet, allen Weltschmerz und genialischen Gram, allen Edelmut und Jammer, alle Schwäche, Sehnsucht, Leidenschaft der Zeit und des eigenen Herzens aufzunehmen, und unsicher an dem lockenden Plan blieb jetzt eigentlich nur noch die Form.

Es sollte ursprünglich die dramatische sein, aber es wollte mit ihr nicht gehen. Für sie stellte sich eine andere ein, die Elemente des Dramatischen, Lyrischen und Erzählerischen vereinigt: die des Briefromans, für die Richardson und Rousseau die Tradition geschaffen. Der junge Autor schloß sich von aller Gesellschaft ab und warf *Werthers Leiden* in knappen vier Wochen aufs Papier, – die Leistung wäre noch erstaunlicher, wenn ihm nicht dabei eine Menge Briefe und Tagebuch-Aufzeichnungen vorgelegen hätten, die er selbst in den Wetzlarer Tagen geschrieben, und die er, fast wie sie da waren, sogar unter Beibehaltung der Daten, für den Roman benutzte.

Es ist ein Meisterwerk, worin hinreißendes Gefühl und frühreifer Kunstverstand eine fast einmalige Mischung eingehen. Jugend und Genie sind sein Gegenstand, und aus Jugend und Genie ist es selbst geboren. Ich spreche zu Leuten, die das außerordentliche Büchlein gelesen haben und die ich mit dem zuverlässigsten gelehrten Kommentar dazu versehen weiß. Was mir allenfalls übrig bleibt, ist auf ein paar Schönheiten und Feinheiten der Komposition hinzuweisen oder daran zu erinnern, die ich mir selbst beim Wiederlesen angemerkt.

Ein Wort über den Helden und Briefschreiber selbst, die Figur des jungen Werther. Er ist der junge Goethe selbst, minus der schöpferischen Gabe, die diesem die Natur verliehen. Um ein todverfallenes, für das Leben zu gutes oder zu schwaches Menschenleben zu schildern, braucht ein Dichter nur sich selbst zu geben – unter Weglassung der schöpferischen Gabe, die ihm selber Stütze und Stab ist, ihn selbst auf dem Pfade des Lebens weiterlockt und ihn – um das Wort zu wiederholen, das wir auf Goethe anwandten – zu einem Lebensvollender macht. Goethe tötete sich nicht, weil er den *Werther* zu schreiben hatte – und einiges mehr. Werther hat keinerlei Sendung auf Erden außer seinem Leiden am Leben, dem traurigen Scharfblick für seine Unvollkommenheiten, dem hamletischen Erkenntnisekel, der ihn würgt; und so muß er zugrunde gehen. Sein »Roman«, diese unmögliche und unerlaubte Liebe zu dem Mädchen, das einem anderen gehört, ist nur die Verkleidung, die sein Todessehnen annimmt, die mehr oder weniger zufällige Form seines Unterganges. Lotte, so sehr die Leidenschaft des außerordentlichen und in all seiner Schwäche höchst liebenswürdigen Menschen ihr schmeichelt, eine so große Versuchung sie in Wahrheit für ihre Vernunft, ihre Tugend bedeutet, hat ein sehr feines und richtiges Gefühl für diese Sachlage. »Fühlen Sie nicht«, fragt sie ihn, »daß Sie sich betrügen, sich mit Willen zugrunde richten? Warum denn mich, Werther! just mich, das Eigentum eines anderen? just das? Ich fürchte, ich fürchte, es ist nur die Unmöglichkeit, mich zu besitzen, die Ihnen diesen Wunsch so reizend macht.« – Der bittere Hohn, womit er auf diese Bemerkung reagiert, verrät, wie sehr er sich im Grunde dadurch getroffen fühlt. Und diese Empfindlichkeit ist sehr lebensecht. Denn der pessimistische Psycholog, schwelgend in finster-verzweifelten Einblicken in das törichte Menschenherz, verträgt es meistens sehr schlecht, wenn die Psychologie sich einmal gegen ihn selbst wendet.

Damit soll nicht gesagt werden, daß Werther sich selber schonte. Er ist ein schmerzensreicher Meister unbarmherziger Introspektion, Selbstbeobachtung, Selbstzergliederung, – das überfeinerte Endprodukt christlich-pietistischer Seelenkultur und Gemütsvertiefung. Einem Geist wie Lessing mißfiel die Figur; er war geneigt, eine Widerlegung der ganzen modern-christlichen Kultur darin zu sehen, weil sie solche Individuen hervorbrachte. Denn, fragte er, hat je ein römischer oder griechischer Jüngling sich so und darum

– nämlich aus unglücklicher Liebe – das Leben genommen? Das läßt sich hören. Aber man kann wohl nicht zugeben, daß die christliche Kultur ad absurdum geführt ist durch die Verzärtelung und subtile Entartung, die sie in der Überspitzung zeitigt, und der ungeheure Fortschritt, den das Christentum für die Entwicklung des menschlichen Gewissens bedeutet, ist nicht zu hoch bezahlt durch ein Leiden und Sterben, wie Goethe es in seinem Jugendwerk aus intimster Kenntnis, mit feinster Konsequenz gezeichnet.

Der kleine Roman ist ein Meisterstück der Notwendigkeit, ein lückenloses, klug, zart und wissend gefügtes Mosaik seelischer Einzelheiten, psychologischer Momente und Kennzeichen, die zusammen das Bild der Liebenswürdigkeit und des Todes geben. Und dabei ist es dem Dichter gelungen, die tödliche Schwäche des Helden zugleich als überschwengliche Kraft empfinden zu lassen. Wirklich erinnert Werther an jene Art edler Pferde, von denen in dem Buch einmal die Rede ist, und die, wenn sie schrecklich erhitzt und aufgejagt sind, sich selbst aus Instinkt eine Ader aufbeißen, um sich zu Atem zu helfen. »So ist mir's oft«, sagt er, »ich möchte mir eine Ader öffnen, die mir die ewige Freiheit schaffte.«

Die ewige Freiheit. Das Verlangen aus dem Eingeschränkten und Bedingten ins Unendliche, Schrankenlose ist der Grundzug von Werthers Wesen, wie er derjenige Faustens ist. Lesen Sie, was er über räumliche Ferne und Zukunft schreibt, über die unstillbare Sehnsucht in Raum und Zukunft hinaus, und Sie haben ihn ganz. Die dritte Form der Expansion ist das Gefühl; auch hier stößt er sich mit Verzweiflung und Selbstverachtung an der Bedingtheit und Unzulänglichkeit des Menschlichen. »Was ist der Mensch, der gepriesene Halbgott! Ermangeln ihm nicht eben da die Kräfte, wo er sie am nötigsten braucht? Und wenn er in Freude sich aufschwingt oder im Leiden versinkt, wird er nicht in beiden eben da aufgehalten, eben da zu dem stumpfen, kalten Bewußtsein wieder zurückgebracht, da er sich in der Fülle des Unendlichen zu verlieren sehnte?« – Das Leben, die Person, die Individualität ist ihm ein Kerker, – er selbst gebraucht das Wort angesichts wild erregter Natur, in der aufzugehen er sich wünscht. »Wie gern«, ruft er aus, »hätte ich mein Menschsein drum gegeben, mit jenem Sturmwinde die Wolken zu zerreißen, die Fluten zu fassen! Ha! und wird nicht vielleicht dem *Eingekerkerten* einmal diese Wonne zuteil? –« Man findet diesen emotionalen Pantheismus in Schopenhauers Willensphilosophie wieder.

Die höchste und stärkste Form seelischer Expansion ist die Liebe – Werther sucht sie, ist in Bereitschaft für sie von Anfang an, und es ist sein Todesinstinkt, der ihn auf eine aussichtslose, verderbliche Liebe verfallen läßt. Da in seiner Natur etwas liegt, wozu alle Menschen, besonders aber das Volk und die Kinder Vertrauen haben, empfängt er die Geständnisse eines Bauernburschen, der eine inbrünstige Leidenschaft für seine Herrin, eine Witwe, hegt, die in ihrer Ehe schlechte Erfahrungen gemacht hat und nicht mehr heiraten will. Werther ist tief erschüttert von dem Gefühlsrausch, dessen er da ansichtig wird. Sein unbeschäftigtes Herz ist vom ersten Augenblick neidisch darauf. Er schreibt seinem Freunde: »Ich habe in meinem Leben die dringende Begierde und das heiße, sehnliche Verlangen nicht in dieser Reinheit gesehen, ja wohl kann ich sagen: in dieser Reinheit nicht gedacht und geträumt. Schelte mich nicht, wenn ich dir sage, daß bei der Erinnerung dieser Unschuld und Wahrheit mir die innerste Seele glüht, und daß mich das Bild dieser Treue und Zärtlichkeit überall verfolgt, und daß ich, wie selbst davon entzündet, lechze und schmachte.« – Er ist in Liebe, bevor diese Liebe einen Gegenstand hat. Der nächste Brief berichtet von seiner ersten Begegnung mit Lotte.

Was nun einsetzt, ist ein Liebesroman, dessen psychologischer Reichtum sich vom Idyllischen, Humoristischen, Reizenden bis zu dem finstersten Abgrund seelischer Verführung erstreckt, und über dem, auch in seinen glücklichsten

Augenblicken, von Anfang an die Schatten des Todes liegen. Erinnern Sie sich an die Stelle, wo Werther von seinem Verhältnis zu Albert, dem Bräutigam, spricht und meint, das Wohlwollen, das dieser ihm entgegenbringe, sei gewiß mehr Lottens Werk als seine eigne Empfindung? Denn darin seien die Weiber fein: wenn sie zwei Verehrer in gutem Vernehmen miteinander erhalten können, ist der Vorteil immer auf ihrer Seite, so selten es auch angeht. An dergleichen denke ich, wenn ich von humoristischen Pointen spreche. Werthers Gemüt ist damals noch frei genug, um in aller Umfangenheit durch die Leidenschaft solcher heiteren Einblicke in die Diplomatie »der Weiber« im allgemeinen fähig zu sein. Aber gegen diesen selben Albert, den er Lottes nicht für würdig halten kann, wird er eines Tages Todeswünsche hegen, die anfangs nur in dem hypothetischen Gedanken bestehen: »Wie, wenn er stürbe«, um ihn schließlich an »Abgründe« zu führen, vor denen er zurückbebt, und die er nicht nennt, doch deren Name Mord ist.
Nicht nur der Haß, auch die Liebe führt ihn an Abgründe. Das Schicksal des unglückselig liebenden Bauernburschen, das unheimlich neben dem seinen herläuft, drängt seinem doch so reinen, so vornehm gewissenhaften Gemüt den Gedanken der Vergewaltigung auf. Der Knecht ist vom Hofe gejagt worden, weil er in einem Augenblick verzweifelter Leidenschaft versucht hat, sich des Weibes mit Gewalt zu bemächtigen, – eine Tollheit, an der sie nicht ganz unschuldig ist, da sie, bewußt oder unbewußt, seine Leidenschaft durch ein halbes Gewähren, durch kleine Vertraulichkeiten genährt hat. Und Lotte? Ist es bei ihr nicht dasselbe? Es ist in dem Buch eine Szene, deren gefährliche Lieblichkeit etwas Himmelschreiendes hat, und die in Unschuld gehüllte Koketterie charakterisiert, mit der das gute Mädchen Werthers Leidenschaft reizt: die Szene mit dem Kanarienvogel, von dessen Schnäbelchen sie sich vor seinen Augen küssen läßt, den sie von ihren Lippen zu seinen schickt und dem sie mit

dem lächelnden Munde Brosamen reicht. Werther kehrt sein Gesicht weg. Sie sollte es nicht tun! denkt er; und das denken allerdings auch wir, da sie ja klug genug ist, um sich auf Werthers gefährdete Natur zu verstehen und gütig genug, um besorgt um sie zu sein. Wenn sie ihn liebt, sollte das ein Grund mehr für sie sein, ihn zu schonen. Aber gerade die Liebe wieder, die sie trotz ihrer Treuebindung an Albert für ihn hegt, verführt sie zu den »kleinen Vertraulichkeiten«, durch die jene Bauernwitwe den Knecht zum Äußersten treibt.

Daß Lotte Werthern liebt, gibt der Roman auf die psychologisch-pointierende und decouvrierende Weise zu verstehen, in der seine Technik besteht, und die mit ihren Tiefblicken ins Unterbewußte etwas fast humoristisch Verräterisches hat. Lotte fühlt, daß es ihr furchtbar schwer fallen würde, Werthern zu verlieren. Sie wünscht, er möchte ihr Bruder sein, oder aber, sie könnte ihn mit einer ihrer Freundinnen verheiraten, wodurch dann auch sein Verhältnis zum guten Albert ganz rein wiederhergestellt werden könnte. Aber indem sie die Freundinnen der Reihe nach durchgeht, findet sie bei jeder von ihnen etwas auszusetzen, – sie findet keine, der sie den Freund gegönnt hätte. Der junge Dichter fügt hinzu: unter solchen Betrachtungen habe Lotte »tief« gefühlt, »ohne es sich deutlich zu machen«, daß ihr heimliches Verlangen sei, Werther für sich zu behalten. Das hätte er in den *Wahlverwandtschaften* nicht mehr ausgesprochen, – an deren psychologische Kunst solche Wertherstellen schon so sehr erinnern.

Ich darf mich nicht verlocken lassen, aus dem Gedränge von Feinheiten alles herauszuheben, was eines besonderen Hinweises wert wäre. Zu dem Kühnsten gehört die Episode mit dem im Winter Blumen suchenden Irren, der von einer schönen, einer glücklichen und leichten Zeit spricht, in der ihm so wohl gewesen sei wie dem Fisch im Wasser – womit er die Zeit meint, die er als Rasender im Tollhause verbracht hat.

Hier bricht der Neid auf die Vorteile des Wahnsinnes durch, der zu den extremsten seelischen Äußerungen des Buches gehört.

Die Erörterung des Selbstmordgedankens, der den Dichter selbst zur Wertherzeit fast wie eine fixe Idee beschäftigte, nimmt einen breiten Raum ein. Werther verteidigt die Tat theoretisch von Anfang an, lange bevor der Entschluß, sie auszuführen, sich in ihm festsetzt. Er wehrt sich dagegen, daß sie als eine Tat der Schwäche hingestellt werde, denn er will wahrhaben, daß darin gerade Menschenstolz und freier Wille über die Entnervung, die das Leiden zufügt, triumphieren. »Raubt das Übel«, fragt er, »das uns die Kräfte verzehrt, uns nicht auch zugleich den Mut, uns davon zu befreien?« Der Ehrgeiz, diesem Dilemma nicht zu unterliegen, sich selber zu beweisen, daß seine Leiden nicht fähig waren, ihm den Mut zur Befreiung zu rauben, wird als eine der stärksten Triebfedern zur Selbstvernichtung aufgezeigt, und man sieht hier deutlich, wie die zweckmäßig-künstlerische Objektivierung von Gedanken, die dem jungen Dichter selbst hätten tödlich werden können, ihre freie Verwendung als psychologisches Hilfs- und Verständigungsmittel, ihm dienen muß, für seine Person darüber hinwegzukommen.

Man darf das soziale Motiv nicht vergessen, das Goethe mit aufgenommen hat, um das Bild von Werthers Lebensekel vollständig zu machen, den Klassenkonflikt, in den er seinen sensitiven Helden zu der Zeit geraten läßt, als er die Nähe Lottens geflohen hat und Attaché einer Gesandtschaft geworden ist. Sein Zusammenstoß mit der hochnäsigen Adelsgesellschaft, in der er übrigens eine Freundin hat, ein rousseauisch angehauchtes Fräulein von B., welcher ihr Stand zur Last ist, weil er »keinen der Wünsche ihres Herzens befriedigt«, – dieser demütigende und aufreizende Zusammenstoß mit der verhaßten Klasse ist zu charakteristisch für die historische Stellung des Buches und seine revolutionäre Grundtendenz, als daß auch die flüchtigste Analyse ihn übergehen dürfte. Napoleon hat den Zug beanstandet. »Warum habt Ihr das getan?« fragte er Goethe während des Gespräches in Erfurt, und Goethe scheint den Einschlag sozialer Revolte in die rein menschliche Liebestragödie nur schwach verteidigt zu haben. Seiner tumultuösen Jugend war dergleichen nicht fremd. Man denke an die wühlende Prosa-Szene im *Faust,* wo der unselige Verführer Gretchens gegen die gesellschaftliche Grausamkeit wütet, deren Opfer das gefallene Mädchen ist. Für die Aufführung in Weimar hat der Minister Goethe diese Szene gestrichen, und er mag als konservativer Olympier auch geniert gewesen sein durch jene Werther-Episode, in welcher der latente, nur geistig-seelische Revolutionarismus der Liebesgeschichte sozial manifest wird. Es ist aber festzustellen, daß auch ohne diese Zuspitzung *Werthers Leiden* zu den Büchern zu zählen wäre, die die französische Revolution angekündigt und vorbereitet haben.

Goethe hat dies zweifellos auch gewußt und jederzeit einen gewissen Stolz darein gesetzt. Als alter Mann spricht er mit einer Art von liebevollem Schrecken über das Buch. »Ich habe es«, sagt er 1824, »seit seinem Erscheinen nur einmal wieder gelesen und mich gehütet, es abermals zu tun. *Es sind lauter Brandraketen!* Es wird mir unheimlich dabei, und ich fürchte den pathologischen Zustand wieder durchzuempfinden, aus dem es hervorging.«

Diese Wieder-Lektüre hatte sich schon acht Jahre früher, im Jahr 1816 ereignet. Dasselbe Jahr brachte dem Siebenundsechzigjährigen in seltsamem Zusammentreffen damit ein denkwürdiges – wenigstens für uns denkwürdiges – Wiedersehen persönlicher Art. Eine alte Dame, nur vier Jahre jünger als er, kam zu Besuch nach Weimar, wo eine ihrer Schwestern verheiratet war, und meldete sich bei ihm an. Es war Charlotte Kestner, geborene Buff, die Lotte von Wetzlar, Werthers Lotte. Sie hatten einander vierundvierzig Jahre nicht gesehen. Sie und ihr Mann hatten damals unter der rücksichtslosen Bloßstellung, die ihre Verhältnisse durch die *Werther*-Dichtung erfahren, recht sehr gelitten. Jetzt aber, wie die Dinge sich entwickelt hatten, war die gute Frau eher stolz auf ihre Eigenschaft als Modell der Heldin des Jugendwerks eines so groß gewordenen Mannes. Ihr Erscheinen in Weimar erregte ein Aufsehen, das dem alten Herrn keineswegs lieb war. Seine Excellenz lud die Frau Hofrat zum Mittagessen ein und behandelte sie mit einer steifen Courtoisie, die sich in einem ihrer Briefe spiegelt, den sie über dies Wiedersehen an einen ihrer Söhne schrieb. Es ist ein tragikomisches, menschliches und literarhistorisches Dokument. »Ich habe«, schrieb sie, »die Bekanntschaft eines alten Mannes gemacht, welcher, wenn ich nicht wüßte, daß er Goethe wäre, *und auch dennoch,* keinen angenehmen Eindruck auf mich gemacht hat.«

Ich meine, daß sich auf diese Anekdote eine nachdenkliche Erzählung, ja ein Roman gründen ließe, der über Gefühl und Dichtung, über Würde und Verfall des Alters manches abhandeln und Anlaß geben könnte zu einem eindringlichen Charakterbilde Goethes, ja des Genies überhaupt. Vielleicht findet sich der Dichter, der es unternimmt.

ERNST BLOCH

Der junge Goethe, Nicht-Entsagung, Ariel

> Fühl es vor! Du wirst gesunden;
> Traue neuem Tagesblick.
> *Goethe, Faust II, I, Chor*

Der Wunsch zu zerschlagen

Schon das Kind hat sich als artig gemachtes kaum gut gefühlt. Ein Trieb zum Vernichten steht fest, der kleine Goethe hat ihn betätigt. Er bewog den Knaben an einem schönen Nachmittag, da das Haus ruhig lag, immer neues Geschirr auf die Straße zu werfen, weil es »so lustig zerbrach«. Zu dieser Lust kam ein weniger bestimmtes Drängen nach etwas, es erwachte recht angemessen in einem abgelegenen Zimmer. »Dort war, wie ich heranwuchs, mein liebster, zwar nicht trauriger, aber doch sehnsüchtiger Aufenthalt.« Großes aber trug sich hinter den Fenstern zu, die Ebene, die Gewitter, die untergehende Sonne, zu gleicher Zeit eine freundliche und nahe Fremde. Das Kind sah die Kinder spielen, die Nachbarn in ihren Gärten wandeln und ihre Blumen besorgen, die Gesellschaften sich ergötzen. Goethe fährt fort und faßt die Wirkung zusammen: »... so erregte dies frühzeitig in mir ein Gefühl der Einsamkeit und einer daraus entspringenden Sehnsucht, das... seinen Einfluß gar bald und in der Folge noch deutlicher zeigte.« Der Halbwüchsige strich mit verdächtigen Freunden umher, fand einen versteckten Ein- und Ausgang aus dem Haus, lernte zu lügen. Die leichte, fröhliche, junge, warme Mutter zwang gewiß nicht dazu, aber ein Vater, der zu genau war, und ein eng abgezirkeltes Leben luden dazu ein, nicht alles zu genau zu nehmen. Auch das Wohlerzogene hielt nicht vor, je weniger, je näher die ersehnte Zeit des Studenten kam. Goethe verließ das Vaterhaus mit folgendem Gefühl: »Die heimliche Freude eines Gefangenen, wenn er seine Ketten abgelöst und die Kerkergitter bald durchgefeilt hat, kann nicht größer sein, als die meine war, indem ich die Tage schwinden und den Oktober herannahen sah.« Weidlich unzufrieden also suchte der abreisende Sohn ein Leben, das ihm verwandter, das ihm gleich war.

Glück und Leid des Wertherschen

Das gefährlich Suchende ging nun in der Fremde, gegen sie, an. Das Ich-weiß-nicht-was der Kindheit bekleidet und enthüllt sich zugleich: es ist in allem das schöne Mädchen. Dies erschien fast unverstanden in der Kinderliebe zu Gretchen, nun zieht das beunruhigende Glück in heiß gewordenen Gestalten übers Land. »Wie im Morgenglanze / Du rings mich anglühst, / Frühling, Geliebter!« – das ist reinste Eröffnung der Jugend. »Ruft drein die Nachtigall / Liebend nach mir aus dem Nebeltal. / Ich komm, ich komme! / Wohin? Ach, wohin?« – das ist lauter zehrende Unsichtigkeit im Urnebel Jugend. An Friederike schreibt der sich selber noch untreue, in jeder Ruhe unruhende Liebhaber: »Ich bin nicht vergnügt, ich bin glücklich! Das fühle ich, und doch ist der ganze Inhalt meiner Freude ein wallendes Sehnen nach etwas, das ich nicht habe, nach etwas, das ich nicht kenne.« Das Gefühl dieser Jahre bleibt unermessen, ja trotz seiner Gegenstände fast gegenstandslos. Sein Aufenthalt ist zwischen Extremen, es schwärmt bis an die äußersten Grenzen des Leids wie des Jubels. Das reale Mädchen wird leicht vermischt und überleuchtet vom Mädchen, das man sich denkt: der junge Schiller hat derart Melancholien an Minna, Phantasien an Laura gedichtet, denen in der Wirklichkeit wenig mehr als eine Andeutung entsprach. Dieser utopische Gefühlszustand (enthaltend »Bruder Tod und Schwester

Lüsternheit«) ist dem soviel konkreteren jungen Goethe nirgends fremd; Überschuß erotischer Phantasie hat sein genaustes und bitterstes Dokument im »Werther« gefunden. Die Stromschnelle dieses Liebesgefühls fließt in utopischen Gegenden; sie hat im bloßen Tränenrinnsal der Empfindsamkeit keinen Platz. »Ich habe kein Gebet mehr als an sie; meiner Einbildungskraft erscheint keine andere Gestalt als die ihrige, und alles in der Welt um mich her sehe ich nur im Verhältnis mit ihr.« Und die grenzenlose Liebe zu diesem Mädchen erscheint selber als das Grenzenlose in Lotte, im Glück, »mit ihr nach ferneren, verhüllteren Seligkeiten der Welt zu ahnden«. Äußerste Stärke einer überholenden, utopisch vollendeten, freilich auch idolhaften Liebe verzehrt sich einsam am Gegensatz zur Wirklichkeit, wird schwach zu ihr und geht daran unter. Der Selbstmord Werthers ist aber nur die eine Seite, die gleichsam passive Art, womit jugendliche Traumfülle bezahlt wird. In der erotischen Poesie war auch soziale Prosa, wenigstens als Umfassung: als Weltekel an einer sehr bestimmten, durch Spießbürger und frivol-unverschämten Adel vertretenen Welt. Dieser politisch gezielte Ekel, nicht nur die Selbstvernichtung aus utopischer Liebe, ist Jugend in Werther; so mischt sich die ungeheure Bitternis, als um 1770 geschehend, mit sozial aggressivem Sturm und Drang. Also mit Aggression gegen eine feindliche Gesellschaft, in der Liebe, Person, Kraft, Echtheit, Freiheit, Schönheit, Ahnung zugleich blockiert und vereitelt waren. Goethe, dem das erotische Werthererlebnis zur Zeit der Abfassung von »Dichtung und Wahrheit« kaum mehr gegenwärtig war (erst die Erfahrung »Marienbader Elegie« berief wieder den »vielbeweinten Schatten«), – noch der Hofmann Goethe erinnert sich im dreizehnten Buch von »Dichtung und Wahrheit« an die Wertherzeit auch politisch. Er spricht von dem Ekel, den alles gleichmäßig, zwanghaft Wiederkehrende auslösen könne, und resümiert: »In einem solchen Element, bei solcher Umgebung..., von unbefriedigten Leidenschaften gepeinigt, von außen zu bedeutenden Handlungen keineswegs angeregt, in der einzigen Aussicht, uns in einem schleppenden, geistlosen, bürgerlichen Leben hinhalten zu müssen, befreundete man sich in unmutigem Übermut mit dem Gedanken, das Leben, wenn es einem nicht mehr anstehe, nach eigenem Belieben allenfalls verlassen zu können, und half sich damit über die Unbilden und Langeweile der Tage notdürftig genug hin. Diese Gesinnung war so allgemein, daß eben ›Werther‹ deswegen die große Wirkung tat, weil er überall anschlug und das Innere eines kranken jugendlichen Wahns öffentlich und faßlich darstellte.« Der Zusammenstoß des utopischen Gefühls war also nicht nur einer innerhalb der Liebeswelt, und das Gefühl selber war nicht nur erotisch. Die Tränen, die die Jugend über Werther weinte, kamen aus überall gepreßtem Herzen. Sie waren unbefriedigte Wünsche, gehemmte Tätigkeit, gehindertes Glück, erbittertes Leid. Leid am eigenen Ungenügen vorm eigenen Wachtraum und am Ungenügen der Welt, Leid »am Schicksal, dem alten stummen Fels«, wie es Werther selber nennt.

Die Forderung, Prometheus, Ur-Tasso

Schärfere Triebe brachen so vor, und sie entsagten dem Leben nicht. Auch die deutsche Jugend um 1770 war nicht gewillt, sich weiter ins Gegebene zu schicken, Gewalt zu ertragen. Bald luden sich die Affekte völlig aus, sie verließen die Bangigkeit, die Überladenheit bloß leidender, also passiver Art. Sie entluden sich im *fordernden* Wirrwarr des Sturm und Drang, im Protest. So kam der Glut einer *Jugend* eben die neue und besondere einer *Zeitwende* hinzu, die bürgerlich-revolutionäre Unruhe, wie sie gegen Leibeigenschaft, Regelzwang, Despotie und »Unnatur« sich empörte. Die Stürmer und Dränger insgesamt hatten das Glück, nicht nur subjektiv, auch objektiv so alt zu sein wie ihr Zeitalter und mit den Tendenzen des endlich erwachenden deutschen Bürgertums sich im Einklang zu fühlen. Wenn physiologische Jugend nach dem Wort Lessings Trunkenheit ohne Wein sein mag, so war sie um 1770 mehr als das: nämlich die äußere Situation lieferte ihr auch einen eigenen eiligen Grund zur Trunkenheit, ja fast etwas zuviel Grund, nämlich für Trunkenheit oft noch ohne Begriff. Bürgerliche Revolution schien sich in Deutschland vorzubereiten, die dann doch nicht kam; und sie verwandte, bei der geringen kapitalistischen Entwicklung des Landes, nicht den kalkulierenden, regulierenden Verstand. Sie sprach wild-vages Freiheits- und Vaterlandsgefühl an, irrationale Schwärmerei, wie sie einem noch halbbarocken, nämlich pietistischen Kleinbürgertum, aber auch der Jugend lag. Fehlten die starken Gefühlsakzente doch auch dem dritten Stand Frankreichs nicht, dem politisch klaren, längst rationalen; Rousseau brachte sie gerade mit entscheidendem Impetus in die Massen, und sie trieben besonders packend zur Revolution. Jedoch im wirtschaftlich zurückgebliebenen, politisch ungeschulten Deutschland verbanden sich die Gefühle nicht ohne weiteres mit der bürgerlich-offiziellen, der gleich nach Thomasius oft hausväterlich gewordenen Aufklärung, sondern kehrten sich dem Ausdruck nach gegen sie. Gegen die Dürre der Alten, der Gottsched-Zeit, vor allem auch der scheinbar gleichen Perücke, ja des scheinbar gleichen Reglements, das man im despotischen Polizeistaat erblickte. Es war freilich nur das Amalgam von reglementiertem Spießertum und reglementierendem Duodez-Despotismus, gegen das der Sturm und Drang sich wandte. In Wahrheit gehört der Sturm und Drang, seinem ganzen Inhalt nach, völlig zur Aufklärung, obwohl er aus angegebenen Gründen den Begriff davon verneinte. Er ist deren aktivster Teil und ist ihr mit allen seinen Themen: Jugenderziehung, Freiheit, Humanisierung der Rechtspflege, Naturrecht und so fort, völlig verbunden. Die Wendung gegen den Verstand übersah zwar die damals progressive Rolle der Bürokratie, des generellen Gesetzes überhaupt; doch eben: ein wilder Apollo und die Befreiung des Bürgertums flossen dem damaligen jungen Deutschland in einer einzigen Unmittelbarkeit ineinander. Von daher auch das reich gemischte, doch einheitlich, nämlich als »Natur«, mit diesem Kampfakzent empfundene Ensemble: das Empfindsame und das Altdeutsche; der Protest gegen den Zopf und der Archaismus; die Demokratie des Volkslieds und Hamanns einsames Gewitterchristentum, mit Entzweiung, Gewölk, Blitzen ums Morgenrot. Selten erschien so viel »Herr, schaffe mir Raum in der engen Brust«, so viel an den Stäben Rüttelndes im Menschen, so viel Jugend als gemeinter Löwengott, so viel Anti-Philistertum schlechthin, ungewiß, ob in Wildnis oder in die helle Sonne ausbrechend, beides lag im Sturm und Drang. Das war die deutsche, höchst deutsche Zeitwende, Mischwende, die Goethes Jugend umgab – eine bürgerliche Revolution, trotz fehlendem Bürgertum dahinter, trotz der glühenden Unklarheit. Aus dem schmalen, auf Avantgarde und Jugend beschränkten Wesen kam diese übersteigerte, aber auch faßliche Kategorie: Sturm und Drang, als die von Jugend, utopischer Überfülltheit zusammen.

Drum lebte hier der unternehmende Mann, bevor er in sehr anderen Geschäften unterwegs war. Das Kerlhafte, wie man es nannte, heißt an Lenz, ganz zu sich verloren: »So lebte er dahin«, heißt beim jungen Goethe, ganz und voll gesund zur Schrift treibend: »Sprang aus dem Bette wie ein Toller, / Nie war mein Busen seelenvoller.« Mächtig Überspanntes, anderen Raum suchend, rast und klagt bei Klinger: »Ich will mich über eine Trommel spannen lassen, um eine neue Ausdehnung zu kriegen... O könnt ich in dem Raum dieser Pistole existieren, bis mich eine Hand in die Luft knallte. O Unbestimmtheit! wie weit, wie schief führst du den Menschen« (Sturm und Drang, I, I). Utopisches, weit menschlicher wund und ungestüm, gärt ergreifend echt beim Maler

Müller, dem Reiter aus Kurpfalz: »Mit wie vielen Neigungen wir in die Welt treten! Und die meisten, zu was Ende? Sie liegen, von ferne erblickt, wie die Kinder der Hoffnung, kaum ins Leben gerückt; sind verklungene Instrumente, die weder begriffen, noch gebraucht werden; Schwerter, die in ihrer Scheide verrosten. Warum so grenzenlos an Gefühl dies fünfsinnige Wesen und so eingeengt die Kraft des Vollbringens? Trägt oft der Abend auf goldenen Wolken meine Phantasie empor, was kann, vermag ich nicht da! Wie bin ich der Meister von allen Künsten, wie spanne, fühle ich mich hoch droben, fühle in meinem Busen alle aufwachen die Götter, die diese Welt in ruhmvollem Lose wie Beute unter sich verteilen. Der Maler, Dichter, Musiker, Denker, alles, was Hyperions Strahlen lebendiger küssen und was Prometheus' Fackel sich Wärme stiehlt, möcht's auch sein und darf nicht; übermann' es ganz unter mich in der Seele, und ich bin doch nur Kind, wenn ich körperliche Ausführung beginne, fühle den Gott in meinen Adern flammen, der unter des Menschen Muskeln zagt. Für was den Reiz ohne Stillung? O, sie müssen noch alle hervor, all die Götter, die in mir verstummen, hervorgehen hundertzüngig, ihr Dasein in die Welt zu verkündigen! Ausblühen will ich voll in allen Ranken und Knospen, so voll, so voll! Es regt sich wie Meeressturm über meine Seele, verschlingt mich noch ganz und gar. Wie dann? Soll ich's wagen, danach zu tasten? Ich muß, muß hinan! Du Abgott, in dem sich mein Inneres spiegelt! Wer ruft's! Geschicklichkeit, Geisteskraft, Ehre, Ruhm, Wissen, Vollbringen, Gewalt, Reichtum, Alles, den Gott dieser Welt zu spielen – den Gott!« (Fausts Leben, Monolog). Utopisches, die »neue Ausdehnung« wild-vage, doch als Republik ohne Memmen beschwörend, exklamiert sich in Schillers Räubern, sucht Partisanen zur Rache, zur Freiheit, zur Natur: »Nein! ich mag nicht daran denken! – Ich soll meinen Leib pressen in eine Schnürbrust, und meinen Willen schnüren in Gesetze. Das Gesetz hat zum Schnekkengang verdorben, was Adlerflug geworden wäre. Das Gesetz hat noch keinen großen Mann gebildet, aber die Freiheit brütet Kolosse und Extremitäten aus... Stelle mich vor ein Heer Kerls wie ich, und aus Deutschland soll eine Republik werden, gegen die Rom und Sparta Nonnenklöster sein sollen.« Gewiß ist das nicht Goethes Teil, und noch gewisser erschien auch in den »Räubern« die Revolution nur als eine Art poetischer Mordbrennerei mit schlechtem Gewissen. Anarchische Irratio zeigte auch im späten Sturm und Drang die Zurückgebliebenheit, ja Durchkreuztheit des revolutionären Bewußtseins im damaligen Deutschland. Aber der revolutionär-utopische Affekt als solcher ist unverkennbar, seine Stärke arbeitet sich durch das Bramarbasieren hindurch, seine subjektive Unbedingtheit ist eindeutig neben der undeutlichen Zielgebung. Goethes »Titanismus« hatte in »Götz« und »Egmont« von vornherein seinen überblickbaren Stoff, einen liberal gemachten hier, einen nationalrevolutionären dort. Dazu kam symbolhaltiges Verständnis für die Mythologie der Empörung, für die duldenden, doch nicht widerlegten Feinde des Zeus. So wurde Prometheus, an sich schon der Götz von Berlichingen unter den Göttern, Goethes Gott, der wahre Demiurg des Menschen, der Alleswoller, Allesträumer, der Lichtrebell, der den Menschen das Feuer gebracht hat, ja der das Feuer selber ist. Prometheus ist das Auflodernde, das die Zukunft Vorbedenkende, die wütende Resignation am Felsen und jene unsterbliche Hoffnung, der ein Herkules kommt. Er ist das Opfer, dem der Geier oder Adler des Zeus, dieses uralte Wappenemblem der Unterdrückung, die Leber zernagt, als das Organ der Weissagung. Er vor allem ist der eingesperrte Gott im Menschen; als solcher machte er die Mythologie des Sturm und Drang, erfüllte er dessen liebsten Sohn: den Doktor Faust.

Goethe betont im fünfzehnten Buch von »Dichtung und Wahrheit« sogar noch sehr späte, sehr überraschende Nachwirkungen des Prometheuswesens – bis herein in »Tasso«, ja in die Welt der »Iphigenie«. Der selbst zum Olympier Gewordene schreibt, nachdem er das »friedliche, plastische, allenfalls duldende Widerstreben« und nur noch dieses seiner jetzigen Sympathie versichert: »Doch auch die Kühneren jenes Geschlechts, Tantalus, Ixion, Sisyphus, waren meine Heiligen ... Ich bemitleidete sie, ihr Zustand war von den Alten schon als wahrhaft tragisch anerkannt, und wenn ich sie als Glieder einer ungeheuren Opposition im Hintergrunde meiner ›Iphigenie‹ zeigte, so bin ich ihnen wohl einen Teil der Wirkung schuldig, welche dieses Stück hervorzubringen das Glück hatte.« Opposition gegen die Obergewalt, das kann auch lediglich Palastrevolution sein – und der spätere Goethe hat sich auf den Begriff der Palastrevolution beschränkt –, doch um 1770, in der aufsteigenden Epoche des Bürgertums, enthielt die Opposition ein Leben, das sich in bloßem Austausch der Fassaden nicht erschöpfen wollte. Ein Leben, das wenigstens im Punkt des Anti-Philistertums noch weit in Goethes spätere Zeit des Maßes hineinwirkte, des keinesfalls, trotz Konservatismus, ausgelebten, des sich, erklärterweise, jederzeit ins Rechte denkenden. Der »Tasso« zeigt noch die Bruchstellen, welche von seiner ersten, in Italien umgearbeiteten Fassung herrühren; der »Ur-Tasso« von 1779 bejahte ganz das Recht und die Überlegenheit seines traumerfüllten, wenn auch libertinistischen Helden. Und Antonio, der Gegenspieler, trug in der ersten Fassung alle Züge seiner verhaßten Herkunft aus der Gegenwelt des Sturm und Drang, aus dem Philister auch in der Höhe und aus der absolutistischen Staatsräson; wonach er selbst in dem umgearbeiteten Drama zu Anfang schroff, hämisch, hochmütig und neidisch auftritt. Erst im dritten Akt wirkt er sympathieerregend und positiv, ein ruhig besonnener Weltverstand, während an der gleichen Bruchstelle Tasso erst hier den eitlen Phantasten abgibt, haltlos und mit sich selbst zerfallen. Und nicht unverwandt wirkt der »Ur-Meister«, mit der theatralischen Sendung des Helden, in die »Lehrjahre« nach, in die Heilung von der Sendung, in den realistischen Erziehungsroman. Auch hier zeigt noch das erste Buch, voller Überschwenglichkeit, die selbstgeschaffene Welt Meisters, idealisch überfüllt, voll Poesie und Schauspiel. Auch hier bringt erst der Fortgang die Berichtigung und Sophrosyne; was der Wahnsinn Tassos, ist in sehr viel niedereren Gestalten das Elend des Vagantenlebens, die Hohlheit des ästhetischen Scheins. Tritt aber auch der belehrte Held ins tätig-wirkliche Leben zurück, als in ein wahrhaft preisbares und so gepriesenes, dann – mit deutlichem Abscheu – nicht in ein Philisterdasein von der Art Werners. Von der Art jenes Praktikers und Erfahrungsmanns, der das Element Überschwang nie erfahren hat, dessen Praktik also geistlos und dessen Realismus selber der lückenhafteste ist. Gewiß, im »Meister« zeigt nur noch die »theatralische Sendung« einen Nachhauch von Sturm und Drang, aber er ist es, der den – wie immer durchschnittlichen – Helden lebendig erhält und der das Philistertum, das im gleichen Zug unfreie und amusische, von Wilhelm fernhält. So lebte der wilde Apollo lange nach, selbst dann noch, als der Gott während Goethes mittlerer Zeit zum Teil (doch nicht so während Goethes symbolischem Greisenalter) in klassischen Marmor gegangen war. Die vieltönige Kategorie Freiheit war es, die den Überschwang wachhielt, die ihn zu »Götz«, zu »Egmont«, zu »Faust« bestimmte. In dem langen Polarwinter, als den die Aufklärung wie der Sturm und Drang alle Feudalgeschichte ansahen, wirkte der wilde Apollo, wie wenn die Sonne unter dem Horizont sich endlich zu heben beginnt. »Himmlische Luft – Freiheit! Freiheit!« sind die letzten Worte des sterbenden Götz; und Egmont, der nationalrevolutionäre Held, stirbt mit einer Vision, die den ganzen Ozean in tyrannos wälzt: »Braves Volk! die Siegesgöttin führt dich an! Und wie das Meer durch eure Dämme bricht, so brecht, so reißt den Wall der Tyrannei zusammen und schwemmt ersäufend sie von ihrem

Grunde, den sie sich anmaßt, hinweg.« Erbitterung und Hoffnung, das also waren und sind hier die zwei utopischen Affekte schärferer Art, und sie regieren alle übrigen in dem Bewußtsein, das sich voll einer neuen Figur fühlt.

Intention der Erhabenheit
Faust-Gotik und Metamorphose

Aber der ganze Mensch muß klingen, und er war damals nur ganz, wo er dichtete. Gärendes blickte im jungen Goethe auf Gärung hinaus, suchte sich daran auf verwandte Art schöpferisch zu vergewissern. Hier besonders war ein hochgradig dämmerndes Voransein und Rufen hinüber, aus dem Hinüber selber her:

> Ein unbegreiflich holdes Sehnen
> Trieb mich, durch Wald und Wiesen hinzugehn,
> Und unter tausend heißen Tränen
> Fühlt ich mir eine Welt entstehn.

Es ist das nicht nur Gärung der Jugend und Zeitwende, sondern eben wieder die neue der *Produktion*; kaum wurde diese Art Dämmerung nach vorwärts erfahrener ausgedrückt. Mit all dem schweren Morgenrot, das zutage kommen will, gleichzeitig zögernd und überschwenglich. Das Zögernde fällt nicht mit der Unreife des Sturm und Drang zusammen, noch das Überschwengliche mit dessen Schwungsucht; denn beide – wie schon im Monolog des Maler Müller hörbar war, des kaum gewordenen Dichters, des ante rem der Größe –, beide gehören zur produktiven *Inkubation.* Daher die Qual, ja das Schuldgefühl aus noch wortloser Überfülle im »Werther«: »Warum so grenzenlos an Gefühl und warum so eingeengt in der Kraft des Vollbringens? Warum diese süße Belebung meiner aufkeimenden Ideen und deren dumpfes Dahinsterben unter der Ohnmacht der Menschen? Daß ich mich so hoch droben fühle und doch nicht sagen kann, du bist alles, was du sein kannst, hier, hier steckt meine Qual.« Und die gleiche Schwüle des Neuen, unmittelbar am Ausdruckswillen selbst, bevor Werther-Goethe seine spätere Landschaft schon gründen kann, gegründet hat: »... mein Freund wenns dann um meine Augen dämmert, und die Welt um mich her und der Himmel ganz in meiner Seele ruhn wie die Gestalt einer Geliebten; dann sehne ich mich oft und denke: ach könntest du das wieder ausdrücken, könntest dem Papiere das einhauchen, was so voll, so warm in dir lebt, daß es würde der Spiegel deiner Seele, wie deine Seele ist der Spiegel des unendlichen Gottes!« Das Desiderium ist das gewisseste Sein und die einzige ehrliche Eigenschaft aller Menschen; das Desiderium nach Gestaltung dessen, was so deutlich vordämmert, was in den Objekten selber fragt und seinen Dichter sucht, mit gleichsam forderndem Anblick, ist das Haben und Nichthaben selber. Werthers Nichthaben im Haben macht daher in anderer, nun so unermeßlich viel breiterer, tieferer Sphäre: im Faust, die gesamte Unruhe aus, am Pult, um Mitternacht beginnend, gerade noch hinter einer bereits zusammengebrochenen früheren Welt der Aussage, die weder der inneren noch äußeren Natur, in Wirkungskraft und Samen, eine Aussage geworden war. Aber der Zögerung, ja Katastrophe entspricht in der Produktion auch deren umgekehrtes Moment: das Haben im Nichthaben oder die unbetrügliche Kraft des Überschwangs. Die Kraft führt uns ins Novum zum Bau, daher das Weimarer Bekenntnis an Lavater: »Diese Begierde, die Pyramide meines Daseins, deren Basis mir angegeben und gegründet ist, so hoch als möglich in die Luft zu spitzen, überwiegt alles andre und läßt kaum augenblickliches Vergessen zu. Ich darf mich nicht säumen, ich bin schon weit in Jahren vor, und vielleicht bricht mich das Schicksal in der Mitte, und der Babylonische Turm bleibt stumpf unvollendet. Wenigstens soll man sagen, es war kühn entworfen, und wenn ich lebe, sollen, will's Gott, die Kräfte bis hinauf reichen.« Produktion in dieser Kraft zum Ungewordenen sieht schon das Ende, das artikuliert und heimbringt; das Morgenrot, das soviel neue Welt sich entgleiten, sich entstehen sah, enthält schon das Erbaut-Gerettete und Lynkeus, der es am Ende von Goethes Leben ansagt:

Die Sonne sinkt, die letzten Schiffe,
Sie ziehen munter hafenein.
Ein großer Kahn ist im Begriffe,
Auf dem Kanale hier zu sein.
Die bunten Wimpel wehen fröhlich,
Die starren Masten stehn bereit;
In dir preist sich der Bootsmann selig,
Dich grüßt das Glück zur höchsten Zeit.

Die höchste Zeit ist die des erfüllten Augenblicks, und um diesen, um die Aufschlagung seines Zeichens, Ausladung seines Inhalts, waren alle diese Schöpfungsgesichte bewegt oder gelagert, um die Utopie des voll ausgesagten Jetzt und Hier. Jede Produktion meint ein Stück siebenten Schöpfungstag, als Aussage eines vorher Ungesagten, menschliche Erhörung eines vorher Unerhörten. Und »Wanderers Sturmlied«, ganz dicht am Ursprung der Goetheschen Produktion, erregt Betroffenheit, sowohl, indem der Sturm entführt, wie dadurch, daß er sich legt, um einen fortschaffenden Mittelpunkt legt, um »helleuchtend umwärmend Feuer« des Hauses, um »innere Wärme, Seelenwärme, Mittelpunkt!... Herz der Wasser, Mark der Erde«, in Menschen und Natur.

Den inneren Bildern mußten äußere antworten, sonst kamen weder die einen noch die anderen hervor. Eine »lichte und magere Umgebung« war dem jungen Goethe zu diesem wechselseitigen Echo nicht geeignet. Der ältere erinnert sich daran im sechsten Buch von »Dichtung und Wahrheit« bedeutsam: »So viel ist aber gewiß, daß die unbestimmten, sich weit ausdehnenden Gefühle der Jugend und ungebildeter Völker allein zum Erhabenen geeignet sind, das, wenn es durch äußere Dinge in uns erregt werden soll, formlos, oder zu unfaßlichen Formen gebildet, uns mit einer Größe umgeben muß, der wir nicht gewachsen sind.« Und mit verwandter Ausbiegung im achten Buch des »Meister«: »Die Neigung der Jugend zum Geheimnis, zu Zeremonien und großen Worten ist außerordentlich und oft ein Zeichen einer gewissen Tiefe des Charakters. Man will in diesen Jahren sein ganzes Wesen, wenn auch nur dunkel und unbestimmt, ergriffen und berührt fühlen. Der Jüngling, der vieles ahnet, glaubt in einem Geheimnisse viel zu finden, in ein Geheimnis viel zu legen und durch dasselbe wirken zu müssen.« Bezieht sich das auf die sogenannten hermetischen Gesellschaften, auf Rosenkreuzertum, mit dem der Student ja in Berührung kam, auf das Sal philosophicum und die Welt des Fräuleins von Klettenberg, so doch nicht weniger auf den Schuß Unübersichtlichkeit, ohne den die junge Produktivität überhaupt keine Form fände. Es sei denn die glatte der damaligen galanten Zeit oder die epigonal-geschliffene der klassizistischen oder auch die falsch, nämlich banal naturalistische, die allesamt nur Klischees, keine Formen der Wirklichkeit sind, der vielverschlungenen, ränderreichen. Erhabenheit und legitimes Geheimnis, als antwortendes Gegenbild des eigenen »Wolkenzugs und weitstrahlsinnigen Zuviel«, entdeckte der junge Goethe einzig in Werken, die die Wolken, Wälder, Verdichtungen, fruchtbaren Finsternisse aufnehmen: lyrisch in Pindar, dramatisch in Shakespeare. Daher sogar der Satz Goethes, in seinen Anmerkungen zu Diderots »Rameau«, noch weit anderes als Shakespeare und Calderon betreffend, unüberhörbar auf das notwendige Barbarisieren im Faust bezüglich, der tief humane, ganz und gar nicht klassizistisch-imperialistisch klingende Satz: »Uns auf der Höhe dieser barbarischen Avantagen, da wir die antiken Vorteile wohl niemals erreichen werden, mit Mut zu erhalten, ist unsere Pflicht.« Und architektonisch war Goethes Einklang mit einem Gotischen, das ja damals erst recht als Barbarisches galt, längst ja im Anblick des Straßburger Münsters, seiner Waldwelt, seines Ungeheuren als Humanum, aufgewacht: »Wenigen ward es gegeben, einen Babelgedanken in der Seele zu zeugen, ganz, groß und bis in den kleinsten Teil notwendig schön, wie Bäume Gottes; wenigern, auf tausend bietende Hände zu treffen, Felsengrund zu graben, steile Höhe drauf zu zaubern, und dann sterbend ihren Söhnen zu sagen: Ich bleibe bei euch, in den Werken meines Geistes; vollendet das Begonnene in die Wolken!« (Von deutscher Baukunst, 1773). Subjekt-Objekt-Immanenz bei alledem, soweit es hinausgeht, auch in jenen wahrhaft protoplastischen Wahlverwandtschaften, wo *Produktion und Erdgeist* sich ineinander helfen, ja vertauschen:

Und wenn der Sturm im Walde braust und knarrt,
Die Riesenfichte, stürzend, Nachbaräste
Und Nachbarstämme quetschend niederstreift,
Und ihrem Fall dumpf hohl der Hügel donnert,
Dann führst du mich zur sichern Höhle, zeigtst
Mich dann mir selbst, und meiner eignen Brust
Geheime tiefe Wunder öffnen sich.

Hier zieht die Erhabenheit vertraut gewordener Gestaltungs-Umgestaltung fernhin, ins unerschöpfte Maß und Übermaß des Genies oder der Natur, hier gleichviel. Diese Umgestaltung läßt auch im kühleren Übergang vom protoplastischen zum plastischen Einblick nicht nach und ist, als *Metamorphose*, der mit Produktion identische Bildungstrieb zur Vollkommenheit der Art. »Geprägte Form, die lebend sich entwickelt«, gewiß, darin steckt ein Vorgeordnetes, eine dem Novum abwinkende Statik:

Doch im Innern befindet die Kraft der edlern Geschöpfe
Sich im heiligen Kreise lebendiger Bildung beschlossen.
Diese Grenzen erweitert kein Gott, es ehrt die Natur sie:
Denn nur also beschränkt war je das Vollkommene möglich.

So sagt das Lehrgedicht »Metamorphose der Tiere« und setzt Grenzen, eine Art Aristotelische Entelechie konservativer Art. Aber geprägte Form ist auch beim späten Goethe nur als eine sich entwickelnde da, nicht als manifest gegebene; sie ist dem Gestalten-Umgestalten kein fertiger Rahmen, sondern ein latentes, aus latenter Gestaltidee herwirkendes Ziel. Sosehr der Konservatismus des späten Goethe jede gewaltsame Produktion fürchtete, dergestalt, daß er Kleist und Beethoven nicht verstand, ja auch in der Natur den Vulkanismus nicht glauben wollte, trotz der Vulkane, sowenig war doch das Urphänomen in jeder Entelechie je ohne *Gestalten-Umgestalten;* geprägte Form ist keine Mumie. Goethes Metamorphosenlehre gibt stets den Naturspiegel seiner eigenen, seiner lebenslang währenden, ja selbst noch gegen den Tod ungläubigen Herausproduzierung, als einer oft gerundeten, doch nie geschlossenen. Das Dasein ist hier zwar in Kreisen gezogen, es gibt ein Gesetz, nach dem jedes lebendige Wesen angetreten, aber die Goethe-Kreise pressen die Erscheinungen nicht, und der eigentlich entelechetische Umriß ist als nicht nur bewahrender, sondern als sich entwickelnder stets in utopischen Punktlinien gezogen. Noch ganz zuletzt, in den »Heften zur Morphologie«, hat Goethe der Statik, die sich so leicht mit dem Wort Gestalt verbindet, folgende dialektisch-offenen Sätze entgegengesetzt: »Der Deutsche hat für den Komplex des Daseins eines wirklichen Wesens das Wort Gestalt. Er abstrahiert bei diesem Ausdrucke von dem Beweglichen, er nimmt an, daß ein Zusammengehöriges festgestellt, abgeschlossen und... fixiert sei. Betrachten wir aber alle Gestalten..., so finden wir, daß nirgend ein Bestehendes, nirgend ein Ruhendes, ein

Abgeschlossenes vorkommt, sondern daß vielmehr alles in einer steten Bewegung schwanke. Daher unsere Sprache das Wort Bildung sowohl von dem Hervorgebrachten als von dem Hervorgebrachtwerdenden gehörig genug zu brauchen pflegt. Wollen wir also eine Morphologie einleiten, so dürfen wir nicht von Gestalt sprechen; sondern wenn wir das Wort brauchen, uns allenfalls dabei nur die Idee, den Begriff oder ein in der Erfahrung nur für den Augenblick Festgehaltenes denken. Das Gebildete wird sogleich wieder umgebildet, und wir haben uns, wenn wir einigermaßen zum lebendigen Anschaun der Natur gelangen wollen, selbst so beweglich und bildsam zu erhalten, nach dem Beispiele, mit dem sie uns vorgeht.« Demgemäß gibt zuletzt noch Faust im gestalteten Himmel keine Ruhe; ja es ist des Hinanziehens, das selbst im Paradies noch ein ewiges Utopien hat, hier eher zuviel als zuwenig getan. Dem jungen Goethe war die Produktion wahlverwandt mit jeder Bildung voller Saft, dem älteren war sie Statthalterschaft der objektiven Phantasie und ihrer bedeutenden, das ist: Entelechie enthaltenden Gegenstände. Und das Theorem des Aristoteles, daß die Bewegung »unvollendete Entelechie« sei, wäre Goethe höchst genehm gewesen. Daß eine Schöpfung voller Saft aus seinen Fingern quölle, das war die Sehnsucht des Jünglings. Daß dieses Quellen, wie es Natur ist, so auch Bilden wie Natur sei, mit der inneren Notwendigkeit der Naturgestaltung und ihrer Produkte (ein Antikensaal, geheimnisvoll am lichten Tag), das war das Anliegen des Mannes. Die *Welt selber* ist hier Produktivität zu ihrem vollen Inhalt hin oder ein *materieller Faust,* der in allen Metamorphosen sich verwandelt, weil ihm die ferne Identität, nicht nur Gretchen genannt, vorzieht.

Ariel und die dichterische Phantasie

Die alten Maler haben bieder gelebt und handwerklich gearbeitet. Die Dichter dagegen waren nie in einer Zunft, auch dort nicht, wo sie nicht so frei waren, wie der Vogel singt. Teils waren sie preisgegeben und Kostgänger bei den Mächtigen, teils galt Dichtung, zum Unterschied vom Handwerk der Malerei, als ritterliche Kunst. Aber das eigentümlich freischwebende (oder sich so erscheinende) Dichterwesen war in der Tat auch sachlich weniger an handwerklichen Brauch gebunden. Die poetische Herstellung verlangt kein Farbenreiben und keine mehrköpfige Arbeit in der Werkstatt mit Meister und Gesellen. Sosehr Dichtung an jedem Punkt Handwerk im Sinn technischer Übung und Kenntnis einschließt, überliefertes, vom Meister selber fortgebildetes: die Phantasie ist hier eine weit ausfallendere, eine ausfahrende. Denn zum Unterschied von den bildenden Künsten hat sie den weiten Weg der Zeit für sich und auf ihm die Aventiure, auch im vermittelten Sinn, die sich fortbewegende Handlungsfülle. Diese ist es, welche vom dichterischen Vermögen selber betrieben wird und ihm so eingeschrieben wie vorgeordnet ist. Die Dichtungsregeln des siebzehnten und achtzehnten Jahrhunderts, gewiß, sie engten die dichterische Phantasie ein, aber sie haben selber einen ganz anderen Ursprung als die alten Handwerksregeln. Und es war Shakespeare, der Stern der höchsten Höhe selber, der dem dichterischen Vermögen ein recht beschwingtes Sinnbild gab; es heißt Ariel. Prospero im »Sturm« hat seinen Zauberstab, aber der beste Helfer ist Ariel, der den Meister liebt:

> Heil, großer Meister! Heil dir, weiser Herr!
> Ich komme, deinen Winken zu begegnen.
> Sei's Fliegen, Schwimmen, in das Feuer tauchen,
> Auf krausen Wolken fahren: schalte nur
> Durch dein gewaltig Wort mit Ariel
> Und allen seinen Kräften.

Ariel ist das Pneuma und die Metamorphose, die die Welt sogar über ihre jeweiligen Entelechien hinaus ausschlagen läßt, mit durchaus leckeren Verzückungen. Ariel, der anmutigste aller Freiheitsgeister, spielt auf der Märchenebene Shakespeares, so phantasmagoriert und hilft er – zu einem heiteren Ende – fast schrankenlos. Er macht auf Prosperos Wunsch den fiktiven Schiffbruch, er verwandelt sich in Sturm und Feuer, gehört zu den Schmetterlingen und Schwalben, verwandelt sich in eine Wassernymphe. Er erregt die Musik, die Fernando hört, mit all der ungewissen Topik, die der reinsten Zeitkunst eignet: »Wo ist wohl die Musik?« fragt Fernando ratlos. »In der Luft? Auf Erden?« Es ist die Freiheit Ariels, wodurch große Entführer der Poesie die Zeit- und Ortsverhältnisse verletzt haben um reicherer oder konzentrierterer Begegnungen willen. So daß Shakespeare seinen Hektor von Aristoteles sprechen läßt und Theseus mit Oberon und Titania zusammenhängen kann. So daß Goethes Faust und Helena in einem gotischen Sparta vermählt erscheinen, nachdem Faust, als normannischer Herzog, die eben aus Troja Zurückgekehrte vor einem Angriff Menelaos beschützt hat. So werden hier Zeiten und Räume verspellt – ein stärkstes Ineinander dichterischer Phantasie und ihrer, bei aller Geprägtheit, sich durchdringenden Bedeutungsgestalten. Noch hat wohl niemand unternommen, einen Grundriß all dieser Traumwelten der dichterischen Phantasie zu entwerfen; er dürfte, in den ständig fließenden Beziehungen all seiner Archetypen und Entelechien, der komplizierteste sein und überhaupt mehr einem Kaleidoskop als einem Grundriß gleichen. Nicht grundlos hat Goethe Ariel angerufen, als er von der typischen Darstellung in die allegorisch-symbolische überging: Ariel steht auch am Tor zum zweiten Teil des »Faust«. Und ebenso wirkt er in Goethes »Pandora«, ungenannt, doch als Phantasie, als dieser besondere Eros, nicht alles beginnend, aber in schöneren Bildern vollendend. Ariel, aus Luft zur bunten

Wolke werdend, belebt die Gaben Pandoras, den Gehalt ihres Gefäßes, den schlechthin schönen Zauber:

> Und fröhlich fuhr ein Sternblitz aus dem Dampf heraus,
> Sogleich ein andrer; andre folgten heftig nach.
> Da blickt' ich auf, und auf der Wolke schwebten schon
> Im Gaukeln lieblich Götterbilder, buntgedrängt.
> Pandora zeigt' und nannte mir die Schwebenden:
> Dort siehst du, sprach sie, glänzet Liebesglück empor!
>
> – – –
>
> Daneben zieht, so sprach sie fort, Schmucklustiges
> Des Vollgewandes wellenhafte Schleppe nach.
> Doch höher steigt, bedächtig ernsten Herrscherblicks,
> Ein immer vorwärts dringendes Gewaltgebild
>
> – – –
>
> Noch andre schmelzen kreisend ineinander hin,
> Dem Rauch gehorchend, wie er hin und wider wogt,
> Doch alle pflichtig, deiner Tage Lust zu sein.

Und dieser Ariel erscheint nicht nur als »rauchgebildet wünschenswerter Trug«, mithin als Luftgeist der Illusion, sondern dahinter steht und neigt sich die Schönheit selber: Pandora, die von Göttern gebildete und gesandte Phantasiegestalt. Die Welt in sich ist bei Goethe ein All-Leben, dem die Schönheit innewohnt, dem das Anschauungsglück der Kunst am nächsten zugeordnet wird. Von dieser Anschauung her und durchaus in ihr baut Goethes Phantasie ihre zweite Welt auf: keine hintergründige, die die Phänomene verläßt, doch eine durchscheinende, die die Phänomene in ihr Bedeutendes bringt, ja rettet. Wobei ein Überschuß über das bereits Ausgeprägte unvermeidlich ist, sowohl im Subjekt und in den Unruhegestalten (Tasso, Faust, selbst Wilhelm Meister) wie besonders in der kunstgemäß ausgestalteten Objektivität selber. Die Romantiker hatten nicht ganz unrecht, wenn sie, wie den jungen Goethe des Volkslieds, so den späten der Symbolik oder der »den Dingen angeborenen Unendlichkeit« sich nahe fühlten; Goethe sagte in diesem einen Wesen, was sie nicht aus sich herausbrachten, er realisierte, wo sie großenteils umspielten oder gar nur deklamierten. Und die Phantasie selber, die des Volkslieds wie der reichen Symbolik, behält mit Ariel die Naivität, ohne die überhaupt keine Schöpfung zustande kommt, sondern nur Krampf und Zerflatterung. Ariel gleicht in diesem Punkt durchaus dem göttlichen Kind Krischna in der indischen Sage, dem die Mutter von ungefähr den Mund öffnet, und inwendig in seinem Leib erblickt sie den unermeßlichen Glanz des Himmels samt der ganzen Welt; das Kind aber spielt ruhig fort und scheint nichts davon zu wissen. So ist die Naivität beschaffen, mit der Goethe auch noch die in Schillers Sinn sentimentalischsten Gestalten: Mignon, Tasso, selbst Faust, herausgestellt hat. Der große Dichter hat nicht die Alternative, Natur zu sein oder aber keine zu sein und sie zu suchen; nach der Antithese, wonach Schiller hier den naiven, dort den sentimentalischen Dichter beschrieben hat. Sondern als großer Dichter *ist er Natur und wird zugleich sie suchen*, nämlich die poetisch erblickte, die in Handlungen wie Gestalten über das Beiläufige, Stockende, Unentschiedene immanent hinausgetriebene. Dadurch kommt nicht etwa Skurriles zustande wie bei Dichtern, die nur den halben Ariel und sicher nur die halbe Minerva an sich gebracht haben, wie die Alten sagten, das ist: ein Skurriles, das den Gang der Dinge nicht etwa überholt, sondern das ihm lediglich subjektiv-beliebig entläuft. Doch die exakte Phantasie, von der Art, wie sie Shakespeare und Goethe erfüllte, ist eben niemals auf ein beliebig Mögliches schlechthin, sondern aufs objektiv-möglich Mögliche gerichtet; dergestalt, daß ihr Theaterlicht die Charaktere, Leidenschaften, Situationen nicht willkürlicher, sondern folgerichtiger macht und daß der Zaubermantel Fausts in Aventiuren trägt, welche die Welt mit ihrer Tendenz vermittelt, im künstlerischen Vor-Schein mehren, nicht aber aus ihr herausfallen. Die dichterische Phantasie, nichts halb gestaltend, gibt so jedem ihrer Gegenstände das Vermögen, sein Metier ganz zu treiben, seine Liebe, seinen Mut, sein Leid, sein Glück, seinen Sieg, gegebenenfalls auch seine Schwäche und Lächerlichkeit, und ist eben deshalb immanent-konkret. Ja selbst das Wunderbare Ariels in poetischer Gestalt bleibt zusammen mit dem Schiffbruch, Sturm, Feuer, Liebesglück dieser Welt und vollendet sie ohne deren Bruch. Diese Welttreue bei allem Überschuß, dieser Überschuß gehalten in Welttreue sind das ästhetische Maß schlechthin; wird es nicht eingehalten, so fällt die Phantasie entweder, wie angegeben, als bloß dem Wirklichen subjektiv-beliebig entlaufend, ins Skurrile, oder aber – mit freilich völlig verschiedener Art des Entlaufens, mit einem Sprung aus der gesamten ästhetisch-entelechisierten Welt – die Phantasie transzendiert in Religion. In die Nicht-mehr-Kreatur des Durchbruchs, in die Nicht-mehr-Welt des transzendent Wunderbaren. Dichterische Phantasie selber ist und bleibt jedoch Ariel verschworen, als dem Luftgeist, der im leicht verschiebbaren Element über der Erde sich bewegt, sie aber nie verläßt und selbst in seinem Feuer nicht sprengt. Am farbigen Abglanz hat diese Phantasie das Leben, das zu seinem immanent-vollendeten Ende getrieben ist. So ist die freischwebende, doch welttreue Utopie eigener Art beschaffen, aus deren Verwandlungstraum die dichterische Produktion kommt, zu deren Welt ohne Enttäuschung sie geht.

Das Dämonische und die sich sagende allegorisch-symbolische Verschlossenheit

Bei alledem bleibt keine zeugende Kraft sich und anderen recht geheuer. Goethe ließ sie an einem Ort entspringen, wo nicht oder nicht schon ohne weiteres Licht brennt, und er nannte sie dämonisch. Das Dämonische ist ihm nicht etwa das Dunkle schlechthin, sondern das Dunkle, das Macht ausübt. Verführende oder beherrschende Macht und eine des Banns, der Schreck und Lust ineinander, der Anziehung durch Schreck hervorruft. Für diese Seite des Dämonischen war allemal die Schlange bezeichnend, aber auch das Feuer. Wichtig am Dunklen, das Macht ausübt, ist weiterhin, daß es in Verschlossenheit steht, also bei allem so unleugbaren, oft heftigen Einfluß auf andere nicht aus sich herausgeht, ja sich in schlechtem Vorkommen bis zum finsteren Kitsch zurückhält. Wegen dieser Verschlossenheit zeigt selbst die Vitalität, die mit dem Dämonischen oft verbunden ist, bei allem Glanz einen nächtigen Hof um sich. Bezeichnend für diesen schwarzen Glanz wirkt die Figur Don Juans, als erzdämonisch; ein Manisches, gerade stärkstens nach außen wirkend, ist hier in sich selbst gefangen; so entsteht bei aller Ausströmung des Dämonischen zugleich Einkerkerung seiner in unsägliche Innerlichkeit. Wie Kierkegaard, der es wissen mußte, hierzu eng, nämlich seelsorgerlich, doch betreffend sagt: »Darin liegt das Tiefsinnige im Dasein, daß die Unfreiheit eben sich selbst zum Gefangenen macht. Die Freiheit ist beständig kommunizierend..., die Unfreiheit wird mehr und mehr verschlossen und will die Kommunikation nicht« (Werke, Diederichs, Bd. v, S. 123). Der Gegensatz zum Verschlossenen ist das Offenbarwerden, aber allermeistens sagt sich das Dämonische nicht, sondern bricht nur atavistisch aus. Und nicht in Worte; seine leichteste und häufigste, Monstrositäten zeugende Äußerung ist nicht einmal, wie man wegen der Innerlichkeit erwarten müßte, individuell, nur in und um solch eigentümliche Personen geschehend, sondern ist der, obzwar meist von solchen Personen bewirkte, Massenrausch. Der zieht von den Besessenheiten der Mänaden, der Berserker bis zu den Kreuzzugspogromen und bis zur invertierten Aggression der Flagellanten, vom Schlachtrausch bis zum weißen Terror. Bei alledem kommuniziert das Dämonische nicht, auch wenn es in die Masse geht, sogar kollektiv wird. Vielmehr ist die alte Verschlossenheit auch in ihrem kollektiven Ausbruch erhalten; was als Kommunikation erscheint, ist nur Ansteckung, und zugrunde liegt die gleiche Einsamkeit als Masse. Dem Nicht-Offenbarwerden des Verschlossenen entspricht im dämonischen Massenrausch die grundsätzliche Abwesenheit von Verstand, Kritik, Selbstkontrolle, Urteil; es ist deshalb auch die hohe Zeit für die der Kommunikation wie dem Hellwerden unzugänglichste Eigenschaft: für die Dummheit. Aber nun lebt freilich auch – und das ist für das von Goethe betonte Phänomen entscheidend – eine Art *günstige* Dämonie, das ist eine, die sich, ohne Verlust des Abgründigen und Starken, auf Offenbarwerden versteht. Ihre Orte sind die befreiende Revolution und, was Goethe schon seit »Wanderers Sturmlied« feiert, der produktive, Neues heraufgestaltende Genius; ihre Erscheinung ist nicht Rausch, sondern Enthusiasmus. Der Rausch zeigt nur Opferdrang, der Enthusiasmus aber besitzt Opfermut, der Rausch verliert alle Sache und Wirklichkeit, der Enthusiasmus aber besitzt Bewußtsein, Wissen um den Sachgehalt, kommunizierende Treue zum Ziel. Der ungünstigen, finster bleibenden Dämonie begegnet auch in der Kunst kein Blick, den sie selber wirft, sondern nur ein atavistisch Numinoses gleich ihr selbst, ein Ungeheuer, kein Ungeheures, ein Objekt der Furcht, nicht der Ehrfurcht. Dagegen erscheint überall dort günstige Dämonie, Dämonie des Lichts, wo der Schrecken des Schönen Anfang, statt sein Ende ist; wo das Numinose dem Goethewort, gleich einem Trost an der Grenze, nicht unangemessen ist: »Und fern und schwer hängt eine Hülle von Ehrfurcht.« Es ist also diese *günstige Dämonie*, welche die mannigfachen Bekundungen dämonischer Menschen- und Produktionserfahrungen bei Goethe selber letzthin regiert.

Das ist lehrreich, weil dadurch noch ein anderer Ton zu dem der Harfe hinzukommt. Ariel, das leichte, goldene, wehende Spiel, das freilich selber nicht ganz geheure, wird um eine Sphinx vermehrt, die freilich selber nicht so bleibt. Das Element dessen erscheint, was nicht nur der Sturm und Drang Kraft nannte; ein Hufschlag des Flügelpferds und dann erst der Quell. Goethe allerdings faßt das dunkle und günstige Dämonische zuweilen auch noch wertfrei zusammen: als dämonisch gilt ihm alles, was mit der Macht unmittelbarer Natur hervortritt, sei es ein furchtbar Ungeheuerliches, sei es ein seherisch Göttliches. Er lehnt es sogar von sich selber zunächst ab: »In meiner Natur liegt es nicht, aber ich bin ihm unterworfen.« Er bezieht es sogar nicht *wesenhaft* aufs Vorzügliche oder produktiv Bedeutende, die Worte klingen dann entsetzlich prophetisch: »Am furchtbarsten aber erscheint dieses Dämonische, wenn es in irgendeinem Menschen überwiegend hervortritt... Es sind nicht immer die vorzüglichsten Menschen, weder an Geist noch an Talenten, selten durch Herzensgüte sich empfehlend; aber eine ungeheuere Kraft geht von ihnen aus, und sie üben eine unglaubliche Gewalt über alle Geschöpfe, ja sogar über die Elemente, und wer kann sagen, wie weit sich eine solche Wirkung erstrecken wird? Alle vereinten sittlichen Kräfte vermögen nichts gegen sie; vergebens, daß der hellere Teil des Menschen sie als Betrogene oder als Betrüger verdächtig machen will, die Masse wird von ihnen angezogen.« Aber will Goethe derart das Dämonische von sich fernhalten und vom Vorzüglichen überhaupt in eine gewisse vorsichtige Entfernung bringen, so hat er beide Einschränkungen in der Folge wieder aufgehoben; denn er hat sowohl bedeutende

Naturen wie vor allem höchste Produktivität, also seine eigene, dem Dämonischen zugeordnet. Friedrich II., Peter den Großen, Napoleon, Byron, Mirabeau hat Goethe dämonisch genannt, alle nicht nur in ihrer Leidenschaft und Energie, sondern auch in ihrer unübertrefflichen Sicherheit. Vollkommen aber wird die Verbindung des Dämonischen – und zwar nach Seite der hellen Besessenheit – mit der dichterischen Produktion: »In der Poesie ist durchaus etwas Dämonisches, und zwar vorzüglich in der unbewußten, bei der aller Verstand und alle Vernunft zu kurz kommt, und die daher auch so über alle Begriffe wirkt.« Und völlig entschieden zu Eckermann, März 1828, im Zusammenhang mit wiederholter Pubertät: »Jede Produktivität höchster Art, jedes bedeutende Aperçu, jede Erfindung, jeder große Gedanke, der Früchte bringt und Folge hat, steht in niemandes Gewalt und ist über aller irdischen Macht erhaben... Es ist dem Dämonischen verwandt, das übermächtig mit ihm tut, wie es beliebt, und dem er sich bewußtlos hingibt, während er glaubt, er handle aus eigenem Antriebe.« Goethe erinnert hierbei, im Zusammenhang mit der blitzartigen, das Bewußtsein überwältigenden Inspiration, an den Mythos der »unverhofften Geschenke von oben«; er nennt demgemäß das Produktive »ein würdig befundenes Gefäß zur Aufnahme eines göttlichen Einflusses«. Solche Deutungen sind von Goethe mit mehr konventionshafter Erläuterung angefügt, doch ebenso wollen sie gerade die günstige, die sich kommunizierend-offenbarende Verschlossenheit auszeichnen, die Kategorie der produktiven Tiefe nach oben und unten zugleich, zum Unterschied von der finster nur unten bleibenden Dämonie. Wichtig ist die Auszeichnung der wahllosen, werkgewissen, fruchtführenden Sicherheit, wie sie mit der günstigen Dämonie verbunden ist und Richtung gibt. Richtung aus dem Drang, dem Sendungsgefühl einer unausweichlich produktiven Natur und Richtung von dem Stern her, den das Chaos gebären will, auf den alle Dominanten der Ausbildung, das ganze Leben hindurch, visiert sind. Wobei die Werke selber, die dermaßen notwendig produziert werden, dem Stern so zugeordnet sind, wie sie ihn als Stella nova vor allem anderen pointieren und erblicken. Der Dämon Goethes findet und formiert seinen Grundstoff im »Faust«, der Beethovens in der »Eroica« und im »Fidelio«, der Dantes in der »Divina Commedia«; ja es gehört sogar, wie Goethe in den »Urworten Orphisch« sehen will, zu dem Gesetz, wonach solche Naturen angetreten, daß sie sich unausweichlich treu sein mußten, also auch ihrer Zeit. Als derjenigen nämlich, worin ihr eigener Grundstoff ideologisch vorhanden und zugleich, in seinen goethischen, beethovenschen, danteschen Weiterungen, utopisch latent war. So bestimmt hier das günstige Dämonische die Unverfehlbarkeit des produktiven Ziels und Prinzips, des neu gesetzten, erstmals artikulierten. Das sich offenbarend Verschlossene oder verschlossen sich Offenbarende macht aber schließlich solche Werke notwendig *allegorisch-symbolisch*, in allen ihren zentralen Partien. Das ist: es macht sie bedeutend im Sinn von Bedeutungen, die in der Welt ihrer Gegenstände selber fundiert sind und dem Verschlossen-Hellen der dämonishen Produktion deshalb auch objektiv entsprechen. Dadurch wird eine Subjekt-Objekt-Beziehung fundiert, die sich nicht nur auf die gesellschaftlich aufsteigenden Inhalte der Zeit erstreckt, sondern auf die anrückenden, durchklingenden Kundgaben in der Objektswelt insgesamt. Auf dasjenige in ihr, was Goethe – mit so nur aufgehendem Sinn, Natursinn – »geheimnisvoll am lichten Tag«, gar »heilig öffentlich Geheimnis« genannt hat. Drinnen wie draußen, drinnen als Offenbarwerden von Rang, das Verschlossenheit voraussetzt, draußen, in den auszusagenden Gegenständen, als Verschlossenheit, in der Offenbarwerden sie noch ausdrückt. Beide: Sprache wie Sachgehalt solcher Produktion, enthalten den beständigen Wechselverkehr zwischen Verschlossenheit und Aurora im Aufgang: »Gedichte sind gemalte Fensterscheiben« – so stehen sie wie ihre Gegenstände, wie die Farben der Goetheschen Welt- und Farbenlehre insgesamt, zwischen Dunkel und Licht. Folglich kann die Darstellungs- wie Objektivitätsform dieses öffentlichen Geheimnisses, dieser hellen Dämonie keine andere als die allegorisch-symbolische sein; in den frühen Dichtungen Goethes auf direkte Gleichnis-Weise, in den späten auf oft umfigurierte, ja paradoxe. Also sind dergleichen Bedeutungsinhalte nicht etwa ausgeschrieben, und ein Deuter hält die Blätter lediglich ans Licht, wonach die fertige Schrift hervortritt –, sondern von der Welt ist ihr Bedeutungsinhalt eben selber noch nicht fertig hervorgebracht, herausgebracht; darum steht die Welt selber in diesem gärenden Prozeß gestalthafter Ausprägung, darum steht die geniale Produktion selber am vorgeschobensten Posten der Gestaltenentwicklung. Geniale Produktion ist für Goethe Dämonisches mit Aufheiterung, ist Urbanisierung des Dämonischen, und das gleiche ist ihm die Produktivität Welt, mit ihren sich lebend entwickelnden Entelechien; denn sie sind allesamt ebenso viele lebende, objekthaft vorhandene Allegorien und Symbole. Das und nichts anderes ist Goethes Realismus, überall »bedeutende Gegenstände« suchend, findend, pointierend; er ist keiner der abgezeichneten Oberfläche, sondern des Wirklichen, das in jeder seiner Gestalten das Gleichnis eines sich steigernden Seins darstellt. Dessen Vollkommenheit selber, gewiß, es gibt sie bei Goethe auch schon darin, »sich in Natur, Natur in sich zu hegen«. Hierin, im pantheistisch Ganzen, ist ihm das Buch der Natur durchaus vollgeschrieben, wie bei Giordano Bruno, gar wie bei Spinoza. Doch im *Unterwegs der Gestalten,* der eigentlichen Goethewelt, zeigt sich dauernd verwandelnde, wechselnd bezogene und so allegorische Figurenbildung, mit einem symbolischen Dauerstern darin, der aber, Ewig-Weibliches genannt, selber nicht fixiert ist, sondern schwebt, noch schwebt.

Nur wer die Sehnsucht kennt: Mignon

Es gibt keine gefühlte Fremde an sich, jede ist nur fern von etwas. Das Sehnen danach hin mißt sich nach der Ferne und Schöne dieses Etwas, mehrt sich mit ihnen. Aber auch ein scheues, ganz rätselhaft verschlagenes Suchen hat darin Leben; sein Wohin muß dann selber wie stellvertretend für etwas sein. Goethe hat diese Art in der entlegensten, heimatlosesten seiner Gestalten dargestellt, in Mignon. Als Kind durch eine Gesellschaft Seiltänzer entführt, von Wilhelm Meister dem Prinzipal dieser Bande, der sie grausam mißhandelt, entrissen, ist sie auch nach dieser Rettung pures Subjekt einsamer, unerfüllter Sehnsucht. Diese Sehnsucht steht mit keinem Fuß auf dem Boden, also ist sie auch keine weiblich-sexuelle, trotz des Anscheins von Pubertät und ihrer Verwirrungen. Nirgend und nie ist das ätherisch-rätselhafte Geschöpf Weib; es könnte sonst nicht so beziehungslos sein. Auch zu Wilhelm ist Mignon nur fragwürdig bezogen: er ist nicht ihr Geliebter, trotz der Anrede des Gedichts, auch nicht Beschützer und Vater, er ist der Mensch als Heimat, in dem sie zum erstenmal Wärme erfahren hat, und er wird nicht einmal als Mensch geliebt, sondern durch ihn schimmert und wirkt das als Italien, das nicht einmal als Italien, sondern als das »feste Haus« Ersehnte, das drüben ist. Ihre einzigen Bindungen, außer der uneigentlichen an Wilhelm, die an Felix und den Harfner, sind die einer streckenweise verwandten Lage, nichts weiter. Das einsame Kind unter Erwachsenen fühlt sich zu Felix, dem andern Kind gezogen, das naive Wesen zum naiven. Das vereinsamte Geschöpf, schmerzgezeichnet, fühlt sich zu dem vereinsamten, schicksalgezeichneten Alten gezogen, das musikalische Wesen zum Musikanten. Nichts ist in diesen Beziehungen von Mütterlichkeit, nichts von Fraulichkeit; Mignon bleibt geschlechtslos, völlig freischwebendes Subjekt der Sehnsucht, sogar bis in den äußerlichen Kampf gegen die Geschlechtsbestimmtheit, um die Knabenkleidung. Daß darin nichts Zwitterhaftes, Doppelgeschlechtliches gemeint ist, sondern das Zeichen eines Auszugs aus jeder Geschlechtsfarbe der Sehnsucht, zeigt Mignons letzter Gesang: »Und jene himmlischen Gestalten / Sie fragen nicht nach Mann und Weib.« Mignons Sehnsucht ist auch nicht eine passive, im Gegensatz zu der ausfahrend-handelnden eines Tasso, Faust, selbst Wilhelm Meister; als diese passive könnte sie noch mit der weiblichen gut zusammen bestehen. Sondern sie ist eine auch in der Liebesschicht gleichsam namenlose Sehnsucht und darum eine zum Weib-Mann-Verhältnis überhaupt disparate. Eine disparate, also nicht etwa asketische; weshalb Mignon allerdings am Mißlingen einer erotischen Beziehung zu Wilhelm zugrunde gehen kann. Aber sie geht nicht an und aus Erotik zugrunde, sondern eben wieder einzig am völligen Freischweben ihrer Sehnsucht, an der Transparenz ihrer Erotik, an der beständigen Unendlichkeit ihres Nichthabens und Habens zugleich. Dieser Zustand gelangt nie aus der Distanz heraus, sein Affekt kann auf der Erde nie landen, bleibt unwirklich und immer nur ein Scheinen, nicht ein Werden zum Sein. Derart sagt auch der Arzt zu Wilhelm, kurz vor Mignons Tod, diagnostizierend: »Die sonderbare Natur des guten Kindes... besteht beinah nur aus einer tiefen Sehnsucht; das Verlangen, ihr Vaterland wieder zu sehen, und das Verlangen nach Ihnen, mein Freund, ist, möchte ich fast sagen, das einzige Irdische an ihr; beides greift nur in eine unendliche Ferne, beide Gegenstände liegen unerreichbar vor diesem einzigen Gemüt.« Wegen ihres Schweigens und ihres bannenden Gebanntseins ist diese Sehnsucht wie Mignons ganze Gestalt, so wenig sie naturhaft ist, doch zweifellos dämonisch. Natalie hat die Besessenheit in dem kaum entwickelten Ich Mignons wohl erkannt und für Wilhelm erinnert: »Sie erzählte ihm von Mignons Krankheit im allgemeinen, daß das Kind von wenigen tiefen Empfindungen nach und nach aufgezehrt werde, daß es bei seiner großen Reizbarkeit, die es verberge, von einem Krampf an seinem armen Herzen oft und gefährlich leide... Sei dieser ängstliche Krampf vorbei, so äußere sich die Kraft der Natur wieder in gewaltsamen Pulsen und ängstige das Kind nunmehr durch Übermaß, wie es vorher durch Mangel gelitten habe.« Aber wieder wäre nichts falscher, als diese Art Dämonie auf Kind-Weiber und anderes Zwischenwesen zu verengen, auf Klingsors Blumenmädchen oder auf seelenlos Undinenhaftes, das Seele erst sucht; konträr: Mignon ist ja nichts als Seele, und sie schweift fernhin, weit über den Mann hinweg. Stets geht diese Sehnsucht ins Unbedingte; so wird das Subjekt der Sehnsucht an sich, als der namenlosen, in dem zarten Bild Mignon ein freisteigendes Sinnbild, ein aus sich selber rollendes archetypisches Symbol. Die späte Erklärung von Mignons Herkunft, bei ihren Exequien, durch den Onkel ex machina, ist keine, sondern ein Bruch in der Konzeption dieser Figur, ein Übergang in ein anderes Genus; das geht Mignon ohnehin nichts mehr an, sie ist tot. Lebendig aber ist der Archetyp Mignon, der zartest-utopische, der je aus der Jugend aufgestanden ist. Und er umzieht, überschießt alle die scheinbar festen Personen, Entelechien der Goetheschen Welt. Er steht im »Meister« außerhalb der Bohème, außerhalb der Society, ist sozial nicht unterbringbar, im Gewordenen insgesamt nicht übersehbar. Er steht urbekannt da in der radikalen Sehnsuchts-Erfahrung fast jedes Menschen, vorab in seiner Jugend, und steht ebendort disparat zu allem bereits gestaltet Bekannten, Bekanntgewordenen. Mignons Archetyp ist also ein genau erfahrener und eruierter, folglich gar nicht romantisch verstiegener oder gar eine, wie die Unerfahrenheit sagt, sogenannte Ironie über die Romantik. (Was sind dann die Mignonlieder, die zu den echtesten, schönsten Goethes gehören?) Die Suche Mignon hat keine Lehrjahre oder noch keine, doch das spricht nicht gegen dieses sehr vorhandene, sehr zarte Menetekel, das in Goethes Werk, gerade in diesem, ebenfalls Platz gefunden hat – ein noch Ungewordenes, Unbekanntes wirklich durch die Blume sprechend. »Der echte Schüler«, so schließt Wilhelm Meisters Lehrbrief, der seine Lehrjahre abschließt, »lernt aus dem Bekannten das Unbekannte entwickeln«: gewiß, das ist goethisch, aber das Sehnsuchtssymbol Mignon und sein Inhalt zeigen, wie ein Rest umgeht, der mindestens nicht aus dem bereits Bekanntgewordenen entwickelbar ist und darin unterkommt. Das ist gleichfalls goethisch, es gäbe sonst außer Mignon auch den so unvergleichlich bestimmteren Tasso nicht, ja nicht einmal das Unzuhause Fausts. Heißt der gemeinte Rest, »unbefriedigt jeden Augenblick«, an solch anderen Stellen, voll Ausbruch und Gestaltung: Tasso, gar Faust, so heißt er als stiller, an sich gehaltener nicht unberechtigt: Mignon oder die hier so wenig excellierende Sehnsucht par excellence.

Bezeichnend, daß alles an ihr tönt, also nur in dieser Form nicht verschlossen ist. Ihre Lieder singt sie, sie spricht sie selten und dann nur »mit großem Ausdruck«, der eben darin alles zurückhält: »Heiß mich nicht reden, heiß mich schweigen.« Der unbedingten Sehnsucht ist, wie die Liebe, so die Freundschaft versagt, die Wechselrede in ihr: »Allein ein Schwur drückt mir die Lippen zu, / Und nur ein Gott vermag sie aufzuschließen.« In drei Liedern singt Mignon den Eros aus, der alles begonnen, in dem sie endet. »Nur wer die Sehnsucht kennt, / Weiß, was ich leide« – ein Brennen und ein Zug, der dem Geliebten nachzieht in die Weite, der noch viel weiter zieht und doch machtlos ins Hier gebannt ist. Dann das Italienlied, zwar hinreißend konkret in der beginnenden Strophe, Beschreibung, die lauter Poesie, Phänomen, das selber die Lehre ist: »Im dunklen Laub die Gold-Orangen glühn, / Ein sanfter Wind vom blauen Himmel weht, / Die Myrte still und hoch der Lorbeer steht / ... Dahin! dahin / Möcht ich mit dir, o mein Geliebter, ziehn.« Aber es ist ebenso ein nicht vorhandenes Italien, das so im Gemüte steht, es ist état d'âme, die Landschaft dieser Sehnsucht selbst, ihr Orplid. Darum wird nicht nur Italien als diese Landschaft von Mignon wiedererkannt, sondern Italien selber, das Objekt als Subjekt, sieht und erkennt die kommende Mignon wieder: »Und Marmorbilder stehn und sehn mich an: / Was hat man dir, du armes Kind, getan?« Es sind mitleidige Marmorbilder, selber wie Beschützer und Vater beschaffen, und in ihnen ist die Sehnsucht sich selber ein Halt. Nicht der letzte, denn im Mignon-Raum Italien steht ein anderer: der »Saal der Vergangenheit«, in dem sie beigesetzt wird, in dem »Leben und Ewigkeit« eingeschlagen sein sollen. Diesem anderen Raum gilt Mignons letztes Lied: »So laßt mich scheinen, bis ich werde, / Zieht mir das weiße Kleid nicht aus«; das weiße Kleid ist dem »ätherischen Gewande« Fausts, in seiner letzten Wunschlandschaft, nicht unverwandt. Mignons drei Lieder singen derart drei Steigerungen der Sehnsucht aus und dreifach gesteigerten Empfang durch deren eigenen, immer unabgelenkteren Inhalt. Der Inhalt bleibt ferne Heimat, darauf geht in Mignon, als dem feinsten, reinsten, stillsten Subjekt der goethischen Sehnsucht, aller Wunsch; ohne die Umwege und Weltwege der großen Goetheschen Sehnsuchtsfiguren, der titanischen. Und es zeigt sich daran: Goethe hat nicht nur, wie er sagte, das Ideelle allemal in weiblicher Form konzipiert, er sah, da die unbedingte Sehnsucht Mignon immerhin primär ein Mädchen ist, auch das *Streben* nach dem Ideellen in solcher Form. Wobei ihm das Ideelle selber, in seiner Anziehung, allerdings niemals als solch unsexuelle Leidenschaft erscheint, wie ihm Mignons Eros erschienen ist und wie es für Mignon erscheint. Am Ende fragen Goethes himmlische Gestalten durchaus nach Mann und Weib, das heißt, sie fragen vielleicht nicht nach dem Mann, aber sie antworten ihm – als geahntes Gretchen, als Helena, als Pandora – in Gestalt des Weibs. Mignon, das pure *Subjekt* der Sehnsucht, kann dem Dichter nicht ein *Objekt* der Sehnsucht werden, doch das Marianische in ihr tritt durchaus auch im »Meister« mit jener

Grazie heraus, die von Gnaden kommt. Also zweifellos nicht als Mignon, doch nun gerade wieder stellvertretend für das in ihr Bedeutete, an einer sie Verstehenden, nämlich an der schönen Reiterin, die Wilhelm zu Hilfe kommt, als er, von Räubern verwundet, am Boden liegt. »In diesem Augenblick... wirkte der lebhafte Eindruck ihrer Gegenwart so sonderbar auf seine schon angegriffenen Sinne, daß es ihm auf einmal vorkam, als sei ihr Haupt von Strahlen umgeben, und über ihr ganzes Bild verbreite sich nach und nach ein glänzendes Licht... Er sah noch den Rock von ihren Schultern fallen, die edelste Gestalt, von Strahlen umgeben, vor sich stehen, und seine Seele eilte der Verschwundenen durch Felsen und Wälder auf dem Fuße nach.« Die Schöne wird später als Natalie angetroffen und enthüllt, als die gleiche, welche die übermächtige Besessenheit in Mignon zuerst erkannte und beschrieb, so wie die Ruhe die Unruhe erkennt und umschreibt. An der Vision der Strahlen erblickt man bereits das fromme, süddeutsche Bildwerk, also das Katholizierende, das dem Dichter des Faust-Himmels so einfältig verdacht worden ist. Man hätte es bereits an dem langen, leichten, weißen, geflügelten Engelsgewand wahrnehmen können, in das sich Mignon vor ihrem Tode kleiden mag und muß. Die Sehnsucht hat als Goethes Mignon ihren langen Blick, ihre Figur erlangt, – in Mignon, der Nonne im Trappistenkloster der Liebe.

Wünsche als Vorgefühle unserer Fähigkeiten

Der lebende Morgen aber ist nicht nur sehnend, sondern tätig dämmernd. Für ihn gilt ein Werden im Scheinen selbst, derart, daß wirkliche »Kräfte sich erheitern«. Goethe setzt dieses sogar als männlich unterscheidend: »Man liebt an dem Mädchen, was es ist, und an dem Jüngling, was er ankündigt.« Goethes Sprichwort: was man in der Jugend sich wünsche, habe man im Alter die Fülle, erläutert das neunte

Buch von »Dichtung und Wahrheit« dankbar und hoffnungsvoll so: »Unsere Wünsche sind Vorgefühle der Fähigkeiten, die in uns liegen. Vorboten desjenigen, was wir zu leisten imstande sein werden. Was wir können und möchten, stellt sich unserer Einbildungskraft außer uns und in der Zukunft dar; wir fühlen eine Sehnsucht nach dem, was wir schon im stillen besitzen. So verwandelt ein leidenschaftliches Vorausergreifen das wahrhaft Mögliche in ein erträumtes Wirkliche. Liegt nun eine solche Richtung entschieden in unserer Natur, so wird mit jedem Schritt unserer Entwicklung ein Teil des ersten Wunsches erfüllt, bei günstigen Umständen auf dem geraden Wege, bei ungünstigen auf einem Umwege, von dem wir immer wieder nach jenem einlenken.« Dieses Goethegefühl sieht darüber hinweg, daß nicht alle Blütenträume reifen, will sich von der Schuld des Unterlassens befreien, indem es an ihr leidet und sie erkennt, will die Umwege des Plan Gebliebenen, nicht Ausgeführten durch wohlgeordnete Mannigfaltigkeit des zur Scheune Eingebrachten aufwiegen. Desto genugtuender aufwiegen, als das Goethesche Alter, durch wiederholte Pubertäten ausgezeichnet, wenigstens von der eigenen Jugend sich nie abgekehrt hat, trotz Entsagung. Der junge Goethe schrieb 1771 an Salzmann: »Mein Nisus vorwärts ist so stark, daß ich selten mich zwingen kann, Atem zu holen und rückwärts zu sehen.« Und 1823 sagt der Alte zum Kanzler von Müller: »Es gibt kein Vergangenes, das man zurücksehnen dürfte, es gibt nur ein ewig Neues, das sich aus den erweiterten Elementen des Vergangenen gestaltet, und die echte Sehnsucht muß stets produktiv sein, ein neues Besseres erschaffen.« Das ist das gleiche wie jene Gesinnung und Anwesenheit der Produktivität, die im Alter keiner genialen Begabung nachgelassen hat. Die Ausnahmen (etwa Klopstock, Schopenhauer) sind gering, die Regel (mit solch erstaunlichen Übersteigerungen wie Verdi) zeigt meisterliche Jugendkraft. Bedeutende Begabung trägt in ihrem Herbst Blüten und

Früchte zugleich; auch die Pläne und Entwürfe aus seiner Jugend, die Goethe stärker, mit mehr Unterbrechungen als ein anderer, seinen späteren Jahren überlassen hat, wurden nicht nur aufgearbeitet, nicht nur mit der Weltbreite der mittleren, mit der Tiefe der Altersjahre vermittelt, sondern sie wurden verwandelt, schließlich durch Quellen, die in der Jugend erst raunten, zu einer Allegorik-Symbolik befruchtet, an der nur besonders klassische Literaturprofessoren die sinnliche Frische vermißten. Kein Gedicht aus Goethes Frühzeit wiegt die »Selige Sehnsucht«, die »Marienbader Elegie«, »Pandora«, die Helena- und Himmelsszenen des »Faust« auf. Hier überall wirkt der junge Goethe im alten, weit lebendiger, als er im mittleren gewirkt hat; zum sehenden Dichter ist der visionäre gekommen, zur Frische des emotionalen Ausdrucks die Transparenz des wissenden. Gretchen ist nicht unwesentlicher, aber gewiß auch nicht wesentlicher als Helena; die Löwenwirtin in »Hermann und Dorothea«, die demeterhafte Frau, ist – sofern man sich nicht einzig aufs Homerische in großer Dichtung versteht – nicht gestalthafter als selbst Makarie in den »Wanderjahren«, die uranische Frau. Der Altersstil ist selber ein Novum, wie bei Rembrandt, Beethoven, Platon, so bei Goethe. Er bezeichnet ein nun ganz unerwartet Überschreitendes, ein dem Alter ganz paradox Utopisches, das eben deshalb in sonderlich entlegenen, seltsamen, durchaus nicht arrondierten Figuren umgeht. Im »Werther« galt als Gesinnung wie Trotz der Produktivität: »Warum der Strom des Genies so selten ausbricht, so selten in hohen Fluten hereinbraust und eure staunende Seele erschüttert? – Lieben Freunde, da wohnen die gelassenen Herren auf beiden Seiten des Ufers, denen ihre Gartenhäuschen, Tulpenbeete und Krautfelder zugrunde gehen würden, die daher in Zeiten mit Dämmen und Ableiten der drohenden Gefahr abzuwehren wissen.« Der reife Goethe hörte und fruktifizierte diesen Strom durchaus nicht nur an seiner Mündung; trotz eigenen Gartenhäuschens, trotz der Angst vor der Julirevolution und der Abneigung gegen den Vulkanismus (minus eigener Natur, Napoleon und Byron). Gerade Goethes Alterswerke haben das ganze vorige Jahrhundert und lange darüber hinaus die Uferbewohner gestört, die sich aus Goethe ein vornehmes Bürgeridyll herauslesen wollen oder auch eine Art animalisch-kosmische, tunlichst geistlose Klassik, eine sogenannte Kräfte-Kugel. Nicht nur der so beschaffene Georgische, auch der völlig kleinbürgerlich gewordene Klassizismus des vorigen, noch nicht ganz ausgestorbenen Jahrhunderts geht am wirklichen, nämlich tiefen Goethe zuschanden. Vorzüglich auch der alte Goethe, in mächtiger Allegorik-Symbolik, hat mit dieser Art großer Einfalt, stiller Kleinheit, pensionierter Schönheit nichts gemein, und ewige Ruh ist ihm nur in Gott dem Herrn. Vom Abend des Lebenstags aber sagt Goethe: »Es gehen dem gefaßten Geist Gedanken auf, bisher undenkbare; sie sind wie selige Dämonen, die sich auf den Gipfel der Vergangenheit glänzend niederlassen.« Nicht nur in der Vergangenheit niederlassen; denn indem jede groß gewesene Vergangenheit Gipfel hat, steht auch sie mit diesen, wie alles sich Erhebende, Berghafte, in der Zukunft, und alle Berge verstehen sich beständig gut mit Frühlicht, neuem Tag. Nicht anders wie der Weg abwärts und der aufwärts, wenn es ums Hellwerden geht, um sein wirkliches Carpe diem, eins und dasselbe sind. Und nirgends wurde das Gegenwärtige, gerade dieses wieder, betroffener erfahren als bei Goethe. Denn er entwertete es nicht um einer sich davon entfernenden Zukunft willen, sondern schon im »Werther« war ihm das »große dämmernde Ganze« ein Weg zu jedem Gebild der Nähe und ihr eingeschrieben.

MAX KOMMERELL

Goethes große Gedichtkreise

Mit »Römisch« und »Westöstlich« – Worten, welche im Titel zweier Gedichtkreise stehen, bezeichnet Goethe zwei Kulturen, die hier bewältigt sind, oder die Haltung bestimmen. Worin sind denn die Elegien, die Goethe seit 1806 »römisch« nennt, römisch? Sie ahmen die römischen Elegiker nach, sie sind in Rom gedichtet und verraten überall den Ort. Aber das ist nicht alles. Sie sind ein Einschnitt in Goethes Lebenslauf und heißen vielleicht gar deshalb römisch, weil Goethe selbst in ihnen römisch wird. Warum heißt der Divan »westöstlich«? Doch wohl, weil er dichterisch den Westen mit dem Osten verständigt. In welchem Medium aber, wenn nicht in Goethes Geist? Was also verständigt, ist die Person, in höchster Tragweite genommen.

Man hört es diesen gewiß stolzen Namen ab, daß die Anordnung von Gedichten zum Kreis, die älter ist und näher liegt als das Dasein eines Gedichts für sich selbst, hier Neues bedeutet. Wenn Goethe Gedichte derselben Gattung zusammenstellt, erneuert er die Gattung, und wir werden auch deren Begriff neu bilden müssen. Die Elegien sind eine Gattung. Das ist nur Name – was verbindet sie? Die Divangedichte sind keine Gattung. Da Rom und Persien und Arabien fern sind, hält die beiden Sammlungen etwa eine Reise zusammen? eine wirkliche? eine vorgebliche? Das wäre nicht ungoethisch, zumal er nach Rom gereist ist, und im Divan manche Gedichte auf eine Reise deuten. Hier also eine vorgebliche, dort eine wirkliche Reise! Der Biograph fügt hinzu, daß der Dichter des Divan auch auf Reisen war, wenn auch nicht so weit und nicht nach dem Osten. Auch ein Roman des Herzens könnte die Gedichte verbinden; ein solcher fehlt weder hier noch dort. Er könnte im einen Fall tatsächlich auf fremdem Boden durchlebt, im andern Fall auf ihn verpflanzt sein. Warum aber verpflanzt? Sind diese Neigungen so getönt, daß sie nach einer solchen Szenerie verlangen? Wieder fügt der Biograph hinzu, daß, was für den Roman der römischen Elegien gelte: geliebt worden sei Goethe auch in Rom, dennoch habe der in Deutschland Dichtende eine deutsche Liebe »versetzt« oder jedenfalls ein einheimisches Erlebnis und eines auf fremdem Boden seltsam vermischt. Die Gedichte beider Zyklen zeigen an, daß sich der Dichter auf eine vorhandene Dichtung bezieht, die jener fremden Kultur angehört. Nachahmungen also? Ja; nur muß der in Verachtung geratene Begriff des Nachahmens in seinem Ansehen erst gehoben werden, ehe er auf solch eine Dichtung angewandt werden kann. Goethe ahmt nur dann nach, wenn die erreichte Stufe seines eigenen Daseins mit der Eigenart des Vorbilds zusammenfällt, so daß er sich als Nachahmender, weit entfernt sich zu verleugnen, verdeutlicht. Wenn Goethe aber in diesem Sinn nachahmte, warum ahmte er damals gerade dies nach? Er muß in einem Zustand gewesen sein, in dem Properz und Hafis leicht bei ihm Zutritt fanden. Wenn dieser Zustand in den Gedichten eher verschwiegen als ausgesprochen ist, so muß ihn der Verstehenwollende um so mehr erfragen; dann aber zeigt sich, daß er mittelbar doch in jedem Gedicht enthalten ist. Dieser Zustand ist eine Verfassung des Geistes und ein Augenblick der Seele.

Denn diese Gedichtkreise, die durch ihren Plan eine Ausnahme von Goethes lyrischem Verfahren scheinen, bestätigen doch das Gesetz der Entstehung aus dem Augenblick. Sie sind augenblicklich nicht nur, weil sie, durch einzelne Gedichte, Augenblicke beschreiben, sondern weil sie einen allen Gedichten übergeordneten Augenblick haben. Sollten sie vielleicht nur durch diesen Augenblick möglich sein? Also aus demselben Akt hervorgehen, aus dem das kleinste lyrische Gedicht hervorging? Wie vertrüge sich aber der Augenblick als Thema und als Entstehungsweise mit dem geschlossenen, zyklischen Entwurf? Denn schon bei der ersten dieser römischen Elegien war Goethe gesonnen, eine Reihe zu verfassen, und bei den ersten Divangedichten hat er schon hingeblickt auf eine »Versammlung deutscher Gedichte im steten Bezug auf den Orient«. Ist dieser Quasi-Augenblick nicht eher eine Spanne oder Stufe und wäre es dann nicht Willkür, wenn man bloß um eine einheitliche Betrachtung zu sichern auch dafür den Ausdruck »Augenblick« wählte? Vielleicht doch nicht: eine Spanne kann Jahre dauern, sie hat aber ihren entschiedenen Einsatz und vielleicht ebenso deutlichen Abschluß, und wenn eine »Stufe« nicht selbst augenblicklich ist, so kann sie doch augenblicklich in Sicht kommen, und zwar in die Sicht dessen, der sie betritt. Auch der Gegenbegriff zum Augenblick bleibt derselbe wie früher bei dem scheinbar genaueren Wortgebrauch: nämlich der Lebenslauf. Nur daß die Gedichte meist bloß mittelbar auf ihn verweisen, während er schon im Entwurf der Zyklen mitgedacht werden mußte. Denn was allein zu einem solchen Entwurf führen konnte, ist Goethes Begegnung mit sich selber in einem Wendepunkt seines Lebens. Das ist hier Augenblick, auch wenn man nicht mit der Uhr in der Hand dastehen kann und sagen: jetzt ist er, jetzt ist er vorbei. Wenn wir beide Zyklen nach diesem Augenblick fragen, so gibt der Divan ihn schärfer, bewußter an. Wir finden es natürlich, da hier der Fünfundsechzigjährige, dort der Vierzigjährige dichtet. Fragen wir aber das Tagebuch und die Briefe der italienischen Reise, so konnte auch dieser Wendepunkt gar nicht bewußter durchgestanden werden. Es muß also an der Dichtart liegen, die im Falle der sonst so viel und gern entblößenden Elegien zurückhaltender ist. Vielleicht ist gerade dies römisch an ihnen, die Scheu vor Selbsteröffnung.

Der Augenblick, durch den Zyklen möglich werden, ist wichtig, ein Einschnitt im Leben. Er scheidet ein Vorher und ein Nachher; so ist er in sich selbst entschieden, ist in seiner Entschiedenheit bewußt: Wissen eines Menschen um sich selbst. Kann sich aber ein Mensch in einem Augenblick gegenständlich werden ohne eine Veränderung seines Wesens? Er fällt sich auf..., irgend etwas ist anders geworden mit ihm. Freilich, wenn dies schon der Grund der Begegnung eines Menschen mit sich selbst ist, so kann der Grund verborgen bleiben. Genug, wenn einer sich selbst deutlich wird – er glaube immerhin, daß er von jeher so war, und nur das, was er von jeher zu sein glaubte, mit unvergleichlicher Schärfe empfindet! In Goethes Fall mit Behagen! Denn solche Augenblicke sind glückhaft, ein Gelingen des Lebens, eine Vollendung der Person. Schweifte er vorher ab? War er sich entzogen? Ging dem Behagen ein Mißbehagen voraus, drohte ein Verfehlen der Bestimmung, war das Ich selbst in Gefahr? Unterzugehen, sich im Ausweichen zu verfälschen, an einer Störung zu erkranken? Nun, dann ist der Augenblick die Krisis selbst, aus der man hervorschreitet mit dem Gefühl der Heilung und des Heils. Ist das nicht Augenblick? Gegen Ende des 11. Buches berichtet Goethe in Dichtung und Wahrheit, er habe, nachdem er Friedericke Brion noch einmal vom Pferd herab die Hand gereicht, im Wegreiten auf dem Pfad nach Drusenheim »nicht mit den Augen des Leibs, sondern mit den Augen des Geistes« sich selbst in hechtgrauem Anzug mit etwas Gold daran genau so in umgekehrter Richtung reiten gesehen, wie er dort tatsächlich nach acht Jahren ritt. Ein höchst ehrwürdiges Zeugnis. Zur Deutlichkeit des Gesichts ist gesteigert, was ihn auch sonst betraf. Dieses klare und plötzliche Schauen seiner selbst gibt ihm Gewißheit darüber, daß ein Augenblick einschneidend ist. Diesmal die Schau seiner selbst als eines Künftigen! Öfter wird er sich als Gewesener bündig. Auch dies ist dichterisch. Das Gemeinsame ist die Selbstbegegnung. Alles bezieht sich auf das Ich, das durch ein Schicksal geht. Da träumt es sich. Man denke nur an Ilmenau. Sieht sich der Dichter als Gewesenen, so ist damit gegeben, daß er eine neue Gestalt hat, daß er sie eben zu haben beginnt. Sieht er sich als Künftigen, so ist damit gegeben, daß er eben aufhört, zu sein, was er eine Zeitspanne lang gewesen war. Die Selbstschau dessen, der sich als frisch Gewandelten erkennt, hat etwas Freudiges. Die Zyklen Goethes also sind Selbstanschauungen in einem Wendepunkt. Sie sind schön, weil sie authentisch sind, wie das einzelne Gedicht. Authentisch sind sie durch das Genaue des in ihnen wiedergegebenen Augenblicks, sofern er der eine gründende Augenblick dieser Gedichte ist.

Die Person bedarf eines Einschnitts im Werden, um sich selbst zu fassen. Diese Begebenheit betrifft das Ich; aber sie gewinnt in dem Maß eine sachliche Breite, als sich Goethes jeweilige Phase mit einer Geistesstufe und mit einem Bildungsinhalt gleichsetzt. Sich selbst fühlen und gebildet sein, einen Zustand haben und Welt begreifen werden eins. Zart und streng hängt jener Augenblick der Seele mit einer bestimmten geistigen Welt zusammen. Die geistige Welt wird Stoff, an dem sich der Zustand darstellt, und der Zustand erschließt eine geistige Welt. Beides ist Augenblick. Denn beides ist Eröffnung! Nicht also stellen die Zyklen einen Zustand dar, sondern den Beginn eines solchen; nicht eine geistige Welt, sondern die Erschließung einer solchen. Damit ist der Augenblick, fast könnte man sagen: die Plötzlichkeit auch als Gesetz der Zyklenbildung aufgefunden. Allerdings schafft eine gewisse Zahl von Gedichten, wenn sie einmal da ist, dann eine eigene Sicherheit des Schaffens, die Varianten erfindet und Lücken ausfüllt, bis neue Eingebungen erlitten werden. Beides zusammen macht den Stil. Im gewöhnlichen Leben empfinden wir die lange Dauer eines Zustands als prosaisch, seine Eröffnung als poetisch. Darin behandeln also die Zyklen eine Wirklichkeit poetisch, daß sie sich in ihnen eröffnet. Indessen kannte Goethe auch die schreckliche Poesie der sich entziehenden Wirklichkeit.

Welt also gehörte immer mehr zu Goethes Person, und der spätere Goethe kann ein Kapitel der Geschichte seiner Seele gar nicht darstellen ohne die Beschäftigungen, denen er damals oblag, und ohne die Bilder, mit denen er damals Umgang hatte. Mit großer Sicherheit findet er in den Elegien sogleich die eigentliche Form seiner zyklischen Kunst, deren Besonderes ist, eine Verwandlung Goethes an einer in ihm erneuerten geistigen Welt zu zeigen. Bestimmte Dichter und eine durch sie vertretene Dichtart machen ihm eine geschichtliche Welt zugänglich; zugleich aber bieten sie ihm das Mittel, sich dieser Welt zu bemächtigen, indem er Dichter und Dichtart als Schaffender fortsetzt. Vielleicht könnte man eine geistige Welt auch anders nachbilden; die Nachbildung könnte sich unmittelbar auf das Leben, auf Geschichte oder Sitten beziehen ohne Vermittlung eines Dichters. Aber das Umbilden vorhandener, für musterhaft befundener Dichtung gehört zur Tätigkeit dieses Geistes, der sich innerhalb der Überlieferung denkt und Überlieferung ist: ihr Auszug, ihr dichtestes Leben. Dies ist Humanismus und mehr! Er selbst sein heißt für ihn auch, daß Dichter in ihm neu werden, und daß er sich dichterische Ahnen gibt. Wenn ein Dichter und eine Dichtart eine geistige Welt vertreten, so vertritt den seelischen Zustand eine Liebesbegebenheit. Wie einzig ist die Liebe geeignet, das Beginnende eines Zustands hervorzuheben! Ist nicht jeder Liebesaugenblick ein Anfang und erschließt? Die Liebesbegebenheit steht also mit der geistigen Welt eines Zyklus in nahem Bezug. Wie sehr sie immer Leben sei, sie hat Teil an Kunst und Geschichte. Ist es die Liebe, die den Geist auflockert für das Begreifen einer bestimmten geschichtlichen Welt, oder ist es diese Welt, die einer Liebe ihre eigentümliche Tönung gibt und sie also im geistigen Sinn möglich macht? Eines durch das andere.

In alledem gleichen sich Römische Elegien und Divan. Vergleichen wir mit ihnen den frühesten Zyklus Goethes, die Leipziger Lieder, so fehlt denen zwar nicht die literarische Vermittlung, wohl aber die »Ferne«; sie bekennen sich mehr oder weniger deutlich zu einer bestimmten Urbanität des damaligen Leipzig, die zu einer deutschen und schließlich europäischen Liebeskonvention zurückführt und die vielleicht mit der Länge der Zeit ein wenig seicht geworden war. Sie sind also im Lebensgefühl künstlich und verbinden damit die persönliche Wahrheit, die sich schon damals nicht verschweigt, in kaum ausgeglichenem Widerspruch, ohne daß er Goethe wohl ganz zu Bewußtsein kam. Er konnte dies erst wissen, als es nicht mehr so war, und da hörte das Dichten – dieses Dichten – auf. Es wäre nur noch ironisch und aus großer Distanz möglich gewesen. Die zyklische Form ist ein Muster, das auszuführen ist und dessen Ausführung dann manches Persönliche enthält, aber sie hat noch nicht die Entschiedenheit des eigenen Fundes.

Die römischen Elegien

Goethe besaß, ehe er so jählings und lautlos in den Süden aufbrach, eine gründliche Kenntnis der lateinischen Dichtung, und wußte, was Rom ist, so gut es ein damaliger Deutscher, belehrt durch Kunst, Geschichte und Reiseliteratur, wissen konnte. Als er aus Italien zurückkehrte, hat er eine Überzeugung gewonnen, die ihn bald mehr, bald weniger in seiner noch übrigen Lebenszeit bestimmte. Aber die für ihn umwälzenden Einsichten in Kunst und Natur, die unvergeßlichen Eindrücke südlicher Landschaft und Lebensweise, kamen ihm in Momenten der Reise, und sein eigenes Verhältnis zur antiken Welt gründete er in Rom selbst, unmittelbar mit dem Betreten des römischen Bodens. Das demütige Beginnen von vorn, die Folgen dieser Eindrücke für seine Person, deren Römischwerden, vollzog sich spontan, einmal, mit kaum zu denkender Wucht. Was heute der Gebildete einen »Markstein in der Geschichte des deutschen Humanismus«, nennt, überfiel damals eine Seele, die einsam und selig hilflos war. Dadurch *sind* die Elegien; und so gut sie das Entstehen einer Welt in Goethe abbilden, beginnt in ihnen eine Liebesneigung. Wie wenig ist hier die Dichtung Lebensbericht! Es hilft nicht viel, zu wissen, daß in Weimar geküßte Küsse auf den römischen Aufenthalt zurückdatiert werden; sogleich die erste Elegie ersetzt einen uns bekannten Zusammenhang des Lebens durch einen Zusammenhang der Kunst. Es ist nicht wahr, und kein Mensch, der sich in Goethes Leben auskennt, wird glauben, daß für Goethe die Steine Roms nicht redeten und die römischen Kunstwerke seelenlos blieben, ehe er sich daselbst verliebte. Die Aufregung seines tiefsten Wesens durch Rom und Römisches begann sogleich, nachdem die Einfahrt in die ewige Stadt eine Sehnsucht stillte, die im Lauf der Jahre fast Krankheit geworden war. Was Goethe in der Folgezeit dort mit einer Frau oder mit Frauen erlebte, steht für sich, und war jedenfalls nicht die Bedingung jener großen Einsicht und jenes großen Eindrucks. Wohl aber setzt das erste Gedicht die Beziehung zwischen Kunst und Liebe fest, die den ganzen Zyklus durchwaltet. Damit ist freilich eine literarische Konvention aufgenommen und neu begründet: Amor, der Gott der Elegiker, ist es, der dem Dichter sein neues Schicksal zubereitet. Seltsam, daß der Dichter durch die für ihn noch ausdruckslosen Straßen gehend, bereits weiß, daß er sich demnächst verlieben wird. Und ist es nicht im Divan ähnlich? »Doch wirst du lieben!« Man könnte sagen: ein Kunstgriff der dichterischen Einführung? Goethe erzählt in Dichtung und Wahrheit, er habe bald nach seiner Ankunft in Straßburg von der Plattform des Münsters das Elsaß betrachtet, in dem er künftig ein Schicksal haben wird: er schildert das ahnungsvolle Gefühl einer solchen Betrachtung mit den Worten: »Und noch haben weder Neigung noch Leidenschaft diese oder jene Stelle besonders herauszuheben; aber eine Ahnung dessen, was kommen wird, beunruhigt schon das junge Herz und ein unbefriedigtes Bedürfnis fordert im stillen dasjenige, was kommen soll und mag, und welches auf alle Fälle, es sei nun wohl oder weh, unmerklich den Charakter der Gegend, in der wir uns befinden, annehmen wird.« Die Worte haben etwas Allgemeines. Merklich, wie der alte Goethe zum Deuter des jungen wird! Ein solches, von der neuen Umgebung eingeflößtes Ahnungsgefühl traf Goethe, wenn sich ihm eine Lebensperiode eröffnete. Die Fremdheit der neuen Umgebung ist versprechend. Bald wird sie Raum des Schicksals sein. Jene erste Elegie kehrt die Zeitfolge um: zuerst erschloß sich Rom und das erschlossene Rom gab einer Neigung den einmaligen heidnischen Glanz. Im Divan Ähnliches: der Ring des Dogen. Wir wissen, daß die Umrisse des eigenen dichterischen Orients gezogen waren, ehe Goethe Marianne kennenlernte.

Amor prahlt in der so kunstreich angelegten dreizehnten Elegie, er habe alle diese Gebäude gebaut, diese Kunstwerke hervorgebracht. Er scherzt wohl auch, und nicht ohne Tücke. Wenn er Schalk heißt, so möchte man darin sein altes Beiwort »Improbus« erkennen. Ein anderer Dichter hätte den Satz, daß alles Große der alten Kunst nur durch Liebe groß war, als ein Mysterium mit Pathos vorgebracht. Amor rühmt sich weiter – und nun ist er deutlich der Schutzherr der bisherigen Liebschaft des Dichters –, er danke dem Manne, der sein Leben dem Dichten der Liebe gewidmet habe, dadurch, daß er ihm in Rom für gutes Quartier sorge. Und so, wie die Liebe in der ersten Elegie nötig schien, damit die Größe Roms zum Dichter rede, so ist sie hier der Ursprung dieser Größe selbst, was Amor dem Dichter an seiner Vita anschaulich macht. Undichterisch sei er geworden, seit er dem Amor lässiger diene; nun er in den alten Dienst zurückgekehrt, denke er wieder »zu bilden«. Dieser Ausdruck ist gewählt, weil er eine Näherung zwischen Dichtung und Plastik und zwischen Antike und Moderne bezeichnet. Schalk ist Amor, da er das Dichten ermöglichend es hindert: er raubt dem Dichter durch Liebe die Zeit, das ihm inspirierte Liebesgedicht zu *machen*. Nachdem diese Sophismen einer Situation des Lagers wichen, lenkt ein kühner Tonwechsel zur Kunst zurück. Was an der Bewegten, der Erwachenden die Begierde entfesselt, ist im Schlaf ruhende Form, an der sich die höchste Betrachtung begeistert. Der herrliche Eingang einer Properz-Elegie: »Qualis Thesea iacuit cedente« klingt an, und der Körper der Geliebten lebt unter mythischen Beispielen und klassischen Kunstwerken. Unwillkürlich schweift der Leser vom Schluß dieser dreizehnten Elegie zurück auf die fünfte, die so üppig mit dem heimlichen Ernst des Dichters spielt. Der Tag den klassischen Studien, die Nacht der Geliebten! Aber ist dies nicht auch ein Studium? »Und belehr ich mich nicht, indem ich des lieblichen Busens Formen spähe, die Hand leite die Hüften hinab? Dann versteh ich den Marmor erst recht...« Dies am Leib der Geliebten gelernte Verstehen des Marmors, dieser erotisch geschärfte Tastsinn des Auges wird Dichtung, eine Dichtung, deren Ehrgeiz die Vollendung plastischer Formen ist. Amor und seine Prahlereien sind genau das, was der Dichter vor dem Humanismus voraus hat. Ein Glanz muß auf alles Leibliche fallen, damit die Menschengestalt in der bildenden Kunst aufgehe; diesen Glanz entdeckte zu allen Zeiten der Liebende, sehend, was schön ist, es als Hingerissener sehend; so entdeckt ihn auch der Liebende jetzt und versteht, was an der alten Kunst Leben ist: ihre Geburt aus Liebe. Freilich mußte Goethe nach Rom gehen, um dort diesen Amor zu finden. Nie vorher hat ein deutscher Vers die Weihe des Fleisches gesungen, und das Bonmot Amors entlarvt großartig den Widerspruch zwischen Humanismus und Antike: »War das Antike doch neu, da jene Glücklichen lebten!« Wer ist nun der Amor der goethischen Elegien? Der Amor der lateinischen Elegien kann er nicht sein; denn daß »der Barbar römischen Busen und Leib beherrsche«, dies konnte ja kein Alter von sich behaupten. Es ist also nicht jener alte Amor selber, sondern ein Amor, der auf ihn blickt und ihm zu gleichen denkt.

Amor, der alte Amor, haust in der Elegie; sie ist sein Gedicht und er ist ihr Gott; so muß er aus ihr verstanden werden.

Sein Besonderes in der alten Göttergesellschaft – das neue Wehen, das er mit sich führt, und überhaupt die so abschließende, überleitende und eröffnende Welt der lateinischen Elegie zu erforschen, wäre eine Aufgabe von unendlichem Reiz. Sie fordert indessen den berufenen Deuter der alten Gedichte; und auch über ihr Nachleben in Goethe wäre ihm das meiste zu sagen vorbehalten. Die Elegien des Properz berührten Goethe wohl stärker als die des Tibull. Ihr moderner Zug ist deutlicher: es sind Gedichte, die ganz dem leidenschaftlich bewegten Zustand des Liebenden gewidmet sind. Freilich sind sie nicht spontan wie die Gedichte Goethes. Sie haben, neben vielen vorrätigen Sprachwendungen, einen Vorrat von Grundtönen, deren Wechsel innerhalb des breit angelegten Gedichtes seinen Bau bestimmt und seine Wirkung ermöglicht. Dies ist ebenso altertümlich wie die Situationen der Gedichte, die persönlich und erfahren scheinen, bei näherem Betrachten aber vielfach als geeignete Anknüpfungen dichterisch überliefert werden. Altertümlich ist auch, daß die Gedanken vom leidenschaftlichen Zustand abschweifen zu mythologischen Vergleichen, die sich zu ganzen Szenen erweitern können, oder zur Vorgeschichte der großen Stadt, oder zum höfischen und politischen Leben, oder zu dem von der Hirtendichtung herüberwirkenden Lieblingsthema der goldenen Zeit und der Frage nach dem ersten Anstifter irgendeines die Gegenwart behelligenden Übels. Auf diesem Umweg kommt nun das Spontane in die Dichtung und wirkt in der Elegie bis heute fort: spontan ist die Art der Gedankenverbindung! Der Affekt des Liebenden ist daran erkannt, daß die geordnete Folge der Gedanken zum Schweifen wird. Man macht vielleicht zum erstenmal einen gewissen Naturalismus in der Darstellung des Gefühls, der planmäßig die Gedanken durcheinanderbringt, zum Gesetz einer Dichtart: Schein der Absichtslosigkeit als höchste Absicht. Es ist wohl nicht nur Goethes Meinung, daß die beiden Erfinder dieser Kunst des Kunstlosen, dieser Ordnung der Unordnung zugleich ihre höchsten Meister waren. Vielleicht überwiegt bei Properz der leidenschaftliche Zustand, bei Tibull die Idee der weichen, gleitenden Verbindung des Vielfachen zu einem abgestimmten Ganzen, so daß die eigene Leidenschaft oft nur gestreift wird. Natürlich finden sich bei Goethe beide Fälle und aus seinen Nachbildungen ist auch zu erschließen, daß er der größte, der kongenialste Leser war! Wenn man einzelnen Anregungen nachgeht, die er seinen Meistern verdankt, werden sie alsbald zum Kontrast; Goethe begriff das verdeckte Baugesetz dieser Gedichte und auch er wollte nicht nur sein Inneres, sondern ein dichterisches Ideal offenbaren. Und Klassiker waren ja nicht die Griechen, sondern diese Lateiner, und sie formten ihr Gedicht wie Goethe im Hinblick auf eine gewesene, wenn auch etwas nähere Kunst. Sonst aber – was ist nicht alles verschieden! Das Wesen der Situation, das nun autobiographisch ist, und die Situation selbst! Bett, Straße und Schenke finden sich bei Goethe, nicht aber die Weite des ganzen römischen Weltlebens vom Bordell bis zum Krieg in fernen Provinzen. Vor allem der Amor selbst, als Liebeszustand, ist so verschieden, wie die Geliebte, die ihn regiert. Cynthia ist eine so wilde als gescheite, sogar dichterische Hetäre und bleibt, auch wenn sie leidlich gezähmt scheint, ein gefährliches Raubtier. Wenn der neue Elegiker seiner Geliebten des Hexameters Maß mit fingernder Hand auf den Rücken zählt, so hat sie einen guten, beinahe deutschen Schlaf. Cynthia ließe sich das schwerlich gefallen. Wenn Properz, von ihr beleidigt, Ersatz sucht bei zwei Käuflichen, Phyllis und Thea, und sich die Lust mit ihnen noch durch einen ägyptischen Flötenspieler und die Tänze eines Buckligen würzen läßt – dann wehe den Mädchen, wenn Cynthia plötzlich vor ihnen steht, und wehe ihm selber, der nach dem Verscheuchen der anderen zerhauen, zerkratzt und zerbissen wird, bis sie wieder lächelt und mit ihm zu Bett geht. Und wenn Goethe in dem Gedicht »Besuch«, das eine Situation des

Properz nachbildet, die über dem Strickzeug eingeschlafene Freundin betrachtet, in deren Busen sich die Unschuld eines guten Herzens hin und wieder regt, so läßt Properz aus ganz anderen Gründen das Wecken sein: »Doch wagt' ich nicht die Ruhe der Herrin zu stören, da ich die Scheltworte ihrer bereits erprobten Wildheit fürchtete.« Gefährlich ist der Umgang mit ihr, gefährlich ist auch Tibulls Leidenschaft für eine verheiratete Frau, während der Dichter der römischen Elegien sorglos eine Witwe liebt. Man kann sogar sagen, daß jenen lateinischen Gesängen kaum ein Gefühl abgeht, es sei denn das eines gesicherten und behaglichen Besitzes, das gerade von Goethe gepriesen wird: »Ich liebe Mich des versicherten Guts lange bequem zu erfreun.«

Die Frage nach Amor aber, dem sich noch Venus und Cupido gesellen, ist zugleich die Frage nach den Göttern überhaupt. Goethe konnte seine eigene Art, zu den antiken Göttern zu sehen, in den lateinischen Elegien wiederfinden. Ihm waren diese Götter Ideen, und zwar künstlerisch aufgefaßte. Sie bedeuteten die Natur außerhalb und innerhalb des menschlichen Kreises, wie sie aus sich selber in reiner Deutung hervorgeht; und wenn in ihnen das Wesen des Lebens oder einzelner Lebenssphären erscheint, so sind sie damit nicht erschöpft: alles, wodurch eine Begebenheit oder ein Lebewesen über sich hinausreicht und an Höheres grenzt, heißt gleichfalls Gott, so daß die Götter nicht nur das Wesens des Lebens aussprechen, sondern es steigern. Das ist der eigentliche Grund des goethischen Verhältnisses. Dazu kommt die emblematische Bedeutung der Götterwelt als eines Bildungsapparates. Daß man sich auf Schritt und Tritt auf ein Beispiel der antiken Mythologie bezieht, ist Zärtlichkeit für das Alte und wird mit dem sinnreich Bildhaften dieser Vorstellungen begründet. Dies wäre fur uns nicht mehr bindend, wenn es nicht durch jene andere Grundansicht gehoben würde. Das Herübernehmen des griechischen Erbes ist aber auch der Stolz der augustäischen Dichtung, und so bewegt sich die lateinische Elegie, eine verpflanzte griechische Gattung, unbeschadet ihrer kühnen Selbständigkeit, in den Mythen des verehrten fremden Volkes. Schon dadurch, daß die griechischen Götter mit römischen Gottheiten verglichen, mit deren Namen benannt werden, findet ein Ausgleich statt, denn sicher lag es eher im Sinn der Elegiker, den Unterschied zwischen einem literarisch angetretenen Erbe und einer genuinen religiösen Überlieferung zu verwischen, als ihn zu betonen. Dennoch, er ist da. Es wäre übereilt, in dem alten Elegiker nur einen Aufgeklärten zu sehen, der sich göttlicher Vorstellungen zu künstlerischem Zweck bedient und im übrigen einer spätantiken Denkerschule anhängt. Daß die Götter zum dichterischen Schmuck werden, ist bereits in der hellenistischen Poesie vollzogen; auch sie verbindet schon eine Liebesgottheit mit einer erotischen Gattung. So gewiß das gewaltige Rom, seine Geschichte, die Verwaltung der Welt und die Ordnung des Hauses, insbesondere das bäuerliche Jahr für den elegischen Dichter eine mehr als künstlerische Wirklichkeit war, so gewiß bezeichneten für ihn einheimische Gottheiten, im Unterschied zu den griechischen, das eigene Erbe und das Fest des römischen Namens. Anderer Art sind Cupido und Venus, zumal Amor, bald Namen von göttlichen Personen, bald Namen für seelische Vorgänge. Bei Venus findet ein übertragener Wortgebrauch statt, Amor heißt an und für sich Liebe. Daß Amor sowohl Liebe wie Gott der Liebe ist, das ist für die Dichtung von unendlichen Folgen und wirkt sich ebensosehr im romanischen Kulturkreis wie in der englischen Liebespoesie (love und Love) aus: die Leidenschaft ist immer bereit, sich zu vergöttern, der Gott ist immer bereit, ein Gefühl zu bedeuten. Damit hat der Elegiker einen besonderen Gott und ein besonderes Verhältnis zu ihm, das weder in der griechischen noch in der einheimischen Religion gegeben ist und das man modern nennen könnte. Jedenfalls wirkt es bis heute fort. Dieser Amor ist, wenn man will, ein allegorischer Gott, ja ein psychologischer Gott. Es gibt den rein allegorischen Gebrauch der drei Namen, und auch den stumpferen rhetorischen, bei dem sie als synonyme Begriffe auswechselbar sind und nur noch die Begierde, die Leidenschaft oder eine bestimmte Leidenschaft bezeichnen. Aber der Gebrauch der Worte ist beweglich; Amor kann in anmutiger Fabel personifiziert, er kann in einem Kult- und Dienstverhältnis des Dichters zu ihm deifiziert, er kann im Schauder vor seiner Macht, ja in Furcht und Flucht, dämonisiert sein. Das sind seine göttlichen Formen. Seine menschlichen Formen aber sind: der Liebeszustand, das Liebesschicksal, und die bestimmte Leidenschaft eines Dichters zu einer Person: dieser mein Amor! Schwierig ist wohl das Verhältnis der drei göttlichen Mächte zueinander zu bestimmen. Durch die europäische Liebesdichtung, zumal die in Sonetten verfaßte, zieht sich eine herkömmliche Unterscheidung der Venus und des Amor, ihres Sohnes; so sagt Camoens, daß er die Geschosse des kleinen Knaben leicht nehme, während er die Mutter fürchte. Ein platonisierender Gedanke wird Götterfabel: Venus ist auch die Schönheit, und also das in der Geliebten geschaute Abbild, das die jeweilige Leidenschaft erregt. Unterscheiden die alten Elegiker grundsätzlich und scharf? Venus scheint mehr auf den Genuß und die Werke der Liebe zu deuten, so in der 5. Elegie des 1. Buches von Tibull: »Deseruitque Venus«, was Goethe als Motto über sein »Tagebuch« setzt. In der herrlichen Schilderung eines ländlichen Festes, der 1. Elegie des 2. Buchs von Tibull, werden am Ende Amor und Cupido entgegengesetzt. Cupido sei zwischen Feldern und Herden geboren worden und es werden die bedauert, welche dieser Gott schwer bedrängt. Glücklich aber wird gepriesen, wen der gelinde Amor sanft anhaucht. Ist dann Amor der Erreger des veredelten Gefühls? Wie dem nun sei: der Verkehr der Dichter mit Amor ist höchst vielfältig. Properz beginnt seine Elegiendichtung mit ihm. »Amor senkte mir die Blicke beständiger Hoffart und drückte, mir auf mein Haupt tretend, es mit Füßen nieder, bis mich der Schlimme gelehrt hat, die keuschen Mädchen zu meiden und unbesonnen zu leben; und mich läßt schon ein ganzes Jahr diese Raserei nicht mehr frei.« Ähnlich erscheint er in den Elegien des Tibull, nämlich in der sechsten seines 1. Buches: »Immer zeigst du mir, damit ich mich verleiten lasse, ein freundliches Gesicht, bist aber nachher mir Elendem traurig und herb. Was für Grausamkeit übst du an mir? Ist es für einen Gott so großer Ruhm, einen Menschen in seine Falle zu locken? Denn hier werden Netze gespannt...« Zu seinen vielen Verrichtungen gehört auch die, den Dichter zum Liebesgesang zu inspirieren, und hier knüpft Goethe an, wenn er den Schalk in der 13. Elegie prahlen läßt. Die Fruchtbarkeit dieser Idee des Amor ist groß für den alten Dichter. Wenn den modernen ein solcher Vorrat von Vorstellungen im genauen Bezeichnen des Gefühls stören würde, so ermächtigt er gerade den alten Dichter dazu. Amor ist ihm ganz unentbehrlich zum Begründen, Schildern und Unterscheiden der Zustände, so daß der Gott auch eine bestimmte Liebesart bezeichnen kann und die Fabel psychologisch wird. Was Amor dem Dichter, dem Gegenstand der Liebe und dem Schicksal beider antut, liefert Ausdruck um Ausdruck zu einer Seelensprache, insbesondere dafür, daß die Liebe furchtbar und ein Schicksal ist. Unter anderen, aus fremdem Erbe übernommenen, und eigenen, vielleicht nicht mehr streng gültigen Göttern ist Amor der wesenhafte und wahrhaft wirkende, der erfahrene und neue Dämon der Elegiker, der Gott des Dichters schlechthin. Wenn aber dem neuzeitlichen Liebesdichter das dämonische Müssen die eigentliche Beglaubigung der echten Liebe ist, wieviel beginnt dann von unserer Sprache und unserem Gefühl in diesem Amor der Elegien!

Eines, was Amor für den neuen Elegiker ist, konnte er dem alten nicht sein: der antike, als antik begriffene Amor! »War das Antike doch neu, als jene Glücklichen lebten.« Indem

Goethe also die Möglichkeit, daß Amor eine Liebesart bezeichnen kann, benutzt, meint er mit *seinem* Amor, dem »nacketen Amor«, die Liebesart, zu der er sich hier auf dem alten Boden entschließt, und die er ausdrücklich der modernen, sonst auch von ihm gepflogenen Liebesart, der labyrinthischen Seelenliebe entgegensetzt. Aus dem Abstand des modernen, nördlich und christlich geborenen Menschen, der überhaupt diese Elegien erschließt, wird erblickt, was dem antiken Menschen Liebe war. Wie betont Goethe, daß diese antike Liebesart sich für ihn erneuert, daß er sich zu ihr vereinfacht! Sein Amor ist derselbe, der einst Catull, Tibull und Properz befeuerte. »Amor schüret die Lamp' indes und denket der Zeiten Da er den nämlichen Dienst seinen Triumvirn getan.« In der dritten Elegie macht Goethe von der elegischen Sitte, die eigenen Zustände unmittelbar an hohe mythische Begebenheiten zu knüpfen, einen überraschenden Gebrauch. Er tröstet die Geliebte darüber, daß sie sich so schnell ergeben habe, mit dem Verweis auf göttliche und halbgöttliche Liebschaft, bei der es immer sehr rasch ging. Im Tempo unterscheidet sich also moderne Liebe von alter! »In der heroischen Zeit, da Götter und Göttinnen liebten, Folgte Begierde dem Blick, folgte Genuß der Begier. Glaubst du, es habe sich lange die Göttin der Liebe besonnen...« Die Beispiele führen echt elegisch in die Gegenwart zurück; die Gründung Roms – dieses den Dichter jetzt begeisternden Roms – wird einer alten Liebschaft solchen Tempos zugeschrieben. Kein Zweifel, der Dichter hält von den modernen Verschleppungen des Tempos jetzt nicht mehr viel! Er verrät ein Stück eigener Geschichte im Anfang des Gedichts, der dem Topos der alten Elegie »Pfeile des Amor« eine neue Bedeutung abgewinnt. Es gebe Amorpfeile, die nur ritzen und das Herz von einem schleichenden Gift auf Jahre erkranken machen. Es scheint, daß der Dichter diese Pfeile kennt! Eben darum zieht er die anderen vor, die »mächtig befiedert mit frisch geschliffener Schärfe« ins

Mark dringen und »behende« das Blut entzünden. Diese Erotika entstehen zur gleichen Zeit, als an den Tasso die letzte Hand gelegt wird. Unvergeßlich hat Goethe später im zweiten Teil des Faust die Liebe der Gestalt und die Seelenliebe unterschieden in den beiden Wolken, deren eine sich über Faust verflüchtigt und deren andere in seinem Innern dauert. Aus Spannung und Grundsatz steigern die römischen Elegien das bloß Körperliche ihres Amor über den antiken Charakter hinaus; denn die alten Elegiker kennen eine reichere Skala der Gefühle und eine größere Innerlichkeit der Liebe, als die, die Goethe hier entfaltet. Das ist ja das Schicksal, das Goethe erraten läßt: Vereinfachung, indem sich die Liebe vereinfacht. Man muß zum Verständnis hinzunehmen, welch manchen inneren Tod Goethe als Märtyrer der Seelenliebe vorher starb. Kann man es diesen Elegien nun vorwerfen, daß ihre Voraussetzung erst aus dem übrigen Werk Goethes oder gar aus dem Wissen um sein Leben erschlossen werden muß? Keineswegs! Daß sie verschwiegen wird, ist ein Vorzug. Gerade so kann sie viel anziehender, mittelbarer in den Gedichten enthalten sein: nämlich in jener Gründlichkeit der Wollust, aus der hier beinah ein Prinzip gemacht wird. Das tut kein einfacher, kein derb gesunder Mensch, sondern einer, der gesunden will und für den sich zu vereinfachen die höchste Leistung ist. Mit einem Jubel ohnegleichen entdeckt Goethe in dem, was man schmäht oder gering schätzt, eine unschätzbare, ihm heilige Quelle, an der nicht nur der Mensch, an der die ganze Natur trinkt. Noch deutlicher spricht eine unterdrückte Elegie Verschmähtes heilig, und da wissenschaftliche Ausgaben nicht für Pfarrhäuser und Mädchenpensionate veranstaltet werden, wäre es Zeit, eine so herrliche Dichtung in ihnen zu dulden! Gott Priapus dankt seinem Dichter persönlich dafür, daß er sein Bild wieder aufhob und es vor der Schmach rettete, daß Knechte über ihm ihre Bedürfnisse verrichteten. »Nun, durch deine Bemühung, o redlicher Künstler, gewinn ich Unter Göttern den Platz, der mir und andern gebührt.« Er verspricht ihm diejenigen Belohnungen, die ein solcher Gott versprechen kann. Gewiß hatte Goethe Gründe, das zu Lebzeiten nicht zu veröffentlichen. Wir mögen es nicht missen unter den römischen Elegien – was spräche ihren Sinn einfacher und verblüffender aus als die köstliche Gebärde des Dichters, der den alten Gartengott wieder aufrichtet. Das ist zynisch-fromm!

In diesem Amor fällt also die erschlossene geistige Welt und das Schicksal der Seele zusammen; sie wird neu durch ihn. Die autobiographischen Züge des Gedichtkreises, die mit Anmut versteckt sind, treten in Zusammenhang. Elegie 2 zeigt den Dichter auf der Flucht vor seinem Ruhm, dem er sowenig entgehen kann, wie der reisende Malbrough dem auf ihn gemünzten Lied. Das wurde noch deutlicher durch die gestrichene Stelle, die sich auf die lästige Nachfrage nach den Vorgängen des Werther bezieht. Nicht nur den Ruhm floh er, er floh die Gesellschaft, die bürgerliche, die höfische, sogar die kleinen Zirkel, er floh die geistigen Erörterungen so gut wie die aristokratischen Familiengespräche; er floh vor allem die Politik und – ein terminus post quem des Dichtens – er floh die Erinnerung an die für ihn nicht zu verwindende französische Revolution. Was floh er nicht alles! Daß er flieht, daß seine Reise eine Flucht ist, und zwar eine Flucht zum Heile, sagt diese zweite Elegie fast so deutlich wie das Gedicht »Hegire«, das den Divan einleitet. Welch schönes Verhältnis hat der Dichter zum Ruhm, wenn ihm nichts verhaßter ist als die Beschäftigung der Menschen mit seiner Person, nichts wünschenswerter als Anonymität, die ihm der neue Amor verschafft. Und so war es: Goethe ließ sich nicht kennen auf seiner Reise. Dieselbe Elegie ist eins der verblüffendsten Beispiele der Kraft zur Selbstschau. Mit welchem Behagen entwirft Goethe das Bild seiner Erscheinung, wie sie sich in Menschen spiegelt, die nicht nordisch, nicht problematisch sind, die ihn nicht als Dichter nehmen, und die durch das einfachste Interesse der Welt, durch Liebe und durch den Wunsch, zu Geld zu kommen, an ihn gebunden sind. Er vereinfacht sich selbst in dem Blick der Einfachen auf ihn; er genießt sich selbst in dem Staunen der andern über den Fremdling, und vor allem: er spricht das tiefe Anderssein aus, das erst seine Annäherung an die altrömische Welt so innig macht.

Das große Dankgebet an das Schicksal, das uns allein den wichtigsten Gehalt der »Italienischen Reise« ersetzen würde, wenn uns dies Lebensbuch verloren wäre, ist die siebte Elegie. Goethe hat, Rom verlassend, in mächtiger innerer Bewegung nach einem Lied des Abschieds gesucht; es hätte in einem hohen, heroisch-elegischen Ton schwingen sollen. Er fand ihn nicht, weil das Entstehenwollende verdrängt wurde durch die Tristia des Ovid, unter denen ein Abschied aus Rom war. Diese siebte Elegie enthält nun zwar keineswegs einen Abschied, im Gegenteil, sie weiß von keinem, aber sie allein besitzt jene Steigerung des Tons, die Goethe heroisch-elegisch nannte. Zu Anfang gesteht er, daß ein fast hoffnungsloses Leiden hinter ihm liegt und das Betreten dieses Bodens ihm Rettung bedeutete. Wie benennt er die Krise, der sein reicher Geist in einer nicht zu ihm stimmenden Umwelt und unter einem falschen Schicksal verfiel? Selbstbetrachtung. »Und ich über mein Ich, des unbefriedigten Geistes Düstre Wege zu spähn still in Betrachtung versank.« Daran, daß sie gestillt wird, erkennt man die Sehnsucht. Daran, daß hier Formen und Farben in einem herrlichen Licht hervortreten, so erst *sind,* erkennt er, daß der Tag des Nordens grau und formlos ist, und daß er, ohne es zu wissen, auf diese Rettung von Natur angewiesen war. Vom Anderssein über die Liebe zum Ähnlichwerden geht der Weg der Sehnsucht zum Altertum; er ist nur gangbar für einen, der einen Anflug davon vom Beginn her mit sich trägt, und die Sehnsucht mischt sich zu gleichen Teilen aus Anderssein und Vertrautheit. Zwei Zeilen vergegenwärtigen in ihrem magischen Klang die neue Umgebung: »Sternhell glänzet die Nacht, sie klingt von weichen Gesängen, Und mir leuchtet der Mond heller als nordischer Tag.« Nun glaubt er, durch einen ihm günstigen Irrtum der Hebe, die einmal einen kämpfenden Halbgott zu den Göttern führte, selbst im Olymp zu sein und bittet Jupiter, ihn nicht wieder zur Erde hinabzustoßen. Durch den Zuruf des Gottes ernüchtert will er nur hier auf dem römischen Boden, der kaum geringer ist als der Olymp, geduldet werden und sterben dürfen. Ein unbegreifliches Gedicht, in dem die Fülle der mythologischen Reminiszenzen aufs schönste belebt, der Wechsel der Töne auf engem Raum hinreißend wird. Am Anfang die ganze innere Geschichte, dann die Vision selbst, ein dichterisches Herkommen, aber hier doch Vorrecht eines so einzigen Gefühls; dann die Ernüchterung und endlich der stillende Abschluß durch den vorausgenommenen Tod, der an diesem Ort ein Geschenk wäre. Welcher Dank, welche Demut, welches Erkennen der Führung! Und wenn gerade Hebe versehentlich den Menschen zu den Göttern geleitet, so ist schon der Sinn dieser Gedichtreihe: Verjüngung.

Das Nachgeahmte, in diesem Fall die mythologische Einkleidung des Gedichts, wird, ohne daß ein Rückstand bliebe, Bekenntnis. Auch sonst bleibt das mythologisch Beladene, kunstvoll Gegliederte intim und bezieht sich überall zurück auf die eigene Erfahrung. Die vierte Elegie ahmt eine Personifikation oder Deifikation, wie sie die alten Elegien voraussetzen, goethisch nach. Er hat von seinen Vorbildern gelernt, im Anfang des Gedichts das Ziel zu verleugnen, unmerklich darauf zuzugehen. Die Frömmigkeit der Römer habe darin bestanden, daß sie alle Götter bei sich wohnen ließen. So glaubt der Liebende ebenfalls römisch zu sein, wenn er alle Götter ehrt. Der Gott aber, dem er besonders zugeeignet sei, ist hier nicht etwa Amor, obwohl ihm nahverwandt – sondern die Gelegenheit, die Goethe als Gottheit in dieser Elegie einführt. Die Deificatio wird vollständig dadurch, daß sie ihm in der Gestalt eines schnell zur Liebe bereiten Mädchens, übrigens im Norden und nicht hier, erschien. Nun ist aber die Gelegenheit für Goethe nicht irgend etwas unter vielem! Sie ist auch nicht eine Macht, die er besonders oder nur in der Liebe erfuhr! Sie ist ihm das Leben überhaupt, das Leben als ein Anerbieten und Leben als ein Ergreifen des Anerbietens; Leben, Kunst des Lebens und Dichtkunst! Was Goethe ist und was er dichtet, ist Gelegenheit. Gerade das Gedicht, das in seinem Fortgang literarisch und beinah verspielt schien, ist Bekenntnis. Erfahren wir aus ihm, wie Goethe den Winken des Schicksals gehorcht, so erfahren wir aus einem anderen, das auch personifiziert, aus der letzten Elegie, wieviel Goethe schwieg. Auch die neunzehnte Elegie mit dem Streit von Fama und Amor weiß davon. Warum schweigen? Liebende schweigen überhaupt, denn reden beleidigt die Geliebte nicht nur, sondern gefährdet auch den Liebeszauber. Diesmal ist Schweigen besonders ratsam. Der Freund, der der Liebe Gefahr bringt – nun, der ist vielleicht dichterische Konvention; aber die Freundin, die ihn schelten würde, wenn er spräche – die ist gewiß nicht erfunden. Freilich, wir lesen in dem Gedicht auch, was es nicht ausdrücklich sagt. Es betrifft den Zyklus und seine Dezenz! Es ist etwas an der Umwandlung, die Goethe auf dieser Reise erfuhr, was sich gar wohl aussprechen läßt und einen guten Sinn für viele hat; es ist auch an ihr etwas Befremdliches, was er besser für sich behielte, und was auszusprechen gerade verlockend, vielleicht gar nötig ist! Dies hängt wieder eng mit der dichterisch ausgeplauderten Liebe zusammen und mit der unbekümmerten Art dieser Liebe. Schweigen war die Bedingung der ganzen Reise von Anfang an – ein fast beleidigendes Schweigen über alles gegen alle. Und Schweigen wäre auch fernerhin gut, wenn Goethe die antikischen Lebens- und Liebesgewohnheiten im Norden fortzusetzen gedenkt! Das Gedicht ist nun ein halb gebrochenes Schweigen, ein Sagen, in dem noch verschwiegen wird. Verschweigt es auch genug? Der Herzog, für den erotische Unregelmäßigkeiten seines großen Freundes durchaus nichts Anstößiges hatten, fand doch die Veröffentlichung dieser Elegien bedenklich. Und in der Tat – wie weit gingen sie über die ärgsten Nuditäten eines Wieland oder Heinse hinaus! Denn dort erzählte der Dichter irgend etwas von irgend welchen, hier erzählte der Dichter die Intimitäten seines eigenen Liebeslagers und jedermann wußte, daß sie nicht erfunden waren. Das ist für die Dezenz ein ganz anderer Fall. Goethe, so unbefangen als aufrichtig, wußte wohl, daß das sonst Unmögliche möglich war durch die Form der Elegie. Sie, als Gattung, als ausgesprochen erotische Gattung, forderte und rechtfertigte im Namen der Kunst, was sonst nur stofflich wirkt und vom modernen Empfinden als schamlos gescholten wird. Der erneuerten Elegie mußte erlaubt sein, auch den Liebesvorgang antik zu stilisieren. Die Zeitgenossen sahen dies nur zögernd ein, und es bedurfte eines Schiller und eines Friedrich Schlegel, um über eine stoffliche Betrachtungsweise hinauszuführen. Goethe ließ sich beraten und schloß das Anstößigste aus. Erscheinen mußten freilich diese Gedichte; denn sie waren geschichtlich notwendig, da sie die Iphigenie ergänzend unsre Klassik über die Veredelung des Gemüts hinausführten zu einer mehr plastischen Vollkommenheit, und was man beanstandete, betraf gerade das Eigentliche der Botschaft; am Beispiel der Liebe hatte Goethe seine Sinnesänderung dargetan. Wieviel Grund hatte er also, die Verschwiegenheit als Städtebezwingerin anzurufen und sich bei ihr zu entschuldigen, daß die Muse und der Schalk Amor ihm den verschlossenen Mund löse...

Dem Stil nach sind diese Elegien so beweglich wie die alten; er nimmt eine mittlere Lage ein, die den Übergang zu jedem Ton zuläßt. Die hymnische und heroische Gangart ist vermieden, doch nähert sich Goethe besonders in einigen Abschlüssen und in der siebten Elegie der Erhabenheit einer religiösen Aussage. Der darstellende Ton wiegt vor und neigt zur Idyllik, so daß das Ausmalen kleiner Situationsbilder immer möglich bleibt. Behagen und Sarkasmus, sogar Obszönitäten liegen noch innerhalb der Skala, auch erlaubt sie – dies erinnert an das lyrische Genie des Catull – den Ausbruch des Temperaments. Die Verherrlichung des Orts mit geschichtlichen Rückblicken, an die Vorbilder angelehnt, ist einer der Anlässe zu erhöhtem Ton. Ebenso erlaubt der Stil die Ausweichung ins Gedankliche oder Lehrhafte, das aber vorsichtig zurückgedrängt wird. So kann der ganze Reichtum des Ausdrucks, den Goethes Wesensbreite forderte, in der Elegienform durchmessen werden, und in dem Augenblick, wo man die Stimmung gefährdet glaubt, stellt sie Goethe überraschend wieder her. Diese Stärke und Schnelligkeit der Übergänge ist wohl einzig, wenn man den geringen Umfang in Betracht zieht, zumal in der siebenten und dreizehnten Elegie. Die empfänglichen Zeitgenossen mußte überwältigen, was hier der deutschen Sprache gelungen war. Wir sind in Gefahr, es zu überhören, weil wir es zu gut kennen. Es ist etwas wie Glanz und Schimmer in diesen Versen, etwas wie reine Formen in scharfem Licht. Zum erstenmal darf ein Gedicht, so schien es, sich neben ein antikes Kunstgebilde stellen. Dies Neue ist da mit den ersten Distichen des Elegienkreises, und gerade in ihnen trifft es uns noch immer stark und unvermittelt, ein Anfang! Und wurde der Anblick des Vollkommenen für Goethe fernerhin zur Schule, an die er seinen Geist gewöhnte, damals war er Neuling, der um Einlaß flehte und ihn erhielt, und sein eigenes seliges Erschrecken vor dem, was ihm neu und fremd war, macht diese Verse noch immer fremd und neu.

Die Kunst des Abschweifens ist einbegriffen in jener Kunst der Kunstlosigkeit, in der sich die schlanken und beseelten Gebilde der alten und des neueren Dichters gleichen, und wenn es schon immer für meisterhaft galt, das Thema zu verhüllen und unmerklich zu ihm zu gelangen, so wird dies

Kunstmittel nun wieder bei Goethe zur Seelensprache: *sein* Thema, nämlich das, was ihm innerlich geschah, kann nicht hingesagt werden; wunderbar, wie es ist, kann er es nur dem Erraten aufgeben. Zur Abschweifung gehört, daß nicht nur überhaupt das Thema versäumt werde, sondern daß der Grund der Versäumnis selber anziehend sei, und man schließlich schwanke, was Haupt- und was Nebensache ist; und nicht zuletzt, daß sich in diesem Schweifen der Seelenzustand des Dichters male. So beginnt die fünfzehnte Elegie mit dem Schmähen des Nordens und dem Preis der Osterien; dann schildert sie eine heimliche Verständigung der Liebenden in Gegenwart der Mutter, am Tisch »den Deutsche vertraulich umgaben«. Wie in Elegien des Tibull wird mit dem Finger, den im Wein getauchten, auf den Tisch geschrieben – es gilt die Stunde des Treffens! Dann das Warten! Die Tageszeit! Die Sonne! Sie beschaut Rom, und während sie aufgefordert wird, sich dem Dichter zuliebe das Vergnügen dieser Ansicht zu kürzen, entrollt er die Ansicht selber und bereichert sie um Geschichtliches. Einst war hier noch keine Stadt. Dann Zerstörung, Wiederaufbau – Renaissance. Hatte Tibull die Landfeste der Campagna und das Goldene Zeitalter verherrlicht, so ist Properz, in der elften und zweiundzwanzigsten des vierten und in der ersten Elegie seines fünften Buchs der Meister solcher Rühmung Roms. Ihm folgt Goethe. Dies alles war dichterisches Geschäft, nun sind die schweifenden Gedanken eine Elegie geworden und die Zeit des Wartens verstrich. Nun machen die Musen dem Amor Platz.

Dies zärtliche Anspielen auf die Meister der Liebeselegie, dies neue, tief innerliche Wiederaufnehmen ihrer Künste, diese bescheidene Teilhabe an ihren Rechten und Besitztümern hat doch nur den einen Sinn, umschreibt doch nur das eine Gefühl: daß er, der Fremdling, im rechten Augenblick zugelassen worden ist zur Freude des sinnlich schönen Lebens und zu einer Kunst, die der Geist dieses Lebens ist, und daß er darüber sein unter falschem Klima verkanntes Selbst endlich entdeckt hat.

Der Divan

Die Bedingungen des Gedichtkreises sind für den Divan dieselben geblieben für die Römischen Elegien, und dieselben wie für das einzelne Gedicht Goethes, sobald wir nur den Augenblick in einem erweiterten Sinne fassen. Entschiedener als das einzelne Gedicht fordert der Zyklus den Lebenslauf als begründende Vorstellung – den gedeuteten Lebenslauf. Denn wenn der Augenblick in erweitertem Sinn gedacht wird, als ein Zustand der Seele und als eine Verfassung des Geistes, die sich beide freilich über Jahre erstrecken können, aber bündig werden in ihrem Anfang, so ist darin ein Werdegang durchmessen und im Rückblick begriffen. Der Vergleich des Divan mit den Elegien läßt sich weiterführen. Damit, daß verlaute, was der Seele geschehen ist, begnügt sich auch der neue Gedichtkreis nicht; sie ist so reich mit Welt gesättigt, daß auch ihr Geschick weltlich, daß sie selbst in einem sich eröffnenden Horizont des Geistes und der Bildung in ihrem Neusein begreiflich wird. Diese sich erschließende Welt war das eine Mal Rom, das andere Mal der Orient; Bildungswelten gewiß, aber leidenschaftlich ergriffene, so daß die Genesung der Seele oder die Verjüngung des Wesens davon abhingen, ob sie erreicht wurden oder nicht. Der Gedanke Rom begleitete freilich längst den Gebildeten, ja ganze Völker, während persische und arabische Lyrik im Wissen des Gebildeten kaum vorhanden waren, und Goethe, der dem wissenschaftlichen Vorstoß eines Kenners und Verdeutschers als Dichter sogleich folgte, hier viel mehr als in den Elegien Eroberer ist. Freilich, Eroberung bleibt es immer, wenn ein Dichter eine nur gewußte Welt zu einer gefühlten, eine fremde zur eigenen macht, wieviel oder wie wenig vor ihm getan ist. Beide Male ahmt Goethe nach im Vollbesitz der Eigenheit. Die neue Verfassung seiner selbst wird entschiedener, indem sie nicht nur den eigenen Ausdruck sucht, sondern sich wiedererkennt in einer gegebenen Manier, die freilich unbegreiflich schnell dem eigenen Wesen angebildet wird. Daß er nachahmt, warum, wieweit und wo nicht mehr – das zu erraten konnte der Verfasser der Elegien dem antikisch gesinnten Leser überlassen. Die »Versammlung« west-östlicher Gedichte traf keine ausgebildeten Vorstellungen im Leser an, so daß sich Goethe, der sich des Getanen so sehr bewußt war, entschloß, in einem Anhang zu sagen, was er getan hatte. Woraus ein zweites Ganzes entstand, kaum weniger unvergeßlich als das erste. Ein Schicksal des Liebenden ist Mitte beider Gedichtkreise. Zart und vielfach erinnert es an einen Horizont des Geistes. Es ist nicht in ihn »versetzt«, sondern in ihm heimisch: es beseelt die jeweilige Welt und eignet sie dem Dichter persönlich zu, und wie in jeder wirklichen Liebe das Denken und die Sitten der Menschen ihre Spur lassen, so wird dort römisch, hier orientalisch geliebt, so ist hier wie dort das Kostüm nicht Maske, es stellt dar. Beide Male ist dies von großen Folgen. Denn wenn römisch oder östlich Stile dieses Dichtergeistes sind, so schränken sie die Dichtung als Bekenntnis ein. Sie sind Gesetz und Freiheit; sie verhängen eine Dezenz und bestimmen die Auswahl der Motive und Kunstmittel; ihre Freiheit ist, daß Goethe Bedingungen des Lebens durch die Bedingungen des Geistes ersetzt. Er erzählt nicht sein Leben. Aber er hätte die Art des Liebens, die ihm damals schmeckte und recht war, nicht genauer bezeichnen können, als dadurch, daß er im Gedicht *römisch* liebte; dasselbe gilt für die östliche Liebesart: sie ist öfter Manier als Geschichte. Beide Male geht ihr die Entdeckung einer geistigen Welt voraus. Der Horizont dieser Welt ist gezogen, bevor die aufgesuchten Stätten zu Liebesstätten eingeweiht werden. Es gibt einen Geist der Liebe, und gibt ihn erst recht in der so körperlichen Liebe der Römischen Elegien! Dieser Geist ist

Goethes Gestalt unter einem bestimmten Schicksal; er heißt in der Dichtung Genius loci.

Zeugnisse genug, daß die »Reise« der römischen Elegien, eine wirklich gereiste Reise, von Erschütterung und Jubel begleitet war. Eine neue Gedrungenheit des eigenen Wesens, die vorher unter Schmerzen als möglich empfunden wurde, verwirklichte sich mit dem Betreten des römischen Bodens; die kaum zurückgehaltenen Tränen beim Lesen lateinischer Verse oder beim Anblick römischer Stiche weissagen die Wiedergeburt, die uns Goethes italienische Bekenntnisse beschreiben. Nun hat Goethe die Reise, die das erste Divangedicht als Vorsatz ankündigt und die hier und da unverbindlich Sujet des Gedichtkreises wird, nicht getan. Umgekehrt kann man sagen, daß seine Reise nach Rom mehr als die Reise irgendeines Menschen ein Reisen des Geistes war. Beide Reisen waren heilige Fluchten, Hegiren, vor Verschiedenem in Verschiedenes, ausdrücklich als solche bezeichnet. Und so seltsam es klingt: Fluchten aus dem Fremden zu sich! Den Einfältigen, die darüber ein Geschrei erheben, sei es gesagt: ein Dichter kann gar nicht fliehen. Aber dann: wieviel hintersinniger und eigenmächtiger ist dies west-östliche Verhältnis Goethes als jene vom Humanismus eingesegnete Ehe, die sein Geist mit Rom schloß: eine Buhlschaft, ein Traum und ein Rausch! Welche Möglichkeiten für die Dichtung ergaben sich daraus, daß *diese* Reise nur erdichtet war, und die Hand höchstens arabische Lettern nachmalte, statt römische Monumente zu durchstöbern!

Und Hafis! Morgenrötlich muß es Goethe zumute gewesen sein beim ersten Lesen der von Hammerschen Nachbildungen, die schon, indem er sie las, schöner wurden. Etwas so Aufjauchzendes wie diese sublime Begegnung eines Dichters mit einem Dichterschatten, die in der Weinseligkeit zweier Zechkumpanen vor sich geht – war ja wohl noch nie erhört! Da versagt der Vergleich mit den Elegien. Man kann diesen Liebesbund persönlich oder geschichtlich verstehen. Wir lassen beiseite, was Goethe dem wirklichen Hafis für seine Dichtung verdankt. In der Hafis-Gestalt des West-östlichen Divan wird Goethe sich selbst gegenständlich, wie er damals war – wie er damals zu werden sich anschickte. Welche selbstherrliche Umkreisung der eigenen Existenz in den an Hafis gerichteten Strophen! Man muß sich die ursprüngliche Fassung des Gedichtes »Auf den Eilfer« laut vorlesen, wo der Dichter unbedingt seinen vergötterten Hafis zum Teilhaber des größten irdischen Vergnügens machen will, Eilfer zu trinken..., wo er ihn nicht etwa im Paradies, sondern im Hades auftreibt und sich erbietet, solange den Leib zu verlassen und als Geisel zu bleiben, bis Hafis das oben bereitstehende Glas ausgetrunken hat und zurückkehrt..., wo dann die Freundin über die Gleichgültigkeit des von seiner Seele verlassenen Leibes, den keine Küsse aufregen, entrüstet, dem Eilfer Schuld geben wird, dem andern Nebenbuhler, den sie nicht minder fürchtet als den Schenken..., wo auch eine Randglosse zur Zeit nicht fehlt: er möchte Eilfer gerne noch etwas älter werden lassen, »denn gegenwärtig Ist er allzu rasch und jung, der Eilfer«. Wie Kastor und Pollux sind sie hier: Hafis »an der Tagseite des Rheingaus Wo verherrlicht der Eilfer«, Goethe an der Nachtseite. Unter höchst treffenden Bezeichnungen orientalischer Dichtweise überhaupt, die natürlich Goethes eigener Manier entspricht, er ihr Echo, sie sein Echo, findet sich auch dies, daß die Folge, das Nacheinander, das Bauliche und Logische der Dichtung, zumal der klassischen, jubelnd weggeworfen wird und ein Alles-zugleich, ein Immerwieder, eine Wiederkehr des Alten im Neuen als Lust der Welt an sich selber, als Lust der Dichtung an sich selber in sie einzieht. Aber dann finden sich doch auch die Themen streng nach dem wirklichen Hafis bezeichnet; sie sind die Themen Goethes, wobei freilich der Schenke hinzukommt. Wie ist da mit *einer* zauberkräftigen Strophe der Reifungsvorgang beschrieben, den das Zeitalter der Pädagogik nicht mehr kennt, und der erst ganz wird, wenn die Anzeichen der seelischen Reifung mit den körperlichen zugleich gezeitigt werden, wenn der Reifende, dem die Brust schwillt und dem der Flaum bräunt, durch persönlichen Unterricht, des dichterisch Weisen und dichterisch Liebenden in eine ungemeine Ansicht des Lebens eingeweiht wird und so dem Orden der Wissenden angehört. Darf man die folgende Strophe nicht so deuten, daß es auch für den Dichter, der soeben als Lehrer auftrat, noch den Verwalter eines andern Wissens gibt, dem er ebenbürtig und zutraulich, des eigenen Wissens froh, sein Verständnis andeutet? Ein selten freundliches Zeugnis dafür, wie Goethes Art die führenden Denker des neuen Jahrhunderts aus der Ferne begleitete. Also auch im Schenkenbuch viel Goethisches! Die Manier führt zu nichts als zu einer verschärften Kontur des Eigenen. Noch bestimmter als die Themen wird der Habitus des Dichters angegeben. Dabei wird das zarte Ehren und jauchzende Begrüßen des schattenhaften Kumpanen beinahe ein Ja Goethes zu sich selber! Das Dichten des Einen wie des Andern ist ein savoir vivre, ein Meistern des Lebens, ein Leben des Lebens, darf man sagen, Triumph und Dank, lebenstrunken bis zum Dusel und geistiger als aller Geist, und ein Bekenntnis zur Liebesgewalt, die jeden Tag die Welt schön macht und alternde Seelen verjüngt.

Dazu kommen ein paar Sachen, die über Goethes Charakter nachdenken lassen: Aufgeschlossenheit, besser: Aufgeben der Zurückhaltung in einem an List so reichen Leben, und Unvorsichtigkeit, besser: das Fallenlassen der Vorsicht, in der Liebe, die Gefahr, die Goethes Gefahr ist! Beides wird auffällig gerühmt. Vielleicht darum, weil Goethes Maxime in späteren Jahren auf dem Gegenteil beruhte. Vielleicht hatte er seit langem ein Virtuos im Setzen von Distanzen, die frisch quellende Mitteilung fast verlernt, und es fiel ihm auf, daß sie ihm noch, daß sie ihm wieder möglich war. Denn er verstand sich auf die Maske, und es mag Augenblicke gegeben haben, wo er das bedauerte, wo es ihm ein Symptom des

Alterns schien. Und hatte er die Mitteilung verlernt, so hatte er gelernt, in den Krisen, die jeweils eine neue Neigung in ihm hervorrief, bis ins hohe Alter die eigentliche Bedrohung seines Daseins zu sehen; hatte allerdings auch gelernt, daß sich ihr auszusetzen die Bedingung eines neuen Anfangs und einer neuen Ergiebigkeit war. Und wer den Lebensdaten folgt – wieviel Vorsicht in der Unvorsicht sieht der den Freund Mariannens in jenen Tagen üben! Um so mehr, als der Umfang des Erworbenen, die Herrschaft über sich selbst, über seine Kräfte und Mittel, ihn zum Verharren und zur Dauer stimmen mußte. Das war nicht einfach Lebenstrieb. Er hatte in jedem Sinne einen Haushalt, und *diesen* Haushalt zu verwalten war Aufgabe genug für Jahrzehnte. Auch dichten ließ sich allenfalls so. Nein, dichten tat er anders. Und noch die Lieder des Achtzigjährigen sind neue Lieder.

Goethe mußte erst den Geist Hafisens heiraten, ehe er sich selbst zu Hatem umarbeitet und mit seinem östlichen Liebchen auf dem Purpurkissen kost. Und er erzählt uns, was es diesmal hieß, ein Buch zu lesen, worin Gedichte eines alten Dichters aus ferner Welt in mäßiges Deutsch übersetzt waren. Es waren nicht stille, wählerische Lesefreuden eines Freundes von Wissen und Bildung, der sich unterrichtet, indem er sich ergötzt. Nein, die fremde Dichtgewalt packt ihn und verzehrt ihn, den Wehrlosen, und er greift zur äußersten Metapher, um uns den Sturm und die Inbrunst dieses Vorgangs zu beschreiben: zum Brand Moskaus! »Denn wie ein Funke fähig zu entzünden Die Kaiserstadt...« Die Wirkung ist: »Ein deutsches Herz von frischem zu ermuten.« Eine Chiffre der Divansprache für Verjüngung! Nicht bloß hat hier die Liebschaft Geist – aller Geist wird Liebschaft. Sterntrunken rollen, weinselig lallen die Verse, wenn auf Hafis die Rede kommt. Goethe mit ihm allein, und zechend – die Welt soll versinken, sie verstehen sich in allem und blinzeln sich zu über das Glas. Und Goethe kann unter diesem Vorwand seine Liebe zu sich selbst ungescheuter bekennen. Auch über göttliche Dinge verstehen sie sich: »Der du, ohne fromm zu sein, selig bist!« Eines der wirklich abgründigen Worte, die Goethe im Divan so hinwirft. Selig ist mehr als die höchste Stufe des Glücks. Selig ist froh in Gott. Dann heißt fromm sein hier: zu Gott auf eine überlieferte Weise stehen. Indem man einer sichtbaren oder unsichtbaren Körperschaft angehört, wohl auch, indem man Gott außerhalb oder über dem Lebendigen denkt! Dieser aber, Hafis, ist froh in Gott aus eigener Kraft und selbst gewagter Annäherung, er braucht kein Oblatensurrogat wie der Romantiker; er hat Gott in der Mücke und im Auge der Geliebten, und es gibt keinen feierlich abgesonderten Gottesdienst. Die schönsten und liebsten Lüste, das Verliebtsein, das Gedenken, das Umarmen, das ist auch, gerade das ist froh in Gott, wie alles, worin sich der Mensch verschwendet. Nie ist so leichthin von hohen Dingen geredet worden in deutscher Sprache und nie waren sie wahrer als hier.

Der neue Formenvorrat, den Goethe bei Hafis fand, ist, wie er selbst sagt, Nebensache. Immerhin, wenn Goethe vielleicht nicht einmal wissenschaftlich zum genauen Begriff dieser Technik vordrang und jedenfalls sie mit Sorgfalt anzuwenden verschmähte, so war ihr unbestimmter Eindruck doch ein Reiz, der Goethe aufstachelte, in seinen Sagbarkeiten herumzuwühlen und Unversuchtes zu versuchen. Was bedeutet Reiz nicht im Alter! Zumal für diesen Mann, der erschöpft zu haben schien, was Menschensprache vermag. Wichtiger ist: Goethe dachte geschichtlich, verkörperte Geschichte; steht man, wo er stand, so kann man nicht mehr originell sein, ohne in den Typen des geistigen Verhaltens, welche die Geschichte aufbietet, irgendwo den Gegenwert zu entdecken, und man bedauert dies nicht, sondern begrüßt es. Wenn großartige Individuen zu sich selbst finden, kann man sich dies zweifach erklären: aus dem, was sie selbst tun und sind, und aus Gewesenem, das wiederaufleben will. Am

Ende lebt man im Geisterverein. »Denn du bist älter, du bist neuer.«

Auch hier gilt: nicht der Orient überhaupt oder die Dichtart des Hafis ermöglicht den Divan als Zyklus, sondern der Moment, wo diese Welt entdeckt wird. Nicht der Zustand des Geistes und die Verfassung der Seele, deren Merkmale aus den Selbstaussagen des Divan zu entnehmen sind, ermöglichen den Divan als Zyklus, sondern der Beginn dieses Zustands und dieser Verfassung. Ein Moment; dieser Moment aber heißt: Verjüngung.

Über den Geist des Divan haben sich die Einsichtigen niemals getäuscht, und da von Nietzsche herüber das schlechthin Bündige gesagt worden ist, erübrigt sich die Wiederholung. Er ist zwischen den Gedichten, vor den Gedichten, über den Gedichten; er macht die Gedichte möglich, und die Gedichte erzeugen ihn im Hörer. Er ist ein Geist der Sinnlichkeit, der Schärfe des Sehens, eine Durchsichtigkeit der Luft, ein hellstes Wissen in glühendem Gefühl, ein Geist von Übermut, Spiel und Verzauberung; immer wieder wird man zu Worten wie »Luft, Atmosphäre« greifen; was Nietzsche mit seinem Schlüsselwort »afrikanisch« bezeichnet, beginnt im Divan. Aber auch sein Begriff des Dionysischen wird umgedacht nach dem Divan-Goethe, der so großartig in der Götzendämmerung evoziert ist. Freilich, im Unterschied zu Zarathustras Gesang unter Töchtern der Wüste wird die Höhenlage des Geistes, die Nietzsche zu messen liebt, ohne Anstrengung eingenommen. Sie ist Nonchalance. Alles in allem enthält der Divan das Sein eines einzigen Menschen in seiner vollkommensten Zeit, ein Sein, das unverkennbar sein Vorrecht ist, aber durch Verse gesellig wird und uns zu sich einlädt – ein Sein, das mit dem Schicksal spielt und das sich so wenig schwer macht, daß wir seine Einzigkeit nur daran erkennen, daß es uns beseligt, an ihm teilzuhaben.

Was heißt es demgegenüber, daß Goethe das Motiv einer Orientreise am Anfang des Zyklus einführt? Daß es gelegentlich wiederaufgenommen wird? Die Lücken in der Durchführung – und ist nicht fast alles Lücke? – sind gerade die Vollkommenheit! Er reist als Dichter, er reist als Kaufmann, beide Male als deutscher Gast. Er spricht auf Erden fließend arabisch und wird im Paradies zuvorkommend auf Deutsch angeredet. Stirbt er also auf dieser Reise? Wen kümmert es. Der Schenke scheint humanistisch gebildet, denn der Dichter macht ihn in einer mythischen Travestie, die aus der begabtesten aller Weinlaunen entsprungen ist, auf das Liebesschnaufen der Strohwitwe Aurora aufmerksam. Verfallene Ritterburgen neben wüstendurchschiffenden Kamelen, Hades und Paradies durcheinander – wen kümmert es? »Und noch einmal fühlet *Goethe* Frühlingshauch und Sommerbrand«. So reimt sich's auf Morgenröte; man soll merken, daß es eigentlich nicht »Hatem« heißt. Augenscheinlich und ohrenfällig, das ganze Geheimnis der Maske – sie ist da, um gelüftet zu werden! Es gehört mit zu dieser Höhe des Geistes, daß er sich verhüllt, indem er sich zeigt, sich zeigt, indem er sich verhüllt. Dies Durchbrechen der Illusion ist aber unromantisch, denn in dem *scheinbaren Zeigen,* das Spiel bleibt, findet ein wahres Zeigen statt, und der gezeigte Goethe *ist.*

Im Grunde können wir nicht fragen: Was war die Verfassung Goethes, als er sich einlebte in diese östlichen Gedanken, Farben und Tonfälle – wir müssen diese Verfassung herausbuchstabieren aus dem Neuen, das so entstand, und haben außerdem kein Zeugnis dafür. Nicht weil es in dieser Zeit keine andern, von dieser Verschmelzung unabhängigen Selbstzeugnisse gäbe. Aber die enthalten wieder einen anderen Goethe! Mit der simplen Feststellung: den Divan-Goethe gibt es nur im Divan, rührt man doch an etwas Wahres, das das Wesen der ganzen goethischen Lyrik betrifft. Nämlich an das Verhältnis Goethes zu sich selbst. Die Gabe Goethes, sich gegenständlich zu werden, steht ihm nicht immer und uneingeschränkt zu Gebot. Das gegenständliche Ich ist jeweilig; ein Schicksal (oft die Begegnung mit einem lieben Menschen) macht die Selbstbegegnung möglich. Es ist ein Unterschied zwischen dem fortdauernden Selbstbewußtsein, das ausgleicht und überleitet, und dieser jähen Bündigkeit, mit der die Gestalt des eigenen Selbst aus dem Verborgenen hervorspringt, Gabe des Moments. Das ist mehr als der ruhige Selbstbesitz der Persönlichkeit; es ist ein *Empfangen* des eigenen Wesens.

So überreich ist das Buch an Selbstaussagen und so unermüdlich umschreiben sie ein bestimmtes Daseinsgefühl, daß man darin den Kern des Buches sehen darf. Dies Daseinsgefühl ist Souveränität! Wenn wir in der deutschen Sprache einen Ausdruck dafür besäßen, so müßte er aus dem Divan entnommen sein. Übermacht – das käme am nächsten; gelegentlich wird es Dreistigkeit, gelegentlich Übermut genannt. Im Anerkennen der Übermacht, als des eigentlichen Gewichts, das einer in die Waagschale des Lebens zu werfen hat, erkennt Goethe sich selbst an, und so sucht er die auf, die in der Welt sind, was er im Geist ist: »Mir gefällt zu konversieren Mit Gescheiten, mit Tyrannen.« Und es freut ihn, auch für das Daseinsgefühl der Subalternen (der ebenso schwer zu verdeutschende Gegenbegriff) Formeln zu prägen, Formeln eines Unmuts, der Übermut ist: »Die Dummen, Eingeengten, die Halben, die Beschränkten, die Knitterer und Zersplitterer«; ja auch die Dogmatischen im philosophischen und theologischen Lager fallen darunter: »Doch bleib ich weislich weit entfernt Vom Streit der Schulen und Katheder.« Die Übermacht des Daseins, die sich innen als Selbstgefühl ankündigt und nach außen lebenskräftig um sich greift, ist die gültige Stimme der Natur, und wer dagegen eifert, verrät das Unbehagen des Verkürzten. Da spricht der Dichter gern im Namen des Propheten, im Namen des Welteroberers, und gibt denen, die ein solches Dasein nicht freut, den Rat, sich aufzuhängen.

Hinter allem steht Kraft. Sie wird meist verschwiegen, wie

die Größe. Es ist Geist des 18. Jahrhunderts und es ist Goethes gesellige Kultur, die Kraft zur Großmut, die Größe zur Zartheit zu verhalten. Aber hie und da ahnen wir den wahren Umriß! Welche arbeitende Riesenkraft in den Naturakten, die das aufgeregte Gemüt des Dichters in »Wiederfinden« entwirft. Kraft ist Seele *und* Körper. Die unausgesprochene Wirklichkeit des Divan ist, daß einer in hohem Alter den Zufluß eines enormen Kraftübermaßes erfährt und in seinem ganzen Wesen schwillt und prangt – ein Vorgang, den wir, ob wir ihn physisch oder geistig nennen, als eines der Wunder dieser Veranlagung und dieses Lebenslaufs hinnehmen müssen.

Mit Anmut verbreitet sich Goethe in den Noten und Abhandlungen über das Prahlen, das er nicht umhin könne als östliche Eigenheit in seine Dichtung einzuführen. Man merkt: diese östliche Gepflogenheit kommt ihm nicht ungelegen. Wurde je etwas Reizenderes über die Bescheidenheit gesagt? »Bescheidenheit ist eigentlich eine gesellige Tugend, sie deutet auf große Ausbildung; sie ist eine Selbstverleugnung nach außen, welche auf einem großen inneren Wert beruhend, als die höchste Eigenschaft des Menschen angesehen wird. Und so hören wir, daß die Menge immer zuerst an den vorzüglichsten Menschen die Bescheidenheit preist, ohne sich auf ihre übrigen Qualitäten sonderlich einzulassen. Bescheidenheit aber ist immer mit Verstellung verknüpft...« Die Gedichte bewährens. Der Dichter trägt wie der Kaiser einen Tulbend: »Sie nennens Krone.« »Was ist denn Hoheit? Mir ist sie geläufig!« Wenn er sich wiederverkörpern würde, würde er »allenfalls der Kaiser« sein. Wie in den Noten verteidigt er das Selbstlob: »Nur dem Neide stinkts', Wohlgeruch Freunden Und eignem Schmack!« Ein nicht wie sonst bei Goethe gelassenes, ein ausgelassenes Selbstgefühl! Doch wird es, und das ist das Hintergründige des Divan, ausgeglichen durch eine Fähigkeit, sich zu vergessen, eine Bereitschaft zur Hingabe, die überhörend man den ganzen Divan verkennen würde, wie man über der Schätzung der Persönlichkeit, die Suleika vertritt, die vielleicht wichtigere Antwort Hatems zu wenig beherzigte. Und sind denn dies Gegensätze? Der Selbstbesitz in so gelöster und leichter Form verrät die heimliche Lust, sich zu verschwenden, und die Meisterschaft darin. Beides ist ein Luxus des Lebens, wie er nie einem Dichter in den Sinn kam. Er ist sich wert als Liebender. Doch halt, die ihm »geläufige« Hoheit rührt daher, daß *sie* ihn anschaut. »Allein sobald ich dein gedenke, Dehnt sich mein Geist erobernd aus.« In der Kunst der Selbstverschwendung setzt er sich über den Kaiser, der nicht einmal seine Städte hergeben würde. »Er ist herrlicher und weiser; Doch er weiß nicht, wie man liebt.« Er vernichtet sich in seiner Liebe: »Findet sie ein Häufchen Asche, Sagt sie: Der verbrannte mir.« Das sind Hyperbeln. Aber Hyperbeln sind bei einem Dichter immer das Eigentliche. So auch das Lob des Zechens und der nicht so sehr benebelten als erleuchteten Zustände, die daraus hervorgehen – das zielt auf einen anderen Rausch, den feinen Rausch des Lebens, der im Luxus der Selbstverschwendung schwelgt. Und ist die Schwelle zum Mysterium der »seligen Sehnsucht«, die nicht vom Tod redet, sondern von den Liebesnächten, die den Gewürdigten mehr als einmal im Leben den Tod der Verjüngung sterben lassen. Verjüngung aber – das ist es, was Goethe erfuhr – um ihretwillen ist von seinem Alter die Rede! Wieder einmal befolgt die Dichtung das Gesetz, daß sie von ihrem eigentlichen Thema nicht handeln kann, und wird groß, indem sie es befolgt. Aber das Wort fällt immerhin, schon im ersten Gedicht, und man kann es aus andern Worten heraushören. »Unter Lieben, Trinken, Singen Soll dich Chisers Quell verjüngen.« »Ein deutsches Herz von frischem zu ermuten.« »Wie aus dem Lebensplunder Erwarbst du diesen Zunder, Der Funken letzte Gluten Von frischem zu ermuten?« Und dann im selben Gedicht, dem ersten Buche des Unmuts: »Ich war wie neu geboren.«

Der Prophet sandte zu Suleika »ein Jugendmuster alles zu *verjüngen*«. Auch auferstanden hofft sich der Dichter verjüngt, in »Höheres und Höchstes«. Der Jahrhundertschlaf in dem Gutenachtgedicht spielt auf eine Erneuung des Ermüdeten an, und eines ihrer Gleichnisse ist der vom Gewitterregen angefeuchtete Staub. »Heile mich, Gewitterregen, Laß mich, daß es grunelt, riechen!«

Der Divan handelt vom Dichter. Hat sich Goethe eine Kultur erwählt, in der das Dichten allgemeinste Übung ist, so entspricht dies nur dem Primat, den das Dichten in den Selbstaussagen einnimmt. Und zwar ist es, wie die Noten und Abhandlungen überraschend verkünden, Naturäußerung. Es ist Leben selbst und dessen Kundgabe, wann immer es zu frohem Bewußtsein seiner selbst kommt. Darum wird Dichten als Übermut gepriesen und nur als Folge des Lebens aus dem Vollen anerkannt. Verneinungen, Störungen sind verbannt als undichterisch: »Eh er singt und eh er aufhört, Muß der Dichter leben.« Das gibt den Gedichten den runden Ton. »Und so mag des Lebens Erzklang Durch die Seele dröhnen.« Sollte der Schmerz, dies nicht minder tiefe Lebensgefühl und dieser Anfang so vielen, auch goethischen Dichtens, durchaus verleugnet werden? Ihm gebührt Verhaltenheit. Er bleibt ungesagt, gibt aber dem Lebensjubel seinen tiefen, echten Klang, und wenn man ihn über dem Hauptton verhören kann, so bebt er in der Erinnerung nach. Der Dank gegen das Leben ist, wenn es hier überhaupt eine gibt, die Sittlichkeit des Dichters, und sie bändigt den Unmut. Im dichterischen Moment ist sie nicht nötig, da weicht der Dank der Trunkenheit. Überall, auch ohne daß vom Dichten die Rede ist, wird fühlbar, woraus es kommt: die Hingabe an den Moment, die selige Haft in ihm, ein weltliches Verhalten, das doch in seiner Besinnung fromm wird. Denn Gott reicht sich im Augenblick beständig hin, die Mücke ist so gut sein Gleichnis wie Suleika, und diese überwindet durch ihre weisere Weisheit die Lehren von Wahn und Allvergängnis: »Vor Gott muß alles ewig stehn, In mir liebt Ihn, für diesen Augenblick.« Liebenden ist das Leben jederzeit vollständig, und wem es seinem Gehalt nach ewig ist, der fragt nicht nach Dauer. Die Liebe ist der weiseste Zustand: denn der Liebende genießt sich selbst und ist ein Vorbild im Danken; er ist aber auch am bereitesten sich aufzugeben, und also ein Vorbild in der Sehnsucht, die Goethe, als eine zwar unendliche, aber auf Gestalt gerichtete, von der Sehnsucht des Mystikers unterschieden hat und mit der er den unentbehrlichen Begriff des Eros westöstlich zu verdeutschen glaubt. »Denn Sehnsucht hält, von Staub zu Thron, Uns all in strengen Banden.« Dies alles ist Bewußtheit; ohne sie könnte jene Selbstverschwendung des Liebenden nicht wie eine weise Kunst, wie ein köstliches Ballspiel geübt werden, und durch sie wird die Trunkenheit des Zechers erst dichterisch: »Daß ich mir bewußt sei, Darauf kommt es überall an.« »Freude des Daseins ist groß, Größer die Freud' am Dasein.« Was zwischen den Begeisterungen der einzelnen Gedichte vermittelt und sie umgibt als Element, ist ein heller, mitwissender, leichter Lebenszustand. Der Lebenszustand eines Greisen, der sich gar wohl als den ernstesten und tiefsten der Menschen betrachten durfte.

Der Orient im Divan besteht darin, daß Goethe eine Form ergreift und darin, daß er sich in dieser Form begreift. Etwas dem Ähnliches, was der Divan-Leser erfährt: daß ihn auf einmal das Gesicht Goethes – eines bestimmten, unverwechselbaren Goethe – aus dem zerteilten Duft morgenländischer Schattierungen anblickt, mag den Dichter selbst überfallen haben. Was östliche Dichtart schien, war plötzlich sein ihm geschenktes neues Selbst. Gar zu groß ist der Unterschied zwischen den Noten und den Gedichten nicht: auch in jenen wiegt, trotz ihrer wissenschaftlichen Tragweite, die Person gewollt und entschieden vor; sie decken den Vorgang der produktiven Aneignung auf, durch den der Divan entstand.

Das Stoffliche, Motive und Vorstellungen, die die Gedichte orientalisch anfärben, sieht jedermann. Desgleichen die Entlehnungen, die in Kommentaren Wort um Wort nachgewiesen sind. Aber welch ein Entlehnen! Man nehme einen Text des Hammerschen Hafis und eine Umbildung desselben Textes im Divan vor! Bisweilen bleibt fast alles, das Gedicht wird abgezeichnet. Aber welche Konturen! Welche Hand! Nichts belehrt gründlicher über Dichtkunst als eine solche Kopie. Leise Veränderungen im Tonfall, Rhythmus oder Satzbau, ein eigeneres Wort, und schon belebt die Grazie einer vollkommen persönlich gewordenen Sprache das neue Gebilde. Merkwürdig ist Goethes Verhalten gegenüber dem Starren und Fertigen, jenem Vorrat an dichterischer Wendung, der den Neuling an orientalischer Poesie so sehr ermüdet. Wie dem Leser von Tausendundeiner Nacht geläufig ist, steht dieser Vorrat in einer Wechselbeziehung zum Spontanen; gerade er ermöglicht die Improvisation. Auch dies findet eine Entsprechung in Goethes damaligem Zustand. Er hatte Stil, er griff in seinem Ausdruck wie in seinem Handeln auf Gepflogenheiten zurück. Es war ja alles bei ihm schon so oft da, sogar im Lieben, und auf die etwas bedenkliche Frage der Suleika, die sich auf diesen Punkt bezieht, hilft sich Hatem mit der Auskunft, daß in allen Vorgängerinnen Suleika prophezeit war. Aber seine Fähigkeit, auch hierin immer wieder spontan zu sein, gleicht nicht der Virtuosität eines Casanova; er vermag es, weil sein Wesen schmolz, und *wie* er es vermag, überrascht ihn vielleicht selbst. Spontan zu sein ist das Prinzip seines Dichtens; auf Ausgebildetes zurückzugreifen ist das Prinzip des Alterns und der Kultur, und erst recht der Kultur dieses Gealterten! Goethe benutzt jetzt den Tropenreichtum, die Fertigkeit verblümten Sprechens, die Phrasen und die Variantenbildung der Dichtersprache – Dinge, die er schon als Jüngling an der Anakreontik zu schätzen wußte, er schwelgt darin. Aber Schwelgen ist mehr als Benutzen, ist fast wieder spontan! Kann man ein Herbarium in einen Blumengarten zurückverwandeln? Er tat so mit den getrockneten Redeblumen! Auch wenn die Seele des alten Mannes so dankbar blieb wie die des jungen – sie hat sich schützen lernen, sonst lebte sie nicht mehr, und es bedarf also nun besonderer Reize, um sie aufzuregen. Das leistet die fremdländische Sinnlichkeit im Divan, die alle Lüste und sogar die »Nachtgespenster« so anlockend macht. »Oh du mein Phosphor, du mein Mondgesicht!« Manches deutet auf den zweiten Faust vor. Das Spontane, das selbstverständlich ist und unbestritten vorherrscht, wirkt anders auf uns als ein Spontanes, das sich erst durch Starrheit hindurcharbeitet. Spontan zu sein in einem ausgebildeten Stil: das ist hier Altersdichtung. Die Gedichtanfänge – vielleicht darf man darin einen Anklang an das Improvisieren der Orientalen sehen – steigern dies Spontane. Der Übermut der Stimmung, der für die Divangedichte gewissermaßen vereinbart ist, erleichtert es. Das Gedicht schäumt auf, man hat noch den Knall des Champagnerpfropfens im Ohr. »Ja die Augen waren's, ja der Mund.« »O wie selig ward mir!« »Die Sonne kommt!« »Komm, Liebchen, komm!« »Ist es möglich! Stern der Sterne.«

Eine reizende Entsprechung besteht zwischen dem Chiffrenwesen, das Goethe sorgfältig und mit Einfügung einer chiffrierten Liebesbotschaft intimen Gebrauchs in den Noten und Abhandlungen beschreibt, und zwischen Goethes eigener Lust am Geheimnis. Es ist dies seine Sitte im Gespräch, seine Haltung im Wissen, sein Verfahren mit entstehenden Dichtungen, sein Schutz in der Liebe, seine Weisung an junge Leute und schließlich die Geste vieler Divan-Gedichte. Ein Mann, der sprach und sprach, mit Tausenden und von den zartesten Dingen, ein Mann, dessen persönliches Leben so öffentlich war und der doch bis ins hohe Alter Dinge erfuhr und Dinge tat, bei denen er keinen Zeugen leiden mochte: welche Gefahr lief er, sich abzunutzen, die Unschuld zu verlieren, auch vor sich selbst öffentlich zu werden! Daß er ihr nie erlag, sie vielleicht nicht einmal spürte, das dankt er seiner Kunst der Selbstentziehung. Und wie vorher zwischen Formel und Spontanem, so waltet hier wieder ein belebender Gegensatz zwischen der Kunst der Maske und dem arglosesten Aufdecken des Busens, das eine Lust des Menschen und des Dichters ist. Dazu kommt noch ein anderes, auch wieder »Orientalisierendes«. Schaeder[1] erhebt von neuem die Frage, die schon Goethe verneinte: ob die mystische Auslegung erotischer Poesie bei Hafis am Platze wäre? Goethe hat ein Gedicht darüber gemacht, also ging ihn das an. Hat man nicht auch die Frage erhoben, ob Goethes erotische Poësie mystisch auszulegen sei? Unter seinen Auslegern hat es immer zwei Riegen gegeben: solche die ängstlich gebückt waren auf Theosophisches, Astrologisches, Alchemistisches, auf das einzelne Zeugnis eines Geheimsinnes, und solche, die vergnügt mit Goethes Weltlichkeit dergleichen zur Unverbindlichkeit der dichterischen Phantasie rechneten. Es ist sehr möglich, daß Goethe die Mystik wirklich verwarf. Die Ausbildung eines besonderen Organs für ein besonderes Wissen nimmt der natürlichen Organisastion des Menschen ihren einzigen Wert, und für Goethe war es ausgemacht, daß diese für die Dauer unseres irdischen Lebens auch den Weg höherer Erfahrungen vorschreibt, nicht Schranke, sondern Möglichkeit. Stufen des Wissens erkannte er freilich an, und er unterschied eines, das er und seinesgleichen auf er Höhe der Entfaltung erreichten, gar wohl von jedermanns Wissen. Dies bemaß auch die Mitteilung. Der Weise hat ein Wissen für alle, eins für wenige, eins für sich. Ohne also selbst mit dem Wissen eine Weihe zu verbinden, ohne einem Kreis anzugehören oder einen solchen zu stiften, findet Goethe dennoch Ursache, das Zeremoniell und die Umständlichkeit, die jeden Geheimdienst auszeichnen, zu bejahen, und die Geheimbündler seiner Dichtung treffen Maßregeln solcher Art. Ähnlich steht Goethe zu den Symbolen, zu denen sich Völker oder Gemeinden bekennen. Die Gegenwart im Zeichen überschreitet den Begriff und schränkt ihn ein; beides ist zu seiner Zeit wünschenswert. Gewiß also meint Goethe, wenn er sich solcher Symbole bedient, etwas Ernstes, aber seinen Ernst, nicht den Ernst, den sie mitbringen: Er will unter »Orphischem« nicht den wirklichen Zusammenhang der alten orphischen Lehren entwickeln, sondern eigene Einsicht angemessen mitteilen. Von persönlichen Mysterien Goethes kann man sprechen, sofern seine Gewißheiten für andere mystisch sind, nicht aber in dem Sinn, als ob er sie auf mystischem Weg erworben haben wollte. Er trennt nicht Heilig und Profan und sieht oft dort, wo die Gläubigen und Eingeweihten Profanes und Schlimmeres sehen als dies, ein Tun von Gott aus und ein Wissen um Gott. Auch das Lieben, einfach und menschlich, wie es ist. Im Divan begibt sich Goethe des Schutzes, daß er ein Wissen mit erhabener Wendung vorbringt, wie in der Paria-Trilogie, wie am Ende des zweiten Faust. Es gehört zum Übermut des Divan, daß mit Mysterien gescherzt wird, daß der helle und spielende Geist noch über seinem höchsten Wissen, jedenfalls über dem Wort dieses Wissens lebt. Oft wird es in der Trunkenheit herausgesagt, wie im Übermut der Unart. Und das lesen nun wir Philologen! »Sagt es niemand, nur den Weisen...« Und wenn die Chiffre den Verkehr der Liebenden bestimmt, so ist dies nicht nur Spiel – es ist auch Not. Große Herzen in schiefen Situationen – wie sollten sie sagen können, was allein zu sagen wäre! Wie wichtig ist da die Kunst, etwas so zu verschweigen, daß es doch vernommen wird! Wie überschwänglich kann man so einen Herzenstribut entrichten, den man im Zwang des Lebens schuldig bleiben mußte! Das Kapitel »Chiffre« in den Noten schließt mit einem Gedicht, das nur aus den Hafis-Zitaten besteht, die Marianne in einem Brief durch Seitenzahlen bezeichnete. Es schließt: »Will ihn umarmen und kann es nicht.« Wie kommt solche Verständigung dem Lieben, dem Dichten gelegen! Gibt es doch keine engere, keine glühendere Sprachgemeinde als das liebende Paar!

Die Chiffre ist Stil, auch wo sie nicht ausdrücklich vorkommt: ein Einladen und ein Ausschließen. Der Dichter dichtet für Dichter, für die Verstehenden. Die Liebenden sind zu allererst Verstehende. Früher wäre die Innigkeit des Verstehens, wie das große Gedicht an Frau von Stein sie ausspricht, fast beleidigt worden durch Worte des sinnlichen Verlangens. Jetzt ist alles nebeneinander möglich. Das Verstehen dringt in die Sinnlichkeit – eine geistreiche Sinnlichkeit ist die, mit der hier geliebt wird.

Liebkosungen, die das Neckische und Tändelnde streifen, werden ein Spiel, das die Geister mit der Liebe, das die Liebe mit den Geistern spielt. Das Verstehen der Geliebten steigert sich zum Erwidern: dasselbe Wesen, das in seiner leiblichen Jugend den alten Dichter verjüngt, wird durch ihn wissend und begreift ihn; sie kann ihm auf der Höhe dieses Begreifens die Gabe zurückgeben, die nur ihm eigen scheint: das dichterische Aussprechen der Neigung; und sie vermag es so, daß die Verwechselung der Wesen darin vollkommen wird! Nicht nur, daß Suleika Lieder dichtet, von denen manche meinen, daß sie die Hatems übertreffen – sie lebt mit ihm in derselben Durchsichtigkeit des Lebens, sie ist das Gegenteil des »ahnenden Weibes«; auch ihr bleibt von der Leidenschaft nur das Geniale, Begeisterte, nicht aber, auch nicht im höchsten Jubel und Schmerz, die sonst anhaftende Schwere, das dunkle Müssen und Getriebensein. Das für diese Phase Goethes so unendlich treffende Bild des Balles gilt auch ihr, eigens von ihr: »Deine Leidenschaft mir zuwirfst Als wär's ein Ball.« Es geht nicht darum, ob bei Marianne dies wirklich so war. Und gewiß erfuhr Goethe auch diesmal das Furchterregende der Leidenschaft. Es geht darum, was die Gedichte behalten, was der Geist bejaht und verewigt. Und da kehrt in einem individuellen Können die Verfeinerung alter Liebeskünste wieder, die zu großen Konventionen geführt haben. Das Lieben wird Kunst. Nicht weil man nicht genug lieben würde, sondern weil die Form der Reiz alles Lebens ist, und früher das Glück wohlgeborener Menschen nicht im Haben überhaupt, sondern im Haben auf eine bestimmte Weise bestand. Und wenn Liebeskonventionen anklingen, sind sie doch nicht das Tragende; dieses ist vielmehr die Anmut des einen, sich vollkommen besitzenden Menschen, die auch das zwingende Gefühl noch zu gestalten weiß. Und auch sie! Beide sind Meister im Lieben, beide betreiben es wie ein hinreißend schönes Spiel, in dem sie einander übertreffen. Es läßt sich dies mit dem Lächeln vergleichen, das chinesische Akrobaten bei den schwierigsten Aufgaben auf den Lippen haben. – Es ist nicht alles Suleika, aber alles ist Chiffre! Ein Einvernehmen mit einer jungen Kaiserin, die einem zudem das Wort verbot, öffentlich im Gedicht zu äußern, ist eine gewagte Sache, wobei wohl das Dichterische der Chiffre: der anglänzende Geheimsinn, in ihr Undichterisches, in die Neckerei des Verstandes umschlagen kann. Dennoch: wie freut sich Goethe am Versteckspiel. Man kann seine Superiorität kaum wohlfeiler behaupten, als indem man darauf hinweist, daß man weiß, was die andern wissen möchten. »Ungehindert, liebe Herren, Sucht sie auf!«

Das Wahrnehmen, das Festhalten des östlichen Stils führt dazu, das Wie des Sagens gerade bei federleichtem Gegenstand für die Kostbarkeit der Poësie zu halten. Mit dem Schwebenden dieser Sageweise kommt der herrliche Leichtsinn Goethes zusammen. Man kann die Freude des gefundenen Stils und ihren Anteil an diesem Gedichtband gar nicht überschätzen. Nie hat Goethe so in seiner Eigenheit geschwelgt. So daß man oft, wie man sonst von ihm als vom wahrsten Menschen spricht, hier ausrufen möchte: so dichtet, so spielt ein Gott, der Mensch ist nur ein Scherz, selbst seine verzweifelten Klagen! – Wenn der Stil sich selbst genießt, wird er Manier. Und Manier gibt es hier, oft in der

Weise kleiner Handzeichnungen, die fast bloß noch Handschrift sind, die einem Nichts Umriß geben, bloß damit man sieht, wie diese herrliche leichte Hand Konturen zieht. »Kleine Nippsache, verspielte Sinnlichkeit, Leckereien des Geschmacks« ruft wohl ein Ausländer der Poesie aus! Gewiß, das Tändeln ist nichts. Wenn aber der Geist tändelt, das ist ein seltener, ein hoher Anblick. »Hudhud auf dem Palmensteckchen.« »Und die Nachtgespenster Mit langen Gesichtern Zogen vorbei.«

Wie schön ist das Moderne, wie unangetastet vom Laster der Übertreibung, wo es zum erstenmal entsteht! Manchmal leidet die moderne Dichtung daran, daß die Sprache in sich selbst eine Möglichkeit der Verzauberung entdeckt hat und darüber die Demut verliert. Sie ist nicht mehr Medium. Im Divan beginnt das, aber in köstlicher Frische und Unschuld. Nie hatte das Gefühl ein solches Tempo! Es wird manchmal abgespielt wie ein Stück von einem herrlichen Künstler; manchmal abgebrannt, wie ein rasch verloderndes Feuerwerk. Der Dichter freut sich dieser Raschheit der Impulse, die ihm eine völlig neue, oft brilliante, ja gauklerische Sprachbewegung ermöglicht; die Bemühung um den Gegenstand hört auf, statt dessen läßt die Virtuosität Verbindungen zwischen einem Gefühl und einer Farbe, einem Gefühl und einem Geruch aufblitzen, und die Spur eines Entzückens ist da, wörtlich, wie man es nie für möglich hielt. »Gerüche winden sich durchs Glück Unsichtbar wolkig ziehend.« Ist dies östlich? Ist dies Goethisch? Wenigstens nicht Goethisch ohne den Osten! Dergleichen bezeichnet in der Sprache das Intimste dieses neuen Stils. »Gemüt« paßt da nicht hinein. Goethe kann sich nicht enthalten, es zu haben; gottlob hat er es nie kultiviert. Gemüt ist aber die andere Nuance, durch die sich Mariannes Gedichte, die nicht ganz Suleika ist, von denen Goethes unterscheiden. Denn – eine wie andere Suleika finden wir in dem Gedicht »Vollmondnacht«, als die ist, die das Lied vom Ostwind verfaßt hat.

Der Stil dieses Nachtgedichtes ist, gerade sofern er östlich ist, ein Studium wert! Das Östliche daran ist keinem Hafis-Gedicht abgelauscht; wollte man ein Vorbild dieser Stimmungskunst namhaft machen, so müßten es gewisse lyrische Einlagen Calderons sein. In der Tat hat sich Goethe zu dessen »Östlichkeit« in einigen Versen bekannt, wie in Prosa zu der Östlichkeit Jeaen Pauls. Der Stil dieses Gedichtes ist dadurch vorhanden, daß der berührte Osten etwas bislang Verborgenes in Goethes Seele aufregt und hervorlockt, das sogleich zu schwingen beginnt; und je ausgesprochener das Ferne vorwiegt, um so mehr fühlte Goethe, sich zuhörend, sich von Eigenstem überrascht. Man kann es bestimmen als ein Freiwerden der Klänge und Farben; Wirkliches ist dafür nur Vorwand; es wird wahrgenommen, insoweit es zum Reiz wird, die im Reiz heftig und bis zum Entzücken angesprochenen Sinne vermischen ihre Sphären, so wie es der Sprache und nur ihr möglich ist. In dieser Mischung wird ein Vermögen der Sprache entdeckt, und sie kann gar nicht bereitet werden, ohne daß das feinste geistigste Glück der Seele wie ein irrender, gehauchter Klang von den berührten Sinnen aufsteigt. Nur Reiz, nur Seele; nicht Umriß und Dichtigkeit der Dinge; dies zu verlieren, ist hier der Reichtum der Kunst. Es ist nicht gerade neu, dergleichen mit Impressionismus zu bezeichnen. Der Ausdruck mag hingehen; man muß nur angeben, was man damit meint. Und was ist der Zustand der Seele, die hierbei belauscht wird? Ein seliges Schauern, eine schwelgerische Hingegossenheit – und soviel Wachheit des Geistes, um jede Sekunde einer langen Minute bewußt zu atmen und zu schmecken. Freilich der Widerruf antikischer Kunstgesinnung! »Aber uns ist wonnereich In dem Euphrat schweifen ...«

Goethe begnügt sich nicht damit, diese allermodernsten Kunstmittel ganz gelegentlich und mit Nonchalance zu meistern; er gleicht im Gedicht die Schwelgerei mit der sonst beliebten Gegenständlichkeit aus, indem er, unabhängig von dem Wechsel der Stimmen, die verschiedenen Künste auf verschiedene Strophen verteilt; sie werden verbunden durch den Kehrreim, den Goethe aus einer ganz leise umgebildeten Hafiszeile gewinnt. Die erste Strophe rettet die Gestalt, die dritte Strophe das Motiv gegen den aufgelösten Stil der mittleren, die ganz der verliebten Sommernacht gehört. Hierbei kommt ihm die Dienerin zustatten, sie kann, erst nach dem Sinn der Geste fragend, sie und durch sie Suleika vollkommen vergegenwärtigen; sie kann am Ende, als Erklärung des Gedichts, die Verabredung des wechselseitigen Gedankens in Anrede berichten; sie kann die Entzückung der Herrin bezeichnen, indem sie diese durch ihre Schilderung der schönen Nacht in die Wirklichkeit vergeblich zurückruft; und endlich: Suleika, nur in den verlangensvollen Kehrreim wiederholend, bleibt im magischen Kreis ihres geheimen Gefühls.

Nun sieht man freilich Suleika ihre Lippen spitzen, aber doch viel mehr als dies. Mag wer will die Regel ausfindig machen, nach der hier i- und ü-Laute und zischende Konsonanten zu einem verführerischen Klangspiel aufgeboten werden! Die Frage, mit der die erste Strophe endet, ist nicht mehr beschreibend – sie ist Inneres: eine Sinnlichkeit, die Geist hat; eine Anmut, die nach außen leicht und neckisch, heißblütig ist und im Innersten auf Verschwendung sinnt. Da bricht denn der Osten aus in der zweiten Strophe, in der die Nacht selbst verliebt ist und mit ihren Lichtern flüstert, in denen der geisterhafte Schein der Blüten, die niedrigen Sterne und die Scheine der Leuchtkäfer, Bewegtes und Unbewegtes sich nicht scheiden läßt. Welche Wirkung tut hier das Wort »zweifelhaft«! Sonst ein Schwanken des Geistes oder des Gemüts, erwirbt es sich hier sinnliche, koloristische Valeurs. Der vervielfachte, fliegende Karfunkel ist der echte Tropus dieser Stimmung. Dies wird nur übertroffen durch die Entrücktheit der Liebenden. Sie wird beharrlich im Refrain, der im Zusammenhang jeder Strophe anders klingt.

Die Sachlichkeit der dritten Strophe würde vielleicht stören ohne ein Wort von demselben köstlichen Wert wie jenes »zweifelhaft«. Wäre das entsprechende Gefühl der Anwesenden und des Abwesenden mit »Sehnsucht« bezeichnet worden, so könnte sich die Strophe nach der vorigen nicht halten. »erprobet Gleicherweis' im Sauersüßen.« Ein sonst auf der Höhe lyrischer Stimmung bedenkliches Wort. Hier kann, hier muß es stehen; der *Geist* der Leidenschaft statt ihrer selbst – wie spielt er mit allen Erschütterungen! Die Liebende darf das Wort nicht sagen, wohl aber der Dichter durch die Dienerin, und es ist wohl nicht zuviel behauptet, daß das Gedicht auf dieses Wort hinzielt. Dies alles in dreimal sechs Zeilen und einem Kehrvers!

Die West-Östlichkeit gipfelt aber nicht im Buch Suleika, wo der Stern der Sterne, nämlich »Wiederfinden« einen rein hesperischen Glanz hat, sondern im Buch des Schenken. Es ist voll der ausgesuchtesten Überraschungen. Einige Gedichte genügen, um auch dem gewiegtesten Weintrinker zu beweisen, daß er bisher nicht wußte und auch schwerlich bei einem Anakreontiker oder einem Vaganten gelesen hat, was ein Rausch ist, vielmehr wie die Götter von dem Rausch der Menschen als einer besondern, nur auf der Erde zu habenden Gabe in ihrer Sprache sprechen. Auch hier kann man sagen: berauscht waren viele, aber selten war der Geist berauscht. Dann ein anderes. Gewisse Briefe Winckelmanns lockten aus Goethe Worte über einen altertümlichen Begriff der Freundschaft hervor, die er sonst kaum gesprochen hätte. Es gibt also auch den möglichen, den unausgesprochenen Goethe. So riß ihn hier der orientalische Vorwand zur Darstellung eines Einvernehmens hin, von der niemand geahnt hätte, daß sie in der Gewalt Goethes stand. Daß das Behagen eines solchen mehr von ferne gesehenen Einvernehmens nicht etwa in seinen Hauptzügen ausgemalt, sondern daß es plötzlich da ist: ein beduseltes Hinblinzeln über den Kelchrand nach dem Knabengesicht – das ist ein Wunder, in dem sich die Weinlaune zur Inspiration versteigt – das ist westöstlich! »Du kleiner Schelm du! Daß ich mir bewußt sei, Darauf kommt es überall an. Und so erfreu' ich mich Auch deiner Gegenwart, Du Allerliebster, Obgleich betrunken.« Und noch einmal kommt im Widerspiel der Maske und der übermächtigen Mitteilungslust die Chiffre zu ihrem Recht. Mit Suleika lebt Hatem Höchstes, dem Schenken teilt er es mit. Er ist der Lehrer, der weise Freund dieses Schenken; aber es kommt nicht zu dem Pathos, das sonst im Schwang ist, wenn Verhältnisse dieser Art dargestellt werden – gewissermaßen mit dem Siegel der Antike darunter, bei Winckelmann, Schiller, Hölderlin, Jean Paul! Es wird zu viel getrunken. Die Verjüngung geht so weit, daß sich die Rollen umkehren; der Knabe wird zum Wärter des alten Dichters, ernüchtert ihn, schwatzt ihm seinen Katzenjammer hinweg. »Sag' mir nur warum die Jugend ... Klüger als das Alter sei«. Goethe behandelt das Thema vom Knaben aus, der auf den Dichter sieht. Wir haben Goethe zweimal: wie er für Suleika, wie er für den Schenken ist. So werden die Momente des Schenkenbuchs viel zentraler, als von dem mehr beiläufigen Verhältnis zu erwarten wäre. Überall beobachtet man die Lust Goethes, sich von sich wegzustellen. Goethe ist Hatem, er sieht sich in Hafis; sein Gefühl findet nicht nur den Sprecher, sondern auch die Sprecherin, und ihre Worte sind teils Mariannens, teils Goethes Worte; oft bilden Gedichte ein Gespräch, und wenn der Dichter im Paradies, nachdem das Leben heruntergelebt ist, so dasteht, wie er gemeint war, so hat im Buch des Schenken der Dichter die Gestalt, in welcher er für Saki vorhanden ist. Das Buch des Schenken *muß* da sein. Denn aus der Liebenden spricht zu sehr die Liebe, als daß sie sagen könnte, wie der Geliebte ist; seine Weisheit, seine Welt kann sich weder in ihren Worten noch in den zu ihr gesprochenen Worten aussprechen – sonst hörten ja diese Lieder auf, Liebeslieder zu sein. Der Schenke sieht den Dichter trunken. Er sieht seinen Geist in der tobenden Lust der Mitteilung, im Übermut der Gesetzverleugnung, in der Pracht der Blasphemie, wo Kalauer und Bänkelsang in Mysterien übergehen. Durch leichte, leicht behandelte Motive: den Wein des Einsamen, den wegen murrköpfigen Wesens entlassenen Kellner, die dem neuen Schenken ins Ohr geflüsterten Ketzereien, den Katzenjammer, das Gespräch über das Dichten, das immer Verrat ist – durch diese Themen nimmt Goethe den Durchgang zu dem halbgeflüsterten, halbgekicherten Wechsellied, das die Überschrift »Sommernacht« trägt. Der Dichter fragt den Schenken, wie lange die Abendröte wohl noch dauern wird. Es läßt sich nichts Genaues darüber ausmachen; denn die Sommernacht ist, wie sie ist: Leuchten geht in Leuchten über, eins ist da ehe das andere weg ist, der Himmel weiß nicht, welchem Licht er gehört, es ist ein Zögern, ein Kampf von Seligkeit in Seligkeit. »Solches hast du mich gelehret, Oder etwas auch dergleichen.« Der Knabe schildert die Nacht, wie er es vom Dichter gelernt hat; in den herrlichen Wendungen, die ihm ganz zu eigen geworden sind, aber doch ein wenig lallend; denn es schläfert ihn. Es ist ihm nichts zuviel für Hatem, er wird Eule sein und auf der Terrasse kauzen, bis er die gewünschte Auskunft geben kann. Der Lohn, den er dafür erhofft, daß nämlich der Dichter das All mit ihm bewundere, wird ihm auch. Aber während Saki über die schöne Nacht andächtig und überschwenglich redete und sich unsäglich in die Gebärden der Natur hineinschmiegte, belehrt ihn der Dichter, seinen Auftrag zurücknehmend, in ganz anderem Ton. Nämlich durch einen aus dem Stegreif entworfenen Mythos, der von dem Halbwüchsigen eben darum nicht ganz verstanden werden kann, weil er ihn heimlich angeht: er handelt von Vorreife und Überreife des Körpers. Aurora, eine Dame, die wohl schon in höheren Jahren ist, verliebte sich in den enteilenden Abendstern, und eilt ihm nun (das sind die wechselnden Scheine zwischen Osten und Westen) über den Himmel nach; der Schenke möge sich vorsehen, daß sie ihn nicht mit Hesperus verwechsle. Wir denken sie in der Üppigkeit einer Rubens-Schönen, wenn man sie im Eifer ihrer Liebe hinlaufend so keuchen hört. Der Dichter horcht mit dem Schenken auf den Nachtwind: »Fühlst du nicht ein Liebeschnaufen?« Die heitere Bezüglichkeit dieser Alterstöne ließ den Knaben einschlafen, der vorher im Enthusiasmus dem Schlaf noch eben standhielt. Er wacht erst daran auf, daß der Dichter schweigt, und glaubt, er sei von ihm wie früher belehrt worden. So wiederholt er schlaftrunken die Essenz dieser Lehren: »In allen Elementen Gottes Gegenwart.« Das hat der Alte diesmal gar nicht gesagt! Er schweigt im Trinken, damit der Knabe weiterschläft.

Das Buch des Paradieses gehörte zum Plan; aber sich selbst in diesen seltsamen Himmel kommen zu lassen, fiel Goethe wohl erst später ein. Wenn er hier also sein Gestorbensein besingt – wie anders fällt dies aus, als irgendwer erwarten konnte – wie leichtsinnig! Man denke zum Vergleich an den Tod, den Faust, die symbolische Person Goethes, in der Dichtung stirbt. Hier geht es nicht um das Todesrätsel, noch um eine neue ars moriendi, eher um das Seligwerden nach eigener Façon, und vor allem um den Blick aus überlegenster Distanz. Das Gestorbensein ist ein Bild und meint Ferne; Ferne als den äußersten Grad des Vermögens, von sich wegzutreten, sein Leben verkürzt zusammenzufassen. Goethe im Paradies, mit einer Huri Mysterien scherzend, das ist das Freieste an Selbstauslegung, was der Divan enthält. Auf den Übermut dieser Stücke, der ohne Zynismus und Schauer bloß Zuversicht ist in die eigene Richtigkeit und in das richtig geführte Leben, bereiten uns zwei Gedichte etwas hinterhältigen Tones vor. Das erste von beiden beschreibt das Küssen als Glaubensstärkung des zweifelnden Neuplatonikers. Danach sollte der schöne Begriff »berechtigter Männer« einigen Ernst versprechen. Aber die Schlachtfeldstimmung, die so groß und heroisch in der ersten Strophe gegriffen ist, hält nicht vor. Ein süßer Wind von Osten bringt dem toten Helden die Himmelsmädchenschar heran, die zu unbegrenzter Teilung ihrer Gefühle ebenso bereit ist wie die Männer. Paradies heißt die höchste Wünschbarkeit irdischer Zustände ohne anhaftende Fehler; hier also Harem und doch Friede der Frauen, die sogar einander zu bewundern bereit sind. »Viele Frauen hast und Ruh im Hause, Wert daß man darob das Paradies gewinnt!« Über das Los der Menschenfrauen läßt sich wenig ausmachen; von fern spielt Goethe auf das Faustthema der verklärten Büßerinnen an, wenn er hier die vier aufzählt, die sich einen Platz im Paradies verdient haben. Aber ein Blick in den Nachlaß zeigt, welch verdächtigen Seitengedanken Goethe aus diesem Gedicht getilgt hat – Gedanken, die allerdings seinen persönlichen Anteil an ihm verstärkt hätten! Es scheint, daß Goethe an diesem fremden Glauben eines zusagte: die Liebe zur Erde, das immer neue Begehren der alten Erdenfreuden. Da Capo, ad infinitum. Noch einmal: hat Nietzsche den Divan nicht gründlich gelesen? – Nun, das alles war Vorspiel. Er kommt: die wachehabende Huri macht Umstände. Gehört er denn hier herein? Wie er überall sich als ein Fremder anpassungsfroh und seiner selbst gewiß in das östliche Leben gemischt hat, so beträgt er sich nun auch hier. Ein »Andersgläubiger« – das ist er ja nicht nur im mohammedanischen Himmel, das ist er in jedem Himmel jedes bestehenden Glaubens! – Das Thema hat den doppelten Reiz, Goethes Verhältnis zum Osten und zugleich sein Verhältnis zu jedem Glaubensbekenntnis, insbesondere zum christlichen, zu behandeln. »Nicht so viel Federlesen.« Eine der markantesten Äußerungen der Souveränität im Divan. Er ist, der er ist – das wirft die besonderen, hier bestehenden Vorschriften über den Haufen, denen er in einem weiteren Sinn übrigens durchaus genügen wird. Die religiöse Eigenmächtigkeit, zu der sich Goethe schon in seinen jugendlichen Dichtungen das Recht nimmt, setzt die Aufklärung voraus, aber überschreitet sie. Aufklärung ist *ein* Recht für alle, während hier von Privilegien die Rede ist. Prometheus berief sich auf sein Schöpfertum und auf seine Unmittelbarkeit zum Schicksal. Hier genügt es, Mensch gewesen zu sein, in einem umfassenden Sinne – aber wofür? Es ist ein Unterschied zwischen Unsterblichkeit und »in den Himmel kommen«. Es geht hier nicht darum, ob man fortdauert, sondern ob man recht gelebt hat. Er paßt sich dem besondern hier geforderten Nachweis des Kampfes für den Glauben damit an, daß er sein Leben als Kampf, sein Wesen als gutgläubig zusammenfaßt. Menschsein ist ein Leiden; gerne deutet er es ins Tun um. Der Glaube, für den Goethe Kämpfer war, ist der Glaube an die Liebe, ist der Glaube an die Welt; die Wunden, die er in ihr empfing, sind Wunden, die erlitten sind durch Hingabe. Als Liebender rechtfertigt er sich, wo nach der Ehre des religiösen Kämpfertums gefragt war. Und als Freund, als einer, der es mit den Guten hielt und eine Spur des Dankes in den Besten hinterließ. Daß Mensch sein kämpfen heißt, ist ein Gemeinplatz geworden, und darum ist bemerkenswert, welchen Inhalt Goethe genauer seinem Kampf gegeben hat. Auch er ist der »berechtigten Männer« einer, und das Verhältnis der beiden Gedichte zueinander ist ein Beispiel statt vieler für die zwanglose Art des Zusammenhangs, den ein Motiv, ein Begriff, ein Wort zwischen Gedichten und Gedichtgruppen stiftet. Denn auch dort wurden die Eintretenden nach der Art ihrer Kämpfe gefragt: »Daß du Held seist sehn sie, weil du kamest; Welch ein Held du seist? sie forschen's aus.«

Die Huri ist neugierig, aber auch der Dichter möchte manches wissen. Z. B. warum sie Suleika so ähnlich sieht. Sie erzählt, daß sie alle nur ihren Liebhabern zuliebe so greifbar sind und die irdische Stofflichkeit ihnen durchaus zuwider ist. Aber früher waren dic Seligen unzufrieden, weil sich die Huris merklich von ihren irdischen Freundinnen unterschieden. Dies zu schlichten mutete ihnen Mohammed zu, fürderhin den gewesenen Freundinnen der »Berechtigten« zu gleichen: »Gegen uns waren's garstige Dinger, Sie aber hielten uns doch geringer.« Der Wille des Propheten war Befehl. Seither scheint jede jedem die Seinige. »Du aber bist von freiem Humor, Ich komme dir paradiesisch vor.« Der Dichter also durchschaut, und was er durchschaut, ärgert ihn nicht. Auch sie scherzt über die besondere Art, wie sie dem Propheten gehorsamt; kann sich eine Huri mehr anpassen, als indem sie »einem Deutschen zu gefallen« in Knittelreimen spricht. Das erinnert an den dritten Akt des zweiten Faust. Helena war erstaunt, in der seltsam verwirrten Zeitrechnung dieses dritten Aktes über die »Sprechart« der nördlichen Menschen, und der Liebesdialog mit Faust wird Gelegenheit, sie in den Gebrauch des Reims einzuweihen. Dieses Gespräch ist so geistig und rührend zugleich, daß es jedes Lachen und selbst ein Lächeln hindert. Die genannten Divanzeilen hingegen sind ein Witz. Und indem wir lachen, verflüchtigen sie die tiefsinnigen Ahnungen, die uns beschleichen möchten vor jenem Anflug irdischer Erinnerung auf einem himmlischen Gesicht. Nicht wie Dantes Begegnungen mit Beatrice im irdischen Paradies, nicht wie Una Poenitentium, die dem Gretchen gleicht, soll uns diese Ähnlichkeit der Huri mit Suleika im Innersten treffen; wir werden nur zum Mitgenuß am superiorsten Lebensgefühl eingeladen. Denn was ist dieser Himmel? Der Wunsch der Liebenden! Kein Wunsch, der unerfüllt blieb; er ist die Liebe, wie sie geliebt hat, nur ohne Schicksal; der dichterische freigewordene Geist ihrer seligsten Momente. Die Liebenden *hatten* diesen Himmel; nur das anhaftende Hindernis, die Bedingung – das verflüchtigte sich. Jene platonisierenden Gedankengänge, die übrigens als Kern mohammedanischer Mystik erkannt sind, werden in dies Glück hereingenommen ohne ihre spezifische Schwere. In der Gestalt der Geliebten ist etwas da, auf das sich auch alle frühere Liebe zu beziehen schien, und im Gespräch mit ihr ist ein Reich der Vereinigung gestiftet, in dem das Herz sich selber die Welt dichtet – welch leichte Welt! Wie wenig ist ein Moment, und man braucht doch den Ausdruck »Himmel«, um seine Grenzen zu ziehen! Die Geister spielen mit ihrer Verkörperung und kehren lächelnd in ihre Greifbarkeit zurück.

Auch die Lieder wollen ins Paradies; eines der letzten Gedichte spinnt den Einfall fort, der den Schluß des ersten Divan-Gedichts bildete. Statt der Personen, die Einlaß begehren, will eine klingende Wolke herein. Auch ein Goethe, aber in anderem Aggregatzustand – der in seinem Lied enthaltene! Während man die Person dabehält, werden die Töne wieder hinuntergeschickt. Der Liebende soll in den Himmel, weil er recht gelebt hat. Seine Lieder sollen fortdauern, weil sie schön gedichtet sind. Sie haben ihr Recht auf Unsterblichkeit dadurch erwiesen, daß ihr Schwung heraufreichte, und sollen nun zu den Menschen zurück, freilich verstärkt um das himmlische Echo – sie haben ihren Durchgang durch die Seligkeit der Liebenden genommen und sind jetzt würdig, sich an den Busen des Volkes zu legen, das Goethe in dem letzten Divangedicht als *sein* Volk bezeichnet. – Der Dichter erscheint abwesend. Denkt er an die Erde? Vielleicht. Offenbar hat er eine dichterische Eingebung! Die Huri beschwört ihn bei den mächtigsten Sangesgewalten, die er je entfaltete: »Hast in dem Weltall nicht verzagt, An Gottes Tiefen dich gewagt!« – also bei den Weltliedern, wie er sie gedichtet hat und noch dichten wird, beschwört sie ihn, jetzt sein Bestes vor ihr zu tun, muß aber an die klingende Wolke denken, und will lieber die alten Lieder noch einmal hören: »Sing mir die Lieder an Suleika vor: Denn weiter wirst du's doch im Paradies nicht bringen.« Es ist ein großes Zugeständnis, wenn sie, ein geistgeborenes Wesen, die Unübertrefflichkeit jener irdischen Momente anerkennt.

Nach der Groteske der »Begünstigten Tiere«, die im Übermut fortfährt, widerruft Goethe nun doch die Entschlossenheit, mit welcher er sich gutmuselmanisch vom Paradies nur die Summe des irdisch Wünschbaren erwartet hatte. Zwar scheint am Anfang des Gedichtes »Höheres und Höchstes« das Paradies durchaus darauf eingerichtet, »daß der Mensch, mit sich zufrieden, Gern sein Ich gerettet sähe«. Nun aber wird zugestanden, daß dies Wunsch ist; er muß der Wirklichkeit, die sich auftun wird, weichen. Möchte man dort gern auf deutsch »Paradieseswortе stammeln«, so haben die Geister eine andere, erschöpfendere Sprache: »Doch man horcht nun Dialekten, Wie sich Mensch und Engel kosen«; ihre Grammatik ist umfassend, Blicke, Düfte sind in ihr einbegriffen, ja etwas spöttisch wird ein Ursinn statt aller Sinne vorgesehen. »Und entschiedener empfindet Der Verklärte sich unendlich«. Plötzlich wechselt der Ton und die beiden letzten Strophen entfalten ernstlich den Gegentrieb nach Entselbstung. Statt der Menschensprache, die metaphorisch bleiben muß, ist Gottes Wort – die Sprache, die ein Tun ist – Quell der Verständigung. Durch den Ernst dieser Strophen, durch dies reine Vor-Gott-stehen werden nun die Hurigespräche nachträglich in ihr Bereich verwiesen. Sie sind kein »echtes« Jenseits, sie sind der Himmel, in den die Liebesmomente den Liebenden versetzen. – Die Verserzählung »Siebenschläfer«, die aus heiterer Distanz eine Legende vorträgt, und liebevoll eine patriarchalische Landschaft malt, ist da, um das Gutenachtgedicht möglich zu machen – eine jener geheimnisvollen Selbstbeschreibungen Goethes, bei denen man schwankt, ob er sich noch als den sinnlichen Menschen oder schon als seine eigene Verewigung empfindet. Als ob er nur zum Scheine sei, sieht er sich in der Geste des Entschreitens, gleichsam den Mantel raffend, so wie in einigen Xenien. Dort: »Und wandle neubelebt und jung Im frischen Götterreich.« Hier: »Um des Paradieses Weiten... Im Genusse zu durchschreiten.« Er macht sich selbst zum Helden der eben vorgetragenen Legende; er, ein anderer Epimenides, ist durch einen magischen Schlaf, den man sich denke, wie man will, belebt worden, und so sieht er sich, seine Lieder zurücklassend.

In »Wiederfinden«, dem größten Liebesgedichte des Divan, verläßt Goethe den Kreis östlicher Vorstellungen. Allenfalls darin, daß das Erotische unmittelbar in die höchsten Zusammenhänge übergeht, könnte man ihn vertreten finden, so wie in dem Wort Allah, das aber wahrlich für Goethes Gott steht. Die erste Strophe, plötzlich, wie das Auffahren aus einer Umarmung, gehört dem Wiedersehen; ohne jeden Übergang und in ganz anderem Ton beginnt die zweite Strophe den Vortrag einer Weltschöpfungsmythe, die anzustimmen einer der alten jonischen Naturseher wiedergekehrt scheint; die letzte Strophe bewegt sich wieder in dem persönlich durchlebten Moment der ersten, und der vorletzten ist es aufgegeben, in den Anfang zurücklenkend den vorher vermißten Übergang herzustellen. Dient der Augenblick der Liebenden dazu, die Mythe zu enträtseln? Nein. Das Umgekehrte entspricht dem Alter Goethes. Die Mythe ist die feste tragende Gewißheit, sie erklärt, sie rechtfertigt die Liebe der Lebenden! Wir sollen also diese Mythe glauben? Glaubt sie denn Goethe? Griechische Götter schaffen keine Welt. Der Gott des mosaischen Schöpfungsberichtes tut es. Wohl aber haben griechische Denker die Frage nach der Entstehung des Seienden gefragt. Hat also Goethe eine Lehre von der Entstehung dichterisch sagbar gemacht durch einen Welt-schaffenden Gott, mit dem ihm sogar noch das Trennen des Lichts von der Finsternis überliefert wurde? Aber auch so entspricht die Mythe noch nicht dem Denken Goethes, der ja behauptet, der Begriff der Entstehung sei uns versagt. Und fragten jene griechischen Denker nicht im Grunde nach dem Wesen des Seins, wenn sie nach seiner Entstehung fragten? Goethe verlegt also – wiederum der Dichtung zulieb – mythologisierend an den Anfang, was sich im Rhythmus des Naturgeschehens immer neu vollzieht. Das Gesetz dieses mythischen Alsob ist formuliert in dem Aufsatz von 1817:

»Geistesepochen, nach Hermanns neuesten Mitteilungen.« »Indes die Autochthonenmenge staunend ängstlich umherblickt, kümmerlich das unentbehrlichste Bedürfnis zu befriedigen, schaut ein begünstigter Geist in die Welterscheinungen hinein, bemerkt, was sich ereignet und spricht das Vorhandene ahnungsvoll aus, als wenn es entstünde. So haben wir in der ältesten Zeit Betrachtung, Philosophie, Benamsung und Poesie der Natur alles in einem.« – Welche Auslegung des Lebens der Welt hat Goethe nun dieser Mythe anvertraut? Es ist die Lehre von dem Lebendigen, das sich durch Entgegensetzung steigert, um sich wieder zu vereinigen. Am bündigsten enthält sie der Aphorismus: »Grundeigenschaft der lebendigen Einheit.« Es ist ein Lebensbegriff, der keinen Unterschied zugibt zwischen dem Leben der Natur und dem des Geistes.

Dieser Prozeß ist also dichterisch erzählt mit Zuhilfenahme eines doppelten modus dicendi: des Schöpfergottes und des »Einmal, am Anfang der Zeiten« – aber auch so bedarf Goethe noch einer weiteren Metapher, um die vielen Bereiche des Seins zusammenzuraffen: nämlich der Farbenlehre. Es ist leicht, die gehörigen Stellen aus den »physischen Farben«, der »allgemeinen Ansicht nach innen«, den »nachbarlichen Verhältnissen«, der »sinnlichsittlichen Wirkung der Farbe« anzuführen, die das jeweils im Gedicht Gesagte begründen. Wir befinden uns im Bereich der physischen Farben; das geht aus den beiden Hauptbegriffen: der Trübe, die als Atmosphäre die leichteste bewegliche Materie ist, und der Morgenröte hervor. Die »nachbarlichen Verhältnisse« berechtigen dazu, mehrmals die Tonlehre als zweite Metapher, ja als Metapher der Metapher heranzuziehen. »Ohne Sehnsucht, ohne Klang.« »Ein erklingend Farbenspiel.« Man wird die Schönheit dieser Ausweichung nicht leugnen. Aber sie hat auch einen sachlichen Grund: Gehörseindrücke scheinen die Seele noch mehr zu fesseln, noch geistiger zu sein, da sie innen treffen, ohne Ferne – so tritt die zweite

Metapher ein, damit die Mythe durchaus ein Ereignis des geistigen Lebens sei. Nun ist ja aber der Prozeß selbst in ein metaphorisches Verhältnis zur Liebe gebracht, ohne daß wir wüßten, ob sie die Metapher des Prozesses, ob er ihre Metapher ist. Ist aber das metaphorische Verhältnis wechselseitig, bezeichnet das Bezeichnete zugleich das Bezeichnende, so findet der gesunde Wortverstand der Metapher nicht mehr statt, und dieser Begriff erwies sich als für Goethes Gedicht unzulänglich. Es wären noch viele sogenannte Metaphern möglich, und um die atmosphärischen Farben als eigentlichen Bereich der Bildlichkeit vorwalten zu lassen, also aus einem künstlerischen Grund hat Goethe den Dualismus: Feuerwasser – Wellenwasser[2] und den des Oben und Unten fallen lassen. In Wahrheit vermittelt alles hier Behandelte die Anschauung desselben Gesetzes: der Steigerung des Lebens durch Polarität, und es genügt nicht zu sagen, daß ein Phänomen das andere verdeutliche, sondern sie sind so, wie sie im Naturgeschehen vorfallen, schon aufeinander bezogen: dasselbe in Verschiedenem. Der hier sprechende Dichter ist also ein zusammenfassendes Ich und darin vielleicht wirklich eine Auferstehung jener von ihm so tief begriffenen »begünstigten Geister«: es spricht ein Mythenbildner, ein wissenschaftlicher Mensch, nämlich eben der Verfasser der Farbenlehre, ein Dichter und ein Liebender – daher die beinah ängstigende Spannweite dieses Gedichts.

Nun zu der Mythe selbst! Wie bewegt, wie demiurgisch ist sie. Die Natur in der Umwälzung grenzenloser gegeneinander arbeitender Gewalten, Wirkung in Wirkung übergehend, rastlos, und doch göttlich: ein Tun mit Sinn, das sich steigert und vollendet. Und eine Sprache, die wetteifern darf mit Michelangelo, dem Bildner des Schöpfers, der eine Gebärde hat groß genug, um arbeitend in das Chaos der Welt zu greifen! Die dichterische Formel dieser Schöpfungsmythe für die Einheit der Welt, die Natur als Idee, ist, daß sie »im tiefsten Grunde an Gottes ewiger Brust lag«. Das verwirklichte Sein, das fortan »Welt« heißt und auch in der Zeit verläuft, ist ein Werden und gliedert sich in drei Akte: in das Setzen der absoluten Trennung, in den Eintritt einer vermittelnden Macht und in der Vereinigung. Das Sein in der Zeit beginnt mit einem schmerzlichen Aufschrei des Weltalls, das »mit Machtgebärde« in die Wirklichkeiten, die als solche Idee gegenüber ein Plural sind, auseinanderbricht. Nun ist Chaos, das erkannt wird im reinen Auseinanderstreben der Elemente. Für die absolute Trennung, in der der Lebensprozß zu stocken droht, steht nun im Gedicht das Beispiel aus der Optik: Licht und Nicht-Licht, die ebenfalls reine Gegensätze sind. Nun bedarf es wieder der Initiative Gottes, der Morgenröte schafft. Sie könnte aber nicht wirken, wenn das Trübe nicht wäre, dem sie das Farbenspiel »entwickelt«: die Farben gehen aus dem Trüben hervor, welches ihr Medium ist, und in welchem Dunkel und Licht den ganzen Farbenkreis hervorbringen. »Wir sehen auf der einen Seite das Licht, das Helle, auf der andern die Finsternis, das Dunkle, wir bringen die Trübe zwischen beide, und aus diesen Gegensätzen, mit Hülfe gedachter Vermittlung, entwikkeln sich ... die Farben« (Zur Farbenlehre § 175). Mit dieser Trübe, die also das überall in dem Natur- und Seelenreiche aufzusuchende Vermittelnde innerhalb der Optik vertritt, und der im Menschen das durch den Eros aufgeregte Grenzbereich des Sinnlich-Seelischen entspricht, ist das Rot schon gegeben: nicht das Licht unmittelbar (wie es nach der Farbenlehre gar wohl möglich wäre), sondern das getrübte Licht »erbarmt sich der Qual«. Insofern deutet Rot auf Liebe, auch wenn rot nicht die populäre Liebesfarbe wäre. Denn Liebe wirkt sinnliche Vermittlung. Dies Rot ist Morgenröte: Stimmung des Anfangs. Mit der großartigen Erfindung des einsamen Gottes und mit dem mythisch-personifizierten Rot der Morgenröte ändert sich der Ton des Gedichtes wiederum ohne einen Wechsel der Vorstellung, und wenn bisher der Mythos als Wissenquelle aufgefaßt wurde, woraus die Liebe zweier Menschen ihre Rechtfertigung und ihren Gehalt schöpft, so muß nun doch auch auf das umgekehrte Verhältnis hingewiesen werden: das Gefühl des Liebenden erhellt die Naturrätsel mit *seiner* Erhellung, so daß die Mythe zugleich ein Symbolon des Liebesbundes wird. Beide Verhältnisse sind so ausgebildet, daß es vielleicht von der Anlage des Lesers abhängt, welches er vorwiegen läßt. Rot, die Krone der Farben, die Farbe der Mitte, in der sich die beiden Farbenreihen, deren eine vom Dunkel durch das Blau zum Blaurot, deren andere vom Licht durch das Gelb zum Gelbrot ihren Durchgang nimmt, begegnen; Rot, die Farbe, die durch Vereinigung des Gesteigerten entsteht! Denn wohl ist es von der Mischung der entgegengesetzten Grundfarben Gelb und Blau, dem Grün, unterschieden; und den Fortgang des Gelb zum Gelbrot, des Blau zum Blaurot faßt Goethe als Verdichtung, als Steigerung auf. Die Steigerung, die Vereinigung kann nicht sein ohne die Trennung, und so steckt denn im Rot die von Goethe gefundene Auslegung des Geschlechts, das als die höchste Polarisierung des Lebens durch die Steigerung des Besonderen die körperliche Möglichkeit der Vereinigung und der Zeugung erwirbt. Das alles ist Rot: es stellt die Beziehung der Geschlechter an das Ende einer Klimax. Für dies Vermittelnde, das alle Phänomene der Anziehung von der dumpfen metallischen bis zur geschlechtlichen und seelischen umfaßt und in der körperlichen Zeugung und dem, was ihr im seelischen Leben entspricht, seine höchste Leistung vollbringt, steht im Gedicht außer der Morgenröte noch ein abstrakter Name: Sehnsucht. Es ist Goethes dichterische Übersetzung für den kosmisch verstandenen Eros, wie schon das Gedicht An Hafis zeigte. Das Gedicht, das vor dem persönlichen Leben ins Weltall auszuweichen schien, wäre dann im Zentrum der Liebe angelangt. Und so wirft Goethe die Metapher der Zeit beiseite. Die Liebenden tun ja jetzt, immerfort, was Gott tat. »Allah braucht nicht mehr zu schaffen, Wir erschaffen seine Welt.«

Wieviel muß zusammenkommen, damit der Wurf eines solchen Gedichts gelingen, damit sich in einem Menschen seine Liebe zugleich als schaffende Weltseele fühlen und damit er uns dies glaubhaft machen kann. Offenbar ist ihm der Übergang vom persönlichen zum universalen Leben leicht, eingeübt und selbstverständlich – denn sonst zerfiele das Gedicht in einen Erguß und einen Lehrkursus. Gewiß ist es der Puls eines übermächtigen Liebesgefühls, der das Lehrgedicht durchdringend die kühne, ja unglaubliche Verbindung der beiden Teile möglich macht. Aber der Typus des Lehrgedichts an sich ist von Goethe – abgesehen von dieser Verbindung – so erneuert worden, daß die Lehre schwingt. Ihre Schwingung ist das Mitschwingen der Seele mit den Weltbewegungen; so ist das Lehrgedicht aus sich dichterisch und bedarf keines erhöhenden Stimmungsmittels. Goethe faßte Wiederfinden als ein Lehrgedicht auf, denn er hat es auch der Reihe »Gott und Welt« eingegliedert. Als Liebesgedicht hat es nicht seinesgleichen. Die Liebenden tun – unbewußt, hier aber weiß es ein Liebender und sagt es der Geliebten – was Gott in allem Seienden tut; sie tun es am innigsten, so wird Gott in ihnen unmittelbar handelnd und sie sind heilig von der Natur aus. Nie hat ein Mensch so seine Liebe gestanden.

Ist es aber recht, ein Gedicht so beim Wort zu nehmen? Man sollte es eine Weile tun – damit überhaupt die Tragweite des Gesagten einmal ermessen werden kann. Aber man muß es hernach dem Gedicht wieder abbitten. Gedichte sind nie wörtlich. Auch dieses ist wohl intimer, als es scheint. Genügt es zu sagen: »ein hoher geistiger Zustand, eine Neigung des Gefühls, in Weisheit überzugehen«, wenn sich so der Überschwang des Wiedersehens in einer kosmogonischen Mythe entlädt? Man sollte dies nicht zu natürlich finden! Und dann – das Gedicht zeugt ja nicht bloß vom Wiederfinden, es zeugt von der Nacht der Ferne, die ein Abgrund ist, und vor welcher der Dichter beim bloßen Erinnern zittert.

Man überhöre doch nicht, wie das Gedicht diesen Schmerz der Trennung in die scheinbar freie Höhe seiner Natursage mit hinauf nimmt, wie er dort das Weltall in Stücke schlägt und noch im Busen des vereinsamten Gottes aufschluchzt. Ist nicht auch die heftig arbeitende Dynamik dieser Naturprozesse eine versteckte Sprache der Leidenschaft? Der Schluß, der den Gedanken der Trennung fortweisende, ist dunkel genug. Heißt er: kein zweites »Es werde« wird erschallen, um uns zu trennen? Heißt er: auch wenn es erschallt, uns trennt es nicht? – Jedenfalls gibt er dieser Liebe eine kosmische Weihe, ohne daß ihr menschlicher Verlauf irgend gebahnt schiene. Ist es nicht eine verborgene Bestürzung, die den Dichter zwingt, beim Weltanfang auszuholen; ist es nicht die Kargheit des dieser Liebe im Leben gegönnten Raums, die ihn drängt, ihr den Raum des Weltalls anzuweisen? Zwischen der ersten Strophe und der den Ton so unvermittelt wechselnden zweiten läge dann eine Pause, in der Qual verhalten wird. Auch das Wort »musterhaft« ist verräterisch. Spätere Verse aus der Umgebung der Marienbader Elegie lauten: »Kein Mißbilligen, kein Schelten Macht die Liebe tadelhaft.« Wann ist man geneigt, sein Gefühl (und das Gefühl des liebenden Gegenüber) musterhaft zu nennen? Doch wohl, wenn es angefochten ist, wenn es sich selber anficht, weil es sich keine Wirklichkeit denken kann, in der es sich fristet – und wenn es sich im Widerspruch zu allen Bedingungen doch unbedingt weiß! Daher also das Ausweichen in die Mythe! Der Jubel dieser Strophen wird wahrlich nicht geringer, wenn sich ein Aufschrei in ihn mischt.

Nur so kann man übrigens das Gedicht mit dem reimen, was wir aus Goethes Leben wissen. Denn nach dem gewöhnlichen Begriff des »Erlebnisses«, dem die biographisch aufgelegten Erklärer nachgehen, löge dieses Gedicht einfach drauf los. Während jenes letzten Wiedersehens in Heidelberg, das für Goethe überraschend kam, war er bereits entschlossen, sich endgültig zu lösen. Das Gedicht, das aus diesem Moment hervorgeht, will nichts von Trennung wissen. Warum riß sich Goethe los? Weil er in das geraten war oder zu geraten fürchtete, was man eine »schiefe Situation« nennt. Mochte diese leidenschaftliche Neigung immer für andere anstößig sein – aber konnte er sich für sich und Marianne irgendeinen Verlauf ihres gemeinsamen Lebens vorstellen? Ja, diese Beziehung war – und Goethe gestand sich solches nicht zum erstenmal – in einer keinem Menschen auseinanderzusetzenden, in einer geradezu schrecklichen Weise individuell. Und da bezeichnet der Dichter sich und die Geliebte als musterhaft.

Schon einmal faßte ein großes Gedicht Goethes den ganzen Gehalt einer Neigung zusammen, indem es alle Bedingungen verschwieg und bloß das innere Verhältnis aussprach: das Gedicht an Frau von Stein: »Warum gabst du uns die tiefen Blicke?« Eine tiefe Ratlosigkeit verbergen beide Gedichte; das erste weicht ihr in das Erraten einer gemeinsamen Präexistenz aus, die so selig frei war, als man jetzt verstrickt ist; das neue Gedicht in den weltschaffenden Beruf der Liebeskräfte, die beide in sich wissen; ein ferneres Gedicht, in dem der höchste Trost: die Teilhabe an der Natur, zuschanden wird, bleibt Goethe vorbehalten. Die Marienbader Elegie ist ein tragisches Gedicht; »Wiederfinden« verdankt einer verleugneten Tragik den tiefen unheimlichen Glanz seiner Freudigkeit.

Man hat die Gedichte an Suleika als spielerisch aufgefaßt und sowohl gepriesen als getadelt; man hat dann die geschmäht, die solcher Meinung waren[3], und wieder die Echtheit der Leidenschaft hervorgehoben. Sind sie etwa nicht spielerisch? Und sind sie etwa nicht leidenschaftlich? Wieviel Schattierungen gibt es! Der Dichter ist gottlob nicht an unseren psychologischen Kanon gebunden. Eines ist deutlich: diese Gedichte sind nicht gelebte Momente, sondern der Geist gelebter Momente. Deren freie Fortsetzung im Gedicht. Die

Dichtung hilft dem Schicksal nach; und dies heimlich Bildende, Ergänzende hat wohl auch schon Goethes Lebenskunst in diesem menschlichen Verhältnis bestimmt. Er war kein Unbedingter, wie sich so oft die Freunde der Zerstörung nennen. Er hatte Sinn für das Vollkommene. Er lebte behutsam; indem er auswich, gab er den Momenten ihren reinsten Umriß. Wie anders ist auch die Sprache der Sinnlichkeit als etwa in den römischen Elegien! Sie ist nicht mehr wörtlich, und auch die Lüste werden zu Verständigungen, zu Chiffren, die der Geist zieht. Gibt es etwas Verspielteres als folgende Zeilen über das Ohr: »Das Ohr versagt sich nicht dem Spiel, Hier ist nicht Fleisch, hier ist nicht Haut, So zart zum Scherz, so liebeviel!« Das zarteste Seelenhafte verträgt sich in denselben Versen mit einer fast konventionellen Beschreibung körperlicher Vorzüge. »Hüfte schmal, der Leib so rund Wie zu Paradieses Lüsten.« Die Momente glücken, und sie glücken im Gedicht, das immer wieder eines beschreibt: das Zusammenstimmen. Wer aber stimmt zusammen? Eine sehr junge Frau und ein sehr alter Dichter stimmen zusammen in jenem rätselhaften Medium: der Jugendlichkeit des Dichters, der sie als Jüngling umarmt, sie als Greis zu seiner Geistigkeit erweckt. Er muß, um dies zu vermögen, durch seine Liebe in die Sphäre ihrer Jugend versetzt werden; sie muß seine Töne in sich selber finden, ihm als Dichterin antworten in einem nie gekannten Umfang ihres Wesens. Ein Antworten ganz anderer Art als das Verständnis der Frau von Stein. Damals war die Seele der Geliebten gesetzgebend und leitete ihn zu sich selbst; hier ist er der Gott, der Erwecker.

Es ist etwas von Verabredung in diesen Liebesgedichten. Man hat dies vergröbert, man hat eine List darin gesehen, die unschön, um nicht zu sagen krank wäre: als hätte Goethe zum Dichten eine Anregung gebraucht, sich eingelassen soweit nötig, hierauf sich zurückgezogen, planmäßig. Ebenso falsch ist es zu sagen: der Dichter war ein alter Mann, der einer jungen Frau nicht mehr gefährlich ist. Goethe war fünfundsechzig ohne Abzug, nicht ein fataler ewiger Jüngling, der sich um den Anspruch seiner Jahre herumbetrügt, sondern ein Greis, an dem das Greisentum vollwürdig in seinem eigentlichen Vermögen erscheint. Die Selbstgestaltung ist vollendet wie ein Kristall. Das gibt freilich ein Draußen- und Darübersein auch in der Verstrickung. Der Mensch liebt, leidet, wird alt, verjüngt sich; der Geist durchschaut, denkt das Gelebte, liebt und dankt, bildet alles um in seine Sprache, im Tiefsten unverletzbar. Dem entspricht die dichterische Form des Divan. Indem dieser Geist die Geliebte anrührt, fordert er sie und sich selber auf, die Spiele der Liebe nach der ihm vorschwebenden Regel herrlich zu spielen. Es werden Rollen ausgeteilt: sei du Suleika, laß mich Hatem sein. Die Verabredung ist nicht ausgesprochen, sie ist Zauber. Ehe Marianne Goethe kannte, hat sei sein Geist bestrickt; sie, die Musikalische, hat seine Stimme aus seinen dichterischen Sprachen vernommen. Sie hat ihm aber auch mit ihrem genialen Gehör den einzig ihr gewidmeten Ton seines damaligen Gefühls zurückgegeben, ohne es zu wollen; sie konnte nicht anders. Darum schlagen wir immer wieder im Divan die Seiten auf, da sie ihm seinen Ton erwidernd zusingt. Geist haben, Geist sein in der Leidenschaft, Phönix, Salamander, Delphin sein – darin ist der Dichter geübt, und sie übt es auch; das ist die Verabredung. Denn Goethe sagt ja von ihr, daß sie ihm ihre Leidenschaft zuwerfe, als wärs ein Ball. Zur Verabredung gehörte auch, das Unmögliche zu vergessen. Es war die Selbstherrlichkeit des Dichters, daß er winkte, als dies beginnen, und winkte, als es enden sollte. Ein Liebesbegebenheit, die nie beschrieben wurde, auch von Goethe nicht, und deren Geheimnis nie ein Mensch wird lüften können. Sie konnte sich nicht vollziehen ohne eine tiefe Verletzung des Lebens. Und nicht dies war die Gefahr, daß die Leidenschaft alle Grenzen überstieg – das war dem einen nicht gegeben, dem andern nicht fürchterlich; sondern daß der Erwecker, der ein so großes Gefühl hervorrief, es irgendwann mit sich allein ließ. Es mag dies eine Frau ihr Leben, Goethe tiefes und langes Leid gekostet haben. Beides steht nicht in den Gedichten; auch dies ist Verabredung. »Er verbirgt die traurigen Gesichter.« Worauf geht die Verabredung zuletzt? Auf Vollkommenheit. Im Buch des Paradieses spielt die Liebe die Spiele, die sie meinte. Also doch Spiel? Wann wird man aufhören, die Liebe für »Ernst« zu erklären! Spielen nicht die Tiere Liebesspiele? Hat nicht die Liebestradition aller Kulturvölker die Werke der Liebe immer wieder mit Worten des Spiels benannt? Ist die Kunst nicht Spiel? Und ist das Spiel nicht Ernst? Es freute Goethe, für sein so Eigenes soviel Zierrat und Ranke vorzufinden in den Stilmustern östlicher Gedichte, und er vermischte gern das eine mit dem andern; wir aber schelten nicht die Konvention und loben nicht das Einmalige, wir stellen uns in der noch so künstlichen und verspielten Wendung die übermenschliche Person vor, die zu ihr kondeszendiert.

Es liegt im Wesen gewisser Kunstmittel, daß ein Äußerstes versucht wird – das Mittlere wäre schal. So bei angestrebter Ferne. Eben diese Ferne, die Seltenheit der gewählten Bilder, das Verstiegene der Übertreibung gibt dem Gedicht »Hochbild« seinen Reiz. Aber es erschöpft sich nicht in der Manier. Eine Vielfalt von Beziehungen läßt kaum Sagbares, das zwischen den beiden Liebenden ist, erraten; und ebenso das Folgende »Nachklang«, wo der Dichter die Selbsterhöhung zum Kaiser und Gott zurücknimmt. Hier tut der Geist westöstlicher Vergleichungskünste sein Äußerstes; Gefühlsübergänge einer neuen Einsamkeit, die ein zusammengesetzter und schwieriger Zustand ist, werden dem Erraten aufgegeben. Wenn schon gespielt wird, kann gar nicht genug gespielt werden, und eher als der zu weit getriebene Reiz könnte in dieser Region der Ton einer gewissen Traulichkeit als störend empfunden werden: »Ich bin so gern gesellig

Und das ist hier der Fall.« Das letzte Gedicht des Buches Suleika ist, wenn man sich so ausdrücken darf, unbeschreiblich groß, und gerade da schwelgt der Spieltrieb metaphorischen Preisens am unersättlichsten. »Allschöngewachsene, allbuntbesternte, allbelehrende.« Keine Wendung zuviel für den immer neu begleitenden Gedanken, daß der Dichter ihre Gestalt brauchte, damit sich ihm alle Seelen der Natur erschlossen.

Warum hat Goethe Mariannens Gedichte unter den seinigen veröffentlicht? Daß die Geliebte antwortet, daß sie antworten kann – daß sie nicht nur liebt, sondern den so seltenen, so geistigen Zustand des Dichters frei aus ihrer Natur zu teilen vermag, das war einzig an diesem Verhältnis, und hier bedeutet das Dokument alles. »Dilaram schnell, die Freundin seiner Stunden, Erwiderte mit gleichem Wort und Klang.« Sie antwortete. Und *so* antwortete sie: »Das Mädchen hatte was gelernt.« Wäre wohl irgendein Kenner auf den Gedanken gekommen, daß einige Divangedichte einen anderen, weiblichen Verfasser haben? Schwerlich! Es gibt aber auch Verse und Prosa Goethes, die vielleicht niemand ihm zugeschrieben hätte, wenn er nicht als Verfasser verbürgt wäre. In einer Zeit allgemeiner dichterischer Übung sticht das Eigene nicht immer hervor, es läßt auch einen gewissen Ausgleich zu. Für uns, die wir nun einmal unterrichtet sind, unterscheiden sich diese Gedichte doch merklich von denen Goethes. Sind sie wirklich den schönsten des Divan ebenbürtig? Daß sie so überaus beliebt waren, rührt daher, daß sie Gemüt haben und an der Superiorität des Spiels, an dem die Sprache auflockernden und umbildenden Klangzauber, am ganzen subjektiven Orient Goethes kaum teilnehmen. Sie sind sehnsüchtig, herzlich, verhalten-werbend. Goethes Änderungen können wir nicht immer genau verfolgen. Die Wendung »Denn das Leben ist die Liebe, Und des Lebens Leben Geist« ist doch wohl von ihm! Da nun der Leser Mariannens Gedichte als Goethe-Gedichte lesen sollte, so war der Sinn dieser Täuschung nur für die Liebenden vorhanden und sollte den Leser nicht erreichen. Dennoch, auch dem Leser wird das Seine. Die Gedichte Mariannens konnten nicht durch eigene Gedichte Goethes ersetzt werden. Schon lange drängte das Liebesgedicht Goethes dazu, seinem Moment eine doppelte Wirklichkeit, eine Wirklichkeit in zweien zu geben, und die Gebärde der Geliebten in sich hineinzunehmen. Aber wie konnte der Greis, dessen Geist so kristallen war, eine weibliche Schwingung in sich zulassen? Wie enfernt ist ein Gedicht, in dem Goethe Suleika sprechen läßt, etwa »Vollmondnacht« von Mariannens Art, ein Gefühl auszudrücken! Aber er kann die Geliebte sprechen lassen – wie sie wirklich spricht; nachdem er ihre Seele zum Tönen gebracht hat. In der Marienbader Elegie wird es heißen: »Es ist, als wenn sie sagte.« Und da hören wir Goethes Stimme. Der Divan aber erinnert an Goethes Sonette, einen merkwürdigen, weit unterschätzten Gedichtkreis. Hier entdeckt Goethe das Spiel und findet im Sonett die Dichtart des Spiels, die er eben darum bisher verschmähte. Man weiß, daß Goethe Wendungen aus Briefen der Bettina an ihn, ohne daß Bettina das in den Sonetten gemeinte Mädchen wäre, in Strophen einfügte, welche Briefe des Mädchens an den Dichter enthalten sollen. Wer genau hinhört, kann sich nicht darüber täuschen, daß Stimmen und Stimmungen hier reizvoll verwirrt sind. So haben die Gedichte »Wachstum« und »Das Mädchen spricht« einen verschiedenen Gegenstand und zeugen für ein verschiedenes Gefühl. Warum half sich Goethe durch dies Hereinnehmen von Briefstellen? Er flößte den Gedichten, die als Äußerung eines Mädchens wirken sollen, die weibliche Schwingung ein, deren Deutlichkeit und Echtheit ihm genügte, auch wenn sie nicht individuell treffend war. Darin überbietet der Divan die Sonette weitaus: Marianne sagt mit ihrem eigenen Wort ihr eigenes Gefühl. Und so muß es sein, nach der Geschichte der Seelen. Der Goethe dieser Sonette blickt schon durch die Augen der Geliebten auf sein Ebenbild: welche überscharfe Deutlichkeit im Sehen seiner selbst! Wie weiß er seine Wirkung auf sie: er verewigt, er verschönt sie vor sich selbst! Und er darf es, durch sie, aussprechen. Schon in den Sonetten gibt es Alter, oder genauer müßte man sagen: Alterung, so wie im Divan Verjüngung, und in der Marienbader Elegie noch einmal und schrecklicher: Altèrung. Die Gefahr des sich verhärtenden Wesens wird wahrgenommen. Großartig naiv ist die Selbstschilderung des Spaziergängers; er ist ganz Unmitteilsamkeit: »Im weiten Mantel bis ans Kinn verhüllt Ging ich den Felsenweg, den schroffen, grauen.« Noch drastischer begreift er sein unzugänglich gewordenes Wesen, wenn er die Liebende zugleich ihm selbst und seiner Büste gegenüberstellt. Ein fast heimtückisches Symbol, der monumentalisierte Goethe, der Feind der ihn liebenden Frau: »Sollt ich von beiden Kälte leiden müssen, Da dieser tot und du lebendig heißest.« Der Dichter versöhnt das Mädchen, das mit dem Scharfsinn des Verdachtes nicht nur die Zweideutigkeit des Sonetts, sondern des in ihm geäußerten Liebeszustandes durchdringt; er eröffnet ihr die Aussicht auf seine eigene Katastrophe: Feuerwerker, den seine eigene Mache in die Luft sprengt. »Irrgänglich klug miniert er seine Grüfte.« Die Sonette zeigen die Kluft zwischen liebevoller Nähe und der Unerreichbarkeit des seltenen einsamen Geistes. Das ist Altersstil der Liebe, und um diesen Preis erreicht Goethe in einigen Sonettschlüssen die reine gesättigte Spiegelung.

1 H. H. Schaeder, Goethes Erlebnis des Ostens, 1938, S. 116 ff.
2 Im Entwurf.
3 Hans Pyritz, Goethe und Marianne von Willemer, S. 28 ff. u. a.

THEODOR W. ADORNO

Zum Klassizismus von Goethes Iphigenie

Die stets noch herrschende Ansicht bringt Goethes Entwicklung unters Cliché eines Reifeprozesses. Nach Sturm und Drang habe der Dichter sich zu zähmen gewußt. Seine Erfahrung von der Antike habe ihm geholfen, sich abzuklären und den sogenannten Standpunkt des schlackenlos reinen Kunstwerks einzunehmen, gemäß den Zeilen aus dem Faust: »Wenn sich der Most auch ganz absurd gebärdet, / Es gibt zuletzt doch noch 'nen Wein.« Geflissentlich trug Goethe zu jener Ansicht von seinem Klassizismus bei: sie bereitete dann seiner Etablierung als Klassiker den Weg. Nicht nur ihre Trivialität macht die Konstruktion verdächtig; nicht nur, daß sie ein Stilisationsprinzip, sollte es denn darum sich gehandelt haben, mit der Authentizität des ästhetisch Verwirklichten verwechselt, die vom Begriff des Klassischen gemeint wird, sofern er mehr ausdrücken soll als akkumulierten Erfolg. Darüber hinaus tut das Schema von der Abklärung Goethe Unrecht, indem es den Anschein erweckt, sein Werk habe die Erfahrung des Dunklen, die Kraft der Negativität verleugnet und eine Harmonie fingiert, die im Zeitalter der emanzipierten, jeglicher vorgegebenen gesellschaftlichen Ordnung sich entgegensetzenden Subjektivität geschichtlich unmöglich war. Unter den Verdiensten der Arbeit über die verteufelt humane Iphigenie von Artur Henkel ist nicht das kleinste, daß er jene Konvention zertrümmerte und die Gewalt des Mythischen gerade an dem Stück hervorhob, das, vor Tasso und der Natürlichen Tochter, den Typus des Goetheschen Klassizismus am eindringlichsten geprägt hat. Von Mythos redet er dabei nicht, wie der schlampige Sprachgebrauch, im Sinn von Gleichnissen für Überzeitliches oder Transzendentes, sondern ähnlich wie Benjamin in dem Traktat über die Wahlverwandtschaften, als vom Schuldzusammenhang des Lebendigen, dem Schicksal. Solcher Mythos, gegenwärtige Vorwelt, ist im gesamten Goetheschen Werk vorhanden. Leicht dürfte man es als einen einzigen Prozeß mit der mythischen Schicht auffassen. Sie ist bei ihm kein Symbol für Ideen, sondern leibhaftige Verstricktheit in Natur. Blinde, naturwüchsige Verhältnisse überdauern auch in der Gesellschaft des aufgeklärten Zeitalters. In solcher Gestalt dringen sie ein in Goethes Werk. Es empfängt seine Dignität von dem Gewicht, das es dem mythischen Moment zuerkennt; allein im dialektischen Verhältnis zu ihm, nicht als freischwebend Verkündetes wird sein Wahrheitsgehalt als humaner bestimmbar. Dadurch unterscheidet er sich nicht nur vom Klassizismus Schillers, der die Kantische Ideenwelt zelebriert, sondern auch von der Gipssphäre der bildenden Kunst, gegen die Goethes Geschmack keineswegs immun sich zeigte. Noch bei Künstlern des höchsten Ranges ist die Nähe oder Ferne zu den Materialien zu berücksichtigen, in denen sie und über die sie sich äußerten. Keineswegs ist Goethes Beziehung zur bildenden Kunst über allem Zweifel. Dieser überträgt sich auf die fable convenue, der Dichter sei gewesen, was sie einen Augenmenschen nennen. Die Gewalt seiner Sprache überflutet derart das Sichtbare, daß sie, trotz der gerühmten visuellen Genauigkeit, in Musik hinüberspielt. Sein Vorbehalt gegen diese entspricht eher dem Gestus bannender Abwehr der mythischen Schicht, zu welchem deren drohende Übermacht ihn veranlaßte, als der dichterischen Fiber. Wer als Kind bei einer klassizistischen Aufführung der Iphigenie, mit Hedwig Bleibtreu, zugegen war, wird sich daran erinnern, wie unsichtbar gleichsam das Ganze eilends vorüberzog, wie weit ab von aller gegenständlichen Sinnlichkeit, so daß der Sinn darüber entglitt.

Kaum ein stärkeres Argument gegen die Bestimmung des mittleren Goethe als Klassizisten ließe sich denken. Inkommensurabel ragt das Schauspiel Iphigenie über die Bildungssphäre, in der das Wort Klassizismus seine Nische hat; die Griechen und Skythen darin sind nicht Repräsentanten eines invarianten und der Empirie entrückten Menschlichen, sondern gehören deutlich historisch bestimmten Stufen der Menschheit an. Daß dabei seelische Konflikte entfalteter Personen anstelle jenes Innen und Außen überwölbenden Kosmos getreten sind, den die klassizistische Konzeption des Griechentums, auch die Hegels, supponiert, ist vielfach, jüngst von Henkel, bemerkt worden. Er läßt keinen Zweifel daran, daß die Anverwandlung des mythischen Stoffes bei Goethe untrennbar sei von sedimentiertem Christentum. Unbeirrt jedoch erhalten Torheiten sich am Leben wie die des Kommentators der Jubiläumsausgabe, der allen Ernstes fragt, »ob wir in der Iphigenie mehr eine deutsche, mehr eine griechische Tragödie besitzen«, und auf dem gleichen Niveau verkündet, es sei aus der Prosadichtung, während und nach der italienischen Reise, »das ewige Kunstwerk geworden«. Daß es lebt, hat es eben den Momenten zu verdanken, die bei seinem Transport ins Pantheon unterschlagen werden. Der geschichtsphilosophische Akzent auf dem Prozeß zwischen Subjekt und Mythos verleiht dem Text sein unverwelkt Modernes, wofern man ihm sich zuwendet, ohne von der Autorität der gängigen Literaturhistorie sich imponieren oder irritieren zu lassen.

Was an geschichtlicher Bewegung der Iphigenie sich mitteilte, datiert zurück auf den Protest des jungen Goethe und seiner Freunde gegen den schuldhaften Aspekt von Zivilisation, auf den unterm endenden Absolutismus grelles Licht fiel. Natur sollte sich befreien vom usurpatorisch Gesetzten, die unverstümmelte Regung nicht länger verschnitten sein; was damals Genie hieß, auch die willentliche, übrigens vom jungen Goethe sogleich gemäßigte Roheit, hatte das zum kritischen Angriffspunkt nicht weniger als die am französischen grand siècle gebildete und in Deutschland steif nachgeahmte Form. Das zivilisatorische Moment jedoch ist eines von Kunst selber als eines Gemachten, aus dem Naturzustand Heraustretenden. Die Parole, Kunst solle wieder Natur werden, die bis in den deutschen Idealismus hinein widerhallt, hat soviel Wahrheit wie Unwahrheit. Wahrheit, weil sie die Kunst daran mahnt, für das von Herrschaft jeglicher Art, auch der rationalen, Unterdrückte zu sprechen; Unwahrheit, weil solche Sprache anders denn als ihrerseits rationale, durch die Totalität von Kultur vermittelte nicht kann vorgestellt werden. Indem Kunst den Mythos seiner Buchstäblichkeit entäußert, in ihre Bilderwelt transponiert, ist sie in Aufklärung verflochten, Stufe von Zivilisation und deren Korrektiv in eins, wie Rousseaus Philosophie. Soweit in der damals neuen Kunst die Stimme des mündigen Bürgertums laut wurde, hatte sie an dem antimythologischen Moment ihre historische Aktualität, feind illegitimer Legitimität, rechtlosem Recht. Nicht länger als für eine polemische Sekunde jedoch war Kunst als reiner Widerpart zur Zivilisation denkbar; ihr pures Dasein desavouiert das Auftrumpfende, Barbarische, Provinzielle von Tiraden wie der Schillerschen vom tintenklecksenden Säkulum. Vollends in Deutschland, wo der antizivilisatorische Impuls der Kunst mit ökonomischer Zurückgebliebenheit hinter der bürgerlichen Zivilisation des Westens sich verfilzte, mußte der Geist an dieser sich abarbeiten, wenn er weder sich den Boden abgraben, noch leeren Triumphen nachjagen wollte. Der Weimarer Goethe, der an die große Gesellschaft und damit an den internationalen Stand des Bewußtseins Anschluß gesucht hatte, wirkte als Agens der Entprovinzialisierung des deutschen Geistes. Rühmte hundert Jahre später Nietzsche an ihm, er sei als letzter Deutscher ein europäisches Ereignis gewesen, so hat er jenen Sachverhalt gestreift. Während solche Entprovinzialisierung der Bewegung seiner Generationsgenossen die revolutionären Fangzähne ausbrach; während er einlenkte und radikale Neuerungen der Form sistierte, die am Ende doch, über Goethe hinweg, nicht aufzuhalten waren, verhielt er andererseits, an der Zivilisation sich messend und unter Verzicht auf angedrehte Genietöne, sich moderner als die Hainbündler, Stürmer und Dränger und frühen Romantiker. Er sah, daß, wer überhaupt den Vertrag honoriert, den jedes Kunstwerk ihm unterbreitet, dessen immanenter Gesetzlichkeit, der Objektivation sich verpflichtet. Gebärdet er sich, als wäre er über diese hinaus, erweist er in der eigenen Produktion meist sich als ohnmächtig. Nicht mangelndem Talent so groß angelegter Autoren wie Lenz war zuzuschreiben, was den Sturm- und Drang-Dichtungen an Kraft abging. Goethe mußte darin die Vergeblichkeit des Gestus von Unmittelbarkeit im Stand universaler Vermittlung erkennen. Sein Klassizismus archaisiert nicht. Das spezifisch Antikische der Iphigenie, das rückblikkend der alternde Goethe überschätzen mochte, bringt eher ein Potential seines dichterischen Ingeniums zutage, als daß er, wie Schiller, in den Fundus gegriffen hätte. Fürchtete man nicht die Paradoxie, so ließe wohl sich verteidigen, das eigentlich Antike des klassizistischen Goethe, das mythische Element, sei kein anderes als das chaotische seiner Jugend. Vermöge seiner Objektivation wird es gleichsam in die Vorwelt zurückgesiedelt, nicht zur Fassade ewiger Gegenwart aufgeputzt. Eben weil Goethe nicht archaisiert, fällt seiner Dichtung ein Archaisches zu. Umsonst nicht verlegt er sein griechisches Drama, anstatt in attisch-klassische Verhältnisse, in ältere, exterritoriale. Die pragmatische Voraussetzung der Iphigenie ist Barbarei. Sie stimmt zum mythischen Schicksal als Zone des Unheils. Nach Iphigeniens Rede zu Beginn faßt »ein fremder Fluch mich an« (84). Die Welt, in der sie Zuflucht fand und aus der sie entweichen möchte, ist in jedem Wort, mehr noch im Melos der Worte zwangvoll in sich verklammert. Will man von Goethes Klassizismus mehr verstehen als daß er die Aristotelischen Einheiten restaurierte und der Jamben – welcher ungeheuren Jamben! – sich bediente, so wird man davon auszugehen haben, daß die

Zivilisation, aus der Dichtung nicht ausbrechen kann und die sie doch durchbrechen will, in der Dichtung thematisch wird. Iphigenie und Tasso sind Zivilisationsdramen. Sie reflektieren die bestimmende Macht der Realität, vor welcher der Sturm und Drang sich die Augen verband. Insofern sind sie realistischer als dieser, im geschichtsphilosophischen Bewußtsein adäquater.

Das scheidet den Goetheschen Klassizismus nachdrücklich von jedem formalistischen, von der Glätte der Thorwaldsen und Canova. Wider die geltende Auffassung und wider den unbedachten Gebrauch des Wortes Form wäre der Goethesche Klassizismus aus dem Inhalt abzuleiten. Man pflegt diesen, unter Berufung auf Goethes eigene Worte und gleichzeitige Schillers, Humanität oder das Humane zu nennen, gemäß der unverkennbaren Intention, die Achtung vor menschlicher Freiheit, vor der Selbstbestimmung eines jeglichen Einzelnen über partikulare Sitte und nationelle Beschränktheit ins Allgemeine zu erheben. So eindeutig indessen die Iphigenie fürs Humane optiert, so wenig erschöpft sich ihr Gehalt im Plädoyer; eher ist Humanität der Inhalt des Stücks als der Gehalt. Schrieb Nietzsche einmal, der Unterschied zwischen Schiller und Shakespeare sei, daß dessen Sentenzen wirkliche Gedanken enthielten, die Schillerschen Gemeinplätze, so wäre, nach dem gleichen Kriterium, der Goethe der Iphigenie auf Shakespeares Seite zu ziehen, obwohl es dem Schauspiel an Zitaten keineswegs mangelt. Diese Differenz ist aber die zwischen dem gepredigten Ideal und der Gestaltung der ihm immanenten, geschichtlichen Spannung. Humanität wird in der Iphigenie verhandelt aus der Erfahrung ihrer Antinomie heraus. Das Subjekt, das im zivilisatorischen Prozeß nicht sowohl sich emanzipierte, als daß es in ihm entsprang, gerät als einmal emanzipiertes mit der Zivilisation und ihren Satzungen in Streit. Was am Klassizismus mit Fug Stilisierung heißen mag, heteronom in dem greulichen Sinn, daß den Figuren der Stil als Faltenwurf umgelegt werde, ist, anstatt klassisch, Ausdruck jener Inadäquanz, ein Überhang nicht eingeschmolzener Objektivität, unversöhnt mit dem Subjekt, in Widerspruch zum zivilisatorischen Anspruch. Vermöge jenes Widerspruchs ist Goethes geschichtlicher Standort nicht weniger als seine Verfahrungsweise dem ihm nach philosophischer Schablone so ungleichen Hegel überaus nahe. Paul Tillich hat vor mehr als dreißig Jahren auf die Beziehung aufmerksam gemacht. Der Konflikt des zivilisierten, an Zivilisation erstarkten und durch sie geschwächten Subjekts mit der Zivilisation ist der des Tasso. Sein tragisches Ende – Goethe vermied weise das Wort und redete abermals von Schauspiel – entschleiert, daß das befreite Subjekt frei nicht zu leben vermag in der bürgerlichen Gesellschaft, die Freiheit ihm vorgaukelt. Einzig im Untergang wird sein Recht bekräftigt. Die Antinomie in der Iphigenie ist noch nicht ebenso manifest. Sie verlagert sich auf den Zusammenprall zweier Völker aus zwei Weltaltern. Zivilisation, die Phase des mündigen Subjekts, überflügelt die mythischer Unmündigkeit, um dadurch schuldig an dieser zu werden und in den mythischen Schuldzusammenhang hineinzugeraten. Zu sich selbst, und zur Versöhnung, gelangt sie nur, indem sie sich negiert, durchs Geständnis, das die kluge Griechin dem humanen Barbarenkönig ablegt. Es gibt den selbsterhaltenden Geist ihrer Zivilisationsgenossen preis. Auch um solcher Dialektik willen ist die Humanität der Iphigenie verteufelt; human wird sie erst in dem Augenblick, in dem Humanität nicht länger auf sich und ihrem höheren Recht beharrt.

In jener Dialektik rückt Form ins Zentrum: als Konstruktion von Ganzem und Teilen sowohl wie in einer der deutschen Dichtung gänzlich neuen sprachlichen Höhe. Der Stil des Werkes ist der alles durchdringende Äther seiner Sprache. Solcher Vorrang der Form trägt das zivilisatorische Moment, den stofflichen Vorwurf, ins Gedichtete hinein. Die Milderung des Rohen, schließlich dessen Verschwinden sind nicht bloß die Absicht der Heldin. Die Gestalt eines jeden Satzes vollzieht sich mit bedachter, errungener μεσότης der Formulierung. Wunderlich vermählt sie sich mit warmem, umfangendem Strömen. Auch extreme und erschreckende Sachverhalte haben daran teil, ohne daß sie abgeschwächt würden. Schweigt antithetisch der Skythenkönig oder redet er karg, so scheint diese Kargheit nicht länger die eines des Ausdrucks nicht recht Mächtigen; sein Schweigen ist seinerseits zivilisatorisch, dem wütenden Ausbruch abgedungen. Der verborgenen Fülle danken die lakonischen Interjektionen des Thoas in den letzten Versen, der Übergang von dem pragmatischen »So geht« (2151) zu dem berühmten »Lebt wohl« (2174), dessen Konventionalität im Kontext beispiellose Schwere des Gehalts aufspeichert, ihr Unwiderstehliches. Grundverschieden ist die Verselbständigung der Form in der Iphigenie vom französischen Klassizismus, wo die Sprache, vor allem dichterischen Prozeß, das zivilisatorische Element beistellt. Goethes Sprache muß mit dem Gehalt sich erzeugen; das verleiht ihr die Frische von Wald und Höhle. Er hatte es mit der Schwierigkeit einer auf subjektive Erfahrung zurückgeworfenen Dichtung aufzunehmen: sich zu objektivieren ohne Teilhabe an irgend sie tragender Objektivität. Die Möglichkeit des Ausgleichs fand er in der Sprache, als wäre sie, trotz allem, im subjektivistischen Zeitalter dem Subjekt irgend noch vorgeordnet, fähig, jede subjektive Regung in sich zu empfangen und nach ihr sich zu wandeln. Mit der Iphigenie hebt eine Entwicklung der Sprache zum objektivierenden Moment an, die in Flaubert und Baudelaire kulminierte. Die Versöhnung des Subjekts mit dem ihm Entgleitenden freilich, die ihr aufgebürdet wird, die Substitution von Form für einen ihr antagonistischen Inhalt, ist schon in der Iphigenie aufs äußerste exponiert. Glücken konnte sie, weil in dem im prägnanten Sinn Ästhetischen, der Autonomie der Form, die inhaltliche Spannung sich niederschlägt. Sprache wird zum Stellvertreter von Ordnung und produziert gleichzeitig Ordnung aus Freiheit, aus Subjektivität, gar nicht soviel anders, als es der idealistischen Philosophie vorschwebte, die Goethe nicht leiden mochte. Was trotzdem antikische Pseudomorphose, Stilisierung blieb, ist gezeitigt von der Unversöhnlichkeit dessen, was doch vom Genius versöhnt werden will. Klassizistische Gesinnung oder Weltanschauung sind demgegenüber gleichgültig; in seiner Brüchigkeit bewährt sich der Goethesche Klassizismus als richtiges Bewußtsein, als Chiffre des Unschlichtbaren, das zu schlichten seine Idee ist.

Sein Klassizismus ist nicht die entschlossene Gegenbewegung eines geläuterten Menschen gegen sein frühes Werk sondern dessen dialektische Konsequenz. Dabei ist auf den künstlerischen Nominalismus zu rekurrieren, die Suprematie des Besonderen und Einzelnen übers Allgemeine und den Begriff. Er bildet die stillschweigende Voraussetzung von Goethes Produktion. Vom parti pris des späten und schon des mittleren Goethe fürs Allgemeine wird der Nominalismus nicht sowohl außer Aktion gesetzt als gebannt. Er ist urbürgerlich; Goethe nicht und kein bürgerlicher Künstler konnte ihm sich entziehen. Er verbietet, dem Kunstwerk von oben her Sinn einzuflößen. Der Verzicht auf geschürzte Handlung, die Konzeption eines offenen, induktiv aus der Erfahrung gespeisten Dramas, seine Versetzung mit dem epischen Element seit der Mitte des achtzehnten Jahrhunderts waren nachdrückliche Spuren des Nominalismus. Er trieb auch den jungen Goethe. Unvereinbar damit war sein Pathos und das der anderen Stürmer und Dränger. Es hatte im Zeichen Shakespeares sich formiert, Revolte des Subjekts und seine verblendete Hoffnung, von sich aus, durch die pure Bekundung seiner ursprünglichen Kraft, dem Kunstwerk jene Sinnhaftigkeit einzuhauchen, die es mit dem unwiderruflichen Verlust von Ontologie eingebüßt hatte. Die Antinomie, die in jenem Momentanen auf einer Spitze zu halten war, die den Klassizismus weit genauer charakterisiert als die Idee eines zeitlos Bleibenden, Unangreifbaren – sie ist die des Nominalismus, der in der Kunst wie im Gedanken, gemäß dem Prozeß der Verbürgerlichung, zwangvoll fortschreitet. Er nötigt zum Verzicht auf jegliche Einheit, die vor den Teilen etabliert wäre und sie bände; sie soll aus dem Einzelnen zusammenschießen. Damit aber verlieren die Einzelheiten gleichzeitig das Wozu, das jene Kristallisation ihnen erlaubte: nicht erst die Gewißtheit ihres Sinnes im Ganzen sondern bereits die Richtungskonstante, durch die sie fortgehen, über ihr partikulares Dasein sich erheben. Klassizismus ist die fragile Antwort darauf; sein prekär Mittleres, von den Extremen sich Entfernendes konkretisiert sich dadurch, daß er die aprioristische Konstruktion und ihren Widerhall in der pathetischen Rede ebenso meidet wie das begriffslose Detail, das droht, aus dem ästhetischen Kontinuum in vorästhetische Empirie abzusinken. Fragil aber ist die klassizistische Lösung darum, weil sie von der Antinomie eigentlich verwehrt wird, ausgleicht, wo keine Versöhnung ist. Sie wird zur Leistung des Takts. Durch den Schein von Natürlichkeit verbirgt er die regieführende, sinngebende Hand; durch behutsames Polieren schleift er die Ungebärdigkeit der nicht länger eingefaßten Details ab. Daß in jenem Akt des Verbergens, der Veranstaltung, doch das Formapriori sich erhält, das der Nominalismus demontiert, ohne daß es ihm wiche, leiht dem Klassizismus seine Unbeständigkeit. Sie wiederum strahlt als Glanz des Ephemeren auf ihn zurück, prädestiniert ihn jedoch zur Ideologie, zur heimlichen Bewahrung dessen, was nicht mehr ist. Die sprachliche Sensibilität des Lyrikers Goethe, die ihresgleichen nicht hat, brachte ihm die Erfahrung ein, daß nominalistisches Pathos hohl sei. Das Kunstwerk, ohne Reservat der Vermittlung durchs Subjekt überantwortet, kann nicht in unmittelbarer subjektiver Selbstbekundung erlangen, wogegen die Selbstbekundung auftrumpft. Das Auftrumpfende straft die Verbindlichkeit des Gehalts Lügen. Er muß sich übertreiben; anders vermöchte er sich selbst nicht zu glauben.

Die Auskunft, zu der Goethe von der künstlerischen Arbeit gedrängt wurde, war die natürlicher Rede. Natürlichkeit hatte die Generation seiner Jugend und ihn selbst verlockt, war indessen, abstrakte Negation von Unnatur, so unnatürlich geworden wie die »Ha's«, von denen nicht nur die Räuber widerhallen. Natürliche Rede wird kraft ihres eigenen Begriffs zur gemäßigten, gewaltlosen. So konvergiert sie mit Humanität als dem gewaltlosen Stand. Sie verbreitet sich über den Kosmos des Gebildes. Was Goethe an der Antike muß fasziniert haben, weil es dem Bedürfnis seiner Stunde entsprach, war solche Natürlichkeit. Auf sie, nicht auf Stilisierung hatte der Stil der Iphigenie es abgesehen; Stilisierung ist ihr Wundmal. Erstmals in der deutschen Literatur ist beim mittleren Goethe das dichterische Ideal das vollkommener désinvolture. Der naturbeherrschende Gestus, der Krampf des Wortes löst sich. Sprache findet ihre Autonomie nicht länger durch Selbstbehauptung sondern durch Entäußerung an die Sache, der sie innig sich anschmiegt. Die Naturlyrik des jungen Goethe war dafür das höchste Modell; nicht gering ist andererseits, was er im Übergang der deutschen Kunstsprache zum zivilisiert Natürlichen Wieland verdankt.

Seine désinvolture hatte aber, als eine nicht nur des dichterischen Subjekts sondern des Zueinander dramatischer Personen, ihren gesellschaftlichen Index. Ertrug Goethe das Auftrumpfende nicht mehr, so spielte Kritik des bürgerlichen Geistes hinein, an dem er doch selbst bis ins Innerste partizipierte. Ihn ekelte vor dem Bürger, der als Heros sich aufspielt; er ahnte etwas vom finsteren Geheimnis einer Revolution und eines vermeintlich befreiten Bewußtseins, das, wie dann in Frankreich um 1789, sich deklamieren muß, weil es nicht ganz wahr ist, weil in ihm Humanität in Repression umschlägt und ungeschmälerte Menschlichkeit verhindert.

Deren Aspekt war, im Deutschland jenes Zeitalters, real noch zugehängt. Deshalb desertierte Goethe zur aristokratischen Gesellschaft: er fürchtete im Bürger den Barbaren und erhoffte Humanität sich dort, wogegen der bürgerliche Geist seine Rancune kehrte. Gute Manieren, Rücksicht, Verzicht auf die Aggression der angeblich ungeschminkten Wahrheit sind Ingredienzien des humanen Bedürfnisses. Daß es nach rückwärts gestaut wird, bezeugt weniger Sympathie mit einer Romantik, von der Goethe Abstand hielt, als die Not eines Zustandes, in dem Humanität aufging und der im gleichen Augenblick sie abschnitt. So wird man wohl, vom Werk her, die Übersiedlung nach Weimar zu interpretieren haben. Mit einer Lauterkeit, die dem künstlerischen Vermögen gleichkam, hat Goethe dann im Tasso noch das illusionäre Moment jener gesellschaftlichen Wendung bis zur Selbstvernichtung in effigie aufgedeckt. Aber seine désinvolture bedurfte der Distanz, die die Humanität der Iphigenie in jedem Satz leise wahrt. Aus Mangel an Distanz geht Tasso zugrunde. Sie ist das principium stilisationis, ohne das von nun an kein großes Kunstwerk mehr gelang; doch sie schränkt, als soziales Privileg, die Humanität ein, um deretwillen der Künstler sich distanziert.

Von daher wird das Moment der Geselligkeit verständlicher, das als eines inmitten von Goethes Dichtung so leicht als Konzession an äußere Lebensumstände erscheint, unvereinbar mit dem distanzierenden Stilisationsprinzip. In der Iphigenie, vollends im Tasso sorgt es für die Kommunikation Einsamer. Zwischen ihnen waltet die Konvenienz von Bildung: die Darstellung gebildeter dramatischer Personen als gebildeter ist ihrerseits ein Stück Realismus, Novum in der Goetheschen Dichtung. Das gesellige Moment wird zur Umgangssprache. Tiefen Aufschluß über die Iphigenie, und über die Zerbrechlichkeit ihres Stils, erteilen jene Passagen, wo unmerklich fast die Umgangssprache, ohne Prätention und Pose gesprochen, aus dem distanzierenden Stil kippt.

Dann redet gleichsam der Bürger, dessen Rede nicht ganz die des Edelmannes sein kann. Verse des Pylades lauten: »So haben die, die dich erhielten, / Für mich gesorgt: denn was ich worden wäre, / Wenn du nicht lebtest, kann ich mir nicht denken« (638-640); die Ellipse »worden« für geworden gehört eher in den Sprachraum Gretchens als den von Mykene, wie denn überhaupt der Sprachgestus »was aus mir geworden wäre« seinen Voraussetzungen nach nicht der eines durch den familialen Zusammenhang geregelten Lebens ist. Er klingt bürgerlich. Goethe läßt den Pylades, vielleicht um des Kontrasts zum Heros willen, überhaupt bürgerlicher sprechen als den Vetter, mit dem er doch erzogen ward. Ein Beleg ist die antoniohafte Wendung: »Ich halte nichts von dem, der von sich denkt, / Wie ihn das Volk vielleicht erheben möchte.« (697/698). Die vernünftige und individualistisch pointierte Unterscheidung zwischen dem, wofür einer sich hält und wie andere ihn sehen, auf die dann Schopenhauer so viel Wert legte, rechnet einer Gesellschaft zu, in der menschliche Bestimmung und Funktion unterm Tauschgesetz auseinanderklaffen, und »von jemand etwas halten« impliziert liberale Meinungsfreiheit, mit dem Oberton des Menschen nach ihrer Verwertbarkeit Überblickenden. Solche Sprachfiguren hat Goethe in der Iphigenie den zweiten Violinen vorbehalten; auch der Königsbote Arkas streift das Prosaische mit dem Satz: »O wiederholtest du in deiner Seele, / Wie edel er sich gegen dich betrug / Von deiner Ankunft an bis diesen Tag!« (1500-1502) Modern ist Betragen das Wort für ein Verhalten, das nicht mehr fraglos ist, wie es für die altertümlichen Feudalherren sein müßte, welche die Bühne der Iphigenie bevölkern. Es involviert Anpassung an ein von außen Gesetztes, und wäre es das Ideal, selbst wenn das Wort Betragen vor zweihundert Jahren noch nicht so depraviert gewesen sein sollte wie neuerdings. Daß derlei Stellen leise zum Tenor des Ganzen dissonieren, hat den Grund, daß diesem der gesellige Ton einverleibt sein soll, sich aber nicht der kommunikativen, von der Objektivität der Sprachgestalt das mindeste nachlassenden Rede nähern darf. Die Objektivität von Sprache an sich erhält sich in der Iphigenie nicht ungetrübt, weil sie eben jenes a priori sinnstiftende Wesen postuliert, das nach dem Maß von Natürlichkeit nicht zu postulieren wäre. An den Wundstellen des Klassizismus gleitet die rein ausdrückende in die mitteilende Sprache ab. Kunstvolle Arrangements reichen nicht hin zur Bändigung des Divergenten.

Die antinomische Struktur erstreckt sich jedoch auch auf Humanität als Intention des Dramas. Der gesellschaftliche Koeffizient der Sprache, der einer gebildeten Oberschicht, ist Index des Partikularen, Ausschließenden jener Humanität. Dies Moment eignet all ihren Repräsentanten aus der Epoche des deutschen Klassizismus und Idealismus, Kant und Schiller nicht ausgenommen. Die Wendung des reifen Goethe von der verteufelt humanen Iphigenie, die der Abhandlung Henkels den Namen gibt, aus einem Brief an Schiller von 1802, mag als Selbstbewußtsein davon gedeutet werden. In ihr protestiert Treue zu Goethes Jugend gegen den Preis seines Fortschritts. Wie die Humanität des Ausdrucks, schweigend der Roheit von Untersprache entgegen, etwas Bannendes hat, vom Schlage eben des Mythos, dem das Schauspiel abschwört, so basiert der Inhalt jener Humanität auf dem Privileg. Mit klassenbewußter Parteinahme ist das nicht zulänglich begriffen; ihre Annahme wäre anachronistisch. Goethe steht, im gesellschaftlich Ganzen, unter einer Fatalität, der das dichterische Wort nicht sich entwinden kann, will es nicht die Last der Sachgehalte bequem abschütteln, deren der Wahrheitsgehalt bedarf. Die Opfer des zivilisatorischen Prozesses, die, welche er herabdrückt und welche die Zeche der Zivilisation zu bezahlen haben, sind um deren Früchte geprellt worden, gefangen im vorzivilisatorischen Stande. Zivilisation, die historisch über Barbarei hinausführt, hat diese bis zum gegenwärtigen Tag vermöge der

Repression, die ihr Prinzip, das naturbeherrschende, ausübt, auch befördert. Das nötigte die Sprecher von Humanität, solange der dialektische Zusammenhang noch nicht zu durchschauen war, dazu, ihr Zivilisatorisches mit Ungerechtigkeit zu kohibieren. Sie, der barbarische Rest im Widerstand gegen die Barbarei, ist das Surrogat für die Versöhnung mit Natur, welche der blanken Antimythologie mißlang. Das Unrecht widerfährt in der Iphigenie jenen, die dem griechischen Gebrauch wörtlich die Barbaren heißen. Das barbarische Wesen der Nichtgriechen wird durch den von Iphigenie vertagten, nicht abgeschafften Brauch, Fremde der Göttin zu opfern, kraß genug versinnlicht. Goethe, der das selbst in seinem Duodezstaat sichtbar werdende Klassenverhältnis durch humane Maßnahmen der Regierung zu meistern hoffte, verlagert dessen sprengend antagonistisches Wesen ins Exotische, analog zu Hegels Rechtsphilosophie: »Durch diese ihre Dialektik wird die bürgerliche Gesellschaft über sich hinausgetrieben, zunächst diese bestimmte Gesellschaft, um außer ihr in anderen Völkern, die ihr an den Mitteln, woran sie Überfluß hat, oder überhaupt an Kunstfleiß usf. nachstehen, Konsumenten und damit die nötigen Subsistenzmittel zu suchen.«[1] Vag ist, zumal von Thoas, der Imperialismus des späteren neunzehnten Jahrhunderts antezipiert, der bis zum jüngsten Gegensatz hochindustrialisierter und nichtentwickelter Völker den Klassenkampf in einen von Nationen oder Blöcken versetzte und unsichtbar machte. Die unbefangene Reaktion auf die Iphigenie, mit Thoas werde häßlich umgesprungen, ist von keinem Gegenbeweis ganz zu beschwichtigen. Wohl läßt rationalistisch sich argumentieren, bliebe etwa Iphigenie aus Freiheit bei dem alternden König, der sie zur Ehe begehrt, weil er sich einen Erben wünscht, so würde ihre eigene Autonomie, ihr Kantisches Recht gegen sich selbst, und damit Humanität verletzt. Was indessen zu tragen peinlich bleibt, ist es nach den Normen der Bürgerlichkeit, welche die Humanität der

Iphigenie in Zügen wie der Insistenz auf Freiheit und Gleichheit als verbindlich akzeptiert. Die Ungerechtigkeit der Iphigene bestimmt sich durch immanente Kritik. Freiheit ist, woraus Iphigenie handelt und was sie will. Ihre Unvereinbarkeit mit dem nationellen Privileg wird im ersten Dialog der Heldin mit Thoas aus dem fünften Akt thematisch. Auf ihr »Verdirb uns – wenn du darfst«, antwortet der König: »Du glaubst, es höre / Der rohe Skythe, der Barbar, die Stimme / Der Wahrheit und der Menschlichkeit, die Atreus, / Der Grieche, nicht vernahm?« Sie entgegnet ernsthaft auf seine Ironie: »Es hört sie jeder, / Geboren unter jedem Himmel, dem / Des Lebens Quelle durch den Busen rein / Und ungehindert fließt.« (1936-1942) Wohl erheischt Humanität, daß dem Zug um Zug, Gleich um Gleich ein Ende bereitet werde; daß der verruchte Tausch von Äquivalenten aufhöre, in dem der uralte Mythos in der rationalen Ökonomie sich wiederholt. Der Prozeß hat jedoch seinen dialektischen Knoten daran, daß, was über dem Tausch ist, nicht hinter diesen zurückfalle; daß nicht dessen Suspension abermals Menschen als die Objekte von Ordnung um den vollen Ertrag ihrer Arbeit bringe. Die Abschaffung des Äquivalententauschs wäre dessen Erfüllung; solange Gleichheit als Gesetz herrscht, wird der Einzelne um Gleichheit betrogen. Das Stilisationsprinzip der Iphigenie verwehrt, dem gerühmten Goetheschen Realismus zum Trotz, derlei handfesten Kategorien den Eintritt ins Kunstwerk. Trotz aller Sublimierung indessen fällt ihr Widerschein in ein Gefüge, das als eines reiner Menschlichkeit sich weiß und verkennt in einem geschichtlichen Augenblick, in dem jene durch den zur Totalität sich ausbreitenden Funktionszusammenhang der Gesellschaft schon verdrängt wird. Das Gefühl einer Ungerechtigkeit, die darum dem Schauspiel zum Schaden gereicht, weil es objektiv, der Idee nach beansprucht, mit Humanität realisiere sich Gerechtigkeit, rührt daher, daß Thoas, der Barbar, mehr gibt als die Griechen, die ihm, mit

Einverständnis der Dichtung, human überlegen sich dünken. Goethe, der das zur Zeit der endgültigen Niederschrift muß innerviert haben, hat all seine Kunst daran gewendet, das Stück vor dem Einwand zu behüten; der Verlauf der Iphigenie in ihren späteren Akten ist die Apologie von Humanität gegen ihr immanent Inhumanes. Um solcher Verteidigung willen wagt Goethe ein Äußerstes. Iphigenie, gehorsam dem kategorischen Imperativ der damals noch ungeschriebenen Kritik der praktischen Vernunft, desavouiert aus Freiheit, aus Autonomie ihr eigenes Interesse, das des Betrugs bedarf und damit den mythischen Schuldzusammenhang wiederholt. Wie die Helden der Zauberflöte achtet sie das Gebot von Wahrheit und verrät wie sich selbst die Ihren, die einzig dank der Humanität des Barbaren gerettet werden. Die große Schlußszene mit Thoas dann trachtet, durch einen Takt, der dem gesellschaftlichen abgelernt ist, durchs Ritual von Gastfreundschaft, bis zur Unkenntlichkeit abzuschwächen, was geschieht: daß der Skythenkönig, der real weit edler sich verhält als seine edlen Gäste, allein, verlassen übrig ist. Der Einladung wird er schwerlich folgen. Er darf, eine Sprachfigur Goethes anzuwenden, an der höchsten Humanität nicht teilhaben, verurteilt, deren Objekt zu bleiben, während er als ihr Subjekt handelte. Das Unzulängliche der Beschwichtigung, die Versöhnung nur erschleicht, manifestiert sich ästhetisch. Die verzweifelte Anstrengung des Dichters ist überwertig, ihre Drähte werden sichtbar und verletzen die Regel der Natürlichkeit, die das Stück sich stellte. Man merkt die Absicht und man wird verstimmt. Das Meisterwerk knirscht in den Scharnieren: damit verklagt es den Begriff des Meisterwerks. Goethes Empfindlichkeit dagegen verstummte in der Iphigenie angesichts dessen, was Benjamin hellsichtig die Grenzen und Möglichkeiten der Humanität nannte. Sie strahlt im Augenblick der bürgerlichen Revolution weit über das partikulare Interesse der Klasse hinaus und wird im selben Augenblick vom partikularen

Interesse verstümmelt; auf jenem Stand des Geistes war ihr versagt, ihre Schranken zu überschreiten.
Aber sie wurde jener Schranken inne: im Zentralstück der Iphigenie, dem Wahnsinnsmonolog des Orest. Er entbindet das Bild ungeschmälerter Versöhnung, jenseits der Konstruktion von Humanität als eines Mittleren zwischen dem Unbedingten und der blinden Naturverfallenheit. Hier wahrhaft läßt Goethe den Klassizismus so tief unter sich wie das Metron die Jamben, Reprise der freien Verse seiner Frühzeit. »Wir sind hier alle der Feindschaft los.« (1288) Die Befriedung des Mythos in der Unterwelt, Orests Vision, transzendiert, was irgend griechisch vorstellbar war. Die Tantaliden, Urfeinde, sind versöhnt, Atreus und Thyestes, Agamemnon und Klytemnästra, auch diese und Orest, mit der christlichen Anspielung »Sieh deinen Sohn« (1294), in der Humanismus zur blasphemischen Mystik sich steigert. Was an Chiliastischem hier die Pforten der Antike sprengt, ist dem offiziellen westlichen Christentum so fremd wie der mittleren Humanität; anklingt die Lehre von der Apokatastasis: der Erlösung selbst des radikal Bösen, der vollendeten Sündhaftigkeit. Paradox genug, und sicherlich ohne Goethes Wissen, wird dem in russisches Gebiet verschlagenen Griechen die zentrale religiöse Konzeption der Russen in den Mund gelegt, die in deren eigener Literatur erst viel später ihr Wort fand. Es ist aber diese Vision, die das Gehege der Kultur niederreißt, das sonst der Humanität der Iphigenie zuliebe aufgebaut wird. An jener avanciertesten Stelle seines Stücks dient Goethe der ganzen Humanität, indem er die Tabus der halben, domestizierten verletzt, die auf ewige Höllenstrafen nicht verzichten mag. In der Totalität des Stücks freilich behalten jene die Oberhand. Dem die Dichtung, wie Henkel erkannte, die Stimme von Utopie anvertraute, den schwärzt sie zugleich als Wahnsinnigen an. Utopie wird ihrer Unmöglichkeit geziehen, wo sie sich regt; wer sie erblickt, muß verwirrten Geistes sein. Und mehr: sogar

in die Utopie eines Standes frei von Recht und Unrecht ist das Gesetz der Unabdingbarkeit von Rache eingesenkt, das Schrankenlose widerrufen. Über Tantalus, dem Göttergenossen, der buchstäblich zum Absoluten sich erhob, waltet weiter der Fluch. Die befragten Schatten wenden auf Orests Frage nach dem Ahnherrn sich ab und verdammen damit den Visionär wiederum zur Verzweiflung. Der Mythos schlingt den Monlog, der dessen Immergleiches zum Anderen, Neuen abwandelt, in sich hinein. Metaphysische Kritik der Iphigenie hätte daran ihren Vorwurf.

Orest selbst, der im Sturz der Visionsszene aufs mythische Gestein aufprallt und zu zerschellen scheint, ist von antimythologischer Haltung, schroffer sowohl wie reflektierter als seine Schwester. Seine Haltung ist die der Dichtung. Schon zu Beginn des zweiten Akts wird sie, theoretisch fast, von Pylades auf ihren Kern gebracht, die Differenz rationaler Eindeutigkeit vom amorph Vieldeutigen: »Der Götter Worte sind nicht doppelsinnig, / Wie der Gedrückte sie im Unmut wähnt.« (613/614) Orests Einspruch gegen den Mythos schärft sich, vielleicht in Erinnerung an den Euripides, zur Anklage gegen die olympischen Gottheiten: »Mich haben sie zum Schlächter auserkoren, / Zum Mörder meiner doch verehrten Mutter, / Und, eine Schandtat schändlich rächend, mich / Durch ihren Wink zu Grund gerichtet. Glaube, / Sie haben es auf Tantals Haus gerichtet, / Und ich, der letzte, soll nicht schuldlos, soll / Nicht ehrenvoll vergehn.« (707-713) Das provoziert die Gegenrede des Pylades, der die Götter vom Mythos scheidet: »Die Götter rächen / Der Väter Missetat nicht an dem Sohn; / Ein jeglicher, gut oder böse, nimmt / Sich seinen Lohn mit seiner Tat hinweg. / Es erbt der Eltern Segen, nicht ihr Fluch.« (713-717) Das beschreibt die geschichtsphilosophische Position, die Goethe tatsächlich dem Orest zuweist. Sind, nach Freuds Einsicht, die Mythen Urbilder der Neurosen, so verinnerlicht der Dichter des bürgerlichen Zeitalters den mythischen

Fluch zum neurotischen Konflikt. Er entführt den Orest ins Weltalter nach dem Mythos, gemäß einem Topos aller Aufklärung, der Kritik an Projektion, den Iphigenie ausdrücklich zitiert: »Der mißversteht die Himmlischen, der sie / Blutgierig wähnt: er dichtet ihnen nur / Die eignen grausamen Begierden an« (523-525); Goethe mochte Voltaire, den er übersetzte, nicht so abhold sein, wie seinen Kommentatoren beliebt. Der mythische Held ist stumm und findet, Benjamins Barockbuch zufolge, die Sprache auf der tragischen Bühne; Orest, wie die anderen Griechen des Stücks, betritt sie als Mündiger. Wo er sich unterm Bann fühlt, kurz vor dem großen Ausbruch, reflektiert er denn auch auf die eigene Verschlossenheit, virtuell sie aufhebend: »Wie Herkules will ich Unwürd'ger / Den Tod voll Schmach, in mich verschlossen, sterben.« (1178/1179) Sein Verhältnis zum Mythos ist nicht das zugehörige antiker Heroen, sondern das einer erzwungenen Rückkunft, die dann in der Wahnsinnsszene Sprache wird. Zur Schwester sagt er: »Und laß dir raten, habe / Die Sonne nicht zu lieb und nicht die Sterne: / Komm, folge mir ins dunkle Reich hinab!« (1232-1234) – Verse, die genügten, allen trivalen Anschauungen vom Goetheschen Klassizismus ein für allemal den Boden zu entziehen. Mit ihnen gelangt ein romantisches Element in das Schauspiel, dessen Dialektik es negiert und konserviert. Die inwendige Bewegung des pathisch Schwermütigen wird von Goethe, mit einer Erfahrenheit, die ihresgleichen sucht, als eine von Regression dargestellt. Der tiefe dialektische Zusammenhang des Stücks aber dürfte darin aufzusuchen sein, *daß Orest vermöge seiner schroffen Antithese zum Mythos diesem anheimzufallen droht.* Die Dichtung prophezeit den Umschlag von Aufklärung in Mythologie. Dadurch, daß Orest den Mythos als ein von ihm Entfernter, wenn nicht vor ihm Geflohener verurteilt, identifiziert er sich mit jenem herrschaftlichen Prinzip, in dem, durch Aufklärung hindurch, das mythische Verhängnis sich verlängert. Aufklärung, die sich selbst entläuft; die den Naturzusammenhang, von dem sie durch Freiheit sich scheidet, nicht in Selbstreflexion bewahrt, wird zur Schuld an der Natur, einem Stück mythischen Naturzusammenhangs. An einer sehr versteckten Stelle der Dichtung blitzt das auf. Thoas, der Übervorteilte, mit dem das Gedicht insgeheim sympathisiert, verfügt gegen die Zivilisierten über das Argument von den Wilden, die doch bessere Menschen seien. Im letzten Auftritt sagt er: »Der Grieche wendet oft sein lüstern Auge / Den fernen Schätzen der Barbaren zu, / Dem goldnen Felle, Pferden, schönen Töchtern; / Doch führte sie Gewalt und List nicht immer / Mit den erlangten Gütern glücklich heim.« (2102-2106) Die imago der schönen Töchter der Barbaren, beneidet von den Damen des römischen Imperiums, erinnert an das Unrecht der Humanität als der Suprematie des Menschen über jenes Tierhafte, das, wie eine viel spätere Phase der Erfahrung, die Baudelaires, gewahrte, Ferment des Schönen selbst ist. Humanität war es erst, wo sie über ihre eigene Idee hinaus, die des Menschen, sich öffnete. Versöhnung ist nicht die blanke Antithese zum Mythos, sondern umfaßt die Gerechtigkeit gegen diesen. Die Iphigenie duldet nur das undeutliche Echo solcher Gerechtigkeit über dem Recht, das von den mündigen Subjekten des Stücks seines Unrechts überführt wird.

Worin die Humanität der Iphigenie dem Mythos sich entwindet, das sagen weniger ihre Parolen als Ansätze einer Deutung der Geschichte. Im Monolog des vierten Aktes sinnt die Heldin der Hoffnung nach, der Fluch möchte nicht ewig gelten: »Soll / Nie dies Geschlecht mit einem neuen Segen / Sich wieder heben? – Nimmt doch alles ab! / Das beste Glück, des Lebens schönste Kraft / Ermattet endlich: warum nicht der Fluch?« (1694-1698) Man könnte die Worte als episodisch und peripher betrachten, hätte nicht Goethe zwanzig Jahre später das in der Jugend erfundene Märchen von der neuen Melusine geschrieben, die für die

Zeit, in der sie ihrem drangvoll ungestümen, gleichsam barbarischen Geliebten sich entzieht, im Reich des Kästchens verschwindet. Es ist eine Phantasmagorie des beseligt Kleinen, in der es der Geliebte, freundlich aufgenommen, nicht erträgt und die er gewalttätig zerstörend verläßt, damit die Erde ihn wieder hat. Das Kästchen der Melusinedichtung, eines der rätselvollsten aus Goethes Hand, ist die Gegeninstanz zum Mythos, die diesen nicht schlägt, sondern durch Gewaltlosigkeit unterbietet. Danach wäre es die Hoffnung, eines der orphischen Urworte und eine Losung der Iphigenie, daß das Gewaltsame des Fortschritts verblaßt, in welchem die Aufklärung Mimikry an den Mythos treibt: daß er kleiner wird oder, nach dem Wortlaut der Iphigenieverse, »ermattet«. Hoffnung ist das Entronnensein des Humanen aus dem Bann, die Sänftigung der Natur, nicht deren sture Beherrschung, die Schicksal perpetuiert. In der Iphigenie erscheint Hoffnung, wie an entscheidender Stelle der Wahlverwandtschaften, nicht als menschliches Gefühl sondern als Gestirn, das der Menschheit aufgeht: »Nur stille, liebes Herz, / Und laß dem Stern der Hoffnung, der uns blinkt, / Mit frohem Mut uns klug entgegensteuern.« (923-925) Hoffnung gebietet dem Machen, Herstellen Einhalt, ohne das sie doch nicht ist. So wird sie in der Dichtung desultorisch nur angerufen. In der Kunst der Epoche hat sie ihre Stätte in der großen Musik, in Beethovens Leonorenarie und in Augenblicken mancher Adagiosätze wie dem des ersten Rasumoffsky-Quartetts, beredt über alle Worte hinaus. Jenseits des Mythos ist nicht der optische, gegenständliche Goethe, bis zum Ende des Faust Komplize der Herrschaft über Natur; wohl aber ein passivischer, nicht länger willig zu jener Tat, die da am Anfang soll gewesen sein, Erstes, nicht das Letzte. Dieser Goethe erst verkörpert den Einspruch gegen den Klassizismus, der, als sollte es nicht sein, schließlich doch die Partei des Mythos ergreift. Auf seiner obersten Erhebung erreicht das Goethesche Werk den Indifferenzpunkt von

Aufklärung mit einer heterodoxen Theologie, in der Aufklärung sich auf sich selbst besinnt, und die errettet wird, indem sie in Aufklärung verschwindet. Das Gleichnis der Iphigenie vom Ermatten ist der Natur abgesehen. Es gilt einer Gebärde, die sich ergibt, anstatt auf sich zu pochen; aber auch ohne zu entsagen. Das Schauspiel wurde im selben Jahr abgeschlossen wie der Figaro, und Goethe hat den Text der Zauberflöte fortgesetzt. In der gegenstands- und begriffslosen Sprache Mozarts verbindet sichtbar vollendet aufgeklärte Luzidität sich mit einem vollendet säkularisierten Sakralen, das sich im Rauschen der gegenständlichen und begrifflichen Sprache Goethes versteckt.

1 Hegel, Grundlinien der Philosophie des Rechts, hrsg. von J. Hoffmeister, 4. Aufl., Hamburg 1955, S. 202 (§ 246).

HERMANN HESSE

Wilhelm Meisters Lehrjahre

Das achtzehnte Jahrhundert ist die letzte große Kulturepoche Europas gewesen. Sie hat in den bildenden Künsten, vor allem in der Baukunst, Geringeres geleistet als frühere große Zeiten; desto größer ist ihre literarische Bedeutung, und in ihrer internationalen, ganz Europa umfassenden Geistigkeit hat sie eine Macht erreicht, an deren Glanz und Andenken wir als ärmere Enkel noch immer zehren.

Eine edle, großzügige Form von Humanismus, eine unbedingte Ehrfurcht vor der menschlichen Natur und ein idealer Glaube an die Größe und Zukunft menschlicher Kultur spricht aus allen Zeugnissen jener Zeit, auch aus denen der Satiriker und Spötter. Der Mensch ist an die Stelle der Götter gerückt, die Würde des Menschentums ist die Krone der Welt und das Fundament jedes Glaubens geworden. Diese neue Religion, deren revolutionäre Anfänge in England und Frankreich liegen, deren tiefster Prophet Kant und deren letzte Blüte Weimar gewesen ist, dieser ideale Humanismus ist die Grundlage einer unsäglich reichen Kultur gewesen, die uns Enkel schon mit dem Zauberglanz des Unbegreiflichen blendet und gegen deren mahnende Übermacht wir uns nicht selten durch Spott zu wehren suchen, indem wir die dekorative Außenseite jenes Geistes als hohl und spielerisch zu erkennen meinen. Wir lächeln über die beschnittenen Gartenhecken, über die geschweiften chinesischen Dächer und schnörkelhaft launigen Porzellanfiguren jenes Jahrhunderts, obwohl weder unsere Gärten noch Häuser seither irgend besser oder schöner geworden sind, und wir reden gerne immer nur von der Perücke jener steifen Zeit, die durch die Pariser Revolution, durch die Räuber und den Werther besiegt und in ihrer hohlen Lächerlichkeit aufgedeckt worden sei.

In Wahrheit sollten wir jener Zeit und ihres Geistes nur mit beschämender Ehrfurcht denken. Es war nicht die Zeit der galanten Romane und der Nippsachen, das ist Außenseite, es war auch nicht die Zeit des unterdrückten Bürgertums und der Untertanenverkäufe, oder die Zeit des Puders und Zopfes. Das alles kann für jene Tage nicht so wesentlich gewesen sein, wie manche Kulturhistoriker und die Autoren historischer Romane uns glauben machen wollen; denn dies alles, das übrigens auch so schon eine recht ansehnliche und einheitliche Außenkultur darstellt, wird unendlich klein und versinkt fast völlig, sobald wir heute mit Ernst den Blick auf jene Epoche richten. Wir tun unrecht, wenn wir die Inferiorität des achtzehnten Jahrhunderts aus seiner äußeren Kultur zu beweisen suchen. Wir sollten lieber jenes Vorurteil aufgeben, welches in Schiller, Goethe und Herder nicht Erben und Vollender, sondern Revolutionäre und Stürmer sieht. Sonst wäre Schillers Bedeutung in den Räubern, Goethes im Werther erschöpft, und Schubart oder Lenz müßten so hoch wie jene stehen.

Dieses Vorurteil ist zum Teile eine Frucht der Romantik, zum Teil auch aus dem Patriotismus der Befreiungskriege geboren, und es wäre gut, wenn es bald vollends verschwände. Wenn wir ohne Vorurteil die Perücke des achtzehnten Jahrhunderts lüften, um zu sehen, was unter der Maske steckt, so finden wir, Name an Name und Werk an Werk, einen kulturellen Reichtum und eine kaum übersehbare Ehrentafel des höchsten Menschentums ausgebreitet, vor der wir beschämt verstummen. Auf allen Gebieten des Geistes, in allen Wissenschaften und Künsten sehen wir eine hohe Blüte bestehen, und nicht etwa nur eine zufällige glückliche Häufung von einzelnen Begabungen, sondern eine Höhe des Durchschnitts, welche eben das Zeichen allgemeiner Kulturhöhe ist und überall nach demselben Zentrum gerichtet erscheint. Philosophen und Naturforscher, Dichter und Artikelschreiber, Politiker und Redner zeigen nicht nur eine allgemeine Höhe der Bildung und eine schöne formale Tradition, sondern sie haben alle das gemeinsam, daß sie – unserer Zeit der Spezialistenarbeit genau entgegengesetzt – stets vom Kleinen und Einzelnen nach dem Ganzen zielen und mit instinktivem Triebe nach einer einzigen, universalen Sonne gerichtet sind, nämlich eben nach jenem menschheitlichen Ideal. Und welche wunderbare Fülle von Begabung, von Arbeit, von Können, von Zusammenhalt und Einigkeitsgefühl! Welche Schar von großen, würdigen Menschen, deren beinahe jeder uns wie eine Verkörperung jenes Ideals erscheint! Nein, das achtzehnte Jahrhundert ist nicht der parfümierte Liebeswinkel oder der putzige Eitelkeitsmarkt, es ist vielmehr ein Pantheon, vor dem wir voll Dankbarkeit und höchster Ehrfurcht stehen sollten. Da ist die feine, kluge, gebändigte, bis zur Transparenz durchgefeilte Literatur der Voltaire und Diderot, deren gelegentliche Frivolität beinahe das Ideal noch höher erscheinen läßt, dem auch sie am Ende dienen mußten und mit Pathos dienten. Da ist die Schar der englischen Literaten, der Schöpfer des modernen Romans und der modernen Psychologie, vom moralischen Addison bis zum bissigen Satiriker Swift, eine Literatur voll Gescheitheit und helläugiger Wachsamkeit, jenen Franzosen verwandt durch dasselbe Streben, den Menschen zu erforschen und sein Bild zu vervollkommnen. Da ist der einsame Kant, der die Gesetze des menschlichen Denkens erforscht und wiederum, bei all seiner Bescheidenheit, den Menschen doch als König vor ungeheure Pflichten und Perspektiven stellt. Da ist Mozart, der sich den Teufel um Philosophie bekümmert und doch, gleichzeitig, in der Zauberflöte einen Tempel der Menschlichkeit aufbaut, höher und reiner und himmlischer als jeder andere. Da ist Friedrich von Preußen, der neben seinen Kriegen her damit beschäftigt ist, den entthronten Gott der Frommen in der Brust des Menschen durch den Glauben an die eigene Bestimmung zu ersetzen, der gewissenhafteste Skeptiker, der Freund Voltaires und Erbauer von Sanssouci. Da ist Lessing, der mit der ehrlichsten und saubersten Fechtkunst von der Welt die unwissenschaftliche Theologie erledigt und die deutsche Sprache unerschrocken auf das gefährliche Parkett der französischen Geistigkeit führt. Da ist Schiller, der die Wildheit seiner genialen Jugend unter edel verheimlichten Schmerzen zum reinsten und liebenswertesten Idealismus kristallisiert, und endlich Goethe, der geborene Erbe und begünstigte Sohn dieser ganzen mächtigen Kultur, die er übernimmt und beherrscht und in seinem vorbildlichen Leben ohne Bruch und Krampf bis zur erstaunlichsten Modernität verwandelt und fortgebildet hat.

Aus dieser Zeit und Kultur, welche unter andrem auch den modernen Roman geschaffen hat, sind zwei große, vorbildliche, geniale Romane auf uns gekommen, denen die Ewigkeit gesichert ist: der Robinson Crusoe und der Wilhelm Meister. Der Robinson, im ersten Viertel des achtzehnten Jahrhunderts entstanden und erschienen, stellt den Menschen dar, welcher nackt und arm der feinlichen Natur gegenübersteht und aus seinen Fähigkeiten sich Unterhalt und Sicherheit, sich die Grundlagen einer Zivilisation zu schaffen hat. Der Wilhelm Meister, in den letzten Jahren desselben Jahrhunderts erschienen, erzählt von dem Manne, den gute bürgerliche Abkunft und Erziehung, Vermögen und Charakter durchaus zu einem in seiner mäßigen Zivilisation wohlzufriedenen Bürger eignen würden, welcher aber, von einer göttlichen Sehnsucht getrieben, hinter Sternen und Irrsternen her einem Verlangen nach höherem Leben, reinerer Geistigkeit, tieferem und reiferem Menschentum folgen muß. Zwischen diesen beiden Büchern liegt das achtzehnte Jahrhundert, und aus beiden weht uns dieselbe reine Luft einer lebendigen Idealität entgegen, bei dem Engländer englischer, aparter, naiver und beschränkter, bei Goethe freier, mächtiger, poetischer.

Wie Goethes Roman der Erbe und glückliche Nachfolger

einer reichen, guten Tradition und Kultur gewesen ist, so wurde er, mehr als irgendein anderer deutscher Roman, zum Vorbild, Erwecker und Anreger für eine ganze nachfolgende Literatur, ohne bis zur Stunde übertroffen, ja erreicht worden zu sein. Kaum waren Wilhelm Meisters Lehrjahre zum erstenmal erschienen, so wurde das erstaunliche Buch, das zum erstenmal Poesie und Prosa, Schilderung und Empfindung so innig und köstlich verband, zum Evangelium einer jungen Generation. Im Meister war ein Kunstwerk geschaffen, das durchaus aus einer lyrisch-poetischen Begabung floß und dennoch dem Ganzen der Welt eine Teilnahme, Treue und objektive Darstellungskunst entgegenbrachte, wie man sie noch nicht gekannt hatte, alle Dichtungsarten schienen hier zusammenzuspielen und einen wundersamen Mikrokosmos erbaut zu haben, ein ideales Spiegelbild der Welt.

Begeistert und bis zur Hingerissenheit entzückt haben die damaligen Jungen dieses mächtige Werk studiert und wieder studiert, für den jungen Novalis wurde es geradezu zum Schicksal von Jahren. Auf den Schultern des Wilhelm Meister steht der Ofterdingen, steht Jean Pauls Titan, steht Tiecks Sternbald und Brentanos Godwi, bis zum Maler Nolten und dem Grünen Heinrich hin ist es Vorbild und Ideal geblieben, hundertmal nachgeahmt, studiert, umgefühlt, nie wieder erreicht, und bis in die Zeit der Epigonen hat es diese Macht und Würde behalten; so scheint uns zum Beispiel der berühmte Roman Soll und Haben noch ganz und gar im Banne dieses großen Musters entstanden zu sein.

Erst der Naturalismus im letzten Drittel des neunzehnten Jahrhunderts hat den Wilhelm Meister als Vorbild verlassen und entthront. Neue geistige Zusammenhänge, neue geschichtliche Bildungen waren erschienen, aus jungen fremdländischen Literaturen, vor allem aus der russischen, war neuer Rohstoff herangewachsen. An die Stelle des sogenannten Bildungsromans, deren größter der Meister blieb, trat der psychologische und der soziale Roman. Der Mensch war von der animalischen und geschichtlichen Seite her neu beleuchtet, er war wieder ein Rätsel und Problem geworden, er mußte neu erobert werden. Während den ernsthaften Dichtern im Kampf um neue Werte Großes und Wertvolles gelang, sank andrerseits der Roman, als niedere Unterhaltungsliteratur, in seinen Ansprüchen tief herab und wurde zur Lieblingsform der Spekulanten sowohl wie der Dilettanten.

Wenn nun ein durchschnittlich gebildeter Leser von heute, der von den wertvollen Romanen der vormodernen Zeit höchstens noch den Grünen Heinrich kennt, sich über die Kunstform des Romans und über die geistige Höhe, aus welcher einst das Bedürfnis nach dieser Form entstand, unterrichten will, so gibt es dazu keinen anderen Weg als über den Wilhelm Meister.

Die »Lehrjahre« haben eine lange Entstehungsgeschichte. Schon zwei oder höchstens drei Jahre nach dem Fertigwerden des »Werther« hat Goethe die Arbeit an diesem Roman begonnen. Das Werk hieß in jener ersten Fassung »Wilhelm Meisters theatralische Sendung« und war verloren und verschollen, bis ein glücklicher Zufall vor wenigen Jahren eine Zürcher Abschrift der ersten sechs Bücher dieses sogenannten »Urmeisters« wieder zutage brachte.

Die endgültige Form, in welcher die Lehrjahre seit ihrem ersten Erscheinen im Buchhandel bestehen, ist manche Jahre später entstanden als jene »theatralische Sendung«. Die »Wanderjahre« sodann, die nur notdürftig vollendete Fortführung des Romans, sind wiederum Jahrzehnte später fertig gearbeitet worden, und alles in allem hat Goethe sich mit der Arbeit am Wilhelm Meister, der schließlich doch ein gewaltiger Torso blieb, mehr als fünfzig Jahre geschleppt! Man kann an diesem Werke, noch mehr und deutlicher als am Faust, die Phasen und Schichtungen dieses überreichen Dichterlebens studieren, wie ein Naturkundiger in einer

Moränenlandschaft die Schiebungen und Veränderungen der Erdgeschichte abliest. Der ganze Goethe ist in diesem wunderlichen Werke gespiegelt: Feuergeist und stürmende Wildheit der Werthertage weht verglühend darin nach, Früchte der Freundschaft mit Schiller, Spuren der italienischen Einflüsse stellen sich dar, die ganze Atmosphäre der besten Weimarer Jahre atmet voll und klar herein, und schließlich geistert in den »Wanderjahren« die fast mythisch gewordene Gestalt des greisen Goethe, geheimnisvoll in tempelhafter Größe und Feierlichkeit.

Die »Lehrjahre« nun, mit denen wir es hier einzig zu tun haben, sind zum erstenmal in den Jahren 1795 und 1796 im Buchhandel erschienen; sie sind es, deren Lektüre die besten Geister jener Zeit so tief erregte, an denen Novalis sich labte und an denen er litt wie an einem Schicksal, über welche Schiller eine Reihe seiner schönsten Briefe an Goethe geschrieben hat.

Ein Vergleich der früheren Fassung mit der zweiten, ein Vergleich der »theatralischen Sendung« also mit den »Lehrjahren«, ist so lockend und so unmöglich, wie ein Vergleich des jüngeren Goethe mit dem älteren überhaupt. Dort ein Werk von kühnem, klaren Wurf und Willen, einheitlicher als der spätere Meister, im Detail voll blühender Kraft und Laune, sprühend und überquellend – hier ein stilleres, kühleres, gezwungeneres Buch, in manchen Kapiteln ärmer an Anschaulichkeit und momentaner Genialität, im ganzen aber so erschreckend hoch und weit gewachsen, so universell und über das Persönliche hinausgerückt, daß jede weitere Vergleichung hinfällig wird. Die »theatralische Sendung« ist ein herrlicher Schatz, an dem wir uns nicht genug freuen können; aber wir müssen sie als Fragment genießen, als ein wundervolles Dokument jener Jahre der verglühenden Jugendlichkeit und beginnenden Reife, und wir dürfen uns das Bild des Wilhelm Meister, wie Goethe selbst ihn ausgearbeitet und herausgegeben hat, durch den Vergleich mit dieser früheren Arbeit nicht ins Schwanken bringen lassen. Daß Goethe nun gar, wie einige Schwärmer meinen, jene erste Fassung hätte stehenlassen und unverändert den »Lehrjahren« hätte zugrunde legen sollen, ist eine törichte und indiskutable Forderung. Wir lernen durch die Lektüre der Zürcher Handschrift Goethes Arbeitsweise besser kennen und sehen ihn, indem er viele kleine Reize und Schönheiten opfert, die Jugendarbeit mit der Unerbittlichkeit des großen Meisters überwinden. Der Grundgedanke des Wilhelm Meister und die einzige zweifellose Einheit in diesem Werk ist Goethes großer Lebensgedanke selbst. An ihm hat der junge Goethe teil, aber er ist in ihm nicht vollendet. Die »Lehrjahre« sind denn also nicht etwa die Ausarbeitung eines früher liegengebliebenen Jugendwerkes, sondern sie sind, gleich dem Faust und gleich »Dichtung und Wahrheit«, ein ungeheurer Versuch des Dichters, Jahrzehnte eines fabelhaft vielfältigen und tätigen Lebens dichterisch zu kristallisieren. Es ist im Wilhelm Meister das Höchste, das Unmögliche versucht, das macht ihn zum Vorbild für die größten Romane eines halben Jahrhunderts, und das trennt ihn von den Gebilden einer bescheideneren Generation, deren beste den »Meister« an scheinbarer Form übertreffen, deren keines ihm an Größe und innerer Fülle nur verglichen werden kann.

Von den Zeitgenossen hat keiner die Entstehung der »Lehrjahre« so liebevoll und zugleich kritisch verfolgt wie Schiller. In keinem seiner Werke war Goethe so weit von ihm entfernt wie im Wilhelm Meister, keines brach so persönlich und neu aus den von ihnen beiden erkannten und viel diskutierten Formgesetzen heraus, und doch enthielt und entwikkelte keines, außer dem Faust, das ihnen beiden gemeinsame Kulturideal vollkommener und bewußter. Schiller hat in mehreren Briefen den Wilhelm Meister scharf kritisiert, und einmal spricht er dem Roman überhaupt den Wert einer echten Kunstform ab, er nennt ihn unpoetisch, da er vor allem nur den Verstand zu befriedigen suche, und er konstatierte nicht ohne Unbehagen ein »sonderbares Schwanken zwischen einer prosaischen und poetischen Stimmung« im Wilhelm Meister. Er vergleicht ihn mit Hermann und Dorothea, und sagt »– und doch führt mich der Hermann (und zwar bloß durch seine rein poetische Form) in eine göttliche Dichterwelt, da mich der Meister aus der wirklichen Welt nicht ganz herausläßt.« Dann findet er »zuviel von der Tragödie« im Meister, und endet mit den Worten: »Kurz, mir däucht, Sie hätten sich hier eines Mittels bedient, zu dem der Geist des Werkes Sie nicht befugte.«

Aber trotz alledem schließt der strenge Schiller gerade diesen selben kritischen Brief, beinahe wider seinen Willen doch bezwungen, mit der Anmerkung: »Übrigens kann ich Ihnen nicht genug sagen, wie mich der Meister auch bei diesem neuen Lesen bereichert, belebt, entzückt hat – es fließt mir darin eine Quelle, wo ich für jede Kraft der Seele und für diejenige besonders, welche die vereinigte Wirkung von allen ist, Nahrung schöpfen kann.«

Wenn das die Schlußmeinung Schillers ist, wenn er, der unerbittliche Ästhetiker und Verehrer der reinen Formen, über alle Bedenken und Anstöße hinweg sich zu solcher Liebe und Dankbarkeit gegen den Wilhelm Meister bekennt, so haben wir Heutige vollends keine Gründe, uns solcher Liebe und Dankbarkeit zu entziehen. Wir sind, was das Ästhetische betrifft, wenig mehr verwöhnt, und wenn wir irgendwo Grund haben, Schillers Ästhetik zu verlassen, so ist es diesem Roman gegenüber, den wir als Versuch, als grandioses Stückwerk empfinden mögen, der aber, auch als Form, der deutschen Dichtung neue, überaus fruchtbare Wege gewiesen hat.

Vielleicht ist Goethe gar kein unbedingter Meister der Erzählung in Prosa gewesen. Es scheint, daß ihm jedesmal, sobald er die strengeren poetischen Formen verließ und sich frei im ungebundenen Wort bewegte, die Fülle der Welt und seines Innern so überwältigend entgegenströmte, daß er von Anfang an das Unmögliche einer rein artistisch begrenzten Darstellung erkannte oder fühlte und sich beschied, als Erzähler dem Menschlichen in allen Formen nachzugehen, wobei er ziemlich skrupellos die Form des Gesprächs, des Briefes, der Tagebücher, auch häufig die der direkten Belehrung, je nach Bedürfnis verwendete. Auch sein formal vollkommenstes Prosawerk, die Wahlverwandtschaften, ist nicht von diesen technischen Mängeln oder Sorglosigkeiten frei. Auf Seiten einer reinen, anschaulichen, sinnlich gegenwärtigen Darstellung, die niemand übertroffen hat, folgen gelegentlich lose Sätze und Seiten von plauderhaft mitteilender oder unterrichtender Art, ein direktes Verhältnis zum Leser tritt oft unerwartet und naiv hervor. Von Goethes Prosa jene bescheidene Selbstbeschränkung des reinen Erzählers zu verlangen, welche jede Regung, jedes Mitteilungsbedürfnis, jedes Verlangen nach direktem, persönlichen Wirken zugunsten einer rein anschaulichen Darstellung unterdrückt, das wäre dasselbe, wie wenn man vom Faust eine strenge Unterordnung unter die Theatergesetze verlangen wollte. Goethe ist, in einem gewissen höchsten Sinne des Wortes, immer ein Dilettant gewesen; ihm war die Dichtung nicht nur Tempel und Gottesdienst, nicht nur Bühne und Festgewand, sie war ihm, dem Universalen, das universalste Organ, mit dem er sich nach außen wandte, um die Weisheit seines Inneren, um seine tausendfach erlebte Lehre der Liebe auszusprechen und mitzuteilen. Wie der Faust, als Ganzes, kein Theaterstück ist, so ist der Wilhelm Meister keine reine Erzählung. Er ist viel mehr. Und dennoch, es ist sonderbar, sind auch diese Gebilde einer außerordentlichen Seele übervoll von Kunst, von direktem, meisterhaften Können sowohl wie von tiefer Ahnung größerer, noch unerfüllter, noch unerfüllbarer Formen. Jeder literarisch gute Roman von heute achtet gewisse Regeln, gegen welche Goethe sorglos verstößt; im kleinen und einzelnen der Technik ist er zu übertreffen, ist er übertroffen worden. Aber nicht nur die Weite des Umfangs und die reife Größe der Menschlichkeit, die wir im Wilhelm Meister finden, ist nie wieder erreicht worden, sondern es ist auch nie wieder ein ähnlich großes Wollen im Roman formal so schön und meisterlich gezügelt und gelöst worden. Daß der Wilhelm Meister schließlich eine Art von Torso blieb, daran ist nicht Goethes Mangel an technischer Vollendung schuld, sondern die ungeheure Weite des Horizonts, den er in einem einzigen Werk aufzuspannen unternahm.

Aus Wilhelm Meisters »theatralischer Sendung« sind Wilhelm Meisters »Lehrjahre« geworden, aus dem Künstlerroman der Roman des Menschen. Auch in den »Lehrjahren« noch nimmt das Theater einen großen Raum und eine tiefe Bedeutung ein, aber Wilhelms theatralische Laufbahn mündet, ohne daß ihr Scheitern irgend beklagt würde, in eine größere, allgemeinere, und als Umgebung des »Helden« tritt an die Stelle des beschränkten Theatermikrokosmos die wirkliche Welt. Der Held ist nicht ein individuell stark umrissener, einmaliger, auffallender Mensch, der Held bist du und bin ich, ebenso wie jeder von uns beim Lesen in Knabenjahren selbst der Held des Robinson gewesen ist. Jugendliche Neigung führt ihn, den Kaufmannssohn, zur Bühne, und es ist wohl ein wenig junge Eitelkeit und Glanzsucht dabei, doch nur als Beiklang und Tribut an die menschliche Schwäche, nicht als treibende Kraft. Die Kraft vielmehr, welche ihn treibt, die ihn zum Theater und über das Theater hinweg ins Leben und durchs Leben führt, ist die edle Sehnsucht nach einem reinen, vollkommenen Sein und Wirken, nach Wachstum und Bildung zum immer Vollkommeneren, Reineren, Wertvolleren. Diese Sehnsucht allein ist es, die wir an dem jungen Wilhelm Meister zu verehren haben und sie müssen wir verstehen und teilen und mitleben, wenn uns sein Leben wertvoll sein und nützen soll. Kein einzelnes Talent, auch nicht das fürs Theater, ist bei ihm hervorstechend entwickelt, und es ist ein unendlich fruchtbarer und schöner Gedanke Goethes gewesen, daß er diesen Helden eines Bildungsromanes nicht als ein Erziehertalent, sondern als eine Art von Genie im Erzogenwerden einführt. Wilhelm ist letzten Grundes an Gaben ein Durchschnittsmensch, nicht aber an seelischem Bedürfnis und an sittlichem Wollen. Er ist schwach und erliegt leicht äußeren Anreizen und Einflüssen, er meint zu führen und wird geführt, er überschätzt die Menschen und ist an Lebensklugheit und an Stärke der Persönlichkeit im Aktiven kein Held. So ist er ein gutes Beispiel für jeden und könnte recht wohl für einen gültigen Vertreter menschlichen Durchschnitts gelten, der als Spielball feindlicher und günstiger Mächte ein mehr passives als handelndes Leben erleidet.

Dennoch ist er das nicht. Er teilt wohl mit dem Durchschnitt der Menschen die intellektuellen Gaben, ist aber durch eine entschiedene Fähigkeit zur Menschenliebe und zu sittlichem Handeln höhergerückt. So stellt er denn am Ende nicht ein beliebiges Menschenexemplar vor, sondern ein persönlich wenig ausgezeichnetes, wenig differenziertes Exemplar des guten, des wohlgesinnten, des kulturell brauchbaren Menschen. Und damit erst wird er dem Dichter wertvoll und auf das tiefste interessant, denn es ist nicht der animalische Mensch, um den die Dichtung sich bemüht, sondern der Mensch in seiner Kulturfähigkeit, der zum Leben mit seinesgleichen, zur Wirkung und Unterordnung, zu Tätigkeit und wertvollem Mitleben Gewillte. Wilhelm Meister ist ein Jüngling, wie es manche gibt und wie recht viele sein sollten: neugierig gespannt auf das Leben, leidlich fürs Leben ausgestattet; bereit, sich ein Glück nicht schenken zu lassen, sondern zu erwerben; er erliegt dem Reiz des Abenteuers, er folgt den Lockungen der Ferne, aber was er sucht und ahnt und in seiner dumpfen Sehnsucht träumt und meint, das ist nicht Beute und errafftes Einzelgück, sondern es liegt auf dem Wege der Menschheit, es ist das Ideal eines klaren, frei dienenden, dem Ganzen wertvoll eingeordneten Lebens.

Dankbarkeit, Ehrfurcht, Gerechtigkeit sind die Gaben dieses Menschen, dessen Wesen Liebe ist. Als Dankbarkeit, als Ehrfurcht oder als Wille zur Gerechtigkeit äußert sich sein angeborenes Wesen in jeder Lebenslage, nicht ohne Kämpfe und widerstrebende Selbstliebe, aber stets von jener höheren Liebe geleitet und bezwungen. So ist der Mensch beschaffen, den die großen und guten Geister jener Zeit sich wünschten und erhofften, die sie heranzubilden strebten, von dem sie die Erfüllung ihrer schönen Menschheitswünsche erwarteten. An ihn hat Schiller seine Briefe und Abhandlungen gerichtet, von ihm hat Mozart in der Zauberflöte gesungen.

Mit Dankbarkeit denkt Wilhelm Meister seiner Kindheit, von welcher er bis in die tiefe Nacht hinein seiner ersten Geliebten erzählt, während sie mit dem Schlummer kämpft. Mit rührender Dankbarkeit hängt er an der Geliebten selbst, und als er sie untreu findet und verloren hat, kämpft er verzweifelnd um ihr Bild und geht unermüdlich peinvolle Wege, dies getrübte Bild in seiner Reinheit wiederherzustellen.

Mit Ehrfurcht pflegt Wilhelm die Erinnerungen seiner Vergangenheit, mit Ehrfurcht achtet er Rang und Macht der Höherstehenden, mit höchster Ehrfurcht und Dankbarkeit liebt er das Genie, das ihm in Shakespeares Werken zum erstenmal herrlich und überwältigend entgegentritt. Und was als letzte Frucht seiner ganzen theatralischen Bemühungen übrigbleibt, noch uns Heutigen eine köstliche Gabe, das ist das Ergebnis seiner liebevollen Hingabe an Hamlet.

Mit reinem Willen zur Gerechtigkeit lebt er unter gemeinen und undankbaren Menschen, jedem von den wenig edlen und wenig liebenswerten Schauspielern seines Umgangs sucht er gerecht zu werden. Mit Achtung anerkennt er die Gaben anderer. Und was an ungestillter Liebe in ihm bleibt, das verzehrt er nicht in Wertherschem Selbstgenuß; er gibt es Unglücklichen, er gibt es der unseligen Aurelie, dem zerrütteten Harfenspieler, der sterbenden Mignon.

In die Atmosphäre solcher Liebe, die auf einem ehrfürchtigen Glauben an die Menschheit ruht, ist das ganze Werk gehüllt wie in eine goldig warme Luft. Dem bedächtigen, sparsamen Kaufmann, dem armen Teufel von kleinem Komödianten, dem pedantischen und eingebildeten Grafen, dem dilettantischen Baron, dem eitlen und genußgierigen Schauspieldirektor, der hübschen leichtfertigen Philine, dem frechen knabenhaften Abenteurer Friedrich, jedem und jedem haftet neben aller stark charakterisierten Schwäche und Unwürdigkeit ein Schimmer von unangreifbarem Menschenwerte an, eine Liebenswürdigkeit und heimliche Schönheit, in jedem leuchtet eine kleine Flamme vom großen Liebesfeuer, jeder hat neben seiner Jämmerlichkeit seinen Teil von des Dichters Ehrfurcht vor allem Seienden, und keiner wird verdammt. Dabei gleicht keiner dem andern, dabei geschieht jedem Charakter und jeder Charakterlosigkeit ihr Recht, die menschliche Torheit spielt in allen Farben, und in hundert kleinen köstlichen Zügen lacht frei der Humor. Nur das Ganze bleibt unangetastet, die Bestimmung des Menschen, die ein einzelner hundertmal verfehlen und welcher er hundertmal Hohn sprechen kann und der er doch irgendwie im stillen dienen und untertan sein muß.

Und wieder sind die Edlen und Wertvollen, die Träger des Ideals, ebenso wie Wilhelm Meister selbst, überall Menschen und in ihren individuellen Sonderlichkeiten beschränkt. Deutlich ist jeder Figur ihr Wert an die Stirn geschrieben, dennoch zerfällt die Welt keineswegs in Schafe und Böcke. Und wie der Geringste noch irgendeinmal uns zu rühren und zu versöhnen vermag, so trägt der Edelste noch die Zeichen menschlicher Unvollkommenheit.

Nicht einen Augenblick sehen wir Wilhelm Meister ohne Liebe leben. Es mag ihm gut oder übel gehen, er mag voll

Hoffnung oder voll Betrübnis sein, niemals steht er abseits in egoistischer Einsamkeit, niemals verläßt ihn der Drang zu Teilnahme, Freundschaft, Wohltat. Von den ungebärdigen Schauspielern läßt er sich plündern und übers Ohr hauen, so daß zuweilen der Leser beinahe unwillig wird, und da er sie schließlich verläßt, ist es nicht ihre Undankbarkeit und Unverbesserlichkeit, die er beklagt, sondern die Kleinheit dessen, was er für sie getan zu haben meint. Als reisender Junggeselle knüpft er fremde Schicksale an seines und führt eine ganze kleine Familie von Bedürftigen mit sich. Oft wird er ungeduldig, oft findet er mit Unwillen und Beschämung sich genarrt und verwirrt, aber keinen Augenblick zweifelt er an dem Rechte, das seine Umgebung an ihm habe, keinen Augenblick erscheint ihm sein persönliches Geschick und Wohlergehen als das einzig Wichtige auf Erden. Mag er damit zuweilen wie ein gutmütiger Tor erscheinen, er kann nicht anders. Und schließlich erkennt man mit frohster Rührung, wie die stille Gerechtigkeit, an die er glaubt und die er üben hilft, auch ihm gerecht wird und auch seine Opfer und Mühen bezahlt. Wir sehen von den vielen Menschen, die ihm begegnen, stets die feineren und edleren ihm ihre Teilnahme schenken, seine Freunde werden und sein Leben bereichern; wir sehen, wie etwa bei der guten Frau Melina und bei Philine, weniger edle Seelen ihm doch ihre reineren und zarteren Seiten zuwenden. Und am Ende, als er sein Leben in eigene Hände zu nehmen meint und mit dem Heiratsantrag an Therese, mit dem ersten scheinbar ganz freien und wohlbesonnenen Schritt seines befreiten Lebens, seine erste gründliche und verhängnisvolle Torheit hat begehen müssen, als das Glück ihn zu narren scheint und sein Zustand wirklich bedenklich wird, da ist es doch nicht anders, als kehrten seine eigenen Guttaten und Gesinnungen zu ihm zurück, als strahle die Welt etwas von der Liebe wider, die er an sie verschwendet, und durch gute Menschen nimmt eben jetzt sein Schicksal die letzte große Wendung zu neuem

Glücke und neuen weiten Ausblicken in herrliche Lebensmöglichkeiten.

Dieser Roman ist eine Welt, aber eine von menschlichen Gesetzen geleitete und vernünftige, kein Chaos durcheinanderstrebender Kräfte, sondern eine leise geordnete Mannigfaltigkeit, in deren Zusammenklang die rohe Notwendigkeit durch Geist und Güte gemildert erscheint. Nicht die Freiheit des Willens wird hier verkündet, sondern das Recht und der Sieg menschlicher Vernunft und Güte. In dieser Welt wandeln Greis und Kind, Weltmann und Sonderling, Frommer und Ungläubiger nicht gleichgeordnet und gleichgewertet, aber in Brüderlichkeit und vom Lichte derselben Liebe, vom Recht derselben Menschlichkeit bestrahlt. Und es ist das Geheimnis und der Zauber dieses Werkes, daß diese seine Harmonie und tiefe innere Einheit aus einer so mannigfaltig erschauten, aus einer so frisch und sinnlich-anschaulich geschilderten Gestaltenfülle hervorblüht. Keine bestimmte Gläubigkeit oder Weltordnung wird vorausgesetzt, kein Gesellschaftsgesetz verkündet, die Einheitlichkeit und Klarheit des Ganzen wächst aus keinem Schema, aus keinem Programm heraus, sie hat keinen anderen Grund als die Liebe, die Liebe des Dichters zu allem Menschenwesen, und seinen Glauben an die Kulturfähigkeit der Menschen.

Seltsam und rührend stehen inmitten dieser bei aller Buntheit doch völlig rationellen Welt die einsamen Figuren des Harfenspielers und der Mignon. Man hat sich hin und wieder um ihre Bedeutung bemüht und sich schließlich begnügt, in Mignon eine Personifikation von Goethes Sehnsucht nach Italien zu sehen. Das ist, in solch armer Nacktheit, roh und übertrieben, auch würde eine solche Deutung einzelner Figuren notwendig weitergeführt werden müssen, und es entstünde ein Herabwürdigen dieser lebendigen Gestalten zu allegorischen Puppen, womit jedes reine Verhältnis zu der Dichtung zerstört wäre. Gewiß ist in der Gestalt und in den Liedern der Mignon Goethes Liebe zu Italien zu erkennen, aber Goethes Italien ist eben auch unendlich mehr als ein geographischer oder historischer Begriff, und es stünde eine so arme Eindeutigkeit im hellen Gegensatz zu dem ganzen schillernden Reichtum der Beziehungen und Bedeutungen, mit denen das Buch geheimnisvoll erfüllt ist. Der Harfenspieler und Mignon sind die einzigen rein poetischen Gestalten des Romans, die einzigen, welche außerhalb der verständigen Welt im farbigen Dämmerlichte rein dichterischer Existenzen schweben. Sie sind die schönsten und innigsten Gebilde des ganzen Buches, und doch rächt sich gerade an ihnen jene Zwiespältigkeit der Orientierung, welche Schiller an dem Roman tadelt. Die Auflösung dieser beiden Schicksale nämlich ins Ganze des Romans, die »Erklärung« der beiden schönen Schatten und ihre Zurückführung ins Reich des Verstandes und der Wirklichkeit ist einer der schwächsten Stellen in dem ganzen Kunstwerke. Hier sind die Forderungen der Poesie mit denen des Verstandes nicht vereinigt, und bei jeder neuen Lektüre des Wilhelm Meister geht man jenen Seiten, auf welchen Mignons Rätselgestalt demaskiert und ihr irdisches Schicksal aufgezeigt wird, mit einem gewissen ernüchterten Bangen entgegen. Hier ist eine der Stellen, wo das mächtige Gebäude dieser Dichtung die nackte Zimmerarbeit, die rohen Fugen herzeigt. Es gibt noch andre solche Stellen, einige voll befreiender Offenheit, andre maskierter und feiner vertüncht – aber ich weiß nicht, ob es nur mir allein so geht: mir ist gerade an diesen heiklen Stellen Goethe besonders lieb, seine große Gestalt wird menschlich und scheint zu lächeln, und das Ganze seines großen Romans, die fast übermenschliche Ungeheuerlichkeit des Gewollten, Versuchten, Gekonnten, wird angesichts dieser Stellen eines gewissen Versagens mir stets doppelt ehrwürdig und groß. Wie es kein großes Kunstwerk gibt, das nicht aus Liebe entstanden wäre, so gibt es kein edles und förderliches Verhältnis zu Kunstwerken, als wieder durch die Liebe, und wem an jenen Punkten, wo auch in großen Dichtungen ein Rest von menschlicher Schwäche vortritt, nur Kritik oder gar Schadenfreude zu Gebote steht, der wird immer arm und hungrig von diesen reichen Tischen gehen müssen. Jede Ritze, durch welche wir in den gewaltigen Bau des Wilhelm Meister, in das Innere seiner Konstruktion hineinsehen können, hebt nur die erstaunliche Vollendung des Fertiggewordenen noch klarer hervor. Und indem man an diesen verräterischen Stellen erst die Menge und Größe der Gefahren, die Heikelkeit und peinliche Vielgliedrigkeit dieser zarten Konstruktion erkennt, wird man stumm und blickt mit neuer geschärfter Dankbarkeit und mit neuer, wacherer Freude auf die tausend Schwierigkeiten und Gefahren zurück, die man, als vom Dichter überwundene, nicht wahrgenommen hat und von denen man erst jetzt eine Ahnung bekommt. Wie eng die äußeren Mängel des Werkes mit seinen Vorzügen zusammenhängen, das zeigt kein Beispiel einleuchtender als das sechste Buch, das die »Bekenntnisse einer schönen Seele« enthält. Der Roman wird hier einfach durch die eingeschobenen Memoiren einer frommen Dame unterbrochen, wobei ohne weiteres angenommen wird, daß der innere Wert dieser Mitteilungen den Verstoß gegen die Form der Erzählung entschuldige. Beim ersten Lesen geht man darauf nicht ohne Widerstreben ein, denn so schön und tiefgründig dies Stück Psychologie auch sei, es unterbricht den Lauf des Romans, dem wir mit gespannter Teilnahme folgen, an wichtiger Stelle, und nicht etwa für einige Seiten oder ein kurzes Zwischenkapitel, sondern ein ganzes Buch hindurch. Schließlich ergibt man sich, begibt sich seiner Rechte auf die Fortsetzung der Geschichte Wilhelms und geht erstaunt und gefesselt durch den schönen, stillen Garten dieser zarten Bekenntnisse. Erst später dann, wenn der Leser längst wieder dem Schicksale Wilhelms folgt, tritt der Inhalt jener eingeschobenen Memoiren immer wieder und immer dringender als unentbehrlich in die Zusammenhänge ein, und am Ende wird mancher Leser sich genötigt sehen, jene Bekenntnisse, wenigstens teilweise, mit Aufmerksamkeit nochmals nachzulesen, um nicht wichtige Fäden zu verlieren. Beim zweiten und öfter wiederholten Lesen (denn den Wilhelm Meister muß man alle paar Jahre einmal wieder lesen) wird diese scheinbar plumpe Form der Unterbrechung ein Reiz mehr, auf den man sich geradezu freut, und am Ende wird kein Leser sein, der das Juwel dieser so schön in sich abgeschlossenen Bekenntnisse zugunsten einer einheitlicheren und technisch einfacheren Fortführung des Romans wieder missen möchte.

Und mit je schärferem Auge man zuschaut, desto merkwürdiger und verehrungswürdiger treten auch die Schönheiten der Darstellung im einzelnen heraus. Wie voll warmer Stimmung, wie voll Dämmerlicht und Liebeszauber sind die ersten Kapitel! Wie glänzt, beim Beginn von Wilhelms Reise, uns eine verklärte, reiche, bis in hundert Details hinein sichtbare Landschaft entgegen! Man erinnert sich ihrer gelegentlich, schlägt im Buche nach, erwartet drei, vier Seiten voll Kleinmalerei zu finden, weil man das Gedächtnis voll von Anklängen und Vorstellungen hat, und man findet, seltsam überrascht und fast befremdet, zehn oder fünfzehn Zeilen! Diese zehn Zeilen, im Zusammenhang gelesen, sind so suggestiv und bilderweckend, daß wir nach Monaten, nach Jahren schwören möchten, uns an hundert liebe, schöne Details darin beinahe genau zu erinnern, wovon in Wahrheit keines dasteht.

Solche Wirkungen sind nur dem Zauber echter Dichtung möglich. Überhaupt gibt es keinen gewisseren und keinen gefährlicheren Prüfstein für den rein poetischen Wert von Dichtungen, als die Erinnerungen an Details. Hier bewährt sich der Wilhelm Meister in seiner rätselhaften Zauberei jedesmal ganz überraschend. Der Leser erinnert sich an Szenen, an Personen, Begegnungen, Gespräche, und wo immer er nachschlägt und nachprüft, findet er, was in seinem Gedächtnis breit und detailliert dastand, präzise und sparsamst ausgedrückt. So ist es mit der Erscheinung des Geistes im Hamlet, mit der darauffolgenden rätselhaften Liebesnacht, mit jener Szene, wo der verwundete Wilhelm die Amazone sieht – und jede dieser Szenen ist meisterhaft, ist von jener traumhaft starken, unkontrollierbaren Wirkung höchster Kunst. Goethes Worte sind oft wie Samenkörner, die erst nach dem Lesen aufgehen und zu wachsen beginnen. Das kommt daher, daß sie selbst nicht launige Gebilde des Augenblicks, sondern Früchte gesiebter Erfahrung und innigster Konzentration sind. So schreibt Goethe selbst, als er im März 1795 an die Ausarbeitung der »Bekenntnisse einer schönen Seele« geht: »Vorige Woche bin ich von einem sonderbaren Instinkte befallen worden, der glücklicherweise noch fortdauert. Ich bekam Lust, das religiöse Buch meines Romans auszuarbeiten, und da das Ganze auf den edelsten Täuschungen und auf der zartesten Verwechslung des Subjektiven und Objektiven beruht, so gehörte mehr Stimmung und Sammlung dazu als vielleicht zu einem andern Teile. Und doch wäre, wie Sie seinerzeit sehen werden, eine solche Darstellung unmöglich gewesen, wenn ich nicht früher die Studien nach der Natur dazu gesammelt hätte.« Diese »Studien nach der Natur« liegen beinahe jedem Satz im Wilhelm Meister zugrunde, wie denn oft gerade solche Stellen, die mit starkem momentanem Reiz auf uns wirken wie aus einer Laune geboren, oft hinter sich eine erschreckend tiefe Perspektive von Abwarten, Beharrlichkeit, Geduld verborgen haben. Was in diesen Sätzen steht, das ist in Jahren gesammelt, gesichtet, das hat sich gerüttelt und gesetzt, geklärt und konzentriert. Darum ist auch alles so voll Stil, so unantastbar, so fest und gesetzmäßig. Wie die Gestalten und Gestaltengruppen des Werkes gegen das Ende hin immer sinnvoller, bedeutender, ergreifender zusammentreten, darüber hat Schiller gesagt: »Es steht da wie ein schönes Planetensystem.«

Es ist das Geheimnis des dichterischen Genies, daß in seiner

Hand das Selbstverständliche, daß die einfachen Dinge und Tatsachen des Lebens ihm, dem Ehrfürchtigen, beständig neu und lebendig und heilig sind. Er, der den Werther geschrieben hat, ist der größte Prophet für die Heiligkeit des Lebens geworden, nichts ist ihm ferner, nichts fremder und verhaßter, ja unverständlicher als jede Art von Blasiertheit, von Teilnahmslosigkeit, von müder Vereinsamung, die er denn auch im Wilhelm Meister nur dem ausgesprochen Geisteskranken gelegentlich erlaubt. Alles zielt auf Anerkennung und Förderung des Lebenden, auf Verehrung und Dankbarkeit, auf die Achtung gegen fremdes Verdienst, auf die Bereitschaft, fremdes Bedürfnis, fremdes Recht anzuerkennen. Es wird über Adel und Geburtsrecht gelegentlich recht freimütig gesprochen, dennoch ist Anerkennung des Höhergeordneten, ist Höflichkeit, Sorgsamkeit guter Sitte durchweg vorausgesetzt. Gelegentlich macht das Ernstnehmen der Rangunterschiede fast einen kindlich rührenden Eindruck, so, wenn im Dilettantentheater in Hochdorf der alte Forstmeister, der sich nachher selbst ziemlich mäßig benimmt, bei seinem Eintritt »mit der größten Verehrung« begrüßt wird.

Wilhelm, dessen Sein und Leben auf Liebe beruht, ist beständig auch von Frauenliebe umgeben. In den Armen seiner ersten Geliebten erwacht er zur Freudigkeit, ein neues, eigenes Leben zu beginnen, und vom Verlust dieser Geliebten bis zum Finden der wahren Braut hat er es immerfort mit Frauen zu tun, wird er immerzu gereizt, gelockt, an die Verlorene erinnert oder ahnungsvoll an die Zukünftige gemahnt, und bis zum letzten Augenblicke, da es beinahe zu spät ist, irrt er zwischen ähnlichen, verwandten Bildern hin und wider, seiner Ahnung sicher, aber durch die Spiele der Wirklichkeit verwirrt. Die Laune seiner Verliebtheiten gibt seinem Lebensgang die eigene, spielerisch reizende Linie, aber das Spiel ist niemals nur Spiel, es steht fühlbar immer der tiefe Ernst dahinter. Wilhelm hat von der munteren kleinen Liebeskünstlerin Philine nichts zu lernen; für ihn ist Liebe die Krone des Lebens, an der kein Makel haften darf. Er verliebt sich in die Gräfin, damit beginnt die seltsame Umkreisung, mit der er endlich zur wahren Geliebten hin findet, welche die Schwester der Gräfin ist, und obwohl der erste Anblick Nataliens ihn wie ein Blitz ins Herz getroffen und verwundet hat, irrt er doch und sucht und taumelt in dumpfem Liebestraum noch lange weiter, des Weges ungewiß, so daß seine endliche Befreiung durch Natalie kein Glücksfall und schöner Fund mehr ist, sondern höchstes Schicksal und endliche Vereinigung von Kräften, die seit langem dunkel zueinandergestrebt haben.

Genug der Einzelheiten! Wir wollen den Wilhelm Meister nicht erschöpfen und erklären, wir wollen die Vielfältigkeit dieses tausendfädigen Gewebes nicht aufzulösen suchen. Wir wollen trachten, ihn dankbar zu genießen, von ihm zu lernen, ihn recht zu besitzen. Das große, seltsame Buch hat für jeden Leser eine Stimme, für jeden ein Glück, für jeden eine Mahnung, für jeden einen tiefen, nie auf einmal zu umfassenden Wert, nur nicht für den Lieblosen, den Ungläubigen, den Bösen. Wen der animalische Mensch mehr anzieht als der kultivierte, wer die Schönheit des Chaos der Schönheit menschlicher Ordnung vorzieht, für den ist im Wilhelm Meister nichts Heiliges zu finden. Für den bleibt er höchstens ein schönes, gescheites, überlegenes Buch, interessant durch seine scharfäugige Beobachtung des Lebens, durch die Mannigfaltigkeit seiner Bilder, lesenswert wegen seiner schönen und wahren Einzelheiten. Wer hingegen fähig ist, sich selbst an Wilhelm Meisters Stelle zu fühlen, mit ihm zu lieben, mit ihm zu irren, mit ihm an die Menschheit zu glauben, mit ihm die Dankbarkeit, die Ehrfurcht, die Gerechtigkeit zu pflegen, dem ist dieser Roman kein Buch mehr, sondern eine Welt der Schönheit und Hoffnung, ein Dokument der edelsten Menschlichkeit und eine Bürgschaft für den Wert und die Dauer geistiger Kultur. Der so geartete

Leser wird in jedem Satze Freude und Bestätigung seiner besten Regungen finden, aber er wird keinen Satz, keine Einzelheit zur Hauptsache machen wollen, er wird nicht Mängel und Tugenden des Werkes zählen und abwägen, sondern das Ganze in seiner Einheit lieben und verehren lernen. Diese Einheit besteht nicht in der Form, auch nicht in einem formulierbaren Glauben und Bekenntnis, sondern lediglich in einer tiefen, von jeder Selbstsucht gelösten Liebe. Diese Liebe ist Wilhelm Meisters Tugend, und ihm kann jeder von uns sich ähnlich fühlen und ähnlich werden, wenn er sich auch von Goethes großem Wesen unendlich fern und traurig unterschieden weiß.

Der Meister ist kein Kunstwerk, dessen Vollkommenheit uns bestürzt und niederschlägt. Er ist durchaus menschlich, er kann unser Freund und Begleiter werden, er fordert nichts von uns als die Aufrichtigkeit unserer Liebe. Haben wir die, so dürfen wir alles einzelne im Wilhelm Meister preisgeben; wir dürfen schließlich Schiller rechtgeben und im Roman überhaupt keine hohe Kunstform sehen, wir dürfen über kleine Unbeholfenheiten des Werkes ruhig lächeln und werden doch bei jeder Lektüre die Empfangenden, die Beschenkten, die Bezauberten sein. Wir sehen in ihm nicht eines jener Kunstwerke, die in erhöhter, einsamer Schönheit stehen, denen wir nur in festlichen Stunden nahen dürfen. Wir sehen in ihm einen Trost und eine Freude für jeden Tag, wir gehen auf seinen Fluren umher wie auf dem Boden des Vaterlandes, mit Ehrfurcht, doch ohne Scheu, unserer Rechte, unserer Zugehörigkeit gewiß.

Es ist diesem Buche eigen, daß es weder dem nach einzelnen Erkenntnissen suchenden Verstande, noch dem nur nach ästhetischer Befriedigung suchenden Gefühle sich ganz erschließt. Niemand kann den Wilhelm Meister auf einmal auslesen, niemand kann in irgendeinem Augenblick während oder nach der Lektüre den ganzen Reichtum des Buches auf einmal fühlen und kosten. Wir wandeln auf seinem Boden wie auf der guten, fruchtbaren, treuen Erde, wir blicken zu ihm empor wie zum ewigen, seligen Himmel, wir fühlen uns von ihm in unseren guten, wertvollen, edlen Regungen und Hoffnungen bestätigt und gestärkt, in unseren Schwächen und Fehlern aber wohl erkannt und getadelt, doch nicht verdammt. Im Wilhelm Meister ist, wenn irgendwo, die Religion für alle jene zu finden, die keines übernommenen Bekenntnisses mehr fähig sind und denen doch die bange Einsamkeit des glaubenlosen Gemütes unerträglich ist. Kein Gott wird hier gelehrt, kein Gott gestürzt, kein irgend reines Verhältnis der Seele zur Welt wird abgelehnt. Verlangt wird nicht Griechentum noch Christentum, einzig der Glaube an den Wert und die schöne Bestimmung des Menschen, zu lieben und tätig zu sein.

EMIL STAIGER

Goethe: »Novelle«

Man glaubt sich berechtigt, im Spätwerk Goethes zwischen seltenen Urschöpfungen und der gewohnten täglichen Arbeit eines reichen, in allen Formen bewanderten Geistes zu unterscheiden, zu jenen etwa die Dornburger Lyrik, die »Trilogie der Leidenschaft«, die letzten Szenen des »Faust« zu rechnen, dieser die »Zahmen Xenien«, die Maskenzüge und Prologe und vor allem »Wilhelm Meisters Wanderjahre« zuzuschreiben. Bei andern Werken wird man schwanken und hilflos nach Kriterien suchen, um endlich wieder gern auf eine Ordnung zu verzichten, die doch keine Deutlichkeit gewinnt und gar so wenig über den Wert des Eingeordneten besagt. Dann bleibt allein das Staunen übrig, daß ein Dichter, dessen Welt schon bis ins Letzte abgeklärt und überall befestigt scheint, Beseligungen und Erschütterungen noch zugänglich ist, daß er das riesige Gebäude, das er selbst aus seinem Dasein aufgeschichtet, noch vergessen und von längst erfaßten Dingen betroffen werden kann. Wenn gar in einer Dichtung beides sichtbar wird, der schon in seinem ewigen Besitz erstarrte und der jugendliche Geist, wenn die wunderbare Lösung und der Übergang vom Starren in das Fließende geschieht, dann wohnen wir dem größten Schauspiel bei, das innerhalb der Grenzen endlicher Wesen möglich ist. Als eine solche Dichtung aber stellt sich die »Novelle« dar.

Wir treten zu Beginn in völlig ausgeglichene Bereiche, worin nichts Dunkles, Ungelöstes mehr zu finden ist, aus deren Tiefen, wie es scheint, nichts Unerwartetes erstehen wird. Das Eine mag vielleicht erstaunen, daß der Dichter seine jüngste Gegenwart zu schildern vorgibt. Und doch kann kein Zweifel sein: »Des Fürsten Vater«, lesen wir, »hatte noch den Zeitpunkt erlebt und genutzt, wo es deutlich wurde, daß alle Staatsglieder in gleicher Betriebsamkeit ihre Tage zubringen, in gleichem Wirken und Schaffen, jeder nach seiner Art, erst gewinnen und dann genießen sollten.« Der Zeitpunkt ist ganz offensichtlich die französische Revolution, die nun ein Menschenalter zurückliegt. Aber freilich ist ihr Bild, im Gegensatz zu dem, das Goethe früher, in »Hermann und Dorothea« und in der »Natürlichen Tochter«, gab, mit zartester Schonung angedeutet, so, daß gleichsam nur der ideale Sinn bemerklich wird: Eine Stufe auf dem Weg zu allgemeinerer Humanität. Die Schreckenszeichen des entfesselten Pöbels werden mit dem Ausdruck »wo es deutlich wurde« erwähnt. Ein höheres Bedürfnis hat sich angekündigt; dies war wesentlich und verdient allein Beachtung. Das Bedürfnis heischte gleiches Recht für alle Glieder des Staates. Die Parole »Gleichheit« wird von Goethe aber nicht nach der gewohnten Auffassung erläutert, daß jeder gleichen Anspruch auf die bürgerlichen Rechte und die Güter des Lebens erheben dürfe, sondern »Gleichheit« heißt hier: Jeder habe das gleiche Recht, zu wirken. Alle Glieder des Staates sollen erst gewinnen, dann genießen, statt daß bisher die Bürger gewinnen mußten, während der Adel genoß. So hätte das Ereignis denn zumal der Erziehung des Adels gedient; und des Fürsten Vater kann als sein geglückter Zögling gelten, da sein Leben auf ein Wirken eingerichtet war, das allen Untertanen immer mehr Gelegenheit, zu wirken, bot.

Der Sohn bleibt diesem Sinne treu. Dringende Geschäfte haben ihn veranlaßt, eine schon geplante Jagd hinauszuschieben. Das früher fast alltägliche Vergnügen adliger Gesellschaft ist an seinem arbeitsamen Hof ein »seltenes Fest« geworden. Führt er doch sogar die seiner Art gewogene Gemahlin in den ersten Tagen ihrer Ehe durch das Marktgewimmel und belehrt sie über die Betriebsamkeit des Länderkreises. Das Volk auf seiner Seite sieht den Segen einer solchen Herrschaft ein und anerkennt darum den Unterschied der Stände nicht bloß mit Geduld, sondern mit einer unmittelbaren Herzlichkeit: »Das Volk schaute mit Freuden die junge Dame, und auf so vielen lächelnden Gesichtern zeigte sich das entschiedene Behagen, zu sehen, daß die erste Frau im Lande auch die schönste und anmutigste sei.«

So fügt sich alles Menschliche hier in dauerhafte Verhältnisse ein. Das Leben in diesem Staat ist »wahr«, das heißt, es ist in allen Teilen von den ewigen Gesetzen, die das Sein erhalten, bestimmt. Die Gegenwart erscheint im Licht der idealen Möglichkeit.

Das Gleiche gilt für die Natur. »Wohlversorgte Frucht- und Lustgärten«, »wohlbewohnte Gegend«, »anmutigste Örtlichkeiten« deuten eine Landschaft an, die ganz zum Spiegelbild des klarsten Geistes umgeschaffen ist. Überall die Gliederung, die dem Blick die Übersicht erleichtert: Gärten schneiden aus dem Grünen ebenmäßige Stücke aus, Bäume sind zu Gruppen gefaßt, die Stammburg krönt das wohltätige Bild. Sie selber freilich, aus der Nähe angesehen, bequemt sich scheinbar dieser reinen Ordnung nicht. Mit dem verwitternden Gestein, den wuchernden Pflanzen, dem unentwirrbaren Ineinander von Kunst und Natur bietet sie den Anblick eines »zufällig-einzigen Lokals«, »dessengleichen in der Welt vielleicht nicht wieder zu sehen ist«. Nach Goethes ästhetischen Grundbegriffen könnte sie also keinen Gegenstand des klassischen Stils abgeben, des Stils, der nicht das Einzigartige, sondern das ewig Gültige sucht. Dem Zeichner, der die Burg auf seinen Blättern abgebildet hat, wird drum auch nur die Meisterschaft im »Charakteristischen« nachgerühmt. Indes gehört gerade dies zu dem Triumph von Goethes Alter, daß er nun imstande ist, das Ewige nicht bloß auf klassisch-günstigem Boden wahrzunehmen, sondern auch in sonderbarem, schwer zugänglichem Gebiet. Es braucht nicht viel, dies für den Schauplatz der »Novelle« nachzuweisen.

Die Felsen »von Urzeiten her« bestehen aus Granit, den

schon der Aufsatz aus dem Jahre 1784 als den »ältesten, festesten, tiefsten, unerschütterlichsten Sohn der Natur« verehrt. Und was so wirr, wie von Zyklopenhänden hingeschleudert, daliegt, die unregelmäßigen Platten und Trümmer, verdanken ihre Lage und Beschaffenheit nicht einem unbegreiflich einzelnen Ereignis, sondern einem Wandel, der sich ganz vernunftgemäß vollzog. Zwar heißt es in den »Wanderjahren«: »Die Vernunft hat nur über das Lebendige Herrschaft; die entstandene Welt, mit der sich die Geognosie abgibt, ist tot. Daher kann es keine Geologie geben; denn die Vernunft hat hier nichts zu tun.«[1] Dennoch hat sich Goethe auch in diesem Fach um Gesetze bemüht. Über die »Entstehung unorganischer Formen« lesen wir: »Es gibt ein allgemeines Gesetz, nach welchem alle materiellen Massen sich gestalten, und dieses Gesetz offenbaren uns die Gebirge, und wer es kennt, dem sind sie offenbar.«[2] Und eine Stelle aus dem Aufsatz über »Die Gestaltung großer anorganischer Massen« vom Jahre 1824, die das näher ausführt, nötigt uns geradezu, des Künstlers der »Novelle« und des Gipfels mit der Stammburg zu gedenken: »Durch diesen Begriff kommt auch der Zeichner ganz allein zur Fähigkeit, Felsenwände und Gipfel richtig und wahrhaft darzustellen ... Die Urgestaltung wird ihm klar; er begreift, wie dasselbe Gestein bald als Platte, Säule und doch auch als Wand erscheinen könne, und wie allen diesen Phänomenen eine verwandte Form zum Grunde liege.«[3] So müssen wir uns überzeugen: Der Dichter starrt die sonderbare Landschaft nicht als Wunder an. Er ist dem Bild gewachsen, hat es durchgedacht und eingeordnet in das Ganze der Natur. Die Genugtuung, daß selbst in einem solchen »einzigen Lokal« die gleichen Kräfte walten, die er überall verehrt, ist ausgesprochen in den »Tag- und Jahresheften« 1820, wo er die »seltsamen Trümmer eines Granitgebirges« in der Nähe von Alexandersbad erwähnt: »Mein Abscheu vor gewaltsamen Erklärungen, die man auch hier mit reichlichen Erdbeben, Vulkanen, Wasserfluten und andern titanischen Ereignissen geltend zu machen versuchte, ward auf der Stelle vermehrt, da mit einem ruhigen Blick sich gar wohl erkennen ließ, daß durch teilweise Auflösung wie teilweise Beharrlichkeit des Urgesteins, durch ein daraus erfolgendes Stehenbleiben, Sinken, Stürzen, und zwar in ungeheuren Massen, diese staunenswürdige Erscheinung ganz naturgemäß sich ergeben habe.«[4]

Derselbe Abscheu aber war es, der ihm zu Beginn – dort freilich in bewußtem Absehn von der Wirklichkeit – verwehrte, des Schreckens der französischen Revolution anders als mit jenem »wo es deutlich wurde« zu gedenken.

Das »Starre, Unnachgiebige, Unzerstörbare« des Gesteins steht nun im angenehmsten Gegensatz zum »Frischen, Schmiegsamen, Unwiderstehlichen« der Pflanzenwelt, den großen Bäumen, die »zu wurzeln Glück und Gelegenheit gefunden«, die »sachte, aber entschieden« bis in die Galerien gewachsen sind. Die Prädikate zeigen klar, wie auch das ganz Romantische der grünen Wildnis auf die allgemeinen Kräfte, auf die längst erkannte Urbeschaffenheit des Daseins hin betrachtet wird. »Schmiegsam« und »unwiderstehlich«, »sachte, aber entschieden« – damit ist die Variabilität des Individuellen und die Energie des Typus angedeutet. Unsinnlicher, »bedeutender«, in Goethes Sinn des Wortes, könnte die Schilderung schwerlich mehr ausfallen. So schildert, wer nicht überrascht wird und nicht überrascht sein will, wer in allem, was erscheint, das Eine Wesen findet, das ihm a priori offenbar ist, das sich je und je bewährt.

Es bewährt sich schließlich auch in dem »ernstesten Streit« zwischen der »längst entschwundenen Menschenkraft«, der »Kunst«, und der noch immer »lebenden und fortwirkenden Natur«, der in der Burg den Streit von Pflanze und Gestein und von Gestein und Witterung gleichsam überhöht.

Die unerschütterliche Ruhe, mit welcher der erfahrene Dichter so die Gegenstände ansieht, wirkt sich in der ganzen ersten Hälfte der »Novelle« aus. Wie ihm selbst die Überraschung kaum mehr möglich und erwünscht scheint, sollen ihr auch die Gestalten seiner Dichtung nicht verfallen. Zwischen das Auge der Jugend und die wunderbaren Dinge wird darum der Oheim eingeschoben, der das Ungewöhnliche im voraus auf den Blättern vorzeigt und im Einzelnen erläutert. Ebenso hat auch der Fürst der jungen Fürstin schon am Vortag das Gewirr des Marktes aus den Hauptinteressen des Handels erklärt. Nun »wiederholt« sie, durch die Straßen reitend, die »gestrige Lektion«; und die Stammburg wird bestätigen, was der Oheim dargelegt. Wiederholen und Bestätigtfinden aber ist die Art, in der der alte Weise, sofern er alt ist, mit der Welt verkehrt. Reine Dauer ist erreicht. Alles Neue war von je. Doch nur für Gott kann alles stehen und bewußt sein, eh' es eintritt. Für den Menschen bleibt die reine Dauer immerfort bedroht. Es kann geschehn, daß etwas Neues die Bestätigung verweigert und dem »wahren« Bild der Welt, dem so geliebten, widerspricht. Denn dieses Bild ist, wie ein jedes Weltbild, das der Mensch entwirft, durch Ausschluß grenzenloser andrer Möglichkeiten festgeworden. An solche andre Möglichkeiten konnte uns bereits der Hinweis auf die französische Revolution, jenes Absehn von der grauenhaften Wirklichkeit, erinnern. Auch die Deutung des Gebirges mußte immerhin die Frage wecken, ob der Vulkanismus durchaus unberechtigt sei, ob nicht mancherlei auf Erden, allen Abscheus ungeachtet, »titanischen Ereignissen« sein Dasein, oder öfter, seinen Untergang zu danken habe. Goethe will dies auch nicht leugnen; er meidet nur, es zu bereden. Wie sehr es ihm jedoch bewußt blieb, zeigt der fünfte Akt des »Faust«, wo den Menschen nur vergönnt ist, »nicht sicher zwar, doch tätigfrei zu wohnen«, wo das gänzlich Fremde und Chaotische, die Flut des Meers, das Leben ständig so bedroht, wie einst in »Hermann und Dorothea« die Gärung in dem Nachbarland; die »Wahlverwandtschaften« zeigen es, wo wiederum das Wasser und, dem Wasser rätselhaft verwandt, die Leidenschaften, gleich

Dämonen, der gefügten Welt auflauern. Suchen wir nach einem Namen, diesen Widersacher, wie ihn Goethe spürte, zu benennen, so werden wir zu dem Begriff des »Elementaren« hingedrängt. In die Elemente löst der Chor der »Helena« sich auf; das »Götterbild« Eugeniens zerstören, nach des Herzogs Wort, »die Elemente, nun von keinem Geist der Ordnung mehr beherrscht«. Wo immer sie entbunden werden, wirken sie als ungeheure Feinde des Gebildeten. So schildert sie besonders eindrucksvoll der »Versuch einer Witterungslehre« vom Jahre 1825:

»Es ist offenbar, daß das, was wir Elemente nennen, seinen eigenen wilden wüsten Gang zu nehmen, immerhin den Trieb hat. Insofern sich nun der Mensch den Besitz der Erde ergriffen hat und ihn zu erhalten verpflichtet ist, muß er sich zum Widerstand bereiten und wachsam erhalten. Aber einzelne Vorsichtsmaßregeln sind keineswegs so wirksam, als wenn man dem Regellosen das Gesetz entgegenzustellen vermöchte, und hier hat uns die Natur aufs herrlichste vorgearbeitet, und zwar indem sie ein gestaltetes Leben dem Gestaltlosen entgegensetzt.

Die Elemente sind die Willkür selbst zu nennen ...«[5]

Hier ist zwar einzig von den vier antiken Elementen die Rede. Doch wir fühlen uns, besonders durch den letzten Satz, befugt, mit einem allgemeineren Ausdruck – »Elementares« – alle Willkür, alles Regellose, alles Wilde, Wüste zu benennen und, im Geist der »Wahlverwandtschaften«, mancherlei Erscheinungen aus dem Einen »Konflikt des Gesetzlichen und des Ungebändigten« zu verstehn. Und damit ist das eigentliche Thema der »Novelle« genannt.

Zwar erscheint in dieser Dichtung alles nur im kleinsten Maßstab. Was im »Faust« das Meer bedeutet, wird hier durch den Brand im Städtchen und die beiden wilden Tiere beinah winzig vorgestellt. Der Sinn ist aber ganz gewahrt. Eben da sich die Natur am Mittag still verklärt und im Vollkommenen den Atem anhält und die Zeit gestorben scheint, bricht das Feuer aus, und von dem Feuer, weil das Elementare unter sich verbündet ist, werden Tiger und Löwe befreit. Die rote Flammenglut, der Dampf, der Pulverschlag; das Ungeheuer, die Macht und Furchtbarkeit des Untiers: Es fehlt an Worten nicht, den Ernst und die Gefahr herauszustreichen. Und doch! Kann dies Ereignis wirklich eine Überraschung sein? Ist es nicht so gut schon vorbereitet wie das Bild der Landschaft und das Treiben auf dem Markt, bevor es sich dem Auge bietet? Der Oheim hat die Fürstin »schon einigemal mit ausführlicher Beschreibung« eines großen Brandes »geängstigt« und sich in einer Vorahnung gesträubt, den Weg durch die Stadt zu nehmen. Die Tiere haben sich bereits auf »bunten kolossalen Gemälden« in »heftigen Farben und kräftigen Bildern« vor der Bude dargestellt, bevor sie leibhaft sichtbar werden.

Gewiß, die Vorbereitung findet hier wie dort statt, ja, sie fällt hier noch viel schwerer ins Gewicht. Die Stammburg aber und der Hauptmarkt wurden vorbereitet durch Berichte, die der ruhigen und gründlichen Sachkenntnis entstammten. Dagegen, was der Oheim von dem Brand erzählt, ist nur der Eindruck, den ein plötzlich aufgeschrecktes Gemüt empfangen und wie eine nie verheilende Wunde bewahrt hat. Und gar die Gemälde, weit entfernt, das Wesen der Tiere wiederzugeben, reizen nur den Hang zum Grausen, der den Menschen innewohnt. Wahrheit also ist von dieser Seite schwerlich zu erwarten. Und wenn es sich auch ziemt, das Ungeheure stets für möglich zu halten und darauf gefaßt zu sein, ist doch die ängstliche Vertiefung in Gefahren nie von Gutem, da sie schon Bezirke gotterhellten Lebens in der Seele dem Elementaren überläßt. Die Fürstin hat dem Oheim drum mit Recht die Rede abgeschnitten; und der Oheim selber tadelt, wo er seine innere Freiheit nicht verloren, die Erregung:

»Es ist wunderbar, versetzte der Fürst, daß der Mensch durch Schreckliches immer aufgeregt sein will. Drinnen liegt der Tiger ganz ruhig in seinem Kerker, und hier muß er grimmig auf einen Mohren losfahren, damit man glaube, dergleichen inwendig ebenfalls zu sehen; es ist an Mord und Totschlag noch nicht genug, an Brand und Untergang; die Bänkelsänger müssen es an jeder Ecke wiederholen. Die guten Menschen wollen eingeschüchtert sein, um hinterdrein erst zu fühlen, wie schön und löblich es sei, frei Atem zu holen.«

Der Vorwurf geht über den Anlaß hinaus und nähert sich jenen allgemeinen Äußerungen über die Kunst und ihre große Verantwortung, die Goethe seit der »Iphigenie auf Tauris« immer wiederholt. Bänkelsänger waren schon die »Dichter«, die von Tantalus sangen:

Übermut

Und Untreu stürzten ihn von Jovis Tisch
Zur Schmach des alten Tartarus hinab.

Für die Leiter der pädagogischen Provinz in »Wilhelm Meisters Wanderjahren« haben die Dramatiker und unter ihnen zumal die Tragiker insgesamt keinen besseren Ruf. Und noch die »Klassische Walpurgisnacht« setzt mit den Versen ein:

Zum Schauderfeste dieser Nacht, wie öfter schon,
Tret ich einher, Erichtho, ich, die düstere;
Nicht so abscheulich, wie die leidigen Dichter mich
Im Übermaß verlästern. Endigen sie doch nie
In Lob und Tadel.

Um der Erregung willen endigen sie in Lob und Tadel nie und fälschen frech das Bild der Welt. Wohin das führt, hat Goethe wohl des öftern ausgesprochen, aber nirgends reiner als in der »Novelle«, wo, dem kleinen Raume angemessen, die Bilder auf dem Markt und die dramatische Erzählung des

Oheims für die unbeherrschte Kunst und Poesie einstehn. Denn was ergibt sich nun daraus?
Der Brand tritt in der weiten, friedevollen Landschaft kaum hervor. Ohne Fernrohr ist er nur den guten Augen der Fürstin bemerklich. Und »in der Stadt wie auf dem Schloß sind die Feueranstalten in bester Ordnung«. So dürfte das Ereignis wohl mit Ruhe aufgenommen werden. Im Geist der Fürstin aber steigt das Bild des »wüsten Wirrwarrs« auf, das ihr der Oheim ausgemalt. Nicht dieser Brand, nur die Erinnerung an den oft vernommenen Bericht ist's, was sie nun verstört und was der Dichter, der hier fast die Art der »Bänkelsänger« nachzuahmen sucht, ausführlich schildert. »Nun schien der heitere morgendliche Gesichtskreis umnebelt, ihre Augen verdüstert, Wald und Wiese hatten einen wunderbaren bänglichen Anschein.« Das Vertrauen in die Natur ist zerstört. Sie hat sich freilich nicht verwandelt, und wäre das Auge nicht verstört, es nähme kaum ein Düsteres wahr. Das Wort des Oheims schafft allein die lichte Stelle um zum Schoß von ungeheuren Möglichkeiten, von Möglichkeiten, deren Dasein zwar zu leugnen nicht erlaubt, die aber ohne Not der Seele vorzuhalten, unfromm ist.
Indes scheint in der Folge, da der Tiger aus dem Tal heranspringt, Angst nur allzusehr berechtigt. Das Unheil rückt den beiden, die zurückgeblieben sind, auf den Leib. Der rechte Leser wird jedoch die wahre Meinung nicht verkennen. »Heranspringend, wie sie ihn vor kurzem gemalt gesehen, kam er entgegen.« Weil sie ihn so gemalt gesehen haben, schreckt sie die Erscheinung und gibt Honorio den Schuß ab. Und erst nachdem er geschossen hat, heißt es »das ergrimmte Tier«. Vorher war der Tiger nicht ergrimmt, im Gegenteil, er hätte selbst der Hilfe sehr bedurft; die scharfen Steine schmerzten ihn. »Und nur daß Honorio unmittelbar hinter ihm herflog, neben ihm gemäßigt heraufritt, schien seine Kraft aufs neue anzuspornen und zu reizen.« So hat die falsche Kunst nicht nur die Angst vor der Natur geweckt,

sondern mittelbar das Leben selbst ins Schreckliche verwandelt. Das abgewehrte Geschöpf setzt sich seinerseits zur Wehr. Die Feindschaft, die der Angst zum Wesen der Welt zu gehören scheint, bricht wirklich aus.

Und gehört sie nicht dazu? Der Dichter nennt den Tiger gerade hier mit ganz besonderer Schärfe »Untier« oder »Ungeheuer« und redet von der »Macht und Furchtbarkeit« des Körpers, die der ausgestreckte noch im Tode zeigt. Bleibt da andres übrig als die Anwendung von »Mut und List«, in der Honorio sich geübt, die Goethe selber gegen die ungebändigten Elemente empfiehlt? Der Mensch wird ihrer nie entraten können, und er steigert seine eigene Kraft im Widerstand, so wie denn auch Honorio erst im raschen Kampf die ganze Schönheit seiner Jugend offenbart. Doch wo der Kampf entbehrlich würde, wäre das Reich des Menschen erweitert.

Wie dies möglich sei, das deutet hier noch keine Silbe an. Die nächste Szene – Fürstin und Honorio – wiederholt vielmehr auf höherer Stufe den Konflikt. Es handelt sich bei diesem Abschnitt nämlich nicht, wie man vermutet hat, um eine Abschweifung, die nur dem epischen Gesetz der Retardation und individuellen Handlung zu genügen hätte. Er ist, wie jeder Teil, mit Sorgfalt in das Ganze eingewoben.

Honorio, so lasen wir am Anfang, ist willig von der sonst so ersehnten Jagd zurückgeblieben, um einzig der Fürstin dienstbar zu sein. Ein unerwartetes Geschick hat ihm vergönnt, der schönen Frau den Dienst im höchsten Ernst zu leisten. Sie aber hat beim Kampf des Jünglings seltene Schönheit wahrgenommen. Von der Bewegung beider Seelen, die nun einsetzt, hebt der Dichter, wie aus Rücksicht, kaum den Schleier. Die ersten Worte dürfen noch als durchaus unverfänglich gelten. Sorge um den Retter und von seiner Seite Huldigung geböte auch die Höflichkeit. Schon mehr, als was die Sitte heischt, verrät es, wenn Honorio die fromme Regung eines solchen Augenblicks nur durch Gedanken an die Fürstin auszufüllen weiß. Und er sagt nicht, er ruft es. Das Gefühl, das sich hier meldet, scheint zur Leidenschaft gesteigert, wenn er auf das nächste Wort der Fürstin »mit glühender Wange« antwortet. Länger bleibt er auf den Knien, als sein Geschäft erfordern würde. Fühlt die Fürstin sich bedrängt? Wehrt sie dem Verwegenen? »Ich werde mich an eure Kühnheit und Gewandtheit dabei erinnern und darf nicht hinzusetzen, daß Ihr auf meinen Dank und auf die Gnade des Fürsten lebenslänglich rechnen könnt. Aber steht auf; schon ist kein Leben mehr im Tiere, bedenken wir das Weitere, vor allen Dingen steht auf!« Sie beschränkt den Anteil an Honorio ganz auf sein Verdienst. Und mit welcher leisen Dringlichkeit sie wiederholt »Steht auf!«, dürfte er nicht überhören. Ihn aber dünkt das Knien vor der geliebten Frau nur zu gemäß. Wird nun, wie im »Torquato Tasso«, das »Ungeheuere« geschehn, ein frevelhafter Bruch der Sitte? Nein! Mit einer Wendung ohnegleichen ruft er sich zurück: »Da ich nun einmal kniee, versetzte der Jüngling, da ich mich in einer Stellung befinde, die mir auf jede andere Weise untersagt wäre ...« Er besinnt sich auf die Schranken, die da aufgerichtet sind, und gibt doch zugleich zu erkennen, wie wenig sich sein Herz mit dem Gesetz noch einverstanden fühlt. Und wenn er fortfährt: »... so laßt mich bitten, von der Gunst, von der Gnade, die ihr mir zuwendet, in diesem Augenblick versichert zu werden«, so deutet wieder die Verbesserung von »Gunst« in »Gnade« an, er wisse, daß die Herrin vor ihm steht. Doch was nun folgt, befremdet uns. Warum bittet Honorio, sich für längere Zeit vom Hof entfernen zu dürfen? Die Gründe, die er selber vorbringt, sind, in diesem Augenblick zum mindesten, ziemlich unglaubhaft. Und warum beschattet Trauer sein Gesicht, da ihm die Fürstin Gewährung der Bitte in Aussicht stellt?

Die Fragen sind schon oft erhoben und sehr verschieden beantwortet worden. Die beste Auskunft, wenn der Text nicht so bestimmt ist, wie wir wünschen möchten, gibt wohl das Stichwörterschema, das sich aus den Vorarbeiten zur »Novelle« erhalten hat. Dort ist der Auftritt so skizziert:

> Äußerer Anstand
> Zugesagte Gnade
> Ausgesprochener Wunsch zu reisen
> Schon oft wiederholt und motiviert
> Warum sich entfernen, jetzt eben, da er so
> hülfreich geworden
> Höhere Bildung als Vorwand.[6]

Der »äußere Anstand« setzt gewiß eine innere Leidenschaft voraus. Honorios Worte sind beherrscht. Doch unter dem beherrschten Äußern brennt die unerlaubte Glut. Den Wunsch zu reisen selber finden wir nicht als Vorwand bezeichnet, wohl aber seine Begründung, den Mangel an Welt. Was treibt ihn aber dann hinweg, »jetzt eben, da er so hülfreich geworden«? Gerade *daß* er so hülfreich geworden und sich der Fürstin mit seiner Tat so unverhofft genähert hat! Die Leidenschaft, die lange geglommen, droht in Flammen auszuschlagen. Und wenn Honorio nicht, wie Tasso, sich verfehlen will, so muß er seiner Leidenschaft entfliehn.

Hier hat sich also das Elementare der Tiefe des menschlichen Herzens bemächtigt und droht dem Höchsten, was im Umkreis der gebildeten Schöpfung wohnt, der Sitte, die das Dasein einer adlig-schönen Frau bestimmt. Doch hier wie früher wird das Elementare von der Kraft besiegt. Honorio hat sich in Gewalt.

So treten wir bis anhin nicht aus der bekannten Welt heraus. Was erschienen, was geschehen ist, bestätigt die alte Wahrheit: Ein Gesetz der Bildung wird von Steinen, Pflanzen, Tieren, Menschen auf immer höherer Stufe erfüllt. Jede Stufe ist vom Wilden, Ungebändigten gefährdet. Und der Mensch, als Hüter aller Ordnung, ist berufen, wenn die Not ihn drängt, das Dauernde mit List und Mut und Kraft zu schützen. Der weise Gleichmut des Erzählers scheint das Siegel aufzuprägen: So war und ist und wird es sein.

Nun aber wendet sich das Blatt. Die fremde Frau mit ihrem schwarzgelockten Knaben eilt herbei, wirft sich auf das Ungeheuer nieder und beginnt zu klagen. Der Fürst mit dem Jagdgefolge naht. Der Besitzer des Tigers tritt dazu. Die steinige Fläche füllt sich aus. Ehe Besinnung möglich ist, meldet der Mann, der Löwe sei los, und bittet um Schonung für sein Tier. Damit ist die Lage in einer noch unabsehbaren Weise verändert. Das Tun der Fremden bleibt für alle überraschend, unverständlich. Gleich Zeugen eines fremden Kults, ratlos und betreten, haben sie das Weib betrachtet, wie es zärtlich, höflich, wie mit ihresgleichen, mit dem Tiger umgeht. Jetzt aber, da der Mann die Bitte vorbringt, geht es nicht mehr darum, sich in Gedanken mit dem sonderbaren Wesen zu befassen und zu erwägen, was vielleicht von alledem zu halten sei. Auch darum geht es schon nicht mehr, zu fragen, ob man recht gehandelt habe, sondern die dringlichere Frage stellt sich, wie man handeln soll. Die Bedrängnis wiederholt sich. Doch die Sicherheit, man müsse ihr begegnen wie der ersten, ist erschüttert durch den Anblick, den die seltene Gruppe bietet. Wenn der Fürst den Löwen schont, verstößt er gegen die eigene Einsicht, öffnet er gleichsam den sorglichen Kreis, der nach seinen bewährten Begriffen überall gezogen werden muß. Wenn er aber das Tier erlegt, wie soll er sich mit dem dunklen Gefühl auseinandersetzen, der Fremde sei würdig und habe Anspruch auf Gehör? Wer sind die Fremden überhaupt? Woher erklingen diese unverständlichen, aber ergreifenden Stimmen?

Die bunte Tracht, das heftige Gebaren und die Rede, die hervorbricht als ein »Strom von Worten« fügen sich den Maßen dieser Zeit und dieses Raumes nicht, von denen eben das Gespräch der Fürstin und Honorios noch ein so vollkommenes Beispiel gab. Die höfische Gesellschaft, ihre Ordnung, ist ein Werk der Kunst, regelhaft, ja fast erstarrt in ausgeprägter Förmlichkeit. Was ihr gegenüber steht, das ist »Natur«, doch nicht Natur von der Art, daß sich die Gesellschaft ängstlich abzuwenden brauchte. Das Ungebrochene zwar bestürzt. Bald aber nimmt der Blick mit Wohlgefallen das »Reinlich-Anständige« wahr. Die Frau bedient sich am Schluß ihrer Rede des Rätsels vom Aas der erschlagenen Löwen, das Simson den Philistern aufgibt. Der Mann spricht den Fürsten mit »mein Herr und mächtiger Jäger« an, der Wendung also, mit welcher Nimrod in der Genesis eingeführt wird. Das genügt, um im Verein mit ihrer Kleidung und dem Tiger, der ihr Eigen ist, das Bild des Ostens vor die Seele zu rufen. Morgenländer sind die Fremden, Boten jener Gegenden und jener Weise, Mensch zu sein, die Goethe in »Hegire« pries:

> Dort, im Reinen und im Rechten
> Will ich menschlichen Geschlechten
> In des Ursprungs Tiefe dringen,
> Wo sie noch von Gott empfingen
> Himmelslehr in Erdesprachen
> Und sich nicht den Kopf zerbrachen;
> Wo sie Väter hoch verehrten,
> Jeden fremden Dienst verwehrten.
> Will mich freun der Jugendschranke:
> Glaube weit, eng der Gedanke,
> Wie das Wort so wichtig dort war.
> Weil es ein gesprochen Wort war.

Des Ursprungs Tiefe, die Nähe des allebendigen Gottes mit seinen ewig unerschöpften Möglichkeiten unterscheidet die Drei von der gegenwärtigen Welt, die sich in ihrem abgeklärten Besitz gefestigt hat und innerhalb eines Horizontes, dessen Grenzen ihr nicht bewußt sind, alles kennt und alles weiß. Kann eine solche gealterte Menschheit noch den Jugendlaut vernehmen und seinem Sinn gehorsam sein? Dem Dichter selber scheint an dieser Stelle die Ferne viel zu groß, als daß er schon wagen möchte, die »natürliche Sprache« der Frau in unser gebildetes Deutsch zu übersetzen. Nur ganz allmählich werden die Fremden den fürstlichen Kreis herüberziehn. Mit welchen Mittel aber, da doch alles, was sich bereden ließe, alle Gegenstände und Zusammenhänge, bereits gedeutet sind und unverrückbar feststehn? Es steht fest, daß Elementares das Gebildete bedroht, und also steht auch fest, daß Wachsamkeit und Kampf vonnöten sind, so nach außen wie nach innen, wo die schlimmsten Feinde hausen. Wer hielte anderes für möglich?

»Was dem Begriff und selbst der Einbildungskraft fremd bleibt« – schreibt Goethe an Zelter (18. 1. 23) – vermag Musik dem Gefühl zu nähern. Die Sprache der Musik ist nicht bezogen auf die Anschauung. Ja, sie hebt das feste Gegenüber aller Dinge auf und löst sie in den Strom, der fließt, wohin es ihre Seele zieht. Die sie hören, sind der allzu wohl bekannten Welt entrückt. Wieder unaussprechlich wird, was ausgesprochen und bestimmt war. Dem Dasein ist ein neuer Anfang aus der Tiefe angeboten. Wohl mag der Mensch, der Anlaß hat, auf sicherem Grunde zu beharren, solcher Kunst mit Scheu begegnen. Entziehen darf er sich ihr nicht, solang er noch dem Wunsch des Lebens lauscht und die Verwandlung liebt. Beides, Scheu und Neigung, ziemt. Und so gemischt sind alle Worte Goethes über die Musik, zumal die tief bewegten, die er 1823, vor der Heimkehr von Marienbad, für Zelter niederschrieb:

»Nun aber doch das eigentlich Wunderbarste! Die ungeheure Gewalt der Musik auf mich in diesen Tagen! Die Stimme der Milder, das Klangreiche der Szymanowska, ja sogar die öffentlichen Exhibitionen des hiesigen Jägerkorps falten mich auseinander, wie man eine geballte Faust freundlich flach läßt. Zu einiger Erklärung sag ich mir: Du hast seit zwei Jahren und länger gar keine Musik gehört (außer Hummeln zweimal) und so hat sich dieses Organ, insofern es in Dir ist, zugeschlossen und abgesondert; nun fällt die Himmlische auf einmal über Dich her, durch Vermittlung großer Talente, und übt ihre ganze Gewalt über Dich aus, tritt in alle ihre Rechte und weckt die Gesamtheit eingeschlummerter Erinnerungen. Ich bin völlig überzeugt, daß ich im ersten Takte Deiner Singakademie den Saal verlassen müßte. Und wenn ich jetzt bedenke, was das heißt, alle Woche nur einmal eine Oper zu hören, wie wir sie geben, einen Don Juan, Die heimliche Heirat in sich zu erneuern und diese Stimmung in die übrigen eines tätigen Lebens aufzunehmen, so begreift man erst, was das heißt, einen solchen Genuß zu entbehren, der wie alle höhren Genüsse den Menschen aus und über sich selbst, zugleich auch aus der Welt und über sie hinaushebt.

Wie schön, wie notwendig wäre es nun, daß ich an Deiner Seite zu verweilen Gelegenheit fänd! Du würdest mich durch allmähliche Leitung und Prüfung von einer krankhaften Reizbarkeit heilen, die denn doch eigentlich als die Ursache jenes Phänomens anzusehen ist, und mich nach und nach fähig machen, die ganze Fülle der schönsten Offenbarung Gottes in mich aufzunehmen.«

Dies ist's, was auch in der »Novelle« vom Sinn des Fürsten und seines Kreises erwartet wird, daß er sich auseinanderfalte, wie man eine geballte Faust freundlich flach läßt, daß Erinnerungen erwachen an eine Welt, die längst vergangen ist, die aber noch als Erbe in der Brust des Menschen schläft, an eine Zeit umfassenderen Vertrauens in den lebendigen Gott, an einen eingeweihten Zustand, da der Geist noch wenig unterschied und alle Lebewesen näher beieinander wohnten. Dann werden die Ergriffenen ihrem Jetzt und Hier entrückt und aus dem Wirklichen versetzt ins Mögliche, wo noch alles werden kann, was längst als ausgeschlossen galt. Schönste Offenbarung Gottes, göttlich-ängstliche Musik! Ängstlich für den Menschen, der im Eigensinn beharren will, göttlich dem, der sich aufs Ungewisse hin ihr überläßt.

Was der Knabe auf der Flöte aufspielt, nennt der Dichter eine »Melodie, die keine war«, eine »Tonfolge ohne Gesetz« und doch eine »liederartige Weise«. Das Gesetz ist nicht erkennbar; doch in einer Ordnung bauen sich auch diese Töne auf, denn sonst ergäben sie keine Musik. Und eben deshalb, weil die Ordnung unergründlich bleibt, ergreift die Melodie so zauberhaft, gemäß dem Wort des Heraklit: »Ἁρμονίη ἀφανὴς φανερῆς κρείττων die verborgene Harmonie ist mächtiger als die offenbare.« Dieselbe verborgene Harmonie scheint aber das gesamte Wesen dieser Fremden zu beherrschen. »Anständig«, wie die Kleidung aussieht, ist auch der Enthusiasmus des Mannes, seiner »Natürlichkeit« unbeschadet. Wie also, wenn Natur zur Kunst in keinem Gegensatz stünde, wenn auch sie auf ihre Art »gebildet« wäre, unbewußt, erfüllt von Gott, der als der Grund der Dinge selber maßvoll ist und nur Gebildetes erzeugt? Dann wäre dies der Frau, dem Manne und dem Kinde aufgegeben: Die von Menschen angestrebte und drum eingeschränkte, starre Bildung einer späten Zeit in jene Bildung aufzulösen, die von Gott empfangen ist und also keine Grenzen kennt.

Darum geht es. Die Betroffenen freilich können es nicht wissen. Wüßten, übersähen sie's, so würde gleich der Zauber schwinden. Sie verstummen; im Verstummen siegt das Unaussprechliche. Vom Herzen der Fürstin schwindet der Druck. Alle vergessen die Gefahr. Die Augen sind nicht mehr verdüstert. Und so zergeht der bängliche Schein, der auf den Wiesen und Wäldern lag. Was der Oheim mit seinem Bericht an Grausen in die Gemüter gesät, was die Bilder auf dem Markt an Schauderhaftem eingeflößt, was je die leidigen Dichter und Künstler Wildes vorgetragen haben, schmilzt unter den Tönen der Flöte dahin, und »herrlich wie am ersten Tag« breitet sich eine paradiesische Unschuld vor den Menschen aus, ein Dasein ohne Angst und Sorge, unbegreiflich, aber mächtig wie ein Hauch aus Gottes Mund.

Die Hofgesellschaft muß verstummen. Doch der Fremde

findet Worte. Ihm ist die Musik des Kindes vertraut; sie stimmt mit der in seiner Sprache ausdrückbaren Welt überein. So dürfen wir wohl sagen: Seine Rede verwirklicht die Musik. Sie baut das Dasein auf im reinen Geist der Flötenmelodie, aus des »Ursprungs Tiefe«, die den andern längst verschüttet ist. Zum größten Teil besteht sie aus der bloßen Aufforderung, zu schauen. »Seht den Felsen, wie er fest steht ... betrachtet hier die Biene ... schaut die Ameise da ... seht hin!« Die Dinge sollen so gesehen werden, wie er selbst sie sieht. Und sein Auge sieht sie im Geist uralter Überlieferung, zumal der Bibel, aber auch der Märchenbücher ... es kommt durchaus nicht auf historische Treue an. Genug, daß alles, was er sieht, im heiligen Licht des Urbilds steht. Es ist, als richte Adam zum erstenmal den Blick auf die Kreatur. »Aber im Palmenwald trat er auf, der Löwe, ernsten Schrittes durchzog er die Wüste« – der erste, noch einzige Löwe der Welt. So heißt es auch »die Biene«, »das Pferd«, »die Ameise«, mit dem Artikel, der zugleich individuell und generell ist. Denn die Gattung wird noch vertreten durch ein einziges Exemplar. An den Rändern verliert sich diese frühe Welt ins Fabelhafte, das Reich der Riesen und der Zwerge, ungeschaute Möglichkeiten, die das Bekannte bestärken oder erschüttern, segnen oder bedrohn. Aber alles, was besteht, ist, ein »jedes nach seiner Art«, unmittelbar bezogen auf Gott. Gott hat dem Fürsten Weisheit gegeben; die Sterne loben Gott, den Herrn; der Herr hat das Roß zum Gesellen des Windes gemacht und zum Gefährten des Sturms; und das grausamste aller Tiere hat Ehrfurcht vor Gottes Ebenbild.

Archaisch-fremd berühren solche Worte das moderne Bewußtsein. Obwohl sie aber das »Ganz Andere« zu enthalten scheinen, klingen sie wieder rätselhaft vertraut. Und wer sie prüft, der muß erkennen, daß sie dem Sinn der neuen Zeit im Grunde nahe, ja verwandt sind. Die Riesen und Zwerge dürfen als mythische Bilder des Elementaren gelten, das überall an der Peripherie gebildeten Daseins fühlbar wird. Den Löwen, das Pferd, die Biene, die Ameise, das Urtier aus den Händen Gottes, wie es im Paradies auftrat, kennt der in Goethes Geist Erzogene unter dem Begriff des Typus, der alles Individuelle trägt. Und die Wendung aus der Schöpfungsgeschichte »jedes nach seiner Art« gehört zu dem Bestand von Formeln, die der Dichter stets bereithält, um abstrakte Grundbegriffe, hier den der Individuation, leicht und schicklich auszusprechen. Daß »jeder nach seiner Art erst gewinnen und dann genießen« sollte, lasen wir schon auf der ersten Seite; und »jeder in seiner Art gerührt« heißt es nach dem Lied des Kindes.

Um solcher Zusammenhänge willen ist die Rede so beglükkend. Der Duft des Heiligen und die Flötentöne hatten eine Art von unwiderstehlichem Schwindel erzeugt. Man sank ins Ungewisse hinab. Und siehe! man ward aufgenommen und von dem Einen Gottesschoß, dem Leben, auch das entferntere der modernen Welt, entstammt.

Alle Gotteswerke heißen »weise«, jedes nach seiner Art. Doch eins tritt gegen das andere auf. Der Felsen, der feststeht und sich nicht rührt, wird von der Witterung zermürbt. Das Pferd stampft und scharrt die Wohngebäude der Ameisen auseinander. Und es selber ist bedroht vom Löwen, dem kein Getier widersteht. In den »Leiden des jungen Werthers«, dem großen Brief vom 18. August, hat Goethe, zum Teil mit denselben Motiven, von der unvermeidlichen Vernichtung der Lebewesen gesprochen. Werther beginnt damit, das »innere, glühende, heilige Leben« zu preisen, die Kraft des Ewigschaffenden, den unerschöpflichen, schwellenden Strom. Dann schlägt die Stimmung plötzlich um, und wie vernichtet fährt er fort:

»Es hat sich vor meiner Seele wie ein Vorhang weggezogen, und der Schauplatz des unendlichen Lebens verwandelt sich vor mir in den Abgrund des ewig offnen Grabs ... Da ist kein Augenblick, der nicht dich verzehrte und die Deinigen um dich her, kein Augenblick, da du nicht ein Zerstörer bist, sein mußt. Der harmloseste Spaziergang kostet tausend armen Würmchen das Leben, es zerrüttet ein Fußtritt die mühseligen Gebäude der Ameisen und stampft eine kleine Welt in sein schmähliches Grab. Ha! nicht die große seltene Not der Welt, diese Fluten, die eure Dörfer wegspülen, diese Erdbeben, die eure Städte verschlingen, rühren mich. Mir untergräbt das Herz die verzehrende Kraft, die im All der Natur verborgen liegt, die nichts gebildet hat, das nicht seinen Nachbar, nicht sich selbst zerstörte. Und so taumele ich beängstet!«[7]

Über fünfzig Jahre vor der »Novelle« sind diese Worte geschrieben. Es ist, als höre Goethe, am Ende seines Lebens angelangt, wie im Ohr des Dionysos, das Echo von der Gegenseite wieder. Doch anders fügt es sich jetzt ein. Nirgends reicht die Rede des Fremden an die Trunkenheit Werthers heran. Aber sie stürzt auch nie in eine solche Tiefe des Jammers hinab. Leben und Tod erscheinen hier nicht nacheinander, sondern vereint. Die Übersicht des reifen Mannes gedenkt beim Werden zugleich des Vergehens. Und Werthers Gefühl galt alles gleich. Die Mückenschwärme, den Käfer im Gras erhob der erste Teil des Briefes mit nicht geringerem Entzücken als die ungeheuren Berge, die Menschen in ihren Häusern, den Ozean: und ebenso schienen im zweiten Teil, der die Vergänglichkeit beklagt, die kleinen Tiere nicht minder wichtig als der Mensch, der ihre schönen Gebäude mit rohem Fuß zertritt. Der Mann in der »Novelle« dagegen ordnet alles weislich ein. Er beginnt mit dem toten Gestein. Dann folgen die »uralten Bäume«. Das Tierreich weiterhin ist gleichfalls von unten nach oben abgestuft, von den Insekten über das Pferd zum Löwen, dem König allen Getiers. Der Löwe aber steht noch unter dem Menschen, dem höchsten Geschöpf auf Erden, das über sich nur noch Gott erkennt. Diese Ordnung stammt von Gott. Weil die Rangordnung besteht, darf der Löwe das Pferd zerreißen, das Pferd den Ameisenhügel zertreten. Es »stampft und scharrt alles auseinander ... denn«, heißt es mit Bedeutung, »der Herr hat das Roß zum Gesellen des Windes gemacht und zum Gefährten des Sturms«. Der Mensch jedoch – und darauf fällt am Schluß das hellste Licht – ist nach dem Ebenbilde Gottes geschaffen. Sogar die Engel dienen ihm, der Gottes Diener ist – so lesen wir, gemäß dem Bibelwort: »Sind sie nicht allzumal dienstbare Geister, ausgesandt zum Dienst um derer willen, die ererben sollen die Seligkeit?« (Hebräer 1, 14) Als höchste Spitze der Schöpfung, als das Ebenbild des Herrn erkenne und bewähre sich der Mensch, indem er nicht, wie die dumpfern Geschöpfe, durch Gewalt zu herrschen trachtet, sondern Ehrfurcht auch dem Wilden, Ungebändigten einflößt. Wer Gewalt braucht, der erniedrigt sich und gibt zu verstehen, daß er über die höheren Kräfte, die dem Menschen geschenkt sind, nicht verfügt.

Soweit die Rede. Sie wendet sich an den höfischen Kreis, an die Profanen, mit dem Willen, zu überzeugen. Anders nun das Lied des Knaben, das nichts mehr will und nichts bedarf. Es setzt den in der Rede bezeugten Glauben als Besitz voraus und spielt versonnen mit sich selbst. »Eindringlich aber ganz besonders war, daß das Kind die Zeilen der Strophe nunmehr zu anderer Ordnung durcheinander schob und dadurch wo nicht einen neuen Sinn hervorbrachte, doch das Gefühl in und durch sich selbst aufregend erhöhte.« Wo es möglich ist, die Strophenzeilen durcheinander zu schieben, den Anfang mit der Mitte, das Ende mit dem Anfang zu vertauschen, da wird kein Ziel verfolgt, da fehlt die Gravitation der einsinnigen Zeit, der sonst die Sprache unterliegt. Wir bewegen uns mühelos mit überirdischer Leichtigkeit, ruhen auf keinem Früher aus und drängen zu keinem Später hin. Was wäre auch noch zu erreichen, da doch für die glaubensfrohe Seele alles »schon getan« ist?

Indes erfolgt der Tausch der Zeilen nicht, wie in der Kunstform des Rondells, nach einem festen Gesetz. Der Dichter gefällt sich darin, mit bezaubernder Unregelmäßigkeit zu verfahren. Die zweite Strophe zum Beispiel ist eine Zeile länger als die erste. Besonders aber finden wir, obgleich die Reime dieselben sind, so leise, doch wichtige Änderungen innerhalb der Verse, daß in Wahrheit nicht nur das Gefühl in und durch sich selbst erhöht, sondern ein neuer Sinn erzeugt wird:

»Aus den Gruben, hier im Graben«
»In den Gruben, in dem Graben«
»Wäre da dem Guten bang?«
»Wäre da dem Kinde bang?«
»Löw und Löwin, hin und wieder«
»Engel schweben hin und wieder«

und so fort in einer unbeschreiblich holden Schmiegsamkeit, die von den Tagen Daniels zur Gegenwart hinüberwechselt, als sei dies gar kein Übergang. Es klingt gleich und ist doch anders, kehrt wieder und wiederholt sich doch nicht. Und bis ins Einzelne geht das fort. »Aus den Gruben, hier im Graben«: Sind die Gruben vom Graben unterschieden, oder spielt der Dichter absichtslos mit dem Vokal? »Löw und Löwin hin und wieder«, »Engel schweben hin und wieder«, »Engel schweben auf und nieder« – ein absichtsloses Hin und Her, so wie denn auch die Mutter »hie und da« als zweite Stimme eintritt, nach Belieben, und wieder verstummt. Gluck, der die Musik zum Reigen seliger Geister gefunden, hätte dieses Lied vertonen können.

Das absichtslose Spiel, der Klang der langen Vokale in offenen Silben, der an die Schnabelflöte erinnert, das Gleiten der kurzen Sätze, deren Ende meist den Vers beschließt, so daß die Atempausen, die der Takt verlangt, mit denen, die der Sinn gebietet, zusammenfallen, dies Musikalische befriedigt so, daß man darüber fast vergißt, den Sinn noch zu ergründen. Er will indes gewürdigt sein.

Von dem Gesang des Daniel berichtet uns die Bibel nichts. Man darf vermuten, Goethe habe das Motiv nur eingeführt, damit das Schicksal des Propheten dem des Kindes noch ähnlicher sei. Nun mag es hier »dem Kinde«, dort »dem Guten« heißen, das »Erlaben«, das sich in der Bibel auf die Speisung aus Habakuks Schüssel bezieht, vom Tröstlichen der Töne gelten, erst von Gruben, dann vom Graben in der Burg die Rede sein – die Unterschiede sind belanglos. Was vor zweitausend Jahren geschah und was sich jetzt vollzieht, scheint gleich. Vertraulich grüßt sich das Entfernte. Daniel nickt dem Kinde zu. Sie stehn sich nah an Gott, der keine Schranken der Zeit und des Raumes kennt, dem tausend Jahre wie ein Tag sind.

Und da dies ausgesprochen ist, erhellt sich unversehens die innere Fügung des gesamten Werks. In den Felsen aus Granit, von denen der Gesang zurücktönt, ist Uraltes gegenwärtig. Was sich seit den Tagen des Propheten Daniel an ihrem Bau verändert haben mag, bedeutet mehr nicht als das Altern eines menschlichen Gesichts von einer Stunde auf die andre. Die Fremden treten wie als Boten einer längst verklungenen Epoche in die jüngste Zeit. Sie reden eine Sprache, deren heilige Gewalt den Hörern nur aus halbverblichener Schrift des Altertums bekannt sein dürfte. Und in der deutschen Landschaft tritt ein Löwe und ein Tiger auf. Fernste Gebiete durchdringen sich. Eine babylonische Szene wird in Thüringen wiederholt. So gerinnen Raum und Zeit. Das Bewußtsein reiner Dauer, das am Anfang der Novelle unbeweglich auf Bestehendes gerichtet war, verwandelt sich in geisterhaftes Anschauen des Lebendigst-Ewigen.

> Denn der Ewge herrscht auf Erden,
> Über Meere herrscht sein Blick ...

Die dritte Strophe rafft sich aus dem Spielen zum Bekenntnis auf. Wie nun die Flöte schweigt, wird auch die Sprache konsonantenreicher. Es gilt, das einzig Wesentliche »mit Kraft und Erhebung« zu verkünden, die Allmacht Gottes, der ein

Gott des Friedens und der Liebe ist. Welle, blankes Schwert – die elementare Macht im Menschen, im Tier und selbst im toten Stoff weicht vor der Güte scheu zurück. »Glaube«, die aus wiederholter Einsicht blühende Gewißheit, daß im Großen wie im Kleinen Gottes Kraft am Werke sei, »Hoffnung«, die in angsterfüllten Tagen neuer Gnade wartet, »Liebe«, die sich je und je mit Göttlichem vereinigt fühlt – die Trias also, die Vergangenes, Künftiges und Gegenwärtiges aus dem Ewigen empfängt, enthüllt sich schließlich als der Geist, der das gesamte Lied und alle hohe Menschlichkeit durchdringt.

Niemand kann sich dem entziehen. »Alles war wie beschwichtigt; jeder in seiner Art gerührt.« Allein, die Wirkung ist zunächst doch mehr nur lyrischer Natur. Die höfische Gesellschaft findet sich in das Gefühl von Mann und Frau und Kind hineingebannt. Doch wenn der Bann verschwindet und der Nachklang in den Seelen stirbt, stellt sich die »Wirklichkeit«, das heißt, die Welt mit dem gewohnten Kreis von Gegenständen, wieder her. Und dann erst ist das Werk gekrönt, wenn sich die Lyrik im Bereich des Gegenständlichen erfüllt. »Ihr glaubt also, daß ihr den entsprungenen Löwen, wo ihr ihn antrefft, durch euren Gesang, durch den Gesang dieses Kindes, mit Hilfe dieser Flötentöne beschwichtigen und ihn sodann unschädlich, sowie unbeschädigt in seinen Verschluß wieder zurückbringen könntet? Sie bejahten es, versichernd und beteuernd.«

Da dies Letzte geschehen soll, entfernt der Dichter die meisten Zeugen und schränkt sich ins Intime ein. Unter denen aber, die noch bleiben, ist Honorio. »Er saß wie in tiefen Gedanken versunken, er sah umher wie zerstreut.« Die Sonne sinkt. Der Tag, der zu Beginn der Dichtung angebrochen, neigt sich seinem Ende zu. Der Jüngling scheint beschäftigt mit dem bittern Entschluß, den er sich vor der Fürstin abgerungen hat. Vergebens spricht die Frau ihm zu. Er gibt kein Zeichen, daß er höre – bis die dunklen Worte fallen: »Du schaust nach Abend ... du tust wohl daran, dort gibt's viel zu tun; eile nur, säume nicht, du wirst überwinden. Aber zuerst überwinde dich selbst.« »Hierauf«, heißt es, »schien er zu lächeln«.

Noch mehr als in dem Zwiegespräch der Fürstin mit Honorio beschränkt sich hier der Dichter auf fast unverständliche Andeutungen. Vielleicht ist dies die Fuge, welche die Erzählung mit »Wilhelm Meisters Wanderjahren« verbinden sollte. In den »Wanderjahren« nämlich finden wir nicht selten die Gestalten der eingelegten Novellen mit der Romanhandlung verflochten, derart, daß sie sich am Ende der Gesellschaft anschließen, die nach Amerika auswandern und auf dem neuen Kontinent ein neues Leben beginnen will. Nach Amerika, gen Abend! Dürfen wir vermuten, daß auch Honorio dahin bestimmt war? Die Frage bleibe offen. Doch gewiß ist, daß der Jüngling jetzt befähigt wäre, mitzuziehn. Denn »Die Entsagenden«, so lautet der Untertitel des Romans. Sie entsagen alle, einer Leidenschaft, den Träumen ihrer Jugend, dem gewohnten Lebensraum, der höchsten Bildung gar. Und entsagt nicht auch Honorio, der da stumm zur Sonne blickt? »Aber zuerst überwinde dich selbst«, sagte die Frau; »hierauf schien er zu lächeln«. Wenn er lächeln kann, so ist er schon über die Selbstüberwindung hinaus. Und darüber sein, was will dies andres heißen als Entsagen?

Entsagung hat bei Goethe sichtlich gar nichts mit Moral zu tun. Wer moralisch handelt, folgt der Pflicht, die absolut gebietet, die sich nicht um die Bedingtheit unseres äußern Daseins kümmert, die das Gute nötigenfalls selbst um den Preis des Lebens fordert. So hat Kant Moral gelehrt; so hat sie Schiller in einigen seiner Bühnengestalten dargestellt. Und diese Auffassung entspricht der strengen Zweiteilung des Lebens in eine niedere sinnliche und eine höhere geistige Schicht. Sofern die seltene Möglichkeit des Schönen nicht besteht, der Glücksfall, daß der Trieb der Pflicht entspricht, steht der Geist den Sinnen wie der Herr den Knechten gegenüber. Und wenn die Knechte sich erheben, wird im Namen der Moral Natur gewaltsam unterdrückt und dem »Wurme, den das Herz gebar«, der Fuß auf den Nacken gesetzt.

Wie anders der Entsagende! Wer in Goethes Sinn entsagt, kennt nicht das Hochgefühl des Siegers, nicht einmal das Pathos dessen, der einen grimmigen Streit ausficht. Die Leidenschaft, die er dahingibt, kann und will er nicht verabscheun. Vom Unterscheiden zwischen Höherem und Niederem weiß er nichts. Und eine tiefe Heiterkeit bleibt in der Todestrauer noch erhalten, wie wir von Ottilie in den »Wahlverwandtschaften« lesen: »Unter diesem klaren Himmel, bei diesem hellen Sonnenschein ward es ihr auf einmal klar, daß ihre Liebe, um sich zu vollenden, völlig uneigennützig werden müsse; ja, in manchen Augenblicken glaubte sie diese Höhe schon erreicht zu haben. Sie wünschte nur das Wohl ihres Freundes, sie glaubte sich fähig, ihm zu entsagen, sogar ihn niemals wieder zu sehen, wenn sie ihn nur glücklich wisse. Aber ganz entschieden war sie für sich, niemals einem andern anzugehören.«[8]

Ottilie reißt das Bildnis des Geliebten nicht aus ihrem Herzen. Ja, sie faßt nicht einmal einen Entschluß. »Es ward ihr klar«, daran liegt alles. Entsagen ist kein Willensakt, sondern das Ergebnis einer Anschauung des Wahren, die der Seele ungewollt gelingt, einer Anschauung des Ganzen, so des eigenen Lebens wie der reinen Ordnung in der Welt, einer Anschauung Gottes also, die nach Goethes Sprachgebrauch nichts anderes ist als Frömmigkeit. Der Fromme ist nicht gut, wie der Moralische, um des Guten willen, sondern weil ihm falsches Tun den Anblick Gottes, den er nicht entbehren mag, entziehen würde. Er *muß* das Dauernd-Schöne wählen. Von Verdienst ist nicht die Rede. Dem Entsagenden erlaubt die Gnade Gottes, in Gott zu bleiben.

Freilich stellt Ottilie ein fast überirdisches Beispiel auf. Das

Wesen aber bleibt sich gleich, ob sie, ob Wilhelm Meister, ob Charlotte oder Faust entsage. Alle geben um des reinen Ganzen willen ein Einzelnes preis.
Und ihnen reiht sich Honorio an. Auf den Knien vor der Fürstin hat er sich moralisch verhalten, in »äußerm Anstand«, folgsam der dem Herzen fremd gewordenen Sitte, seine Leidenschaft besiegt, gemäß dem Geist des ersten Teils, wo alles Elementare noch bekämpft und überwältigt wird. Nun aber, da er lächelt, ist er einig worden mit sich selbst. In der Abendstille, nach dem Lied der Fremden, nach den ernsten Dingen die geschehen sind, verschwindet alles, was nur ihn betrifft, vor dem so mannigfach beschworenen Bild der Ewigkeit.

Und die Welle schwankt zurück

auch die Flut der Leidenschaft. In ihm zuerst wird Wirklichkeit, was bisher bloße Lyrik war, im Menschenherzen, das freilich den leichtbeweglichsten Teil der Schöpfung bildet, das sich aber einer solchen Wandlung doch nur schwer ergibt. Unterdessen gehen die Anstalten, die den Löwen betreffen, weiter. Der Schauplatz verengert sich mehr und mehr. Das Kind tritt in den Schloßhof ein. Frau und Wärter schauen, im Gemäuer versteckt, von oben zu. Selbst ihren Augen ist jedoch der Wunderanblick nicht vergönnt. Das Kind verschwindet in dem düsteren Gewölbe, nur begleitet und beschützt von seiner Flöte, wie Tamino und Pamina, da sie durch die Nacht des Todes wandeln. Und auch der Flötenton verstummt. »Die Pause war ahnungsvoll genug.« Ein Mysterium findet statt. Wie der Gesang verheißen und geweissagt, so erfüllt sich Gott. Die Stille gleicht der in der Messe beim »et incarnatus est«.
Dann erklingt die Flöte wieder. »Das Kind trat aus der Höhle hervor mit glänzend befriedigten Augen, der Löwe hinter ihm drein.« Die Landschaft ist verklärt, wie aufgehoben in

dem milden Licht. Und abermals beginnt die absichtslose spielerische Bewegung, die früher schon das Lied beschrieben. Der Knabe führt den Löwen im Halbkreis durch die buntbelaubten Bäume; es ist ein eigentlicher Aufzug, eine Art von frommem Tanz. Das Lied wird nochmals angestimmt. Seiner Wiederholung kann sich auch der Dichter nicht entziehen. Und mit gutem Grunde stehen die gleichen Verse wieder da. Denn sie klingen anders jetzt, nicht mehr als die fast zu wunderbare Botschaft aus der Ferne, sondern nun als Feier der in diesem Raum und dieser Zeit aus lauterem Sinn vollbrachten Tat. »Glorreich sang das Kind weiter.« Die zweite, auf die Gegenwart bezogene Strophe aber fehlt. Was sie besagt, wird ja vor aller Augen sichtbar aufgespielt, so, daß nun die Lyrik und die Wirklichkeit Ein Ganzes sind. Das aus der Sage von Androkles wohlbekannte Motiv vom Dorn in der Tatze verzögert schön den Schluß. Im letzten Absatz wird alsdann mit Nachdruck an die ungeheure, wilde Kraft des Tieres erinnert, damit in all der geisterhaften Leichtigkeit die Größe des Geschehens nicht vergessen werde. Das grimmige Geschöpf, der Tyrann der Wälder, der Despot des Tierreichs, freundlich, dankbar zu den Füßen eines Kindes hingeschmiegt, nicht überwunden, nicht in seiner Macht gebrochen, doch gezähmt, im Einklang mit dem Geist des Friedens, der die Welt erbaut, erhält. In dem kleinen Maßstab, der in der »Novelle« stets gewahrt bleibt, deutet dieses Bild ein Hauptereignis der wahren Geschichte an: Wieder ist ein Stück der Peripherie des Elementaren einbezogen in das Reich des Menschen. »Und wirklich sah das Kind in seiner Verklärung aus wie ein mächtiger siegreicher Überwinder«, ein Sieger aber im Sinne des erstaunlichen und nie genug zu verehrenden Worts aus Christi Mund:

»Selig sind die Sanftmütigen, denn sie werden das Erdreich besitzen.«

Aber nicht in diesem höchsten Ernst geht die Erzählung aus. »Das Kind flötete und sang so weiter«, sang so weiter, spielerisch, wie es von je gesungen hat. Doch unvermutet fügt der Dichter eine neue Strophe bei:

> Und so geht mit guten Kindern
> Selger Engel gern zu Rat,
> Böses Wollen zu verhindern,
> Zu befördern schöne Tat.
> So beschwören, fest zu bannen
> Liebem Sohn ans zarte Knie
> Ihn, des Waldes Hochtyrannen
> Frommer Sinn und Melodie.

Die ersten Zeilen übertreffen an Kindlichkeit das Frühere noch. Gute Kinder, selger Engel, böses Wollen, schöne Tat – so allgemein und einfach wird das unterschieden, wie es für den Sinn der Kleinen faßlich ist. Den zweiten Teil der Strophe aber füllt ein weit gespanntes und verflochtenes Satzgebilde aus, desgleichen bisher in dem ganzen Lied nicht anzutreffen war. Bei näherer Betrachtung findet sich sogar eine kühne, wenngleich verschleierte ἀπὸ κοινοῦ-Konstruktion: Das »Ihn, des Waldes Hochtyrannen« ist Objekt sowohl von »so beschwören» wie von »fest zu bannen«. Nach dem schlichten Anfang nötigt uns das schier ein Lächeln ab. Wir haben das Gefühl, dem Kind gelinge hier ganz absichtslos noch etwas wie ein kleines Fugato. »So beschwören« hält gewissermaßen das obere Thema aus, während der Infinitiv mit »zu« die zweite Stimme weiterführt: und die ἀπὸ κοινοῦ-Konstruktion ergäbe, um in dem musikalischen Gleichnis zu bleiben, eine Art von enharmonischer Verwechslung. Solche Künstlichkeit scheint uns am Ende nochmals anzudeuten, wie das Unberührt-Naive sich von selbst zum Geist erhebt, wie die Kunst als Blüte aufsteigt aus den Blättern der Natur und eine leichtgeschwungene Brücke von

sich an der Harmonie des Vorgestellten völlig zur Genüge ergötzt. Dieses »Märchen« hat Novalis eine *erzählte Oper* genannt und damit wunderbar bezeichnet. Unter phantastischen Gestalten ist eine Handlung ausgeteilt: inmitten von Naturwesen, beseelten Tieren, belebten Kräften treten uns ausgesonderte Menschen entgegen, ein herrlicher Jüngling, seiner Krone verlustig, ein schönes Mädchen, zu töten verdammt was sich ihr liebend nähert; alles ist in geheimnisvolle, aber niemals ängstigende Bezüge verstrickt, alles Tun und Leiden an Bedingungen geknüpft; viele Zwecke werden scheinbar verfolgt, mannigfache Handlungen eingeleitet, und doch dient alles *einem* letzten Ende, durch welches alles zugleich beglückt und erhöht werden. Der Leser fühlt sich tausendfach sanft berührt und bewegt, niemals aufgeregt: ihm ist zumute, als strömte eine Symphonie dahin, die seine Seele ganz erfüllt, worin sich gar manches lieblich verkettet, sich aneinander läutert und erhöht, um sich schließlich, in einer innigen letzten Verschlingung, sanft aufzulösen. Wäre es eine Oper, es wäre leicht die vollkommenste aller Erfindungen, die jemals der Musik gedient haben: denn es ist naiv und bedeutungsvoll, lebendig und tief; es unterhält die Sinne, beschäftigt die Phantasie und bewegt das Gemüt: und wie in einem Glockenspiel klingt die Harmonie aller irdischen Wesen und Himmelskräfte an. Man könnte es eine innere Oper nennen, und es gehört sicherlich zum magischen deutschen Wesen, einen solchen festlichen Traum Jahre, vielleicht Jahrzehnte lang in stiller Seele lautlos ausbilden zu können. Tritt er ans Licht der Welt hervor, so umgibt ihn doch auch ein eigener Schein: so wie das Licht, das aus dem menschlichen Auge hervorbricht, oder der sanfte zauberische Lichtbereich um ein Glühwürmchen.

Diesem Gebilde zunächst, das mit einer kleinen Kühnheit der Herausgeber hätte unserem Bande einreihen dürfen, steht »Der Zauberflöte zweiter Teil«. Hier sind die Elemente, die pathetischen wie die drastischen, jenes naiven

Textbuches aufgenommen, die Gruppen der Gestalten, ihre Verknüpfung die gleiche: die Königin der Nacht und ihr Mohr stehen gegen die Priester und das liebende Paar, Papageno und sein gefiedertes Weibchen bilden, wie dort, das Zwischenspiel. »Der große Beifall«, schreibt Goethe, »den die ›Zauberflöte‹ erhielt, hat mich auf den Gedanken gebracht, aus ihr selbst die Motive zu einer neuen Arbeit zu nehmen. Ich glaubte meine Absicht am besten erreichen zu können, indem ich einen Zweiten Teil der ›Zauberflöte‹ schrieb; die Personen sind alle bekannt, die Schauspieler auf diese Charaktere geübt, und man kann ohne Übertreibung, da man das erste Stück schon vor sich hat, die Situationen und Verhältnisse steigern.« Nie wurde eine herrliche Unternehmung des poetischen Geistes mit trockeneren Worten angekündigt. Es liegt dem zugrunde, daß Goethe die Gestalten und ihre Verhältnisse nicht so in sich aufgenommen hatte, wie ein im Innern dürftiges, wenn auch glücklich erfundenes Textbuch sie zeichnet, sondern so, wie eine himmlische Musik sie verklärt und erfüllt ihm entgegenbrachte: er trug dies Ganze in sich und brachte es aufs neue aus sich hervor: es sind wirklich die gleichen Gestalten, die gleichen Verhältnisse, aber in einer solchen Weise veredelt und vertieft, wie keine vorauseilende Vorstellung sie sich malen könnte. Ihr Gegensatz hat ein Feierliches angenommen und ein Gewichtiges, wovon in jenem früheren Libretto kaum die schwache Ahnung und Andeutung sich findet; ihr Gehaben einen Adel, der in den angemessensten und reichsten Rhythmen sich auslebt: dies alles scheint eine beseelte und erhabene Musik mit ausgestreckten Händen herbeizurufen; die Musik eines Mozart, eines Gluck, ja die eines Beethoven würde sich in diese von der reinsten und bescheidensten Poesie vorgegrabenen Bahnen mit herrlicher Feinheit ergossen haben – so wie es nun dasteht, gleicht es einem herrlichen Wasserwerk in einem alten Park, steinernen Schalen, Kaskadengebäuden, Zuläufen und Bassins von köstlicher

Erfindung und Anordnung, denen die Fluten, die in ihnen hinströmen, von ihnen aufsteigen und gen Himmel stäuben sollten, ausgeblieben sind.

Es ist die Zurüstung zu einem Fest, das unvollkommen bleiben mußte, weil ein Element ausgeblieben ist, das gerufen war, das Höchste und Tiefste zu verbinden. Im Inneren des großen Dichters folgen die Feste aufeinander und sie sind niemals unvollkommen. Es ist kein Leeres an ihnen und stets ist bei ihnen das Tiefste und Höchste verbunden. Hierin gleicht sein Geist dem Leben der schaffenden Natur, die auch, indem sie den Wesen Geburt, Entwicklung, Vermehrung und Auflösung veranstaltet, von Fest zu Fest eilt. In seinem Geiste treten die Elemente des Lebens gereinigt zueinander, ja das Zukünftige als ein schon Gegenwärtiges, das Vergangene als verklärt. Entläßt er seine Gestalten aus seinem Innern, so gibt er ihnen etwas von dem Glanze dieser inneren Welt mit, und alle bedeutenden Augenblicke ihres Dasein strahlen ihn wieder.

»Wilhelm Meister« ist ein Buch, worin auf den ersten Blick andere Elemente vorwalten, als die erhaben-festlichen: der Held ist einer Kette von Abenteuern überantwortet, die ihn kaum in den Vorhof des Tempels führen, geheiligte Gesänge nur gedämpft aus der Ferne herüberschallen lassen. Dennoch ist es ein leichtes, in diesem Buch, dessen »völlige Prosa« noch den nach dem wundersamen Überschwange allein verlangenden Jüngling Novalis zurückstieß, von Schritt zu Schritt den Glanz jenes unnennbar Feierlichen aufzuzeigen, das als eine innere Musik aus dem Leben selber hervorbricht. An Mignons Exequien denkt jeder – sie sind ein völliges Oratorium, eine geistliche Oper ohnegleichen, aber ist nicht die Aufklärung Wilhelms über Leben und Berufung gleichfalls in der Weise einer Feierlichkeit angeordnet, welche zu ihrer letzten Erfüllung nur noch der Musik bedürfte? Die geheiligte Stunde des Sonnenaufganges, die Anordnung des Raumes, die Erscheinungen, die Überreichung des Lehrbriefes, das Hereintreten des Kindes – sind dies nicht wahrhaft musikgemäße Teile einer in hohem Sinne *opernhaften* Handlung? Ist nicht Wilhelms Lebensgefolge, wie es sich allmählich um ihn sammelt, ein wahrhaft musikalischer Festgedanke: die beiden schönen Kinder, das dunkle fremde und das helle eigene neben ihm, der Alte mit der Harfe bald voraus, bald hinterdrein? Denken wir eine solche symbolische Handlung wie die Überreichung des Lehrbriefes, eine solche Gruppe wie Wilhelm und seine Zugehörigen (in denen sich zugleich der äußere Gang seines Lebens wie das innerste Geheimnis seiner Natur in lebenden Figuren abbildet) aus dem Zusammenhange gelöst und für sich gestellt, so sind wir, als hätte unerwartet eine verborgene Tür in der Wand sich aufgetan, im Bereich, das uns hier umgibt: in dem der allegorischen Szenen und Aufzüge, der festlichen für Gesang und Musik bestimmten Gruppen und Ausschmükkungen, der halb opernhaften und völlig opernhaften Veranstaltungen. Alle diese sind zu festlichen Gelegenheiten ersonnen: ein Liebender, Schenkender bereitet den Seinigen Feste und ruft die Musik herbei, damit sie, wie es ihr gegeben ist, den erhöhten Augenblick »am entschiedensten ausfülle«.

Es war Goethe natürlich, Festliches hervorzubringen: er sieht wie keiner die Kette von Festen im Walten der Natur. Ja das Dasein erkennt er als ein Fest, und dies Freudige, der Feier Zugeneigte tritt bei ihm mit wachsender Lebensreife immer entschiedener hervor. So ist der erste Teil »Faust«, das Werk der Jugend, Tragödie; der zweite ist eine Kette von Festen und Feierlichkeiten, er ist voll Zeremoniell und Liturgie, er ist, als Ganzes genommen, das Fest aller Feste und, da er auf Schritt und Tritt Musik postuliert, die Oper aller Opern. Er ist durchaus fürs Theater gedacht: aber fürs Theater in dem Sinne als es eine festliche Anstalt ist. Er ist auf dem Theater nie völlig zu realisieren, aber er wird, von Epoche zu Epoche, das Theater anspornen, seine höchsten

Kräfte daran zu setzen, um den äußeren Sinnen hier das unvergleichliche Fest zu bereiten, das im inneren aufnehmenden Sinn zu einem Höheren, einer geheimnisvollen Chiffre sich verknüpft. Mit einem Fest der Elementargeister, einem Oratorium, einer sinnlich-geistigen Oper setzt der Zweite Teil ein; mit einem Aufschweben, einem innigsten Hinstreben zu dem, was unter den Künsten der Musik zugeteiltes Gebiet, endet er; dazwischen kettet sich Fest an Fest: der Karneval in der kaiserlichen Pfalz, die Veranstaltung des magischen Schauspieles: hier ist Musik in jedem Vers herbeigerufen, ja sie ist völlig halluziniert: ob den äußeren Sinnen hörbar oder nicht, der Phantasie ist sie gegenwärtig: Bühne auf der Bühne, Schauspiel im Schauspiel, Fest im Fest: die magischen Gestalten wandeln, gebundenen Schrittes, einen feierlichen mimischen Tanz, sie wandeln, und

> so wie sie wandeln, machen sie Musik.
> Aus luftgen Tönen quillt ein Weiß-nicht-wie,
> indem sie ziehn, wird alles Melodie.
> Der Säulenschaft, auch dic Triglyphc klingt,
> ich glaube gar, der ganze Tempel singt.

us diesem halb irdisch halb überirdischen Fest aber lenkt die Kette des notwendigen Geschehens – hinüber – hinauf – hinunter, wer fände das richtige Wort? – in das Geisterreich der Klassischen Walpurgisnacht: auch hier, wie wäre dies Ganze zu benennen: nicht Handlung ist es, obwohl die Handlung sich hindurchzieht, es ist nicht Intermezzo, es ist Zwischenglied und doch ein schönes Ganzes, es ist die Vereinigung schöner Weltelemente, ein feierlicher Akt, eine Art von durchgeistigter Orgie: es ist abermals ein Fest, ein kosmisches Fest – und ist nicht in dem Wort Kosmos selber, einem der tiefsinnig sinnlichen Kunstworte des griechischen Denkens, die Welt einem Schmuck, einem Fest gleichgesetzt? Aus diesem kosmischen Fest aber, diesem von innerer

Musik verklärten Bacchanal, tritt nun, geheimnisvoll und doch notwendig, wie die Blütenkrone zuoberst aus dem Stengel, das Fest aller Feste hervor: die Begegnung und Vermählung des Menschen Faust mit dem Dämon Helena – liebende Begegnung, Vermählung, Elternschaft und jäher Tod – alle die erhabenen Feste der Natur symphonisch in eins gebracht.

Sieht man hier das Schöne aus dem Schönen hervorsteigen mit so gewaltiger Sanftmut, wie nur in den höchsten Gebilden der Tonkunst das Neue aus Altem hervortritt, es ablöst und zugleich es fortsetzt, erhöht und verklärt, so ist der Sinn einem so musikhaften Schaffen der Poesie aufgeschlossen, wie er nirgends, auch nicht in den Gebilden der Griechen, dessen gewahr geworden ist: und keine wahrhaft musikgemäße Kühnheit und Freiheit innerhalb des Werkes kann ihn verwirren oder befremden: er sieht im Knaben Lenker, im Euphorion zweimal das gleiche Wesen hervortreten: sieht diese zweite aus der Blütenkrone der Handlung entspringende Figur in jener ersten, noch im Vorhof des Festgebäudes mitten im Gewühl, wesensgleich vorausgespiegelt: nichts ist daran dem Sinn unfaßlich, der alles dies für die gewaltigste und sinnvollste Musik zu nehmen weiß, welche jemals von der Phantasie hervorgebracht wurde.

Dieser erlauchten Sphäre sind die »Nebenwerke« einzuordnen, welche dieser Band den verehrenden Lesern Goethes vorlegt. Die Übergänge vom erhabensten zum bescheidenen Gebilde sind hier, wie überall im Natur- und Kunstgebiet, fließend.

RUDOLF ALEXANDER SCHRÖDER

Goethes »Natürliche Tochter«

Frankfurt 1938

Von jungen Jahren an hat mich im Gesamtbilde des goetheschen Lebens besonders jene Zeit angezogen, über der ein Etwas liegt wie der Wolkenschatten nicht zur Entladung gekommener Mittagsgewitter, jene seltsam brütende, seltsam glanzlose Zeit um den Jahrhundertbeginn, Zeit zwischen der farbenbunten Morgenröte und dem wiederum in anderer Art verheißungsvollen und verklärten Abendrot eines langen Sonnentages, Zeit, die neben den Momenten des säkularen Wendepunktes als die Mitte des goetheschen Manneslebens notwendigerweise eine Zeit der Entscheidungen war. Daß die Früchte dieser Entscheidungen mit ihnen zugleich heranreiften, ist bei einer so unvergleichlich produktiven Natur nicht weiter verwunderlich. Und so ist denn diese Zeit des Überganges von der Jugend zur »senior aetas« auch für das dichterische Werk eine der fruchtbarsten und reichsten gewesen. Wir können nach des Dichters eigenem Vorgang die Epoche mit dem *Großkophta* beginnen und mit der *Natürliche Tochter* beenden lassen, in der Goethe selbst den Abschluß seiner eigentlichen Dramenproduktion erblickt hat. Darüber hinaus griffe neben dem vorläufigen Abschluß des *Faust* freilich die *Pandora*, vorausgesetzt, daß wir die »klassische Phantasmagorie« dieses »Festspieles« als ein Drama ansprechen und einreihen würden. Aber wenn auch dieses Werk nach seinem geistigen Gehalt noch ein Kind jener Epoche schweigsam durchlittener Rechenschaften ist, wenn auch die hallende Sonorität seiner Versgebilde noch vielfach jugendlichen Schmelzes nicht entbehrt, als Ganzes gehört es doch schon in die schmerzlich selige, die um eine deutliche Stufe über der Wirklichkeit erhöhte und von ihr gesonderte Zauber- und Rätselwelt, in der neben der Lyrik des hohen und höchsten Alters auch der *Divan*, neben dem zweiten *Faust* auch der zweite *Meister* zu Hause ist und über deren Eingangspforte der Untertitel der *Wanderjahre* »Die Entsagenden« in Zeichenschrift gemeißelt steht.

So weit das dramatische Werk der Epoche. Dem erzählenden würde die endgültige Fassung der *Lehrjahre* angehören, den Übergang würden die der *Pandora* zeitlich so nahen *Wahlverwandtschaften* bilden. Dazwischen und daneben der *Reineke Fuchs, Hermann und Dorothea* und das Achilleisfragment. Aus der verwirrenden Fülle der an lyrischen Produkten überreichen Epoche hebe ich das Gedicht »Dauer im Wechsel« hervor, das mir in besonders deutlichem Maße als Zeuge einer Übergangszeit erscheint. Auch in ihm wird eine innere Entscheidung ausgesprochen, und so trägt es neben dem lehrhaften Charakter den eines Bekenntnisses, ähnlich wie Schillers berühmter Abschiedsgruß an seine Jugend.

So willst du treulos von mir scheiden,

heißt es bei ihm, und bei Goethe, ebenfalls Abschied nehmend:

Hielte diesen frühen Segen
Ach nur eine Stunde fest!

Nahverwandte Worte auf einem ähnlichen Punkt des Daseins ausgesprochen – und doch wie verschieden! Wie deutlich spricht sich in beiden in ihrer Art unübertrefflichen Gedichten Harmonie und Gegensatz im Wesen der zwei befreundeten Dichter aus. Wir können das in diesem goetheschen Gedicht halb dem Antrieb des Gefühls, halb dem des Gedankens Entsprungene noch auf zwei höheren Lebensstufen weiter verfolgen, und wir wollen es tun, weil es in den Gang unsrer Betrachtungen paßt. Ich denke an die Verse des Siebzigers, die zum Schluß aussagen:

– – – Alles muß in Nichts zerfallen,
Wenn es im Sein verharren will …

und an das ihnen ein paar Jahre später entgegengeschleuderte »quem ego«

Kein Wesen kann zu nichts zerfallen …

mit der eine lebenslange Kette der Betrachtung abschließenden Bejahung des »alten Wahren« und der Schlußfolgerung

Im Augenblick ist Ewigkeit.

Der Dichter selbst hat den Widerspruch dieser endgültigen Aussage zu der früheren höchst pathetisch empfunden. Aber er hat doch die älteren Verse nicht kassiert und damit selber zugegeben, was auch wir behaupten möchten, nämlich, daß dieser Gegensatz kein in sich selbst unaufhebbarer sei. Es ist im Grunde der gleiche Knoten von Gewahrtem und Erfahrenem, um dessen Auflösung und Schlichtung in allen drei Gedichten gerungen wird. Nur zeigt er auf jeweils höherer Stufe ein verändertes Bild. Diese Stufen aber sind, wie schon angedeutet wurde, Stufen der Entsagung, des Verzichtes. Man könnte auch mit gelehrtem Terminus sagen, es seien Stufen erhöhter Abstraktion; auch so wäre der Begriff des Verzichtes unmittelbar gegenwärtig. Auf der letzten Stufe entblüht der höchsten Entsagung die höchste Bejahung, dem – in gewissem Sinne – absoluten Verzicht der unverlierbare Besitz. Dieser Gedanke wird hoffentlich im folgenden, ohne daß wir seiner nochmals ausdrücklich erwähnten, deutlicher hervortreten; jedenfalls führt er uns unmittelbar an unsern Gegenstand heran. Denn wenn ich mit Recht die Zeit der reifenden und reifen Mannesjahre als eine Vorhalle zu der schmerzvollselig verklärten Alterslandschaft der »Entsagenden« ansprechen darf – und sie ist dies in jedem ernsthaft durchlebten und durchkämpften Leben, nicht nur in dem unsres Dichters –, so trägt unter ihren krönenden Produkten auch die *Natürliche Tochter* entscheidende Züge des sich vorbereitenden, des im wesentlichen schon vollzogenen Verzichtes. Und es will mich bedünken, als ob jenes verzichtende, jenes abgezogene, jenes von so manchem beklagte und angefochtene abstrakte Wesen unsres Gedichtes imstande sei, dem Unvoreingenommenen grade seine stärksten Wirkungen zu vermitteln, und zwar nicht nur dem Leser, sondern vor allem auch von der Bühne her.

Mir wenigstens ist es so ergangen. Das Stück gehörte in seiner bei aller Reinheit und Entrücktheit der Form erschütternden Wesenhaftigkeit und Lebensfülle seit je zu meinen Lieblingen. Die Anfeindungen, denen es begegnet, schmerzten mich und gaben mir ein Rätsel auf, das für mich nur noch beängstigender und verwirrender werden mußte, als ich ein paar Jahre vor dem Krieg Gelegenheit hatte, die *Natürliche Tochter* in München aufgeführt zu sehen. Ich ging hinein in dem Gefühl, eigentlich eine eher dem Literarhistoriker als dem Laien zukommende Handlung zu begehen. Der Erfolg fiel gegen alle Erwartung aus. Die Parallelhandlungen des ersten und zweiten, des dritten und vierten Aufzuges, in denen höchste Hoffnungen jeweils in tiefster Verzweiflung enden, hielten mich von Anfang an in einem Bann, der sich unablässig steigerte bis zu dem Verzweiflungsschrei Eugeniens: »Ist denn der Himmel ehern über mir?«, in dem dann wirklich der Jammer einer ganzen Menschheit den Hörenden und Schauenden bis zur Vernichtung traf. – Ich habe von einer gleichlaufenden Handlung gesprochen, ich hätte auch von einer verflochtenen reden können; die Geschicke des Vaters und der Tochter, die im ersten und dritten, im zweiten und vierten Akt die gleiche Kurve durchmessen, überschneiden sich, indem sie einander auf den Fersen folgen. Aufs kunstvollste ist dies alles angelegt.

Der erste Akt gehört in der Hauptsache den männlichen Personen des Stückes, dem Herzog und neben ihm dem König. An beiden, vor allem natürlich am Träger der Krone, offenbart sich das in aller scheinbaren Sicherheit, Macht und Würde fürchterliche Los des über menschliches Geschick Hinausgehobenen. Er ist in Wahrheit ein Mensch ohne Mitmenschen. Keiner hat ihm etwas zu geben, jeder hat von ihm zu fordern, zu hoffen, zu erbetteln oder zu erlisten; und so gleicht er denn in der glänzenden Mitte erlauchter Dienstfertiger durchaus einem in die Wildnis Preisgegebenen. Der persönlichen Schwäche des Monarchen wird gleich zu Beginn mit verhaltenen Worten gedacht; schon wetterleuchtet es von einer Gefährdung hinter Gefährdungen, die seine Allmacht selbst aus ihren Fundamenten zu stürzen droht. Wir sehen den Abgrund, an dessen Rand der Herrscher und mit ihm das Staatsgebäude steht, noch nicht, aber wir spüren ihn und spüren, daß er sich öffnen wird, sobald er gewiß ist, sein Opfer zu verschlingen. Alles das kommt in Andeutungen zur Sprache, genügend, um das Herz des Hörers auf Schreckliches vorzubereiten, aber immer noch vage und fern genug, um uns an den Hoffnungen teilnehmen zu lassen, die zunächst den Vordergrund einnehmen. Es gilt die Erhebung einer fürstlichen Tochter illegitimer Geburt in die unmittelbare Nähe des Thrones. Vieles ist seit langem auf dies Ereignis hin vorbereitet, in dem der Herzog die Krönung seiner Lebenswünsche sieht. Wir vernehmen, daß ein ungeratener Sohn und Halbbruder, der legitime Erbe des herzoglichen Hauses, diesem Ziel entgegenarbeitet, daß der König durch die Gewährung des Wunsches den Herzog von einer mächtigen Verschwörung abzubringen hofft, in die er ihn schon halb und halb verstrickt fürchtet, vernehmen aber zugleich, auf wie schwachen Gründen diese Hoffnung beruht. Und nun tritt die Heldin selbst ins Spiel. Es geschieht in einer Katastrophe, die symbolisch das Bedrohliche der ganzen Lage beleuchtet. Es ist der jähe Sturz in einen Abgrund, der, in einem Auftritt von zehn meisterhaften Versen angekündigt, sie als Scheintote auf die Bühne bringt. Freilich beschleunigt dieser Unfall den Entschluß des Souveräns; aber die anbefohlene Heimlichkeit und die Gefahren, von denen seine Durchführung bis zu dem anberaumten nahen Termin immer noch umgeben scheint, zeigen aufs neue, wie nahe menschliche Allmacht und Ohnmacht beieinanderwohnen.

Daß diese Gefahren nicht eingebildete sind, erfahren wir alsbald mit Beginn des zweiten Aufzuges. Haben wir es bislang nur mit den leitenden Figuren des höfischen Lebens zu tun gehabt, so tritt uns jetzt die zwischen ihm und dem Draußen vermittelnde Unterwelt und Zwischenwelt entgegen in den Gestalten des Sekretärs und der Hofmeisterin. Beide sind in die Zettelung verstrickt, deren Haupt jener friedlose Sohn des Herzogs ist, der aber auch der Herzog, einer freilich anderen, wo nicht entgegengesetzten Interessensphäre angehörig, zum Werkzeug dienen soll. Der Sekretär hat sich dem nach allen Seiten hin gefährlichen Unternehmen mit der unbekümmerten Gewissenlosigkeit kalten, selbstischen Verstandes gesellt, die Hofmeisterin sieht mit Entsetzen, daß sie sich durch seine Lockungen schon zu weit hat führen lassen, um dem Anschlag, der zunächst Eugenien und in ihr den Vater treffen soll, noch Halt zu gebieten. Nur schweigende Folgsamkeit kann, wo nicht die Zukunft, so doch das nackte Leben ihres Zöglings und vielleicht auch ihr eigenes retten. Das Geheimnis ist entdeckt, die Erhöhung der Halbschwester soll und wird zugunsten des Bruders auf jeden Fall, und wäre es durch Mord, verhindert werden. Die gelindeste Aussicht für die Unglückliche scheint nach einem Schreckensruf der Hofmeisterin die Verbannung in die Tropenhölle zu sein, über deren Fiebereilande noch das heutige Frankreich verfügt.

Von so bedenklicher Folie hebt sich der jugendliche Freudentaumel Eugeniens ab, die das höchste Erdenglück nicht nur nahe, sondern schon erreicht wähnt. Ich habe einmal einer Aufführung des *Don Giovanni* beigewohnt, bei der der glückliche Einfall des Bühnenbildners das gottlos heitere Maskentreiben der beiden Akte in lebhaftester Buntheit vor einen schwarzen Hintergrund gestellt hatte, dergestalt die Doppelsinnigkeit des ganzen Geschehens schon für das Auge kenntlich machend. Doppelsinnig vor dem finstersten aller Hintergründe wirkt denn auch jedes Wort unsres Auftritts. Die gewaltsame Fassung der Hofmeisterin, deren Warnungen unverstanden bleiben, macht sie zu einer höchst eindrucksvollen Figur, wie denn überhaupt ihre Gestalt zu den kühnsten Würfen des Dichters gehört. Mit erstaunlicher Knappheit ist die Rolle für eine bedeutende Schauspielerin umrissen, alles auf Geste, Pathos, Ausdruck gestellt. An ihr spürt man am deutlichsten die französische Schule, in die Goethe grade damals sich begeben hatte. Übrigens verrät auch ein anderer merkwürdiger Umstand, den ich hier gleich vorwegnehmen darf, diese strengste aller Schulungen, denen der dramatische Dichter sich unterziehen kann. Ich hatte mich als Leser durchaus dem Urteil Herders angeschlossen, das von dem Silberstift redet, mit dem in diesem Drama alles gezeichnet und der vielleicht zu fein und zu zart sei für die gröberen Aufnahmewerkzeuge des durchschnittlichen Literaturbeflissenen. Aber auch hier hatte ich mich zu korrigieren; denn vor der schauerlichen Rätselwand jenes Hintergrundes war alles, was beim Lesen zunächst als ein der Farbe fast entbehrender Umriß erscheinen mochte, von einer nahezu grellen, jedenfalls höchst eindrucksvollen Plastik. Rede und Gegenrede, manchmal kahl und knapp aufs äußerste, manchmal in leidenschaftlicher Melodie aufrauschend, sind voll atmender und bebender Spannung, Wort treibt das Wort wie der Hammer den Keil; die zahlreichen Gemeinplätze wirken in ihrer Treffsicherheit atembeklemmend. Und wie der gedrängte Vortrag neben dem griechischen wiederum das französische Vorbild erkennen läßt, so ist in dem straffsten und nervigsten aller dramatischen Entwürfe Goethes auch der Einfluß Schillers zu spüren. Ihn hat man schon zeitig festgestellt, zum Teil in der Absicht, Goethe damit eins auszuwischen; aber auch ich wüßte bei ihm keinen derart nach schillerscher Art zugespitzten Aktschluß wie den des zweiten Aufzuges:

Eugenie: ... Unwiderruflich, Freundin, bleibt mein Glück.
Hofmeisterin *beiseite:* Das Schicksal, das dich trifft, unwiderruflich.

Im dritten Akt nun findet die erste der beiden Parallelhandlungen, die des Herzogs, ihren vorläufigen Abschluß. Mögen die Urteile über die *Natürliche Tochter* einander noch so sehr widersprechen, in der Bewunderung der tragischen Leidenschaftlichkeit grade dieses dritten Aktes ist man von jeher einig gewesen. Und so hätten wir denn in einem übrigens durchaus schulgerecht gebauten und ausgewogenen Trauerspiel die eigentliche, oder doch wenigstens die sinnfälligste Katastrophe in einer Mitte, die sonst den Höhepunkt selbstbetrügerischer Hoffnungen und Entwürfe zu bilden pflegt; auch dies ein eigener Zug des bei aller bewußten Aneignung erprobter Kunstmittel großartig in sich selber ruhenden Gedichtes. Nun ist diese Katastrophe freilich eine Scheinkatastrophe; aber daß sie es ist, bewirkt ihren nach der Seite des Tragischen hin entscheidenden Charakter. Scheinverlust für Scheingewinn, das ist die Tragödie selbstischen Übergreifens. Es wird mit seinen eigenen Mitteln im Kampf aller verborgenen Gewalten gegen die offenbaren zugrunde gerichtet. Und wie in unserm Stück alles symbolisch gilt, so ist auch dieser persönliche Zusammenbruch Vorspiel eines größeren, der ein Ganzes von frevelhaften Ansprüchen und Anmaßungen tödlich treffen wird; einerlei, ob die Richter, die das Urteil aussprechen und vollziehen werden, in jedem Sinne Berufene sein mögen.
Eugenie ist totgesagt. In dem Überbringer der Schreckensnachricht betritt eine neue Figur die Bühne, der sicherlich im

geplanten weiteren Verlauf eine bedeutende Rolle zugefallen wäre: der Weltgeistliche. Anfänglich ein halb wider Willen zubereitetes Werkzeug wie die Hofmeisterin, läßt sein Verhalten die besondere Form der Ohnmacht deutlich werden, an der alles Verschwörerwesen krankt. Ist er doch im Begriff, sich zum Mitbestimmer eines Hergangs aufzuwerfen, der nach seinem Willen und seiner Kenntnis wesentlich andere Bahnen als die ursprünglich vorgezeichneten nehmen wird. Auch er ist eine lediglich auf das innerhalb des Stückes Benötigte hin mit wenigen Zügen umrissene Gestalt; aber wie er mit den übrigen Personen außer der Heldin die Namenlosigkeit teilt, wie er gleich ihnen gewissermaßen aus der leeren Luft hervor und in die leere Luft zurücktritt, so gewinnt auch an ihm alles, was zunächst nur Umriß, Gerüst, Gerippe bedünken mag, im Rampenlichte die Körperlichkeit der mit ein paar von Meisterhand beleuchteten Stellen aus der Finsternis hervortretenden Figuren eines Nachtstükkes.

Über die Anonymität der Handelnden hat man am heftigsten gescholten. Aber was konnte der Dichter besseres tun, wenn er überhaupt wagte, einen so nahen Stoff zu einem Gedicht zu verwenden, das über alles etwa in Shakespeares Historien Angestrebte hinaus noch den Wettstreit mit der griechischen Tragödie unternahm? In jedem nicht völlig wesenlosen Namen hätte für die Neugier der Zeitgenossen ein Schlüssel gesteckt. So verbot sich das der Würde und Schrecklichkeit des Vorwurfs unangemessene Rätselraten wenigstens bei den Nebenfiguren von selbst. Weiter als mit dieser nur auf Stichwort und Schlagwort beschränkten Darstellung hat sich der Dramatiker Goethe wohl nie von Shakespeares Farbenreichtum entfernt. Ob und inwiefern der Meister, den er als »Stern der höchsten Höhe« neben den Griechen verehrte und der ja für die Art des Vorwurfs neben den *Persern* des Äschylos durchaus »zuständig« wäre, auch anderweit in diesem Stücke Spuren seines Einflusses hinterlassen habe, das zu ergründen hätte die Aufgabe eingehender Einzeluntersuchung zu sein. Aber aus dem Zusammentreffen von Schein und Wahrheit, von gewähntem Unheil und wirklichem Verderben entwickelt sich in diesem nur von drei Redenden bestrittenen Aufzug eine Welt der tragischen Ironie, so geisterhaft und unabweislich, wie wir sie nur noch im *Ödipus Rex* zu gewahren vermögen.

So verlassen wir denn mit einem Gefühl der Erleichterung die verhängten Prachtsäle, in denen Lüge mit Lüge gestraft, selbstischer Übergriff durch selbstischen Übergriff in die Öde seiner Gott- und Glücksverlassenheit zurückgeworfen wird, und finden uns im vierten Akt wenigstens wieder unter freiem Himmel, in der Nähe des Meeres, freilich nur, um zu gewahren, daß auch die Freiheit des offenen Landes und der See in das eherne Gewölb eines Gefängnisses verwandelt werden kann durch einen Spruch der gleichen Erdenallmacht, um deren zweideutiges Götzenbild das Treiben der ersten drei Aufzüge sich bewegt hat. In seinem berühmten Stück Molières tritt diese Erdenallmacht als segensreiches Prinzip hervor, indem sie den Schuldigen trifft, die Unschuld befreit. Hier, dem Vorwurf und dem geschichtlich veränderten Gesamtbild gemäß, weist sie sich als die Verderberin aus. Ein königliches Schreiben schickt Eugenien ungehört in die Verbannung, die schlimmer als der Tod ist.

Unter so widerwärtigen Vorzeichen nimmt das, was wir »die neue Welt« nennen, seinen Einzug in Goethes dichterisches Werk. Und doch, in dem Augenblick, in dem das Wort »nach den Inseln« ertönt, fühlen wir den Horizont in geheimnisvoller Weise erweitert, fühlen einen Anhauch jener Luft »von über See«, die hier noch als ein verderblich Fernes, aber doch schon in die Kreise des Erlebens und Handelns Einbezogenes, später dann, in einem um wichtige zwanzig Jahre jüngeren Werk, als eine Luft des Heils und der Hoffnungen in die Räume des alten Kontinents hinübergeistert. – Aber nicht nur diese Übersee-Atmosphäre ist es, die uns den Gedanken an die *Wanderjahre* nahelegt. Alles in den beiden letzten Akten atmet einen jenem Spätwerk verwandten Geist, den Geist, der aus der Enge überkommener Ordnungen und Wertungen in die Weite eines geräumigeren Feldes tritt, auf dem zukünftige Geschicke empfangen und ausgetragen werden sollen. Oder würde es uns wundernehmen, wenn wir im Helldunkel der *Wanderjahre* Gestalten wie den Gerichtsrat oder den Mönch aus einer Felsnische oder einem Gebüsch hervortreten sähen, um den Wanderer ein Stück Weges zu begleiten und mit ihm ein Gespräch zu führen, in dem es nicht mehr wesentlich um Einzelschicksale und ihre Erfüllung gehen wird sondern um das Schicksal einer Welt?

Sei dem, wie ihm sei. – Es ist Luft der *Wanderjahre,* man muß sagen »schon« Luft der *Wanderjahre,* die wir in diesen beiden Akten atmen, Luft einer noch anders als in der *Iphigenie* oder im *Tasso* abgeklärten, ich möchte das Wort gebrauchen »gezehrten« Humanität, die sich auf viel bestritteneren und gefährdeterem Grunde, unter wesentlich bedrohlicheren und bedrängenderen Aspekten zu behaupten weiß. In der *Iphigenie* ging es um das Schicksal eines Geschlechtes, im *Tasso* um ein Einzelschicksal; hier geht es dem Dichter zunächst um das Schicksal einer Nation. Aber wie in dem ganzen Stück alles Einzelne Stellvertreter eines Allgemeineren ist, so ist auch dies nationale Geschick vorbedeutend für das der gesamten geistig-sittlichen Welt des Dichters und unsrer eigenen. – Es war die Geschichte und zugleich die Deutung eines noch im weißglühenden Flusse befindlichen weltgeschichtlichen Umsturzes, die der Dichter im Rahmen des von der Bühne her gezeigten persönlichen Lebensganges darzustellen unternommen hatte. Das entscheidende Wort, in dem für ihn der Sinn des ganzen Geschehens schon damals zusammentraf, hat er im zweiten Aufzug die Hofmeisterin in bezug auf Eugenien aussprechen lassen:

Wenn sie entsagen könnte!

Wie alles in unserm Stück, so ist auch die Bedrohung, unter der das künftige Los der Heldin steht, eine zweideutige. Auf der einen Seite die Verbannung mit ihrem sicheren oder doch wahrscheinlichen Klimatod. Auf der andern ein Dasein, das nach den Anschauungen Eugeniens und derer, als deren Standesgenossin sie sich einen Augenblick lang hatte fühlen dürfen, den bürgerlichen Tod bedeutet: der Verzicht auf Rang, Familien- und Erbanspruch durch die Heirat mit einem Manne des dritten Standes. – So gesehen, ist es in beiden Fällen ein Weg vom Leben zum Tode, den ihre Wahl zu betreten hat; und wer wird es Eugenien verargen, wenn sie ihn in seiner ganzen Bitterkeit empfindet? Die bürgerliche Ehe und damit den Verzicht auf halb erträumte, halb immerhin wirkliche Gerechtsame, der ihr durch den Gerichtsherren angeboten wird, schlägt ihr Stolz und ihre Verzweiflung zunächst aus. Sie will und kann, beherzt wie sie ist, die Hoffnung nicht aufgeben, bevor nicht jedes Mittel der Verteidigung erschöpft, jeder Versuch zur Rettung fehlgeschlagen ist. In drei Anläufen unternimmt sie den Kampf, der jedesmal mit dem gleichen Ergebnis endet. Bei dem Gouverneur und der Äbtissin verkehrt sich anfängliche Hilfsbereitschaft vor dem Anblick des in den Händen der Hofmeisterin verwahrten Schreibens ins Gegenteil. Das Volk, das sie zuletzt in tragischer Verwirrung zum Anwalt grade ihrer Rechte aufzurufen versucht, läßt sie verständnislos stehen. So haben denn alle drei Stände des alten Reiches sie und ihre Sache verloren gegeben. Der Konflikt steht auf seinem Gipfel; die alte Frage nach Schuld und Unschuld, Verhängnis und Rechtfertigung meldet sich zum Wort und wird im Munde der Heldin zur Frage nach dem Geheimnis der Erbsünde.

Die Lösung kommt von unerwarteter Seite. Der Mönch, ein Vertreter wahren Christentums und der von ihm unabscheidbaren echten Menschlichkeit, bringt sie und damit zugleich die christliche Befriedung und Aufhebung der alten tragischen Weltansicht, die bei Goethe durch alle Krisen seines Lebens und Dichtens immer wieder sich Bahn gebrochen hat. Opfer, Verzicht heißt auch seine Losung: nicht als Botin des Todes, sondern als lebendige Verheißung. Der Mönch, früher selbst in jener Schreckensgegend tätig, mutet ihr den wenig hoffnungsreichen Nächstendienst an den Mitverbannten zu. Ihr gesunder Jugendsinn wählt die andere, sinnvollere Form des Opfers, namentlich als ihr die Verbannung als eine Flucht vor vielleicht ärgeren Schrecknissen und Gefahren angeraten wird, die sich in der Heimat vorbereiten könnten. – Sie bleibt und verschwindet in der Masse der Namenlosen, die sich anschickt, aus eben dieser Namenlosigkeit das furchtbarste Machtmittel aller Zeiten zu schmieden. Das ist die Lösung. Man kann sie versöhnend nennen und doch wieder nicht, kann sie einen Ausgleich nennen und doch eine Katastrophe. Hinter dem alten Leben der Sippschaft, die Eugenien von sich gestoßen, erhebt sich jedenfalls nunmehr völlig deutlich die Drohung eines vielfältig gerechtfertigten Unterganges; aber auch das neue laut- und lichtlose Dasein, dessen Schwelle sie an der Hand eines aufgedrungenen Weggenossen zu überschreiten im Begriffe steht, kann uns in der jähen Spannung eines für beide Teile unvorhergesehenen und unvorbereiteten Zusammentreffens nur ein Wagestück zweifelhaften Ausgangs dünken.

Eugenie, die Wohlgeborene: das ist freilich ein character indelebilis. Aber unter welchen Umständen wird die Heldin ihn wahren? Mit dieser Frage entläßt uns das Stück, das der Dichter mit Recht seiner Anlage und seinem Ausklange nach als Trauerspiel bezeichnet hat. – Gelebte Hoffnung und erträumter Anspruch sind als Voropfer für viele künftige zu Grabe getragen; und das, was uns als vorläufige Lösung dem weiteren Verlauf der ungeschriebenen Trilogie entgegen weist, mag selbst für den Liebenden, der die Hand der Geliebten und Verehrten nur um den Preis des Verzichtes auf seine natürlichen Rechte in der seinen hält, kaum eigentlich glückverheißende Vorzeichen tragen. – So ungefähr habe ich in jener Münchner Aufführung das Stück erlebt und behaupte nicht zuviel, wenn ich sage, daß ich an jenem Abend den stärksten Eindruck nach Hause genommen habe, der mir je von der Bühne her geworden ist. Jedes Geschehen, jede ausgesprochene Erfahrung oder Maxime schien nur aus unfaßbar erhabener Höhe auf mich selber und meine Zeit- und Schicksalgenossen gezielt und auf die Probleme, mit deren Last wir uns seit dem Beginn unsres mündigen Denkens herumgeschleppt, wohl wissend, daß ihre Lösung zwar durch Menschenhand und Menschengeist herbeigeführt werden, aber erst im endgültigen Machtspruch eines noch in undurchsichtiger Verborgenheit seine Entscheidungen vorbereitenden Schicksals sich offenbaren werde. – Und ich glaube, daß das vollbesetzte Haus meine Erschütterung teilte. Die Stille während der Vorstellung und der Beifall am Schluß konnten keinesfalls lediglich den Darstellern gegolten haben.

Als ich am anderen Tage die Zeitungen las, fand ich das alte Gewäsch, über dessen Unausrottbarkeit schon vor neunzig Jahren der kluge Königsberger Professor und Hegelschüler Rosenkranz geklagt hat: Marmorglätte, Marmorkälte, leerer Wortprunk, unlebendiges Maschinenwesen und so fort, ein neuer Beweis dafür, daß der Deutsche zwar bereitwilligst ein ungerechtfertigtes Lob, dagegen nur mit dem äußersten Widerstreben einen durch Vorgänger und Nachtreter bräuchlich gewordenen Tadel fahren lasse.

So stand ich denn, was meine Vorliebe für die *Natürliche Tochter* anging, immer noch vor dem gleichen Rätsel. Das Mißverhältnis zwischen meiner Bewunderung für ein Stück, das schließlich doch auch Schiller und Herder für ein Meisterwerk erklärt hatten, und dem Verhalten der gängigen Kritik war durch die Aufführung und ihren Widerhall in der

Tagespresse nur noch gesteigert. Wo lagen die Ursachen? Die Gründe für meine Bewunderung hätte ich allenfalls herzählen können. Aber woher die Verkennung innerhalb einer Nation, die doch auf ihren ersten Dichter stolz war, in jenen Jahren vor dem Krieg sogar vielleicht stolzer denn je? Nahm ich auch an, daß der Irrtum zu den ererbten und weitergeschleppten Fehlurteilen gehöre, deren unsre literarische Überlieferung zur Genüge aufweist, so mußte ich doch eine zwiefache Antwort suchen, einmal die auf die Frage, woher sich sein Ursprung schreibe, dann aber auf die, was seine Beibehaltung ermöglicht und erleichtert habe.

Die erste dürfte nach allem Vorgebrachten nicht schwer fallen. Goethe trat mit seinem letzten Bühnenstück zum erstenmal, und zwar auch hier unter Vorwegnahme eines gesamten Lebensresultates, vor die Nation in der Haltung, in der er bis an sein Ende verharrt hat, von vielen bewundert, von den allerwenigsten auch nur ahnungsweise verstanden. Daß diese Haltung und dies Gesamtergebnis die eines Entsagenden waren, haben wir bereits zur Genüge betont. Es bleibt uns die Aufgabe, diese bis soweit sehr allgemein gehaltene Behauptung durch ein paar innerhalb der Grenzen unsres Vorhabens brauchbare Züge zu charakterisieren.

Man hat Goethe von jeher gern den geschichtlichen Sinn abgesprochen. Aber ich glaube, mit einer dergestalt in Bausch und Bogen gelten wollenden »Fehlanzeige« tut man dem bitteres Unrecht, der unter den Deutschen das rühmendste Wort gesprochen hat, das überhaupt über geschichtliche Betrachtungsweise zu sprechen wäre:

> Wer nicht von dreitausend Jahren
> Sich weiß Rechenschaft zu geben,
> Bleibt im Dunkel, unerfahren,
> Muß von Tag zu Tage leben.

Dagegen stände dann freilich das andere, oft zitierte von dem »Geist der Zeiten«, der »der Herren eigener Geist« sei,

»in dem die Zeiten sich bespiegeln«. In solcher Selbstspiegelung war der glorreiche Anfang seiner Jugend befangen gewesen; in ihr erkannte er in den Jahren schweigsamen Zureifens, die der Begegnung mit Schiller vorangingen, die Gefahr, die ihn, den Empiriker nach Beruf und Anlage, von dem Fortschreiten gegen das Wahre und Wirkliche der Welt abzudrängen drohte. Zwei Anlagen fand er in sich vor, die ihm ein Gegengewicht gegen diese Gefährdung anzubieten schienen, die zum Maler und die zum Naturforscher. – So kamen denn die Jahre angestrengter Kunstbemühung um das Objekt, der innerhalb der bildenden Kunst ein unmittelbarer Erfolg versagt bleiben sollte, deren mittelbare Wirkung aber er selbst stets hoch bewertet hat.

Es kamen ferner die Jahre, in denen die botanischen, die osteologischen, die mineralogischen Studien zum ersten Male völlig in den Vordergrund traten und die Farbenlehre aus unzähligen Beobachtungen aufgebaut wurde, die Jahre, in denen des Dichters Abkehr von allem lediglich spekulativen Wesen sich endgültig durchsetzte, und während derer sich in ihm die Betrachtungsweise ausbildete, die er selbst als die morphologische oder phänomenologische bezeichnet hat, sie, die sich keine Problemstellung, keinen allgemeinen Schluß gestattete, bevor nicht das Objekt, aus dem etwas geschlossen oder erschlossen werden sollte, in jedem seiner wandelbaren Bezüge und Funktionen durchdrungen war. Daß bei einem Denker, dem alles Weltgeschehen, aus dem gleichen geheimnisvollen Quell entsprungen, in das gleiche Geheimnis zurückzumünden deuchte, diese morphologische Betrachtungsweise nicht auf die eine oder andre physikalische Untersuchung beschränkt blieb, sondern sich über das ganze Gebiet auch der geistigen Wahrnehmung und Erfahrung verbreiten mußte, ist leicht zu begreifen, ebenso daß auch diese Art des Beobachtens und Schließens nicht ohne Fehlerquellen bestehen konnte. Grade ihre höheren Ziele rückten sie in die Nähe des Irrtums. Wir haben ihr, und zwar mit allem Nachdruck, ein Moment des Verzichts zugesprochen und dabei schon erwähnt, daß dies auch in der ihr eigentümlichen Form der Abstraktion zutage trete. In jeder Abstraktion aber und Verallgemeinerung liegt ein spekulatives Moment und so die Möglichkeit des Irrtums.

Auf der andern Seite blieb für den Empiriker, der doch auch auf seine Weise zur Wahrheit vordringen wollte, kein anderer Weg als dieser, führte er doch allein aus dem Wirrwarr der einzelnen Beobachtungen zum verknüpfenden Gesetz, aus dem individuellen Augenblick zum Typus, aus der Einzelerscheinung zu jenem Urphänomen, das zu fordern Goethe seit seinen ersten entscheidenden Schritten in die Naturkunde niemals müde geworden ist.

Morphologisch, typologisch wurde von nun an auch die politische, die geschichtliche Betrachtungsweise des Denkers und Dichters. Wir können einen ersten Schritt in dieser Richtung schon am Unterschied zwischen dem *Götz* und dem *Egmont* feststellen. Der *Götz* mag oberflächlichem Historismus als das »geschichtlichere« Drama erscheinen, im *Egmont* ist das geschichtliche und politische Problem viel überlegener und zarter aufgefaßt und gemeistert und schon die beherrschende Erkenntnis ausgesprochen, daß der Finger der Geschichte stets vorwärts, niemals rückwärts weise. Denn welch anderen Sinn hätte das berühmte Egmontwort, das anmutet wie eine dichterische Umschreibung des lateinischen Spruches von dem Schicksal, das den Willigen führt, den Widerwilligen mit sich fortreißt?

Nicht als eine Requisitenkammer der Haupt- und Staatsaktionen oder eine Fundgrube von nachzuahmenden Präzedenzfällen galt ihm das geschichtliche Erbe, als dessen Träger und Erweiterer er sich sein Leben lang gefühlt hat. Geschichte galt ihm als die große Lehrmeisterin ungeschriebener, ewig gültiger Gesetze, deren Sinn zu gewahren und zu deuten nur unvoreingenommene, selbstentäußernde Ehrfurcht vermöge. Für Pflicht und Beruf des redlich Denken-

den hielt er es auch hier, das Zufällige gering, aber das Phänomen, das sich ihm als typisch Wiederkehrendes zu offenbaren dünkte, so hoch als möglich anzuschlagen. Auswahl sollte ihn die strenge Lehrerin lehren, Auswahl des unfehlbar Gültigen, Verzicht auf alles nicht mehr im geschichtlichen Fortgang Verwendbare, damit der vorgeschriebene Weg in die Zukunft mit nicht zu schwerem Gepäck angetreten werde, zugleich aber nach Möglichkeit ein Weg bleibe Schritt vor Schritt, nicht Sturz nach Sturz, und somit auch auf diesem allereigensten Gebiet menschlicher Verantwortlichkeit etwas von dem erreicht werde, das jene vorauserwähnte Überschrift verheißt: Dauer im Wechsel.
Das Janusgesicht dieses Wahlspruches ist es denn auch, das Goethes geistige Haltung von nun an so undurchsichtig und widerspruchsvoll bedünken lassen sollte. Hat es doch bis auf unsre Zeit nicht aufgehört, die Geister zu verwirren und zum Beispiel auf der einen Seite dahin geführt, daß gewisse in den *Wahlverwandtschaften*, in den *Wanderjahren* und anderswo niedergelegte Voraussagen und Anerkenntnisse eines nicht aufzuhaltenden Entwicklungsganges Liberale und Sozialisten in die Möglichkeit versetzt haben, einen der konservativsten Geister unsrer Welt für sich in Anspruch zu nehmen. Auf der andern Seite gehörte zur Gewinnung solcher Überschau und Vorahnung ein ebenfalls gern mißdeutetes Sichfernhalten von den Einzelheiten des Tagesgeschehens. Sehr von weitem muß das Auge blicken, das sich vermißt, den Tag in seinen Zusammenhängen rückwärts und vorwärts zu gewahren, »Vergangenes« als »gegenwärtig«, »Künftiges« als »im voraus fertig« und im politischen Augenblick wo nicht die Ewigkeit, so doch ein für alle Dauer Verbindliches und Verpflichtendes zu erkennen. Das war die Aufgabe des politischen Morphologen. Was Wunder, wenn aus solcher Haltung ein Für und Wider entsprang, das den Zeitgenossen und Landsleuten anstößige Rätsel aufgab? Trifft es doch noch unter uns gelegentlich auf den alten Miß-

verstand, der, was als ein Opfer an die wirklichen Belange der Nation und des Weltteils gemeint war, als kaltherzigen Indifferentismus auslegt, weil er das entsagungsvolle Zuwarten nicht begreift, zu dem angesichts einer aus den Fugen tretenden Welt eine große, leidenschaftliche Seele sich zwang um der Gerechtigkeit und um der Erkenntnis willen.

Und doch, wie man den Kritiker in Goethe, der aus der nämlichen Sorge um ewige Imponderabilien einem Jean Paul, einem Hölderlin, einem Kleist die höchste Anerkennung verweigern zu sollen glaubte, nicht deshalb zum Illiteraten stempeln wird, so sollte man den Dichter, »zum Sehen geboren, zum Schauen bestellt«, der den *Götz*, den *Egmont*, die *Natürliche Tochter*, die zugleich auf geschichtliche und politische Kontinuität und Voraussicht gestellten Teile der *Wanderjahre* und des zweiten *Faust* geschrieben hat, nicht zum Antipolitiker und Antihistoriker machen wollen, weil die Ergebnisse seines geschichtlichen Sinnes und Deutens auch heute noch in vielem ein rätselhaftes Gesicht tragen. Und freilich, sein geschichtlicher, sein politischer Blick wurde je länger je mehr ein willentlich und wissentlich dem unmittelbar Einwirkenden fremder und verschlossener. Er hat zwei symbolische Namen für dies sein Wesen gefunden, den des Epimetheus und den des Epimenides, wobei wir freilich nicht vergessen wollen, daß das prometheische, männlich Wagende seiner Jugend bis zuletzt sein Recht bei ihm behielt. Sei dem, wie ihm sei: jedenfalls ist die Losung des Entsagens kaum ohne weiteres eine Losung für jedermann. Wer von uns, die wir noch mitten im Ablauf einer von Goethe nicht ohne Zagen vorausgesehenen Geschichtswende stehen, macht sie sich in dem durch einen langen Glücks- und Sicherheitstraum verwöhnten Europa aus vollem Herzen zu eigen?

So kann es uns denn nicht wundern, daß Goethe aus der großen Schule seines Lebens, aus Italien, seinen Landsleuten als ein Fremdgewordener zurückkehrte. Glich doch das Deutschland der damaligen Jahrhundertwende, um ein etwas skurriles Gleichnis zu gebrauchen, einer Schönen, die nicht merken will, daß auch ihre Zeit gekommen sei. Drei, vier Jahrzehnte lang hatte der deutsche Leser an den vollbesetzten Tafeln immer neuer, immer wieder jung und frisch aus unbegreiflicher Geistesfülle emportauchender Genies gesessen. Was Wunder, wenn er glaubte, es werde immerfort in dulci iubilo weitergehen, und den heimkehrenden, streng, nüchtern, wortkarg gewordenen Abgott früherer Jahre als einen Sonderling am Wege ließ?

Zudem war die Zeit der Erben gekommen. Die Romantiker, in ihrem, dem besonderen geschichtlichen Augenmerk Goethes fremden und in der Tat alle geschichtliche Erfahrung außer acht lassenden Überschwang, glaubten an das Bevorstehen einer allseitigen geistigen Welteroberung, als Goethe schon längst einsah, daß nur ein entschlossenes Zusammenfassen aller Kräfte unter Verzicht auf vieles von dem, das das Leben bisher geschmückt hatte, es ermöglichen werde, die heraufdämmernde Zeit der entfesselten Technik und ihrer Weltwirtschaft nur aufs notdürftigste zu humanisieren. Was dagegen die eigentlichen Romantiker sich selbst als geschichtlichen Sinn und Geist zuschreiben mochten, bewegt sich wiederum auf Bahnen, die der Dichter hinter sich gelassen. Das, was man wohl die Flucht ins Mittelalter genannt hat, war ja – wenigstens in mancher Hinsicht – die Kehrseite einer chiliastischen Vermessenheit, die weder vorwärts noch rückwärts sich Grenzen gesteckt wähnte. Und wenn auch auf dieser Bahn unstreitige, von Goethe selbst willig anerkannte Gewinste zu verbuchen waren: gegenüber den eigentlichen Forderungen der Stunde bedünkte ihn das alles Spielwerk einer in überreichem Erbteil aufgewachsenen Jugend.

Nicht als ob Goethe an den eigentümlichen Irrtümern jener Tage keinerlei Anteil gehabt hätte. Er war ein Sohn seiner

Zeit und teilte ihr Verhängnis. Aber das, was man seine Romantik nennen könnte und wozu auch zum Teil sein Griechentum gehören mag, war denn doch von festerer Faser als die der Jungen, fester als die der alten Jugendgenossen, Jacobi, Wieland und der andern, fester auch als die des einen Großen unter ihnen, Johann Gottfried Herders.

Der neugeschlossene Freundschaftsbund mit Schiller, der den Dichter ein Jahrzehnt lang über vieles trösten durfte, was ihm die Älteren und Jüngeren zu jener Zeit versagten, hat für Goethe nie eine eigentliche Brücke zur Nation gebildet. Man ist ja auch heute noch nicht durchgehends von der Vorstellung abgekommen, die beide Dichter als zwei konkurrierende Firmen ansieht, deren Zusammenschluß nicht ganz lautere Absichten vermuten lasse. Die Kranzgeste des Weimarer Doppeldenkmals hat das ihrige dazugetan, diese Vorstellung zu verewigen, indem sie den Älteren in einer Art olympischen Geisteswettstreits gewissermaßen den Sieg um eine Fingerlänge gewinnen läßt.

Der Heimgekehrte sah sich damals alsbald vor die denkbar härteste Probe gestellt. Angesichts der französischen Revolution, deren Tragweite seine Lynkeusnatur schon anläßlich des Halsbandprozesses vorauszuspüren begonnen, sollte er sich vor sich selber bewähren als der, der er inzwischen geworden war: der Naturforscher auch des Geistigen, des geschichtlichen Werdens und Vergehens. Wir haben zu dem Ereignis, in dessen Folgen auch wir Heutigen noch stehen, die Zeugnisse Klopstocks, wir haben, vor allem in der *Glocke,* Schillers großartige Formeln. Keiner von unsern Größten hat sich so nachhaltig, so entsagungsvoll mit den Wetterzeichen bemüht, die für ihn, auch nachdem die ersten großen Schläge vorüber waren, nicht vom Horizont verschwinden wollten. Hart, bitter, dürr und nüchtern war die nächste Erkenntnis, die er den traumwandelnden Landsleuten zu bringen hatte. Der *Großkophta,* die *Aufgeregten,* der *Bürgergeneral* und was sonst noch in Vers und Prosa jenes erste Jahrzehnt schreckensvollen Gewahrwerdens und mühsam gewahrten Gleichmuts hervorbrachte, blieben Schläge in die Luft, weil niemand gewahren konnte und wollte, wohin sie zielten.

Und freilich hat der Dichter selbst zugegeben, daß er in jener Epoche des »unbedingten« Realismus ein herber, heftiger Ironie zugeneigter, hie und da unleidlicher Gesellschafter gewesen sei. Die sachliche Kühle stieß ab, die Nüchternheit wurde als Plattheit, die Scherze, die aufrütteln sollten, wurden als plumpe, wo nicht blasphemische Zumutungen abgewiesen. Nur *Hermann und Dorothea* fanden alsbald offene Herzen. Aber auch hier ahnte kaum jemand, aus wie tiefen vaterländischen Beklemmungen dies Werk hervorgegangen sei, in dessen Schlußversen das Abendrot einer versinkenden und das Morgengrauen einer künftigen deutschen Welt sich grüßen. Die *Natürliche Tochter* jedoch, das abschließende Werk jener Epoche, zugleich die Brücke zu den weltgeschichtlichen Vorwegnahmen des Alterswerks, stand von Beginn an unter dem Unstern des Mißverständnisses zwischen ihm und der Nation, das den alternden Dichter nach seinem eigenen Wort zum König Lear machen sollte. – Man bewunderte, was man schließlich nicht umhin konnte zu bewundern; dem bitter-süßen Kern der schönen Frucht verweigerte man sich. Man begriff nicht, wie sehr jener goethesche Wahlspruch aller Wahlsprüche, der den Kern des *Götz,* des *Egmont* und der übrigen Jugendpoesie gebildet hatte, wie sehr das tief prometheische »allen Gewalten zum Trotz« auch im Kern dieses Meisterwerks walte. – Der schon erwähnte Königsberger Rosenkranz ist meines Wissens der erste gewesen, der die politische Seite des ganzen Entwurfes nach Gebühr gewürdigt hat. Dagegen vermißte man den Duft der Jugendwerke. Aber alles, was nach »morbidezza« geschmeckt hätte, wäre dem Dichter, der hier gegen eine äußerste Grenze des Darstellbaren vorgedrungen war und noch weiter vorzudringen hoffte, als eine tödliche

Beigabe erschienen; konnte er doch auch späterhin *Hermann und Dorothea* nicht vorlesen ohne Tränen, die gewiß nicht nur seinen eigenen schönen Versen galten.

Brockhaus' Konversationslexikon sagt von der *Natürlichen Tochter*, sie sei »allzu typisch geraten« und tut damit in der Tat Weisheit des Kindermundes kund. Denn eben dies »Typische« ist ja zugleich ein »Symbolisches«. Symbol statt Wirklichkeit, das sollte auch späterhin die letzte Losung des goetheschen Realismus sein, zu dessen Ergebnissen dann das Faustwort von dem Gleichnis alles Vergänglichen gewissermaßen die Schuldsumme zog.

Aber wir haben es schon gesagt, es ist nicht leicht und nicht jedermanns Sache, den Pfaden des Genius nachzugehen, wenn statt der erhofften Kränze von einem entscheidenden Augenblicke an nur das strenge Wort des Verzichtes an seinem Ziele winkt. Freilich haben wir auch gesagt, daß dies Wort des Verzichtes und die in ihm trotz allem enthaltene Verheißung auch die Losung unsres Heut und unsrer künftigen Tage sei.

Und so dürfen wir hoffen, daß, wenn einmal auch die Welt neben uns beginnen wird, überall auf abgeräumten Feldern an die entsagungsvolle Arbeit des Neubaus zu gehen, unser Drama und mit ihm so manches andere heut noch im Zwielicht wankender Meinungen stehende Spätwerk Goethes nicht mehr als ein grillenhafter Schritt vom Wege gelten wird, sondern als einer der Eckpfeiler eines mit unausschöpflicher Belehrung in unausdeutbare Zukunft weisenden Vermächtnisses.

Goethe hat lange Zeit schwer daran getragen, daß die geplante Trilogie nicht über das erste Stück hinaus gedeihen sollte. Er hat viele Erklärungen dafür vorgebracht. Die triftigste scheint mir in dem Wort erhalten, daß es denn doch für die Dichtkunst ein unmögliches Wagnis sei, dem reißenden Gang der Geschichte deutend vorzugreifen. Der Wurf war vielleicht zu hoch und zu weit gezielt. Wer wünscht, über die dürftigen erhaltenen Entwürfe hinaus sich eine Vorstellung von dem Geist der Szenen und Bilder zu machen, die den Dichter nach seinen eigenen Worten noch lange als wehmütige, lebenbegehrende Schatten begleiteten, der halte sich vor allem an das aufschlußreichste Werk, das über jene Epoche des goetheschen Lebens und Schaffens berichtet, an die *Campagne in Frankreich*, unter deren Skizzenblättern auch der *Natürlichen Tochter* erwähnt wird als eines der Versuche, sich gegenüber einer immer fremder und fragwürdiger werdenden Zeit und Welt ins Gleiche zu setzen. Auch dies Buch ist freilich keine ganz bequeme Lektüre. Man muß zwischen den Zeilen lesen können; denn der Siebzigjährige, der es aus Notizen zusammenstellte, die schon fast ein Menschenalter hinter sich hatten, hatte das zuversichtliche Glück unumwundener Mitteilung seit geraumer Zeit verlernt.

Und auch dies gehört zu dem Unstern, der über der *Natürlichen Tochter* gewaltet hat: die Nation hat es nicht gesehen und es auch wohl nicht sehen können, daß der großartigste Versuch der Zeitbändigung, den Goethe jemals unternommen, zugleich der letzte im großen angelegte Versuch einer unmittelbaren Anrede an diese Zeit und an sein Volk sein sollte. Bald genug brachen die Jahre an, in denen seine Dichtung und Weissagung immer mehr zum raunenden Selbstgespräch eines großartig Vereinsamten wurden.

WALTER BENJAMIN

Goethes Wahlverwandtschaften

I

Wer blind wählet, dem schlägt
Opferdampf in die Augen.
Klopstock

Die vorliegende Literatur über Dichtungen legt es nahe, Ausführlichkeit in dergleichen Untersuchungen mehr auf Rechnung eines philologischen als eines kritischen Interesses zu setzen. Leicht könnte daher die folgende, auch im einzelnen eingehende Darlegung der »Wahlverwandtschaften« über die Absicht irreführen, in der sie gegeben wird. Sie könnte als Kommentar erscheinen; gemeint ist sie jedoch als Kritik. Die Kritik sucht den Wahrheitsgehalt eines Kunstwerkes, der Kommentar seinen Sachgehalt. Das Verhältnis der beiden bestimmt jenes Grundgesetz des Schrifttums, demzufolge der Wahrheitsgehalt eines Werkes, je bedeutender es ist, desto unscheinbarer und inniger an seinen Sachgehalt gebunden ist. Wenn sich demnach als die dauernden gerade jene Werke erweisen, deren Wahrheit am tiefsten ihrem Sachgehalt eingesenkt ist, so stehen im Verlaufe dieser Dauer die Realien dem Betrachtenden im Werk desto deutlicher vor Augen, je mehr sie in der Welt absterben. Damit tritt aber der Erscheinung nach Sachgehalt und Wahrheitsgehalt, in der Frühzeit des Werkes geeint, auseinander mit seiner Dauer, weil der letzte immer gleich verborgen sich hält, wenn der erste hervordringt. Mehr und mehr wird für jeden späteren Kritiker die Deutung des Auffallenden und Befremdenden, des Sachgehaltes, demnach zur Vorbedingung. Man darf ihn mit dem Paläographen vor einem Pergamente vergleichen, dessen verblichener Text überdeckt wird von den Zügen einer kräftigeren Schrift, die auf ihn sich bezieht. Wie der Paläograph mit dem Lesen der letztern beginnen müßte, so der Kritiker mit dem Kommentieren. Und mit einem Schlag entspringt ihm daraus ein unschätzbares Kriterium seines Urteils: nun erst kann er die kritische Grundfrage stellen, ob der Schein des Wahrheitsgehaltes dem Sachgehalt oder das Leben des Sachgehaltes dem Wahrheitsgehalt zu verdanken ist. Denn indem sie im Werk auseinandertreten, entscheiden sie über seine Unsterblichkeit. In diesem Sinne bereitet die Geschichte der Werke ihre Kritik vor, und daher vermehrt die historische Distanz deren Gewalt. Will man, um eines Gleichnisses willen, das wachsende Werk als den Scheiterhaufen ansehen, so steht davor der Kommentator wie der Chemiker, der Kritiker gleich dem Alchimisten. Wo jenem Holz und Asche allein die Gegenstände seiner Analyse bleiben, bewahrt für diesen nur die Flamme selbst ein Rätsel: das des Lebendigen. So fragt der Kritiker nach der Wahrheit, deren lebendige Flamme fortbrennt über den schweren Scheiten des Gewesenen und der leichten Asche des Erlebten.

Dem Dichter wie dem Publikum seiner Zeit wird sich nicht zwar das Dasein, wohl aber die Bedeutung der Realien im Werke zumeist verbergen. Weil aber nur von ihrem Grunde das Ewige des Werkes sich abhebt, umfaßt jede zeitgenössische Kritik, so hoch sie auch stehen mag, in ihm mehr die bewegende als die ruhende Wahrheit, mehr das zeitliche Wirken als das ewige Sein. Doch wie wertvoll immer Realien für die Deutung des Werkes sein mögen– kaum braucht es gesagt zu werden, daß das Goethesche Schaffen nicht wie das eines Pindar sich betrachten läßt. Vielmehr war gewiß nie eine Zeit, der mehr als Goethe der Gedanke fremd gewesen ist, daß die wesentlichsten Inhalte des Daseins in der Dingwelt sich auszuprägen, ja ohne solche Ausprägung sich nicht zu erfüllen vermögen. Kants kritisches Werk und

Basedows Elementarwerk, das eine dem Sinn, das andere der Anschauung der damaligen Erfahrung gewidmet, geben auf sehr verschiedene, doch gleichermaßen bündige Weise Zeugnis von der Armseligkeit ihrer Sachgehalte. In diesem bestimmenden Zuge der deutschen – wenn nicht der gesamteuropäischen – Aufklärung darf eine unerläßliche Vorbedingung des Kantischen Lebenswerkes einerseits, des Goetheschen Schaffens andererseits erblickt werden. Denn genau um die Zeit, da Kants Werk vollendet und die Wegekarte durch den kahlen Wald des Wirklichen entworfen war, begann das Goethesche Suchen nach dem Samen ewigen Wachstums. Es kam jene Richtung des Klassizismus, welche weniger das Ethische und Historische zu erfassen suchte als das Mythische und Philologische. Nicht auf die werdenden Ideen, sondern auf die geformten Gehalte, wie sie Leben und Sprache verwahrten, ging ihr Denken. Nach Herder und Schiller nahmen Goethe und Wilhelm von Humboldt die Führung. Wenn der erneuerte Sachgehalt, der in Goethes Altersdichtungen vorlag, seinen Zeitgenossen entging, wo er nicht wie im »Divan« sich betonte, so kam dies, ganz im Gegensatz zur entsprechenden Erscheinung im antiken Leben, daher, daß selbst das Suchen nach einem solchen denselben fremd war.

Wie klar in den erhabensten Geistern der Aufklärung die Ahnung des Gehalts oder die Einsicht in die Sache war, wie unfähig dennoch selbst sie, zur Anschauung des Sachgehalts sich zu erheben, wird angesichts der Ehe zwingend deutlich. An ihr als einer der strengsten und sachlichsten Ausprägungen menschlichen Lebensgehalts bekundet zugleich am frühesten in den Goetheschen »Wahlverwandtschaften« sich des Dichters neue, auf synthetische Anschauung der Sachgehalte hingewendete Betrachtung. Kants Definition der Ehe aus der »Metaphysik der Sitten«, deren einzig als Exempel rigoroser Schablone oder als Kuriosum der senilen Spätzeit hin und wieder gedacht wird, ist das erhabenste Produkt einer Ratio, welche, unbestechlich treu sich selber, in den Sachverhalt unendlich tiefer eindringt, als gefühlvolles Vernünfteln tut. Zwar bleibt der Sachgehalt selbst, welcher allein philosophischer Anschauung – genauer: philosophischer Erfahrung – sich ergibt, beiden verschlossen, aber wo das eine ins Bodenlose führt, trifft die andere genau auf den Grund, wo die wahre Erkenntnis sich bildet. Sie erklärt demnach die Ehe als die »Verbindung zweier Personen verschiedenen Geschlechts zum lebenswierigen wechselseitigen Besitz ihrer Geschlechtseigenschaften. – Der Zweck, Kinder zu erzeugen und zu erziehen, mag immer ein Zweck der Natur sein, zu welchem sie die Neigung der Geschlechter gegeneinander einpflanzte; aber daß der Mensch, der sich verehelicht, diesen Zweck sich vorsetzen müsse, wird zur Rechtmäßigkeit seiner Verbindung nicht erfordert; denn sonst würde, wenn das Kinderzeugen aufhört, die Ehe sich zugleich von selbst auflösen.« Freilich war es der ungeheuerste Irrtum des Philosophen, daß er meinte, aus dieser Definition, die er von der Natur der Ehe gab, ihre sittliche Möglichkeit, ja Notwendigkeit durch Ableitung darlegen und dergestalt ihre rechtliche Wirklichkeit bestätigen zu können. Ableitbar aus der sachlichen Natur der Ehe wäre ersichtlich nur ihre Verworfenheit – und darauf läuft es bei Kant unversehens hinaus. Allein das ist ja das Entscheidende, daß niemals ableitbar ihr Gehalt sich zur Sache verhält, sondern daß er als das Siegel erfaßt werden muß, das sie darstellt. Wie die Form eines Siegels unableitbar ist aus dem Stoff des Wachses, unableitbar aus dem Zweck des Verschlusses, unableitbar sogar aus dem Petschaft, wo konkav ist, was dort konvex, wie es erfaßbar erst demjenigen ist, der jemals die Erfahrung des Siegels hatte, und evident erst dem, der den Namen kennt, den die Initialen nur andeuten, so ist abzuleiten der Gehalt der Sache weder aus der Einsicht in ihren Bestand, noch durch die Erkundung ihrer Bestimmung, noch selbst aus der Ahnung des Gehalts, sondern erfaßbar allein in der philosophischen Erfahrung ihrer göttlichen Prägung, evident allein der seligen Anschauung des göttlichen Namens. Dergestalt fällt zuletzt die vollendete Einsicht in den Sachgehalt der beständigen Dinge mit demjenigen in ihrem Wahrheitsgehalt zusammen. Der Wahrheitsgehalt erweist sich als solcher des Sachgehalts. Dennoch ist ihre Unterscheidung – und mit ihr die von Kommentar und von Kritik der Werke – nicht müßig, sofern Unmittelbarkeit zu erstreben nirgends verworrener als hier, wo das Studium der Sache und ihrer Bestimmung wie die Ahnung ihres Gehalts einer jeden Erfahrung vorherzugehen haben. In solcher sachlichen Bestimmung der Ehe ist Kants Thesis vollendet und im Bewußtsein ihrer Ahnungslosigkeit erhaben. Oder vergißt man, über seine Sätze belustigt, was ihnen vorhergeht? Der Beginn jenes Paragraphen lautet: »Geschlechtsgemeinschaft (commercium sexuale) ist der wechselseitige Gebrauch, den ein Mensch von eines andern Geschlechtsorganen und -vermögen macht (usus membrorum et facultatum sexualium alterius) und entweder ein natürlicher (wodurch seinesgleichen erzeugt werden kann) oder unnatürlicher Gebrauch und dieser entweder an einer Person ebendesselben Geschlechts oder einem Tier von einer anderen als der Menschengattung.« So Kant. Hält man diesen Abschnitt der »Metaphysik der Sitten« Mozarts »Zauberflöte« zur Seite, so scheinen die extremsten und zugleich die tiefsten Anschauungen sich darzustellen, die das Zeitalter von der Ehe besaß. Denn die »Zauberflöte« hat, soweit überhaupt einer Oper das möglich ist, gerade die eheliche Liebe zu ihrem Thema. Dies scheint selbst Cohen, mit dessen später Schrift über Mozarts Operntexte sich die beiden genannten Werke in einem so würdigen Geiste begegnen, nicht durchaus erkannt zu haben. Weniger das Sehnen der Liebenden als die Standhaftigkeit der Gatten ist der Inhalt der Oper. Es ist nicht nur, einander zu gewinnen, daß sie Feuer und Wasser durchschreiten sollen, sondern um auf immer vereinigt zu bleiben. Hier ist, so sehr der Geist der Freimaurerei alle sachlichen Bindungen auflösen mußte, die Ahnung des Gehalts zum reinsten Ausdruck im Gefühl der Treue gekommen.

Ist wirklich Goethe in den »Wahlverwandtschaften« dem Sachgehalt der Ehe näher als Kant und Mozart? Leugnen müßte man es schlechtweg, wollte man ernsthaft, im Gefolge der ganzen Goethephilologie, Mittlers Worte darüber für solche des Dichters nehmen. Nichts erlaubt diese Annahme, allzu vieles erklärt sie. Suchte doch der schwindelnde Blick einen Anhalt in dieser Welt, die wie in Strudeln kreisend versinkt. Da waren nur die Worte des verkniffenen Polterers, die man froh war nehmen zu können, wie man sie fand. »Wer mir den Ehestand angreift, rief er aus, wer mir durch Wort, ja durch Tat diesen Grund aller sittlichen Gesellschaft untergräbt, der hat es mit mir zu tun; oder wenn ich sein nicht Herr werden kann, habe ich nichts mit ihm zu tun. Die Ehe ist der Anfang und der Gipfel aller Kultur. Sie macht den Rohen mild, und der Gebildetste hat keine beßre Gelegenheit, seine Milde zu beweisen. Unauflöslich muß sie sein, denn sie bringt so vieles Glück, daß alles einzelne Unglück dagegen gar nicht zu rechnen ist. Und was will man von Unglück reden? Ungeduld ist es, die den Menschen von Zeit zu Zeit anfällt, und dann beliebt er, sich unglücklich zu finden. Lasse man den Augenblick vorübergehen, und man wird sich glücklich preisen, daß ein so lange Bestandenes noch besteht. Sich zu trennen, gibt's gar keinen hinlänglichen Grund. Der menschliche Zustand ist so hoch in Leiden und Freuden gesetzt, daß gar nicht berechnet werden kann, was ein Paar Gatten einander schuldig werden. Es ist eine unendliche Schuld, die nur durch die Ewigkeit abgetragen werden kann. Unbequem mag es manchmal sein, das glaub ich wohl, und das ist eben recht. Sind wir nicht auch mit dem Gewissen verheiratet, das wir oft gerne los sein möchten, weil es unbequemer ist, als uns je ein Mann oder eine Frau werden könnte?« Hier hätte nun selbst denen, die den Pferdefuß des Sittenstrengen nicht sahen, zu denken geben müssen, daß nicht einmal Goethe, der oft skrupellos sich erwiesen hat, wenn es galt, den Bedenklichen heimzuleuchten, auf die Worte Mittlers zu deuten verfallen ist. Vielmehr ist es höchst bezeichnend, daß jene Philosophie der Ehe einer zum besten gibt, der selber ehelos lebend als der tiefststehende unter allen Männern des Kreises erscheint. Wo irgend bei wichtigen Anlässen er seiner Rede den Lauf läßt, ist sie fehl am Ort, sei es bei der Taufe des Neugeborenen, sei es beim letzten Weilen der Ottilie mit den Freunden. Und wird dort das Abgeschmackte in ihr hinreichend an den Wirkungen fühlbar, so hat nach seiner berühmten Apologie der Ehe Goethe geschlossen: »So sprach er lebhaft und hätte wohl noch lange fortgesprochen.« Unbeschränkt läßt sich in der Tat solche Rede verfolgen, die um mit Kant zu sprechen, ein »ekler Mischmasch« ist, »zusammengestoppelt« aus haltlosen humanitären Maximen und trüben, trügerischen Rechtsinstinkten. Niemandem sollte das Unreine darin entgehen, jene Gleichgültigkeit gegen die Wahrheit im Leben der Gatten. Alles läuft auf den Anspruch der Satzung hinaus. Doch hat in Wahrheit die Ehe niemals im Recht die Rechtfertigung, das wäre als Institution, sondern einzig als ein Ausdruck für das Bestehen der Liebe, die ihn von Natur im Tode eher suchte als im Leben. Dem Dichter jedoch blieb in diesem Werk die Ausprägung der Rechtsnorm unerläßlich. Wollte er doch nicht, wie Mittler, die Ehe begründen, vielmehr jene Kräfte zeigen, welche im Verfall aus ihr hervorgehen. Dieses aber sind freilich die mythischen Gewalten des Rechts, und die Ehe ist in ihnen nur Vollstreckung eines Unterganges, den sie nicht verhängt. Denn nur darum ist ihre Auflösung verderblich, weil nicht höchste Mächte sie erwirken. Und allein in diesem aufgestörten Unheil liegt das unentrinnbar Grauenvolle des Vollzugs. Damit aber rührte Goethe in der Tat an den sachlichen Gehalt der Ehe. Denn wenn auch unverbildet diesen darzutun in seinem Sinne nicht lag, so bleibt die Einsicht in das untergehende Verhältnis gewaltig genug. Im Untergange erst wird es das rechtliche, als das Mittler es hochhält. Goethen aber fiel es, wiewohl er von dem moralischen Bestande dieser Bindung eine reine Einsicht gewiß nie gewonnen, doch nicht bei, die Ehe im Eherecht zu begründen. Es ist die Moralität der Ehe für ihn im tiefsten und verschwiegenen Grunde am wenigsten zweifelsfrei gewesen. Was er im Gegensatz zu ihr an der Lebensform des Grafen und der Baronesse darzulegen wünscht, ist das Unmoralische nicht so sehr als das Nichtige. Dies eben bezeugt sich darin, daß sie weder der sittlichen Natur ihres gegenwärtigen Verhältnisses sich bewußt sind, noch der rechtlichen derjenigen, aus denen sie getreten sind. – Der Gegenstand der »Wahlverwandtschaften« ist nicht die Ehe. Nirgends wären ihre sittlichen Gewalten darin zu suchen. Von Anfang an sind sie im Verschwinden, wie der Stand unter Wassern zur Flutzeit. Kein sittliches Problem ist hier die Ehe und auch kein soziales. Sie ist keine bürgerliche Lebensform. In ihrer Auflösung wird alles Humane zur Erscheinung, und das Mythische verbleibt allein das Wesen.

Dem widerspricht freilich der Augenschein. Nach ihm ist eine höhere Geistigkeit in keiner Ehe denkbar als in der, wo selber der Verfall es nicht vermag, die Sitte der Betroffenen zu mindern. Aber im Bereich der Gesittung ist das Edle an ein Verhältnis der Person zur Äußerung gebunden. Es steht, wo nicht die edle Äußerung jenes gemäß, der Adel in Frage. Und dieses Gesetz, dessen Geltung man freilich unbeschränkt nicht ohne großen Irrtum nennen dürfte, erstreckt sich über den Bereich der Gesittung hinaus. Gibt es ohne Frage Äußerungsbereiche, deren Inhalte unangesehen dessen gelten, der sie ausprägt, ja sind dies die höchsten, so bleibt jene bindende Bedingung unverbrüchlich für das Gebiet der Freiheit im weitesten Sinne. Ihm gehört die individuelle Ausprägung des Schicklichen, ihm die individuelle Ausprägung des Geistes an: alles dasjenige, was Bildung genannt wird. Die bekunden die Vertrauten vor allem. Ist das wahrhaft ihrer Lage gemäß? Weniger Zögern möchte Freiheit, weniger Schweigen möchte Klarheit, weniger Nachsicht die Entscheidung bringen. So wahrt Bildung ihren Wert nur da, wo ihr freisteht, daß sie sich bekunde. Dies erweist auch sonst die Handlung deutlich.

Ihre Träger sind, als gebildete Menschen, fast frei vom Aberglauben. Wenn er bei Eduard hin und wieder hervortritt, so anfangs nur in der liebenswerteren Form eines Hangens an den glücklichen Vorzeichen, während einzig der banalere Charakter Mittlers, trotz dem selbstgenügsamen Gebaren, Spuren jener eigentlich abergläubischen Angst vor den bösen Omen erblicken läßt. Ihn als einzigen hält nicht die fromme, sondern abergläubische Scheu davon zurück, Friedhofsgrund wie anderen zu betreten, indessen den Freunden weder dort zu lustwandeln anstößig, noch zu schalten verboten scheint. Ohne Bedenken, ja ohne Rücksicht werden die Grabsteine an der Kirchenmauer aufgereiht, und der geebnete Grund, den ein Fußpfad durchzieht, bleibt zur Kleesaat dem Geistlichen überlassen. Keine bündigere Lösung vom Herkommen ist denkbar, als die von den Gräbern der Ahnen vollzogene, die im Sinne nicht nur des Mythos, sondern der Religion den Boden unter den Füßen der Lebenden gründen. Wohin führt ihre Freiheit die Handelnden? Weit entfernt, neue Einsichten zu erschließen, macht sie sie blind gegen dasjenige, was Wirkliches dem Gefürchteten einwohnt. Und dies daher, weil sie ihnen ungemäß ist. Nur die strenge Bindung an ein Ritual, die Aberglaube einzig heißen darf, wo sie ihrem Zusammenhange entrissen rudimentär überdauert, kann jenen Menschen Halt gegen die Natur versprechen, in der sie leben. Geladen, wie nur mythische Natur es ist, mit übermenschlichen Kräften, tritt sie drohend ins Spiel. Wessen Macht, wenn nicht die ihre, ruft den Geistlichen hinab, welcher auf dem Totenacker seinen Klee baute? Wer, wenn nicht sie, stellt den verschönten Schauplatz in ein fahles Licht? Denn ein solches durchwaltet – eigentlicher und umschriebener verstanden – die ganze Landschaft. An keiner Stelle erscheint sie im Sonnenlicht. Und niemals, soviel auch vom Gute gesprochen wird, ist von seinen Saaten die Rede oder von ländlichen Geschäften, die nicht der Zierde, sondern dem Unterhalt dienten. Die einzige Andeutung derart – Aussicht auf die Weinlese – führt vom Schauplatz der Handlung fort auf das Gut der Baronin. Desto deutlicher spricht die magnetische Kraft des Erdinnern. Von ihr hat in der »Farbenlehre« – um dieselbe Zeit möglicherweise – Goethe gesagt, daß die Natur dem Aufmerksamen »nirgends tot noch stumm; ja dem starren Erdkörper hat sie einen Vertrauten gegeben, ein Metall, an dessen kleinsten Teilen wir dasjenige, was in der ganzen Masse vorgeht, gewahr werden sollten«. Mit dieser Kraft haben Goethes Menschen Gemeinschaft, und im Spiel mit dem Unten gefallen sie sich wie in ihrem Spiel mit dem Oben. Und doch, was sind zuletzt ihre unermüdlichen Anstalten zu dessen Verschönerung anderes als der Wandel von Kulissen einer tragischen Szene. So manifestiert sich ironisch eine verborgene Macht in dem Dasein der Landedelleute.

Ihren Ausdruck trägt wie das Tellurische so das Gewässer. Nirgends verleugnet der See seine unheilvolle Natur unter der toten Fläche des Spiegels. Von dem »dämonischen Schicksal, das um den Lustsee waltet«, spricht bezeichnend eine ältere Kritik. Das Wasser als das chaotische Element des Lebens droht hier nicht in wüstem Wogen, das dem Menschen den Untergang bringt, sondern in der rätselhaften Stille, die ihn zu Grunde gehn läßt. Die Liebenden gehen, soweit Schicksal waltet, zu Grunde. Sie verfallen, wo sie den Segen des festen Grundes verschmähen, dem Unergründlichen, das im stehenden Gewässer erscheint. Buchstäblich sieht man dessen alte Macht sie beschwören. Denn zuletzt läuft jene Vereinigung der Wasser, wie sie schrittweise festem Lande Abbruch tut, auf die Wiederherstellung des einstigen Bergsees hinaus, der sich in der Gegend befand. In alledem ist die Natur es selbst, die unter Menschenhänden übermenschlich sich regt. In der Tat: sogar der Wind »der den Kahn zu den Planeten treibt, erhebt sich« – wie der Rezensent der »Kirchenzeitung« höhnisch mutmaßt – »wahrscheinlich auf Befehl der Sterne«.

Die Menschen selber müssen die Naturgewalt bekunden. Denn sie sind ihr nirgends entwachsen. Ihnen gegenüber macht dies die besondere Begründung jener allgemeinern Erkenntnis aus, nach welcher die Gestalten keiner Dichtung je der sittlichen Beurteilung unterworfen sein können. Und zwar nicht, weil sie, wie die von Menschen, alle Menscheneinsicht überstiege. Vielmehr untersagen bereits die Grundlagen solcher Beurteilung deren Beziehung auf Gestalten unwidersprechlich. Die Moralphilosophie hat es stringent zu erweisen, daß die erdichtete Person immer zu arm und zu reich ist, sittlichem Urteil zu unterstehen. Vollziehbar ist es nur am Menschen. Von ihnen unterscheidet die Gestalten des Romans, daß sie völlig der Natur verhaftet sind. Und nicht sittlich über sie zu befinden, sondern das Geschehen moralisch zu erfassen, ist geboten. Töricht bleibt, wie Solger, später auch Bielschowsky es getan, ein verschwommenes sittliches Geschmacksurteil, das sich nie hervorwagen dürfte, da an Tag zu legen, wo es noch am ersten den Beifall erhaschen kann. Die Figur des Eduard tut es niemand zu Dank. Aber wieviel tiefer als jene sieht Cohen, dem es – nach den Darlegungen seiner »Ästhetik« – sinnlos gilt, Eduards Erscheinung in dem Ganzen des Romans zu isolieren. Dessen Unzuverlässigkeit, ja Roheit ist der Ausdruck flüchtiger Verzweiflung in einem verlorenen Leben. Er erscheint »in der ganzen Disposition dieser Verbindung genau so, wie er sich selbst« Charlotten gegenüber »bezeichnet: ›Denn eigentlich hänge ich doch nur von dir ab!‹ Er ist der Spielball, nicht zwar für die Launen, die Charlotte überhaupt nicht hat, aber für das Endziel der Wahlverwandtschaften, auf das ihre zentrale Natur mit ihrem festen Schwerpunkt aus allen Schwankungen heraus hinstrebt.« Von Anfang an stehen die Gestalten unter dem Banne der Wahlverwandtschaften. Aber ihre wundersamen Regungen begründen, nach Goethes tiefer, ahnungsvoller Anschauung, nicht ein inniggeistiges Zusammenstimmen der Wesen, sondern einzig die besondere Harmonie der tiefern natürlichen Schichten. Diese nämlich sind mit der leisen Verfehltheit gemeint, die jenen Fügungen ohne Ausnahme anhaftet. Wohl paßt Ottilie sich Eduards Flötenspiel an, aber es ist falsch. Wohl duldet Eduard lesend bei Ottilie, was er Charlotten verwehrte, aber es ist eine Unsitte. Wohl fühlt er sich wunderbar von ihr unterhalten, aber sie schweigt. Wohl leiden selbst die beiden gemeinsam, aber es ist nur ein Kopfschmerz. Nicht natürlich sind diese Gestalten, denn Naturkinder sind – in einem fabelhaften oder wirklichen Naturzustande – Menschen. Sie jedoch unterstehen auf der Höhe der Bildung den Kräften, welche jene als bewältigt ausgibt, ob sie auch stets sich machtlos erweisen mag, sie niederzuhalten. Für das Schickliche ließen sie ihnen Gefühl, für das Sittliche haben sie es verloren. Nicht ein Urteil über ihr Handeln ist hier gemeint, sondern eines über ihre Sprache. Denn fühlend doch taub, sehend doch stumm gehen sie ihren Weg. Taub gegen Gott und stumm gegen die Welt. Rechenschaft mißlingt ihnen nicht durch ihr Handeln, sondern durch ihr Sein. Sie verstummen.

Nichts bindet den Menschen so sehr an die Sprache wie sein Name. Kaum in irgendeiner Literatur aber wird es eine Erzählung vom Umfang der »Wahlverwandtschaften« geben, in der so wenige Namen sich finden. Die Kargheit der Namengebung ist einer Deutung außer jener landläufigen fähig, die da auf die Goethesche Neigung zu typischem Gestalten verweist. Sie gehört vielmehr innigst zum Wesen einer Ordnung, deren Glieder unter einem namenlosen Gesetze dahinleben, einem Verhängnis, das ihre Welt mit dem matten Licht der Sonnenfinsternis erfüllt. Alle Namen, bis auf den des Mittler, sind bloße Taufnamen. In diesem ist keine Spielerei, mithin keine Anspielung des Dichters zu sehen, sondern eine Wendung, die das Wesen des Trägers unvergleichlich sicher bezeichnet. Er hat als ein Mann zu gelten, dessen Selbstliebe keine Abstraktion von den Andeutungen gestattet, die ihm in seinem Namen gegeben scheinen und der ihn damit entwürdigt. Sechs Namen finden sich außer dem seinen in der Erzählung: Eduard, Otto, Ottilie, Charlotte, Luciane und Nanny. Von diesen ist aber der erste gleichsam unecht. Er ist willkürlich, seines Klanges wegen gewählt worden, ein Zug, in dem durchaus eine Analogie zum Versetzen der Grabsteine erblickt werden darf. Auch schließt sich eine Vorbedeutung an den Doppelnamen, denn es sind seine Initialen E und O, die eins der Gläser aus der Grafen Jugendzeit zum Pfande seines Liebesglücks bestimmen.

Nie ist die Fülle vorverkündender und paralleler Züge im Roman den Kritikern entgangen. Sie gilt als nächstgelegener Ausdruck seiner Art schon längst für genugsam gewürdigt. Dennoch scheint – von seiner Deutung völlig abgesehn –, wie tief er das gesamte Werk durchdringt, nie voll erfaßt. Erst wenn dies aufgehellt im Blickfeld steht, wird klar, daß weder ein bizarrer Hang des Autors, noch gar bloße Spannungssteigerung darinnen liegt. Dann erst tritt auch genauer an den Tag, was diese Züge allermeist enthalten. Es ist eine Todessymbolik. »Daß es zu den bösen Häusern hinausgehn muß, sieht man ja gleich im Anfang«, heißt es mit einer seltsamen Redewendung bei Goethe. (Sie ist möglicherweise astrologischen Ursprungs; das Grimmsche Wörterbuch kennt sie nicht.) Bei anderer Gelegenheit hat der Dichter auf das Gefühl der »Bangigkeit« hingewiesen, das mit dem moralischen Verfall in den »Wahlverwandtschaften« beim Leser sich einfinden soll. Auch daß Goethe Gewicht darauf legte, »wie rasch und unaufhaltsam er die Katastrophe herbeigeführt«, wird berichtet. In den verborgensten Zügen ist das ganze Werk von jener Symbolik durchwebt. Ihre Sprache aber nimmt allein das Gefühl, dem sie vertraut ist, mühelos in sich auf, wo der gegenständlichen Auffassung des Lesers nur erlesene Schönheiten sich bieten. An wenigen Stellen hat Goethe auch ihr einen Hinweis gegeben, und dies sind im ganzen die einzigen geblieben, die bemerkt wurden. Sie schließen sich alle an die Episode vom kristallenen Becher an, der, zum Zerschellen bestimmt, im Wurfe aufgefangen und erhalten wird. Es ist das Bauopfer, das bei der Einweihung des Hauses zurückgewiesen wird, das Ottiliens Sterbehaus ist. Aber auch hier wahrt Goethe das verborgene Verfahren, da er aus dem freudigen Überschwang die Gebärde herleitet, welche dieses Zeremoniell vollzieht. Deutlicher ist eine Gräbermahnung in den Worten der Grundsteinlegung enthalten: »Es ist ein ernstes Geschäft und unsere Einladung ist ernsthaft: denn diese Feierlichkeit wird in der Tiefe begangen. Hier innerhalb dieses engen ausgegrabenen Raumes erweisen Sie uns die Ehre, als Zeugen unsers geheimnisvollen Geschäftes zu erscheinen.« Aus der freudig begrüßten Erhaltung des Bechers geht das große Motiv der Verblendung hervor. Gerade dieses Zeichen des verschmähten Opfers sucht mit allen Mitteln Eduard sich zu sichern. Um hohen Preis bringt er es nach dem Feste an sich. Sehr mit Grund heißt es in einer alten Besprechung: »Aber seltsam und schauerlich! Wie die nicht beachteten Vorbedeutungen alle eintreffen, so wird diese eine beachtete trügerisch befunden.« Und an solchen unbeachteten fehlt es in der Tat nicht. Die drei ersten Kapitel des zweiten Teils sind ganz erfüllt von Zurüstungen und Gesprächen um das Grab. Merkwürdig ist im Verlauf der letzteren die frivole, ja banale Deutung des de mortuis nihil nisi bene. »Ich hörte fragen, warum man von den Toten so unbewunden Gutes sage, von den Lebenden immer mit einer gewissen Vorsicht. Es wurde geantwortet: weil wir von jenen nichts zu befürchten haben, und diese uns noch irgendwo in den Weg kommen könnten.« Wie scheint auch hier ironisch sich ein Schicksal zu verraten, durch das die Redende, Charlotte, es erfährt, wie strenge ihr zwei Verstorbene den Weg vertreten. Tage, die auf den Tod vordeuten, sind die drei, auf welche das Geburtstagsfest der Freunde fällt. Wie die Grundsteinlegung an Charlottens, so muß auch das Richtfest an Ottiliens Geburtstag unter unglücklichen Zeichen sich vollziehen. Dem Wohnhaus ist kein Segen verheißen. Friedlich aber weiht an Eduards Geburtstag seine Freundin das vollführte Grabhaus. Ganz eigen wird gegen ihr Verhältnis zur entstehenden Kapelle, deren Bestimmung freilich noch unausgesprochen ist, das der Luciane zu dem Grabmal des Mausolos gestellt. Mächtig bewegt den Erbauer Ottiliens Wesen, unvermögend bleibt Lucianens Bemühen, bei verwandtem Anlaß seinen Anteil zu wecken. Dabei ist das Spiel am Tage und der Ernst geheim. Solche verborgene, doch entdeckt, darum nur um so schlagendere Gleichheit liegt auch in dem Motiv der Kästchen vor. Dem Geschenk an Ottilie, das den Stoff ihres Totengewandes enthält, entspricht des Architekten Behältnis mit den Funden aus Vorzeitgräbern. Von »Handelsleuten und Modehändlern« ist das eine erstanden, von dem andern heißt es, daß sein Inhalt durch die Anordnung »etwas Putzhaftes« annahm, daß man »mit Vergnügen darauf, wie auf die Kästchen eines Modehändlers hinblickte«.

Auch das dergestalt einander Entsprechende – im Genannten, im Todessymbole – ist nicht leichthin, wie es R. M. Meyer versucht, durch die Typik Goethescher Gestaltung zu erklären. Vielmehr ist erst dann die Betrachtung am Ziel, wenn sie als schicksalhaft jene Typik erkennt. Denn die »ewige Wiederkunft alles Gleichen«, wie es vor dem innerlichst verschiedenen Fühlen starr sich durchsetzt, ist das Zeichen des Schicksals, mag es nun im Leben Vieler sich gleichen oder in dem Einzelner sich wiederholen. Zweimal bietet Eduard dem Geschick sein Opfer an: im Kelch das erste

Mal, danach – wenn auch nicht mehr willig – im eignen Leben. Diesen Zusammenhang erkennt er selbst: »Ein Glas mit unserm Namenszug bezeichnet, bei der Grundsteinlegung in die Lüfte geworfen, ging nicht zu Trümmern; es ward aufgefangen und ist wieder in meinen Händen. So will ich mich denn selbst, rief ich mir zu, als ich an diesem einsamen Ort so zweifelhafte Stunden verlebt hatte, mich selbst will ich an die Stelle des Glases zum Zeichen machen, ob unsere Verbindung möglich sei oder nicht. Ich gehe hin und suche den Tod, nicht als Rasender, sondern als einer, der zu leben hofft.« Auch in der Zeichnung des Krieges, in den er sich wirft, hat man jene Neigung zum Typus als Kunstprinzip wiedergefunden. Aber selbst hier ließe sich fragen, ob nicht auch deswegen diesen Goethe so allgemein behandelt hat, weil der verhaßte Napoleon ihm vorschwebte. Wie dem auch sei: nicht ein Kunstprinzip allein, sondern ein Motiv des schicksalhaften Seins vor allem ist in jener Typik zu erfassen. Diese schicksalhafte Art des Daseins, die in einem einzigen Zusammenhang von Schuld und Sühne lebende Naturen umschließt, hat der Dichter durch das Werk hin entfaltet. Sie aber ist nicht, wie Gundolf meint, der des Pflanzendaseins zu vergleichen. Kein genauerer Gegensatz zu ihr ist denkbar. Nein, nicht »nach Analogie des Verhältnisses von Keim, Blüte und Frucht ist auch Goethes Gesetzes-, sein Schicksal- und Charakterbegriff in den Wahlverwandtschaften zu deuten«. Goethes so wenig wie irgendein anderer, der stichhaltig wäre. Denn Schicksal (ein anderes ist es mit dem Charakter) betrifft das Leben unschuldiger Pflanzen nicht. Nichts ist diesem ferner. Unaufhaltsam dagegen entfaltet es sich im verschuldeten Leben. Schicksal ist der Schuldzusammenhang von Lebendigem. So hat es Zelter in diesem Werke berührt, wenn er, die »Mitschuldigen« damit vergleichend, von dem Lustspiel bemerkt: »Doch ist es eben darum von keiner angenehmen Wirkung, weil es vor jede Tür tritt, weil es die Guten mittrifft, und so habe ich es mit den Wahlverwandtschaften verglichen, wo auch die Besten etwas zu verheimlichen haben und sich selber anklagen müssen, nicht auf dem rechten Weg zu sein.« Sichrer kann das Schicksalhafte nicht bezeichnet werden. Und so erscheint es in den »Wahlverwandtschaften«: als die Schuld, die am Leben sich forterbt. »Charlotte wird von einem Sohne entbunden. Das Kind ist aus der Lüge geboren. Zum Zeichen dessen trägt es die Züge des Hauptmanns und Ottiliens. Es ist als ein Geschöpf der Lüge zum Tode verurteilt, denn nur die Wahrheit ist wesenhaft. Die Schuld an seinem Tod muß auf die fallen, die ihre Schuld an seiner innerlich unwahren Existenz nicht durch Selbstüberwindung gesühnt haben. Das sind Ottilie und Eduard. – So ungefähr wird das naturphilosophisch-ethische Schema gelautet haben, das Goethe sich für die Schlußkapitel entwarf.« Soviel ist an dieser Vermutung Bielschowskys unumstößlich: daß es ganz der Schicksalsordnung entspricht, wenn das Kind, das neugeboren in sie eintritt, nicht die alte Zerrissenheit entsühnt, sondern deren Schuld vererbend vergehen muß. Nicht von sittlicher ist hier die Rede – wie könnte das Kind sie erwerben –, sondern von natürlicher, in die Menschen nicht durch Entschluß und Handlung, sondern durch Säumen und Feiern geraten. Wenn sie, nicht des Menschlichen achtend, der Naturmacht verfallen, dann zieht das natürliche Leben, das im Menschen sich die Unschuld nicht länger bewahrt als es an ein höheres sich bindet, dieses hinab. Mit dem Schwinden des übernatürlichen Lebens im Menschen wird sein natürliches schuld, ohne daß es im Handeln gegen die Sittlichkeit fehle. Denn nun steht es in dem Verband des bloßen Lebens, der am Menschen als Schuld sich bekundet. Dem Unglück, das sie über ihn heraufbeschwört, entgeht er nicht. Wie jede Regung in ihm neue Schuld, wird jede seiner Taten Unheil auf ihn ziehen. Dies nimmt in jenem alten Märchenstoff vom Überlästigen der Dichter auf, in dem der Glückliche, der allzu reichlich gibt, das Fatum unauflöslich an sich fesselt.

Auch dies das Gebaren des Verblendeten.

Ist der Mensch auf diese Stufe gesunken, so gewinnt selbst Leben scheinbar toter Dinge Macht. Sehr mit Recht hat Gundolf auf die Bedeutung des Dinghaften im Geschehen hingewiesen. Ist doch ein Kriterium der mythischen Welt jene Einbeziehung sämtlicher Sachen ins Leben. Unter ihnen war von jeher die erste das Haus. So rückt hier im Maße wie das Haus vollendet wird, das Schicksal nah. Grundsteinlegung, Richtfest und Bewohnung bezeichnen ebenso viele Stufen des Untergangs. Einsam, ohne Blick auf Siedlungen liegt das Haus, und fast unausgestattet wird es bezogen. Auf seinem Altan erscheint, indes sie abwesend ist, Charlotte, in weißem Kleide, der Freundin. Auch der Mühle im schattigen Waldgrund ist zu gedenken, wo zum ersten Male die Freunde sich im Freien versammelt haben. Die Mühle ist ein altes Symbol der Unterwelt. Mag sein, daß es aus der auflösenden und verwandelnden Natur des Mahlens sich herschreibt.

Notwendig müssen in diesem Kreise die Gewalten obsiegen, die im Zerfallen der Ehe an Tag treten. Denn es sind eben jene des Schicksals. Die Ehe scheint ein Geschick, mächtiger als die Wahl, der die Liebenden nachhängen. »Ausdauern soll man da, wo uns mehr das Geschick als die Wahl hinstellt. Bei einem Volke, einer Stadt, einem Fürsten, einem Freunde, einem Weibe festhalten, darauf Alles beziehen, deshalb wirken, Alles entbehren und dulden, das wird geschätzt.« So faßt Goethe in dem Aufsatz über Winckelmann den in Rede stehenden Gegensatz. Vom Geschick her ermessen ist jede Wahl »blind« und führt blindlings ins Unheil. Ihr steht mächtig genug die verletzte Satzung entgegen, um zur Sühne der gestörten Ehe das Opfer zu fordern. Unter der mythischen Urform des Opfers also erfüllt sich die Todessymbolik in diesem Geschick. Dazu vorbestimmt ist Ottilie. Als eine Versöhnerin »steht Ottilie da in dem herrlichen« (lebenden) »Bilde; sie ist die Schmerzensreiche, die Betrübte, der das Schwert durch die Seele dringt«, sagt Abeken in der vom Dichter so bewunderten Besprechung. Ähnlich Solgers gleich gemächlicher und von Goethe gleich geachteter Versuch. »Sie ist ja das wahre Kind der Natur und ihr Opfer zugleich.« Beiden Rezensenten mußte doch der Gehalt des Vorgangs völlig entgehen, weil sie nicht vom Ganzen der Darstellung, sondern vom Wesen der Heldin ausgingen. Nur im ersten Falle gibt sich das Verscheiden der Ottilie unverkennbar als Opferhandlung. Daß ihr Tod – wenn nicht im Sinn des Dichters, so gewiß in dem entschiedeneren seines Werks – ein mythisches Opfer ist, erweist ein Doppeltes zur Evidenz. Zunächst: es ist dem Sinn der Romanform nicht allein entgegen, den Entschluß, aus dem Ottiliens tiefstes Wesen wie sonst nirgends spräche, ganz in Dunkelheit zu hüllen, nein, auch dem Ton der Dichtung scheint es fremd, wie unvermittelt, fast brutal sein Werk an Tag tritt. Sodann: was jene Dunkelheit verbirgt, geht deutlich doch aus allem Übrigen hervor – die Möglichkeit, ja die Notwendigkeit des Opfers nach den tiefsten Intentionen dieses Romans. Also nicht allein als »Opfer des Geschicks« fällt Ottilie – geschweige, daß sie wahrhaft selbst »sich opfert« –, sondern unerbittlicher, genauer, als das Opfer zur Entsühnung der Schuldigen. Die Sühne nämlich ist im Sinne der mythischen Welt, die der Dichter beschwört, seit jeher der Tod der Unschuldigen. Daher stirbt Ottilie, wundertätige Gebeine hinterlassend, trotz ihres Freitods als Märtyrerin.

Nirgends ist zwar das Mythische der höchste Sachgehalt, überall aber ein strenger Hinweis auf diesen. Als solchen hat es Goethe zur Grundlage seines Romans gemacht. Das Mythische ist der Sachgehalt dieses Buches: als ein mythisches Schattenspiel in Kostümen des Goetheschen Zeitalters erscheint sein Inhalt. Es liegt nahe, an eine so befremdende Auffassung dasjenige zu halten, was Goethe über sein Werk gedacht hat. Nicht als ob mit des Dichters Äußerungen der

Kritik ihre Bahn vorgezeichnet sein müßte; doch je mehr sie sich von diesen entfernt, desto weniger wird sie der Aufgabe sich entziehen wollen, auch sie aus den gleichen verborgenen Ressorts wie das Werk zu verstehen. Das einzige Prinzip für ein solches Verständnis freilich kann darin nicht liegen. Biographisches nämlich, das in Kommentar und Kritik gar nicht eingeht, hat hier seine Stelle. Goethes Auslassungen über diese Dichtung sind mitbestimmt durch das Streben, zeitgenössischen Urteilen zu begegnen. Daher wäre ein Blick auf diese angezeigt, auch wenn nicht ein viel näheres Interesse, als dieser Hinweis es bezeichnet, die Betrachtung an sie weisen würde. Unter den Stimmen der Zeitgenossen wiegen wenig diejenigen – meist anonymer Beurteiler –, die das Werk mit der konventionellen Achtung begrüßen, die schon damals jedem Goetheschen geschuldet wurde. Wichtig sind die ausgeprägten Sätze, wie sie unter dem Namen einzelner hervorragender Berichterstatter erhalten sind. Sie sind darum nicht untypisch. Vielmehr gab es gerade unter ihren Schreibern am ersten solche, die das auszusprechen wagten, was Geringere nur aus Achtung vor dem Dichter nicht bekennen wollten. Dieser hat nichtsdestoweniger die Gesinnung seines Publikums gefühlt, und aus bittrer, unverfälschter Rückerinnerung gemahnt er 1827 Zelter, daß es, wie er sich wohl erinnern werde, gegen seine »Wahlverwandtschaften« »sich wie gegen das Hemd des Nessus gebärdet« habe. Kopfscheu, dumpf, wie geschlagen stand es vor einem Werke, in dem es nur die Hilfe aus den Wirrnissen des eignen Lebens suchen zu sollen meinte, ohne selbstlos in das Wesen eines fremden sich versenken zu wollen. Hierfür ist das Urteil in Frau von Staels »De l'Allemagne« repräsentativ. Es lautet: »On ne peut nier qu'il y a dans ce livre une profonde connaissance du cœur humain, mais une connaissance décourageante. La vie y est représentée comme une chose assez indifférente de quelque manière qu'on la prenne: triste quand on l'approfondit, assez agréable quand on l'esquive, susceptible de maladies morales qu'il faut guérir si l'on peut et dont il faut mourir si l'on n'en peut guérir.« Nachrücklich scheint etwas Ähnliches mit Wielands lakonischer Wendung bezeichnet zu sein – sie ist einem Brief entnommen, dessen Adressatin unbekannt ist –: »Ich gestehe Ihnen, meine Freundin, daß ich dieses wirklich schauerliche Werk, nicht ohne warmen Anteil zu nehmen, gelesen habe.« Die sachlichen Motive einer Ablehnung, die dem gemäßigten Befremden kaum bewußt sein mochten, treten kraß in dem Verdikt der kirchlichen Partei zutage. Den begabteren Fanatikern konnten die offenkundigen paganischen Tendenzen in dem Werke nicht entgehen. Denn wiewohl der Dichter jenen finstern Mächten alles Glück der Liebenden zum Opfer gab, vermißte ein untrüglicher Instinkt das Göttlich-Transzendente des Vollzugs. Konnte doch ihr Untergang in diesem Dasein nicht genügen – was verbürgte, daß sie in einem höheren nicht triumphierten? Ja, schien nicht eben dies Goethe in den Schlußworten andeuten zu wollen? »Eine Himmelfahrt der bösen Lust« nennt daher F. H. Jacobi den Roman. In seiner evangelischen »Kirchenzeitung« gab Hengstenberg noch ein Jahr vor Goethes Tod wohl die breiteste Kritik von allen. Seine aufgestachelte Empfindung, welcher keinerlei Esprit zur Hilfe kommt, bot ein Muster hämischer Polemik dar. Weit jedoch bleibt dies alles hinter Werner zurück. Zacharias Werner, dem im Augenblick seiner Bekehrung am wenigsten der Spürsinn für die düstern Ritualtendenzen dieses Ablaufs fehlen konnte, sandte an Goethe – gleichzeitig mit der Nachricht von dieser – sein Sonett »Die Wahlverwandtschaften«, – eine Prosa, der in Brief und Gedicht noch nach hundert Jahren der Expressionismus nichts Arrivierteres an die Seite zu setzen hätte. Spät genug merkte Goethe, woran er war, und ließ dieses denkwürdige Schreiben den Schluß des Briefwechsels bilden. Das beiliegende Sonett lautet:

Die Wahlverwandtschaften

Vorbei an Gräbern und an Leichensteinen,
Die schön vermummt die sichre Beut' erwarten,
Hin schlängelt sich der Weg nach Edens Garten,
Wo Jordan sich und Acheron vereinen.

Erbaut auf Triebsand will getürmt erscheinen
Jerusalem; allein die gräßlich zarten
Meernixen, die sechstausend Jahr schon harrten,
Lechzen im See, durch Opfer sich zu reinen.

Da kommt ein heilig freches Kind gegangen,
Des Heiles Engel trägt's, den Sohn der Sünden,
Der See schlingt alles! Weh uns! – Es war Scherz!

Will Helios die Erde denn entzünden?
Er glüht ja nur, sie liebend zu empfangen!
Du darfst den Halbgott lieben, zitternd Herz!

Eins scheint gerade aus dergleichen tollem, würdelosem Lob und Tadel zu erhellen: daß der mythische Gehalt des Werkes den Zeitgenossen Goethes nicht der Einsicht, aber dem Gefühl nach gegenwärtig war. Dem ist heute anders, da die hundertjährige Tradition ihr Werk vollzogen und die Möglichkeit ursprünglicher Erkenntnis fast verschüttet hat. Wird doch, wenn ein Werk von Goethe heute seinen Leser fremd anmutet oder feindlich, bald benommenes Schweigen sich dessen bemächtigen und den wahren Eindruck ersticken. – Mit unverhohlener Freude begrüßte Goethe die beiden, die solchem Urteil entgegen, wenn auch schwächlich, sich hören ließen. Solger war der eine, Abeken der andere. Was die wohlmeinenden Worte des ersteren betrifft, so ruhte Goethe nicht eher, bis die Form einer Kritik ihnen verliehen war, in der sie an sichtbarer Stelle erschienen. Denn in ihnen fand er das Humane, das die Dichtung so planvoll zur Schau stellt. Niemandem scheint es mehr den Blick auf den Grundgehalt getrübt zu haben als Wilhelm von Humboldt: »Schicksal und innere Notwendigkeit vermisse ich vor allen Dingen daran«, verurteilt er seltsam genug.

Dem Streit der Meinungen nicht schweigend zu folgen, hatte Goethe einen doppelten Anlaß. Er hatte sein Werk zu verteidigen – das war das eine. Er hatte dessen Geheimnis zu wahren – das war das andere. Beide wirken zusammen, um seiner Erklärung einen ganz anderen Charakter zu geben als jenen der Deutung. Sie hat einen apologetischen und mystifizierenden Zug, welche sich trefflich in ihrem Hauptstück vereinigen. Man könnte es die Fabel von der Entsagung nennen. An ihr fand Goethe den gegebenen Halt, dem Wissen tiefern Zugang zu versagen. Zugleich war sie auch als Erwiderung auf so manchen philiströsen Angriff zu verwenden. So hat sie Goethe in dem Gespräch verlautbart, das durch Riemers Überlieferung fürder das traditionelle Bild von dem Roman bestimmte. Dort sagt er: der Kampf des Sittlichen mit der Neigung ist »hinter die Szene verlegt und man sieht, daß er vorangegangen sein müsse. Die Menschen betragen sich wie vornehme Leute, die bei allem innern Zwiespalt doch das äußere Decorum behaupten. – Der Kampf des Sittlichen eignet sich niemals zu einer ästhetischen Darstellung. Denn entweder siegt das Sittliche oder es wird überwunden. Im ersteren Falle weiß man nicht, was und warum es dargestellt worden; im andern ist es schmählich, das mit anzusehen; denn am Ende muß doch irgendein Moment dem Sinnlichen das Übergewicht über das Sittliche geben, und eben dieses Moment gibt der Zuschauer gerade nicht zu, sondern verlangt ein noch schlagenderes, das der Dritte immer wieder eludiert, je sittlicher er selbst ist. – In solchen Darstellungen muß stets das Sinnliche Herr werden; aber bestraft durch das Schicksal, das heißt durch die sittliche Natur, die sich durch den Tod ihre Freiheit salviert. – So muß der

Werther sich erschießen, nachdem er die Sinnlichkeit Herr über sich hat werden lassen. So muß Ottilie καρτερieren und Eduard desgleichen, nachdem sie ihrer Neigung freien Lauf gelassen. Nun erst feiert das Sittliche seinen Triumph.« Auf diese zweideutigen Sätze wie auch sonst auf jeden Drakonismus, den er im Gespräch hierüber zu betonen liebte, mochte Goethe pochen, da dem rechtlichen Vergehen in der Verletzung der Ehe, der mythischen Verschuldung, ihre Sühne mit dem Untergang der Helden so reichlich verliehen war. Nur daß dies in Wahrheit nicht Sühne aus Verletzung, sondern Erlösung aus der Verstrickung der Ehe war. Nur daß allen jenen Worten zum Trotz zwischen Pflicht und Neigung ein Kampf weder sichtbar noch heimlich sich abspielt. Nur daß niemals triumphierend hier das Sittliche, sondern einzig und allein im Unterliegen lebt. So liegt der moralische Gehalt dieses Werks in viel tieferen Schichten, als es Goethes Worte vermuten lassen. Ihre Ausflüchte sind weder möglich noch nötig. Denn nicht allein unzulänglich sind seine Erörterungen in ihrem Gegensatz zwischen Sinnlichem und Sittlichem, sondern offenkundig unhaltbar in ihrer Ausschließung des inneren ethischen Kampfes als eines Gegenstandes dichterischen Bildens. Was bliebe anders wohl vom Drama, vom Roman selbst übrig? Wie aber auch moralisch der Gehalt dieser Dichtung sich fassen lasse – ein fabula docet enthält sie nicht, und in der matten Mahnung zur Entsagung, mit welcher die gelehrige Kritik seit jeher ihre Abgründe und Gipfel nivellierte, ist sie von fern nicht berührt. Zudem ist von Mézières bereits mit Recht auf die epikuräische Tendenz, die Goethe dieser Haltung leiht, verwiesen worden. Daher trifft viel tiefer das Geständnis aus dem »Briefwechsel mit einem Kinde«, und nur widerstrebend läßt man von der Wahrscheinlichkeit sich überzeugen, daß Bettina, der dieser Roman in vieler Hinsicht fern stand, es erdichtet hat. Dort steht, er habe »sich hier die Aufgabe gemacht, in diesem einen erfundenen Geschick wie in einer Grabesurne die Tränen für manches Versäumte zu sammeln«. Man nennt aber das, dem man entsagte, nicht Versäumtes. So ist denn wohl nicht Entsagung in so manch einem Verhältnis seines Lebens das erste in Goethe gewesen, sondern die Versäumnis. Und als er die Unwiederbringlichkeit des Versäumten, die Unwiederbringlichkeit aus Versäumnis erkannte, da erst mag ihm die Entsagung sich ergeben haben und ist nur der letzte Versuch, Verlorenes im Gefühl noch zu umfangen. Das mag auch Minna Herzlieb gegolten haben. Das Verständnis der »Wahlverwandtschaften« aus des Dichters eigenen Worten darüber erschließen zu wollen ist vergebene Mühe. Gerade sie sind ja dazu bestimmt, der Kritik den Zugang zu verlegen. Dafür aber ist der letzte Grund nicht die Neigung, Torheit abzuwehren. Vielmehr liegt er eben in dem Streben, alles jenes unvermerkt zu lassen, was des Dichters eigene Erklärung verleugnet. Der Technik des Romanes einerseits, dem Kreise der Motive andererseits war ihr Geheimnis zu wahren. Der Bereich poetischer Technik bildet die Grenze zwischen einer oberen, freiliegenden und einer tieferen, verborgenen Schichtung der Werke. Was der Dichter als seine Technik bewußt hat, was auch schon der zeitgenössischen Kritik grundsätzlich erkennbar als solche, berührt zwar die Realien im Sachgehalt, bildet aber die Grenze gegen ihren Wahrheitsgehalt, der weder dem Dichter noch der Kritik seiner Tage restlos bewußt sein kann. In der Technik, welche – zum Unterschied von der Form – nicht durch den Wahrheitsgehalt, sondern durch die Sachgehalte allein entscheidend bestimmt wird, sind diese notwendig bemerkbar. Denn dem Dichter ist die Darstellung der Sachgehalte das Rätsel, dessen Lösung er in der Technik zu suchen hat. So konnte Goethe sich durch die Technik der Betonung der mythischen Mächte in seinem Werke versichern. Welche letzte Bedeutung sie haben, mußte ihm wie dem Zeitgeist entgehen. Diese Technik aber suchte der Dichter als sein Kunstgeheimnis zu hüten. Hierauf scheint er anzuspielen, wenn er sagt, er habe den Roman nach einer Idee gearbeitet. Diese darf als technische begriffen werden. Anders wäre kaum der Zusatz verständlich, der den Wert von solchem Vorgehen in Frage stellt. Sehr wohl aber ist begreiflich, daß dem Dichter die unendliche Subtilität, die die Fülle der Beziehung in dem Buch verbarg, einmal zweifelhaft erscheinen konnte. »Ich hoffe, Sie sollen meine alte Art und Weise darin finden. Ich habe viel hineingelegt, manches hineinversteckt. Möge Ihnen dieses offenbare Geheimnis zur Freude gereichen.« So schreibt Goethe an Zelter. Im gleichen Sinne pocht er auf den Satz, daß in dem Werke mehr enthalten sei »als irgend jemand bei einmaligem Lesen aufzunehmen imstände wäre«. Deutlicher als alles spricht aber die Vernichtung der Entwürfe. Denn es möchte schwerlich Zufall sein, daß von diesen nicht einmal ein Bruchstück aufbehalten blieb. Vielmehr hat der Dichter offenbar ganz vorsätzlich alles dasjenige zerstört, was die durchaus konstruktive Technik des Werkes gezeigt hätte. – Ist das Dasein der Sachgehalte dergestalt versteckt, so verbirgt ihr Wesen sich selbst. Alle mythische Bedeutung sucht Geheimnis. Daher konnte gerade von diesem Werk Goethe selbstgewiß sagen, das Gedichtete behaupte sein Recht wie das Geschehene. Solches Recht wird hier in der Tat, in dem sarkastischen Sinne des Satzes, nicht der Dichtung, sondern dem Gedichteten verdankt – der mythischen Stoffschicht des Werkes. In diesem Bewußtsein durfte Goethe unnahbar, zwar nicht über, jedoch in seinem Werke verharren, gemäß den Worten, welche Humboldts kritische Sätze beschließen: »Ihm aber darf man so etwas nicht sagen. Er hat keine Freiheit über seine eigenen Sachen und wird stumm, wenn man im mindesten tadelt.« So steht Goethe im Alter aller Kritik gegenüber: als Olympier. Nicht im Sinne des leeren epitheton ornans oder schön erscheinender Gestalt, den die Neuern ihm geben. Dieses Wort – Jean Paul wird es zugeschrieben – bezeichnet die dunkle, in sich selbst versunkene, mythische Natur, die in sprachloser

Starre dem Goetheschen Künstlertum innewohnt. Als Olympier hat er den Grundbau des Werkes gelegt und mit kargen Worten das Gewölbe geschlossen.
In dessen Dämmerung trifft der Blick auf das, was am verborgensten in Goethe ruht. Solche Züge und Zusammenhänge, die im Lichte der alltäglichen Betrachtung sich nicht zeigen, werden klar. Und wiederum ist es allein durch sie, wenn mehr und mehr der paradoxe Schein von der vorangegangenen Deutung schwindet. So erscheint ein Urgrund Goetheschen Forschens in Natur nur hier. Dieses Studium beruht auf bald naivem, bald auch wohl bedachterem Doppelsinn in dem Naturbegriff. Er bezeichnet nämlich bei Goethe sowohl die Sphäre der wahrnehmbaren Erscheinungen wie auch die der anschaubaren Urbilder. Niemals hat doch Goethe Rechenschaft von dieser Synthesis erbringen können. Vergebens suchen seine Forschungen statt philosophischer Ergründung den Erweis für die Identität der beiden Sphären empirisch durch Experimente zu führen. Da er die »wahre« Natur nicht begrifflich bestimmte, ist er ins fruchtbare Zentrum einer Anschauung niemals gedrungen, die ihn die Gegenwart »wahrer« Natur als Urphänomen in ihren Erscheinungen suchen hieß, wie er in den Kunstwerken sie voraussetzte. Solger gewahrt diesen Zusammenhang, der insbesondere gerade zwischen den »Wahlverwandtschaften« und Goethescher Naturforschung besteht, wie ihn auch die Selbstanzeige betont. Bei ihm heißt es: »Die Farbenlehre hat mich gewissermaßen überrascht. Weiß Gott, wie ich mir vorher gar keine bestimmte Erwartung davon gemacht hatte; meistens glaubte ich bloße Experimente darin zu finden. Nun ist es ein Buch, worin die Natur lebendig, menschlich und umgänglich geworden ist. Mich dünkt, es gibt auch den Wahlverwandtschaften einiges Licht.« Die Entstehung der Farbenlehre ist auch zeitlich der des Romanes benachbart. Goethes Forschungen im Magnetismus vollends greifen deutlich in das Werk selbst ein. Diese Einsicht in Natur, an

der der Dichter die Bewährung seiner Werke stets vollziehen zu können glaubte, vollendete seine Gleichgültigkeit gegen Kritik. Ihrer bedurfte er nicht. Die Natur der Urphänomene war der Maßstab, ablesbar jeden Werkes Verhältnis zu ihr. Aber auf Grund jenes Doppelsinns im Naturbegriff wurde zu oft aus den Urphänomenen als Urbild die Natur als das Vorbild. Niemals wäre diese Ansicht mächtig geworden, wenn – in Auflösung der gedachten Äquivokation – es sich Goethe erschlossen hätte, daß adäquat im Bereich der Kunst allein die Urphänomene – als Ideale – sich der Anschauung darstellen, während in der Wissenschaft die Idee sie vertritt, die den Gegenstand der Wahrnehmung zu bestrahlen, doch in der Anschauung nie zu verwandeln vermag. Die Urphänomene liegen der Kunst nicht vor, sie stehen in ihr. Von Rechts wegen können sie niemals Maßstäbe abgeben. Scheint bereits in dieser Kontamination des reinen und empirischen Bereichs die sinnliche Natur den höchsten Ort zu fordern, so triumphiert ihr mythisches Gesicht in der Gesamterscheinung ihres Seins. Es ist für Goethe nur das Chaos der Symbole. Als solche nämlich treten bei ihm die Urphänomene, in Gemeinschaft mit den anderen auf, wie so deutlich unter den Gedichten das Buch »Gott und Welt« es vorstellt. Nirgends hat der Dichter je versucht, eine Hierarchie der Urphänomene zu begründen. Seinem Geiste stellt die Fülle ihrer Formen nicht anders sich dar als dem Ohre die verworrene Tonwelt. In dieses Gleichnis mag erlaubt sein, eine Schilderung, die er von ihr bietet, zu wenden, weil sie selbst so deutlich wie nur weniges den Geist, in dem er die Natur betrachtet, kundgibt. »Man schließe das Auge, man öffne, man schärfe das Ohr, und vom leisesten Hauch bis zum wildesten Geräusch, vom einfachsten Klang bis zur höchsten Zusammenstimmung, von dem heftigsten leidenschaftlichsten Schrei bis zum sanftesten Wort der Vernunft ist es nur die Natur, die spricht, ihr Dasein, ihre Kraft, ihr Leben und ihre Verhältnisse offenbart, so daß ein Blinder, dem das unendlich Sichtbare versagt ist, im Hörbaren ein unendlich Lebendiges fassen kann.« Wenn im extremsten Sinne also selbst die »Worte der Vernunft« zur Habe der Natur geschlagen werden, was Wunder, wenn für Goethe der Gedanke niemals ganz das Reich der Urphänomene durchleuchtete. Damit aber beraubte er sich der Möglichkeit, Grenzen zu ziehen. Unterscheidungslos verfällt das Dasein dem Begriffe der Natur, der ins Monströse wächst, wie das Fragment von 1780 lehrt. Und zu den Sätzen dieses Bruchstückes – »der Natur« – hat Goethe noch im späten Alter sich bekannt. Ihr Schlußwort lautet: »Sie hat mich hereingestellt, sie wird mich auch herausführen. Ich vertraue mich ihr. Sie mag mit mir schalten; sie wird ihr Werk nicht lassen. Ich sprach nicht von ihr; nein, was wahr ist und was falsch ist, alles hat sie gesprochen. Alles ist ihre Schuld, alles ist ihr Verdienst.« In dieser Weltbetrachtung ist das Chaos. Denn darein mündet zuletzt das Leben des Mythos, welches ohne Herrscher oder Grenzen sich selbst als die einzige Macht im Bereich des Seienden einsetzt.

Die Abkehr von aller Kritik und die Idololatrie der Natur sind die mythischen Lebensformen im Dasein des Künstlers. Daß sie in Goethe eine höchste Prägnanz erhalten, dies wird man im Namen des Olympiers bedeutet sehn dürfen. Er bezeichnet zugleich im mythischen Wesen das Lichte. Aber ein Dunkles entspricht ihm, das aufs schwerste das Dasein des Menschen beschattet hat. Davon lassen sich Spuren in »Wahrheit und Dichtung« erkennen. Doch das wenigste drang in Goethes Bekenntnisse durch. Einzig der Begriff des Dämonischen steht, wie ein abgeschliffener Monolith, in ihrer Ebene. Mit ihm leitete Goethe den letzten Abschnitt des autobiographischen Werkes ein. »Man hat im Verlaufe dieses biographischen Vortrags umständlich gesehen, wie das Kind, der Knabe, der Jüngling sich auf verschiedenen Wegen dem Übersinnlichen zu nähern gesucht; erst mit Neigung nach einer natürlichen Religion hingeblickt, dann mit Liebe sich an eine positive festgeschlossen; ferner durch Zusammenziehung in sich selbst seine eignen Kräfte versucht und sich endlich dem allgemeinen Glauben freudig hingegeben. Als er in den Zwischenräumen dieser Regionen hin und wieder wanderte, suchte, sich umsah, begegnete ihm manches, was zu keiner von allen gehören mochte, und er glaubte mehr und mehr einzusehen, daß es besser sei, den Gedanken von dem Ungeheuren, Unfaßlichen abzuwenden. – Er glaubte in der Natur, der belebten und unbelebten, der beseelten und unbeseelten etwas zu entdecken, was sich nur in Widersprüchen manifestierte und deshalb unter keinen Begriff, noch viel weniger unter ein Wort gefaßt werden könnte. Es war nicht göttlich, denn es schien unvernünftig; nicht menschlich, denn es hatte keinen Verstand; nicht teuflisch, denn es war wohltätig; nicht englisch, denn es ließ oft Schadenfreude merken. Es glich dem Zufall, denn es bewies keine Folge; es ähnelte der Vorsehung, denn es deutete auf Zusammenhang. Alles, was uns begrenzt, schien für dasselbe durchdringbar; es schien mit den notwendigen Elementen unsres Daseins willkürlich zu schalten; es zog die Zeit zusammen und dehnte den Raum aus. Nur im Unmöglichen schien es sich zu gefallen und das Mögliche mit Verachtung von sich zu stoßen. – Dieses Wesen, das zwischen alle übrigen hineinzutreten, sie zu sondern, sie zu verbinden schien, nannte ich dämonisch, nach dem Beispiel der Alten und derer, die etwas Ähnliches gewahrt hatten. Ich suchte mich vor diesem furchtbaren Wesen zu retten.« Es bedarf kaum des Hinweises, daß in diesen Worten, nach mehr als fünfunddreißig Jahren, die gleiche Erfahrung unfaßbarer Naturzweideutigkeit sich kundtut wie in dem berühmten Fragmente. Die Idee des Dämonischen, die abschließend noch im Egmont-Zitat von »Wahrheit und Dichtung« anführend in der ersten Stanze der »Orphischen Urworte« sich findet, begleitet Goethes Anschauung sein Leben lang. Sie ist es, die in der Schicksalsidee der »Wahlverwandtschaften« hervortritt, und wenn es noch zwischen beiden der Vermittlung bedürfte, so fehlt auch sie, die seit Jahrtausenden den Ring beschließt, bei Goethe nicht. Greifbar weisen die Urworte, andeutend die Lebenserinnerungen auf die Astrologie als den Kanon des mythischen Denkens. Mit der Hindeutung aufs Dämonische schließt, mit der aufs Astrologische beginnt »Wahrheit und Dichtung«. Und nicht gänzlich scheint dies Leben astrologischer Betrachtung entzogen. Goethes Horoskop, wie es halb spielend und halb ernst Bolls »Sternglaube und Sterndeutung« gestellt hat, verweist von seiner Seite auf die Trübung dieses Daseins. »Auch daß der Aszendent dem Saturn dicht folgt und dabei in dem schlimmsten Skorpion liegt, wirft einige Schatten auf dieses Leben; mindestens eine gewisse Verschlossenheit wird das als ›rätselhaft‹ geltende Tierkreiszeichen im Verein mit dem versteckten Wesen des Saturn im höheren Lebensalter verursachen; aber auch« – und dies weist auf das Folgende voraus – »als ein auf der Erde kriechendes Lebewesen in dem der ›erdige Planet‹ Saturn steht, jene starke Diesseitigkeit, die sich in ›derber Liebeslust mit klammernden Organen‹ an die Erde hält.

»Ich sucht mich vor diesem furchtbaren Wesen zu retten.« Den Umgang der dämonischen Kräfte erkauft die mythische Menschheit mit Angst. Sie hat aus Goethe oft unverkennbar gesprochen. Ihre Manifestationen sind aus der anekdotischen Vereinzelung, in der fast widerwillig von den Biographen ihrer gedacht wird, in das Licht einer Betrachtung zu stellen, die freilich schreckhaft deutlich die Gewalt uralter Mächte in dem Leben dieses Mannes zeigt, der doch nicht ohne sie zum größten Dichter seines Volkes geworden ist. Die Angst vorm Tode, die jede andere einschließt, ist die lauteste. Denn er bedroht die gestaltlose Panarchie des natürlichen Lebens am meisten, die den Bannkreis des Mythos bildet. Die Abneigung des Dichters gegen den Tod und gegen alles, was ihn bezeichnet, trägt ganz die Züge äußerster Superstition. Es ist bekannt, daß bei ihm niemand je von

Todesfällen reden durfte, weniger bekannt, daß er niemals ans Sterbebett seiner Frau getreten ist. Seine Briefe bekunden dem Tode des eigenen Sohnes gegenüber dieselbe Gesinnung. Nichts bezeichnender als jenes Schreiben, in dem er Zeltern den Verlust vermeldet, und seine wahrhaft dämonische Schlußformel: »Und so, über Gräber, vorwärts!« In diesem Sinne setzt die Wahrheit der Worte, die man dem Sterbenden in den Mund gelegt hat, sich durch. Darinnen hält die mythische Lebendigkeit zuletzt dem nahen Dunkel ihren ohnmächtigen Lichtwunsch entgegen. Auch wurzelte in ihr der beispiellose Selbstkultus der letzten Lebensjahrzehnte. »Wahrheit und Dichtung«, die »Tag- und Jahreshefte«, die Herausgabe des Briefwechsels mit Schiller, die Sorge für denjenigen mit Zelter sind ebenso viele Bemühungen, den Tod zu vereiteln. Noch klarer spricht die heimliche Besorgnis, welche statt als Hoffnung die Unsterblichkeit zu hüten als ein Pfand sie fordert, aus alledem, was er vom Fortbestand der Seele sagt. Wie die Unsterblichkeitsidee des Mythos selbst als ein »Nicht-Sterben-Können« aufgezeigt ist, so ist sie auch im Goetheschen Gedanken nicht der Zug der Seele in das Heimatreich, sondern eine Flucht vom Grenzenlosen her ins Grenzenlose. Vor allem das Gespräch nach Wielands Tod, das Falk überliefert, will die Unsterblichkeit naturgemäß und auch, wie zur Betonung des Unmenschlichen in ihr, nur großen Geistern eigentlichst zugebilligt wissen.

Kein Gefühl ist reicher an Varianten als die Angst. Zur Todesangst gesellt sich die vorm Leben, wie zum Grundton seine zahllosen Obertöne. Auch das barocke Spiel der Lebensangst vernachlässigt, verschweigt die Tradition. Ihr gilt es, eine Norm in Goethe aufzustellen, und dabei ist sie weit davon entfernt, den Kampf der Lebensformen, den er in sich austrug, zu gewahren. Zu tief hat Goethe ihn in sich verschlossen. Daher die Einsamkeit in seinem Leben und, bald schmerzlich und bald trotzig, das Verstummen. Gervinus hat in seiner Schrift »Über den Goetheschen Briefwechsel« in der Schilderung der Weimarer Frühzeit gezeigt, wie bald sich das einstellt. Am ersten und am sichersten von allen hat er die Aufmerksamkeit auf diese Phänomene im Goetheschen Leben gelenkt; er vielleicht als einziger hat ihre Bedeutung geahnt, wie irrig er auch über ihren Wert geurteilt habe. So entgeht ihm weder das schweigende Insichversunkensein der Spätzeit noch ihr ins Paradoxe gesteigerter Anteil an den Sachgehalten des eignen Lebens. Aus beiden aber spricht die Lebensangst: die Angst vor seiner Macht und Breite aus dem Sinnen, die Angst vor seiner Flucht aus dem Umfassen. Gervinus bestimmt in seiner Schrift den Wendepunkt, der das Schaffen des alten Goethe von dem der früheren Perioden trennt, und er setzt ihn in das Jahr 1797, in die Zeit der projektierten italienischen Reise. In einem gleichzeitigen Schreiben an Schiller handelt Goethe von Gegenständen, die ohne »ganz poetisch« zu sein, eine gewisse poetische Stimmung in ihm erweckt hätten. Er sagt: »Ich habe daher die Gegenstände, die einen solchen Effekt hervorbringen, genau betrachtet und zu meiner Verwunderung gemerkt, daß sie eigentlich symbolisch sind.« Das Symbolische aber ist das, worin die unauflösliche und notwendige Bindung eines Wahrheitsgehaltes an einen Sachgehalt erscheint. »Wenn man«, so heißt es in dem gleichen Brief, »künftig bei weitern Fortschritten der Reise nicht sowohl aufs Merkwürdige, sondern aufs Bedeutende seine Aufmerksamkeit richtete, so müßte man für sich und andere doch zuletzt eine schöne Ernte gewinnen. Ich will es erst noch hier versuchen, was ich Symbolisches bemerken kann, besonders aber an fremden Orten, die ich zum ersten Mal sehe, mich üben. Gelänge das, so müßte man, ohne die Erfahrung in die Breite verfolgen zu wollen, doch, wenn man auf jedem Platz, in jedem Moment, soweit es einem vergönnt wäre, in die Tiefe ginge, noch immer genug Beute aus bekannten Ländern und Gegenden davon tragen.« »Man darf«

– so schließt Gervinus an – »wohl sagen, daß dies in seinen spätern Produkten fast durchgängig der Fall ist und daß er darin Erfahrungen, die er ehedem in sinnlicher Breite, wie es die Kunst verlangt, vorgeführt hatte, nach einer gewissen geistigen Tiefe mißt, wobei er sich oft ins Bodenlose verliert. Schiller durchschaut die so mysteriös verhüllte neue Erfahrung sehr scharf ... Eine poetische Forderung ohne eine poetische Stimmung und ohne poetischen Gegenstand scheine sein Fall zu sein. In der Tat komme es hier viel weniger auf den Gegenstand an, als auf das Gemüt, ob ihm der Gegenstand etwas bedeuten soll.« (Und nichts ist kennzeichnender für den Klassizismus als dieses Streben, in dem gleichen Satz das Symbol zu erfassen und zu relativieren.) »Das Gemüt sei es, das hier die Grenze steckt, und das Gemeine und Geistreiche kann er auch hier wie überall nur in der Behandlung, nicht in der Wahl des Stoffes finden. Was ihm jene beiden Plätze waren, meint er, wäre ihm in aufgeregter Stimmung jede Straße, jede Brücke usw. gewesen. Wenn Schiller die unternehmbaren Folgen dieser neuen Betrachtungsweise in Goethe hätte ahnen können, so würde er ihn schwerlich ermuntert haben, sich ihr ganz zu überlassen, weil durch eine solche Ansicht der Gegenstände in das Einzelne eine Welt gelegt werde ... Denn so ist es gleich die Folge, daß Goethe anfängt, sich Reisebündel und Akten anzulegen, worin er alle öffentlichen Papiere, Zeitungen, Wochenblätter, Predigtauszüge, Komödienzettel, Verordnungen, Preiscourante usw. einheftet, seine Bemerkungen hinzufügt, diese mit der Stimme der Gesellschaft vergleicht, seine eigene Meinung mit dieser berichtigt, die neue Belehrung wieder ad acta nimmt und so Materialien für seinen künftigen Gebrauch zu erhalten hofft!! Dies bereitet schon völlig zu der später ganz ins Lächerliche entwickelten Bedeutsamkeit vor, mit der er auf Tagebücher und Notizen die höchsten Stücke hält, mit der er jede elendste Sache mit pathetischer Weisheitsmiene betrachtet. Seitdem ist ihm jede

Medaille, die man ihm schenkt, und jeder Granitstein, den er verschenkt, ein Gegenstand von höchster Wichtigkeit; und wenn er Steinsalz bohrt, das Friedrich der Große trotz aller Befehle nicht hatte auffinden können, so sieht er ich weiß nicht welche Wunder dabei und schickt seinem Freunde Zelter eine symbolische Messerspitze voll davon nach Berlin. Es gibt nichts Bezeichnenderes für diese seine spätere Sinnesart, die sein steigendes Alter stets mehr ausbildete, als daß er es sich zum Grundsatze macht, dem alten nil admirari mit Eifer zu widersprechen, Alles vielmehr zu bewundern, Alles ›bedeutend, wundersam, incalculabel‹ zu finden!« An dieser Haltung, die Gervinus so unübertrefflich, ohne Übertreibung malt, hat zwar Bewunderung Anteil, aber auch die Angst. Der Mensch erstarrt im Chaos der Symbole und verliert die Freiheit, die den Alten nicht bekannt war. Er gerät im Handeln unter Zeichen und Orakel. In Goethes Leben haben sie nicht gefehlt. Solch ein Zeichen wies den Weg nach Weimar. Ja, in »Wahrheit und Dichtung« hat er erzählt, wie er auf einer Wanderung, zwiespältig über seinen Ruf zu Dichtung oder Malkunst, ein Orakel eingesetzt. Die Angst vor Verantwortung ist die geistige unter allen, denen Goethe durch sein Wesen verhaftet war. Sie ist ein Grund der konservativen Gesinnung, die er Politischem, Gesellschaftlichem und im Alter auch wohl Literarischem entgegenbrachte. Sie ist die Wurzel der Versäumnis in seinem erotischen Leben. Daß sie auch seine Auslegung der »Wahlverwandtschaften« bestimmte, ist gewiß. Denn gerade diese Dichtung wirft ein Licht in solche Gründe seines eigenen Lebens, die, weil sie sein Bekenntnis nicht verrät, auch einer Tradition verborgen blieben, die sich von dessen Bann noch nicht befreit hat. Nicht aber darf dieses mythische Bewußtsein mit der trivialen Floskel angesprochen werden, unter der man oft ein Tragisches im Leben des Olympiers sich gefiel zu erkennen. Tragisches gibt es allein im Leben der dramatischen, das heißt der sich darstellenden Person, niemals in dem eines Menschen. Am allerwenigsten aber in dem quietistischen eines Goethe, in dem kaum darstellende Momente sich finden. So gilt es auch für dieses Leben wie für jedes menschliche nicht die Freiheit des tragischen Helden im Tode, sondern die Erlösung im ewigen Leben.

II

> Drum da gehäuft sind rings, um Klarheit,
> Die Gipfel der Zeit,
> Und die Liebsten nahe wohnen, ermattend auf
> Getrenntesten Bergen,
> So gieb unschuldig Wasser,
> O Fittige gieb uns, treuesten Sinns
> Hinüberzugehn und wiederzukehren.
>
> *Hölderlin*

Wenn jedes Werk so wie die »Wahlverwandtschaften« des Autors Leben und sein Werk aufzuklären vermag, so verfehlt die übliche Betrachtung dieses um so mehr, je näher sie sich daran zu halten glaubt. Denn mag nur selten eine Klassikerausgabe versäumen, in ihrer Einleitung es zu betonen, daß gerade ihr Gehalt wie kaum ein anderer aus des Dichters Leben einzig und allein verständlich sei, so enthält dies Urteil im Grunde schon das πρωτον ψευδος der Methode, die in dem schablonierten Wesensbild und leerem oder unfaßlichem Erleben das Werden seines Werks im Dichter darzustellen sucht. Dies πρωτον ψευδος fast aller neueren Philologie, das heißt solcher, die noch nicht durch Wort- und Sacherforschung sich bestimmt, ist, von dem Wesen und von dem Leben ausgehend die Dichtung als Produkt aus jenen wenn nicht abzuleiten, so doch müßigem Verständnis näher zu bringen. Insofern aber fraglos angezeigt, am Sicheren, Nachprüfbaren die Erkenntnis aufzubauen, muß überall, wo sich die Einsicht auf Gehalt und Wesen richtet, das Werk durchaus im Vordergrunde stehen. Denn nirgends liegen diese dauerhafter, geprägter, faßlicher zu Tage als in ihm. Daß sie selbst da noch schwer genug und vielen niemals zugänglich erscheinen, mag für diese letzteren Grund genug sein, statt auf der genauen Einsicht in das Werk auf Personal- und Relationserforschung das Studium der Kunstgeschichte zu begründen, vermag jedoch den Urteilenden nicht zu bewegen, ihnen Glauben zu schenken oder gar zu folgen. Vielmehr wird dieser sich gegenwärtig halten, daß der einzige rationale Zusammenhang zwischen Schaffendem und Werk in dem Zeugnis besteht, das dieses von jenem ablegt. Vom Wesen eines Menschen gibt es nicht allein Wissen nur durch seine Äußerungen, zu denen in diesem Sinn auch die Werke gehören – nein, es bestimmt sich allererst durch jene. Werke sind unableitbar wie Taten, und jede Betrachtung, die im ganzen diesen Satz zugestände, um ihm im einzelnen zu widerstreben, hat den Anspruch auf Gehalt verloren.

Was derart der banalen Darstellung entgeht, ist nicht allein die Einsicht in Wert und Art der Werke, sondern gleichermaßen diejenige in das Wesen und das Leben ihres Autors. Vom Wesen des Verfassers zunächst wird nach dessen Totalität, seiner »Natur«, jede Erkenntnis durch die vernachlässigte Deutung der Werke vereitelt. Denn ist auch diese nicht imstande, von dem Wesen eine letzte und vollkommene Anschauung zu geben, welche aus Gründen sogar stets undenkbar ist, so bleibt, wo von dem Werke abgesehen wird, das Wesen vollends unergründlich. Aber auch die Einsicht in das Leben der Schaffenden verschließt sich der herkömmlichen Methode der Biographik. Klarheit über das theoretische Verhältnis von Wesen und Werk ist die Grundbedingung jeder Anschauung von seinem Leben. Für sie ist bisher so wenig geschehen, daß allgemein die psychologischen Begriffe für ihre besten Einsichtsmittel gelten, während doch nirgends so wie hier Verzicht auf jede Ahnung wahren Sachverhaltes zu leisten ist, solange diese termini im Schwange gehen. Soviel nämlich läßt sich behaupten, daß der Primat des Biographischen im Lebensbilde eines Schaffenden, das heißt die Darstellung des Lebens als die eines Menschlichen mit jener doppelten Betonung des Entscheidenden und für den Menschen Unentscheidbaren der Sittlichkeit nur da sich fände, wo Wissen um die Unergründlichkeit des Ursprunges jedes Werk, sowohl dem Wert wie dem Gehalt nach es umgrenzend, vom letzten Sinne seines Lebens ausschließt. Denn wenn das große Werk auch nicht in dem gemeinen Dasein sich heranbildet, ja wenn es sogar Bürgschaft seiner Reinheit ist, so ist es doch zuletzt nur eines unter seinen andern Elementen. Und nur ganz fragmentarisch kann es so das Leben eines Bildners mehr dem Werden als dem Gehalte nach verdeutlichen. Die gänzliche Unsicherheit über die Bedeutung, die Werke in dem Leben eines Menschen haben können, hat dazu geführt, dem Leben Schaffender besondere Arten ihm vorbehaltenen und in ihm allein gerechtfertigten Inhalts zuzuordnen. Ein solches soll nicht von den sittlichen Maximen nur emanzipiert, nein es soll höherer Legitimität teilhaft und der Einsicht deutlicher offen sein. Was Wunder, daß für solche Meinung jeder echte Lebensinhalt, wie er auch in den Werken stets hervortritt, sehr gering wiegt. Vielleicht hat sie sich niemals deutlicher als Goethe gegenüber dargestellt.

In dieser Auffassung, das Leben Schaffender verfüge über autonome Inhalte, berührt sich die triviale Denkgewohnheit so genau mit einer sehr viel tieferen, daß die Annahme erlaubt ist, die erste sei nur eine Deformierung dieser letzten und ursprünglichen, welche jüngst wieder ans Licht trat. Wenn nämlich der herkömmlichen Anschauung Werk, Wesen und Leben gleich bestimmungslos sich vermengen, so spricht jene ausdrückliche Einheit diesen dreien zu. Sie konstruiert damit die Erscheinung des mythischen Heros. Denn im Bereich des Mythos bilden in der Tat das Wesen, Werk und Leben jene Einheit, die ihnen sonst allein im Sinn des laxen Literators zukommt. Dort ist das Wesen Dämon und das Leben Schicksal und das Werk, das nur die beiden ausprägt, lebende Gestalt, dort hält es zugleich den Grund des Wesens in sich und den Inhalt des Lebens. Die kanonische Form des mythischen Lebens ist eben das des Heros. In ihm ist das Pragmatische zugleich symbolisch, in ihm allein mit andern Worten gleicherweise die Symbolgestalt und mit ihr der Symbolgehalt des menschlichen Lebens adäquat der Einsicht gegeben. Aber dieses menschliche Leben ist vielmehr das übermenschliche und daher nicht nur in dem Dasein der Gestalt, entscheidender vielmehr im Wesen des Gehalts, vom eigentlich menschlichen unterschieden. Denn während die verborgene Symbolik dieses letzten bindend gleich sehr auf Individualem wie auf Menschlichem des Lebenden beruht, erreicht die offenkundige des Heroenlebens weder die Sphäre individueller Sonderart noch jene der moralischen Einzigkeit. Vom Individuum scheidet den Heros der Typus, die, wenn auch übermenschliche, Norm; von der moralischen Einzigkeit der Verantwortung die Rolle des Stellvertreters. Denn er ist nicht allein vor seinem Gott, sondern der Stellvertreter der Menschheit vor ihren Göttern. Mythischer Natur ist alle Stellvertretung im moralischen Bereich vom vaterländischen »Einer für alle« bis zu dem Opfertode des Erlösers. Typik und Stellvertretung im Hereonleben gipfeln in dem Begriff seiner Aufgabe. Deren Gegenwart und evidente Symbolik unterscheidet das übermenschliche Leben vom menschlichen. Sie kennzeichnen Orpheus, der in den Hades steigt, nicht minder als den Herakles der zwölf Aufgaben: den mythischen Sänger wie den mythischen Helden. Für diese Symbolik fließt eine der mächtigsten Quellen aus dem Astralmythus: im übermenschlichen Typus des Erlösers vertritt der Heros die Menschheit durch sein Werk am Sternenhimmel. Ihm gelten die orphischen Urworte: sein Dämon ist es, der sonnenhaft, seine Tyche, die wechselnd wie der Mond, sein Schicksal, das unentrinnbar gleich der astralen ἀνάγκη, sogar der Eros nicht – Elpis allein weist über sie hinaus. So ist es denn kein Zufall, daß der Dichter auf sie stieß, als er das menschlich Nahe in den andern Worten suchte, daß unter allen sie allein keiner Erklärung bedürftig gefunden wurde, – kein Zufall aber auch, daß nicht sie, vielmehr der starre Kanon der vier übrigen das Schema für den »Goethe« Gundolfs dargeboten. Demnach ist die Methodenfrage an der Biographik weniger doktrinär, als diese ihre Deduktion vermuten ließe. Denn es ist ja in dem Buche Gundolfs versucht worden, als ein mythisches das Leben Goethes darzustellen. Und diese Auffassung erfordert die Beachtung nicht allein, weil Mythisches im Dasein dieses Mannes lebt, erfordert sie gedoppelt vielmehr bei Betrachtung eines Werkes, auf das sie seiner mythischen Momente wegen sich berufen könnte. Gelingt ihr nämlich, diesen Anspruch zu erhärten, so bedeutet das, die Abhebung der Schicht, in der der Sinn dieses Romans selbständig waltet, sei unmöglich. Wo solch gesonderter Bereich nicht nachzuweisen, da kann es sich nicht um Dichtung, sondern allein um deren Vorläufer, das magische Schrifttum handeln. Daher ist jede eingehende Betrachtung eines Goetheschen Werkes, ganz besonders aber die der »Wahlverwandtschaften«, von der Zurückweisung dieses Versuches abhängig. Mit ihr ist zugleich die Einsicht in einen Lichtkern des erlösenden Gehaltes gewiesen, der jener Einstellung wie überall auch in den »Wahlverwandtschaften« entgangen ist.

Der Kanon, welcher dem Leben des Halbgottes entspricht, erscheint in einer eigentümlichen Verschiebung in der Auffassung, die die Georgesche Schule vom Dichter bekundet. Ihm nämlich wird, gleich dem Heros, sein Werk als Aufgabe von ihr zugesprochen und somit sein Mandat als göttliches betrachtet. Von Gott aber kommen dem Menschen nicht Aufgaben, sondern einzig Forderungen, und daher ist vor Gott kein Sonderwert dem dichterischen Leben zuzuschreiben. Wie denn übrigens der Begriff der Aufgabe auch vom Dichter aus betrachtet unangemessen ist. Dichtung im eigentlichen Sinn entsteht erst da, wo das Wort vom Banne auch der größten Aufgabe sich frei macht. Nicht von Gott steigt solche Dichtung nieder, sondern aus dem Unergründlichen der Seele empor; sie hat am tiefsten Selbst des Menschen Anteil. Weil ihre Sendung jenem Kreise unmittelbar von Gott zu stammen scheint, so wird von ihm dem Dichter nicht allein der unverletzliche, jedoch nur relative Rang in seinem Volke zugebilligt, sondern eine völlig problematische Suprematie als Mensch schlechthin und somit seinem Leben vor Gott, dem er als Übermensch gewachsen scheint. Der Dichter aber ist eine nicht etwa grad- sondern artmäßig vorläufigere Erscheinung menschlichen Wesens als der Heilige. Denn im Wesen des Dichters bestimmt sich ein Verhältnis des Individuums zur Volksgemeinschaft, in dem des Heiligen das Verhältnis des Menschen zu Gott.

Zur heroisierenden Ansicht vom Dichter findet sich in den Betrachtungen des Kreises, wie sie Gundolfs Buch fundieren, höchst verwirrend und verhängnisvoll ein zweiter nicht geringerer Irrtum aus dem Abgrund der gedankenlosen Sprachverwirrung. Wenn auch dem der Titel eines Dichters als des Schöpfers wohl nicht angehört, so ist er doch bereits in jedem Geiste ihm verfallen, der jenen Ton des Metaphorischen darin, Gemahnung an den wahren Schöpfer, nicht vernimmt. Und in der Tat ist der Künstler weniger der Urgrund oder Schöpfer als der Ursprung oder Bildner und sicherlich sein Werk um keinen Preis sein Geschöpf, vielmehr sein Gebilde. Zwar hat auch das Gebilde Leben, nicht das Geschöpf allein. Aber was den bestimmenden Unterschied zwischen beiden begründet: nur das Leben des Geschöpfes, niemals das des Gebildeten hat Anteil, hemmungslosen Anteil an der Intention der Erlösung. Wie immer also die Gleichnisrede vom Schöpfertume eines Künstlers sprechen mag, ihre eigenste virtus, die der Ursache nämlich, vermag Schöp-

fung nicht an seinen Werken, sondern an Geschöpfen einzig und allein zu entfalten. Daher führt jener unbesonnene Sprachgebrauch, der an dem Worte »Schöpfer« sich erbaut, ganz von selbst dahin, vom Künstler nicht die Werke, sondern das Leben für dessen eigenstes Produkt zu halten. Während aber im Leben des Heros kraft dessen völliger symbolischer Erhelltheit das völlig Gestaltete, dessen Gestalt der Kampf ist, sich darstellt, findet sich im Leben des Dichters nicht nur eine eindeutige Aufgabe so wenig wie in irgendeinem menschlichen, sondern ebensowenig ein eindeutiger und klar erweisbarer Kampf. Da dennoch die Gestalt beschworen werden soll, so bietet jenseits der lebendigen im Kampf nur die erstarrende im Schrifttum sich dar. So vollendet sich ein Dogma, das das Werk, welches es zum Leben verzauberte, durch nicht weniger verführerisches Irren als Leben wieder zum Werk erstarren läßt und das die vielberufene »Gestalt« des Dichters als einen Zwitter von Heros und Schöpfer zu fassen vermeint, an dem sich nichts mehr unterscheiden, doch von dem sich mit dem Schein des Tiefsinns alles behaupten läßt.
Das gedankenloseste Dogma des Goethekultes, das blasseste Bekenntnis der Adepten: daß unter allen Goetheschen Werken das größte sein Leben sei, – Gundolfs »Goethe« hat es aufgenommen. Goethes Leben wird demnach nicht von dem Werke streng geschieden. Wie der Dichter in einem Bilde von klarer Paradoxie die Farben die Taten und Leiden des Lichts genannt hat, so macht Gundolf in einer höchst getrübten Anschauung zu solchem Licht, das letzten Endes nicht von anderer Art als seine Farben, seine Werke sein würde, das Goethesche Leben. Diese Einstellung leistet ihm zweierlei: sie entfernt jeden moralischen Begriff aus dem Gesichtskreis und erreicht zugleich, indem sie dem Heros die Gestalt, die ihm als Sieger zukommt, als Schöpfer zuspricht, die Schicht des blasphemischen Tiefsinns. So heißt es von den »Wahlverwandtschaften«, daß darin Goethe

»Gottes gesetzliches Verfahren nachsann«. Aber das Leben des Menschen, und sei es das des Schaffenden, ist niemals das des Schöpfers. Genauso wenig läßt er sich als das des Heros, das sich selbst die Gestalt gibt, deuten. In solchem Sinne kommentiert es Gundolf. Denn nicht mit der treuen Gesinnung des Biographen wird der Sachgehalt dieses Lebens auch, und gerade, um des darin Nichtverstandenen willen erfaßt, nicht in der großen Bescheidung der Biographik als das Archiv selbst unentzifferbarer Dokumente dieses Daseins, sondern offenbar liegen sollen Sachgehalt und Wahrheitsgehalt und wie im Heroenleben einander entsprechen. Offenbar liegt jedoch der Sachgehalt des Lebens allein, und sein Wahrheitsgehalt ist verborgen. Wohl lassen der einzelne Zug, die einzelne Beziehung sich aufhellen, nicht aber die Totalität, es sei denn, auch sie werde nur in einer endlichen Beziehung ergriffen. Denn an sich ist sie unendlich. Daher gibt es im Bereich der Biographik weder Kommentar noch Kritik. In der Verletzung dieses Grundsatzes begegnen sich auf seltsame Weise zwei Bücher, die übrigens Antipoden der Goetheliteratur genannt werden dürften: das Werk von Gundolf und die Darstellung von Baumgartner. Wo die letztere geradenwegs die Ergründung des Wahrheitsgehalts unternimmt, ohne den Ort seines Vergrabenseins auch nur zu ahnen, und daher die kritischen Ausfälle ohne Maß häufen muß, versenkt sich Gundolf in die Welt der Sachgehalte des Goetheschen Lebens, in denen er doch nur vorgeblich dessen Wahrheitsgehalt darstellen kann. Denn menschliches Leben läßt sich nicht nach Analogie eines Kunstwerks betrachten. Gundolfs quellenkritisches Prinzip jedoch bekundet die Entschlossenheit zu solcher Entstellung grundsätzlich. Wenn durchweg in der Rangordnung der Quellen die Werke an die erste Stelle gerückt, der Brief, geschweige denn das Gespräch dahinter zurückgestellt werden, so ist diese Einstellung lediglich daraus erklärbar, daß das Leben selbst als Werk angesehen wird. Denn einzig einem solchen gegenüber besitzt der Kommentar aus seinesgleichen höheren Wert als der aus irgendwelchen andern Quellen. Aber dies nur darum, weil durch den Begriff des Werkes eine eigene und streng umgrenzte Sphäre festgelegt wird, in die des Dichters Leben nicht einzudringen vermag. Wenn jene Reihenfolge fernerhin vielleicht die Trennung von ursprünglich schriftlich und anfangs mündlich Überliefertem versuchen sollte, so ist dieses nur der eigentlichen Geschichte Lebensfrage, indes die Biographik auch bei dem höchsten Anspruch auf Gehalt sich an die Breite eines Menschenlebens halten muß. Zwar weist am Eingang seines Buches der Verfasser das biographische Interesse von sich ab, doch soll die Würdelosigkeit, die oft der neueren Biographik eignet, es nicht vergessen machen, daß ihr ein Kanon von Begriffen zugrunde liegt, ohne den jede historische Betrachtung eines Menschen zuletzt der Gegenstandslosigkeit verfällt. Kein Wunder also, daß mit der inneren Unform dieses Buches ein formloser Typus des Dichters sich bildet, der an das Denkmal gemahnt, das Bettina entwarf und in dem die ungeheuren Formen des Verehrten ins Gestaltlose, Mannweibliche zerfließen. Diese Monumentalität ist erlogen, und – in Gundolfs eigener Sprache zu reden – es zeigt sich, daß das Bild, das aus dem kraftlosen Logos hervorgeht, dem nicht so unähnlich ist, das der maßlose Eros schuf.

Nur die beharrliche Verfolgung seiner Methodik kommt gegen die chimärische Natur dieses Werkes auf. Vergebene Mühe, ohne diese Waffe mit den Einzelheiten es aufzunehmen. Denn eine beinah undurchdringliche Terminologie ist deren Panzer. Es erweist sich an ihr die für alle Erkenntnis fundamentale Bedeutung im Verhältnis von Mythos und Wahrheit. Dieses Verhältnis ist das der gegenseitigen Ausschließung. Es gibt keine Wahrheit, denn es gibt keine Eindeutigkeit und also nicht einmal Irrtum im Mythos. Da es aber ebensowenig Wahrheit über ihn geben kann (denn es gibt Wahrheit nur in den Sachen, wie denn Sachlichkeit in der Wahrheit liegt), so gibt es, was den Geist des Mythos angeht, von ihm einzig und allein eine Erkenntnis. Und wo Gegenwart der Wahrheit möglich sein soll, kann sie das allein unter der Bedingung der Erkenntnis des Mythos, nämlich der Erkenntnis von seiner vernichtenden Indifferenz gegen die Wahrheit. Darum hebt in Griechenland die eigentliche Kunst, die eigentliche Philosophie – zum Unterschiede von ihrem uneigentlichen Stadium, dem theurgischen – mit dem Ausgang des Mythos an, weil die erste nicht minder und die zweite nicht mehr als die andere auf Wahrheit beruht. So unergründlich aber ist die Verwirrung, die mit der Identifizierung von Wahrheit und Mythos gestiftet wird, daß mit ihrer verborgenen Wirksamkeit die erste Entstellung fast jeden einzelnen Satz des Gundolfschen Werkes vor allem kritischen Argwohn sicherzustellen droht. Und doch besteht die ganze Kunst des Kritikers hier in nichts anderem, als, ein zweiter Gulliver, ein einziges dieser Zwergensätzchen trotz seiner zappelnden Sophismen aufzugreifen und es in aller Ruhe zu betrachten. »Nur in der Ehe vereinten sich ... all die Anziehungen und Abstoßungen, die sich ergeben aus der Spannung des Menschen zwischen Kultur und Natur, aus dieser seiner Doppeltheit: daß er mit seinem Blut an das Tier, mit seiner Seele an die Gottheit grenzt. Nur in der Ehe wird die schicksalhafte und triebhafte Vereinigung zweier Menschen durch die Zeugung des legitimen Kindes heidnisch gesprochen ein Mysterium, christlich gesprochen ein Sakrament. Die Ehe ist nicht nur ein animalischer Akt, sondern auch ein magischer, ein Zauber.« Eine Darlegung, die der blutrünstige Mystizismus des Ausdrucks allein von der Denkart der Knallbonboneinlage unterscheidet. Wie sicher steht dagegen die Kantische Erklärung, deren strenger Hinweis auf das natürliche Moment der Ehe – Sexualität – dem Logos seines göttlichen – der Treue – nicht den Weg verlegt. Dem wahrhaft Göttlichen eignet nämlich der Logos, es begründet das Leben nicht ohne die Wahrheit, den Ritus nicht ohne die Theologie. Dagegen ist das Gemeinsame aller heidnischen Anschauung der Primat des Kultus vor der Lehre, die am sichersten darin sich heidnisch zeigt, daß sie einzig und allein Esoterik ist. Gundolfs »Goethe«, dies ungefüge Postament der eigenen Statuette, weist in jedem Sinn den Eingeweihten einer Esoterik aus, der nur aus Langmut das Bemühen der Philosophie um ein Geheimnis duldet, dessen Schlüssel er in Händen hält. Doch keine Denkart ist verhängnisvoller, als die, welche selbst dasjenige, was dem Mythos zu entwachsen begonnen, verwirrend in denselben zurückbiegt, und die freilich durch die eben hiermit aufgedrungene Versenkung ins Monströse alsbald jeden Verstand gewarnt hätte, dem nicht der Aufenthalt in der Wildnis der Tropen eben recht ist, in einem Urwald, wo sich die Worte als plappernde Affen von Bombast zum Bombast schwingen, um nur den Grund nicht berühren zu müssen, der es verrät, daß sie nicht stehen können, nämlich den Logos, wo sie stehen und Rede stehn sollten. Den aber meiden sie mit soviel Anschein, weil allem, selbst erschlichenem mythischen Denken gegenüber die Frage nach der Wahrheit darin zunichte wird. Diesem nämlich verschlägt es nichts, die blinde Erdschicht bloßen Sachgehalts für den Wahrheitsgehalt in Goethes Werk zu nehmen, und statt aus einer Vorstellung wie der des Schicksals durch Erkenntnis wahrhaften Gehalt zu läutern, wird er verdorben, indem Sentimentalität mit ihrer Witterung sich in jene einfühlt. So erscheint mit der erlogenen Monumentalität des Goetheschen Bildes die gefälschte Legalität seiner Erkenntnis, und die Untersuchung ihres Logos stößt mit der Einsicht in ihre methodische Gebrechlichkeit auf ihre sprachliche Anmaßung und damit ins Zentrum. Ihre Begriffe sind Namen, ihre Urteile Formeln. Denn in ihr hat gerade die Sprache, der doch sonst der ärmste Schlucker nicht völlig den Strahl ihrer ratio zu ersticken vermag, eine Finsternis, die sie allein erhellen könnte, zu verbreiten. Damit muß der letzte Glaube an die Überlegenheit dieses Werkes über die Goetheliteratur der älteren Schulen schwinden, als deren rechtmäßigen und größeren Nachfolger die eingeschüchterte Philologie nicht allein um des eigenen schlechten Gewissens, sondern auch um der Unmöglichkeit willen, an ihren Stammbegriffen es zu messen, es gelten ließ. Doch der philosophischen Betrachtung entzieht auch die beinah unergründliche Verkehrung seiner Denkart ein Bestreben nicht, das selbst dann sich richten würde, wenn es nicht den verworfenen Schein des Gelingens trüge.

Wo immer eine Einsicht in Goethes Leben und Werk in Frage steht, da kann – so sichtbar Mythisches sich auch in ihnen bekunden mag – dies nicht den Erkenntnisgrund bilden. Wenn es jedoch sehr wohl im einzelnen ein Gegenstand der Betrachtung sein mag, so ist dagegen, wo es sich ums Wesen und um die Wahrheit im Werk und Leben handelt, die Einsicht in den Mythos auch in gegenständlicher Beziehung nicht die letzte. Denn in dessen Bereich repräsentiert sich vollständig weder Goethes Leben noch auch irgendeines seiner Werke. Ist dies, soweit das Leben in Frage steht, schlechthin durch seine menschliche Natur verbürgt, so lehren es die Werke im einzelnen, sofern ein Kampf, der im Leben verheimlicht ward, in deren spätesten sich bekundet. Und nur in ihnen trifft man Mythisches auch im Gehalt, nicht allein in den Stoffen an. Sie vermögen im Zusammenhange dieses Lebens wohl als gültiges Zeugnis seines letzten Ablaufs angesehen zu werden. Ihre bezeugende Kraft gilt nicht allein und nicht im tiefsten der mythischen Welt im Dasein Goethes. Es ist in ihm ein Ringen um die Lösung aus deren Umklammerung, und dieses Ringen nicht weniger als das Wesen jener Welt ist in dem Goetheschen Romane bezeugt. In der ungeheuren Grunderfahrung von den mythischen Mächten, daß Versöhnung mit ihnen nicht zu gewinnen sei, es sei denn durch die Stetigkeit des Opfers, hat sich Goethe gegen dieselben aufgeworfen. War es der ständig erneuerte, in innerer Verzagtheit, doch mit eisernem Willen unternommene Versuch seines Mannesalters, jenen mythischen Ordnungen überall da sich zu untergeben, wo sie noch herrschen, ja an seinem Teil ihre Herrschaft zu festigen, wie nur immer ein Diener der Machthaber dies tut, so brach nach der letzten und schwersten Unterwerfung, zu der er sich vermochte, nach der Kapitulation in seinem mehr als dreißigjährigen Kampfe gegen die Ehe, die ihm als Sinnbild mythischer Verhaftung drohend schien, dieser Versuch zusammen, und ein Jahr nach seiner Eheschließung, die in Tagen schicksalhaften Drängens sich ihm aufgenötigt hatte, begann er die »Wahlverwandtschaften«, mit welchen er den ständig mächtiger in seinem spätern Werke entfalteten Protest gegen jene Welt einlegte, mit der sein Mannesalter den Pakt geschlossen hatte. Die »Wahlverwandtschaften« sind in diesem Werk eine Wende. Es beginnt mit ihnen die letzte Reihe seiner Hervorbringungen, von deren keiner mehr er sich ganz abzulösen vermocht hat, weil bis ans Ende ihr Herzschlag in ihm lebendig blieb. So versteht sich das Ergreifende in der Tagebucheintragung von 1820, daß er »die Wahlverwandtschaften zu lesen angefangen«, so auch die sprachlose Ironie einer Szene, die Heinrich Laube überliefert: »Eine Dame äußerte gegen Goethe über die Wahlverwandtschaften: Ich kann dieses Buch durchaus nicht billigen, Herr von Goethe; es ist wirklich unmoralisch und ich empfehle es keinem Frauenzimmer. – Darauf hat Goethe eine Weile ganz ernsthaft geschwiegen und endlich mit vieler Innigkeit gesagt: Das tut mir leid, es ist doch mein bestes Buch.« Jene letzte Reihe der Werke bezeugt und begleitet die Läuterung, welche keine Befreiung mehr sein durfte. Vielleicht weil seine Jugend aus der Not des Lebens oft allzu behende Flucht ins Feld der Dichtkunst ergriffen hatte, hat das Alter in furchtbar strafender Ironie Dichtung als Gebieterin über sein Leben gestellt. Goethe beugte sein Leben unter die Ordnungen, die es zur Gelegenheit seiner Dichtungen machten. Diese moralische Bewandtnis hat es mit seiner Kontemplation der Sachgehalte im späten Alter. Die drei großen Dokumente solcher maskierten Buße wurden »Wahrheit und Dichtung«, der »Westöstliche Divan« und der zweite Teil des »Faust«. Die Historisierung seines Lebens, wie sie »Wahrheit und Dichtung« zuerst, später den Tag- und Jahresheften zufiel, hatte zu bewahrheiten und zu erdichten, wie sehr dieses Leben Urphänomen eines poetisch gehaltvollen, des Lebens voller Stoffe und Gelegenheiten für »den Dichter« gewesen sei. Gelegenheit der Poesie, von welcher hier die Rede ist, ist nicht nur etwas anderes als das Erlebnis, das die neuere Konvention der dichterischen Erfindung zum Grunde legt, sondern das genaue Gegenteil davon. Was sich durch die Literaturgeschichten als die Phrase forterbt, die Goethesche Poesie sei »Gelegenheitsdichtung« gewesen, meint: Erlebnisdichtung und hat damit, was die letzten und größten Werke betrifft, das Gegenteil von der Wahrheit gesagt. Denn die Gelegenheit gibt den Gehalt, und das Erlebnis hinterläßt nur ein Gefühl. Verwandt und ähnlich dem Verhältnis dieser beiden ist das der Worte Genius und Genie. Im Munde der Modernen läuft das letztere auf einen Titel hinaus, der, wie sie sich auch stellen mögen, nie sich eignen wird, das Verhältnis eines Menschen zur Kunst als ein wesentliches zu treffen. Das gelingt dem Worte Genius, und die Hölderlinschen Verse verbürgen es:

Sind denn dir nicht bekannt viele Lebendigen?
Geht auf Wahrem dein Fuß nicht, wie auf Teppichen?
Drum, mein Genius! tritt nur
Baar ins Leben und sorge nicht!
Was geschieht, es sei alles gelegen dir.

Genau das ist die antike Berufung des Dichters, welcher von Pindar bis Meleager, von den isthmischen Spielen bis zu einer Liebesstunde, nur verschieden hohe, als solche aber stets würdige Gelegenheiten für seinen Gesang fand, den auf Erlebnisse zu gründen ihm daher nicht beifallen konnte. So ist denn der Erlebnisbegriff nichts anderes als die Umschreibung jener auch vom sublimsten, weil immer noch gleich feigen Philisterium ersehnten Folgenlosigkeit des Gesanges, welcher, der Beziehung auf Wahrheit beraubt, die schlafende Verantwortung nicht zu wecken vermag. Goethe war im Alter tief genug in das Wesen der Poesie eingedrungen, um schauernd jede Gelegenheit des Gesanges in der Welt, die ihn umgab, zu vermissen und doch jenen Teppich des Wahren einzig beschreiten zu wollen. Spät stand er an der Schwelle der deutschen Romantik. Ihm war der Zugang zur Religion in Form irgendeiner Bekehrung, der Hinwendung zu einer Gemeinschaft nicht erlaubt, wie er Hölderlin nicht erlaubt war. Sie verabscheute Goethe bei den Frühromantikern. Aber die Gesetze, denen jene in der Bekehrung und damit im Erlöschen ihres Lebens vergeblich zu genügen suchten, entfachten in Goethe, der ihnen gleichfalls sich unterwerfen mußte, die allerhöchste Flamme seines Lebens. Die Schlacken jeder Leidenschaft verbrannten in ihr, und so vermochte er im Briefwechsel bis an sein Lebensende die Liebe zu Marianne so schmerzlich nahe sich zu halten, daß mehr als ein Jahrzehnt nach jener Zeit, in welcher sich ihre Neigung erklärte, jenes vielleicht gewaltigste Gedicht des »Divans« entstehen konnte: »Nicht mehr auf Seidenblatt / Schreib' ich symmetrische Reime.« Und das späteste Phänomen solcher dem Leben, ja zuletzt der Lebensdauer gebietenden Dichtung war der Abschluß des »Faust«. Sind in der Reihe dieser Alterswerke das erste die »Wahlverwandtschaften«, so muß bereits in ihnen, wie dunkel darin der Mythos auch walte, eine reinere Verheißung sichtbar sein. Aber einer Betrachtung wie der Gundolfschen wird sie sich nicht erschließen. Sie so wenig wie die der übrigen Autoren gibt sich Rechenschaft von der Novelle, von den »wunderlichen Nachbarskindern«.

Die »Wahlverwandtschaften« selbst sind anfänglich als Novelle im Kreise der »Wanderjahre« geplant worden, doch drängte sie ihr Wachstum aus ihm heraus. Aber die Spuren des ursprünglichen Formgedankens haben sich trotz allem erhalten, was das Werk zum Roman werden ließ. Nur die völlige Meisterschaft Goethes, welche darin auf einem Gipfel sich zeigt, wußte es zu verhindern, daß die eingeborene novellistische Tendenz die Romanform zerbrochen hätte. Mit Gewalt scheint der Zwiespalt gebändigt und die Einheit erreicht, indem er die Form des Romans durch die der Novelle gleichsam veredelt. Der bezwingende Kunstgriff, der dies vermochte und der sich gleich gebieterisch von seiten des Gehaltes her aufdrang, liegt darin, daß der Dichter die Teilnahme des Lesers in das Zentrum des Geschehens selbst hineinzurufen verzichtet. Indem nämlich dieses der unmittelbaren Intention des Lesers so durchaus unzugänglich bleibt, wie es am deutlichsten der unvermutete Tod der Ottilie beleuchtet, verrät sich der Einfluß der Novellenform auf die des Romans gerade in der Darstellung dieses Todes auch am ehesten wie ein Bruch, wenn zuletzt jenes Zentrum, das in der Novelle sich bleibend verschließt, mit verdoppelter Kraft sich bemerkbar macht. Der gleichen Formtendenz mag angehören, worauf schon R. M. Meyer hingewiesen hat, daß die Erzählung gerne Gruppen stellt. Und zwar ist deren Bildlichkeit grundsätzlich unmalerisch; sie darf plastisch, vielleicht stereoskopisch genannt werden. Auch sie erscheint novellistisch. Denn wenn der Roman wie ein Mahlstrom den Leser unwiderstehlich in sein Inneres zieht, drängt die Novelle auf den Abstand hin, drängt aus ihrem Zauberkreise jedweden Lebenden hinaus. Darin sind die »Wahlverwandtschaften« trotz ihrer Breite novellistisch geblieben. Sie sind an Nachhaltigkeit des Ausdrucks nicht der in ihnen enthaltenen eigentlichen Novelle überlegen. In ihnen ist eine Grenzform geschaffen, und durch diese stehn sie von andern Romanen weiter entfernt als jene unter sich. »Im Meister und in den Wahlverwandtschaften wird der künstlerische Stil dadurch bestimmt, daß wir überall den Erzähler fühlen. Es fehlt hier der formal-künstlerische Realismus, der die Ereignisse und Menschen auf sich selber stellt, so daß sie, wie von der Bühne, nur als ein unmittelbares Dasein wirken; vielmehr sind sie wirklich eine ›Erzählung‹, die von dem dahinter stehenden Erzähler getragen wird ... Die Goetheschen Romane laufen innerhalb der Kategorien des ›Erzählers‹ ab.« »Vorgetragen« nennt Simmel sie ein andermal. Wie immer diese Erscheinung, die ihm nicht mehr analysierbar erscheint, für den »Wilhelm Meister« sich erklären mag, in den »Wahlverwandtschaften« rührt sie daher, daß Goethe sich mit Eifersucht es vorbehält, im Lebenskreise seiner Dichtung ganz allein zu walten. Eben dergleichen Schranken gegen den Leser kennzeichnen die klassische Form der Novelle, Boccaccio gibt den seinigen einen Rahmen, Cervantes schreibt ihnen eine Vorrede. So sehr sich also in den »Wahlverwandtschaften« die Form des Romans selbst betont, eben diese Betonung und dieses Übermaß von Typus und Kontur verrät sie als novellistisch.

Nichts konnte den Rest von Zweideutigkeit, der ihr verbleibt, unscheinbarer machen als die Einfügung einer Novelle, die, je mehr das Hauptwerk gegen sie als gegen ein reines Vollbild ihrer Absicht sich abhob, desto ähnlicher es einem eigentlichen Roman erscheinen lassen mußte. Darauf beruht die Bedeutung, welche für die Komposition den »wunderlichen Nachbarskindern« eignet, die als eine Musternovelle, selbst wo sich die Betrachtung auf die Form beschränkt, zu gelten haben. Auch hat nicht minder, ja gewissermaßen mehr noch als den Roman, Goethe sie als exemplarisch hinstellen wollen. Denn obwohl des Ereignisses, von dem sie berichtet, im Roman selbst als ein Wirkliches gedacht wird, ist die Erzählung dennoch als Novelle bezeichnet. Sie soll als »Novelle« ebenso entschieden wie das Hauptwerk als »Ein Roman« gelten. Aufs deutlichste tritt an ihr die gedachte Gesetzmäßigkeit ihrer Form, die Unberührbarkeit des Zentrums, will sagen das Geheimnis als ein Wesenszug hervor. Denn Geheimnis ist in ihr die Katastrophe, als das lebendige Prinzip der Erzählung, in die Mitte versetzt, während im Roman ihre Bedeutung, als die des abschließenden Geschehens, phänomenal bleibt. Die belebende Kraft dieser Katastrophe ist, wiewohl so manches im Roman ihr entspricht, so schwer zu ergründen, daß für die ungeleitete Betrachtung die Novelle nicht weniger selbständig, doch auch kaum minder rätselhaft erscheint als die »pilgernde Törin«. Und doch waltet in dieser Novelle das helle Licht. Alles steht, scharf umrissen, von Anfang an auf der Spitze. Es ist der Tag der Entscheidung der in den dämmerhaften Hades des Romans hereinscheint. So ist denn die Novelle prosaischer als der Roman. In einer Prosa höhern Grades tritt sie ihm entgegen. Dem entspricht die echte Anonymität in ihren Gestalten und die halbe, unentschiedene in denen des Romans.

Während im Leben der letztern eine Zurückgezogenheit waltet, die die verbürgte Freiheit ihres Tuns vollendet, treten die Gestalten der Novelle von allen Seiten eng umschränkt von ihrer Mitwelt, ihren Angehörigen, auf. Ja wenn Ottilie dort auf das Drängen des Geliebten mit dem väterlichen Medaillon sich sogar der Erinnerung an die Heimat entäußert, um ganz der Liebe geweiht zu sein, so fühlen sich hier selbst die Vereinten von dem elterlichen Segen nicht unabhängig. Dies Wenige bezeichnet die Paare im tiefsten. Denn gewiß ist, daß die Liebenden aus der Bindung des Elternhauses mündig heraustreten, aber nicht minder, daß sie dessen innerliche Macht wandeln, indem, sollte selbst ein jeder für sich darinnen verharren, der andere ihn mit seiner Liebe darüber hinausträgt. Gibt es anders für Liebende überhaupt ein Zeichen, so dies, daß füreinander nicht allein der Abgrund des Geschlechts, sondern auch jener der Familie sich geschlossen hat. Damit solche liebende Anschauung giltig sei, darf sie dem Anblick, gar dem Wissen von Eltern nicht schwachmütig sich entziehen, wie es Eduard gegen Ottilie tut. Die Kraft der Liebenden triumphiert darin, daß sie sogar die volle Gegenwart der Eltern beim Geliebten überblendet. Wie sehr sie fähig sind in ihrer Strahlung aus allen Bindungen einander zu lösen, das ist in der Novelle durch das Bild der Gewänder gesagt, in denen die Kinder von ihren Eltern kaum mehr erkannt werden. Nicht zu diesen allein, auch zu der übrigen Mitwelt treten die Liebenden der Novelle in ein Verhältnis. Und während für die Gestalten des Romans die Unabhängigkeit nur um so strenger die zeitliche und örtliche Verfallenheit ans Schicksal besiegelt, birgt es den andern die unschätzbarste Gewähr, daß mit dem Höhepunkt der eigenen Not den Fahrtgenossen die Gefahr droht zu scheitern. Es spricht daraus, daß selbst das Äußerste die beiden nicht aus dem Kreis der Ihrigen ausstößt, indes die formvollendete Lebensart der Romanfiguren nichts dawider vermag, daß, bis das Opfer fällt, ein jeder Augenblick sie unerbittlicher aus der Gemeinschaft des Friedlichen ausschließt. Ihren Frieden erkaufen die Liebenden in der Novelle nicht durch das Opfer. Daß der Todessprung des Mädchens jene Meinung nicht hat, ist aufs zarteste und genaueste vom Dichter bedeutet. Denn nur dies ist die geheime Intention, aus der sie den Kranz dem Knaben zuwirft: es auszusprechen, daß sie nicht »in Schönheit sterben«, im Tode nicht wie Geopferte bekränzt sein will. Der Knabe, wie er nur fürs Steuern Augen hat, bezeugt von seiner Seite, daß er nicht, sei's wissend oder ahnungslos, an dem Vollzug, als wäre er ein Opfer, seinen Teil hat. Weil diese Menschen nicht nur um einer falsch erfaßten Freiheit willen alles wagen, fällt unter ihnen kein Opfer, sondern in ihnen die Entscheidung. In der Tat ist Freiheit so deutlich aus des Jünglings rettendem Entschluß entfernt wie Schicksal. Das chimärische Freiheitsstreben ist es, das über die Gestalten des Romans das Schicksal heraufbeschwört. Die Liebenden in der Novelle stehen jen-

seits von beiden, und ihre mutige Entschließung genügt, ein Schicksal zu zerreißen, das sich über ihnen ballen, und eine Freiheit zu durchschauen, die sie in das Nichts der Wahl herabziehen wollte. Dies ist in den Sekunden der Entscheidung der Sinn ihres Handelns. Beide tauchen hinab in den lebendigen Strom, dessen segensreiche Gewalt nicht minder groß in diesem Geschehen erscheint als die todbringende Macht der stehenden Gewässer im anderen. Durch eine Episode des letzteren erhellt auch die befremdliche Vermummung in die vorgefundenen Hochzeitskleider sich völlig. Dort nämlich nennt Nanny das für Ottilie bereitliegende Totenhemd ihr Brautgewand. So ist es denn wohl erlaubt, demgemäß den seltsamen Zug der Novelle auszulegen und – auch ohne vielleicht auffindbare mythische Analogien – die Brautgewänder dieser Liebenden als umgewandelte und nunmehr todgefeite Sterbekleider zu erkennen. Die gänzliche Geborgenheit des Daseins, das zuletzt sich ihnen öffnet, ist auch sonst bezeichnet. Nicht allein indem die Gewandung sie den Freunden verbirgt, sondern vor allem durch das große Bild des am Orte ihrer Vereinigung landenden Schiffes wird das Gefühl erregt, daß sie kein Schicksal mehr haben und da stehen, wohin die andern einmal gelangen sollen.
Mit alledem darf als unumstößlich gewiß betrachtet werden, daß im Bau der »Wahlverwandtschaften« dieser Novelle eine beherrschende Bedeutung zukommt. Wenn auch erst in dem vollen Licht der Haupterzählung all ihre Einzelheiten sich erschließen, bekunden die genannten unverkennbar: den mythischen Motiven des Romans entsprechen jene der Novelle als Motive der Erlösung. Also darf, wenn im Roman das Mythische als Thesis angesprochen wird, in der Novelle die Antithesis gesehen werden. Hierauf deutet ihr Titel. »Wunderlich« nämlich müssen jene Nachbarskinder am meisten den Romangestalten scheinen, die sich denn auch mit tiefverletztem Gefühl von ihnen abwenden. Eine Verletzung, die Goethe, der geheimen und vielleicht in vielem so-

gar ihm verborgenen Bewandtnis der Novelle gemäß, auf äußerliche Weise motivierte, ohne ihr damit die innere Bedeutung zu nehmen. Während schwächer und stummer, doch in voller Lebensgröße jene Gestalten im Blick des Lesers verharren, verschwinden die Vereinten der Novelle unter dem Bogen einer letzten rhetorischen Frage gleichsam in der unendlich fernen Perspektive. Sollte nicht in der Bereitschaft zum Entfernen und Verschwinden Seligkeit, die Seligkeit im Kleinen angedeutet sein, die Goethe später zum einzigen Motiv der »Neuen Melusine« gemacht hat?

III

> Eh ihr den leib ergreift auf diesem sterne
> Erfind ich euch den traum bei ewigen sternen.
>
> *George*

Der Anstoß, den an jeder Kunstkritik unter dem Vorwand, sie trete dem Werk zu nahe, diejenige nehmen, welche nicht das Nachbild ihrer eigenliebenden Vertrautheit in ihr finden, bezeugt so viel Unwissenheit von dem Wesen der Kunst, daß eine Zeit, der deren streng bestimmter Ursprung mehr und mehr lebendig wird, ihm keine Widerlegung schuldet. Dennoch ist ein Bild, das der Empfindsamkeit den bündigsten Bescheid erteilt, vielleicht erlaubt. Man setze, daß man einen Menschen kennenlerne, der schön und anziehend ist, aber verschlossen, weil er ein Geheimnis mit sich trägt. Es wäre verwerflich, in ihn dringen zu wollen. Wohl aber ist es erlaubt zu forschen, ob er Geschwister habe und ob deren Wesen vielleicht das Rätselhafte des Fremden in etwas erkläre. Ganz so forscht die Kritik nach Geschwistern des Kunstwerkes. Und alle echten Werke haben ihre Geschwister im Bereiche der Philosophie. Sind doch eben jene die Gestalten, in welchen das Ideal ihres Problems erscheint. –

Die Ganzheit der Philosophie, ihr System, ist von höherer Mächtigkeit, als der Inbegriff ihrer sämtlichen Probleme es fordern kann, weil die Einheit in der Lösung ihrer aller nicht erfragbar ist. Wäre nämlich die Einheit in der Lösung aller Probleme selbst erfragbar, so würde alsbald mit Hinsicht auf die Frage, welche sie erfragt, die neue sich einstellen, worin die Einheit ihrer Beantwortung mit der von allen übrigen beruhe. Daraus folgt, daß es keine Frage gibt, welche die Einheit der Philosophie erfragend umspannt. Den Begriff dieser nicht-existenten Frage, welche die Einheit der Philosophie erfragt, bezeichnet in der Philosophie das Ideal des Problems. Wenn aber auch das System in keinem Sinne erfragbar ist, so gibt es doch Gebilde, die ohne Frage zu sein, zum Ideal des Problems die tiefste Affinität haben. Es sind die Kunstwerke. Nicht mit der Philosophie selbst konkurriert das Kunstwerk, es tritt lediglich zu ihr ins genaueste Verhältnis durch seine Verwandtschaft mit dem Ideal des Problems. Und zwar kann, einer Gesetzlichkeit nach, die im Wesen des Ideals überhaupt gründet, dieses einzig in der Vielheit sich darstellen. Nicht aber in einer Vielheit von Problemen erscheint das Ideal des Problemes. Vielmehr liegt es vergraben in jener der Werke, und seine Förderung ist das Geschäft der Kritik. Sie läßt im Kunstwerk das Ideal des Problems in Erscheinung, in eine seiner Erscheinungen, treten. Denn das, was sie zuletzt in jenen aufweist, ist die virtuelle Formulierbarkeit seines Wahrheitsgehalts als höchsten philosophischen Problems; wovor sie aber, aus Ehrfurcht vor dem Werk, gleich sehr jedoch aus Achtung vor der Wahrheit innehält, das ist eben diese Formulierung selbst. Wäre doch jene Formulierbarkeit allein, wenn das System erfragbar wäre, einzulösen und würde damit aus einer Erscheinung des Ideals sich in den nie gegebenen Bestand des Ideals selbst verwandeln. So aber sagt sie einzig, daß die Wahrheit in einem Werke zwar nicht als erfragt, doch als erfordert sich erkennen würde. Wenn es also erlaubt ist zu sagen, alles Schöne beziehe sich irgendwie auf das Wahre und sein virtueller Ort in der Philosophie sei bestimmbar, so heißt dies, in jedem wahren Kunstwerk lasse eine Erscheinung von dem Ideal des Problems sich auffinden. Daraus ergibt sich, daß von dort an, wo die Betrachtung von den Grundlagen des Romans zur Anschauung seiner Vollkommenheit sich erhebt, die Philosophie statt des Mythos sie zu führen berufen ist. –

Damit tritt die Gestalt der Ottilie hervor. Scheint doch in dieser am sichtbarsten der Roman der mythischen Welt zu entwachsen. Denn wenn sie auch als Opfer dunkler Mächte fällt, so ist's doch eben ihre Unschuld, welche sie, der alten Forderung gemäß, die vom Geopferten Untadeligkeit verlangt, zu diesem furchtbaren Geschick bestimmt. Zwar stellt in dieser Mädchengestalt nicht die Keuschheit, soweit sie aus der Geistigkeit entspringen mag, sich dar – vielmehr begründet solche Unberührbarkeit bei der Luciane nahezu einen Tadel – jedoch ihr ganz natürliches Gebaren macht trotz vollkommener Passivität, die der Ottilie im Erotischen sowie in jeder anderen Sphäre eignet, diese bis zur Entrücktheit unnahbar. In seiner aufdringlichen Art sagt auch das Wernersche Sonett es an: die Keuschheit dieses Kindes hütet kein Bewußtsein. Aber ist ihr Verdienst nicht nur um so größer? Wie tief sie im natürlichen Wesen des Mädchens gründet, stellt Goethe in den Bildern dar, in denen er sie mit dem Christusknaben und mit Charlottens totem Kind im Arme zeigt. Zu beiden kommt Ottilie ohne Gatten. Jedoch der Dichter hat noch mehr hiermit gesagt. Denn das »lebende« Bild, das die Anmut und die aller Sittenstrenge überlegene Reinheit der Gottesmutter darstellt, ist eben das künstliche. Dasjenige, das die Natur nur wenig später bietet, zeigt den toten Knaben. Und gerade dies enthüllt das wahre Wesen jener Keuschheit, deren sakrale Unfruchtbarkeit an sich selbst in nichts über der unreinen Verworrenheit der Sexualität steht, die die zerfallenen Gatten zueinander führt und deren Recht allein darin waltet, eine Vereinigung hintanzuhalten, in der sich Mann und Frau verlieren müßten. In Ottiliens Erscheinung aber beansprucht die Keuschheit bei weitem mehr. Sie ruft den Schein einer Unschuld des natürlichen Lebens hervor. Die heidnische, wenn auch nicht mythische Idee dieser Unschuld verdankt zumindest ihre äußerste und folgenreichste Formulierung im Ideal der Jungfräulichkeit dem Christentum. Wenn die Gründe einer mythischen Urschuld im bloßen Lebenstrieb der Sexualität zu suchen sind, so sieht der christliche Gedanke ihren Widerpart, wo jener am meisten von drastischem Ausdruck entfernt ist: im Leben der Jungfrau. Aber diese klare, wenn auch nicht klar bewußte Intention schließt einen folgenschweren Irrtum ein. Zwar gibt es, wie eine natürliche Schuld, so eine natürliche Unschuld des Lebens. Diese letztere aber ist nicht an die Sexualität – und sei es verneinend – sondern einzig an ihren Gegenpol den – gleichermaßen natürlichen – Geist gebunden. Wie das sexuelle Leben des Menschen der Ausdruck einer natürlichen Schuld werden kann, so sein geistiges, bezogen auf die Einheit seiner gleichviel wie beschaffenen Individualität, der Ausdruck einer natürlichen Unschuld. Diese Einheit individualen geistigen Lebens ist der Charakter. Die Eindeutigkeit als sein konstitutives Wesensmoment unterscheidet ihn vom Dämonischen aller rein sexuellen Phänomene. Einem Menschen einen komplizierten Charakter zusprechen kann nur heißen, ihm, sei es wahrheitsgemäß, sei es zu Unrecht, den Charakter absprechen, indessen für jede Erscheinung des bloßen sexuellen Lebens das Siegel ihrer Erkenntnis die Einsicht in die Zweideutigkeit ihrer Natur bleibt. Dies erweist sich auch an der Jungfräulichkeit. Vor allem liegt die Zweideutigkeit ihrer Unberührtheit zutage. Denn eben das, was als das Zeichen innerer Reinheit gedacht wird, ist der Begierde das Willkommenste. Aber auch die Unschuld der Unwissenheit ist zweideutig. Denn auf ihrem Grunde geht die Neigung unversehens in die als sündhaft gedachte Begierde über. Und eben diese Zweideutigkeit kehrt höchst bezeichnender Weise in dem christlichen Symbol der Unschuld, in der Lilie, wieder. Die strengen Linien des Gewächses, das Weiß des Blütenkelches verbinden sich mit den betäubend süßen, kaum mehr vegetabilen Düften. Diese gefährliche Magie der Unschuld hat der Dichter der Ottilie mitgegeben, und sie ist aufs engste dem Opfer verwandt, das ihr Tod zelebriert. Denn eben indem sie dergestalt unschuldig erscheint, verläßt sie nicht den Bannkreis seines Vollzugs. Nicht Reinheit, sondern deren Schein verbreitet sich mit solcher Unschuld über ihre Gestalt. Es ist die Unberührbarkeit des Scheines, die sie dem Geliebten entrückt. Dergleichen scheinhafte Natur ist auch im Wesen der Charlotte angedeutet, das völlig rein und unanfechtbar nur erscheint, während in Wahrheit die Untreue gegen den Freund es entstellt. Selbst in ihrer Erscheinung als Mutter und Hausfrau, in der Passivität ihr wenig ansteht, mutet sie schemenhaft an. Und doch stellt sich nur um den Preis dieser Unbestimmtheit in ihr das Adlige dar. Ottilien, welche unter Schemen der einzige Schein ist, ist sie demnach im tiefsten nicht unähnlich. Wie es denn überhaupt unerläßlich für die Einsicht in dieses Werk ist, seinen Schlüssel nicht im Gegensatz der vier Partner, sondern in dem zu suchen, worin sie gleichermaßen von den Liebenden der Novelle sich unterscheiden. Die Gestalten der Haupterzählung haben ihren Gegensatz weniger als Einzelne denn als Paare.

Hat an jener echten natürlichen Unschuld, welche gleich wenig mit der zweideutigen Unberührtheit zu schaffen hat wie mit der seligen Schuldlosigkeit, das Wesen der Ottilie seinen Anteil? Hat sie Charakter? Ist ihre Natur, nicht so dank eigener Offenherzigkeit als kraft des freien und erschlossenen Ausdrucks, klar vor Augen? Das Gegenteil von all dem bezeichnet sie. Sie ist verschlossen – mehr als das, all ihr Tun und Sagen vermag nicht, ihrer Verschlossenheit sie zu entäußern. Pflanzenhaftes Stummsein, wie es so groß aus dem Daphne-Motiv der flehend gehobenen Hände spricht, liegt über ihrem Dasein und verdunkelt es noch in den äußersten Nöten, die sonst bei jedem es ins helle Licht setzen. Ihr Entschluß zum Sterben bleibt nicht nur vor den Freunden bis zuletzt geheim, er scheint in seiner völligen Verborgenheit auch für sie selbst unfaßbar sich zu bilden. Und dies rührt an die Wurzel seiner Moralität. Denn wenn irgendwo, so zeigt sich im Entschluß die moralische Welt vom Sprachgeist erhellt. Kein sittlicher Entschluß kann ohne sprachliche Gestalt und streng genommen ohne darin Gegenstand der Mitteilung geworden zu sein ins Leben treten. Daher wird, in dem vollkommenen Schweigen der Ottilie, die Moralität des Todeswillens, welcher sie beseelt, fragwürdig. Ihm liegt in Wahrheit kein Entschluß zugrunde, sondern ein Trieb. Daher ist nicht, wie sie es zweideutig auszusprechen scheint, ihr Sterben heilig. Wenn sie aus ihrer »Bahn« geschritten sich erkennt, so kann dies Wort in Wahrheit einzig heißen, daß nur der Tod sie vor dem innern Untergang bewahren kann. Und so ist er wohl Sühne im Sinne des Schicksals, nicht jedoch die heilige Entsühnung, welche nie der freie, sondern nur der göttlich über ihn verhängte Tod dem Menschen werden kann. Ottiliens ist, wie ihre Unberührtheit, nur der letzte Ausweg der Seele, welche vor dem Verfallensein entflieht. In ihrem Todestriebe spricht die Sehnsucht nach Ruhe. Wie gänzlich er Natürlichem in ihr entspringt, hat Goethe nicht zu bezeichnen verfehlt. Wenn Ottilie stirbt, indem sie sich die Nahrung entzieht, so hat er im Roman es ausgesprochen, wie sehr ihr auch in glücklicheren Zeiten oft Speise widerstanden hat. Nicht so sehr darum ist das Dasein der Ottilie, das Gundolf heilig nennt, ein ungeheiligtes, weil sie sich gegen eine Ehe, die zerfällt, vergangen hätte, als weil sie, im Scheinen und im Werden schicksalhafter Gewalt bis zum Tode unterworfen, entscheidungslos ihr Leben dahinlebt. Dieses ihr schuldig-schuldloses Verweilen im Raume des Schicksals leiht ihr vor flüchtigen Blicken das

Tragische. So kann Gundolf von dem »Pathos dieses Werkes« sprechen »nicht minder tragisch erhaben und erschütternd als das, aus dem der Sophokleische Ödipus stammt«. Und doch ist dies das falscheste Urteil. Denn im tragischen Worte des Helden ist der Grat der Entscheidung erstiegen, unter dem Schuld und Unschuld des Mythos sich als Abgrund verschlingen. Jenseits von Verschuldung und Unschuld ist das Diesseits von Gut und Böse gegründet, das dem Helden allein, doch niemals dem zagenden Mädchen erreichbar ist. Darum ist es leeres Reden, ihre »tragische Läuterung« zu rühmen. Untragischer kann nichts ersonnen werden, als dieses trauervolle Ende.

Aber nicht allein darin gibt sich der sprachlose Trieb zu erkennen; haltlos erscheint auch ihr Leben, wenn es der Lichtkreis moralischer Ordnungen trifft. Doch nur gänzliche Anteillosigkeit an dieser Dichtung scheint dafür dem Kritiker Augen gelassen zu haben. So blieb es dem hausbackenen Verstand Julian Schmidts vorbehalten, die Frage zu stellen, die doch dem Unbefangenen am ersten dem Geschehen gegenüber sich einstellen müßte. »Es wäre nichts dagegen zu sagen gewesen, wenn die Leidenschaft stärker gewesen wäre als das Gewissen, aber wie begreift sich dies Verstummen des Gewissens?« »Ottilie begeht eine Schuld, sie empfindet sie später sehr tief, tiefer als nötig; aber wie geht es zu, daß sie es nicht vorher empfindet? ... Wie ist es möglich, daß eine so wohl geschaffene und so wohl erzogene Seele, wie Ottilie sein soll, nicht empfindet, daß sie durch die Art ihres Benehmens gegen Eduard ein Unrecht an Charlotte, ihrer Wohltäterin, begeht?« Keine Einsicht in die innersten Zusammenhänge des Romans kann das plane Recht dieser Frage entkräften. Das Verkennen ihrer zwingenden Natur läßt das Wesen des Romans im Dunkeln. Denn dies Schweigen der moralischen Stimme ist nicht, wie die gedämpfte Sprache der Affekte, als ein Zug der Individualität zu fassen. Es ist keine Bestimmung innerhalb der Grenzen menschlichen Wesens. Mit diesem Schweigen hat verzehrend im Herzen des edelsten Wesens sich der Schein angesiedelt. Und seltsam gemahnt das an die Schweigsamkeit Minna Herzliebs, welche geisteskrank im Alter gestorben ist. Alle sprachlose Klarheit des Handelns ist scheinhaft, und in Wahrheit ist das Innere so sich Bewahrender ihnen selbst nicht weniger als andern verdunkelt. In ihrem Tagebuche scheint zuletzt sich noch Ottiliens menschliches Leben zu regen. Ist doch all ihr sprachbegabtes Dasein mehr und mehr in diesen stummen Niederschriften zu suchen. Doch auch sie bauen nur das Denkmal für eine Erstorbene. Ihr Offenbaren von Geheimnissen, welche der Tod allein entsiegeln dürfte, gewöhnt an den Gedanken ihres Hinscheidens; und sie deuten auch, indem sie jene Schweigsamkeit der Lebenden bekunden, auf ihr völliges Verstummen voraus. Sogar in ihre geistige, entrückte Stimmung dringt das Scheinhafte, das in dem Leben der Schreiberin waltet. Denn wenn es die Gefahr des Tagebuches überhaupt ist, allzufrühe die Keime der Erinnerung in der Seele aufzudecken und das Reifen ihrer Früchte zu vereiteln, so muß sie notwendig verhängnisvoll dort werden, wo in ihm allein das geistige Leben sich ausspricht. Und doch stammt zuletzt alle Kraft verinnerlichten Daseins aus Erinnerung. Erst sie verbürgt der Liebe ihre Seele. Die atmet in dem Goetheschen Erinnern: »Ach, du warst in abgelebten Zeiten / Meine Schwester oder meine Frau.« Und wie in solchem Bunde selbst die Schönheit als Erinnerung sich überdauert, so ist sie auch im Blühen wesenlos ohne diese. Das bezeugen die Worte des Platonischen Phaedrus: »Wer nun erst frisch von den Weihen kommt und einer von jenen ist, die dort im Jenseits viel erschauten, der, wenn er ein göttliches Antlitz, welches die Schönheit nachbildet, oder eine Körpergestalt erblickt, wird zunächst, der damals erlebten Bedrängnis gedenkend, von Bestürzung befallen, dann aber, recht zu ihr hintretend, erkennt er ihr Wesen und verehrt sie wie einen Gott ... Denn die Erinne-

rung zu der Idee der Schönheit erhoben schaut diese wiederum neben der Besonnenheit auf heiligem Boden stehend.«
Ottiliens Dasein weckt solche Erinnerung nicht, in ihm bleibt wirklich Schönheit das Erste und Wesentlichste. All ihr günstiger »Eindruck geht nur aus der Erscheinung hervor; trotz der zahlreichen Tagebuchblätter bleibt ihr inneres Wesen verschlossen, verschlossener als irgendeine weibliche Figur Heinrich von Kleists«. In dieser Einsicht begegnet sich Julian Schmidt mit einer alten Kritik, die mit sonderbarer Bestimmtheit sagt: »Diese Ottilie ist nicht ein echtes Kind von des Dichters Geiste, sondern sündhafter Weise erzeugt, in doppelter Erinnerung an Mignon und an ein altes Bild von Masaccio oder Giotto.« In der Tat sind in Ottiliens Gestalt die Grenzen der Epik gegen die Malerei überschritten. Denn die Erscheinung des Schönen als des wesentlichen Gehaltes in einem Lebendigen liegt jenseits des epischen Stoffkreises. Und doch steht sie im Zentrum des Romanes. Denn es ist nicht zuviel gesagt, wenn man die Überzeugung von Ottiliens Schönheit als Grundbedingung für den Anteil am Roman bezeichnet. Diese Schönheit darf, solange seine Welt Bestand hat, nicht verschwinden: der Sarg, in dem das Mädchen ruht, wird nicht geschlossen. Sehr weit hat Goethe sich in diesem Werk von dem berühmten Homerischen Vorbild für die epische Darstellung der Schönheit entfernt. Denn nicht allein zeigt selbst die Helena in ihrem Spott gegen Paris sich entschiedener als je in ihren Worten die Ottilie, sondern vor allem in der Darstellung von deren Schönheit ist Goethe nicht der berühmten Regel gefolgt, die aus den bewundernden Reden der auf der Mauer versammelten Greise entnommen wurde. Jene auszeichnenden Epitheta, welche, selbst gegen die Gesetze der Romanform, der Ottilie verliehen werden, dienen nur, sie aus der epischen Ebene herauszurücken, in welcher der Dichter waltet, und eine fremde Lebendigkeit ihr mitzuteilen, für die er nicht verantwortlich

ist. Je ferner sie dergestalt der Homerischen Helena steht, desto näher der Goetheschen. In zweideutiger Unschuld und scheinhafter Schönheit wie sie, steht sie wie sie in Erwartung des sühnenden Todes. Und Beschwörung ist auch bei ihrer Erscheinung im Spiel.

Der episodischen Gestalt der Griechen gegenüber wahrte Goethe die vollkommene Meisterschaft, da er in der Form dramatischer Darstellung selbst die Beschwörung durchleuchtete – wie wohl in diesem Sinne es am allerwenigsten ein Zufall scheint, daß jene Szene, in der Faust von Persephone die Helena erbitten sollte, nie geschrieben wurde. In den »Wahlverwandtschaften« aber ragen die dämonischen Prinzipien der Beschwörung in das dichterische Bilden selbst mitten hinein. Beschworen nämlich wird stets nur ein Schein, in Ottilien die lebendige Schönheit, welche stark, geheimnisvoll und ungeläutert als »Stoff« in gewaltigstem Sinne sich aufdrängte. So bestätigt sich das Hadeshafte, das der Dichter dem Geschehen verleiht: vor dem tiefen Grunde seiner Dichtergabe steht er wie Odysseus mit dem nackten Schwerte vor der Grube voll Blut, und wie dieser wehrt er den durstigen Schatten, um nur jene zu dulden, deren karge Rede er sucht. Sie ist ein Zeichen ihres geisterhaften Ursprungs. Er ist es, der das eigentümlich Durchscheinende, mitunter Preziöse in Anlage und Ausführung hervorbringt. Jene Formelhaftigkeit, welche vor allem im Aufbau des zweiten Teiles sich findet, der zuletzt nach Vollendung der Grundkonzeption bedeutend erweitert wurde, tritt doch angedeutet auch im Stil, in seinen zahllosen Parallelismen, Komparativen und Einschränkungen hervor, wie sie der späten Goetheschen Schreibart naheliegen. In diesem Sinne äußert Görres gegen Arnim, daß in den »Wahlverwandtschaften« manches ihm »wie gebohnt und nicht wie geschnitzt« vorkäme. Ein Wort, das zumal auf die Maximen der Lebensweisheit seine Anwendung finden möchte. Problematischer noch sind die Züge, welche überhaupt nicht der rein rezeptiven Intention sich erschließen können: jene Korrespondenzen, welche einzig einer vom Ästhetischen ganz abgekehrten, philologisch forschenden Betrachtung sich erschließen. Ganz gewiß greift in solchen die Darstellung ins Bereich beschwörender Formeln hinüber. Daher fehlt ihr so oft die letzte Augenblicklichkeit und Endgültigkeit der künstlerischen Belebung: die Form. In dem Roman baut diese nicht sowohl Gestalten, welche oft genug aus eigener Machtvollkommenheit formlos als mythische sich einsetzen, auf, als daß sie zaghaft, gleichsam arabeskenhaft um jene spielend, vollendet und mit höchstem Recht sie auflöst. Als Ausdruck inhärenter Problematik mag man die Wirkung des Romans ansehen. Es unterscheidet ihn von andern, die das beste Teil, wenn auch nicht stets die höchste Stufe ihrer Wirkung im unbefangenen Gefühl des Lesers finden, daß er auf dieses höchst verwirrend wirken muß. Ein trüber Einfluß, der sich verwandten Gemütern bis zu schwärmerischem Anteil und in fremderen zu widerstrebender Verstörtheit steigern mag, war ihm von jeher eigen, und nur die unbestechliche Vernunft, in deren Schutz das Herz der ungeheuren, beschwornen Schönheit dieses Werks sich überlassen darf, ist ihm gewachsen.

Beschwörung will das negative Gegenbild der Schöpfung sein. Auch sie behauptet aus dem Nichts die Welt hervorzubringen. Mit beiden hat das Kunstwerk nichts gemein. Nicht aus dem Nichts tritt es hervor, sondern aus dem Chaos. Ihm jedoch wird es nicht wie nach dem Idealismus der Emanationslehre die geschaffene Welt es tut, sich entringen. Künstlerisches Schaffen »macht« nichts aus dem Chaos, durchdringt es nicht; genau so wenig wird, wie Beschwörung dies in Wahrheit tut, aus Elementen jenes Chaos Schein sich mischen lassen. Dies bewirkt die Formel. Form jedoch verzaubert es auf einen Augenblick zur Welt. Daher darf kein Kunstwerk gänzlich ungebannt lebendig scheinen, ohne bloßer Schein zu werden und aufzuhören, Kunstwerk zu sein.

Das in ihm wogende Leben muß erstarrt und wie in einem Augenblick gebannt erscheinen. Dies in ihm Wesende ist bloße Schönheit, bloße Harmonie, die das Chaos – und in Wahrheit eben nur dieses, nicht die Welt – durchflutet, im Durchfluten aber zu beleben nur scheint. Was diesem Schein Einhalt gebietet, die Bewegung bannt und der Harmonie ins Wort fällt ist das Ausdruckslose. Jenes Leben gründet das Geheimnis, dies Erstarren den Gehalt im Werke. Wie die Unterbrechung durch das gebietende Wort es vermag, aus der Ausflucht eines Weibes die Wahrheit gerade da herauszuholen, wo sie unterbricht, so zwingt das Ausdruckslose, die zitternde Harmonie einzuhalten, und verewigt durch seinen Einspruch ihr Beben. In dieser Verewigung muß sich das Schöne verantworten, aber nun scheint es in eben dieser Verantwortung unterbrochen, und so hat es denn die Ewigkeit seines Gehalts eben von Gnaden jenes Einspruchs. Das Ausdruckslose ist die kritische Gewalt, welche den Schein vom Wesen in der Kunst zwar zu trennen nicht vermag, aber ihnen verwehrt, sich zu mischen. Diese Gewalt hat es als moralisches Wort. Im Ausdruckslosen erscheint die erhabene Gewalt des Wahren, wie es nach Gesetzen der moralischen Welt die Sprache der wirklichen bestimmt. Dieses nämlich zerschlägt, was in allem schönen Schein als die Erbschaft des Chaos noch überdauert: die falsche, irrende Totalität – die absolute. Dieses erst vollendet das Werk, welches es zum Stückwerk zerschlägt, zum Fragmente der wahren Welt, zum Torso eines Symbols. Eine Kategorie der Sprache und Kunst, nicht des Werkes oder der Gattungen, ist das Ausdruckslose strenger nicht definierbar als durch eine Stelle aus Hölderlins Anmerkungen zum Ödipus, welche in ihrer über die Theorie der Tragödie hinaus für jene der Kunst schlechthin grundlegenden Bedeutung noch nicht erkannt zu sein scheint. Sie lautet: »Der tragische Transport ist nämlich eigentlich leer und der ungebundenste. – Dadurch wird in der rhythmischen Aufeinanderfolge der Vorstellungen, worin der Transport sich darstellt, das, was man im Sylbenmaße Cäsur heißt, das reine Wort, die gegenrhythmische Unterbrechung notwendig, um nemlich dem reißenden Wechsel der Vorstellungen, auf seinem Summum, so zu begegnen, daß alsdann nicht mehr der Wechsel der Vorstellung, sondern die Vorstellung selber erscheint.« Die »abendländische, Junonische Nüchternheit«, die Hölderlin, einige Jahre bevor er dies schrieb, als fast unerreichbares Ziel aller deutschen Kunstübung vorstellte, ist nur eine andere Bezeichnung jener Cäsur, in der mit der Harmonie zugleich jeder Ausdruck sich legt, um einer innerhalb aller Kunstmittel ausdruckslosen Gewalt Raum zu geben. Solche Gewalt ist kaum je deutlicher geworden als in der griechischen Tragödie einer-, der Hölderlinschen Hymnik andrerseits. In der Tragödie als Verstummen des Helden, in der Hymne als Einspruch im Rhythmus vernehmbar. Ja, man könnte jenen Rhythmus nicht genauer bezeichnen als mit der Aussage, daß etwas jenseits des Dichters der Dichtung ins Wort fällt. Hier liegt der Grund, »warum eine Hymne selten (und mit ganzem Recht vielleicht niemals) ›schön‹ genannt werden wird«. Tritt in jener Lyrik das Ausdruckslose, so in Goethescher die Schönheit bis zur Grenze dessen hervor, was im Kunstwerk sich fassen läßt. Was jenseits dieser Grenze sich bewegt, ist Ausgeburt des Wahnsinns in der einen, ist beschworene Erscheinung in der andern Richtung. Fehlen doch selbst im Goetheschen Werke nicht Zeugnisse, daß es nicht immer der seinem Genius nächsten Versuchung entging, den Schein zu beschwören.

So gedenkt er der Arbeit am Roman denn gelegentlich mit den Worten: »Man findet sich schon glücklich genug, wenn man in dieser bewegten Zeit in die Tiefe der stillen Leidenschaften flüchten kann.« Wenn hier der Gegensatz bewegter Fläche und der stillen Tiefe nur flüchtig an ein Wasser gemahnen mag, so findet ausgesprochener solch Vergleich bei Zelter sich. In einem Brief vom Romane handelnd schreibt er Goethe: »Dazu eignet sich endlich noch eine Schreibart, welche wie das klare Element beschaffen ist, dessen flinke Bewohner durcheinanderschwimmen, blinkend oder dunkelnd auf und ab fahren, ohne sich zu verirren oder sich zu verlieren.« Was so in Zelters nie genug geschätzter Weise ausgesprochen, verdeutlicht, wie der formelhaft gebannte Stil des Dichters verwandt dem bannenden Reflex im Wasser ist. Über die Stilistik hinaus weist es auf die Bedeutung jenes »Lustsees« und endlich auf den Sinngehalt des ganzen Werks. Wie nämlich zweideutig die scheinhafte Seele sich darin zeigt, mit unschuldiger Klarheit verlockend und in tiefste Dunkelheit hinunterführend, so ist auch das Wasser dieser sonderbaren Magie teilhaftig. Denn einerseits ist es das Schwarze, Dunkle, Unergründliche, andrerseits aber das Spiegelnde, Klare und Klärende. Die Macht dieser Zweideutigkeit, die schon ein Thema des »Fischers« gewesen war, ist im Wesen der Leidenschaft in den »Wahlverwandtschaften« herrschend geworden. Wenn sie so in ihr Zentrum hineinführt, weist sie andrerseits wieder zurück auf den mythischen Ursprung ihres Bildes vom schönen Leben und erlaubt mit vollendeter Klarheit es zu erkennen. »In dem Elemente, dem Aphrodite entstieg, scheint die Schönheit recht eigentlich heimisch zu sein. An strömenden Flüssen und Quellen wird sie gepriesen; Schönfließ heißt eine der Okeaniden; unter den Nereiden tritt die schöne Gestalt der Galathea hervor, und zahlreich entstammen den Göttern des Meeres schönfüßige Töchter. Das bewegliche Element, wie es zunächst den Fuß der Schreitenden umspült, benetzt Schönheit spendend die Füße der Göttinnen, und die silberfüßige Thetis bildet für alle Zeiten das Vorbild, nach welchem die dichterische Phantasie der Griechen diesen Körperteil ihrer Gebilde zeichnet ... Keinem Manne oder mannhaft gedachten Gotte legt Hesiod Schönheit bei; auch bezeichnet sie hier noch keinerlei inneren Wert. Sie erscheint ganz vorwiegend als die äußere Gestalt des Weibes, an

Aphrodite und die okeanischen Lebensformen gebunden.« Wenn so – nach Walters »Ästhetik im Altertum« – der Ursprung des bloßen schönen Lebens gemäß den Weisungen des Mythos in der Welt harmonisch-chaoshaften Wogens liegt, so hat ein tieferes Gefühl die Herkunft der Ottilie dort gesucht. Wo Hengstenberg gehässig eines »nymphenartigen Essens« der Ottilie, Werner tastend seiner »gräßlich zarten Meernixe« gedenkt, da hat Bettina unvergleichlich sicher den innersten Zusammenhang berührt: »Du bist in sie verliebt, Goethe, es hat mir schon lange geahnt; jene Venus ist dem brausenden Meer Deiner Leidenschaft entstiegen, und nachdem sie eine Saat von Tränenperlen ausgesäet, da verschwindet sie wieder in überirdischem Glanz.«

Mit der Scheinhaftigkeit, die Ottiliens Schönheit bestimmt, bedroht Wesenlosigkeit noch die Rettung, die die Freunde aus ihren Kämpfen gewinnen. Denn ist die Schönheit scheinhaft, so ist es auch die Versöhnung, die sie mythisch in Leben und Sterben verheißt. Ihre Opferung wäre umsonst wie ihr Blühen, ihr Versöhnen ein Schein der Versöhnung, wahre Versöhnung gibt es in der Tat nur mit Gott. Während in ihr der Einzelne mit ihm sich versöhnt und nur dadurch mit den Menschen sich aussöhnt, ist es der scheinhaften Versöhnung eigen, jene untereinander aussöhnen und nur dadurch mit Gott versöhnen zu wollen. Von neuem trifft dies Verhältnis scheinhafter Versöhnung zur wahren auf den Gegensatz von Roman und Novelle. Denn darauf will je zuletzt der wunderliche Streit hinaus, der die Liebenden in ihrer Jugend befängt, daß ihre Liebe, weil sie um wahrer Versöhnung willen das Leben wagt, sie erlangt und mit ihr den Frieden, in dem ihr Liebesbund dauert. Weil nämlich wahre Versöhnung mit Gott keinem gelingt, der nicht in ihr – so viel an ihm ist – alles vernichtet, um erst vor Gottes versöhntem Antlitz es wieder erstanden zu finden, darum bezeichnet ein todesmutiger Sprung jenen Augenblick, da sie – ein jeder ganz für sich allein vor Gott – um der Versöhnung willen sich einsetzen. Und in solcher Versöhnungsbereitschaft erst ausgesöhnt, gewinnen sie sich. Denn die Versöhnung, die ganz überweltlich und kaum fürs Kunstwerk gegenständlich ist, hat in der Aussöhnung der Mitmenschen ihre weltliche Spiegelung. Wie sehr bleibt gegen sie die adlige Nachsicht, jene Duldung und Zartheit zurück, die doch zuletzt den Abstand nur wachsen macht, in dem die Romangestalten sich wissen. Denn weil sie den offenen Streit, dessen Übermaß selbst in der Gewalttat eines Mädchens Goethe darzustellen sich nicht scheute, stets vermeiden, muß die Aussöhnung ihnen fernbleiben. So viel Leiden, so wenig Kampf. Daher das Schweigen aller Affekte. Sie treten niemals als Feindschaft, Rachsucht, Neid nach außen, aber sie leben auch nicht als Klage, Scham und Verzweiflung im Innern. Denn wie ließe mit dem verzweifelten Handeln der Verschmähten sich das Opfer der Ottilie vergleichen, welches in Gottes Hand nicht das teuerste Gut, sondern die schwerste Bürde legt und seinen Ratschluß vorwegnimmt. So fehlt alles Vernichtende wahrer Versöhnung durchaus ihrem Schein, wie denn selbst, soweit möglich, von der Todesart der Ottilie alles Schmerzhafte und Gewaltsame fernbleibt. Und nicht hiermit allein verhängt eine unfromme Vorsicht die drohende Friedlosigkeit über die allzu Friedfertigen. Denn was hundertfach der Dichter verschweigt, geht doch einfach genug aus dem Gange des Ganzen hervor: daß nach sittlichen Gesetzen die Leidenschaft all ihr Recht und ihr Glück verliert, wo sie den Pakt mit dem bürgerlichen, dem reichlichen, dem gesicherten Leben sucht. Dies ist die Kluft, über die vergebens der Dichter auf dem schmalen Stege reiner menschlicher Gesittung mit nachtwandlerischer Sicherheit seine Gestalten schreiten lassen will. Jene edle Bändigung und Beherrschung vermag nicht die Klarheit zu ersetzen, die der Dichter gewiß so von sich selber zu entfernen wußte wie von ihnen. (Hier ist Stifter sein vollendeter Epigone.) In der stummen Befangenheit, welche diese Menschen in dem Umkreis menschlicher, ja bürgerlicher Sitte einschließt und dort das Leben der Leidenschaft für sie zu retten hofft, liegt das dunkle Vergehen, welches seine dunkle Sühne fordert. Sie flüchten im Grunde vor dem Spruche des Rechts, das über sie noch Gewalt hat. Sind sie dem Anschein nach ihm durch adliges Wesen enthoben, so vermag sie in Wirklichkeit nur das Opfer zu retten. Daher wird nicht der Friede ihnen zuteil, den die Harmonie ihnen leihen soll; ihre Lebenskunst Goethescher Schule macht die Schwüle nur dumpfer. Denn hier regiert die Stille vor dem Sturm, in der Novelle aber das Gewitter und der Friede. Während Liebe die Versöhnten geleitet, bleibt als Schein der Versöhnung nur die Schönheit bei den andern zurück.

Den wahrhaft Liebenden ist Schönheit des Geliebten nicht entscheidend. Wenn sie es war, die erstmals sie zueinander zog, werden über größeren Herrlichkeiten sie ihrer immer wieder vergessen, um bis ans Ende freilich im Gedenken immer wieder ihrer inne zu werden. Anders die Leidenschaft. Jedes, auch das flüchtigste Schwinden der Schönheit macht sie verzweifeln. Denn nur der Liebe heißt die Schöne das teuerste Gut, für die Leidenschaft ist dies die Schönste. Leidenschaftlich ist denn auch die Mißbilligung, mit der die Freunde von der Novelle sich abwenden. Ist ihnen die Preisgabe der Schönheit doch unerträglich. Jene Wildheit, die das Mädchen entstellt, ist es auch nicht die leere, verderbliche der Luciane, sondern die drängende, heilsame eines edleren Geschöpfs, soviel Anmut mit ihr sich paart, sie genügt, ein befremdendes Wesen ihr mitzugeben, des kanonischen Ausdrucks der Schönheit sie zu berauben. Dieses Mädchen ist nicht wesentlich schön. Ottilie ist es. Auf seine Weise ist es selbst Eduard, nicht umsonst rühmt man die Schönheit dieses Paares. Goethe selbst aber wandte nicht nur – und über die Grenzen der Kunst hinaus – die erdenkliche Macht seiner Gaben auf, diese Schönheit zu bannen, sondern mit leichtester Hand legt er's nahe genug, die Welt dieser sanften, verschleierten Schönheit als die Mitte der Dichtung zu ahnen. Im Namen der Ottilie wies er auf die Heilige, der als Schutzpatronin Augenleidender auf dem Odilienberg im Schwarzwald ein Kloster gestiftet war. Er nennt sie einen »Augentrost« der Männer, die sie sehen, ja man darf in ihrem Namen auch des milden Lichtes sich erinnern, das die Wohltat kranker Augen und die Heimat alles Scheines in ihr selbst ist. Dem stellte er den Glanz der schmerzhaft strahlt, im Namen und in der Erscheinung der Luciane, und ihren sonnenhaften, weiten Lebenskreis dem mondhaft-heimlichen Ottiliens gegenüber. Wie er aber deren Sanftmut nicht allein Lucianens falsche Wildheit, sondern auch die rechte jener Liebenden zur Seite gibt, so ist der milde Schimmer ihres Wesens mitteninne gestellt zwischen das feindliche Glänzen und das nüchterne Licht. Der rasende Angriff, von dem die Novelle erzählt, war gegen das Augenlicht des Geliebten gerichtet; nicht strenger konnte die Gesinnung dieser Liebe die abhold alleim Schein ist, angedeutet werden. Die Leidenschaft bleibt in dessen Bannkreis gefangen, und den Entbrennenden vermag sie an sich selbst nicht einmal in der Treue Halt zu leihen. Der Schönheit unter jedem Schein verfallen, wie sie ist, muß ihr Chaotisches verheerend ausbrechen, fände nicht ein geistigeres Element sich zu ihr, welches den Schein zu sänftigen vermöchte. Es ist die Neigung.

In der Neigung löst der Mensch von der Leidenschaft sich ab. Es ist das Wesensgesetz, welches diese wie jede Ablösung aus der Sphäre des Scheins und den Übergang zum Reiche des Wesens bestimmt, daß allmählich, ja selbst unter einer letzten und äußersten Steigerung des Scheins sich die Wandlung vollzieht. So scheint auch im Heraustreten der Neigung die Leidenschaft mehr noch als früher und völlig zur Liebe zu werden. Leidenschaft und Neigung sind die Elemente aller scheinhaften Liebe, die nicht im Versagen des Gefühls, sondern einzig in seiner Ohnmacht von der wahren sich unterschieden zeigt. Und so muß es denn ausgesprochen werden, daß nicht die wahre Liebe es ist, die in Ottilie und Eduard herrscht. Die Liebe wird vollkommen nur, wo sie über ihre Natur erhoben durch Gottes Walten gerettet wird. So ist das dunkle Ende der Liebe, deren Dämon Eros ist, nicht ein nacktes Scheitern, sondern die wahrhafte Einlösung der tiefsten Unvollkommenheit, welche der Natur des Menschen selber eignet. Denn sie ist's, welche die Vollendung der Liebe ihm wehrt. Darum tritt in alles Lieben, was nur sie bestimmt, die Neigung als das eigentliche Werk des Ερως θανατος: das Eingeständnis, daß der Mensch nicht lieben könne. Während in aller geretteten, wahren Liebe die Leidenschaft sekundiert wie die Neigung bleibt, macht deren Geschichte und der Übergang der einen in die andere das Wesen des Eros. Freilich führt nicht ein Tadel des Liebenden, wie Bielschowsky ihn wagt, darauf hin. Dennoch läßt selbst sein banaler Ton die Wahrheit nicht verkennen. Nachdem er nämlich die Unart, ja die zügellose Selbstsucht des Liebhabers angedeutet, heißt es von Ottiliens unbeirrter Liebe weiter: »Es mag im Leben hie und da eine solche abnorme Erscheinung anzutreffen sein. Aber dann zucken wir die Achseln und sagen, wir verstehen es nicht. Eine solche Erklärung gegenüber einer dichterischen Erfindung abzugeben, ist ihre schwerste Verurteilung. In der Dichtung wollen und müssen wir verstehen. Denn der Dichter ist Schöpfer. Er schafft die Seelen.« Inwiefern dies zuzugeben sei, wird gewiß höchst problematisch bleiben. Unverkennbar aber ist, daß jene Goetheschen Gestalten nicht geschaffen, noch auch rein gebildet, sondern eher gebannt erscheinen können. Daher eben stammt die Art von Dunkel, welche Kunstgebilden fremd und dem allein, der dessen Wesen in dem Schein kennt, zu ergründen ist. Denn der Schein ist in dieser Dichtung nicht sowohl dargestellt, als in ihrer Darstellung selber. Darum allein kann er so viel bedeuten, darum allein bedeutet sie so viel. Bündiger enthüllt den

Bruch jener Liebe dies, daß jedwede in sich gewachsene Herr dieser Welt werden muß: sei es in ihrem natürlichen Ausgang, dem gemeinsamen – nämlich streng gleichzeitigen – Tode, sei es in ihrer übernatürlichen Dauer, der Ehe. Dies hat Goethe in der Novelle ausgesprochen, da der Augenblick der gemeinsamen Todesbereitschaft durch göttlichen Willen das neue Leben den Liebenden schenkt, auf das alte Rechte ihren Anspruch verlieren. Hier zeigt er das Leben der beiden gerettet in eben dem Sinne, in dem es den Frommen die Ehe bewahrt; in diesem Paare hat er die Macht wahrer Liebe dargestellt, die in religiöser Form auszusprechen er sich verwehrte. Demgegenüber steht im Roman in diesem Lebensbereich das zwiefache Scheitern. Während die einen, vereinsamt, dahinsterben, bleibt den Überlebenden die Ehe versagt. Der Schluß beläßt den Hauptmann und Charlotten wie die Schatten in der Vorhölle. Weil in keinem der Paare der Dichter die wahre Liebe konnte walten lassen, welche diese Welt hätte sprengen müssen, gab er unscheinbar aber unverkennbar in den Gestalten der Novelle ihr Wahrzeichen seinem Werke mit.

Über schwankende Liebe macht die Rechtsnorm sich Herr. Die Ehe zwischen Eduard und Charlotte bringt, noch verfallend, jener den Tod, weil in ihr – und sei's in mythischer Entstellung die Größe der Entscheidung eingebettet liegt, welcher die Wahl niemals gewachsen ist. Und so spricht über sie der Titel des Romans das Urteil: Goethen halb unbewußt, wie es scheint. Denn in der Selbstanzeige sucht er den Begriff der Wahl für das sittliche Denken zu retten. »Es scheint, daß den Verfasser seine fortgesetzten physikalischen Arbeiten zu diesem seltsamen Titel veranlaßten. Er mochte bemerkt haben, daß man in der Naturlehre sich sehr oft ethischer Gleichnisse bedient, um etwas von dem Kreise menschlichen Wissens weit Entferntes näher heranzubringen; und so hat er auch wohl, in einem sittlichen Falle, eine chemische Gleichnisrede zu ihrem sittlichen Ursprunge um so eher zurückführen mögen, als doch überall nur Eine Natur ist und auch durch das Reich der heiteren Vernunftfreiheit die Spuren trüber leidenschaftlicher Notwendigkeit sich unaufhaltsam hindurchziehen, die nur durch eine höhere Hand, und vielleicht auch nicht in diesem Leben völlig auszulöschen sind.«

Aber deutlicher als diese Sätze, die vergeblich Gottes Reich, wo die Liebenden wohnen, in dem der heiteren Vernunftfreiheit zu suchen scheinen, spricht das bloße Wort. »Verwandtschaft« ist an und für sich bereits das denkbar reinste, um nächste menschliche Verbundenheit sowohl nach Wert als auch nach Gründen zu bezeichnen. Und in der Ehe wird es stark genug, buchstäblich auch sein Metaphorisches zu machen. Weder vermag das durch die Wahl verstärkt zu werden, noch wäre insbesondere das geistige solcher Verwandtschaft auf die Wahl gegründet. Diese rebellische Anmaßung aber beweist am unwidersprechlichsten der Doppelsinn des Wortes, das nicht abläßt, mit dem im Akt Ergriffnen zugleich den Wahlakt selber zu bedeuten. Allein in jedem Falle, da Verwandtschaft zum Gegenstand einer Entschließung wird, schreitet die über die Stufe der Wahl zur Entscheidung hinüber. Diese annihiliert die Wahl, um die Treue zu stiften: nur die Entscheidung, nicht die Wahl ist natürlich und mag sogar den Elementen eignen; die Entscheidung ist transzendent. – Weil jener Liebe noch das höchste Recht nicht zukommt, nur dann also eignet dieser Ehe noch die größere Macht. Doch niemals hat der untergehenden der Dichter im mindesten ein eigenes Recht zusprechen wollen. Die Ehe kann in keinem Sinne Zentrum des Romanes sein. Darüber hat, wie ungezählte andre, auch Hebbel in vollkommenem Irrtum sich befunden, wenn er sagt: »In Goethes Wahlverwandtschaften ist doch eine Seite abstrakt geblieben, es ist nämlich die unermeßliche Bedeutung der Ehe für Staat und Menschheit wohl räsonnierend angedeutet, aber nicht im Ring der Darstellung zur Anschauung gebracht worden, was gleichwohl möglich gewesen wäre und den Eindruck des ganzen Werkes noch sehr verstärkt hätte.« Und früher schon im Vorwort zu »Maria Magdalena«: »Wie Goethe, der durchaus Künstler, großer Künstler war, in den Wahlverwandtschaften einen solchen Verstoß gegen die innere Form begehen konnte, daß er, einem zerstreuten Zergliederer nicht unähnlich, der statt eines wirklichen Körpers einen Automat auf das anatomische Theater brächte, eine von Haus aus nichtige, ja unsittliche Ehe, wie die zwischen Eduard und Charlotte, zum Mittelpunkt seiner Darstellung machte und dies Verhältnis behandelte und benützte, als ob es ein ganz entgegengesetztes, ein vollkommen berechtigtes wäre, wüßte ich mir nicht zu erklären.« Abgesehen davon, daß die Ehe im Geschehen nicht die Mitte ist, sondern Mittel – so wie Hebbel sie erfaßt, hat Goethe nicht und so wollte er sie nicht erscheinen lassen. Denn zu tief wird er empfunden haben, daß »von Haus aus« gar nichts über sie gesagt werden, ihre Sittlichkeit allein als Treue, nur als Untreue ihre Unsittlichkeit sich erweisen könnte. Geschweige, daß etwa die Leidenschaft ihre Grundlage bilden könnte. Platt, doch nicht falsch sagt der Jesuit Baumgartner: »Sie lieben sich, aber ohne jene Leidenschaft, welche für krankhafte und empfindsame Gemüter den einzigen Reiz des Lebens ausmacht.« Aber darum nicht weniger ist die eheliche Treue bedingt. Bedingt in dem doppelten Sinne: durchs notwendig wie durchs hinreichend Bedingende. Jenes liegt in dem Fundamente der Entscheidung. Sie ist gewiß nicht willkürlicher darum, weil die Leidenschaft nicht ihr Kriterium ist. Vielmehr steht dies nur um so unzweideutiger und strenger in dem Charakter der Erfahrung vor ihr. Nur diejenige Erfahrung nämlich vermag die Entscheidung zu tragen, welche, jenseits alles späteren Geschehens und Vergleichens, wesensmäßig dem Erfahrenden sich einmal zeigt und einzig, während jeder Versuch aufs Erlebnis Entscheidung zu gründen, früher oder später den aufrechten Menschen mißlingt. Ist diese notwendige Bedingung ehelicher Treue gegeben, dann heißt Pflichterfüllung ihre hinreichende. Nur wenn von beiden eine frei vom Zweifel, ob sie da war, bleiben kann, läßt sich der Grund des Bruches der Ehe sagen. Nur dann ist klar, ob er »von Hause aus« notwendig ist, ob noch durch Umkehr eine Rettung zu erhoffen steht. Und hiermit gibt sich jene Vorgeschichte, die Goethe dem Roman ersonnen hat, als Zeugnis des untrüglichsten Gefühls. Früher schon haben sich Eduard und Charlotte geliebt, doch des ungeachtet beide ein nichtiges Ehebündnis geschlossen, bevor sie einander sich vereinten. Nur auf diese einzige Weise vielleicht konnte in der Schwebe bleiben, worin im Leben beider Gatten der Fehltritt liegt: ob in der früheren Unschlüssigkeit, ob in der gegenwärtigen Untreue. Denn die Hoffnung mußte Goethe erhalten, daß schon einmal siegreicher Bindung auch nun zu dauern bestimmt sei. Daß aber dann nicht als rechtliche Form noch auch als bürgerliche Ehe dem Schein, der sie verführt, begegnen könne, ist schwerlich dem Dichter entgangen. Nur im Sinne der Religion wäre dies ihr gegeben, in dem »schlechtere« Ehen als sie ihren unantastbaren Bestand haben. Demnach ist ganz besonders tief das Mißlingen aller Einigungsversuche dadurch motiviert, daß diese von einem Manne ausgehen, welcher mit der Weihe des Geistlichen selber die Macht und das Recht abgelegt hat, die allein solche rechtfertigen können. Doch da ihnen Vereinigung nicht mehr vergönnt, bleibt am Ende die Frage siegreich, die entschuldigend alles begleitet: war das nicht nur die Befreiung aus von Anfang verfehltem Beginnen? Wie dem nun sei – diese Menschen sind aus der Bahn der Ehe gerissen, um unter andern Gesetzen ihr Wesen zu finden.

Heiler als Leidenschaft, doch nicht hilfreicher führt auch Neigung nur dem Untergang die entgegen, die der ersten entsagen. Aber nicht die Einsamen richtet sie zugrunde wie jene. Unzertrennlich geleitet sie die Liebenden hinab, ausgesöhnt erreichen sie das Ende. Auf diesem letzten Weg wenden sie einer Schönheit sich zu, die nicht mehr dem Schein verhaftet ist, und sie stehen im Bereich der Musik. »Aussöhnung« hat Goethe jenes dritte Gedicht der »Trilogie« genannt, in welchem die Leidenschaft zur Ruhe geht. Es ist »das Doppelglück der Töne wie der Liebe«, das hier, keineswegs als Krönung, sondern als erste schwache Ahnung, als fast noch hoffnungsloser Morgenschimmer den Gequälten leuchtet. Die Musik kennt ja die Aussöhnung in der Liebe, und aus diesem Grunde trägt das letzte Gedicht der Trilogie als einziges eine Widmung, während der »Elegie« in ihrem Motto wie in ihrem Ende das »Laßt mich allein« der Leidenschaft entfährt. Versöhnung aber, die im Weltlichen blieb, mußte schon dadurch als Schein sich enthüllen, und wohl dem Leidenschaftlichen, dem er endlich sich trübte. »Die hehre Welt, wie schwindet sie den Sinnen.« »Da schwebt hervor Musik mit Engelsschwingen«, und nun verspricht der Schein erst ganz zu weichen, nun erst die Trübung ersehnt und vollkommen zu werden. »Das Auge netzt sich, fühlt im höhern Sehnen / Den Götterwert der Töne wie der Tränen.« Diese Tränen, die beim Hören der Musik das Auge füllen, entziehen ihm die sichtbare Welt. Damit ist jener tiefe Zusammenhang angedeutet, welcher Hermann Cohen, der im Sinn des greisen Goethe vielleicht besser als nur einer all der Interpreten fühlte, in einer flüchtigen Bemerkung geleitet zu haben scheint. »Nur der Lyriker, der in Goethe zur Vollendung kommt, nur der Mann, der Tränen sät, die Tränen der unendlichen Liebe, nur er konnte dem Roman diese Einheitlichkeit stiften.« Freilich ist das nicht mehr als eben erahnt, auch führt von hier kein Weg die Deutung weiter. Denn dies vermag nur die Erkenntnis, daß jene »unendliche« Liebe weit weniger ist als die schlichte, von der man sagt, daß sie über den Tod hinaus dauert, daß es die Neigung ist, die in den Tod führt. Aber darin wirkt ihr Wesen und kündigt, wenn man so will, die Einheitlichkeit des Romanes sich an, daß die Neigung, wie die Verschleierung des Bildes durch Tränen in der Musik, so in der Aussöhnung den Untergang des Scheins durch die Rührung hervorruft. Eben die Rührung nämlich ist jener Übergang, in welchem der Schein – der Schein der Schönheit als der Schein der Versöhnung – noch einmal am süßesten dämmert vor dem Vergehen. Sprachlich können weder Humor noch Tragik die Schönheit fassen, in einer Aura durchsichtiger Klarheit vermag sie nicht zu erscheinen. Deren genauester Gegensatz ist die Rührung. Weder Schuld noch Unschuld, weder Natur noch Jenseits gelten ihr streng unterschieden. In dieser Sphäre erscheint Ottilie, dieser Schleier muß über ihrer Schönheit liegen. Denn die Tränen der Rührung, in welcher der Augenblick sich verschleiert sind zugleich der eigenste Schleier der Schönheit selbst. Aber Rührung ist nur der Schein der Versöhnung. Und wie ist gerade jene trügerische Harmonie in dem Flötenspiele der Liebenden unbeständig und rührend. Von Musik ist ihre Welt ganz verlassen. Wie denn der Schein, dem die Rührung verbunden ist, so mächtig nur in denen werden kann, die, wie Goethe, nicht vom Ursprung an durch Musik im Innersten berührt und vor der Gewalt lebender Schönheit gefeit sind. Ihr Wesenhaftes zu erretten ist das Ringen Goethes. Darinnen trübt der Schein dieser Schönheit sich mehr und mehr, wie die Durchsichtigkeit einer Flüssigkeit in der Erschütterung, in der sie Kristalle bildet. Denn nicht die kleine Rührung, die sich selbst genießt, die große Erschütterung allein ist es, in welcher der Schein der Versöhnung den schönen überwindet und mit ihm zuletzt sich selbst.

Je tiefer die Rührung sich versteht, desto mehr ist sie Übergang; ein Ende bedeutet sie niemals für den wahren Dichter. Eben das will es besagen, wenn die Erschütterung sich als ihr bestes Teil zeigt, und dasselbe meint, obzwar in sonderbarer Beziehung, Goethe, wenn er in der Nachlese zur Poetik des Aristoteles sagt: »Wer auf dem Wege einer wahrhaft sittlichen innern Ausbildung fortschreitet, wird empfinden und gestehen, daß Tragödien und tragische Romane den Geist keineswegs beschwichtigen, sondern das Gemüt und das, was wir Herz nennen, in Unruhe versetzen und einem vagen unbestimmten Zustande entgegenführen; diesen liebt die Jugend und ist daher für solche Produktionen leidenschaftlich eingenommen.« Übergang aber wird die Rührung aus der verworrenen Ahnung »auf dem Wege einer wahrhaft sittlichen Ausbildung« nur zu dem einzig objektiven Gegenstande der Erschütterung sein, zum Erhabenen. Eben dieser Übergang ist es, der im Untergang des Scheines sich vollzieht. Jener Schein, der in Ottiliens Schönheit sich darstellt, ist der untergehende. Denn es ist nicht so zu verstehen, als führe äußere Not und Gewalt den Untergang der Ottilie herauf, sondern in der Art ihres Scheins selbst liegt es begründet, daß er verlöschen muß, daß er es bald muß. Ein ganz anderer ist er als der triumphierende blendender Schönheit, der Lucianens ist oder Lucifers. Und während der Gestalt der Goetheschen Helena und der berühmteren der Mona Lisa aus dem Streit dieser beiden Arten des Scheins das Rätsel ihrer Herrlichkeit entstammt, ist die Ottiliens nur durchwaltet von dem einen Schein, der verlischt. In jede ihrer Regungen und Gesten hat der Dichter dies gelegt, um zuletzt, am düstersten und zartesten zugleich, in ihrem Tagebuch mehr und mehr das Dasein einer Schwindenden sie führen zu lassen. Also nicht der Schein der Schönheit schlechthin, der sich zwiefach erweist, ist in Ottilie erschienen, sondern allein jener eine ihre eigene, vergehende. Aber freilich erschließt der die Einsicht im schönen Schein überhaupt und gibt erst darin sich selbst zu erkennen. Daher sieht jede Anschauung, die die Gestalt der Ottilie erfaßt, vor sich die alte Frage erstehen, ob Schönheit Schein sei.

Alles wesentlich Schöne ist stets und wesenhaft, aber in unendlich verschiedenen Graden, dem Schein verbunden. Ihre höchste Intensität erreicht diese Verbindung im manifest Lebendigen, und zwar gerade hier deutlich polar in triumphierendem und verlöschendem Schein. Alles Lebendige nämlich ist, je höher sein Leben geartet desto mehr, dem Bereiche des wesentlich Schönen enthoben, und in seiner Gestalt bekundet demnach dieses wesentlich Schöne sich am meisten als Schein. Schönes Leben, Wesentlich-Schönes und scheinhafte Schönheit, diese drei sind identisch. In diesem Sinne hängt gerade die Platonische Theorie des Schönen mit dem noch älteren Problem des Scheins darin zusammen, daß sie, nach dem Symposion, zunächst auf die leiblich lebendige Schönheit sich richtet. Wenn dennoch dieses Problem in der Platonischen Spekulation latent bleibt, so liegt es daran, daß dem Platon als Griechen die Schönheit mindestens ebenso wesentlich im Jüngling sich darstellt als im Mädchen, die Fülle des Lebens aber im Weiblichen größer ist als im Männlichen. Ein Moment des Scheins jedoch bleibt noch im Unlebendigsten erhalten, für den Fall, daß es wesentlich schön ist. Und dies ist der Fall aller Kunstwerke – unter ihnen am mindesten der Musik. Demnach bleibt in aller Schönheit der Kunst jener Schein, will sagen jenes Streifen und Grenzen ans Leben noch wohnen, und sie ist ohne diese nicht möglich. Nicht aber umfaßt derselbe ihr Wesen. Dieses weist vielmehr tiefer hinab auf dasjenige, was am Kunstwerk im Gegensatze zum Schein als das Ausdruckslose bezeichnet werden darf, außerhalb dieses Gegensatzes aber in der Kunst weder vorkommt, noch eindeutig benannt werden kann. Zum Schein nämlich steht das Ausdruckslose, wiewohl im Gegensatz, doch in derart notwendigem Verhältnis, daß eben das Schöne, ob auch selber nicht Schein, aufhört, ein wesentlich Schönes zu sein, wenn der Schein von ihm schwindet. Denn dieser gehört ihm zu als die Hülle, und das Wesensgesetz der Schönheit zeigt sich somit, daß sie als solche nur im Verhüllten erscheint. Nicht also ist, wie banale Philosopheme lehren, die Schönheit selbst Schein. Vielmehr enthält die berühmte Formel, wie sie zuletzt in äußerster Verflachung Solger entwickelte, es sei Schönheit die sichtbar gewordene Wahrheit, die grundsätzlichste Entstellung dieses großen Gegenstandes. Auch hätte Simmel dies Theorem nicht so läßlich aus Goetheschen Sätzen, die sich dem Philosophen oft durch alles andere empfehlen als ihren Wortlaut, entnehmen dürfen. Diese Formel, die, da Wahrheit doch an sich nicht sichtbar ist und nur auf einem ihr nicht eigenen Zuge ihr Sichtbarwerden beruhen könnte, die Schönheit zu einem Schein macht, läuft zuletzt, ganz abgesehen von ihrem Mangel an Methodik und Vernunft, auf philosophisches Barbarentum hinaus. Denn nichts anderes bedeutet es, wenn der Gedanke, es ließe sich die Wahrheit des Schönen enthüllen, in ihr genährt wird. Nicht Schein, nicht Hülle für ein anderes ist die Schönheit. Sie selbst ist nicht Erscheinung, sondern durchaus Wesen, ein solches freilich, welches wesenhaft sich selbst gleich nur unter der Verhüllung bleibt. Mag daher Schein sonst überall Trug sein – der schöne Schein ist die Hülle vor dem notwendigen Verhülltesten. Denn weder die Hülle noch der verhüllte Gegenstand ist das Schöne, sondern dies ist der Gegenstand in seiner Hülle. Enthüllt aber würde er unendlich unscheinbar sich erweisen. Hier gründet die uralte Anschauung, daß in der Enthüllung das Verhüllte sich verwandelt, daß es »sich selbst gleich« nur unter der Verhüllung bleiben wird. Also wird allem Schönen gegenüber die Idee der Enthüllung zu der der Unenthüllbarkeit. Sie ist die Idee der Kunstkritik. Die Kunstkritik hat nicht die Hülle zu heben, vielmehr durch deren genaueste Erkenntnis als Hülle erst zur wahren Anschauung des Schönen sich zu erheben. Zu der Anschauung, die der sogenannten Einfühlung niemals und nur unvollkommen einer reineren Betrachtung des Naiven sich eröffnen wird: zur Anschauung des Schönen als Geheimnis. Niemals noch wurde ein wahres Kunstwerk erfaßt, denn wo es unausweichlich als Geheimnis sich darstellte. Nicht anders nämlich ist jener Gegenstand zu bezeichnen, dem im letzten die Hülle wesentlich ist. Weil nur das Schöne und außer ihm nichts verhüllend und verhüllt wesentlich zu sein vermag, liegt im Geheimnis der göttliche Seinsgrund der Schönheit. So ist denn der Schein in ihr eben dies: nicht die überflüssige Verhüllung der Dinge an sich, sondern die notwendige von Dingen für uns. Göttlich notwendig ist solche Verhüllung zu Zeiten, wie denn göttlich bedingt ist, daß, zur Unzeit enthüllt, in nichts jenes Unscheinbare sich verflüchtigt, womit Offenbarung die Geheimnisse ablöst. Kants Lehre, daß ein Relationscharakter die Grundlage der Schönheit sei, setzt demnach in einer sehr viel höheren Sphäre als der psychologischen siegreich ihre methodischen Tendenzen durch. Alle Schönheit hält wie die Offenbarung geschichtsphilosophische Ordnungen in sich. Denn sie macht nicht die Idee sichtbar, sondern deren Geheimnis.

Um jener Einheit willen, die Hülle und Verhülltes in ihr bilden, kann sie wesentlich da allein gelten, wo die Zweiheit von Nacktheit und Verhüllung noch nicht besteht: in der Kunst und in den Erscheinungen der bloßen Natur. Je deutlicher hingegen diese Zweiheit sich ausspricht, um zuletzt im Menschen sich aufs höchste zu bekräftigen, desto mehr wird es klar: in der hüllenlosen Nacktheit ist das wesentlich Schöne gewichen, und im nackten Körper des Menschen ist ein Sein über aller Schönheit erreicht – das Erhabene, und ein Werk über allen Gebilden – das des Schöpfers. Damit erschließt sich die letzte jener rettenden Korrespondenzen, in denen mit unvergleichlich strenger Genauigkeit die zart gebildete Novelle dem Roman entspricht. Wenn dort der Jüngling die Geliebte entblößt, so ist es nicht um der Lust, es ist um des Lebens willen. Er betrachtet nicht ihren nackten Körper, und gerade darum nimmt er seine Hoheit wahr. Der Dichter wählt nicht müßige Worte, wenn er sagt: »Hier überwand die Begierde zu retten jede andere Betrachtung.« Denn in der Liebe vermag nicht die Betrachtung zu herrschen. Nicht dem Willen zum Glück, wie es ungebrochen nur flüchtig in den seltensten Akten der Kontemplation, in der »halkyonischen« Stille der Seele verweilt, ist die Liebe entsprungen. Ihr Ursprung ist die Ahnung des seligen Lebens. Wie aber die Liebe als bitterste Leidenschaft sich selbst vereitelt, wo in ihr die vita contemplativa dennoch die mächtigste, die Anschauung der Herrlichsten ersehnter als die Vereinigung mit der Geliebten ist, das stellen die »Wahlverwandtschaften« im Schicksal Eduards und der Ottilie dar. Dergestalt ist kein Zug der Novelle vergeblich. Sie ist der Freiheit und der Notwendigkeit nach, die sie dem Roman gegenüber zeigt, dem Bild im Dunkel eines Münsters vergleichbar, das dies selber darstellt und so mitten im Innern eine Anschauung vom Orte mitteilt, die sich sonst versagt. Sie bringt damit zugleich den Abglanz des hellen, ja des nüchternen Tages hinein. Und wenn diese Nüchternheit heilig scheint, so ist das Wunderlichste, daß sie es vielleicht nur Goethen nicht ist. Denn seine Dichtung bleibt dem Innenraum im verschleierten Lichte zugewendet, das in bunten Scheiben sich bricht. Kurz nach ihrer Vollendung schreibt er an Zelter: »Wo Ihnen auch mein neuer Roman begegnet, nehmen Sie ihn freundlich auf. Ich bin überzeugt, daß Sie der durchsichtige und undurchsichtige Schleier nicht verhindern wird, bis auf die eigentlich intentionierte Gestalt hin einzusehen.« Dies Wort vom Schleier war ihm mehr als Bild – es ist die Hülle, welche immer wieder ihn bewegen mußte, wo er um Einsicht in die Schönheit rang. Drei Gestalten seines Lebenswerks sind diesem Ringen, das wie kein anderes ihn erschütterte, entwachsen: Mignon, Ottilie, Helena.

So laßt mich scheinen, bis ich werde,
Zieht mir das weiße Kleid nicht aus!
Ich eile von der schönen Erde
Hinab in jenes feste Haus.

Dort ruh ich eine kleine Stille,
Dann öffnet sich der frische Blick;
Ich lasse dann die reine Hülle,
Den Gürtel und den Kranz zurück.

Und auch Helena läßt sie zurück. »Kleid und Schleier bleiben ihm in den Armen.« Goethe kennt, was über den Trug dieses Scheins gefabelt wurde. Er läßt den Faust mahnen:

Halte fest, was dir von allem übrig blieb.
Das Kleid, laß es nicht los. Da zupfen schon
Dämonen an den Zipfeln, möchten gern
Zur Unterwelt es reißen. Halte fest!
Die Göttin ist's nicht mehr, die du verlorst,
Doch göttlich ist's.

Unterschieden von diesen aber bleibt die Hülle von Ottilie als ihr lebendiger Leib. Nur mit ihr spricht sich klar das Gesetz aus, das gebrochener an den andern sich kundgibt: Je mehr das Leben entweicht, desto mehr alle scheinhafte Schönheit, die ja am Lebendigen einzig zu haften vermag, bis im gänzlichen Ende des einen auch die andere vergehen muß. Unenthüllbar ist also nichts Sterbliches. Wenn daher den äußersten Grad solcher Unenthüllbarkeit wahrheitsgemäß die »Maximen und Reflektionen« mit dem tiefen Worte bezeichnen: »Die Schönheit kann niemals über sich selbst deutlich werden«, so bleibt doch Gott, vor dem kein Geheimnis und alles Leben ist. Als Leiche erscheint uns der Mensch und als Liebe sein Leben, wenn sie vor Gott sind. Daher hat der Tod Macht zu entblößen wie die Liebe. Unenthüllbar ist nur die Natur, die ein Geheimnis verwahrt, solange Gott sie bestehn läßt. Entdeckt wird die Wahrheit im Wesen der Sprache. Es entblößt sich der menschliche Körper, ein Zeichen, daß der Mensch selbst vor Gott tritt. – Dem Tod muß die Schönheit verfallen, die nicht in der Liebe sich preisgibt. Ottilie kennt ihren Todesweg. Weil sie im Innersten ihres jungen Lebens ihn vorgezeichnet erkennt, ist sie – nicht im Tun, sondern im Wesen – die jugendhafteste aller Gestalten, die Goethe geschaffen. Wohl verleiht das Alter die Bereitschaft zum Sterben, Jugend aber ist Todesbereitschaft. Wie verborgen hat doch Goethe von Charlotte es ausgesagt, daß sie »gern leben mochte«. Nie hat in einem Werk er der Jugend gegeben, was er in Ottilien ihr zugestand: das ganze Leben, wie es aus seiner eigenen Dauer seinen eigenen Tod hat. Ja man darf sagen, daß er in Wahrheit, wenn für irgend etwas, gerade hierfür blind war. Wenn dennoch Ottiliens Dasein in dem Pathos, das von allen anderen es unterscheidet, auf das Leben der Jugend hinweist, so konnte nur durch das Geschick ihrer Schönheit Goethe mit diesem Anblick, dem sein Wesen sich verweigerte, ausgesöhnt werden. Hierauf gibt es einen eigenartigen und gewissermaßen quellenmäßigen Hinweis. Im Mai 1809 richtete Bettina an Goethe einen Brief, der den Aufstand der Tiroler berührt und in dem es heißt: »Ja Goethe, während diesem hat es sich ganz anders in mir gestaltet ... Düstre Hallen, die prophetische Momente gewaltiger Todeshelden einschließen, sind der Mittelpunkt meiner schweren Ahnungen ... Ach vereine dich doch mit mir«, der Tiroler »zu gedenken ... es ist des Dichters Ruhm, daß er den Helden die Unsterblichkeit sichere.« Im August desselben Jahres schrieb Goethe die letzte Fassung des dritten Kapitels aus dem zweiten Teil der »Wahlverwandtschaften«, wo es im Tagebuch der Ottilie heißt: »Eine Vorstellung der alten Völker ist ernst und kann furchtbar scheinen. Sie dachten sich ihre Vorfahren in großen Höhlen, ringsumher auf Thronen sitzend, in stummer Unterhaltung. Dem Neuen, der hereintrat, wenn er würdig genug war, standen sie auf und neigten ihm einen Willkommen. Gestern, als ich in der Kapelle saß und meinem geschnitzten Stuhl gegenüber noch mehrere umhergestellt sah, erschien mir jener Gedanke gar freundlich und anmutig. Warum kannst du nicht sitzen bleiben? dachte ich bei mir selbst, still und in dich gekehrt sitzen bleiben, lange, lange, bis endlich die Freunde kämen, denen du aufstündest und ihren Platz mit freundlichem Neigen anwiesest.« Es liegt nahe, diese Anspielung auf Walhall als unbewußte oder wissentliche an die Briefstelle Bettinens zu verstehen. Denn die Stimmungsverwandtschaft jener kurzen Sätze ist auffallend, auffallend bei Goethe der Gedanke an Walhall, auffallend endlich, wie unvermittelt er in die Aufzeichnung der Ottilie eingeführt ist. Wäre es nicht ein Hinweis darauf, daß Goethe sich Bettinens heldisches Gebaren in jenen sanfteren Worten der Ottilie näher brachte?

Man ermesse nach alledem, ob es Wahrheit ist oder eitel Mystifikation, wenn Gundolf mit gespieltem Freisinn behauptet: »Die Gestalt der Ottilie ist weder die Hauptgestalt noch das eigentliche Problem der Wahlverwandtschaften« und ob es einen Sinn gibt, wenn er hinzufügt: »aber ohne den Augenblick, da Goethe das geschaut, was im Werk als Ottilie erscheint, wäre wohl weder der Gehalt verdichtet noch das Problem so gestaltet worden«. Denn was ist in alledem klar, wenn nicht eins: daß die Gestalt, ja der Name der Ottilie es ist, der Goethe an diese Welt bannte, um wahrhaft eine Vergehende zu erretten, eine Geliebte in ihr zu erlösen. Sulpiz Boisserée hat er es gestanden, der mit den wunderbaren Worten es festgehalten hat, in denen er dank der innigsten Anschauung von dem Dichter zugleich tiefer auf das Geheimnis seines Werkes hinweist, als er ahnen mochte. »Unterwegs kamen wir dann auf die Wahlverwandtschaften zu sprechen. Er legte Gewicht darauf, wie rasch und unaufhaltsam er die Katastrophe herbeigeführt. Die Sterne waren aufgegangen; er sprach von seinem Verhältnis zur Ottilie, wie er sie lieb gehabt und wie sie ihn unglücklich gemacht. Er wurde zuletzt fast rätselhaft ahndungsvoll in seinen Reden. – Dazwischen sagte er dann wohl einen heitern Vers. So kamen wir müde, gereizt, halb ahndungsvoll, halb schläfrig im schönsten Sternlicht in Heidelberg an.« Wenn es dem Berichtenden nicht entgangen ist, wie mit dem Aufgang der Sterne Goethes Gedanken auf sein Werk sich hinlenkten, so hat er selbst wohl kaum gewußt – wovon doch seine Sprache Zeugnis ablegt –, wie über Stimmung erhaben der Augenblick war und wie deutlich die Mahnung der Sterne. In ihr bestand als Erfahrung, was längst als Erlebnis verweht war. Denn unter dem Symbol des Sterns war einst Goethe die Hoffnung erschienen, die er für die Liebenden fassen mußte. Jener Satz, der, mit Hölderlin zu reden, die Cäsur des Werkes enthält und in dem, da die Umschlungenen ihr Ende besiegeln, alles innehält, lautet: »Die Hoffnung fuhr wie ein Stern, der vom Himmel fällt, über ihre Häupter weg.« Sie gewahren sie freilich nicht, und nicht deutlicher konnte gesagt werden, daß die letzte Hoffnung niemals dem eine ist, der sie hegt, sondern jenen allein, für die sie gehegt wird. Damit tritt denn der innerste Grund für die »Haltung des Erzählers« zutage. Er allein ist's, der im Gefühle der Hoffnung den Sinn des Geschehens erfüllen kann, ganz so wie Dante die Hoffnungslosigkeit der Liebenden in sich selber aufnimmt, wenn er nach den Worten der Francesca di Rimini fällt, »als fiele eine Leiche«. Jene paradoxeste, flüchtigste Hoffnung taucht zuletzt aus dem Schein der Versöhnung, wie im Maß, da die Sonne verlischt, im Dämmer der Abendstern aufgeht, der die Nacht überdauert. – Dessen Schimmer gibt freilich die Venus. Und auf solchem geringsten beruht alle Hoffnung, auch die reichste kommt nur aus ihm. So rechtfertigt am Ende die Hoffnung den Schein der Versöhnung, und der Satz des Platon, widersinnig sei es, den Schein des Guten zu wollen, erleidet seine einzige Ausnahme. Denn der Schein der Versöhnung darf, ja er soll gewollt werden; er allein ist das Haus der äußersten Hoffnung. So entringt sie sich ihm zuletzt, und nur wie eine zitternde Frage klingt jenes »wie schön« am Ende des Buches den Toten nach, die, wenn je, nicht in einer schönen

Welt wir erwachen hoffen, sondern in einer seligen. Elpis bleibt das letzte der Urworte: die Gewißheit des Segens, den in der Novelle die Liebenden heimtragen, erwidert die Hoffnung auf Erlösung, die wir für alle Toten hegen. Sie ist das einzige Recht des Unsterblichkeitsglaubens, der sich nie am eigenen Dasein entzünden darf. Doch gerade dieser Hoffnung wegen sind jene christlich-mystischen Momente fehl am Ort, die sich am Ende – ganz anders als bei den Romantikern – aus dem Bestreben, alles Mythische der Grundschicht zu veredeln, eingefunden haben. Nicht also dies nazarenische Wesen, sondern das Symbol des über die Liebenden herabfahrenden Sterns ist die gemäße Ausdrucksform dessen, was vom Mysterium im genauen Sinn dem Werke einwohnt. Das Mysterium ist im Dramatischen dasjenige Moment, in dem dieses aus dem Bereiche der ihm eigenen Sprache in einen höheren und ihr nicht erreichbaren hineinragt. Es kann daher niemals in Worten, sondern einzig und allein in der Darstellung zum Ausdruck kommen, es ist das »Dramatische« im strengsten Verstande. Ein analoges Moment der Darstellung ist in den »Wahlverwandtschaften« der fallende Stern. Zu ihrer epischen Grundlage im Mythischen, ihrer lyrischen Breite in Leidenschaft und Neigung, tritt ihre dramatische Krönung im Mysterium der Hoffnung. Schließt eigentliche Mysterien die Musik, so bleibt dies freilich eine stumme Welt, aus welcher niemals ihr Erklingen steigen wird. Doch welcher ist es zugeeignet, wenn nicht dieser, der es mehr als Aussöhnung verspricht: die Erlösung. Das ist in jene »Tafel« gezeichnet, die George über Beethovens Geburtshaus in Bonn gesetzt hat:

> Eh ihr zum kampf erstarkt auf eurem sterne
> Sing ich euch streit und sieg von obern sternen.
> Eh ihr den leib ergreift auf diesem sterne
> Erfind ich euch den traum bei ewigen sternen.

Erhabner Ironie scheint dies »Eh ihr den Leib ergreift« bestimmt zu sein. Jene Liebenden ergreifen ihn nie – was tut es, wenn sie nie zum Kampf erstarkten? Nur um der Hoffnungslosen willen ist uns die Hoffnung gegeben.

SIEGFRIED UNSELD

Goethes »Tagebuch« – ein »höchst merkwürdiges« Gedicht

Gibt es das: ein unbekanntes Gedicht von Goethe, ein großes, bedeutendes, erotisches Gedicht mit einer modernen Haltung, die Zärtlichkeit über Leistung stellt? Das eine Einsicht vorwegnimmt, die Denkern heute wieder wesentlich wird, so bei Michel Foucault in seinem Werk »Sexualität und Wahrheit«, so bei Mircea Eliade, wenn er Sexualität als unbewußte Wiederentdeckung der »Heiligkeit des Lebens« erkennt, und bei C. F. von Weizsäcker, wenn er Kriterien einer neuen »Qualität des Empfindens« zu bestimmen sucht? Ein Gedicht, das für sein Entstehungsjahr 1810 eine erstaunliche emanzipatorische Geste eines jungen Mädchens zeigt! Ein Gedicht mit einem unerhörten, einem Jahrhundert-Reim! Und gibt es das, daß dieses vom Autor sekretierte Gedicht erst im zweiten und dritten Jahrzehnt unseres Jahrhunderts schamhaft in den Editionen der offiziellen Goethe-Forschung auftaucht und von Wissenschaft und Kritik noch heute ignoriert oder verfälschend abgetan wird?
Goethe hat in seinem Tagebuch mehrfach das Gedicht »Das Tagebuch« erwähnt; am 27. April 1810: »Über moralische Erzählungen in Stanzen, Inhalt, Form, Reime«. Der Eintrag ist durch die Verknappung aufschlußreich: moralisch soll die Erzählung sein. Aber sogleich werden Formprobleme erwähnt, die Stanze, jene große Strophenform der Ottaverime und, im Plural, »Reime«, die nun im Gedicht eine besondere Rolle spielen.
Das Gedicht »Das Tagebuch« beginnt, nach einem Motto von Tibull, mit einer ersten Strophe, die nicht den Vorgang, jedoch den Ton der Erzählung widerspiegelt:

Wir hören's oft und glauben's wohl am Ende:
Das Menschenherz sei ewig unergründlich,
Und wie man auch sich hin und wider wende,
So sei der Christe wie der Heide sündlich.
Das Beste bleibt, wir geben uns die Hände
Und nehmen's mit der Lehre nicht empfindlich;
Denn zeigt sich auch ein Dämon, uns versuchend,
So waltet was, gerettet ist die Tugend.

So eingestimmt, vorbereitet, gewarnt, beruhigt, exponieren nun die nächsten fünf Strophen die Situation.

Wir befinden uns in Deutschland im ersten Jahrzehnt des 19. Jahrhunderts. Ein Mann, in seiner Lebensmitte, verheiratet, von seiner »Trauten lange Zeit entfernet«, muß sich, weil an seinem Wagen ein Rad gebrochen ist, »noch eine Nacht verspäten« und in einem Landgasthaus nächtigen. In seinem Gastzimmer angekommen, setzt er sich zu »Tasch und Briefen« (die rhetorische Figur des Hendiadyoin aus dem Anfang der »Aeneis« bemühend), um mit seinen »Tagebuchs Genauigkeiten« seiner »Trauten Freude zu bereiten«. Doch seine »Tintenworte« »liefen nicht wie sonst«. Ein junges Mädchen, das ihm oben im Zimmer das Nachtessen serviert, »ein schönes Kind« »des seltensten Gebildes«, lenkt ihn ab, schlägt ihn in Bann, bis er dann, »den Stuhl umwerfend«, aufspringt und sie umfaßt. Die Situation scheint eindeutig, das Liebesabenteuer eines verheirateten Mannes.

Allein schon die hier zitierten Stellen des Gedichts vermitteln eine Stimmung gelassener Heiterkeit, die immer klarer macht, daß so eindeutig die Geschichte sich nicht entfalten wird. Mit »Wir«, dem Wort für Gemeinsamkeit, beginnt das Gedicht nicht zufällig, denn es demonstriert eine besondere Beziehung, die schon in der vierten Zeile der zweiten Strophe angerufen wird: »So hatt ich doch nur immer Sie im Sinne«. »Sie« ist in allen Fassungen des Gedichts groß geschrieben, und es ist klar, wen der Erzähler hier meint, seine

Frau, seine »Herrin«, und sehr beredt reimt sich diese »ferne Minne« mit »irdischem Gewinne«. In jeder Zeile ist die große Kunst des Gedichts deutlich. Die Form, der Reim, insbesondere der Reim, wird hier zum kognitiven Substrat des Inhalts. Die Reime sind eine zweite Ebene des Gedichts, hier führt der Autor den Leser behutsam zur Lösung, schon in den ersten Reimpaaren reimt sich auf »Ende« »wende« und: »Das Beste bleibt, wir geben uns die Hände«. »So waltet was« – mit solcher Floskel kann nur Goethe das Fazit eines Gedichts ziehen, und was »waltet«, erfahren wir schon in der ersten Strophe, im Schlußreim, den Nichtfrankfurter dem Autor als unrein ankreiden müssen, der jedoch, ›frankforterisch‹, rein klingt: »ein Dämon, uns versuchend«: »gerettet ist die Tugend«.

Nachdem so, durch poetisches Gesetz, die mögliche Untreue-Gefahr beseitigt ist, entwickelt der Autor seine Erzählung mit heiterer Lust. Es entsteht ein Gedicht aus reiner Goethemelodie mit allen Regeln poetischer Kunst. Und das heißt: mit seiner Wahrheit, der Wahrheit gelebten Lebens, und mit großer Kunst, der schönen Form der Stanze, der »Fürstin der Strophenform« (Wolfgang Kayser), mit ihrem strengen Maß der elf Silben, der Zweiteiligkeit, dem streng einzuhaltenden Reimschema ab ab ab cc und der Folge der dreimal acht achtzeiligen Strophen. Goethe übernimmt klassische Dichtungsform, aber er macht sie gegenwärtig mit einem Mittel, das weder die Griechen noch die Römer kannten: dem Endreim. Wie souverän verfügt Goethe über den Reim, der bindet, der Gegensätze aufreißt, der Rätsel und Geheimnisse aufgibt und nicht selten den innersten Gedanken seines Autors verrät.

Besonders die cc-Reime, die Schlußreime der Strophen, haben es in sich. Die cc-Reime der Strophen 6 und 8, »fassen« / »lassen« und »finden« / »verschwinden«, sind Zeichen für den äußeren Vorgang der Erzählung, der ein Fassen und Lassen-Müssen beinhaltet, allein die cc-Reime der *ersten* und *letzten* Strophe »versuchend« / »Tugend« und »Getriebe« / »Liebe« enthalten im Keim den Sinn des Gedichts.

Fassen und Lassen. Als der Mann das Mädchen fassen will, flüstert sie: »Lasse, lasse!« Ihre Muhme, berichtet sie, lausche unten: »sie denkt sich unten, was ich oben mache« – eine dialektische Beobachtung! Das Mädchen will um Mitternacht zu ihm ins Zimmer kommen. Er wartet beglückt, die Kerzen brennen, das Lager ist »wohl bereitet«. Sie kommt – und wieder eine souveräne Erklärung für einen schon damals eher ungewöhnlichen Vorgang: »Du bist mein Sieger, laß dich's nicht verdrießen, ich sah, ich liebte, schwur dich zu genießen.« Welch eine Haltung! Philine in den »Lehrjahren« hat sie so ausgedrückt: »Wenn ich Dich liebe, was geht's dich an?«

Der männliche Leser heute ist doch erstaunt über solch emanzipatorischen Mut im Jahre 1810, doch, vorbereitet durch Reime wie »Ende« / »wende«, mag er sich schon denken, daß der Held des Gedichts »zu genießen« sich's doch »verdrießen« lassen muß.

Dann beginnt jenes doppelte Erlebnis, das dem Gedicht den hohen Reiz gibt. Noch einmal, zu Beginn der 11. Strophe, erwähnt das Mädchen: »du hast mich rein«, und sie, offensichtlich ohne Erfahrung im Akt des Liebens, will sich ihm hingeben. Er muß sich am Ziele seiner Wünsche fühlen, sie gewährt ihm »ihre süßen Brüste«, ihres »süßen Körpers Fülleform«, doch, »da sie nichts entbehrte«, schlief sie nach kurzer Zeit ein, »da lag sie schlafend, schöner als sie wachte«. Dies die eine Seite, die Bereitschaft des Mädchens zur Hingabe; die andere, der Wunsch des Mannes, das Mädchen zu lieben, und sein Unvermögen, es zu leisten. Das Fachwort Impotenz gibt es in Goethes Gedicht nicht, obschon das Faktum wohl natürlich immer bekannt und sein latinisierter Ausdruck ›impotentia coeundi‹ im 18. Jahrhundert gebräuchlich war.

Die Verzweiflung des Helden ob seines Unvermögens steigert sich von Strophe zu Strophe, und es steigert sich seine Bemühung, doch noch zu dem zu kommen, was den Akt möglich mache. Der Leser wird freilich vom Autor durch Reime wie »begehren« / »entbehren« auf Entbehrung, auf Versagen hingewiesen. Doch noch gibt er nicht auf, die Endreime von Strophe 12 lauten: »So ruht ich auch, gefällig sie beschauend, / Noch auf den Meister hoffend und vertrauend«. Dies Vertrauen auf den Meister rechtfertigt sich nicht, er weicht vielmehr »schülerhaft« zurück und erweist sich »abgekühlet«. Die Emotion steigt, der »Schimpf« wird deutlich, in der 13. Strophe kulminiert die Verzweiflung, »von tausend Flüchen mir die Seele kochte«, er verwünscht und belacht sich, nicht begreifend, warum »nichts besser ward«, dabei hätte er doch wissen können, daß steigernde Psychose die Blockierung erst recht bewirkt.

An dieser Stelle höchster Verzweiflung – (sie ist zweimal retardiert und damit kunstvoll gesteigert durch Einschübe mit einem Motiv aus Ovid und mit der herbeigerufenen Erfahrung des Bräutigams, der sich durch Zauber vor »Nestelknüpfen«, vor Impotenz, bewahren möchte), »gefaßt bei dem, was ihm noch nie begegnet« – schlägt die Stimmung des Gedichts um: vorbereitet durch die Erwähnung des Bräutigams (das Ich des Gedichts will Bräutigam nicht sein!) erinnert er sich (aus der intrapsychologischen Logik des Gedichts deutlich erklärbar) an seine Frau, an seine »Herrin«. Durch diese Erinnerung löst sich seine Fixierung, im Zuge dieser Enthemmung verschiebt sich Libido, und es entsteht neue sexuelle Energie, »da quollen deine Sinnen«. Von nun an ist er, wiederholt an Abenteuer mit seiner »Herrin« denkend, stets »entzückt«. Der »Meister« wird nicht mehr verachtet, »vervielfacht« war, was sich »bewegte«: »Verstand und Witz und alle Lebensgeister / und rascher als die andern jener Meister«.

Das Gedicht eilt nun seinem Höhepunkt in der 17. Strophe

zu. Die Reime der entscheidenden 17. Strophe: »Begierde – Jahre« / »Zierde – Paare« / »führte – Altare« markieren den Höhenweg. Dann der Kirchgang mit der »Herrin«: »Und als ich endlich sie zur Kirche führte, / Gesteh ich's nur, vor Priester und Altare ...« Der Leser wird hier innehalten. Es gab Stimmen, die die Autorschaft Goethes bezweifelten, spätestens hier hätten sie einen autobiographischen Bezug gefunden, denn im »endlich«-zur-Kirche-führen und im »gesteh ich's nur« ist Goethes Schuldbekenntnis unüberhörbar, denn er hatte seine »Herrin«, Christiane Vulpius, erst 1806 zur Kirche geführt und geheiratet, nachdem er seit 1788 mit ihr zusammenlebte und sie ihm fünf Kinder geboren hatte, und »gesteh ich's nur«, er hatte sich erst zur Ehe entschieden, nachdem Christiane ihn vor einrückenden, plündernden Franzosen gerettet hatte.

So künstlerisch, psychologisch, autobiographisch sind die Verse 7 und 8 der 17. Strophe vorbereitet. Noch einmal die Beschwörung erotischer Beziehung zur »Herrin«, dann die Benennung des reiligiösen Bezirks mit Priester, Kirche und Altar, und schließlich deuten Kreuz und die Anrufung Gottes auf ein Höchstes und Heiliges. Kreuz und Christ verbinden sich kunstvoll in einem alliterierenden Stabreim. Nicht in der Beschreibung der Tatsache, wonach der Held bei der Trauung am Altar eine Erektion hatte, ist der Höhepunkt des Gedichts, sondern ausschließlich in der Form, wie er dies beschreibt:

> Und als ich endlich sie zur Kirche führte,
> Gesteh ich's nur, vor Priester und Altare,
> Vor deinem Jammerkreuz, blutrünstger Christe,
> Verzeih mir's Gott, es regte sich der Iste.

»Der Iste«! Eine unerhörte Erfindung und Prägung Goethes, ein herrlicher schöpferischer Einfall! Und dann dazu ein noch nie gewußter Reim, ebenfalls unerhört und ungewöhnlich: Christus, der Gottes Schöpfung rühmt und für sein Gebot der Liebe stirbt, reimt sich hier mit jenem Teil des männlichen Körpers, der den Menschen zeugt. Rühmung der Schöpfung und Zeugung in einem und in einem das Unausgesprochene: Liebe. Reimworte und Reimsinn suchen ihresgleichen in der Weltliteratur.

War dieser Reim der Grund, warum Goethe das Gedicht sekretierte? Die Nachdrucker haben ihn fast immer durch Pünktchen ersetzt. Goethe empfand ihn sicherlich ebenfalls als ungewöhnlich, doch nicht als unnatürlich, und schon gar nicht als blasphemisch. Zwei Dutzend Jahre vorher, im Juli 1786, in den »Invectiven« auf Lavaters Lied eines Christen an Christus, hatte er einen anderen Reim mit dem Reimwort »Christ« verwandt:

»Du bist! du bist! sagt Lavater. Du bist!!
Du bist!!! du bist!!!! du bist Herr Jesus Christ!!!!!
Er wiederholte nicht so heftig Wort und Lehre,
Wenn es ganz just mit dieser Sache wäre.«

»Du bist Herr Jesus Christ«, das wäre eine eindeutige Aussage. Aber die Wiederholung und die wachsende Zahl der Ausrufungszeichen deuten an, daß so affirmativ der Reim nicht gemeint sein kann, und die nächsten Zeilen sagen ja auch, daß es so »ganz just« mit dieser Sache nicht ist. Während also im Gedicht das Reimpaar »Christe« und der sich regende »Iste« eher bejahenden Charakter hat, ist das Reimpaar aus den »Invectiven« wenn nicht eine Negation, so doch angemeldete Skepsis. Der Vokativ »Christe« unseres Gedichts wird eingeführt durch das »Jammerkreuz«, und es wird als »blutrünstig« bezeichnet. Es gab in der Überlieferung des Gedichts eine Variante dieser Zeile; in einer Fassung wurde das Christe »blutströmig« genannt. Doch Goethe wollte definitiv die Fassung »blutrünstger Christe« und korrigierte so die Riemersche Handschrift; er nahm wegen der in der Stanze üblichen elf Silben den etwas kleinlichen Ausweg der Synkope. Er wollte dieses Bild des gekreuzigten Christus verkleinern. Von seiner italienischen Reise her mochte ihm seine Verabscheuung von Marterl-Bildern und Märtyrer-Darstellungen noch deutlich in Erinnerung sein. »So möchtest du gleich die Augen von den abscheulich dummen, mit keinen Scheltworten der Welt zu erniedrigenden Gegenständen wegkehren ... Da ist nichts was einen menschlichen Begriff gäbe!«

Es kann nicht die Absicht sein, hier Goethes Beziehung zu Christus und zum Christentum darzulegen. Den Offenbarungen des Höchsten gegenüber verhielt sich Goethe aufgeschlossen, doch nicht einer einzigen hat er sich eindeutig zugewandt. Eckerman antwortete er am 11.3.1832 auf die Frage: »Ob es in meiner Natur sei, ihm (Christus) anbetende Ehrfurcht zu erweisen? So sage ich: durchaus! Ich beuge mich vor ihm, als der göttlichen Offenbarung des höchsten Prinzips der Sittlichkeit. Fragt man mich, ob es in meiner Natur sei, die Sonne zu verehren, so sage ich abermals: durchaus! Denn sie ist gleichfalls eine Offenbarung des Höchsten, und zwar die mächtigste, die uns Erdenkindern wahrzunehmen vergönnt ist.« Christus hier also, 1832, als höchstes Prinzip der Sittlichkeit. Kurze Zeit früher, am 8.6.1830, äußerte er zu Kanzler Müller: »Mir bleibt Christus immer ein höchst bedeutendes aber problematisches Wesen.«

Christus als bedeutendes Wesen also, als göttliche Offenbarung des höchten Prinzips der Sittlichkeit – und dennoch problematisch. Vielleicht liegt in diesen differenzierenden Bedeutungen doch ein Schlüssel für unseren Reim und vielleicht auch einer für den Zusammenhang zwischen den Reimpaaren des Gedichts und der »Invectiven«.

Das Finden der Bezeichnung »Der Iste« ist gewiß alles andere als ein Zufall. Natürlich kannte Goethe die »klassischen« Kennzeichnungen des männlichen Gliedes bei Plato,

Michelangelo, Montaigne und Voltaire, und sicher kannte er die Shakespeares (»Wie es Euch gefällt«): »Der kleine Mann hat seinen eigenen Kopf.« Er hat sich über die in der deutschen Sprache besonders schwierige Benennung des männlichen Gliedes immer wieder Gedanken gemacht (in dieser Hinsicht sei er, »Deutscher, ... übel als Dichter geplagt«), und er hat diesem »Problem«, ob die Benennung Phallus, Mentula, Lingam oder anderes sein soll, in den (ebenfalls sekretierten) »Venezianischen Epigrammen« ein ganzes Gedicht gewidmet. In den Nachträgen zu den »Epigrammen« der Sophien-Ausgabe wird einmal sogar kühn der Phallus des Herrn assoziiert, wenn ein Mädchen, ein »unglücklich Geschöpf«, in »hysterischer Wuth«, bei einer Prozession der »heiligen Reste« am Gründonnerstag in San Marco in Venedig den Ruf ausstößt: »Heraus mit dem Theile des Herrn! heraus mit dem Theile des Gottes!« Unmittelbar an dieses Epigramm 2 schließt sich in Epigramm 6 abermals eine Invective Goethes gegen Lavater an (und wieder vergißt Goethe die Ausrufungszeichen nicht!): »Christ und Mensch ist eins! Sagt Lavater! Richtig! Die Christen / Decken die nakkende Schaam weislich mit Menschenvernunft.« Doch vergessen wir auch nicht, was Goethe seinen »Venezianischen Epigrammen« von 1790 als Motto voranstellte: »Wie man Geld und Zeit verthan, / Zeigt das Büchlein lustig an.«

Die Prägung »Iste« kommt so nur einmal im Gedicht vor, und sie ist auch die einzige bei Goethe und, wenn nicht als Zitat und Paraphrase, die einzige in der Weltliteratur. Woher rührt diese Bezeichnung? Iste, ista, istud, Demonstrativpronomen von esse – sein, bezeichnet, so nach dem enzyklopädischen Wörterbuch von Menge-Güthling, »in Reden, Dialogen und Briefen« (und den Selbstdialog unseres Gedichts darf man dazurechnen) »das, was dem Redenden örtlich oder zeitlich oder in der Vorstellung gegenübersteht, so daß er es mit Du anreden könnte«. Iste ist also »der da«, »dieser da« und »jener dort«. Gelegentlich wird iste auch im Zusammenhang des Verächtlichen und Verhaßten gebraucht, istae copiae, ein derartiger (übermäßiger) Reichtum. Wie wichtig das Gegenüber, das »Du« sein kann, belegt das Beispiel iste locus, dieser Ort, wo du bist.

Iste ist im Zusammenhang unseres Gedichts »der da«, durchaus in einem positiv bejahenden Sinn gemeint, die leicht verächtliche Komponente des »eben der da« schwingt jedoch mit. Aber, wie auch immer, er *ist.*

Gibt es eine »antike« Herkunft? Kenner verwiesen auf Horaz, doch der Iste kommt bei Horaz nicht vor. Man dachte wohl an die beiden Epoden VIII und XII im Buch der Jambi oder Epodi von Horaz, in denen alternde Frauen geschmäht werden, die vergeblich einen Mann, hier sogar den Dichter verführen wollen, dessen Kräfte aber gegen den Ekel solcher Verführung nicht aufkommen. Ähnliches Thema, Wörter, die alles beim Namen nennen, nervus, fascinum, inguen, penis, aber eben kein *Iste.* Rudolf Alexander Schröder hat die beiden Epoden übertragen, aber bei der Veröffentlichung in seiner Gesamtausgabe im Suhrkamp Verlag weggelassen.

Bei Ovid, in der Ars amatoria, die Goethe kannte, kommt die »pars ista« vor, aber so eher indirekt und umschreibend.

Goethe kannte weiterhin die Carmina Priapea, eine Sammlung von etwa 80 Gedichten aus der frühen Kaiserzeit. In dem Priapeum 56, 3 der Sammlung (in der Ausgabe des Kaspar Schoppe, Padua 1664), könnte ein Zwischenglied zu erkennen sein. Goethe hat diese Sammlung gekannt und benutzt und, wie wir wissen, lateinische Bemerkungen zu ihr geschrieben. In dem erwähnten Priapeum klagt Priap, der Fruchtbarkeitsgott, einem Dieb, seine (eigene) mentula sei nur von Holz: »/ … Quod ista lignum est.« Goethe müßte diese Stelle gekannt haben. Aber sie hat eine eigene, eine andere Konnotation.

Wie auch immer: »Der Iste« ist Goethes Prägung und Erfindung, denn das Besondere liegt in jedem Fall darin, daß er im

Deutschen das lateinische Pronomen substantivisch verwendet und daß er ein lateinisches Pronomen mit dem bestimmten deutschen Artikel verbindet, um den Charakter des Substantivs noch deutlicher zu machen.

Der »Meister Iste« scheint eine zusätzliche amüsante Erfindung Goethes zu sein. Wie souverän er mit dieser sich selbst zugeschriebenen Autorität seiner Erfindung umgeht, ist an der Beschreibung und Erläuterung bei der ersten und einzigen Erwähnung festzustellen: »Doch Meister Iste hat nun seine Grillen / Und läßt sich nicht befehlen noch verachten.« »Meister Iste« ist eine ebenso komisch-scherzhafte wie durchaus ernstgemeinte Steigerung jenes Iste, wie vorher beschrieben. Zum Herrn und Meister Christus tritt nun, wie ironisch, sprachwitzig, spielerisch auch immer, dieser Meister Iste. Und in dieser Eigenschaft des Herrn und Meisters erwehrt er sich ausdrücklich des Nicht-ganz-so-Wichtigen und Verächtlichen, des »eben der da«, denn er »läßt sich nicht befehlen noch verachten«. Doch der geneigte Leser soll ihn auch wieder nicht so sehr auf eine einzige Rolle festlegen, denn er »hat nun seine Grillen«. Es sind also auch bei dieser Steigerung von »Iste« zum »Meister Iste« die Elemente »bedeutend« und »problematisch« zu sehen.

Fassen wir noch einmal den Reim »Christe / Iste« ins Auge. Je länger man den möglichen Sinn dieses Reimpaares bedenkt, desto mehr Auslegungen, Erklärungen, Deutungen drängen sich auf. Wie so oft bei Goethe ist auch hier der Sinn vieldeutig und rational nicht auslotbar.

Muß es nicht wundernehmen, daß die Welt sich so wenig Reim auf diesen Reim machte? Auf diesen unerhörten, großartigen und einmaligen Reim? Selbst wenn man annehmen muß, er sei spät, für viele erst in unserem Jahrhundert, bekanntgeworden, warum diese geringe Beachtung, warum diese Vernachlässigung bis heute? Hier wird doch niemand gelästert, kein Höheres geschmäht. Das Gegenteil ist der Fall. Kurz vor dem Höhepunkt des Gedichts reimen sich

»Meister« auf »alle Lebensgeister«, es reimen sich Verstand und Vernunft auf Witz und Phantasie. Im Höhepunkt reimt sich der Meister auf ein Höheres und Höchstes. Das kann doch nur bedeuten, daß, nach Goethe, der geschlechtliche Akt nur möglich sein sollte, wenn nicht Zufall oder Pflicht, sondern wenn »alle Lebensgeister«, oder noch besser, Liebe »waltet«.

Sigmund Freud hätte von diesem Reim fasziniert sein müssen. Bei manchen seiner Theorien, so bei den Quellen des ihm so zentralen Sexualtriebs, hätte er auf diesen Reim als Beleg zurückkommen können. Hat er das Gedicht »Das Tagebuch« gekannt? In seinen »Gesammelten Werken« kommt keine Erwähnung vor. Doch in den »Protokollen der Wiener Psychoanalytischen Vereinigung« findet sich unter dem Datum vom 16. 10. 1907 ein allerdings knapper Hinweis. Danach hatte Sigmund Freud Kenntnis von einem inhaltlichen Motiv des Gedichts. Doch, welchen Text kannte er, welcher Druck lag ihm, 1907, vor; vielleicht einer, bei dem dieser Reim ausgelassen oder durch Pünktchen bezeichnet war? Jedenfalls läßt Freuds Kurzkommentar: »Das Gedicht Goethes: Fixierung an die abwesende Geliebte« und die Verwechslung (oder Ineinandersetzung) von Geliebte/Ehefrau eher darauf schließen, daß er das Gedicht in seiner ganzen Dimension nicht erkannt hat oder doch nicht erkennen konnte. Aus seiner moralischen Veranlagung läßt sich schließen, daß er dem Reim und seiner Bedeutung größte Aufmerksamkeit geschenkt hätte.

Noch einmal: warum hat die Welt sich so wenig Reim auf diesen unerhörten Reim gemacht?

Hier seien zwei mögliche Tabus erwähnt. Die Verbindung von Jesus Christus mit »blutrünstig«. Goethe ist wahrhaftig kein Sänger des Blutes. In »Faust I« spricht Mephisto »Blut ist ein ganz besonderer Saft«. Und im »Egmont« ist zu lesen: »Weg! – Das ist ein fremder Tropfen in meinem Blute.« Sonst gibt es in den Dichtungen Goethes keine bedeutsamen

Bezüge. In der Weimarer Ausgabe wird in den »Nachträgen zu den Lesarten der 1. Abtheilung« erwähnt, daß in der ersten Handschrift (Riemer) »blutströmiger Christe« Goethe in eigener Handschrift geändert hat in »blutrünstiger«; diese Form übernahmen alle nachfolgenden Ausgaben, auch die Artemis-Ausgabe; die Angabe in der Weimarer Ausgabe ist jedoch ungenau, Goethe setzte die Synkope ein und korrigierte Riemers Handschrift in »blutrünstger«. Es sei nochmals an Goethes Ablehnung von Marterl-Bildern und Märtyrer-Darstellungen in Votivbildern erinnert. Ihm war offensichtlich das »blutströmig« zu natürlich, er wollte ein Leiden zeigen, das im Tode endet. In den »Wanderjahren« heißt es: »Und so ist sein (Jesus Christus) Wandel für den edlen Teil der Menschheit noch belehrender und fruchtbarer als sein Tod: denn zu jenen Prüfungen ist jeder, zu diesem sind nur wenige berufen ...«

Das zweite Tabu: die freie Darstellung des Liebesabenteuers eines Verheirateten und die freie Darstellung sexuellen Versagens. Doch in der Realität gibt es nun einmal beides, und die erotische Literatur der Welt spiegelt diese Fakten in vielen Beispielen und Varianten wider. In der Wirklichkeit der Goethe-Zeit ist sicherlich ebenfalls beides geschehen. Goethe hat also bei seinem Entschluß des Sekretierens den prüden Charakter seiner Deutschen in dieser Hinsicht wohl einzuschätzen gewußt. Doch sein Entschluß, die Scheu der wenigen zeitgenössischen Kenner und Nachlaßverwalter, die Lüsternheit der Nachdrucker, die übervorsichtige Sorgsamkeit späterer Editoren und die Prüderie späterer Biographen und Literaturwissenschaftler – sie alle tun letztlich diesem Gedicht unrecht. Gewiß, die Darstellung ist frei, aber die Form der Darstellung ist eben große Form und in den Höhepunkten vollkommen. Das Gedicht darf höchst moralischen Charakter in Anspruch nehmen, weil es Versuchung als Versuch zeigt und weil in vielfacher Hinsicht nur die Liebe gewinnt. Und wer braucht im Fall sexuellen Versagens

Scham und Schande zu empfinden? Zwei Gelehrte, die dies erforscht haben, Frederic C. Redlich und Daniel X. Freedman, kommen in ihrem 1966 vorgelegten Werk »Theorie und Praxis der Psychiatrie« zum Ergebnis: »Den völlig potenten Mann, der zu jeder Zeit, an jedem Ort und mit jeder Frau koitieren könnte, gibt es in Wirklichkeit gar nicht und gäbe es ihn, so wäre er ein soziales Monstrum.« Aber vielleicht brauchte es, um dies erfahren und aussprechen zu können, das Erleben des 20. Jahrhunderts. Und am Ende des 20. Jahrhunderts sehen wir die doppelte Modernität des Gedichts: Wir erfahren heute, daß in der Beziehung zum anderen Freundlichsein, Zärtlichkeit, Liebe wichtiger sind als Leistungsmaximierung, wie auch in der Beziehung zur Gesellschaft Brüderlichkeit wichtiger werden sollte. Und: welch ein emanzipatorischer Akt dieses Mädchens! Sie selbst wählte sich das Objekt ihrer Liebe, sie übt Gleichheit aus, unterliegt also nicht repressiver Sozialstruktur ihrer Zeit, und hat dazu auch die Freiheit, ihre Wahl zu begründen, ihre Vorstellung zu realisieren.

Doch die Sicht auf den Höhepunkt des Gedichts sollte uns nicht davon abhalten, seinen weiteren Fortgang einläßlich zu betrachten.

Kaum ist dann dieser unerhörte Reim »Christe / Iste« ausgesprochen, läßt das Gedicht die von der Bildvorstellung »Jammerkreuz« und »blutrünstig« erzeugte Stimmung hinter sich, und nun ist nur noch von »Lieb und Lustgedränge« die Rede und der cc-Reim der 18. Strophe gibt sich lustbetont: »umfriedet / unermüdet«. Und nun tritt das ein, was der Autor meisterlich als Grille seines Meisters Iste bezeichnet, der »verfluchte Knecht« steht wieder zu Diensten. Und wieder wird mit der Figur einer rhetorischen Frage die »Herrin« beschworen: »Wer hat zur Kraft ihn wieder aufgestählet, / Als jenes Bild, das ihm auf ewig teuer, / Mit dem er sich in Jugendlust vermählet?« Noch einmal ein Kampf der nun realisierbaren Begierde mit der Gelegenheit, »er neigt sich hin, er will die Schläferin küssen«, aber dann fühlt er sich weggerissen und angehalten, auf die Gelegenheit zu verzichten. Freilich, ihm ist »nicht geheuer«, er »schaudert« weg, und »vorsichtig« und zweimal »leise, leise« entzieht er sich »dem holden *Zauber*kreise«. Es ist von großer Art, wie der Autor den inneren Gefühlen seiner Protagonisten und zugleich dem Zauber der Situation gerecht wird. Ihn bestimmt die Einsicht, daß eine Liebesbeziehung sich in Zärtlichkeit erfüllen muß, ihn bestimmt der Verzicht, eine verursachte Lage nicht mehr ändern zu wollen, und ihn bestimmt fraglos jenes Bild, »das ihm auf ewig teuer«.

Jetzt, in der 22. Strophe des Gedichts, gewinnt der äußere Vorgang wieder die Oberhand. Der Erzähler hat das Lager verlassen und sich wieder an sein Tagebuch gesetzt – wieder ein Indiz, daß es sich um einen Schriftsteller handelt, wer sonst hätte bei solcher »Entziehung« die Flucht zur Feder gesucht? An den die 22. Strophe einleitenden asyndetischen Worten merkt man nun doch die leise Unruhe des Autors, zum Ende zu kommen: »Sitzt, schreibt«. Ursprünglich hieß es »Er schreibt«. Goethe änderte hier in der Handschrift Riemers und strich, um den Gang des Gedichts zu beschleunigen, das Pronomen der dritten Person. Man wird die nun folgenden Eintragungen ins Tagebuch mit Ironie aufnehmen müssen, denn der Leser des Gedichts ist, wie der Autor wohl weiß, in der Kenntnis des Vorgangs der späteren Leserin des Tagebuchs weit voraus. Und doch ist der Leser des Gedichts über das erste Fazit der Darstellung des Erlebnisses, über jenes »geheime Wort« eher überrascht als die »Herrin«, die es im Tagebuch lesen wird. Vom Autor hervorgehoben (in den Ausgaben kursiv wiedergegeben), folgt die Zeile: »Die Krankheit erst bewähret den Gesunden.« Eine doch merkwürdige Erklärung für das, was er so einläßlich beschrieb. Und ein merkwürdiger Widerspruch zu dem, was Goethe über Krankheit und Kranksein dachte, etwa zu jener Aussage, die Kanzler Müller am 21. 4. 1824 wiedergibt: »Die

Krankheit gehe den Menschen nichts an, er müsse sie ignorieren, nur die Gesundheit verdient remarkiert zu werden.«
Doch man wird mit dem Tagebuchschreiber wieder versöhnt, wenn man sein Eingeständnis liest: »Das Beste nur muß ich zuletzt verschweigen.« Was ist wohl für Goethe jenes »Beste«, das er »zuletzt« verschweigen muß?
In der 24., der letzten Strophe nimmt Goethe wieder antike Dichtungsübung auf. Er will, am Schluß, wenn auch in spürbarer Ironie, die Moral der Geschichte geben, seine Moral. Wieder die Vorbereitung, die wir in den Reimwörtern ablesen können. »Lebensreise« als »Gleise« der »Dichtungsweise«. Und noch einmal geben Reimwörter einen bezeichnenden Hinweis: sollen, wollen, tollen. In der »tollen« Welt sollen wir wollen, das heißt, in der Unvernunft unseren Willen zur Vernunft gebrauchen! Und auf dieser Linie liegen dann die vier Schlußzeilen des Gedichts, die sich als Zitat verselbständigt und sich von dem sonst eher unbekannten Gedicht abgelöst haben:

Wir stolpern wohl auf unsrer Lebensreise,
Und doch vermögen in der Welt, der tollen,
Zwei Hebel viel aufs irdische Getriebe:
Sehr viel die *Pflicht*, unendlich mehr die *Liebe*!

Mit dem Appell an die Gemeinsamkeit des »Wir« begann das Gedicht, »Liebe«, typographisch hervorgehoben und mit Ausrufungszeichen versehen, ist ein letztes Wort.
Es wird Leser geben, die in dieser Gegenüberstellung des Gegensatzpaares Pflicht/Liebe den Höhepunkt des Gedichts sehen. Philosophisch interpretiert kann man darin eine exemplarische Auseinandersetzung mit der kantischen Ethik erkennen, das Aufgreifen der großen Kontroverse zwischen Kant und – wie Schopenhauer sagte – dem »allein ihm zur Seite stellenden Riesenbruder Goethe«, nämlich die Auflö-

sung der kantischen Dichotomie von Pflicht gegen Neigung in Pflicht aus Neigung.

Mir liegt noch an einem anderen Aspekt. Pflicht (auch sie bei Goethe kursiv hervorgehoben) vermag sehr viel, wenn auch nicht alles. Sie ist unerläßlich. »Auch ich verharre meiner Pflicht, / Der Schatten weicht der Sonne nicht«, lesen wir in den »Zahmen Xenien«. Charlotte von Stein fragt er, »was ist Pflicht in Gegenwart der Liebe«. Pflichten sind für Goethe die Forderung des Tages. Aber immer mehr wird für ihn die Pflicht auch Befreiung von Pflicht. Am sinnfälligsten hat er dies in den »Lehrjahren« als Jarnos »Geheimnis« enthüllt: »Es ist gut, daß der Mensch, der erst in die Welt tritt, viel von sich halte, daß er sich viele Vorzüge zu erwerben denke, daß er alles möglich zu machen suche; aber wenn seine Bildung auf einem gewissen Grade steht, dann ist es vorteilhaft, wenn er sich in einer größern Masse verlieren lernt, wenn er lernt, um anderer willen zu leben und seiner selbst in einer pflichtmäßigen Tätigkeit zu vergessen. Da lernt er erst sich selbst kennen.«

Es ist bei dem Kunstverstand dieses Gedichts nicht anzunehmen, daß Pflicht und Liebe zufällig in der letzten Zeile nebeneinander stehen. Goethe hat hier offenbar die Absicht gehabt, noch einmal eine Summe zu ziehen, noch einmal die erzählte Geschichte unter den Kategorien von Pflicht und Liebe zu rekapitulieren. Dies deutet auch ein in seiner Bedeutung hervorgehobener Satz an, der, in der viertletzten Zeile, jene Summe einleitet: »Wir stolpern wohl auf unsrer Lebensreise«. Und dies Stolpern könnte so erfolgt sein: Unser schreibender Reisender ist durch Zufall an dies schöne Kind geraten; hätte es die Muhme nicht gegeben, die Mahnung der »Rute« der »Minute«, so wäre die Vereinigung wohl im Sturm beiderseitiger Neigung und Begierde rasch erfolgt. Aber, es kam das hemmende Element zeitlichen Wartens bis Mitternacht, wieder eine andere Rute der Minute; der Reisende hatte, so ist zu vermuten, eine Tagesarbeit hinter sich; dann aß und trank er, die brennenden Kerzen mögen den Sauerstoffgehalt des »Zimmerchen« ohnehin verringert haben – er mußte also mit großer Wahrscheinlichkeit ermüdet sein. Er hatte sich wohl auch, wie es im Schwäbischen heißt, »über-freut«, und auch Überfreuen ist, um an das »Überzeugen« von Walter Benjamin zu erinnern, unfruchtbar. Als einzige innere Reaktion von ihm wird sein »Zaudern« genannt: »Ich zaudre noch, die Kerzen auszublasen.« Warum zaudert er? Als dann das Mädchen nach Mitternacht eintritt, da springt er nicht auf, wie vordem, da faßt er nicht, wie vordem, das Mädchen kurz entschlossen als Objekt seiner Begierde, relativ müde ergreift er das, was er nicht ohne Bemühung »Wohlgestalt« nennt; er scheint nicht mehr sicher, nicht mehr stark genug, sie als eindeutiges Objekt seiner Libido zu empfinden, und mutmaßlich findet in diesem Augenblick, ihm noch ganz unbewußt, die Umsetzung seiner Libido auf die Herrin statt. Doch nun steht er im Bann dieser Absprache, seines ursprünglichen Wunsches. Ihm bleibt keine andere Wahl, er muß die vermeintlichen Erwartungen des Mädchens erfüllen, vielleicht auch eine in diesem Moment befürchtete besondere Forderung eines so jungen Menschen ihm, dem Erfahrenen, dem »Sieger« gegenüber. Dann wieder ein retardierendes Element, ihre erklärende Rede; er mag auch seinerseits über ihr »Du hast mich rein«, über ihre Reinheit nachgedacht haben und über mögliche innere und äußere Folgen der Defloration. Befallen den Autor Schuldgefühle, etwa gegenüber Friederike Brion? Erzähler und Autor sind verantwortungsvolle Menschen! So ist es eher wahrscheinlich, daß in dieser psychischen Verstrickung ihm das »himmlische Versprechen« zur Pflicht gerät. Und so die Geschichte: für Liebe, für ihr Eingedenken, für ihr Empfinden, für ihre Erfüllung, ist Pflicht nun sicherlich nicht der beste »Hebel«, wobei wir für die Erklärung der Wahl dieses Substantives, eines Begriffes aus der Mechanik, nicht die Psychoanalyse zu bemühen brauchen.

Wenn wir die Modi von Pflicht und Liebe jeglicher, auch interpretatorischer Zufälligkeit entheben und ihnen den angemessenen zentralen Wert zuerkennen, sollten wir noch einmal auf unseren Reim »Iste / Christe« zurückkommen, noch einmal Goethes Äußerungen zu Christus in einem weiteren Rahmen bedenken. Das Selbstbewußtsein der Person Jesus Christus sollte bei Goethe – und sicherlich auch sonst – nicht nur christologisch, in dem Begriff des Christentums gefaßt werden. Jesus Christus ist ebenso ein Messias des Wortes wie ein Messias der Tat. Mit seinem Wort und mit seiner Tat konfrontiert er den Menschen durch sich selbst unmittelbar mit Gott. In seiner Lehre verweist er auf seine Taten als Zeichen des Kommenden, und in der Auslegung der Gebote erkennt er sich selbst als autoritativen Interpreten: Ich aber sage euch ... ipse dixit. Das Denken der Person Jesus Christus ist nicht in erster Linie auf ein Weltende gerichtet. Die Welt erscheint bei ihm als Schöpfung und als Bereich der Fürsorge Gottes. Seine Ethik will Gottes begegnende Güte in die Verwirklichung des Hier und Heute umsetzen. Für ihn ist der Gedanke des Erwerbs der Seligkeit durch »gute Werke« im Ansatz überholt; es gibt die Pflicht, aber es gibt nicht das Problem eines Pflichtenkonfliktes. Leitidee ist für ihn das Liebesgebot der Bergpredigt. Es hat seinen Ursprung im Buch Mose, das zunächst die Schaffung der Erde durch Gott verzeichnet, dann im 3. Buch 19.18 das entscheidende Gebot verkündet: »Du sollst deinen Nächsten lieben wie dich selbst; denn ich bin der Herr.« Im Neuen Testament wird dieses Gebot wieder aufgenommen, dort formuliert Paulus die Botschaft von Jesus Christus im Brief an die Galater (5,13f): »Denn alle Gesetze werden in einem Wort erfüllt, in dem ›Liebe deinen Nächsten wie dich selbst‹.«

Goethes Gedicht »Das Tagebuch« ist ein Gedicht des Versagens; doch ist dieses Versagen aufgehoben durch die souveräne Kunst, die die Form dieser großen erotischen Ballade bestimmt, und durch die gelassene Heiterkeit, die die Vorgänge des Begehrens und Versagens, und daraus resultierend die Haltung des Verzichtens durchströmt. Die besondere Art der Gestaltung dieses Verzichts bringt für mich auch eine mystische Dimension in dieses Gedicht ein. Mystik, so heißt es in den »Maximen und Reflexionen«, sei eine »Dialektik des Herzens«, ein »Transzendieren und Ablösen vor irgend einem Gegenstande, den man hinter sich zu lassen glaubt«. Und: »Mystik deutet auf die Geheimnisse der Natur und Vernunft und sucht sie durch Wort und Bild zu lösen.« Für die Mystiker ist der Verzicht auf irdische Liebe nicht Liebesverzicht, sondern die Erfahrung einer anderen Liebesdimension.

Ein letztes Mal seien Anfangs- und Schlußwort des Gedichts und der große Reim angerufen, Wir und Liebe, Christe und Iste und an das Gebot erinnert: »Liebe deinen Nächsten wie dich selbst«. Der heutige Leser des Gedichts kann darin eine Botschaft erkennen: unsere Aufgabe kann nicht sein, dogmatisch einer Lehre zu folgen (»und nehmen's mit der Lehre nicht empfindlich«), Aufgabe eines jeden Einzelnen ist es, auf dem Wege seiner »Lebensreise« sein Selbst zu finden und über dieses Selbst den Weg zum Nächsten, den Weg zum Du, zum Andern, den Weg einer erfüllten Beziehung. Und für diese Beziehung sind Pflicht und Leistung wichtig, aber nicht ausschlaggebend, sondern (jene aus der Ethik der Französischen Revolution stammende und von uns vernachlässigte Maxime) Brüderlichkeit, Zärtlichkeit, das Brechtsche Freundlichsein.

Wir mögen auf unserer Lebensreise stolpern, doch wir kennen auch Goethes Maxime »Stolpern fördert«.

Quellen, Überlieferung: »höchst merkwürdig«

»Höchst merkwürdig« hatte Eckermann das Gedicht »Das Tagebuch« bezeichnet, höchst merkwürdig ist auch die Geschichte seiner Rezeption.

Hier einige Stichworte:

Nach den Eintragungen Goethes in seinem Tagebuch ist anzunehmen, daß Goethe selbst den Text des Gedichts handschriftlich geschrieben hat, ein so genauer Kenner wie Salomon Hirzel versichert beschwörend, das Manuskript in Händen gehabt zu haben: es ist verschwunden.

Im Weimarer Goethe-Archiv liegen heute zwei Reinschriften des Gedichts, eine von Riemers Hand mit handschriftlichen Korrekturen Goethes. (Sie sind auch im Original der Riemerschen Handschrift nur noch schwer zu entziffern.)

Goethe hat »Das Tagebuch« (wie die »Venezianischen Epigramme« und die »Römischen Elegien«) sekretiert. Eines Tages öffnete die für Goethes Nachlaß zuständige Großherzogin Sophie die Mappe ›Inedita‹ und las ihren Hofdamen die nicht unheiklen Texte vor, einige besonders anstößige Textstellen sollen die Damen in den Handschriften mit Federmessern zu beseitigen versucht haben.

Übergehen wir die geäußerten Zweifel an der Autorschaft Goethes. Spätestens seit 1836, als Eckermanns »Gespräche mit Goethe« erschienen und unter dem Datum vom 25.2.1824 vom Gespräch Goethes und Eckermanns über das Gedicht »Das Tagebuch« berichten, ist die Authentizität klar.

Aus Goethes Eintragungen ergeben sich drei wichtige Einsichten:

1. Wir haben sicherste Grundlagen über die Authentizität dieses Gedichts.

2. Die Niederschrift des Gedichts ist keineswegs spontan erfolgt, gewissermaßen einer »galanten Laune« folgend. Der Denk- und Entstehungsprozeß, die Frage, wie man einen

ganz offensichtlich feststehenden inhaltlichen Vorgang in Sprache und Dichtung verwandeln könne, zieht sich über Jahre hinweg. Die Reihenfolge der Eintragung vom 27. April 1810 ist deshalb so wichtig: 1. moralische Erzählungen, 2. Inhalt, und dann als 3. und 4. Reim und Form als Problem.

3. Die Niederschrift des Gedichts erfolgte in Jena am 30. April 1810.

Merwürdig ist, daß Riemers eigene Tagebucheintragungen nicht exakt mit den datierenden Fakten von Goethes Tagebuch übereinstimmen.

Goethe, Riemer und Eckermann verwiesen für die literarische »Herkunft« des Gedichts auf Casti, Tibull und Ariost; keiner von ihnen erwähnte als eine »Quelle«: Ovids Jugendwerk »Amores«; Goethe mag beim Ausdruck »Nestelknüpfen« (in Strophe 15) diesen Hinweis auf Gift, Zauber und Hexerei Ovid entnommen haben.

1861, dreißig Jahre nach Goethes Tod, erfolgte der erste Druck des Gedichts: ein Raubdruck! Und danach wird fünfzig Jahre lang die Geschichte der Verbreitung dieses Gedichts von illegalen Nachdrucken bestimmt.

Dieser erste Druck von 1861 wurde in dreißig Exemplaren von dem Buchhändler und Goethesammler Salomon Hirzel vorgelegt; angegriffen, erwiderte er am 25. 4. 1868: »das Originalmanuskript, von dem Dichter mit seinen schönen lateinischen Buchstaben in gr 4 geschrieben«, habe er vor zwanzig Jahren eine halbe Stunde in Händen gehabt und zu einer Abschrift benutzt. Hier wie oft danach lautet Zeile 17,7 verstümmelt: »Vor deinem ...«; immerhin der zweite Druck von 1868 weist zwar nicht die korrekte Textfassung auf, aber doch schon den Reim »Christe / Iste«. 1879 erschienen zwei Drucke in Wien; die Wiener Polizei beschlagnahmte sie am 5. 9. 1879, gab sie später aber wieder frei.

In Koblenz wurde ein Druck im Januar 1880 konfisziert, zwar wurden die gedruckten Bogen wieder zurückgegeben, aber die Verbreitung verboten. Der Koblenzer Vorgang alarmierte einen Franzosen, der offenbar den häßlichen Deutschen vorwarf, gegen ihre Kunstwerke mit Polizeiknüppel vorzugehen und ihre Verbreitung zu verbieten! So erschien in Nancy 1881 ›Mon Journal‹ »traduit par un Strasbourgeois«: Ganz so kühn war dieser Übersetzer nicht, seinen Namen gab er nicht her, und die Zeilen 17,7 und 8 hießen wenig deutlich: »même devant ta lamentable image, o Christ, je ne sus rester sage.«

Ein Kuriosum der Rezeption darf nicht übergangen werden: Emil Kuh, der Literaturpapst Wiens um 1860, wollte seinen Lesern das Gedicht-Gerücht endlich im Text vorstellen. In der »Österreichischen Wochenschrift« vom 15. Oktober 1864 erschien sein Aufsatz »Ein verborgenes Juwel von Goethe«, und das Juwel war unser Gedicht. »Wo wir Goethe sprechen lassen dürfen«, meinte Emil Kuh, »dort werden wir bescheiden auf's Reden verzichten, wo aber Goethe unbescheiden zu schildern anfängt, dort werden wir uns der Erzählung bemächtigen.« Es folgen die ersten zehn Strophen, danach Kuhs einmaliger Kommentar: »Hier ist es, wo wir dem Dichter ins Wort fallen müssen, um ihn bis kurz vor dem Schluß am Plaudern zu verhindern.« Kuhs Nachdichtung berichtet, das eigentliche Phänomen unterschlagend, nur von der plötzlichen Erinnerung »an sein einziges Liebesglück in der Heimat«; nach solchem Un-Text läßt Emil Kuh dann Goethe wieder mit den drei letzten Strophen des Gedichts zu Worte kommen.

Einen *einzigen* wissenschaftlichen Beitrag gibt es im vorigen Jahrhundert, er ist allerdings fulminant: Johannes Niejahr beginnt seinen Essay aus dem Jahre 1895 mit einer Klage, die damals wie heute Berechtigung hat: »Goethes Erotikon ›Das Tagebuch‹ ist der Welt seit dreißig Jahren bekannt, aber von der Goethe-Forschung wird es nach wie vor als eine nicht zu berührende, in sorgliches Geheimnis zu hüllende Erscheinung behandelt. Aus erklärlichen, aber nicht zu billigenden

Gründen.« Niejahr blieb fast über acht Jahrzehnte hinweg die große Ausnahme.

Die Mitglieder der Goethe-Gesellschaft nahmen von diesem Gedicht keine Notiz. Der entscheidende Beleg, das Organ der Gesellschaft, das »Goethe-Jahrbuch«, brachte in 55 Bänden keinen Betrag über das Gedicht.

Die große Weimarer Sophien-Ausgabe, genannt nach der Mäzenatin, der Großherzogin Sophie, begann 1887. Ihr spiritus rector, Wilhelm Scherer, überlieferte seinem Schüler und Nachfolger Erich Schmidt: »Das Tagebuch darf in der Weimarer Ausgabe gewiß nicht aufgenommen werden, und ich würde in einer solchen Sache mich ganz mit der Großherzogin identifizieren, die Sache auf mich nehmen, wie Bismarck die Wünsche des Kaisers auf sich nimmt, gleichviel ob er sie mißbilligt.« Erich Schmidt antwortete: »... ist natürlich auch meine Ansicht ... ich halte es überhaupt für nicht geboten, alle priapeischen Scherze Goethes dem großen Publicum aufzutischen.« So die großen Philologen.

So wundert es nicht, wenn erst Jahrzehnte später und auch dann nur versteckt in den Nachträgen der Weimarer Ausgabe 1910 und 1914 der Text und die Textgeschichte auftauchen.

Dann erscheint das Gedicht im 20. Band der Propyläenausgabe des Georg Müller Verlages von 1913 (jedoch in inkorrekter Form). Zum ersten Mal korrekt wurde der Vers in Band 14 der Großherzog Wilhelm Ernst-Ausgabe wiedergegeben. Aber wegen der Kriegswirren bleiben Erscheinungsjahr (1916 oder 1917?), Höhe der Auflage und Distributionsbereich unklar. Die für ein Lese-Publikum erste erreichbare Ausgabe war Gräfs Edition »Goethes Gedichte in zeitlicher Folge« im Insel Verlag 1923. Von dieser Ausgabe und vom Datum 1923 an ist die genaue Überlieferung der Verse 17,7 u. 8 nunmehr publik und wurde so von den folgenden zahlreichen Editionen übernommen – jedoch immer ohne die Synkopierung des i.

Goethe-Forschung nach 1923

Eindeutig gesagt: eine philologische Forschung fand für dieses Gedicht nicht statt. Es gab einige Nachworte zu Einzeldrucken. In der ersten Ausgabe des sechsbändigen Volks-Goethes von Anton Kippenberg von 1909 nahm Erich Schmidt das Gedicht nicht auf, Gustav Roethe setzte sich bei Kippenberg durch und druckte das Gedicht in der zweiten, »neu bearbeiteten« Ausgabe von 1925 ab, weil das Gedicht für Goethes sittliche Auffassung der Ehe »ein besonders helles Zeugnis« ablege. Doch in die großen, vom Goethe-Jahr 1932 angeregten Biographien fand das Gedicht keinen Einzug. Für Eduard Engel gehört es nicht in allgemein zugängliche Ausgaben und für Alexander Baumgartner in die »Rubrik der niedrigsten erotischen Literatur«. Friedrich Gundolf erwähnt es ein einziges Mal bei einer Anspielung auf »naive und kokette Verruchtheit«; keiner belegt sein Urteil. Bei vielen Biographen wird es nicht einmal erwähnt, es kommt nicht vor bei Simmel, bei Helpach, Korf, Beutler. Emil Ludwig widmet dem Gedicht in seinem »Goethe« von 1930 13 Zeilen. Max Morris, der einzige, der immerhin drei Seiten bringt, wiederholt mehr oder weniger Niejahr. Der bekannte dänische Goethe-Kenner Georg Brandes läßt die Zügel seiner Phantasie am längsten schießen: in seinem umfangreichen Opus »Goethe« wird Goethe zwar als Jahrtausendgestalt gefeiert (die deutsche Goethe-Forschung des »Gelehrten-Terrorismus« geziehen), doch Brandes rückt das Gedicht mit der »merkwürdig geschmacklosen Strophe« in die Nähe der Texte, in denen »Geschlechtskrankheiten verwünscht und verabscheut« (sic!) werden! Und in einer zweiten Erwähnung des »mehr massiven als unanständigen Gedichts« spricht Brandes davon, daß es »eine einzige merkwürdig geschmacklose Strophe« enthalte, »die das allzu Gewagte mit dem Blasphemischen vermischt«. Und er wehrt Meinungen ab, die in »germanischer Gründlichkeit« im Ge-

dicht eine Huldigung für Christiane sehen: »Goethe hat Christiane auf schönere und würdigere Art gehuldigt.«
Die Goethe-Forschung hat sich nach 1910, also nach der Aufnahme des Gedichts in die Weimarer Ausgabe, kein Verdienst um die Erforschung dieses Gedichts erworben.
Nach 1945 ist die Situation kaum besser. Wir müssen hier mit einem Unglaublichen beginnen: In der »Bibliographie der deutschen Literaturwissenschaft«, begründet von Hanns W. Eppelsheimer und weitergeführt von Clemens Köttelwesch, wird in einem Zeitraum von 30 (sic!) Jahren, von 1945 bis 1976, in 16 Bänden nicht eine einzige selbständige Arbeit über das Gedicht nachgewiesen! Gewiß, es gibt Arbeiten über Goethes Lyrik, aber soweit in ihren Titeln ausgewiesen, befaßt sich keine in spezifischer Weise mit Goethes »Tagebuch«. Erich Jenischs Arbeit »Leidenschaft und Geist in Goethes Liebeslyrik« nennt Goethes Gedicht »Das Tagebuch« nicht. Auch in Erich Hellers Goethe-Studien kommt das Gedicht nicht vor. Nicht bei Friedenthal. Ausländische Wissenschaftler, der französische Kritiker Charles Du Bos und die Germanisten Ernst Fuchs und Barker Fairley, erwähnen das Gedicht in ihren Arbeiten nicht. Es kommt auch nicht in Günther Müllers »Kleiner Goethebiographie« vor. Auch in den Gesamtdarstellungen von Goethes Lyrik wird dem Gedicht nicht Genüge getan.
Und die Goethe-Bücher unserer Zeit? Kein Hinweis bei Ernst Grumach, bei Max Kommerell, bei Günther Müller; Wolfgang Kayser erwähnt es einmal im Hinblick auf die Form des »Epos«. (Ein Schüler berichtet, Wolfgang Kayser habe am 17. 7. 1959 an der Universität Hamburg eine Vorlesung über »Goethes Verskunst« gehalten und an der Stelle der Erwähnung des »Tagebuchs« leuchtete sein Gesicht auf, das Gedicht sei »nicht sehr ehrbar, aber wunderschön«.)
Wer sicher war, irgendeine Auskunft in Emil Staigers dreibändigem »Goethe« zu erhalten, wurde enttäuscht: auch in seiner Ausgabe der Gedichte ist das Gedicht zwar auf-

genommen, aber während alle Gedichte ausführlich kommentiert sind, wird bei unserem nur das »Nestelknüpfen« erläutert. Erich Trunz ging nicht einmal so weit: in seiner »Hamburger Ausgabe« fehlt das Gedicht bis heute.
Und noch ein Kuriosum: Im Band 18 der dtv-Gesamtausgabe von 1977, dem Registerband, ist in dem mehrere hundert Seiten umfassenden Personenregister, von Martin Müller angelegt, auf Seite 164 auch (Herr? oder Frau?) Iste erwähnt!
Als Nachwirkung der Abhandlung des Bandes 1000 der Insel-Bücherei 1978 erschienen Hans Rudolf Vaget »Goethe, der Mann von 60 Jahren« (Königstein 1982) und Hans Sachse »Goethes Gedicht ›Das Tagebuch‹ ein verschwiegenes Bekenntnis« (Ortsvereinigung Hamburg der Goethe Gesellschaft in Weimar, Privatdruck 1985). Vaget sieht im Gedicht die Behandlung der »Phänomene des Alterns« und Sachse im verschwiegenen »Besten« Goethes persönlich wiedergewonnenes »Schicksalsvertrauen«. Beide Arbeiten berühren nicht die Interpretation und Thesen der Abhandlung von 1978.
Wie kann ein Gedicht wirken, wenn die, denen die Dichtung von Berufs wegen anvertraut ist, es negieren? Wie können so, wie Goethe es wünschte, die »psychisch-sittlich-ästhetischen Rätsel« des Autors auch dem Leser helfen, »die eigenen Lebensrätsel aufzuklären«? So bleibt uns nur Goethes Einsicht »Stolpern fördert«.
Natürlich hat das Gedicht durch die Einzeldrucke wie durch die Gerüchteküche viele einzelne Leser gefunden. Theodor Mommsen, der berühmte Historiker, sah sich schon, in einem Brief vom 24. Dezember 1864, in der Lage, die Echtheit des Gedichts bestätigen zu müssen. Hat Theodor Storm das Gedicht gekannt? Sein Gedicht »Mysterium«, das er ebenfalls zu seinen Lebzeiten nicht drucken ließ, behandelt ein ganz ähnliches Thema (ein blutjunges, liebesdurstiges Mädchen entschlummert in den Armen des Mannes, der sie be-

gehrt). Thomas Mann rühmte die »kecke Moralität« des Gedichts. Herbert Marcuse nannte es mir gegenüber als eines seiner Lieblingsgedichte. Hans Mayer zählt es zu Goethes größten Gedichten. Carl Friedrich von Weizsäcker hat zwar nie zu jemandem über dieses Gedicht gesprochen und auch nicht darüber geschrieben, »aber es gehört zu jenen Stücken von Goethe, auf die sich mein alle anderen Wertschätzungen in der deutschen Literatur übersteigender Respekt vor ihm stützt.«

Auf einen Leser hat das Gedicht allerdings außerordentlich gewirkt: auf Rainer Maria Rilke. Als Anton Kippenberg es ihm 1913 vorlas, war er »fasziniert«. »Unglaublich, unglaublich«, habe er immer wieder ausgerufen. Rilkes »bizarre Antipathie« Goethe gegenüber löste sich, es entstanden die »Phallischen Hymnen«.

Der hier vorgelegte Text ist eine Zusammenfassung der Abhandlung »›Das Tagebuch‹ Goethes und Rilkes ›Sieben Gedichte‹«, wie sie als Band 1000 der Insel-Bücherei 1978 im Insel Verlag erschienen ist; geringfügige Erweiterungen ergaben sich aus seither erschienenen neuen Forschungsarbeiten. Der Wortlaut des Gedichts wird, mit einer angegebenen Ausnahme in Strophe 17, nach der Artemis-Gedenkausgabe wiedergegeben, die Zitate Goethes nach der Artemis- oder nach der Weimarer Sophien-Ausgabe. Die genauen Nachweise und ausführlichen Erläuterungen befinden sich in Band 1000 der Insel-Bücherei.

ADOLF MUSCHG

»Der Mann von funfzig Jahren«

(»Wilhelm Meisters Wanderjahre«)

Goethes Altersroman »Wilhelm Meisters Wanderjahre« ist das am wenigsten bekannte seiner großen Werke – und wohl das befremdlichste. Der durch Versuch und Irrtum gereifte Held der »Lehrjahre« verschwindet in einem Irrgarten von Kulissen, durch den immer neues Personal läuft und unser Interesse nur zu reizen, es nie ganz zu befriedigen scheint. Zur Auflockerung – als ob die Handlung nicht schon locker genug wäre – wird das Publikum vom persönlich auftretenden Veranstalter mit kurzen oder längeren Erzählungen unterhalten, deren Zusammenhang mit dem angesagten Stück alles andere als klar ist. Ein avantgardistisches Kunstwerk – oder ein mißlungenes?

Als die »Wanderjahre« 1821 in erster Fassung erschienen, hielt sich das Publikum lieber an ein Produkt gleichen Titels, das ein Pastor namens Pustkuchen verfaßt hatte und in dem er seiner sittlichen Entrüstung über die Freiheiten der »Lehrjahre« Luft machte. Aber auch die endgültige Version von 1829 fand nur eine Handvoll geneigter und verständnisvoller Leser. »Der Mann von funfzig Jahren« ist eine von acht dem Roman integrierten Erzählungen (wenn man Lenardos Tagebücher und zwei Sammlungen Aphorismen nicht mitzählt) und die vom Umfang her gewichtigste. Sie nimmt aber auch hinsichtlich der Art und Weise ihrer »Integration« eine Sonderstellung ein. Wer sie vorstellt, wird sich zuerst über die eigentümliche Form der »Wanderjahre« als Ganzes Rechenschaft zu geben haben, und über den Prozeß ihrer Entstehung.

Außer Faust II hat kein Geschöpf des Meisters eine so langwierige Geburt gehabt – über dreißig Jahre. Einige »Binnenerzählungen« sind im sechsten Lebensjahrzehnt Goethes und im ersten des neunzehnten Jahrhunderts entstanden, in der Zeit nach Schillers Tod. Goethes Ruhm war längst eine Legende geworden. Aber in jüngeren Augen haftete ihm auch schon etwas Überlebtes, Geisterhaftes an. Mit seiner Distanzierung von den revolutionären Umbrüchen der Geschichte hatte er es nicht vielen recht machen können. Zwar hatte der avancierte Friedrich Schlegel in den »Lehrjahren« sein romantisches Programm einer ironischen Universalpoesie erfüllt gefunden und den Roman schlankerhand – neben der Französischen Revolution und Fichtes »Wisenschaftslehre« – zu einer der »großen Tendenzen« der Epoche erklärt. Diese ehrenvolle Gesellschaft kann dem sächsisch-weimarischen Minister nicht allzu bequem gewesen sein. Er verdankte dem ästhetischen Sachverstand, dem »Metier« Schillers gerade bei dieser Arbeit mehr als dem spekulativen Übermut der romantischen Jünger. Und doch spürte er, daß die »barbarischen Avantagen«, die die Zeitenwende auch der Literatur eröffnete, nicht geringzuschätzen waren. Sie hatten gegen den Kunstrichter in ihm selbst nicht nur das historische Recht auf ihrer Seite – sie versprachen auch die schöpferische Provokation, deren er bedurfte. Nicht umsonst hatte er schon die »Lehrjahre« dem abschließenden Urteil Schillers entzogen, aus Zartsinn wie aus Selbstschutz. Der große Satz, dem Vortrefflichen gegenüber gebe es »keine Freiheit als die Liebe«, mit dem der Freund seine Kritik suspendiert hatte, war im Grunde ein kritisches Lob. Es bedeckte die Grenze der Gemeinsamkeit mit dem Schleier der Gnade. Dennoch hat Goethe eine so kundige Begleitung nie mehr gefunden und nicht nur für die Fortsetzung des »Meister«-Stoffes schmerzlich entbehrt. Aus mancher Stelle der »Wanderjahre« glaubt man Schillers Züge hervorblicken zu sehen: »... der Wahn hat, solange er dauert, eine unüberwindliche Wahrheit, und nur männliche, tüchtige Geister werden durch Erkennen eines Irrtums erhöht und gestärkt. Eine solche Entdeckung hebt sie über sich selbst, sie stehen über sich erhoben und blicken, indem der alte Weg versperrt ist, schnell umher nach einem neuen, um ihn alsofort frisch und mutig anzutreten.« Eine Moral, die Männern von funfzig Jahren wohl ansteht. Aber Goethe wußte auch, warum ihm der »Irrtum«, der »Wahn« teuer bleiben mußte – und warum er aus Schillers »Freiheit« gegenüber dem »Vortrefflichen« in den »Wahlverwandtschaften« lieber ein »Rettungsmittel« machte. Das kleinere Wort paßt besser zu Goethes menschlicher Konstitution und zu seiner Art von Produktivität.

Denn die Arbeit nach dem Tod des Gefährten steht im Zeichen des Rückzugs. Vor der »tumultuarischen« Weltgeschichte sucht Goethe Deckung an einer Stelle, wo er sich seit jeher am besten aufgehoben fühlte: in der Betrachtung der Natur. Aber auch diese hat bei ihm jetzt einen neuen Akzent. Aus dem Dilettanten ist ein methodischer Liebhaber geworden. Die versuchsweise Anwendung naturwissenschaftlicher Regeln und Gesetze auch auf literarische Gegenstände ist das augenfälligste »Rettungsmittel« Goethes in diesen Jahren der Ungewißheit und des Unmuts. Die »Wahlverwandtschaften« und die »Farbenlehre« sind verwandte Manifestationen dieses experimentellen Interesses, das individuelles und soziales Verhalten – bei fiktiven Personen wie bei realen der Wissenschaftsgeschichte – einer exakten Prüfung unterzieht.

Die Einsicht in die »Naturbindung« unserer Spezies ist freilich, wie die »Wahlverwandtschaften« bezeugen, weit entfernt, nur tröstliche Ergebnisse zu zeitigen. Es ist das Einzigartige an der krisenhaften Produktion des bald Sechzigjährigen, daß er sich auf ihre Fundamente nicht besinnen kann, ohne ihre Formen zu radikalisieren. Die Schöpferkraft erneuert, »erfrischt« sich durch die Konflikte, in die sie geraten ist. Die naturwissenschaftliche Vernunft führt zu einem freien Gebrauch auch der »Unvernunft«, von der sich die klassischen Werke nichts träumen lassen wollten. Im »West-östlichen Divan« wird die »wiederholte Pubertät« einen neuen Frühling erreichen: einen »Altersstil«, der dieses Namens spottet. Was ihn bewegt, ist freilich nicht mehr das Grundvertrauen des jungen Goethe in die »Große Mutter«, mit der man in Freud oder Leid verschmelzen kann. Der blinde Enthusiasmus ist einem sehenden morphologischen Interesse gewichen, einer »zarten«, aber sachlichen, den Widerstand nicht vermeidenden Empirie. Zur Form gehört die Grenze und zur Grenze der Schmerz. Sie will genau genommen sein und ernst. Aber es ist ein Ernst, der sich schrittweise, stufenweise mit einer immer höheren Heiterkeit vertragen lernt. Und von der er sich mit dem Fortschreiten des kürzer werdenden Lebens immer weniger unterscheidet. Wie hat Goethe selbst den »Faust« genannt? »Diese sehr ernsten Scherze.«

So war die Bildungsidee der »Lehrjahre« in ihrer Fortsetzung, den »Wanderjahren«, nur festzuhalten, indem der Dichter sie losließ. Das Individuum hatte eine Zukunft nur dann, wenn es lernte, sich zurückzunehmen. Die Freiheit des Menschen besteht jetzt darin, seine Grenze freiwillig anzunehmen, bevor sie ihm gesetzt wird. Weniger ist mehr. Die symbolische Korrespondenz des Einzelnen mit dem Ganzen ist nicht mehr unproblematisch; denn das Ganze ist nicht mehr ganz, so wenig wie das Individuum; beides bedarf eines höheren Begriffs. »Symbolisch« aber wird nun erst recht das Gegenteil von »unverbindlich«. Nur in der Verbindung mit andern haben wir etwas zu bedeuten. Selbstverwirklichung mag immer mehr wie Entsagung aussehen. Aber Entsagung meint nicht Verzicht auf Handlung. Sie ist die Voraussetzung aller Handlungsfähigkeit. Unbedingt geboten bleibt in der bedingten Welt nur eins: Verzicht auf Ungeduld gegenüber Menschen und Gegenständen, auf das »scheinbare Einpfählen der scheinbaren Sache« (Kafka). Widersprüche und Gegensätze liegen in unserer Natur. Sie wollen nicht abgeschafft sein. Aber sie sind, zu unserem Glück, ihrerseits schaffende Kräfte. Die Natur bedient sich der Polarität zur »Steigerung«, zur Metamorphose in eine höhere Form. An diesem Prozeß kann die menschliche Schöpferkraft mitwirken, und die literarische kann ihn nach- und sogar vorbilden. In ihren Grenzen? Kraft ihrer Grenzen.

So ist die Geschichte der »Wanderjahre« diejenige der allmählichen Entwicklung neuer Kräfte zu neuen Formen: der Lebensart, der Gemeinschaft, der Dichtung. Es sind offene Formen – auch wenn die einzelnen Elemente auf den ersten Blick nach bekannten Mustern gebaut sein mögen. Der zweite Blick aber zeigt, daß diese Formen zugleich zur Disposition gestellt sind – einer Freiheit, die man vorläufig als »Ironie« bezeichnen mag. Kein übles Wort – es hätte den Romantikern gefallen –, aber wohl nicht das letzte in dieser Sache. Diese Freiheit höheren Grades manifestiert sich in der Formenwelt der »Wanderjahre« als Kommunikation der Einzelformen untereinander. Eine spiegelt sich in der nächsten und in ferneren. Sie intensivieren und relativieren einander gegenseitig, stellen ein Netzwerk von Beziehungen her, das in der Weltliteratur seinesgleichen sucht – das einen neuen Begriff von »Weltliteratur« erst konstituiert. Der Leser der »Wanderjahre« begibt sich in ein Universum des Dialogs, der tätigen, selbsttätigen Vielsinnigkeit. der schillernden Deutungen, des potenzierten Spiels, dessen Heiterkeit vollkommen ernst, dessen Ernst ganz heiter ist. »Da sich manches unserer Erfahrungen nicht rund aussprechen und direkt mitteilen läßt, so habe ich seit langem das Mittel gewählt, durch einander gegenübergestellte und sich gleichsam ineinander abspiegelnde Gebilde den geheimeren Sinn dem Aufmerkenden zu offenbaren.« – so Goethe an K. J. L. Iken während der Arbeit an diesem Roman.

Eine der in dieses Netz eingewirkten Erzählungen ist »Der Mann von funfzig Jahren«. Am 4. August 1807 meldet das Karlsbader Tagebuch: »Den Mann von funfzig Jahren bis zu einer gewissen Epoche.« Er habe sich »in verschiedenen Epochen auf verschiedene Weise beschäftigt«, hat er aus demselben Kuraufenthalt an Zelter geschrieben, »erst kleine Geschichten und Märchen, die ich lang im Kopf herumtrage, diktiert«. »Epoche« – das merkwürdige Wort taucht in einem Brief an Frau von Stein wieder auf: gemeint ist die Arbeit an verschiedenen, aber offenbar kommunizierenden Gegenständen innert weniger Wochen: diktieren, zeichnen, geologische Forschungen, die gleichsam spiralförmig wieder »zur freieren Phantasie« zurückkehren. Die Materie der »Wanderjahre« war nicht für zusammenhängend-disziplinierte Arbeit geschaffen. Sie verlangte geduldige Annäherung, ein Abstecken von vielen Richtungen her; es mußte viel getan, gelebt, erfahren, vergessen sein, bis die »freiere Phantasie« diesen romanhaften Schauplatz besiedeln konnte. Wie Goethe 1821 bemerkt: die »Wanderjahre« waren nicht »aus Einem Stück«, aber »aus Einem Sinn«. Im April 1808 las Goethe den »Mann von funfzig Jahren« »bis zu einer gewissen Epoche« bei Hofe vor und arbeitete im folgenden Sommer weiter an einzelnen Stücken des Romans. Aber im nächsten Jahrzehnt tritt dieser hinter andern Arbeiten, der »Farbenlehre«, »Dichtung und Wahrheit«, dem »West-östlichen Divan« zurück. Einzelne Erzählungen erscheinen in Cottas »Damenkalender« – so 1818 »Der Mann von funfzig Jahren«.

In einem Gespräch mit dem vertrauten Sulpiz Boisserée vom September 1815 – also in der Periode west-östlicher Verzauberung – finden sich die Stichworte: »Meisters Wanderungen. Novellen. Bestimmte Zahl der möglichen Liebesverwicklungen.« Diese letzte Formulierung läßt auf den schon angesprochenen »methodischen« Vorsatz für diesen »Straußkranz« von Novellen schließen, der ihn jedenfalls von klassischen (italienischen und spanischen), aber auch von romantischen Gegenstücken unterscheiden sollte – durch ein »naturgeschichtliches« Interesse an den »möglichen Liebesverwicklungen«. Auch die »Wahlverwandtschaften« waren ursprünglich als Beitrag zu dieser Test-Reihe unter dem Vorzeichen »Wilhelm Meister« gedacht. Goethe mußte *diesen* Novellenstoff aus einem Rahmen entlassen, den seine Behandlung nicht nur umfangmäßig gesprengt hätte. Sie hat ihn zu einem »Roman« eigenen, dämonischen Rechts auswachsen lassen, in dem die Idee der Gattung – die Re-Kreation eines sinnvoll geordneten Universums – einem fatalen und unauslöschlichen Zwielicht ausgesetzt wird. Nirgends ist Goethe dem Absolutismus des unheilbaren, sprachlosen Konflikts des Menschen mit sich selbst, den er bei Kleist fürchtete und »Gefühlsverwirrung« nannte, selbst so nahe gewesen wie in diesem Meisterstück der Desorientierung und alles abschließenden Verzweiflung.

Aber die »Natur« ist auch in jenen Erzählungen, die nun in die »Wanderjahre« eingeschmolzen sind, alles andere als gütig und leicht zu versöhnen. »Der Mann von funfzig Jahren« wiederholt gedämpft, aber unverkennbar, die Konstellation der »Wahlverwandtschaften«. Auch hier täuschen sich die Personen bei bestem Willen über sich und ihre Gefühle. Die Novelle ist von tragischen Konsequenzen nicht weit entfernt. Alle »Binnenerzählungen« behandeln das schuldbegründende Motiv der Liebesverwirrung, der »verruckten« Verhältnisse zwischen Mann und Frau. Die Epoche, wo dergleichen noch als »galantes« Motiv gelten konnte, ist gründlich untergegangen – auch in »altmodischen«, lustspielhaftverwickelten Fabeln wie »Wo stickt der Verräter«. Es ist die Ausnahme, ein Glücksfall, wenn Worte, die einer zu sich selbst spricht, von anderen gehört werden und sogar sein Glück machen. Was heiter ausgeht, ist immer ein Werk genauer Not. Die Erzählung »Nicht zu weit« wäre als das Fragment, das sie ist, schwer erträglich, wenn Goethe in der »Rahmenhandlung« – dem Roman – nicht für eine gewisse Richtigstellung gesorgt hätte. Ob sie ausreicht, Odoardo durch sein Amt als Menschenführer und Pionier von seinem ehelichen Elend zu absolvieren, darüber mag man streiten.

Aber eine »Funktion« des Romans gegenüber den Erzählungen wird wohl deutlich. »Privat« Unlösbares soll in einer höheren, nicht nur geselligen, sondern sozialen und gerechten Ordnung aufgefangen werden. Die Figuren der Erzählungen werden zu Wandernden und »Entsagenden«, um nicht wie Eduard und Ottilie in den »Wahlverwandtschaften« zu enden. Die Romanhandlung hat den Sinn, die novellistischen Gewalten zu begrenzen, ihre zwar unentbehrliche, aber auch zerstörerische Energie einem gemeinnützigen Verhalten zuzuführen. Die »Wanderjahre« sollen im großen und ganzen eben das sein, wofür sie Wilhelm Meister als Einzelfigur qualifizieren: Heil-Kunst; ein »Rettungsmittel« auch gegen die »Liebe« und ihre grenzenlosen Mißverständnisse, mit denen sich Liebende so leicht und mutwillig übernehmen.

Die Leser der ersten, 1821 erschienenen »Wanderjahre« begegneten unserer Erzählung freilich in stark reduzierter Form. Die Handlung endete mit dem späteren 3. Kapitel, also auf dem Höhepunkt der Mißverständnisse und noch vor dem Eintritt der Krise. Mit einem »harten Schnitt« ließ Goethe damals dem Fragment eine Fortsetzung im Roman folgen. Er schloß unmittelbar das jetzige 7. Kapitel des 2. Buches an, die Episode am Lago Maggiore. Die Auflösung dieser neuen Figurenkonstellation im Zeichen »Entsagung« war in der ersten Fassung des Romans auch dessen letztes, einigermaßen brüskes und wenig befriedigendes Wort in unserer Geschichte. Von Makarie – und damit dem »Vorwalten eines höheren Leitenden« – war damals noch nicht die Rede. Ebensowenig von der in der endgültigen Fassung en passant mitgeteilten »Richtigstellung« der Verhältnisse. Nachdem mehrere Jahre ins Land (des Romans) gegangen sind, läßt der Erzähler nämlich Hilarie und Flavio als glücklich Vermählte in der großen Abschiedsvorstellung der »Wanderer«

um Makarie auftreten (III, 14). Und ebenfalls ohne weitere Erklärung erfährt der Leser, daß sich auch der Major und die schöne Witwe gefunden haben.

Aber auch die Fassung letzter Hand, erweitert nun um die Kapitel II,4 und 5, bleibt ein Fragment und läßt allerhand zu fragen – und vielleicht auch zu wünschen – übrig. Da die Novelle zu denen gehört, die Goethe dazu bestimmte, in den Roman »einzuwachsen«, muß der Leser wissen, wie sehr, und in welcher Weise, die »abgeschlossene Erzählung« ergänzungs- und fortsetzungsbedürftig ist – ein Köder, dazu bestimmt, ihn auf das weite Feld der »Wanderjahre« hinauszulocken. Hilaries nicht ganz durchsichtige Weigerung, sich mit dem »vollkommen gattlichen« Flavio zu verbinden, wird also »jenseits« nicht endgültig sein. Sie wird gleichsam vor eine höhere Instanz weitergezogen; dieser Prozeß sei hier wenigstens skizziert. Mit dem ausdrücklichen Hinweis, daß er den Ausgang der Novelle – unschlüssig und »temporär«, wie er bleibt – nicht entkräftet. Schon darum nicht, weil auch die weiteren Schritte der Beteiligten, nach dem Willen dieses Romans, nur als Stufen zu denken sind – zu einer Metamorphose, die den Kunst-Raum – und vielleicht die Grenzen des Lebens – überhaupt überschreitet und für die der Name »Makarie« als Wegweiser steht.

Im siebenten Kapitel des zweiten Buches also läßt Goethe Wilhelm Meister, nachdem er seinen Sohn Felix in der »Pädagogischen Provinz« gelassen hat, in der Gesellschaft eines jungen Malers nach Italien reisen – das Land Mignons, die Gegend um den Lago Maggiore. Dort begegnen die Freunde den beiden Frauen unserer Novelle, Hilarie und der schönen Witwe. Ihre Rivalität darf man sich kraft ihrer Einsicht in die »Grenzen der Menschheit«, die Makarie vermittelt hat, als erledigt denken. Der Erzähler führt die beiden jetzt in jenes Land, »wo die Zitronen blühn«, aber nicht mit ihren Liebhabern, sondern gewissermaßen als vertraute Schwestern im Konflikt. Die Reise ins Paradies der schönen Natur ist zugleich eine Pilgerschaft in den Raum der Kunst und in die Tiefe der Erinnerung an eine legendäre Tote – die Erinnerung der »Wanderjahre« an die »Lehrjahre«, das heißt: des Romans an einen Roman: An diesem See mit seiner »verdoppelten Spiegelung« werden die beiden selbständig gewordenen Frauen versuchsweise »neu gepaart«. Ihr Zusammentreffen mit Wilhelm und dem Maler ist von traumhafter und keineswegs unzweideutiger Festlichkeit. Aber diese alchemistische Hoch-Zeit dient nicht der Liebeserfüllung, sondern der Steigerung der erregten Gefühle zur »Entsagung«. Die »Goldorangen« in Mignons Natur-Garten sind verbotene Früchte und nur als nicht genossene solche der Erkenntnis. Wer die Insel der Seligen nur als Mann und Frau betritt, dem zeigt sie sich als Totenreich.

Aber eben an diesem imaginär-realen Ort lernt Hilarie sehen und malen. Sie wird von einer Dilettantin der Kunst zu einer Erfahrenen – das heißt in Goethes Sprache immer auch: zur Eingeweihten in die Lebenskunst. Die junge Frau, die sich ihrem Oheim »auf ewig« versprochen hatte, um nachher zu erfahren, daß die Natur solcher Schwüre spottet, eignet sich durch schöpferische Betrachtung ein höheres Verständnis der Natur an. Dieses ermöglicht ihr, ihre eigenen Widersprüche nicht mehr »moralisch« (polarisierend), sondern mit gesteigerten Sinnen heilsam, therapeutisch zu behandeln. – Hilarie war die einzige, die in der Novelle von Anfang an eines eigenen Namens gewürdigt wurde. Er ist »bedeutend«, denn er enthält ein Versprechen (die Fröhliche, Heitere). Als Künstlerin löst sie es ein; als Frau lernt sie auf den Lehrer in der Kunst, den jungen Maler, verzichten. Damit ist die »doppelte Spiegelung« des südlichen Sees für sie zum »schaffenden Spiegel« geworden. Sie hat »entsagen« gelernt – darum kann sie auch glücklich machen. Denn dieser Gegensatz ist gleich-gültig geworden. Das gesteigerte Leben, das sie als Künstlerin meistert, erlaubt jetzt auch eine nicht mehr zwanghafte, sondern heitere Betätigung der mann-weiblichen Polarität. Es ist möglich, daß sie sich jetzt mit Flavio verbindet, weil soviel anderes, soviel mehr möglich geworden ist. Aber es ist – Goethes beiläufiger Nachtrag in III,14 der »Wanderjahre« beweist es – nicht vieler Worte wert. Die Gefühle sind bei dieser Novelle nicht – wie in den »Wahlverwandtschaften« – zu selbsttätigen Kräften geworden, die den Fühlenden mit sich entzweien und schließlich seinen Körper vernichten. Sie sind erzogen – von Gnaden des Romans, durch seine künstlerische Praxis.

Eben diese Praxis verbietet es aber auch, vom Gegensatz Novelle/Roman, Binnenerzählung/Rahmenhandlung zuviel Aufhebens zu machen. In der ersten »Wanderjahre«-Fassung von 1821 mögen solche Fragen der Gattungs-»Schicklichkeit« noch eine größere Rolle gespielt haben. Der Erzähler behandelt sie – durch gleichsam schuldbewußte Motivierungs- und Verknüpfungsversuche – als Problem; eben so wurden sie ein Problem auch für den Leser. Wenn das die Fortsetzung der »Lehrjahre« sein sollte: was trugen die Erzählungen dazu bei? Was war aus dem »Helden« geworden, der immer mehr in einen schwer überschaubaren Figurenschwarm zurücktrat? Was aus Natalie, die er nur noch einmal – durch ein Fernrohr – zu Gesicht bekam? War das nicht eben unterhaltsame »Entsagungs«-Motiv ein hinreichendes Alibi für die Vernachlässigung der »Charakter«-Zeichnung, für den Verzicht auf erzählerische Kontinuität? Waren die sich vordrängenden sozialen und pädagogischen Utopien mehr als schrullenhafte Exkurse eines alten Mannes, der einen Zeitroman schreiben wollte, ohne die Zeit recht zu verstehen? War das in Makarie verkörperte, kaum noch körperliche »vorwaltende Leitende« mehr als eine Mystifikation, ein fragwürdiger Religions-Ersatz? Und wenn es dem Roman mit der Universalität seines Anspruchs ernst war: was sollten die eingestreuten Märchen, Anekdoten, Aphorismen? Nicht genug damit, daß die Moral dieser Geschichte obskur war – sie war ja zum großen Teil gar nicht »ausgeführt«; und den »ausgeführten« Figuren fehlte meist eine schlüssige Beziehung zum »Rahmen«. Wäre es nicht redlicher gewesen, solche Miszellen schlicht und recht als »Vermischte Erzählungen« herauszugeben, statt sie als Klammern einer Roman-Konstruktion zu verwenden, die ihrerseits auf so schwachen Füßen stand?

In der Endfassung 1829 trieb der Verfasser die Sorglosigkeit noch weiter. Und doch war sie das Ergebnis einer gewissenhaften Arbeit, die das Vertrauen zu ihren Freiheiten über drei Lebensjahrzehnte hin schöpfen, herstellen gelernt hatte. Die erste Fassung des Romans war »unfertig« nicht deshalb, weil es ihr an »Ausführung« gebrach, sondern weil sie auf halbem Weg zu einer ganzen Unbefangenheit stehengeblieben war. Das zweite Stück Weges verlangte neben höchster Sorgfalt auch die höhere Inspiration. Jetzt erst gelang es Goethe, das disparate Thema zu *komponieren.* Er hielt sich nicht mehr damit auf, sogenannte »Lücken« zu füllen, lose Fäden zu verknüpfen – dergleichen wurde immer mehr zur geringsten Sorge. Jetzt ging sein Sinn dahin, die Grenzen des Gemachten und des noch Machbaren spielen zu lassen; die gegebenen und geformten Motive als Material für ein Kunstwerk der Beziehungen und gegenseitigen Spiegelungen zu behandeln: die »Wanderjahre« als Mobile. Die verschiedenartig bewegten Teile wurden beweglich für ein in seinem Reiz unerschöpfliches »Gesamtkunstwerk« der Reflexe, Echos und überraschenden Kombinationen. Dabei war beides zu bedenken und gegenseitig zu ermöglichen: die Würde der »Einzelnheiten« (und Charaktere) in ihren Grenzen – wie der offenbleibende Sinn des großen Ganzen.

Ist es verwunderlich, daß die große Weimarer Ausgabe etwa 50 Kompositions-Entwürfe anbietet? Aus der versuchsweisen Zusammenstellung disparater Elemente ergab sich schließlich eine Komposition, in der die Puzzlesteine sich zu einem Bild höherer Art fügten, ohne daß einer genau in den nächsten zu passen brauchte; wo jeder für sich stand und für eine verschwiegene Einheit sprach. Goethe erlaubte sich, dem Leser diese Einheit anheimzustellen, nachdem ihre Überzeugungskraft für ihn selbst hinreichend beglaubigt war: »... denn ich kann mich rühmen, daß keine Zeile darin steht, die nicht gefühlt und gedacht wäre.« »Eine Art von Unendlichkeit« sagte ein verständnisvoller Zeitgenosse dem »Büchlein« nach; sie gleiche derjenigen des Lebens selbst, denn »es findet sich in dem Komplex des Ganzen Notwendiges und Zufälliges, Vorgesetztes und Angeschlossenes, bald gelungen, bald vereitelt...« Oder, mit einem Wort aus dem »Mann von funfzig Jahren«: es bedurfte »gar manches Unreinen, um ins Reine zu kommen«.

Die »Wanderjahre« – wie der »West-östliche Divan« oder »Faust II« haben sich gleichsam nach dem Muster von Goethes chromatischen Versuchen entwickelt. In der Erscheinung der »entoptischen Farben« erblickte er entzückt die »Steigerung« eines natürlichen Phänomens zum Kunstgebilde. Daß man ihm nachhelfen dürfe, um die »wiederholten Spiegelungen« ins beste Licht zu setzen und ihre sinnliche Wirkung zu steigern, hat er in seinem naturwissenschaftlichen Hauptwerk (man lese zum Beispiel »Im Wasser Flamme«) immer wieder betont und die böhmische Glasindustrie zur Vervollkommnung dieser Natur-Kunst aufgerufen. Die erzählerischen Elemente der »Wanderjahre« mögen über Jahrzehnte »natürlich« gewachsen sein, ohne zweckvolle Absicht auf das »vorwaltende Leitende«, das mögliche Ganze des Romans, und doch in geheimer, für den Autor selbst inkalkulabler Beziehung darauf. In der großen »Redaktions«-Arbeit der späten zwanziger Jahre hat Goethe, seine »Sammlung« hin und her wendend, ihre Wirkung erst zum Kunstwerk der Reflexion gesteigert – zur Reflexion durch Komposition. Immer selbstgewisser verließ er sich darauf, daß ein Stoff, der über Lebensjahrzehnte gereift war, eigene morphologische Kräfte entwickle, die einer höheren Form entgegenstrebten. Das Geschäft des »Redakteurs« bestand dann nicht weniger darin, diese Entwicklung walten zu lassen, als darin, sie zu organisieren. Ein solches stufenweises Wachstum des Ganzen hat immer wieder neue Erzählungen und Erzählweisen, aber auch immer neue offene Stellen hervorgebracht. Aber auch diese sind nun endgültig keine »Lücken« mehr. Sie haben ihre eigene Form; sie stellen den Raum her, den die Spiegelungen für ihre »Wiederholung« ebenso benötigen wie die »Körper« der Erzählung. In diesem alchemistischen Prozeß kann die poetische Materie zeigen, zu welchem Grad gesteigerter Läuterung und Heiterkeit sie bei teilnehmender Behandlung fähig ist. Die Figur Makaries ist auf diese Weise »entstanden«, gleichsam aus der Notwendigkeit, die Widersprüche der Figuren sinn-fällig aufzuheben, ohne sie negieren zu müssen. Wilhelms Berufung zum Wundarzt »ergibt sich« so als Lösung eines Lebensknotens, als Erfüllung der »Bildungs«-Idee im paradoxen Zeichen »erfüllter Entsagung«. Am Ende dient sie der Hilfe für die Wiedergeburt des Sohnes Felix als Bruder. Die »bewegliche Ordnung« war in den »Lehrjahren« noch eine »innerweltliche« Bildungsidee gewesen – jetzt ergreift sie die Romanform und bildet sie zu etwas Neuem um. Diese Form selbst gehört jetzt zu den »Wanderern«. Sie wandert aus ihren Konventionen aus, um dem nicht mehr »behausten« Menschen des beginnenden 19. Jahrhunderts eine symbolische Heimstätte zu bieten für seine schwierig gewordene Suche nach einem Sinn. »Überall steht noch etwas anderes dahinter«, sagt Goethe in einem Gespräch dem Kanzler von Müller am 8. Juni 1821, »jede Lösung eines Problems ist ein neues Problem.« Ist hier nur von den »Wanderjahren« die Rede – oder auch von der Pflicht des Romans, seine Leser auf einem neuen Weg des Bewußtseins zu begleiten? Die »Wanderjahre« mochten als Abwendung von einer Epoche begonnen haben. 1830 stehen sie an der exponiertesten Stelle der neuen Zeit und rühren an ihren Kern. Nicht als »Zeitroman«, der sie auch sind, sondern als Kunstwerk im Bewußt-

sein seiner Grenzen – und der Chance, sie zu überschreiten. Sie sind 1830 so epochal modern wie hundert Jahre später der »Ulysses«. Daß sie es so beiläufig sein können, so heiter-gelassen, ist vielleicht das Wunderbarste daran.
Ein Werk, das im ganzen ein so neues Spiel eröffnet, wird auch in jedem seiner Teile vom Geist dieses Ganzen erleuchtet sein. Der Leser, der weiß, wie sehr die Grenzen zwischen »Rahmen« und »Binnenerzählung« fließend sind, wird diese »Grenzenlosigkeit« auch innerhalb einer einzelnen Erzählung wahrnehmen und besser verstehen.
Der Autor – in der Maske des »Redakteurs« – nimmt sich in der Endfassung die Mühe nicht mehr, die Einführung einer neuen Fabel anders als ironisch zu motivieren. Wurde »Der Mann von funfzig Jahren« 1821 Wilhelm noch von Hersilie aus ihrem Bekanntenkreis zugespielt, so wendet sich jetzt der Erzähler ohne Umstände an den Leser. Er erklärt dem »werten Publikum«, warum er in diesem Fall dessen Gewohnheit, »sich stückweise« zu unterhalten, zuwiderhandeln müsse, und daß er die »nachstehende Erzählung« wegen ihres »inneren Zusammenhangs« in einem »fortlaufenden Vortrag« einzurücken gedenke. Das ist unter Goethes »Verfremdungseffekten« keineswegs der krasseste. (»Unter den Papieren, die uns zur Redaktion vorliegen, finden wir einen Schwank, den wir ohne weitere Vorbereitung hier einschalten, weil unsere Angelegenheiten immer ernsthafter werden und wir für dergleichen Unregelmäßigkeiten fernerhin keine Stelle finden möchten.«) Ebenso gelassen bricht er die Novelle ab. Wenn »Der Mann von funfzig Jahren« 1821 noch ein Fragment mit einer gleichsam polierten Bruchstelle war, so endet die »vorläufig definitive« Fassung mit Stichworten, als Skizze, deren Ausführung er sich an dieser Stelle schenkt.
Aber auch innerhalb der Novelle gelten andere Regeln und Gewichte als diejenigen konventioneller Ereignisdramaturgie und »mitfühlender« Erzählung. Die Szene der Abwei-

sung Flavios durch die schöne Witwe malt der Erzähler nicht aus »aus Furcht, hier möchte uns die jugendliche Glut ermangeln«. Dieser hat er aber durchaus nicht ermangelt, als er den Jüngling gänzlich verstört (»sie hatten Orest gesehen«) im Schloß der Tante einbrechen läßt – ein Auftritt, in dem die erregte Sprache des »Redakteurs« die Verben zu unterschlagen und ins Staccato der Werther-Zeit zu fallen scheint. »Der Vater ist nicht hier, besänftigen Sie sich; hier ist Tante, hier ist Nichte, sehen Sie hin!« Aber kann dieser Aufregungsstil das unterdrückte Lächeln des Erzählers verbergen? Der Leser versteht: er liest das Zitat einer Aufregung. Diese »guten, alles Anteils würdigen Personen«, »unser Flavio«, auch »unser Major« verlangen seinem Stil keinen letzten Ernst ab. Vielmehr: die Begebenheiten, die ihnen zustoßen, sind so »ungeheuer« nicht, wie sie ihnen selbst vorkommen mögen (und wie es die von Goethe selbst geprägte Definition der Novelle verlangt: »eine ungeheure sich ereignete Begebenheit«). »Wir wollen gern bekennen, in dem Laufe, wie diese Begebenheit uns bekannt geworden, einigermaßen besorgt gewesen zu sein, es möge hier einige Gefahr obschweben, ein Stranden, ein Umschlagen des Kahns, Lebensgefahr der Schönen, kühne Rettung von seiten des Jünglings, um das lose geknüpfte Band noch fester zu ziehen. Aber von allem diesen war nicht die Rede« ... Wer kann hier nicht den schönsten Kanzleistil seiner selbst spotten hören – und *en passant* auch des vielen Geräuschs, das eine so jugendliche Liebesgeschichte den Erzähler zu machen veranlaßt. Wie anders klingt die Sprache jener Mondnacht, in der die Liebenden »im Geflimmer des Widerscheins die Gestalt eines Mannes hin und her schweben« sehen, der auf dem Eis »seinen Schatten zu verfolgen schien und selbst dunkel, von Lichtglanz umgeben, auf sie zuschritt«. Diese Gestalt ist der Mann von funfzig Jahren im Augenblick seiner Wahrheit – der den Traum seiner Jugend, eine Welt trügerischer Hoffnung, in sich zusammenfallen läßt. Auf diese Katastrophe aber verwendet der Erzähler das kleinste und leiseste mögliche Wort: »die Gestalt schien sie nicht bemerkt zu haben«. – Unter den mannigfaltigen Spielformen von »Entsagung« in den »Wanderjahren« weiß ich keine tiefer anrührende als den Versuch zur Hilfeleistung, den der enttäuschte alternde Mann sofort zugunsten des niedergeschmetterten Pärchens unternimmt – umsonst, denn es hat sich längst selbst geholfen, wähend der Major »den leeren Schlitten ... vergebens ins Weite und Breite hülfreich herumgeführt« hatte. Hülfreich? Alles andere: hilfloser und ungeschützter steht im ganzen Roman keine Figur wie der Mann von funfzig Jahren in diesem einen Satz. Und keiner faßt sich »männlicher« – wobei ihm freilich ein ausgefallener Vorderzahn die Besinnung erleichtert. Ironie, Melancholie und Erheiterung sind in solchen Einzelheiten eine unauflösliche Verbindung eingegangen – nicht anders als im großen und ganzen der »Wanderjahre«. Die Vereinbarkeit von allem mit allem, des Lächerlichen mit dem Erhabenen, kann sich an der Oberfläche der Erzählung zeigen wie in der Verjüngungskur, in der sich der alternde Liebende halb entzückt, halb geniert versucht. Aber auch dieses »falsche« Bewußtsein hängt zwanglos mit dem tiefsten Bewußtsein zusammen – denn ruft das Motiv (das in Thomas Manns »Tod in Venedig« wieder auftaucht) nicht Fausts Hexenküche in Erinnerung? Und können sich die menschenfreundlichen Wahrheiten des Verschönerungskünstlers weniger hören lassen als die spöttischen Mephistos? Flavio, in dem Tante und Nichte »Orest sehen« – sieht sich der Leser Goethes da nicht auch nach Iphigenie um? Und warum regt die Bezeichnung »Schwester« Hilaries »Allerinnerstes« auf? (Eissler wüßte in seiner psychoanalytischen Goethe-Monographie dazu das Nötige zu sagen – und vielleicht etwas mehr.) Das männliche Personal der Novelle liebt es, sich in Gedichten auszusprechen – der Major didaktisch (und immer in Sorge um seine »Pedanterie«), der Sohn eher in neuerem Stil. Aber die Wirkung dieser Dichtung (in der Dichtung) ist voller Ironien. Bald unfreiwillig komisch, wie das Jagd-Poem des Vaters, bald unfreiwillig wahr, wie die Assoziation der schönen Witwe mit der Spinne Arachne – aber auch dann nicht die ganze und schon gar nicht die letzte Wahrheit. Die Dichtung Flavios dagegen, »authentisch«, wie sie sein möchte, wirkt gerade darin so ungemein alterstypisch. Wenn sie das Tiefste meint, weiß sie nicht ganz, wovon sie spricht – zu ihrem Glück, da sich gerade der Ausdruck völliger Verzweiflung als das geeignete »Rettungsmittel« erweist. Aber auch über der ahnungsvoll-ahnungslosen Wechselpoesie des jungen Paars schwebt der Goethe-Ton – und für den Leser die Erinnerung, daß auch Helena, die schönste der Frauen, dem verjüngten Faust so »reimweis« entgegengekommen ist (und daß ihre Verbindung so wenig wie alles Schöne oder Wahre dauert).

Reflexe, Spiegelungen – über die Novelle, ja über die »Wanderjahre« hinaus. Aber auch innerhalb des Romans stellt »Der Mann von funfzig Jahren«, mit seinem »wahlverwandtschaftlichen« Handlungsmuster, nur *eine* Variation zum Thema »verruckter« Liebesverhältnisse dar. Die Novelle »spiegelt sich« in »Nicht zu weit«, in »Wer ist der Verräter?« – aber auch in der Hersilie-Felix-Romanze, wie diese sich wieder in der »älteren« Konstellation Wilhelm/Philinie und Wilhelm/Mignon. Immer das gleiche, nie dasselbe stößt den literarischen Personen an voreiliger Paarbildung, unlösbar scheinender Gefühlsverwirrung zu. Immer das gleiche, nie dasselbe Mittel verhilft ihnen zur Einsicht in ihre Grenzen und gibt ihnen damit die Kraft, »sich zu steigern«: »Entsagung«. Und so verschiedenartig die Formen dieser Metamorphose: keine ist zu verwechseln mit Einengung und Unfreundlichkeit gegenüber der überwundenen Stufe. Wie wäre sie zu überwinden gewesen, wenn man nicht gelernt hätte, sie gelten zu lassen! Aber dem Zufall entwächst nur, wer sich ins Notwendige schicken gelernt hat.

Dann hat es keine Not mehr damit; dann erst ist die Freiheit gewonnen, das Muster – nicht mehr dasselbe, nicht mehr ganz das gleiche – zu erfüllen. Am Ende des Spiels sind die Paare dieser Novelle »richtig gemischt«. Aber wer auf das Happy-End der Novelle gespannt bleibt, muß weite Wege durch die »Wanderjahre« gehen und wird vom Erzähler höchst dürftig abgefunden. »Wink« genug, daß die Spannung von »Der Mann von funfzig Jahren« – und die »Lösung« – in ganz anderer Richtung gesucht werden muß. Nämlich in der Korrespondenz, in der jede Erzählform sich zu jeder andern und jede mit sich selbst befindet. Und schließlich in der »Steigerung« dieser Spiegelverhältnisse zum »vorwaltenden Leitenden«, hier Makarie genannt. Ein Höheres, zu dem sich alle Stellen des Romans in gleicher Nähe und Ferne befinden. Und von dem sie, wenn sie sich ihm entgegenwenden, gleichmäßig erleuchtet, erheitert werden.

Ja, auch erheitert. Denn steht Makarie für ein »religiöses Prinzip«? Nicht wenn man gewohnt ist, sich das Religiöse als Absolutes zu denken; wenn man das Verbindliche der Religion darin sehen will, daß – außer der theologisch und dogmatisch erlaubten – keine menschliche Verbindung dahin führt. Goethes religiöse Figuren sind der Inbegriff aller unter Menschen möglichen Korrespondenz; das, was sie inspiriert, erhebt, und das, was ihnen zugrunde liegt. In der Bindungs- und Verbindungsfähigkeit, die der Natur und der Kunst möglich ist, entfaltet sich Goethe Frömmigkeit – und was er als »heilig« darstellt, wie Makarie, ist von Vieldeutigkeit und Vielsinnigkeit nicht ausgenommen. Von der »Schönen Seele« der »Lehrjahre« bis zur Ottilie der »Wahlverwandtschaften« haftet Goethes heiligen Wesen etwas Fragwürdiges an: Makarie macht keine Ausnahme. Ihre geheimnisvolle Identität mit dem Universum ist exzentrisch und läßt sich auch als krankhaft deuten. Ob die Stimme ihres frommen Verehrers, des Astronomen, die »Wahrheit« des

Autors ausspricht, bleibt offen (aber unerheblich). In »Der Mann von funfzig Jahren« hilft Makarie die Verhältnisse durch ein Mittel entwirren, das man auch Indiskretion nennen kann: sie gibt die ihr im Vertrauen geschriebenen Briefe an die Leute weiter, von denen in diesen Briefen die Rede ist – anklagend, absprechend. Auf diese Weise pflegen sonst Intrigen gesponnen, nicht Entfremdungen aufgehoben zu werden. Aber: will dieser befremdliche Zug der »Heiligen« nicht etwas zugleich Einfaches und Symbolisches besagen: daß nämlich nur offengelegte Verhältnisse entwicklungsfähig sind? Ist »Makarie« nicht ein anderes Wort für jene höhere Ordnung, die Menschen keinem Höheren als ihrer Menschlichkeit schulden – dem Heiligen in ihnen selbst? Ihrer eigenen möglichen, immer wieder möglichen Entwicklung begegnen sie romanhaft in einer seltsamen alten Dame – und gewinnen dadurch die Kraft, diese Entwicklung *wirklich* zu nehmen (so wirklich, wie in einem Kunstwerk möglich). Dabei gibt es keine »Wahrheit für alle« – darum ist Makarie auch nicht für alle dieselbe. Denn der »Bildungsroman« bringt die einzelne Wahrheit, die in jeder Figur, von Lenardo zu Philine, vom Barbier bis zum Faktor, zum Leuchten – und läßt sie unter dem Firmament der Kunstfigur Makariens mit andern, aber gleichberechtigten Wahrheiten zusammenbestehen. Und, was eine Neuheit der »Wanderjahre« ist, auch zusammenwirken.

Denn die »Wanderjahre« sind ein Auswanderer- und Kolonisations-Roman. Sie lassen sich ein auf die Utopie einer »pädagogischen Provinz« und relativieren auch sie an entscheidenden Stellen. Die erzieherischen und genossenschaftlichen Modelle, die Goethe mit Blick auf die Fellenbergsche Erziehungsanstalt und Owens transatlantisches *New Harmony* entwickelt, zeigen ihre Grenzen bereits im Roman (»wir dulden keine Juden unter uns!«). Und die Zucht der Musterpädagogen ist an Felix verloren. Zu seinem Glück – und dem seines Vaters. Denn wie ihm die »Unart«, aus der

Flasche zu trinken, schon in den Lehrjahren« das Leben gerettet hatte, wird seine ungezähmte Heftigkeit in den »Wanderjahren« zum Rettungsmittel für Vater und Sohn. Noch auf der höchsten Stufe des Romans bedarf es »gar manches Unreinen, um ins Reine zu kommen«.

Auch in »Der Mann von funfzig Jahren« braucht sich kein peinlicher Zug, keine lachhafte Irrung des Lichts zu schämen. Sogar trübe Gäste können das »Entsagen« buchstabieren lernen. Vollendete Ironie? Aber auch an dieser Ironie bleibt das Beste offen. Der Roman ist ein Gegenbild der Schöpfung, das dem Leser »wie in Wirklichkeit« zu schaffen macht, das ihm eine eigene Schöpfung zumutet – und zutraut. Mindestens die liebevolle Entdeckung seiner Grenzen – und, wenn's hoch kommt, am Ende auch die Grenze seiner Begrenztheit.

Das letzte Wort des Romans lautet (aber es ist durch *zufällige* Umstände bei der Drucklegung des Romans an diese Stelle gelangt):

»Wer lange in bedeutenden Verhältnissen lebt, dem begegnet freilich nicht alles, was dem Menschen begegnen kann; aber doch das Analoge und vielleicht einiges, was ohne Beispiel war.«

WOLFGANG SCHADEWALDT

Faust und Helena

Zu Goethes Auffassung vom Schönen und der Realität des Realen im Zweiten Teil des ›Faust‹

Richard Harder
zum sechzigsten Geburtstag

I

Vermutlich würde die Interpretation der großen Dichtwerke nicht wenig an Sicherheit gewinnen, wenn man mit der Einsicht ernst machen wollte: daß das große Kunstwerk zwar in der ihm eigenen Totalität unausschöpflich ausdeutbar ist und deswegen auch zahlreiche Deutungen neben- und nacheinander hervorruft, die einander ablösen, aber nicht notwendig aufheben mögen, daß es andererseits aber einen einzigen *Elementarhorizont* des Kunstwerks gibt, der zwar verschiedenen ›richtigen‹ Deutungen Raum gewährt, aber seinerseits nicht verlassen werden darf, ohne daß man ins Falsche und Unsinnige gerät.

Es scheint, die bisherige Geschichte der Auslegung von Goethes ›Faust‹ ist geeignet, die Richtigkeit dieses hier vorangestellten Satzes zu bestätigen. Denn wenn auf diesem Gebiet, wie die Zusammenstellungen von Ada Klett[1] vor Augen führen, noch heute, über hundert Jahre nach Goethes Tod, ein kaum anders als chaotisch zu bezeichnender Zustand herrscht, so hängt das nicht lediglich mit der Fülle und Vielschichtigkeit dieses Goetheschen Alterswerkes zusammen, sondern liegt auch an dem bisher vorwiegend herrschenden Bestreben, den Zweiten Faust von dieser oder jener Seite her bereits in seiner Gänze und Tiefe zu erfassen, statt, bescheidener, sich zunächst einmal jenes *Elementarhorizontes* dieses Goetheschen Werkes zu versichern.

Diesen Elementarhorizont des Zweiten Faust abzustecken, ist das Hauptanliegen dieser Abhandlung. Sie beschäftigt sich zu diesem Zweck zunächst mit der Gestalt der Helena, die als eine der zentralen Gestalten des großen Dramas auch eine der umstrittensten ist, und versucht von da aus in ihrem letzten Teil den Charakter der Wirklichkeit näher zu bestimmen, der in der ›Faust‹-Welt herrscht. Wieso das eine mit dem anderen zusammenhängt, wird sich in der Folge von selbst zeigen.

Von Helena hat Goethe selbst einmal bemerkt, daß sie die »Schönheit« sei[2] und daß er mit ihrer Verbindung mit Faust irgendwie auf die für das moderne Europa so folgenreiche Begegnung zwischen Klassisch und Romantisch, Griechentum und Abendland hindeute[3]. Allein in welchem Sinn, das bleibt die Frage. Nach einer weit verbreiteten Auffassung – wir könnten sie die »orthodox-humanistische« nennen – soll Faust auf seinem Wege von Gretchen zu Helena und weiter zur Herrschaft über die Meeresküsten eine ständige Läuterung erfahren: Helena, die »griechische Idealschönheit«, sei auf diesem Wege vom Sinnlichen über das Schöne zum Sittlichen (nach der Lehre Schillers) die wichtigste Stufe[4]. Dem steht die skeptische Auffassung gegenüber, daß von irgendeiner »Besserung« Faustens keine Rede sein kann: das Drama zeige den titanischen Unmenschen, der von einem Wahn zum anderen ausschweift, und auch Helena sei nur ein Wahn mit einem traurigen Schiffbruch im Gefolge[5]. In einem anderen, ausgesprochen christlichen Sinn soll Helena lediglich eine Versuchung Faustens sein[6]: sie sei auch bei Goethe noch im Grunde das alte Teufelsliebchen aus Volksbuch und Puppenspiel. Oder: sie bleibt zwar die hohe Griechenschönheit, ist gerade als diese aber nur eine sündige verbotene Frucht im Sinne der asketischen Heilslehre des Mittelalters[7]. Oder wieder: man beobachtet, wie spukhaft im dritten Akt alles um Helena ist, und stellt resignierend fest, daß sie, als Bild der Griechenschönheit, die einmal war und nie wieder sein kann, eben nur ein Schatten sei und dem Orkus angehöre. Wehe dem Künstler, der sich nach einem solchen Vergangenheitsgespenst verzehrt! Sein Gedächtnis wird zu einem Ort der Toten, und er stirbt, früher oder später, an gebrochenem Herzen. Denn »an der Unverrückbarkeit des christlichen Moments« kommt keiner vorbei[8]. – Wieder einen anderen, jenem »orthodox-humanistischen« genau entgegengesetzten Aspekt liefert die vielfach verfochtene Auffassung Goethes als eines ausgesprochen nordisch-deutschen Dichters. Danach habe die Griechenliebe Goethe nur von dem ihm vorgeschriebenen Wege abgelenkt, und eben dieses habe der alte Goethe in seiner Helena-Tragödie warnend mit großer Wahrhaftigkeit hingestellt: die charakteristisch deutsche Jagd nach einer Illusion, mit ihrer unausbleiblichen Enttäuschung[9].

Ich habe nach dem Vorhergesagten nicht vor, diesen und anderen bisherigen Deutungen eine neue, ebenso aufs Ganze gehende folgen zu lassen. Lediglich eine Elementar-Betrachtung, gleichsam ein ABC auch der Deutung Helenas, wünsche ich zu geben, und dies auf einem ebenfalls sehr elementaren Wege. Da das Ausdeuten einer *Getalt* eben wegen ihrer gestalthaften Fülle und Ganzheit naturgemäß schwankend bleibt, wenden wir uns vorerst lieber dem *Begriff* zu, der, ähnlich wie bei den Griechen, auch bei Goethe auf eine geheime Weise mit der Gestalt verbunden ist (*Eidos* – Begriff und Gestalt in einem). Statt mit *Helena* selbst, beschäftigen wir uns also vorläufig eine Zeitlang mit der *Schönheit*, wie Goethe sie gesehen und zu allen Zeiten seines Lebens nach Wesen und Wirkung beschrieben und begrifflich umrissen hat, um dann zuzusehen, wie weit die im Zweiten Faust gestaltete Helena dieser Schönheitsauffassung Goethes entspricht. Die Einsicht in die Bedeutung Helenas für Faust ist damit wahrscheinlich mitgegeben.

2

Von Wesen und Wirkung Helenas als der höchsten Schönheit gibt es von Goethe selbst ein in prosaischer Deutlichkeit abgefaßtes Zeugnis. In seiner Beschreibung des Bildes, auf dem der griechische Maler Polygnot in Delphi einst den Untergang Trojas dargestellt hatte, gedenkt er ihrer unter dem Titel ›Verherrlichung der Helena‹ folgendermaßen: »Und alle diese geistigen und körperlichen Schmerzen [der dargestellten Männer], um wessentwillen werden sie erduldet? Um eines Weibes willen, des *Sinnbildes der höchsten Schönheit.* Hier sitzt sie wieder, als Königin, bedient und umstanden von ihren Mägden, bewundert von einem ehemaligen Liebhaber und Freier und ehrfurchtsvoll durch einen Herold begrüßt... Wenn nun, wie die Fabel erzählt, Agamemnon, der unumschränkte Heerführer der Griechen, ohne Helenens Beistimmung die Aithra loszugeben nicht geneigt ist, so erscheint jene im höchsten Glanze, da sie mitten unter der Masse von Gefangenen als eine Fürstin ruht, von der es abhängt, zu binden oder zu lösen. Alles, was gegen sie verbrochen wurde, hat die traurigsten Folgen; was sie verbrach, wird durch ihre Gegenwart ausgelöscht. – Von Jugend auf ein Gegenstand der Verehrung und Begierde, erregt sie die heftigsten Leidenschaften einer heroischen Welt, legt ihren Freiern eine ewige Dienstbarkeit auf, wird geraubt, geheiratet, entführt und wieder erworben. Sie entzückt, indem sie Verderben bringt, das Alter wie die Jugend, entwaffnet den rachgierigen Gemahl; und vorher das Ziel eines verderblichen Krieges, erscheint sie nunmehr als der schönste Zweck des Sieges, und erst über Haufen von Toten und Gefangenen erhaben thront sie auf dem Gipfel ihrer Wirkung. Alles ist vergeben und vergessen; denn *sie ist wieder da.* Der Lebendige sieht die Lebendige wieder und erfreut sich in ihr des höchsten irdischen Gutes, des Anblicks einer vollkommenen Gestalt.«[10]

Diese Sätze gelten zunächst der Helena der griechischen Sage, so wie Polygnot sie auf seinem Bilde dargestellt hat. Allein sie gelten, wie Goethe am Anfang der Schilderung selbst bemerkt, in Helena zugleich dem »Sinnbild der höchsten Schönheit«, und so ist wirklich beides: die Macht und Wirkung der Schönheit wie ihr Wesen, in diesen Sätzen andeutend ausgesagt. Die Macht ist in ihrer ganzen Paradoxie gefaßt: die Gefangene bedient, bewundert, eine Königin, der es in die Hand gelegt ist, zu binden und zu lösen. Es sei schon hier bemerkt, daß Goethe eben dieses Letzte in der Begnadigungsszene des Zweiten Faust wiederaufgenommen hat: »doch nur du allein bestrafst, begnadigst, wie dirs wohlgefällt«[11], und Helena löst, begnadigt den Turmwächter. Die Macht der Schönheit aber ist zugleich ebenso übermächtig wie dämonisch: sie erregt Leidenschaften, entwaffnet das Racheverlangen, erreicht thronend über Haufen von Toten und Leidenden den Gipfel ihrer Wirkung. Es gibt Verbrechen gegen sie, die schlimmste Folgen haben, sie selber aber bleibt schuldlos: ihre *Gegenwart* löscht jede ihrer Verfehlungen aus. Diese so übermächtige Gegenwart der Schönheit aber führt bereits auf ihr Wesen. Schönheit ist höchste, unmittelbarste Gegenwart, ist Anblick der vollkommenen Gestalt, höchstens irdisches Gut, ist höchstes Leben: Helena ist die »Lebendige«.

Um zunächst die dämonische Macht der Schönheit, wie Goethe sie in ihrer Paradoxie und Dämonie gefaßt und von der Adelheid im ›Götz‹ an dargestellt hat, als eine Goethesche Grundauffassung zu erweisen, die ihm aus den unmittelbaren Erfahrungen seines eigenen Lebens zugewachsen ist, genüge an dieser Stelle der Hinweis darauf, wie in Pandora, jener anderen Helena, diese Macht der Schönheit hellauf beseligt wie dunkel verzweifelnd von Epimetheus wie Phileros besungen wird: »Du suchest nach Worten, sie würdig zu loben, Du willst sie erhöhen, sie wandelt schon oben. Vergleich ihr das Beste, du hältst es für schlecht. Sie spricht, du besinnst dich, doch hat sie schon Recht.«[12] Und Phileros: »Sag, ist es Pandora? Du sahst sie einmal, Den Vätern verderblich, den Söhnen zur Qual. Sie bildet' Hephaistos mit prunkendem Schein, Da webten die Götter Verderben hinein... O! sag' mir, ich lüge! O sag', sie ist rein! Willkommner als Sinn soll der Wahnsinn mir sein. Vom Wahnsinn zum Sinne welch glücklicher Schritt! Vom Sinne zum Wahnsinn! Wer litt was ich litt? ...«[13] Dem Epimetheus erschien diese Macht »in Jugend – in Frauengestalt«, und auch Goethe hat sie zunächst in der Gestalt der Frauenschönheit sein ganzes Leben hindurch bis ins höchste Alter hinein empfunden. Aber auch Kunstwerken, und zumal griechisch-antiken gegenüber, hat er jenen Schrecken, jenen Schauder erlebt, der jeder großen Schönheitserfahrung zugrunde liegt, weil das Schöne als umfassendste Lebensmacht in seinem elementaren Grunde von magisch-dämonischer Gewalt und eine Abart des Schrecklichen ist. Die Tragik einer möglichen Begegnung mit Helena wurzelt hier.

Indessen Helena war in jener Beschreibung des Polygnotischen Gemäldes vor allem auch die »Lebendige«, und indem wir diesen auf der Höhe der Beschreibung fallenden Ausdruck in die Hand nehmen und festhalten, werden wir auf einen Weg gewiesen, der uns immer weiter in das Wesen der Schönheit, wie Goethe sie sah, hineinführt.

Wir mögen uns in Goethes Schriften umsehen, wie wir wollen, wir finden immer wieder, wie die Schönheit sich ihm zu den verschiedensten Zeiten seines Lebens ganz primär als *potenziertes Leben* im Lebendigen, Lebevollen, Lebenskräftigen usw. offenbart hat.

> Uranfängliche Schönheit! Königin der Welt!
> Und ich soll dich lassen für feiles Geld?...
> Du wohnst bei mir, Urquell der Natur,
> *Leben* und Freude *der Kreatur*![14]

Freude des *Lebens* um dich![15]

Leben und Wärme[16]

In einem »kraftvollen, anmutigen Leben« kann »ganz allein« die Kunst »gedeihen«.[17]

... das Lebevolle, Kräftige, Ausgebildete, Schöne, dahin ist der Künstler angewiesen.[18]

Dieses und anderes Ähnliche[19] sind bei Goethe nicht zufällige, bloß vom Augenblick eingegebene Attribute, so wie schließlich manch einer leichthin sagen mag, daß das Schöne lebendig ist. Goethes Sprache ist selbst im scheinbar Beiläufigen sehr hintergründig und in dieser Hintergründigkeit wieder von äußerster »Sachlichkeit« und »Richtigkeit«. Sie ist, wie Goethe selbst gesagt hat, die Sprache eines »gebornen Dichters«, der seine Worte, seine Ausdrücke unmittelbar an den jedesmaligen Gegenständen zu bilden trachtet, um ihnen einigermaßen genug zu tun«[20]. Goethe trägt in sich ein sehr reiches, vielgestaltiges, doch sich selber erstaunlich gleichbleibendes Bild der Welt. Und aus diesem Weltbilde spricht er mit Worten, die als der passendste, angemessenste Ausdruck der »Gegenstände« und der Erscheinungen sich selbst erstaunlich gleichbleibend durch alle Stilstufen Goethes, alle seine Wandlungen in der Zeit hindurch[21]. Die Worte Goethes sind Ausdruck Goethescher Grundvisionen von der Welt, wie er sie mit großer Reinheit sieht, und es kann sein, daß das, was hier im Keime eines einzigen Wortes verschlossen ruht, sich an anderer Stelle zum poetischen Bild entfaltet und vielleicht sogar ein andermal auswächst zu einer begrifflichen Darlegung. Dafür ein Beispiel.

Im Olymp ist der Saal der Götter, so dichtet Goethe in der ›Achilleis‹, von dem Götterschmied Hephaistos nach edelsten Maßen so herrlich erbaut, wie es nur sein kann, und alles ist an ihm getan, »was irgend schaffende Kunst kann ... Doch alles ist leblos«. Allein den Horen, den Anmutgöttinnen, ist es gegeben: »Über das tote Gebild des *Lebens* Reize zu streuen.«[22]

Auf denn! sparet mir nichts und gießt aus dem heiligen Salbhorn
Liebreiz herrlich umher, damit ich mich freue des Werkes ...
Und sie lächelten sanft, die beweglichen, nickten dem Alten
Freundlich, und gossen umher verschwenderisch *Leben und Licht* aus ...[23]

Es nutzt dem kundigen Meister, dem Künstler nichts, daß er seinen für Götter bestimmten Bau »nach dem göttlichen Maß des herrlichsten Musengesanges«[24], nämlich als geregeltes, harmonisches Gefüge in höchster Vollkommenheit erstellt hat. Dem Gefügten und Geregelten, dem Vollkommenen fehlt, solange es rein auf sich selber ruht, noch etwas, um »schön« zu sein. Erst bewegliches Leben, wie es das Licht mit seinem wechselnden Glänzen verleiht, macht das ruhende Schöne schön. Lebendigkeit des abgemessen Gefügten und Gesetzlichen erst ist Schönheit. – Dies ist die gedankliche Quintessenz dessen, was die Hephaistos-Szene der ›Achilleis‹ im Bilde gestaltet, und merkwürdig genau stimmt dazu, was Goethe bereits 1775 in einer Anmerkung zu dem Schriftchen ›Nach Falconet und über Falconet‹ schreibt: »Warum ist die Natur immer schön? überall schön? überall bedeutend? sprechend? Und der Marmor und Gips, warum will *der* Licht, besonder Licht haben? Ist's nicht, weil die Natur sich ewig in sich bewegt, ewig neu erschafft, und der Marmor, der belebteste, da steht tot, erst durch den Zauberstab der Beleuchtung zu retten von seiner Leblosigkeit?«[25]

Wie man sieht, sind in dieser Kunstauffassung Goethes zwei

Zustände des Schönen voneinander geschieden, wie auch die Griechen sie voneinander schieden. ›Kallos‹ – das ist das Ideale, streng auf sich selber ruhende, abgemessene Sein der Vollkommenheit, das nur ist und sich um dich nicht kümmert. Und daneben ›Charis‹, die Freudigkeit, genauer ›Erfreuendheit‹, Anmut, die dich lebendig anspricht. Für die Auffassung Goethes vom Schönen ist es äußerst bezeichnend, daß er die Anmut nicht wie die Kunstlehre der Aufklärung und etwa auch Schiller in Gegensatz zur Schönheit gestellt hat, sondern als die Integrierung des Schönen ansah[26]. Und Anmut wieder ist Lebendigkeit, Leben. In dem frühen Brief an Hetzler (14. Juli 1770) hat der junge Goethe dies am Bilde des Schmetterlings gezeigt: »Mendelssohn und andre ... haben versucht die Schönheit wie einen Schmetterling zu fangen, und mit Stecknadeln, für den neugierigen Betrachter festzustecken ... es ist nicht anders damit, als mit dem Schmetterlingsfang; das arme Tier zittert im Netze, streift sich die schönsten Farben ab; und wenn man es ja unversehrt erwischt, so stickt es doch endlich steif und *leblos* da; der Leichnam ist nicht das *ganze* Tier, es gehört noch etwas dazu, noch ein Hauptstück, und bei *der* Gelegenheit, wie bei jeder andern, ein sehr hauptsächliches Hauptstück: *das Leben, der Geist, der alles schön macht.*«[27] In begrifflicher Deutlichkeit und Schärfe erscheint die gleiche Grundauffassung schließlich in Goethes Dialog ›Der Sammler und die Seinigen‹. Hier verfolgt Goethe den idealen Entstehungsgang eines Kunstwerks und unterscheidet an ihm zunächst drei Stufen: Da ist zuerst ein Gegenstand, der des Künstlers »Neigung«, seine Liebe erweckt, und daraus entspringt in ihm der Drang zur *»Nachahmung«*. In der einfachen Nachahmung jedoch ist jener ersehnte Gegenstand nun gleichsam nur zum zweiten Male da. Es geht weiter darum, bis auf den Charakter (das ihn auszeichnende rational zu erfassende Gepräge) zu dringen, ihn *charakteristisch* herauszuarbeiten. Jedoch auch das bleibt ungenügend. Jener charakteristisch erfaßte Gegenstand will weiterhin erhoben sein: Größe, Hoheit, Erhabenheit – in einem Wort: das Göttliche muß ihm als Drittes verliehen werden. Hat das Kunstwerk diese drei Stufen erklommen, so ist ein »verehrungswürdiges ideales Werk von hohem Stil« entstanden. Aber wie jenem Bau des Hephaistos fehlt ihm immer noch etwas, um »schön« zu sein. »Der menschliche Geist befindet sich in einer herrlichen Lage, wenn er verehrt, wenn er anbetet, wenn er einen Gegenstand erhebt und von ihm erhoben wird; allein er mag in diesem Zustand nicht lange verharren: der Gattungsbegriff [das ist: jenes ›Charakteristische‹ das Goethe hier nicht als das individuelle, sondern als das allgemein wesensbestimmende Gepräge faßt] ließ ihn kalt, das Ideale erhob ihn über sich selbst; nun aber möchte er in sich selbst zurückkehren, er möchte jene frühere Neigung, die er zum Individuo gehegt, wieder genießen, ohne in jene Beschränktheit [der bloßen Nachahmung der ersten Stufe] zurückzukehren, und will auch das Bedeutende, das Geisterhebende [der dritten Stufe] nicht fahren lassen. Was würde aus ihm in diesem Zustande werde, wenn die *Schönheit* nicht einträte und das Rätsel glücklich löste! Sie gibt dem Wissenschaftlichen dem Charakteristischen der zweiten Stufe] erst *Leben und Wärme,* und indem sie das Bedeutende, Hohe [der dritten Stufe] mildert und himmlischen Reiz darüber ausgießt [wie die Horen über den Bau des Hephaistos], bringt sie es uns wieder näher. Ein schönes Kunstwerk hat den ganzen Kreis durchlaufen; es ist nun wieder eine Art Individuum, das wir mit Neigung umfassen, das wir uns zueignen können.«[28]

Der Kreis der Seelenkräfte, die an der Entstehung und Vollendung des Kunstwerks beteiligt sind, geht, wie man sieht, von Neigung und Liebe über den Verstand und das »Wissenschaftliche«, über die erhebende Verehrung wieder zur Neigung zurück. Es ist zugleich ein Kreislauf vom Individuum über das Charakteristische (den Gattungsbegriff) und Ideale zu einer höheren Individualität, die prägnant jene unteren Stufen in sich aufnimmt und aufhebt. Und die mildernde, neu individualisierende Macht, die alle drei Stufen in sich aufhebt, ist die Schönheit als die Geberin von »himmlischem Reiz«, »Leben und Wärme«. – Nicht also jene vielberufene »Klassische Idealschönheit«, das »normativ Antike« (oder wie man es sonst nennt), nicht ein »harmonisches Formsystem« oder gar Gegenstand eines »interesselosen Genießens« ist die Schönheit, wie Goethe sie, anders als Mengs, Tischbein, Carstens, Thorwaldsen und fast der ganze Klassizismus um ihn her, empfindet und begreift, sondern jene warme, lebendige, lebenspendende, von Neigung und Liebe hervorgerufene und Neigung wie Liebe einflößende, tief ursprüngliche, aus der Natur heraufquellende Vitalpotenz. Und so finden wir in der ›Campagne in Frankreich‹ schließlich das Wort, das alle in Dichtungen wie Beschreibungen heraufgekommenen Momente des Schönen nun auch streng definitorisch zusammenfaßt: »Hemsterhuis' Philosophie, die Fundamente derselben, seinen Ideengang konnt' ich mir nicht anders zu eigen machen, als wenn ich sie in meine Sprache übersetzte. Das Schöne und das an demselben Erfreuliche sei, so sprach er sich aus, wenn wir die größte Menge von Vorstellungen in *einem* Moment bequem erblikken und fassen; ich aber mußte sagen: *das Schöne sei, wenn wir das gesetzmäßig Lebendige in seiner größten Tätigkeit und Vollkommenheit schauen, wodurch wir, zur Reproduktion gereizt, uns gleichfalls lebendig und in höchste Tätigkeit versetzt fühlen.* Genau betrachtet, ist eins und ebendasselbe gesagt, nur von verschiedenen Menschen ausgesprochen, und ich enthalte mich, mehr zu sagen; denn *das Schöne ist nicht sowohl leistend als versprechend, dagegen das Häßliche, aus einer Stockung entstehend, selbst stocken macht und nichts hoffen, begehren und erwarten läßt.*«[29]

Das »gesetzmäßig Lebendige«, das Goethe hier zur Grundlage seiner Schönheitsdeutung macht, ist, wie man ohne weiteres sieht, jene »geprägte Form, die lebend sich entwickelt«, und mithin, in einem Wort, die »Entelechie«. Das Wesen der Schönheit erscheint als die höchste Potenzierung der Entelechie zu höchster tätiger Vollkommenheit. Die Wirkung entspricht dem Wesen: das Schöne versetzt, lebendig, in höchste Tätigkeit, während sein Gegenteil, das Häßliche, lähmt und »stocken« macht. In diesem Sinne war auch Helena, das »Sinnbild der höchsten Schönheit«, in jener Beschreibung »die Lebendige«. Und nicht nur in jener Beschreibung. Wie sagt doch Chiron zu Faust in der Klassischen Walpurgisnacht?

> Was! ... Frauenschönheit will nichts heißen,
> Ist gar zu oft ein starres Bild;
> Nur solch ein Wesen kann ich preisen,
> Das froh und lebenslustig quillt.
> Die Schöne bleibt sich selber selig;
> Die Anmut macht unwiderstehlich,
> Wie Helena, da ich sie trug.[30]

Die sich selber selige Schönheit ist das in sich ruhende ›Kallos‹. Und »lebenslustig« ist in Goethes vollgewichtiger Sprechweise als »Lebenslustig«, mit »Lust am Leben« zu verstehen.

3

Mit der Deutung der Schönheit als eines ganz umfassenden vitalen Prinzips in höchster Tätigkeit und Vollkommenheit (*areté*) und auch aufrufend zu höchstem Tätigsein, eröffnet sich ein noch weiterer Bereich, der das eigentliche ›Feld‹ der Schönheit ist. Denn jenes »gesetzmäßig Lebendige«, die »geprägte Form, die lebed sich entwickelt«[31], ist zugleich auch der Inbegriff der *Natur,* wie diese Goethes ganzes Fühlen, Denken und Trachten, sein Tätigsein als Dichter wie Forscher von Jugend auf unablässig so bestimmt hat, daß das eine Wort ›Natur‹ genügen würde, um seine Stellung im Reich der Geister zu bestimmen. Unnötig, besonders hervorzuheben, wie Goethe immer Schönheit in Natur und Natur in Schönheit erfahren hat[32]. Natur erlebt er in der Frauenschönheit, Natur bestimmt ihn und begegnet ihm in der Liebe. In der Schönheit des Landes wie des Lichts erfährt er sie. Alles menschliche Tun und Handeln bemaß er nach Natur oder jedenfalls nicht ohne sie. Von aller Kunst verlangte er Natur, wenn sie rechte Kunst sein sollte. Und so wird ihm die Schönheit zum höchsten lebendigen Inbegriff eben der Natur. »Der Zusammenhang der ganzen Natur würde für uns das höchste Schöne sein, wenn wir ihn einen Augenblick umfassen könnten. Jedes schöne Ganze der Kunst ist im Kleinen ein Abdruck des höchsten Schönen im Ganzen der Natur.«[33]

Goethes ganze Auffassung des Schönen wurzelt in seiner Liebe zur Natur, die nicht bloße ›Naturliebe‹ ist, sondern der ihm tief innewohnende, fast alle seine Regungen und Bestrebungen bestimmende Hang nach Aneignung des Seienden um ihn her, des Seienden und seiner Wahrheit[34]. Aus dem Urtrieb, »sich am Sein beglückt zu halten«[35], erwächst jene Schönheitserfahrung, die in einem schönen Werk den »Zusammenhang der ganzen Natur« umfassen zu können meint. Dieses naturhafte Umfassend-Schöne stellt sich ihm vor allem in der Griechenschönheit dar. Sie, Helena, ist ihm die »Lebendige«, ist ihm höchster Abglanz der ganzen Natur. Und Goethe traf damit wunderbar das Wesen der griechischen Aphrodite, in deren Umkreis Helena ursprünglich gehört: der liebeweckenden Schönheit, die aus dem lebendigen Urgrund der Natur heraufquillt[36]. Hier aber haben wir nun von jenem Unternehmen in Goethes Leben zu handeln, bei dem ihm erst eigentlich die Griechenschönheit – Helena – begegnet ist und sich ihm seine Vorstellungen von der Schönheit zugleich im Einklang mit seinem neuen Erfassen der Natur entscheidend gefestigt und geklärt haben. Dieses Unternehmen war Goethes Italienische Reise, die dann, wie man längst weiß[37], tief in der dichterischen

Gestaltung der ›Klassischen Walpurgisnacht‹ des Zweiten Faust nachgewirkt hat.

4

Wie einen altgriechischen Naturkundigen sehen wir Goethe ›auf Schau‹ (κατὰ θεωρίαν)[38] ausziehen, Schau vielfältigster Art, um in dem Vielen, zunächst sich selber unbewußt, das eine Grundwesen zu entdecken – auch das nach der Art der alten ionischen Physiologen. Er schaut mit einer unerschöpflichen Kraft des Bemerkens nach allen Seiten, sieht *hier* die Natur mit Tieren, Pflanzen, Witterung, Gesteinen und *dort* die Kunst. Er sieht sie beide stets in wechselseitiger Beziehung. Und nun ereignet sich auf der Höhe dieser Reise, in Sizilien, das Wunderbare, das er selbst mit allen Zeichen des Erstaunlichen schildert: daß ihm über einer doppelten Entdeckung, der Neuentdeckung des Homer und der Entdeckung der Urpflanze, beide Bereiche, Kunst und Natur, in eins zusammentreten. Der Garten in Palermo, in dem er, von Nausikaa träumend, eben noch den Garten des Alkinoos sah[39], verschwindet, und ein Weltgarten tut sich vor ihm auf. Und mit der ›Odyssee‹ geschah es ihm, daß dieses Gedicht ihm nun angesichts dieser vielgestaltigen Welt erst »ein lebendiges Wort« wurde[40] oder (wie er es später rückblickend schärfer ausdrückte): »aufhörte, ein Gedicht zu sein«[41]. Und während er einerseits wieder meint, mit seinem Modell der Urpflanze, das er mit Augen zu sehen glaubt, Pflanzen ins Unendliche erfinden zu können, die nicht »malerische oder dichterische Schatten und Scheine«[42] sind, sondern innere Wahrheit und Notwendigkeit besitzen, fühlt er sich umgekehrt wieder in der Gegenwart antiker Plastik wie in der Gegenwart der Natur vor einem Unendlichen, Unerforschlichen, empfindet sich »von einem bewegten Naturleben umgeben, wodurch man selber *lebendig* und rein menschlich wird«[43]. Auf Grund dieser Angleichung von Kunst und Natur miteinander können ihm nun die hohen

Kunstwerke zugleich als »höchste Naturwerke« erscheinen, »von Menschen nach wahren und natürlichen Gesetzen hervorgebracht«, ohne »alles Willkürliche«, reine »Notwendigkeit«[44].

Wie war solche Ineinssetzung denkbar? – Natur war Goethe niemals nur ein Bereich bunten Oberflächenlebens, ein Kraftfeld dumpfer vitaler Dynamiken oder sentimental empfundenes Gegenbild der eigenen Innerlichkeit. Goethe sah die Natur stets lebendig, und er sah sie sachlich. Er empfand sie als ›Physis‹ in einem sehr griechischen Sinne, nicht als bloßen Gegenstandsbereich, sondern als das lebendige Walten eines ständig formenden, gesetzmäßigen Hervorbringens und Hervortreibens. Natur ist ihm das »gesetzmäßig Lebendige«, abgemessen, sich selbst entwickelnde Ganzheit, lebendiger, selbsttätiger, gesetzmäßiger Bau, der sich selber ständig weiterbaut und umbaut, »Geprägte Form, die lebend sich entwickelt«, Entelechie[45]. Kurz, er drang auf die lebendigen inneren Konstitutionen und Organisationen, das lebendige, gesetzmäßige Gerüst von Verhältnissen und Bezügen, durch das das ist, was ist, nämlich »Existenz«, »Wahrheit« und Leben hat. Kraft dieser Konstitutionen, des »gesetzmäßig Lebendigen«, des »Notwendigen«, war ihm Natur Natur und Kunst Kunst. Wenn er untersucht, »wie jene unvergleichlichen [griechischen] Künstler verfuhren, um aus der menschlichen Gestalt den Kreis göttlicher Bildung zu entwickeln ...«, so hat er die »Vermutung, daß sie nach eben den Gesetzen verfuhren, nach welchen die Natur verfährt und denen ich auf der Spur bin. Nur ist noch etwas anders dabei, das ich nicht auszusprechen wüßte«[46]. In demselben Sinne meint er, daß die griechischen Künstler die »Existenz« darstellten und nicht den »Effekt«[47], und gilt ihm die »wahre innere Existenz« als dasjenige, ohne das nichts »Leben« haben, nichts »groß sein und nicht groß werden« kann[48]. – Als »höchste Naturwerke« konnten ihm die »hohen Kunstwerke« also insofern erscheinen, als sie zwar von Menschen gemacht, aber doch nach den gleichen »wahren«, das heißt »wirklichen«, »lebendigen« Gesetzen und Konstituentien entwickelt sind[49], nach denen auch die Natur die Naturdinge hervorbringt. Das »gesetzmäßig Lebendige« als der lebensvolle Inbegriff der Natur ist auch der Inbegriff der Schönheit[50/51].

Diese in Italien voll gewonnene Erkenntnis, daß Kunst und Natur zwei einander gleichwertige Bereiche des Seins sind, aufruhend auf den gleichen Grundfesten des »gesetzmäßig Lebendigen«, und daß also das Schöne auf der gleichen inneren Konstitution beruht, auf der das ganze Sein der Welt beruht, ist der Gipfel von Goethes Begegnung mit Helena: Natur und Kunst sind nicht identisch, aber sie kommunizieren in ihrem tieferen Grunde miteinander. – Nicht nur, daß er mit dieser Deutung auf eine damals und auch heute noch sehr neue Weise in den Wesenskern Homers, der großen griechischen Dichtung wie der Plastik zielte: die ungeheure Wirklichkeit der Schönheit stellte sich ihm von hier aus ganz umfassend dar. Helena ist Leben, Helena ist Abglanz der ganzen Natur, und sie wird zur geistigen Welt- und Lebensmacht, dadurch, daß in ihr, der so verstandenen Schönheit, jene inneren lebendig gesetzmäßigen Konstituionen, Organisationen, die das Wirkliche zum Wirklichen machen, sinnlich lebendig, gesammelt und rein in die Erscheinung treten. Das Schöne ist die Schau des »gesetzmäßig Lebendigen in seiner größten Tätigkeit und Vollkommenheit«[52]. – »Zum Schönen wird erfordert ein Gesetz, das in die Erscheinung tritt [das heißt: sich im Bereich des Sinnlichen sinnlich anschaulich verwirklicht]. Beispiel von der Rose. In den Blüten tritt das vegetabilische Gesetz in seine höchste Erscheinung, und die Rose wäre nur wieder der Gipfel dieser Erscheinung.«[53] Und: »Das Schöne ist eine Manifestation geheimer Naturgesetze, die uns ohne dessen Erscheinung ewig wären verborgen geblieben.«[54] Deswegen ist die Schönheit bei all ihrer unmittelbaren sinnlichen Faßlichkeit und Gegenwärtigkeit, durch die sie ihre Wirkung übt, doch auch wieder ein Geheimnis und wird es bleiben: »Schönheit« ist »etwas Unbegreifliches, oder die Wirkung von etwas Unbegreiflichem«[55]. Deshalb mag immerhin an ihrem Beginn die Nachbildung eines simplen, ruhigen Daseins, das sich durch sich selbst zu verstehen gibt, und eine liebevolle Gegenwart der Dinge stehen, so beruht doch das Höchste an ihr, der »Stil«, »auf den tiefsten Grundfesten der Erkenntnis, auf dem Wesen der Dinge [Wesen noch verbal zu hören], insofern uns erlaubt ist, es in sichtbaren und greiflichen Gestalten zu erkennen«[56].

Und so ergibt sich denn nach allem vom Standort des schönen Werkes im Bereich des Menschen und der Natur das große Bild, das Goethe in seinem ›Winckelmann‹ entwirft: Das letzte Produkt der sich immer steigernden Natur ist der schöne Mensch, der, »auf den Gipfel der Natur gestellt«, sich wieder »als eine ganze Natur« ansieht, »die in sich abermals einen Gipfel hervorzubringen hat«. »Dazu steigert er sich, indem er sich mit allen Vollkommenheiten und Tugenden durchdringt, Wahl, Ordnung, Harmonie und Bedeutung aufruft, und sich endlich bis zur Produktion des Kunstwerkes erhebt.« Steht dieses dann »in seiner idealen Wirklichkeit vor der Welt, so bringt es eine dauernde Wirkung, es bringt die höchste hervor: denn indem es aus den gesamten Kräften sich geistig entwickelt, so nimmt es alles Herrliche, Verehrungs- und Liebenswürdige in sich auf und erhebt ... den Menschen ... über sich selbst«[57]. Es ist das Bild zweier übereinander gestaffelter Pyramiden: die Pyramide der Natur in dem schönen Menschen als ihrem Gipfel zusammengefaßt, die Pyramide des Menschen und aller Menschlichkeit im schönen Werk als ihrem zweiten und höchsten Gipfel zusammengefaßt – ›zusammengefaßt‹, sage ich, denn wenn hier von ›Gipfel‹ die Rede ist, so meint das nicht lediglich die höchste Spitze, sondern die prägnante Versammlung und höchste Steigerung der Pyramide auf einen Punkt. Wenn aber in dieser Weise das Kunstwerk, aufruhend und hervorgesteigert aus geheimen physischen Gesetzen, aus dem Zusammenhang der ganzen wirkenden, ständig sich steigernden Natur über dem sich ebenfalls steigernden, alle seine Kräfte zusammennehmenden Menschen erwächst, und also in seiner gestalteten Ganzheit virtuell alle Kräfte des Menschen und der Natur in eines versammelt, so erweist sich uns schließlich die Schönheit, Helena, dieser »Anblick einer vollkommenen Gestalt«, als – wie es in jener Beschreibung des polygnotischen Gemäldes hieß – »höchstens irdisches Gut« und höchste irdische Wirklichkeit.

5

Alle Wirklichkeit vollendet sich im Wirken, und so wird die Frage nach der Wirkung der Schönheit das sein, was wir weiter ins Auge zu fassen haben, wenn später mit einiger Sicherheit bestimmt werden soll, wie die Helena des Faust-Dramas auf Faust wirkt.

»... wodurch wir, zur Reproduktion gereizt, uns gleichfalls lebendig und in höchste Tätigkeit versetzt fühlen«[58] – so faßte Goethe die Wirkung der Schönheit in jener auf Hemsterhuis aufbauenden und Hemsterhuis überbietenden Definition des Schönen in der ›Campagne in Frankreich‹. »Gleichfalls lebendig« und »höchst tätig«: was die Schönheit an sich selber *ist*, das eben erwirkt sie auch in dem Betrachter: höchstes, gesteigertes leben, höchste »Lebendigkeit«, wie diese sich in höchstem Tätigsein manifestiert, oder einfach: höchste Steigerung des Daseins. Und wir denken daran, wie Goethe die beiden Prinzipien der *Polarität* und der *Steigerung* als die Grund- und Hauptprinzipien des Naturlebens bestimmt hat[59]. Steigerung des Daseins ist die Wirkung der Schönheit, wie Steigerung der ganzen Natur in sich und über sich hinaus ihr Ursprung in jenem Bilde des ›Winckelmann‹ ist.

Denn das ist der Kunst Bestreben,
Jeden aus sich selbst zu heben,
Ihn dem Boden zu entführen;
Link und Recht muß er verlieren
Ohne zauderndes Entsagen;
Aufwärts fühlt er sich getragen!
Und in diesen höhern Sphären
Kann das Ohr viel feiner hören,
Kann das Auge weiter tragen,
Können Herzen freier schlagen.[60]

Da ist nicht nur »Erhebung« in dem üblichen, heute so abgegriffenen Wortsinn gemeint, sondern ein wirkliches aus »sich selbst« im Fluge erhoben werden, wie jenes andere Bild der »wahren Poesie« als eines Luftballons in ›Dichtung und Wahrheit‹ es faßte[61]. Und das Hinaufdringen in jene »höheren Sphären«, jene »höheren Regionen« bewirkt die Steigerung der Sinnestätigkeit von Ohr und Auge, die Steigerung des ganzen Daseins im Erlangen des weltenthobenen vollsten Freigefühls. Das Kunstwerk, als höchste Wirklichkeit aus einer Steigerung der Natur, Steigerung des Menschen – als des Gipfels der Natur – hervorgegangen, hat auch wieder die Kraft, den Menschen in seinem ganzen Sein zu steigern. Und weiter: ebenso wie das Kunstwerk selbst eine Versammlung des in der Natur Zerstreuten ist, so vermag es auch den Betrachter zu versammeln: »Jede Form, auch die gefühlteste, hat etwas Unwahres; allein sie ist ein- für allemal *das Glas,* wodurch wir *die heiligen Strahlen der verbreiteten Natur* an das Herz der Menschen zum Feuerblick *sammeln*«[62], und: »Ein vollkommenes Kunstwerk ist ein Werk des menschlichen Geistes und in diesem auch ein Werk der Natur. Aber indem die *zerstreuten* Gegenstände *in Eins gefaßt* ... werden, so ist es über die Natur ... Der wahre Liebhaber ... fühlt, daß er sich ... aus seinem *zerstreuten* Leben *sammeln,* mit dem Kunstwerke wohnen, es wiederholt anschauen und sich selbst dadurch eine *höhere Existenz* geben müsse.«[63] – »Existenz« ist auch hier wieder als die volle Erfüllung jenes »Gesetzmäßig-Lebendigen«, der Entelechie, zu verstehen.

Das alles besagt: die Schönheit wirkt nicht so, daß sie dem Menschen neuartige Kräfte zuführt, sein ihm eingeschriebenes Wesen, seinen Charakter, seinen Dämon – »So mußt du sein, dir kannst du nicht entfliehen«[64] –, seine Eigenart verändert, ihn moralischer macht, bessert, läutert: er bleibt der, der er war und ist. Die Wirkung der Schönheit ist nicht moralisch, sie ist naturhaft: Hebung, Steigerung aller mit dem Wesen mitgegebenen Lebenskräfte in die höchste Wesenform hinein, so wie das Wesen »Rose« sich in die Blüte hinein steigert, sammelt, voll erfüllt und damit als die sinnlich sichtbare Manifestation des in die Erscheinung getretenen konstitutiven Lebensgesetzes »Rose« nun auch »schön« ist. – Die Schönheit, als vitales Prinzip dem Grunde der Natur entsprungen, gibt »Überfülle des Daseins«. In ihrem Besitz gelangt der Mensch erst eigentlich zum Vollbesitz seiner selbst, wird in sich selbst wirklicher. Mit einem Wort: er reift, was nicht besagt, daß er nun weniger irrt und leidet, wohl aber, daß er reifer irrt und leidet. – Wer sich der Schönheit hingibt, gewinnt durch sie sich selbst: »Ich gab mich selbst ihr, gab mich mir zum ersten Mal« (Epimetheus von Pandora)[65]. Aus allen Enden und Ecken von Goethes Werk kann man die Belege für diese das Dasein steigernde, versammelnde, befestigende, tiefer in sich selbst begründende, den Menschen recht eigentlich erst verwirklichende Wirkung des Schönen finden. So heißt es schon im ›Wilhelm Meister‹, daß der Dichter die Menschen dadurch beglückt, daß er sie erst in den Vollbesitz dessen setzt, was sie ja haben, doch ohne recht zu wissen, was sie daran haben[66]. Der Dichter besingt dem Helden seine Taten, dem Reichen seine Kostbarkeiten, singt von Liebe, und der Held, der Reiche und der Liebende beginnen nun erst von allem den Wert zu fühlen. In diesem Sinne ist es für den Dichter »wünschenswertester Beruf«, »edlen Seelen vorzufühlen«[67]. Und auch darauf wäre zu verweisen, wie die Schönheit, wenn sie steigert, festigt und verwirklicht, so auch sichert, feit, schirmt, gesunden läßt und wiederherstellt. Mit der Wirkung des Smaragds vergleicht sie einmal Goethe: wer sie erblickt, den kann nichts Übles anwehen[68]. Für ihn selber, sagt er, waren die edlen Gestalten – Abgüsse, die er sich in Rom erwarb – ein heimliches Gegengift gegen das Schwache, Falsche, Manierierte[69]. Auch Frauenschönheit ist gesundend: »Uns erquickend, heilend, segnend, daß wir uns gesundet fühlen, Wieder gern erkranken möchten. Da erblicktest du Suleika Und gesundetest erkrankend, Und erkranketest gesundend ...«[70]. – Als alter Mann noch fuhr Goethe nach Rudolstadt, um sich durch die dort aufgestellten Abgüsse von Werken des Pheidias »wiederherzustellen«[71].

Und endlich, Goethes ganzes Griechenbild, wie er es vornehmlich von Homer und der griechischen Plastik her gewonnen hatte und wie es für ihn in der Schönheit gipfelte, bezeugt uns die durchaus nicht paralysierende, sondern vielmehr den Menschen fest in sich selber begründende und verwirklichende Wirkung dieser Schönheit und damit also auch Helenas. Denn die Griechen Goethes, so wie er ihr Bild vor allem in seinem ›Winckelmann‹ formuliert und dann bis in seine spätesten Jahre hinein in hundert verstreuten Aussprüchen ausgesagt hat, sind durchaus nicht jene naiv glückseligen großen Kinder der Klassik und des Romantismus, die als die bevorzugten Günstlinge der Zeit in einem seligen Morgentraum im schönsten Einklang mit sich selber und ihren Göttern mühelos das »Ideal-Schöne« geschaffen haben. Was Goethe an den Griechen sieht und nicht müde wird hervorzuheben, ist vielmehr die unvergleichliche Dichte und Kraft der *Substanz* dieses Volkes, und aus dem Kreis des Tüchtigen, Gesunden, Natürlichen, Plastischen, Wahren, Reellen, Soliden, Wohlhäbigen, Nüchternen, Modesten, Reinkräftigen und wieder Gesunden sind, ganz anders als in dem idealistisch forcierten Klassizismus eines Schiller, Humboldt, Schlegel, die Begriffe genommen, mit denen Goethe die griechische Eigenart in seinem ›Winckelmann‹ in seinen Gesprächen mit Eckermann[72], einem Gespräch mit Riemer[73] oder in seiner Schrift ›Shakespeare und kein Ende‹ von 1813 charakterisiert[74]. »Tiefe Anteilnahme« »an ihrem eigenen Selbst«, »an dem engen Kreise ihres Vaterlandes, an der bezeichneten Bahn des eigenen sowohl als des mitbürgerlichen Lebens« ist das, was diese Griechen im ›Winckelmann‹ zur »Bewunderung des Einsichtigen«, zur »Verzweiflung des Nacheifernden« macht. Sie wirkten »mit aller Neigung, aller Kraft auf die Gegenwart« ... »Das, was geschah, hatte für sie den einzigen Wert« ... »Alle hielten sich am Nächsten, Wahren, Wirklichen fest ...«[75] Oder, wie es im zweiten Teil des ›Faust‹ entsprechend heißt: »Hier ist das Wohlbehagen erblich, Die Wange heitert wie der Mund, Ein jeder ist an seinem Platz unsterblich: Sie sind zufrieden und gesund.«[76] Oder wieder, wie mit schwer ausschöpfbarer Prägnanz die Sphinxe zu Mephisto sagen: »Denn unsre Tatzen sind gesund.«[77] – »Gesunde Tatzen«: das Tierisch-Elementare als Untergrund des Menschlichen, das Löwenhaft-Mächtige, Zupackende und wohl auch Gefährliche für den, der »mit verschrumpftem Pferdefuße«[78] einhergeht. Mit einem Wort: diese Griechen lebten unglaublich seiend, gegenwärtig, wahr und wirklich, und eben aus dieser festen Wirklichkeitsgemäßheit, mit der sie lebten und sich »am Sein beglückt erhielten«, erwuchs ihnen in ihrer Schönheit im Anblick der »einfach-hohen« und »profund-naiven Gegenstände«[79] dasjenige, was mit solcher belebender Strahlkraft von ihnen ausgeht und uns trifft: »das frohe Große« und das »heitere Gute«[80].

6

Wir haben, als Voraussetzung für eine nähere Deutung der Helena-Gestalt im zweiten Teil des ›Faust‹, die Auffassung Goethes vom Schönen untersucht, wie diese sich verstreut in den verschiedenartigsten Äußerungen Goethes während der verschiedensten Zeiten seines Lebens darstellt. Das Bild ist sehr einheitlich, und das Entscheidende: die Goethesche »Schönheitslehre« ist nichts bloß Erdachtes. So sehr Goethes Gedanken über das Wesen und die Wirkung des Schönen auch theoretisch zu großer Klarheit und fast definitorischer Bestimmtheit gediehen, sie wurzeln doch in festen Goetheschen Grundvisionen, die wieder auf dem von ihm selbst mit seinem ganzen Menschen mit großer ›Richtigkeit‹ Erfahrenen, Erlittenen, Erlebten beruhen. Schönheit war eine von den tiefempfundenen und tiefumrungenen Mächten, denen Goethe mit seinem ganzen Leben, Dichten, Trachten von seinen frühesten Jahren bis zu seinem Tode ausgesetzt war und nicht aufgehört hat sich auszusetzen. Deswegen reicht Helena (mit ihren Antezendenzien) weit im Leben Goethes zurück. Sie, die als Gestalt des Faustdramas schon in den frühesten Entwürfen seiner Jugend vorgesehen war, war auch bereits als Schönheit in seinem Denken und Dichten – das ein dauernder stiller Umgang mit Bildern und Gestalten war – schon immer da, nur daß sie sich, ehe sie im dritten Akt des Zweiten Faust als Gestalt die Bühne betrat, allmählich zu immer größerer Reinheit und Bestimmtheit entfaltet hatte. In mannigfaltigen »Spezifikationen« und »Ramifikationen« (um diese Goetheschen Ausdrücke zu gebrauchen) war sie ebenso in Aussprüchen und Beschreibungen begriffen worden, wie bereits auch in manchen dichterischen Bildern Goethes Gestalt geworden[81]. Und doch war sie dabei im Kern immer dieselbe geblieben: die Lebendige, Abglanz der Natur, Manifestation ihrer geheimen Bildegesetze, wirklichste Wirklichkeit, eine in ihrer Wirkung ebenso beglükkende wie erschreckende Macht, und in all diesem »höchstes irdisches Gut«, sich auswirkend in Erhebung, Aufgipfelung, Daseinssteigerung, innerem Versammeln aller Lebenskräfte, höherer und höchster Selbstverwirklichung. – Und nun soll die gedichtete Helena, als sie im Zweiten Faust nach Jahren des stillen Gehegtseins in des Dichters Brust endlich ihre dichterische Epiphanie erlebte, gerade im entgegengesetzten Sinne zu verstehen sein? als Versuchung Faustens, als ein gefährlicher Wahn, als Teufelsliebchen, Gespenst, als Illusion – wo Goethe doch selbst sagt, daß sie die Schönheit sei? Einigermaßen unwahrscheinlich nach allem, was wir hier über Goethes Auffassung vom Schönen zusammenzubringen suchten. Indessen kann die Entscheidung über die ganze Frage nur von der Betrachtung der Dichtung selbst erwartet werden. Ihr wenden wir uns zu, und da zeigt sich denn im Lichte der zusammengebrachten Dinge, daß es auch in der Dichtung ganz dieselbe, uns schon bekannte Helena und keine andere ist, die dort auf der Bühne des Zweiten Faust agiert.

7

Der durch den Flammenzauber amüsierte junge Kaiser verlangt, daß man ihm unverzüglich Paris und Helena herbeizitiere. Ratlosigkeit Mephistos. Über diese Griechen hat der nordische Teufel keine Gewalt. Faust muß sich selbst bemühen, muß durch alle Schrecken ins tiefste Nichts zu den Müttern steigen, dort, wo die Urbilder aller Kreatur, »des Lebens Bilder, regsam, ohne Leben« schemenhaft schweben, bis die Mütter, die »allgewaltigen Mächte«, sie »Zum Zelt des Tages, zum Gewölbe der Nächte« verteilen. »Die einen faßt des Lebens holder Lauf, Die andern sucht der kühne Magier auf.«[82] Hier sei zunächst bemerkt, daß Goethe nach der ersten Lesart ursprünglich geschrieben hat: »sucht getrost der Dichter auf«[83]. Wenn er dann statt des Dichters den Magier einsetzte, so gewiß nicht nur, um den Vers mit der

Handlung, der Gestalt des Magiers Faust in Einklang zu bringen: Goethe zog den andeutenden, »bedeutenden« Ausdruck dem zu direkten vor, und übrigens war ihm (wie auch für Shakespeare) der Dichter der Magier, so wie in dem Faust-Plutus der Mummenschanz des ersten Aktes bereits das Bild des Dichters erscheint. Sodann sei die Verwandtschaft der »Mütter«, die Goethe, wie man weiß, dem Plutarch entnahm[84], mit den griechischen Moiren angemerkt. Diese sind, wie ihr Name besagt, die »Verteilerinnen«, die jedem Seienden seine »Portion« (*méros*) zuteilen und es damit erst als ein bestimmtes Seiendes, das von anderem Seiende unterschieden ist, erweisen. Moira, die große »Verteilung«, waltet deswegen bei den Griechen über allem, auch den Göttern, als höchste seinsbestimmende Macht und eben darum selbst nicht als bestimmte, nach Wesen und Gestalt eindeutig umrissene Gottheit[85]. Auch Goethes Mütter »verteilen« die »Bilder« aller Kreatur aus ihrem raum-zeitlich unbestimmten Ort in den Kosmos hinein, wo die Urbilder einerseits vom »holden Lauf des Lebens« gefaßt werden und hier die Archetypen im riesigen Reich aller natürlich-lebendigen Gestaltungen, Wolken, Steine, Pflanzen, Tiere, werden, während sie andererseits der Dichter »aufsucht« und aus ihnen seine Kunstgestaltungen entwickelt. Was also sind jene »Bilder des Lebens«, die von den Müttern »verteilt« werden, anderes als jene geheimen Gesetzmäßigkeiten und Grundkonstituentien, Entelechien, von denen wir gesehen haben, daß Goethe sie ebenso in der Natur wie in den Gestaltungen der wahren Kunst verwirklicht fand? In den Müttern schuf Goethe das dichterische metaphysische Symbol für jene seine Auffassung von dem in den gleichen Gesetzmäßigkeiten gründenden Kommunizieren von Natur und Kunst, so wie ihm diese Auffassung zumal in Italien angesichts der südliche Natur wie der antiken Kunst zugewachsen war. Und weiter: auf »den tiefsten Grundfesten der Erkenntnis, dem Wesen der Dinge«[86], sofern es uns erlaubt ist, es in greiflichen Gebilden zu erkennen, sollte nach Goethe, wie wir sahen, der »Stil« als die höchste Vollendung des Kunstwerkes beruhen. Nun, zu eben diesen »Grundfesten der Erkenntnis«, dem Ursprung des »Wesens der Dinge«, muß Faust auf seinem Wege zu den Müttern hinab, um sich in der Gewinnung des Dreifußes – daß es gerade ein Dreifuß ist, hat seine eigene Bedeutung – die Voraussetzung für die Beschwörung Helenas, der Schönheit, zu verschaffen. Mephisto bezweifelt, ob er wiederkommt. Faust ist wiedergekommen. Doch sei nicht vergessen, daß mancher Dichter und Künstler, der dorthin aufbrach, nicht wiederkam, und wenn, dann so, daß ihn die Öden, die er durchmessen mußte, mit Wahnsinn und Verstörtheit schlugen.

Helena erscheint. Mephisto findet, daß sie hübsch sei, doch sagt sie ihm nicht zu und »beunruhigt« ihn also nicht. Faust aber ist von ihr hingerissen: »Hab' ich noch Augen? Zeigt sich tief im Sinn Der Schönheit Quelle reichlichstens ergossen? Mein Schreckensgang bringt seligsten Gewinn. Wie war die *Welt* mir *nichtig, unerschlossen*! Was ist sie nun seit meiner Priesterschaft? Erst *wünschenswert, gegründet, dauerhaft*! Verschwinde mir des *Lebens Atemkraft*, Wenn ich mich je von dir zurückgewöhne! – ... Du bist's, der ich die Regung aller Kraft, Den Inbegriff der Leidenschaft, Dir Neigung, Lieb', Anbetung, Wahnsinn zolle.«[87] Und: »Was Raub! Bin ich für nichts an dieser Stelle! Ist dieser Schlüssel nicht in meiner Hand! Er führte mich, durch Graus und Wog' und Welle Der Einsamkeiten, her zum *festen Strand*. Hier *faß' ich Fuß*! Hier sind es *Wirklichkeiten*, Von hier aus darf der Geist mit Geistern streiten, Das Doppelreich, das große, sich bereiten. So fern sie war, wie kann sie näher sein! ... Wer sie erkannt, der darf sie nicht entbehren.[88] – Fußfassen, Wirklichkeiten, fester Strand, Welt, vorher nichtig, unerschlossen, und nun gegründet dauerhaft, wünschens-wert und bejahenswert. Man nehme diese Begriffe sachlich ernst, und nicht nur im Sinne des dichterischen momentanen Ausdrucks, und man bemerkt, daß Faust hier in Helena eben jene Schönheitswirkung an sich ahnt und spürt, die, wie bereits in jenen andern Aussprüchen Goethes, den Menschen fest in die Welt und sich selbst hinein begründet, ihn wirklicher macht, ihn sich selber gibt und erst in den Besitz seines eigenen Besitzes setzt, das heißt in seinem ganzen Dasein festigt, steigert und so für den Streit der Geister tüchtig macht, der das Feld jedes höheren Daseins ist und von wo aus sich dem Menschen jenes höher wissende Leben angesichts des platonischen Doppelreichs des Realen und Idealen erschließen kann.

Faust greift nach der Erscheinung, und ein Donnerschlag wirft ihn zu Boden. Das ist nicht anders: Schönheit ist lebensgefährlich. Man kann sie durch Raub und mit einfachem Zugriff nicht für sich gewinnen. Und wenn es schon nötig war, damit »Weihrauchsnebel sich in Götter wandeln«[89] und Helena überhaupt als Erscheinung beschworen werden konnte, den Weg zu den Grundfesten der Erkenntnis, den Müttern, durch die Einsamkeit des absoluten Leeren anzutreten, so muß man, um Helena wirklich ins Leben zu rufen, zum Raum ihres einstigen Lebens, nach Hellas aufbrechen und Hellas aus dem Grunde durchmachen – ›aus dem Grunde‹, sagen wir: nämlich aus jenen elementaren Tiefen der Natur, aus denen allein sich dort das Geistige erhebt. Darum war es von dem kleinen Mann mit dem hellen Köpfchen, dem Homunculus, der selber erst »entstehen«[90] möchte, ein richtiger Gedanke, dem noch immer im todesähnlichen Schlaf befangenen Faust die Fahrt zur klassischen Walpurgisnacht zu verordnen, wo sich in dieser ganz besonderen Nacht die Kräfte und Geister der griechischen Natur, die Urgestalten des Griechenmythos ein gespenstisch bedeutsames Stelldichein geben. Und in dieser Fahrt Faustens wirkt nun Goethes eigenes Erlebnis der italienischen Reise nach, wo ihm Natur und Schönheit, Schönheit in Natur und

Natur in Schönheit und also Helena belebend neu und geistesmächtig klar begegnet waren.

Die Klassische Walpurgisnacht[91] stellt sich in einer überwältigenden ›barocken‹ Buntheit von Szenen, Gestalten, Bildern, Gedanken, Formen dar, und doch fügt sich das alles zu wenigen großen Hauptzügen zusammen, wenn man hinter der vordergründigen Folge der Begebenheiten das eigentliche dichterische Geschehen wahrnimmt.

Das Geschehen der Klassischen Walpurgisnacht ist das *Geschehen einer dreifachen Suche.* Die drei Suchenden sind Faust, Mephisto und Homunculus, und was sie jeder für sich suchen, es ist das »Leben«, so wie jeder von ihnen das Leben versteht und für sich nach seiner Eigenart nötig hat. Homunculus, der erst entstehen will, sucht das elementare Leben, Mephisto sucht die rohe, animalische Vitalität: wie auf dem gewohnten Blocksberg möchte er sich auch bei diesen klassischen Hexen kräftig ausleben. Faust sucht Helena, die Schönheit, das potenzierte Leben, das Leben des Lebens.

Jeder von den dreien verfolgt seine Suche auf eigene Weise und auf einem *eigenen Wege.* Faust, nachdem er durch die Berührung mit dem Boden, der einst Helena trug, umgeben von Luft und Welle, die sie einst umgaben, sofort gesundet ist, geht seines Weges – wie Goethe in Italien –, träumend, staunend, ahnend, verstehend, erkennend. Mephisto der überzeugte, naturhafte Verneiner, kann in dieser Welt des höchsten Positiven sich nur aufs tiefste befremdet, gestört, verärgert fühlen, und steigend findet er sich zurechtgewiesen, genarrt, eingeschüchtert. Hier in Griechenland hat der Teufel im Grunde schon verloren. Homunculus bleibt zuversichtlich, hoffnungsfroh und munter. Indem jeder der drei auf seinem Wege durch die real-gespenstische Wildnis der griechischen Urlandschaft kreist – man ist daran erinnert, wie Shakespeare im ›Sommernachtstraum‹, in ›Wie es euch gefällt‹ und im ›Sturm‹ Gruppen von Menschen und einzelne durch Wildnisse des Waldes kreisen läßt –, gelangt ein jeder zu Begegnungen mit den von der ältesten Urzeit zur jüngeren Heroenzeit aufsteigenden Gestalten der hellenischen Vor- und Frühwelt: den Greifen, Sphingen, Sirenen, Nymphen, Chiron, Manto, Thales wie Anaxagoras. Und jeder der drei gelangt auf seinem Wege zu einem Ziel oder dicht vors Ziel. Faust, nachdem er als beratenden Begleiter den Erzieher der Helden, Chiron, gefunden hat, gelangt zu der Seherin Manto an das Tor des Hades, wo er Helena von Proserpina – wie ein anderer Orpheus – losbitten wird. Mephisto stößt schließlich auf die aus Nacht und Chaos geborenen Urbilder der Häßlichkeit, die Phorkyaden, spürt hier entzückt Verwandtschaft und kleidet sich in ihr Bild, um so als Urbild der Häßlichkeit im dritten Akt neben Helena erscheinen zu können. Homunculus, der Rat erbittet, wie er zum Beginn seines Werdens gelangen kann, findet in Thales den Geleiter und gelangt, von Proteus-Delphin durch die Wasser getragen, zu seinem Ziel, seinem »Stirb und Werde«, als seine Glaskugel am Muschelwagen Galateias zerspringt.

Indem nun aber das Geschehen so als eine Suche auf den drei getrennten und wieder miteinander verschlungenen Wegen des Faust, Mephisto, Homunculus vorwärts strebt, vollzieht sich zugleich noch etwas umfassend Wunderbares. Im Fortschreiten von Greifen, Sphingen, Arimaspen, zu Lamien, Phorkyaden, Chiron, den beiden Naturphilosophen, Peneios, Proteus, Psyllen, Marsen, Doriden, Nereus, Galateia bewegen wir uns – bewegt sich diese ganze Welt mit uns von den urtümlichen, halbtierischen, tüchtig-widerwärtigen zu immer reineren, höheren, edleren, schöneren, geistigeren Gestalten, und dieser Gesamtweg, der alle Einzelwege in sich aufnimmt, ist zugleich der Weg den Peneiosstrom hinab bis zu den Buchten des Ägäischen Meeres ist ein Weg an den immer wachsenden Wassern entlang zum großen Wasser. Das Wasser ist das Element des Lebens. »Alles ist aus dem Wasser entsprungen!! Alles wird durch das Wasser erhalten!

Ozean, gönn' uns dein ewiges Walten ... Du bist's, der das frischeste Leben erhält«[92], rühmt Thales gegen den Schluß in seinem Hymnus. Dem Wasser ist einst die schaumgeborene Liebesgöttin Aphrodite entstiegen. Auf dem Wasser erscheint das Meermädchen Galateia, ihre derzeitige Vertreterin, in ihrem Muschelwagen, liebend ersehnt von ihrem Vater Nereus, dem Meeresalten – eine Epiphanie der Schönheit über dem Wasser. Galateia ist auch wieder der Vorklang Helenas, und auch diese ist dem Wasser geheimnisvoll als die Schwanerzeugte verbunden: so sieht Faust das Mysterium ihrer Erzeugung im Todesschlaf träumend im Laboratorium und wieder wachträumend am Peneiosufer, sieht dort den majestätisch königlichen Wasservogel: »Sein Gefieder bläht sich schwellend, Welle selbst auf Wogen wellend.«[93]

Die ganze Klassische Walpurgisnacht als der *Weg zum Wasser,* dem Urelement des Lebens, ist zugleich der Weg zum Leben des Lebens, der Schönheit: Helena. Und wenn nun Homunculus, »von Pulsen der Liebe gerührt«[94], sein Glas an Galateias Thron zerbricht, um mit diesem Stirb und Werde den langen Weg seiner natürlichen Entstehung anzutreten, und Feuer und Wasser sich mischen, das Element der Liebe mit dem Element des Lebens, und mit einem Preis auf den Eros und die Elemente »alle vier«[95] endlich das Geschehen ausklingt, so ist wirklich in Feuer, Wasser, Luft und Erde und der sie alle vereinigenden Macht der Liebe die All-Natur gegenwärtig geworden: Helenas Bereich. Als der Weg zur All-Natur ist die Klassische Walpurgisnacht auch der Weg auf Helena hin und ihre Vorbereitung[96]. »Wie auf einem steigenden Terrain«[97] vollzieht sich in ihr in immer reineren Hypostasen der Natur und Schönheit, wie Goethe sie verstand, die nicht dramatische, vorgangshafte, doch substantielle und virtuelle Annäherung an Helena; sie hat nun nur noch aufzutreten und zu sagen: »Da bin ich, da!«[98] Diese substantielle Annäherung an Helena ist so umfassend und so wesenhaft erschöpfend, daß Goethe mit gutem Recht die

Szene, in der mit der Losbittung Helenas im Hades ihre Wiederauferstehung auch dramatisch verwirklicht worden wäre, unausgeführt lassen konnte. Im ganzen aber zeigt sich uns, wie das Geschehen der Klassischen Walpurgisnacht in seinem allgemeinen Ablauf jener Grundauffassung Goethes folgt, nach der die Schönheit als potenziertes Leben aus einer Steigerung der ganzen Natur hervorgeht.

Im dritten Akt erscheint Helena selbst, und alles um sie her, Szenerie, Vers, Sprache, von der griechischen Tragödie hergenommen, Haltung, Gebärde, Handlung, zumal auch die doppelte Antithese zu dem weibchenhaften Chor und der klassischen Urhäßlichkeit des Mephisto in der Maske der Phorkyade, bezeugen den Charakter der Schönheit als griechischer Großheit. Ihre Macht besingt der Chor: »Dem Helden tönt sein Name voran, Drum schreitet er stolz; Doch beugt sogleich hartnäckigster Mann Vor der allbezwingenden Schöne den Sinn.«[99] Die gleiche Macht bezeugt die Pflichtvergessenheit des von ihrem Sonnenglanze hingerissenen Turmwächters, und wie der Gefangenen auf dem Bilde des Polygnot, so ist es auch hier der Schutzbedürftigen in die Hand gelegt, zu »lösen und zu binden«, »zu bestrafen, zu begnadigen, wie es ihr wohlgefällt«[100]. Faust wünscht, daß sie ihn »bestärke als Mitregenten ihres grenzunbewußten Reiches«[101]. Als sie ihm dann aber gewonnen ist durch das Lernen des Reims, das im sinnlichen Einklang der Worte die innere Vereinigung symbolisiert, da sagt sie »nur zu gern: Da bin ich! da!«[102], ganz so wie jene Helena auf dem Polygnotischen Bilde »wieder da« war. – Schönheit ist auf Dasein, Gegenwart angewiesen und erzeugt einfachste, erhöhteste Gegenwart[103].

Als Faust ihr als ein ritterlicher Herr entgegentritt, ist er gegen jene Beschwörungsszene verändert. Kein Liebesparoxysmus ihr ins Angesicht, sondern maßvoll gefestete Haltung. Der leidenschaftlich Bewegte ist nun der junge Turmwächter, so wie auch später das erdvergessene Emporbegehren auf Euphorion abgeleitet ist, der daran stirbt. »Abgesondert von der Welt«[104] in Höhlen, Grotten, Lauben, die »ganze Weltenräume« zu bergen scheinen mit »Wald und Wiese, Bächen, Seen«, genießen Faust und Helena in tiefgeheimen Naturbereichen ihre Vereinigung. Als Helena dann aber nach dem Todessturz ihres wie ein Gott der Griechen schnell heranwachsenden Sohnes Euphorion tragisch hingehen muß, weil »Glück und Schönheit dauerhaft sich nicht vereint«[105], »erhebt«[106] Faust das hinterlassene Kleid – die Hülle der Schönheit – als Wolke[107], während der Chor, Helenas Begleitung, wieder in die elementaren Kräfte der Natur zurückkehrt[108].

Auf hohen erhabenen Bergen steigt Faust, von Helena kommend, ab. Er ist durch die erreichte Vereinigung mit Helena nicht gebessert, aber er hat nun jene Steigerung seines ganzen Daseins, jenen festeren Zusammenschluß der Kräfte, jene vollere Selbstverwirklichung erfahren, von der wir sahen, daß sie bei Goethe von jeher die Wirkung der Schönheit war. Es steht in der Dichtung nicht in Begriffen da. Doch die Gestaltung sagt es, die Bilder, die Motive, die Haltungen, die Gebärden. Zu einem Höhenflug hat das Gewand der Helena Faust erhoben. Das Gestein aber, auf dem er absteigt, war einst die Grundfeste der Erde und ist nun dem Himmel nahe, wie Goethe dies in seinem Aufsatz über den Granit bereits 1784 ausgesprochen hat: »daß diese Steinart ... die Grundveste unserer Erde sei«, und: »Hier ruhst du unmittelbar auf einem Grunde, der bis zu den tiefsten Orten der Erde hinreicht... Hier auf dem ältesten ewigen Altare, der unmittelbar auf die Tiefe der Schöpfung gebaut ist, bring' ich dem Wesen aller Wesen ein Opfer. Ich fühle die ersten, festesten Anfänge unsers Daseins, ich überschaue die Welt, ihre schrofferen und gelinderen Täler und ihre fernen fruchtbaren Weiden, meine Seele wird über sich selbst und über alles erhaben und sehnt sich nach dem nähern Himmel.«[109] Das Fußen auf diesem zu Bergen aufgestiegenen Gestein macht erhaben. Und so spricht Faust für eine Weile auch wieder in griechischen Versmaßen. Für Mephisto hat er von nun an nur ein kurzes überlegenes Wort, der seinerseits spürt: man merke es, Faust komme von Heroinen. Was die Schönheit in ihm vermocht hat, sagt er selbst in einem Paralipomenon: »Der leichte Hohe Geist riß mich *aus dieser Enge,* Die Schönheit aus der Barbarey«[110], und »Ich lernte diese Welt verachten, Nun bin ich erst sie zu erobern wert«[111]: ein Ausgreifen also in eine neue höhere Freiheitssphäre und, hervorgerufen durch die Schau des Idealen, eine neue Welt-Unabhängigkeit, die erst tüchtig macht, sich im entzündeten Drang nach echter Tätigkeit sich auf die Gestaltung »dieser« Welt zu wenden. Und so ist denn das, was Helenas Wirkung in Faust am kräftigsten erweist, der neue ungeheuere Plan, den er aus der Höhe seines Wolkenflugs gefaßt hat und nun den niedrigen Angeboten des Mephisto mit sicherer Bestimmtheit entgegensetzt: Kampf mit dem Meer, um dieses »herrische« von seinen Ufern auszuschließen, es »weit hinein in sich selbst zu drängen«[112] und ihm ein in jedem Sinne neues Land abzuringen. »Mit diesem *Ungeheuer* möchte ich kämpfen, Mit Menschengeist die Elemente dämpfen.«[113] Damit stellt Faust sich neben den großen Heros der Griechen, Herakles, der, als der Reiniger der Erde, solche »Ungeheuer« bekämpft und besiegt hat und den Chiron zuvor in der Klassischen Walpurgisnacht ihm als letzten in der Reihe der großen Griechenhelden gepriesen hatte. Als Ungeheuer besonderer Art erscheint ihm das Meer wegen der furchtbaren Negativität seines unermeßlichen zwecklosen Kraftaufwands. »Was zur Verzweiflung mich beängstigen könnte! Zwecklose Kraft unbändiger Elemente!«[114] – Das »fruchtlose Bemühen« hat Goethe auch ein andermal als »die großte Pein« und einen wahrhaft höllischen Zustand geschildert[115], und wie das Verneinende in allen seinen großen wie kleinsten Spielarten bis herab zur Karikatur ihn in seinem Drange, sich am Seienden, Positiven festzuhalten, während seines ganzen Lebens stets »beängstigte«, wurde schon berührt. – Nicht lediglich als Kolonisator und Wohlstandsstifter will Faust seinen Kampf mit dem Meer aufnehmen. Dieser Kampf, als das Verneinen des Verneinenden, ist Kampf im bejahendsten Sinne, Kampf mit den »unbändigen« Mächten eines Chaos, Kampf, wie er in den Weltschöpfungen, von denen die alten Mythen erzählen, durchgekämpft wird. An solch einen Weltschöpfungskampf will Faust sich wagen, an eine Schöpfung nicht aus schon irgend Vorgeformtem, sondern Schöpfung im ursprünglichsten Sinn: Schöpfung einer völlig neuen, wieder ersten Erde und Raum eines Volkes, das, unbelastet von dem Druck des Vergangenen, das einzige Glück der vollkommenen Anfänglichkeit genießen darf. – »Vorzüge der menschlichen Gesellschaft in ihren Anfängen«, verzeichnet lakonisch ein Paralipomenon[116]. Doch braucht man sich, um zu ermessen, was das für Goethe bedeutete, wohl nur an das dunkle Wort in den ›Maximen und Reflexionen‹ zu erinnern: »Wir alle leben vom Vergangenen und gehen am Vergangenen zu Grunde«[117] oder an jenes »Amerika, du hast es besser ...«[118], oder man mag in Betracht ziehen, wie die einfache Homerische Welt, als »abgespielte Wahrheit einer uralten Gegenwart«[119], oder die Welt der alttestamentlichen Patriarchen im tiefsten Sinne belebend und beruhigend auf ihn wirkten, so wenn er gesteht, wie er durch den Umgang mit den alten morgenländischen Geschichten bei seinem zerstreuten Leben, bei seinem zerstückten Lernen dennoch seinen Geist, seine Gefühle auf einen Punkt *zu einer stillen Wirkung versammelte*, und sogar von dem »Frieden« spricht, der ihn mit diesen Geschichten umgab, »wenn es auch draußen noch so wild und wunderlich herging«[120], was wieder jenem »Wiegengesang« entspricht, den Werther in seiner Fülle im Homer fand[121]. –

»Schöpfungsgenuß von innen« nach »Genuß mit Bewußtsein. Schönheit«[122] ist das, wozu Faust, von Helena kommend, sich im Fassen des ungeheuren Plans erhebt. Auch dieser neue Plan erweist ihn als den gleichen, der Faust gewesen ist und immer bleiben wird: jenen den fernsten, ungeheuersten Möglichkeiten strebend Hingegebenen. Er ist in seinem Grunde nicht verändert, allein, er ›denkt‹ nun ›groß‹, ›*ist*‹ höher, fester, in sich versammelter, ruhiger. Und die Aufgabe, an die er nun seine ganze Kraft wenden wird, ist unter allem, was ein Mensch nur planen kann, die im höchsten Sinne bejahendste, positivste. Faust wird auch an dieser übermäßigen Aufgabe scheitern. Allein daß er sie auf sich nimmt, ist der Gipfel der Wirkung Helenas in ihm. Er »fühlt sich in höchste Tätigkeit versetzt«[123], wie es von der Wirkung des Schönen in jener Definition in der ›Campagne in Frankreich‹ hieß.

8

Es scheint, nach allem ist Helena, die Schönheit, im zweiten Teil des ›Faust‹ gewiß nicht nur jene »neue Versuchung« und »Verirrung« Faustens, sondern allerdings eine neue, entscheidende Stufe auf Faustens Lebenswege. Bedeutet dies, dieser Weg des Faust, als der Weg einer Steigerung des ganzen Daseins, Versammlung, Festigung, Erhöhung aller Kräfte, sei damit, nach jener ›positiven‹ Faust-Auslegung, nun doch der völlig unproblematische Aufstieg zu einer unbezweifelbaren Höhe? – Jedoch, so einfach liegen die Dinge nicht. Zu viel, was die andere, skeptische Seite der Forschung mit Recht gesehen hat, steht in Goethes Dichtung dem entgegen. Die wiedergekehrte Helena ist zwar kein »Vergangenheits-Gespenst« (Kommerell), aber freilich eine »Halbwirklichkeit«[124], wie Goethe selber sie genannt hat. Und wie der Dichter es verstanden hat, so ein längst verlebtes und nun wieder aus der Bewußtlosigkeit des Todes erwachtes Wesen darzustellen, das gehört zu dem Schönsten des ganzen dritten Aktes. Dieses Erwachen Helenas zum Wieder-Leben ist auch ein Erwachen zu dem Gedächtnis ihrer ganzen, furchtbaren Vergangenheit, die nach dem Gesetz des Hades für alle Ewigkeit ihre Gestalt stempelt[125]: »Ist's wohl Gedächtnis? War es Wahn, der mich ergreift? War ich das alles? Bin ich's? Werd' ich's künftig sein, Das Traum- und Schreckbild jener Städteverwüstenden?«[126] Und wie sie, von der Phorkyas an alle ihre Schicksale erinnert, mit den wiederheraufkommenden schmerzlichen Erinnerungen sich selbst nur als Traumbild in einem furchtbaren Traum erscheint und in Ohnmacht sinkt: »Ich schwinde hin und werde selbst mir ein Idol«[127] – kein Zweifel, vor allem diese Szene zeigt, daß der Orkus diese wiedergekehrte Helena eben doch nicht ganz losgegeben hat. Und weiter: vom Blendwerk der Magie bleibt alles umspielt, es ist keine Frage, Mephisto *spielt* die Schaffnerin Phorkyade, ja, er spielt sie. Denn alles ist irgendwie auch wieder wie ein aufgeführtes Spiel, das schließlich mit dem Todessturz des Sohnes, dem die Mutter in den Tod folgt, gräßlich zerreißt.

Ist Faust also nicht doch ein von Schiffbruch zu Schiffbruch Treibender, ewig Begehrender, ewig Scheiternder? Gescheitert mit seinem gelehrten Wissenstreben, gescheitert als Magier, als er das Riesenantlitz des Geistes der Erde nicht ertragen konnte, verzweifelt Glauben, Hoffnung und Geduld verfluchend und damit vorbereitet, um dem niederen Widergeist anheimzufallen, den er nicht rief, der sich aber nun an ihn heftet, gescheitert in seiner Liebe zu dem armen Gretchen, das er zerstörte, ohne es zu wollen, gescheitert in dem unerhörten Unterfangen, Helena zu gewinnen, sodann auch mit dem großen neuen Plane scheiternd, Neuland zu schaffen – denn die Dämonen des Wassers warten nur darauf, das große Werk wieder fortzuschwemmen –, und endlich den ein ganzes Leben lang ersehnten »höchsten Augenblick«[128] in einer erhebenden Vision, aber doch nur Vision erlebend und so ein Gescheiterter, Vielgetäuschter bis zuletzt zum Tode: denn jener Spatenklang, der durch die Natur der ihm selbst unbewußten Blindheit an sein Ohr schlägt, gilt nicht dem leidenschaftlich befohlenen neuen Werk, sondern dem »länglichen Quadrat«[129], dem Grab, das man bereits für ihn aushebt. Ist also ›Faust‹ nicht doch die Tragödie des unheilvoll maßlos leer bemühten Strebens? Und wäre dann Helena im Zusammenhang des Ganzen nicht doch nur ein Wahn? – was sie nach allem, was wir bisher festgestellt hatten, doch nicht sein kann. – Der scheinbare Gegensatz führt auf die Frage nach dem Blickpunkt, unter dem das ganze Faust-Geschehen betrachtet sein will. Es geht darum, einen Horizont der Betrachtung zu gewinnen, unter dem dieser Gegensatz kein Gegensatz ist. Es geht darum, den *Charakter der Wirklichkeit* zu bestimmen und abzugrenzen, der, nach dem Willen des Dichters, in der Welt des Zweiten ›Faust‹-Dramas herrschen soll.

9

Das Drama beginnt mit einem Prolog im Himmel und endigt im Himmel. Damit rückt die ganze Weltwirklichkeit des ›Faust‹ unter den Blickpunkt des Ewigen, Absoluten. Unter diesem Blickpunkt hört die Wirklichkeit zwar nicht auf, reelle Wirklichkeit zu sein. Jedoch sie bemißt sich nun anders, als sie sich selbst bemißt, wird hintergründig, durchsichtig und ist wahrhaft wirklich allein in dem Maß, in dem sie ein Gleichnis des Ewigen und Zeichen eines Höheren ist. Ihr höchster Charakter ist der Charakter als Symbol[130].
Von Jugend auf hatte Goethe die Realität im Grunde so erfahren[131]. Er sagte es selbst zu Eckermann: »Ich habe all mein Wirken und Leisten immer nur symbolisch angesehen, und es ist mir im Grunde ziemlich gleichgültig gewesen, ob ich Töpfe machte oder Schüsseln.«[132] Goethes ganze Dichtung war, als die ›Erlebnisdichtung‹, die sie war, immer zugleich symbolisch. Da ist in Wahrheit kein Gegensatz. Nur muß man – wie bei Homer[133] – Symbolik im Sinne jener *unwillkürlichen* Symbolik nehmen, die zunächst nur die einfachen Lebensdinge faßt und hinstellt, dabei aber im Beson-

deren unwillkürlich auch immer ein Allgemeins mit ergreift. »Symbolik, die zugleich sinnliche Darstellung ist«, sagt Goethe selbst[134]. Oder: »Das ist die wahre Symbolik, wo das Besondere das Allgemeine repräsentiert, nicht als Traum und Schatten, sondern als lebendig-augenblickliche Offenbarung des Unerforschlichen.«[135] – Allein: »im Greisenalter werden wir alle Mystiker«[136]. Das bedeutet für den alten Goethe, daß das Ewige, das Göttliche, die »Wahrheit«, die er auch jetzt nicht aufhörte, im Sinnlich-Gegebenen bezeugt und angedeutet zu finden, sich immer mehr ins Geheimnis zurückzog und dem Gegebenen immer mehr den überwiegenden Charakter des Symbols beließ. Unzählige Aussprüche des alten Goethe deuten auf diese Wendung. »Und deines Geistes höchster Feuerflug Hat schon am Gleichnis, hat am Bild genug ...«[137] – »Schauen, wissen, ahnen, glauben«, heißen ihm die »Fühlhörner ..., mit denen der Mensch in's Universum tastet.«[138] Oder: seine Naturstudien hätten ihn an die Schwelle gelockt, »wo wir in den Glanz der Gottheit hineinblicken, ohne zu erblinden«[139]. – »Das Wahre, mit dem Göttlichen identisch, läßt sich niemals von uns direkt erkennen: wir schauen es nur im Abglanz, im Beispiel, Symbol, in einzelnen und verwandten Erscheinungen; wir werden es gewahr als unbegreifliches Leben und können dem Wunsch nicht entsagen, es dennoch zu begreifen. – Dieses gilt von allen Phänomenen der faßlichen Welt.«[140] – Auch Faust muß sich von der Sonne abkehren, als ihm »aus jenen ewigen Gründen«, ihn blendend, »ein Flammenübermaß« entgegenbricht, muß sich genug sein lassen an des »bunten Bogens Wechseldauer«[141] über dem Wasserfall.

»Am farbigen Abglanz haben wir das Leben.«[142] – »Alles Vergängliche ist nur ein Gleichnis.«[143] – Diese beiden Worte stehen bedeutungsvoll im Prolog und im Epilog des Zweiten Faust. Sie sind grundlegend für den Charakter der Realität, der in der ganzen Faust-Dichtung herrschend ist.

Die Dinge der Welt, in der die »verzehrende« Zeit regiert,

sind wesenhaft vergänglich. Sie fallen, fallen wie die sprühenden Tropfen über dem Wasserfall. Allein in diesem unaufhörlichen Fall *steht* ruhig an seinem Ort der farbige Bogen. Er zeugt von dem unendlich fernen Licht, das uns zurückwirft, wenn wir es unmittelbar schauen wollen. Es erscheint in ihm vielfältig gebrochen und also geschwächt, allein zugleich auch wunderbar erquickend. Und so wie die stehenden Farben des Regenbogens im Tropfenfall, *bezeugen* sinnlich gegenwärtig auch die Dinge und Erscheinungen der Welt, so sehr sie als Abglanz, Zeichen, Gleichnis, Symbol nur abgeschwächt und scheinhaft sind, im Vergänglichen doch das Absolute, bezeugen es auf eine positive Weise. Auch im Schein, gemessen *an* dem Absoluten, erscheint doch etwas *von* dem Absoluten. Und so beglückt der Schein auch wieder mit dem, was in ihm, menschlich ergreifbar, erscheint, den Menschen. – »Freuet euch des *wahren Scheins*.«[144]

Es gibt zwei Arten von Religionen: die offenbarenden und die bezeugenden. Die offenbarenden sind ihrem Wesen nach geschichtlich. Ein Akt der Offenbarung macht hier in der Zeit den Einschnitt, und die Offenbarung, die endgültig ist, hat sich in einem heiligen Buche aufbewahrt. Die bezeugenden, die es mit der ungeheuren Größe Gottes nicht in Einklang bringen können, daß er sich irgendwo und irgendwann Menschen ›offenbart‹ hat, halten sich an die Natur. Diese wird ihnen zu einem unendlichen Feld – nicht der Offenbarung, doch der Bezeugung Gottes. Für Goethe als einen ganz entschiedenen Bekenner der bezeugenden Religionsart kann die Wirklichkeit, die sich ihm vor allem in der Natur darstellt, selbst gemessen an dem Absoluten, nicht in ein trauriges Nichts zusammensinken. Sie ist nicht Gott, aber sie ist göttlich. Und der Mensch bemüht sich in ihr nicht ganz vergeblich. Auch dem »Unzugänglichen« kann er schließlich doch etwas abgewinnen, wenn er »in dem ihm Zugänglichen, nur nach allen Seiten«[145] geht und sich befestigt. Die Welt wird weder vor dem Menschen noch vor Gott zum Jammertal eingeebnet. Es gibt in ihr Höhenunterschiede. Sie ist gestuft. Es gibt in ihr »höhere und niedere Regionen«. Das hat für den Charakter der Realität in Goethes ›Faust‹ seine eindeutigen Folgen.

Die Realität der Faust-Welt ist in sich geschichtet. Sie kennt »niedere und höhere Regionen«, und das Reale des Realen hat in dieser Welt nicht einen unbedingten Vorrang. Da, wo alles zum Spiegel und Gleichnis wird, das seinen Wert und seine Seinskraft ganz von dem Fernen her empfängt, das sich in ihm spiegelt und bezeugt, haben die kompakten Realitäten, die sich in der Alltagswelt so großspurig bewegen, nichts unbedingt voraus vor dem nur Vorgestellten. Auch die im Alltagssinn ›realen‹ Dinge ›stellen‹ ja nur ›vor‹ und sind desto wirklicher, je reiner sie das Unendliche in der Endlichkeit vorstellen. Darum können in dieser Faust-Welt neben die kompakten Dinge der Alltagsrealität auch jene anderen scheinbar flüchtigen, fließenden, spielenden Gebilde der Vorstellung treten, wie Traum, Vision, Gespenst, Phantasmagorie, Maske, Mummenschanz, Theater. Sagt von den Menschen doch Phorkyas: »Gespenster sämtlich« sind sie »gleich wie ihr«[146], und zu der sich für einen Traum haltenden Helena: »Wenn Wahres Traum ist, kann der Traum das Wahre sein.«[147] Man erkennt schon hier, daß nach allem Helena nicht unwirklich in dieser Welt zu sein braucht, weil sie nicht ganz ›real‹ ist und weil es um sie, auch nachdem sie zum Leben zurückgekehrt ist, so spukhaft bleibt.

Wie aber steht der Mensch in dieser Welt, die in ihrem höchsten Charakter Abglanz und »Wechseldauer« ist? – Auch er ist vergänglich. Alles, was er hat und kann, mag hingehen: Kraft, Besitz, Wissen, Glück, Tugend, Einsicht. »Und was sich an jener Stelle Nun mit deinem Namen nennt, Kam herbei wie eine Welle, Und so eilt's zum Element.«[148] Kann er in diesem Unbestand der Vergänglichkeit nicht doch etwas Dauerhaftes haben? Wenn ja, so als der Wechselnde in dieser wechselnden Welt allein in *einer* Form, der Form der *Wechseldauer.* Der Mensch, in seinem innersten Wesen, muß etwas sein, das, selbst bewegt, ständig von einem zum anderen fortgeht und sich doch ständig in diesem Weiterschreiten gleichbleibt. Dieses bewegte Beständige ist mit einem Wort: das *Streben.* Der Mensch ist wesensmäßig Streben. Dieses Streben, das der Mensch ist, ist dem zugeordnet, was die ganze Natur beherrscht: dem Drange, sich zu steigern. Allein, der Weg dieses strebenden Menschen ist, wie es in dieser Welt der Vergänglichkeit nicht anders sein kann, nun wieder unbeständig. Das menschliche Streben ist unter dem Blickpunkt des Absoluten: Irren auf alle Fälle. Dies ist, weit entfernt von jeder bloßen Läßlichkeit, der unerbittliche Sinn des Wortes, das Gott selbst im Prolog im Himmel über den Menschen spricht: »Es irrt der Mensch, solang er strebt.« Der Irrtum ist dem Streben notwendig zugeordnet, das doch wieder als beirrtes Streben die einzige Form ist, Höhe zu gewinnen und mit dem Wahren in Fühlung zu gelangen. So sagt es auch eindeutig das Distichon in den ›Vier Jahreszeiten‹[149].

> *Irrtum* verläßt uns nie; doch ziehet ein höher Bedürfnis
> Immer den *strebenden* Geist leise zur Wahrheit hinan.

Dieses beirrte Streben bleibt als ein Streben zu Höherem, als Steigerung in allem doch das Edelste am Menschen. Es allein ist das an ihm, was ihm sogar die Gewißheit der Unsterblichkeit geben kann, wie dies der alte Goethe mehrfach ausgesagt hat. »... Wenn ich bis an mein Ende rastlos wirke, so ist die Natur verpflichtet, mir eine andere Form des Daseins anzuweisen, wenn die jetzige meinen Geist nicht ferner auszuhalten vermag.«[150] Der Mensch kann um seines »bemühten Strebens« willen, so sehr er als Mensch auch irren mußte, schließlich »erlöst« werden, wie es wieder im ›Faust‹ vom

Himmel herabtönt. Und Streben, Steigerung endlich wird auch das sein, was ihn, den »Geretteten«, in jener anderen Welt erwartet: »Komm! hebe dich zu höhern Sphären! Wenn er dich ahnet, folgt er nach.«[151] Der Mensch, als der rastlos Strebende, ist – Entelechie.

Den Begriff der ›Entelechie‹ faßt Aristoteles, der ihn als erster in unser Denken eingeführt hat, in doppelter Weise. Entelechie (entelecheia von ἐν τέλει ἔχειν) ist einmal das ›Sich im Ende (der Vollendung) Halten‹ und als dieses die höchste Steigerungsstufe, höchste erreichbare Stufe der Selbstverwirklichung eines Wesens in der naturgegebenen Abfolge seiner verschiedenen Daseinsphasen, wie jene voll erblühte Rose und wie Helena, die Schönheit. Entelechie ist sodann das lebendige Gerichtetsein auf das Ende, die Vollendung hin und damit überhaupt der lebendige, selbsttätige Wesensinbegriff, der sich selber unveränderlich gleichbleibt und durchdauert, sich dabei aber zugleich in immer neuen Abwandlungen von Form zu Form erneuert. In diesem zweiten Sinne definiert Goethe das Wort nach dem Vorgang Leibnizens einmal als »das Wesen, das immer in Funktion ist« und: »das sich in rastloser Tätigkeit erhält«[152]. Auch das Wort von der »Geprägten Form, die lebend sich entwickelt« aus den ›Urworten, orphisch‹ trifft genau den lebendig-aktiven Aspekt des Entelechie-Begriffs[153].

Wir haben in dieser Abhandlung bereits mehrfach Anlaß gehabt, diesen Entelechie-Begriff hereinzuziehen, und wir meinen, daß er, mit Vorsicht verwendet, so etwas wie einen Schlüssel für die Interpretation des Zweiten Faust hergeben kann[154]. 8 »Chor der Engel (Faustens *Entelechie* heran bringend)«, hatte Goethe selbst ursprünglich in der Schluß-Szene des Dramas[155]) (vor Vers 11 954) geschrieben, was dann später (vor Vers 11 934) durch die dort hinzugefügten Worte »Faustens *Unsterbliches* tragend« ersetzt wurde. Es ist die Stelle, wo auch das verheißungsvolle »Wer immer strebend sich bemüht ...« von den Engeln über Faust gesagt wird. Das »Unsterbliche« am Menschen ist die Grundform, die durch das tätige, durch Gestaltung und Umgestaltung fortgehende Streben charakterisiert ist, die Entelechie.

Das Reich, in dem das Geschehen des Zweiten Faust sich bewegt, ist das ungeheure Reich der Natur. Dieses ist, wie Goethe selber sagt, beherrscht von den beiden Prinzipien der Polarität und der Steigerung, und entsprechend ist Entelechie das Prinzip des Menschen als der höchsten Steigerung der Natur. Den sich ständig steigernden Weg der Natur verfolgt das Faust-Drama in ganzer Breite von der Mummenschanz, wo die All-Natur, gipfelnd in der Erscheinung des Pan, in der Gestalt der Maske sich offenbart, über die gespenstisch-spukhaften Hypostasen der Kräfte der griechischen Natur in der Klassischen Walpurgisnacht bis zu Helena, dem potenzierten Leben. Und so durchschreitet auch Faust diese Welten »wie auf einem steigenden Terrain«[156] zu Helena und über sie hinaus zu jenem »Schöpfungsgenuß von innen«[157], als er dem Meer die neue Erde abringt, so stirbt er angesichts neuer, ungeheurer Realvisionen und wird auch nach dem Tode weiter hinaufgetragen, immer derselbe in seinem Grunde und doch sich wandelnd, abwandelnd, steigend und sich steigernd.

Die strebende Entelechie, als das Unsterbliche im Menschen, empfängt ihre Bestätigung von dem Ewigen her, auf das das Streben gerichtet ist. Allein dies Streben aus dem ganzen Wesensgrunde ist im Menschen, solange er lebt, nun wieder in die Vergänglichkeit hinein gebannt, mit dieser tritt es in Widerspruch und geht in die Irre, wird zum ›beirrten Streben‹, je höher, ewiger, unmöglicher das unendliche Ziel ist, dem es nachstrebt. In diesem Sinne ist Streben ›Irren auf alle Fälle‹. – Jedoch wie die Welt als Abglanz, Gleichnis nun wieder ihre Stufungen hatte, »niedere und höhere Regionen«, so hat auch das menschliche Irren seine Stufen: man kann auf niedere und höhere Weise, man kann gemein und kann »herrlich« irren. Hier tritt das Wort ein, welches Goethe am 3. November 1820 über den ›Faust‹ an C. E. Schubarth schreibt. Dieser hatte Goethe in einem dreizehn Seiten langen Brief seine Vermutungen über das Geschehen im zu erwartenden zweiten Teil des Dramas und zumal die »Auflösung« (wie er sie sich vorstellte) mitgeteilt und nach dem unvermeidlichen »Idealismus« jener Zeit gemeint, daß Faust »sich dem Ideellen nähern und zuletzt darin sich entfalten werde«. Goethe berichtigt das mit schonsamer Hand, doch deutlich: »Daß man sich dem Ideellen nähern und zuletzt darin sich entfalten werde, haben Sie ganz richtig gefühlt; allein ... es gibt [vor solcher Entfaltung im Ideellen] noch manche herrliche, reale und phantastische Irrtümer *auf Erden* [!], in welchen der arme Mensch sich edler, würdiger, höher, als im ersten, gemeinen Teile geschieht, verlieren dürfte. – Durch diese sollte unser Freund Faust sich auch durchwürgen.«[158] – Das heißt: eine Erhebung ins Ideale soll Faust nicht erfahren. Er soll ein Mensch, soll *auf Erden,* soll ein auf Erden *Irrender* bleiben. Die Art seines Irrens soll es sein, wie er sich dem Ideellen nähert, wie sich das Ideelle für ihn verwirklicht. Im Streben auf das Ideale hin irren ist »herrlich irren«, da ergeben sich »herrliche Irrtümer«. Diese gibt es für Faust (nach dem wahren Plane Goethes) »noch« – nämlich auch bevor er wirklich an das Ideale rührt – »auf Erden«. Irrt Faust hier, »verliert« er sich hier, so ist das eine »edlere, würdigere, höhere« Art zu irren und sich zu verlieren als im ersten Teil des Dramas, wo sich Faust eingeengt in »gemeinen«, »kümmerlichen« Verhältnissen bewegte. Jetzt ist er hinausgeführt, »erhoben« in »höhere Regionen«, »würdigere Verhältnisse«, und so ist auch nun sein Irren »höher«, »würdiger« und werden seine Irrtümer nun »herrliche« sein, reale wie phantastische. – Fragt man, welches im Zweiten Teil des ›Faust‹ diese »realen« und welches jene »phantastischen« Irrtümer sind, so wollen wir uns hüten, dem dichterischen Gebilde Daumenschrauben anzulegen und hier genaueste Bestimmungen zu treffen. Das Reale und

Phantastische greift, wie wir sahen, vielfach in dem Drama ineinander. Jedoch liegt es, aufs Ganze gesehen, nah genug, daß alles, was mit Auftreten am Kaiserhof, mit Kriegsentscheidung, Machtgewinn und der Herrschaft über die Meeresküsten zusammenhängt, auf jene »realen Irrtümer« hinweist, während der Gedanke Faustens, Helena auf eine durchaus »phantasmagorische« Art für sich zu gewinnen und zu besitzen, Fausts »phantastischer Irrtum« und als solcher doch auch wieder einer der »herrlichsten« ist. – In dem durch Goethe selbst gelieferten scheinbar paradoxen Begriff des »herrlichen Irrtums« finden sich schließlich beide gegnerischen Auffassungen Helenas, von denen keine ganz falsch und keine ganz richtig war, die positiv erhebende und die skeptisch einschränkende, in der höheren Wahrheit aufgehoben.

Schönheit, als »höchstes irdisches Gut«, ist vergänglich. Sie ist Abglanz des Ewigen im Vergänglichen.

Warum bin ich vergänglich, o Zeus? so fragte die Schönheit. Macht' ich doch, sagte der Gott, nur das Vergängliche schön.[159]

»Schönheit kommt von Schein«[160], bemerkte Goethe ein andermal. Der Gedanke Faustens, Helena dem Räuber Paris abzujagen, sie zu »retten«, daß sie »doppelt sein sei«, sowie »sehnsüchtiger Gewalt« die »einzigste Gestalt ins Leben zu ziehen«[161], war der Irrtum eines »Verwegenen« und »Unmögliches Begehrenden«. Schönheit läßt sich nicht rauben, nicht wie ein Ding besitzen. Nur im Sehnen, Suchen, Trachten kann sie Erscheinung werden. Und wie bei dem alten Platon nur nach langem ernsthaftestem Bemühen auf den niederen Wegen der Wahrheitsprüfung es wohl einmal sein kann, daß das eigentliche Seiende, »Fünfte« wie ein Licht aufleuchtet, das sich nun weiternährt[162], so kann es sein, daß Helena, die Schönheit, nach einer langen Suche, die zu den Grundfesten der Erkenntnis dringen muß, auf einmal da ist und es sagt: »Da bin ich, da.«[163] Doch dieses ihr Dasein, das

»Pflicht« ist, ist nur ein »Augenblick«[164], ein »höchster Augenblick« freilich, der »Ewigkeit« in sich faßt – ›Vermächtnis‹: »der Augenblick ist Ewigkeit«[165] – und in dem, für einen Augenblick, Zeit und Endlichkeit aufgehoben sind. Allein, in dieser Welt des Zeitlichen gehen auch solche höchsten Augenblicke vorüber, wie Faust in der ganzen Tragödie drei erlebt: als er Gretchens Liebe gewinnt: »... eine Wonne zu fühlen, die ewig sein muß! Ewig! – Ihr Ende würde Verzweiflung sein. Nein, kein Ende! Kein Ende!«[166], dann als ihm Helena gewonnen ist, und drittens als er vorfühlend im Geistesblick ein neues, wieder anfängliches, freies Volk – eine neue Art Griechenland – auf der dem Meere abgerungenen »neuesten Erde«[167] erblickt – und dreimal kurz danach ein Absturz, dreimal ein schmerzhaftes Scheitern. Jedoch in jenen »höchsten Augenblicken«, in Liebe, Schönheitsgenuß, Schöpfungsgenuß ein Rühren an das Höchste und Innesein des Herrlichsten, was es gibt: ewige Sterne, für einen Augenblick aufleuchtend im Spiegel unseres bewegten, wirr flutenden, dunklen Elements.

10

Das etwa war es, was auf diesen Blättern, vorläufig, über den zweiten Teil von Goethes ›Faust‹ auszumachen war. Wie im Eingang betont, ging es darum, einen elementaren Horizont für die fortgehende Interpretation abzustecken. Oder, anders ausgedrückt: was wir freizulegen suchten, waren einige Teile jenes ›inneren Knochengerüstes‹ von Goethes Grundkonzeption, wovon der Dichter selber nicht lange vor der Vollendung seines Werkes an Zelter geschrieben hatte: daß es nicht leicht sei, »ein solches inneres, lebendiges Knochengeripp mit Sehnen, Fleisch und Oberhaut zu bekleiden, auch wohl dem fertig Hingestellten noch einige Mantelfalten umzuschlagen, damit alles zusammen ein offenbares Rätsel bleibe, die Menschen fort und fort ergötze und ihnen zu schaffen mache«.[168]

Auch uns war es nicht um die Enträtselung des »offenbaren Rätsels« zu tun, wenn wir uns damit zu schaffen machten, noch wollten wir Rezepte dafür geben, wie man sich »fort und fort daran ergötzen« solle. Nur um die annähernde Bestimmung des *Goethisch richtigen Ortes des Rätsels* ging es. Diesen meinen wir immerhin mit unserer Zusammenstellung über Goethes Schönheitsauffassung und mit dem Nachweis jenes wesenhaften Symbolcharakters der Wirklichkeit in der Welt des ›Faust‹ gewonnen zu haben. Es ging darum, wie in dem weisen Spiel des alten Goethe mit dem unwirklichen Wirklichen und dem wirklich Unwirklichen sich erst die ›Richtigkeit‹ dieser Welt begreift.

»Faust. Eine Tragödie« hat Goethe selbst über sein Riesendrama geschrieben. Und wirklich ist das Drama, das »in bedächt'ger Schnelle« im »engen Bretterhaus« den »ganzen Kreis der Schöpfung« ausschreitet und »vom Himmel durch die Welt zur Hölle« wandelt[169], die Tragödie des »Menschen in der Welt«, die Tragödie desjenigen, der auf der Grenze steht zwischen (platonisch gesprochen) Realität und Idealität oder (volkstümlich geredet) Vergänglichkeit und Ewigkeit. Goethes ›Faust‹ ist die Tragödie des Menschseins selbst, die Tragödie jenes »beirrten Strebens«, das der Mensch *ist,* sofern er überhaupt etwas ist und nicht im »Gemeinen«, »Niederträchtigen« (das heißt Niederziehenden) verbleibt: zum Scheitern verurteilt, sofern er strebt, im Scheitern aber auch, sofern er strebte, an Höheres und Höchstes rührend. Goethes ›Faust‹ ist darum weder naiv-optimistisch noch skeptisch-resignierend. In beiden Fällen wäre er ja keine »Tragödie«. Das Drama will weder programmatisch erheben noch abschrecken, was beides nicht Goethes Art als Künstler war. Und, es moralisiert nicht: will man Moral bei Goethe finden, so ist bei ihm dafür anderswo, etwa in seiner Spruchdichtung, gesorgt. Goethe als Künstler aber stellt dar. »Die wahre Darstellung billigt nicht, sie tadelt nicht, sondern sie entwickelt die Gesinnungen und Handlungen in ihrer Folge, und dadurch erleuchtet und belehrt sie.«[170] Goethe als Dichter zeigt in Bildern und Gestalten, *was ist* und *wie es ist:* das Seiende in der ihm eigenen doppelten Geschichtetheit, den Menschen in seiner tragischen Amphibolie, und er tut es in seinem hohen Alter mit jener bejahenden Illusionslosigkeit, mit der er damals sehr düster in die Zeit und auf den Menschen blickte und doch das Wort zu sprechen wußte: »Wie es auch sei, das Leben, es ist gut.«[171] – »Ens est bonum.«

FAUST UND HELENA

Deutsche Vierteljahrsschrift Bd. 30, 1956

Vorbemerkungen von 1956

»Diese Abhandlung geht in ihren Anfängen bis in das Jahr 1942 zurück, in dem auch, im Zusammenhang damit, der Plan des ›Goethe-Wörterbuches‹ in mir Gestalt gewann. In Vortragsform wurde sie zuerst im März 1947 bekanntgegeben. – Wenn ich sie so lange zurückgehalten habe, so hing dies mit den äußeren Umständen, aber auch mit dem Wunsch zusammen, zu meinen eigenen Auffassungen Distanz zu gewinnen. Zu meiner Freude haben inzwischen andere ähnliche Wege beschritten, so W. Emrich in seinem Buch ›Die Symbolik von Faust II‹ (1943) sowie B. von Wiese im vierten Kapitel seiner ›Deutschen Tragödie von Lessing bis Hebbel‹ (1948). Von vornherein bin ich der Grundauffassung von der durch alle Entwicklungsstufen Goethes hindurchgehenden »wunderbaren Konstanz seiner Prägung« verpflichtet gewesen, die Richard Harder in seiner Abhandlung ›Höchstes Glück der Erdenkinder‹ (in: Antike, 1933; wieder abgedruckt in: Kleine Schriften, München 1960, 438ff.) ausgesprochen hat.«

1 ›Der Streit um Faust II seit 1900‹, Jenaer Germanist. Forschungen 33, 1939. – Für die Zeit seit 1939 kommen hinzu: R. Buchwald, ›Goethe. Studienführer‹, neu bearbeitet von Ruth Sierks, 1951 (›Faust‹, 73 ff.), sowie H. Kindermann ›Das Goethebild des 20. Jahrhunderts‹, 1952, S. 633 ff. Auch auf W. Milch ›Wandlung der Faustdeutung‹, ZfdPh 1951, wäre zu verweisen, wie auf die beiden neueren Kommentare von E. Trunz, Hamburger Goethe-Ausgabe 1949, und E. Beutler, Artemis-Gedenkausgabe 1950.

2 Polygnots Gemälde, WA I 48, 107 und sonst.

3 Eckermann, 16. 12. 1829, Gespräche IV 181.

4 In dieser Richtung stehen vor allem J. Volkelt ›Fausts Entwicklung vom Genießen zum Handeln‹, 1907, H. A. Korff ›Die Lebensidee Goethes‹, 1925, S. 102, und ›Faustischer Glaube. Versuch über das Problem humaner Lebenshaltung‹, 1938. – In neuerer Zeit noch R. Buchwald ›Führer durch Goethes Faustdichtung‹, 1942, S. 238 f., 266; ebenso K. Weidel ›Faust und Helena‹ in: Antike, 1939, S. 307.

5 So vor allem W. Böhm ›Faust der Nichtfaustische‹, 1939 (wogegen bereits Günther Müller, DVjs 1952, H. 3). – Diese skeptische Richtung ist vor allem unter dem Eindruck der Katastrophe von 1945 wieder mehrfach vertreten worden, zum Beispiel von W. Milch ›Wandlung der Faustdeutung‹ (s. Anm. 1), R. Schneider ›Fausts Rettung‹, 1946, J. Pinsk ›Krisis des Faustischen‹, 1948.

6 So insbesondere H. Rickert ›Helena‹ in Goethes Faust, in: Die Akademie. H. 4, 1925, und ›Goethes Faust. Die dramatische Einheit der Dichtung‹, 1932.

7 A. von Gleichen-Rußwurm ›Das Schema im Faust‹, Jb. der Goethe-Gesellschaft 16, 1930.

8 So M. Kommerell in seinen im übrigen hochbedeutenden Abhandlungen: ›Faust und die Sorge‹, Goethe-Kalender 1939, und ›Faust, Zweiter Teil‹ in: Corona, 1937 (wieder abgedruckt in ›Geist und Buchstabe der Dichtung‹, [3]1944). – In Kommerells Richtung bewegen sich etwa auch W. Schultz ›Die Bedeutung des Dämonischen in Goethes Faust‹, Dichtung u. Volkstum 1941, sowie W. Flitner ›Fausts Läuterung und Rettung‹, 1942.

9 E. M. Butler ›The Tyranny of Greece over Germany‹, deutsch: ›Deutsche im Banne Griechenlands‹, 1948, S. 179 ff.

10 Polygnots Gemälde, WA I 48, 107 ff.

11 Faust II, 3. Akt, 9211 f.

12 Pandora, JA 15, 166, V. 661 ff.

13 JA 15, 158, V. 472 ff.

14 Künstlers Erdenwallen, JA 7, 144 f.

15 Von deutscher Baukunst, JA 33, 12.

16 Der Sammler und die Seinigen, JA 33, 179.

17 Philostrats Gemälde, JA 35, 71.

18 Diderots Versuch über die Malerei I, JA 33, 210.

19 Die Zitate ließen sich noch erheblich vermehren, ich muß jedoch aus Mangel an Raum verzichten, das mir vorliegende Material hier auszubreiten. Doch seien wenigstens zu Goethes grundlegender Vorstellung des Schönen als des Lebendigen hier noch einige Stellen angeführt, die ich einem von mir angeregten Referat von cand. phil. Hans Mommsen verdanke: ›Stammbuch der Frau Hofmarschall von Spiegel‹ (1824):

»Wie denn das Gute, Schöne nimmer schwindet / Und, immer wirkend, immer sich erhält, / Sich ungesäumt zum höchsten Wahren findet, / Als lebend zu *Lebendigem* gesellt« (JA 3, 21). »Lebendige Schönheit« (›Von deutscher Baukunst‹, JA 33, 5). – »Gewalt der Zauberei, die den Künstler allgegenwärtig umfaßt, da durch ihn die Natur ringsumher *belebt* wird« (›Falconet‹, JA 33, 37). – Der Geist »... fand, zu seinem höchsten Lohne, / Die Schönheit, die ihn frisch *belebte*« (›Drei Palinodien, Geist und Schönheit im Streit‹, JA 2, 149). Philostrats Gemälde als Beispiele für neueste Künstler: »tragen den Sinn mit sich, worauf alles ankommt, und *beleben,* wo noch zu beleben ist« (›Philostrats Gemälde‹, JA 35, 123). Sowie im Prolog im Himmel: »Doch ihr, die echten Göttersöhne, / Erfreut euch der *lebendig* reichen Schöne!« (Faust I 344 f.).

20 ›Zur Morphologie, Geschichte meines botanischen Studiums‹, JA 39, 309.

21 Von Richard Harder in seinem Aufsatz ›Höchstes Glück der Erdenkinder‹ (in: Die Antike, 1933; wieder abgedruckt in: Kleine Schriften, München 1960, 438 ff.) an den Hauptmotiven dieses Divangedichtes lichtvoll interpretatorisch durchgeführt. – Über Goethes ›Orthoépeia‹ einiges in meinem Aufsatz ›Zu Goethes Sprache‹, S. 397 ff.; sowie in: ›Goethes Beschäftigung mit der Antike‹, S. 75 f.

22 Achilleis, V. 78 und 84-86, JA 6, 237.

23 Achilleis, V. 87 ff., JA 6, 237.

24 Achilleis, V. 73, JA 6, 237.

25 Nach Falconet und über Falconet, JA 33, 36.

26 Hierüber zuletzt Karl Reinhardt »Die Klassische Walpurgisnacht« in: ›Von Werken und Formen‹, 1948, 371 mit Anm. 17 (= Tradition und Geist, Götingen 1960, S. 329).

27 An Hetzler jun., Straßburg, 14. 7. 1770, WA IV 1, 238, 19 ff.

28 Der Sammler und die Seinigen, 6. Brief, JA 33, 179.

29 Campagne in Frankreich, Münster, November 1792, JA 28, 185.

30 Faust II, 2. Akt, 7399 ff.; dazu Reinhardt: »Die Klassische Walpurgisnacht« in: ›Von Werken und Formen‹, Godesberg 1948, S. 371 ff. (= Tradition und Geist, Göttingen 1960, S. 329 ff.).

31 Urworte Orphisch, Daimon, V. 8, JA 2, 253.

32 Dichtung und Wahrheit, 13. Buch, JA 24, 140.

33 Besprechung von Moritz: ›Über die bildende Nachahmung des Schönen‹, JA 33, 61. Moritz' Aufsatz war unter starker Beteiligung Goethes entstanden.

34 Näheres hierüber in meinem Aufsatz ›Goethe und Homer‹, S. 138 ff.

35 Vermächtnis V. 3, JA 2, 245.

36 Vgl. dazu auch Benno von Wiese, ›Die deutsche Tragödie von Lessing

bis Hebbel‹, Hamburg 1948, 1. Band, S. 183 f.: Helena als »das Innere der Natur«.

37 So besonders Karl Weidel (s. Anm. 4), S. 307 ff.

38 Herodot 1, 29.

39 Ital. Reise, Palermo, 7. 4. 1787, JA 26, 283.

40 Ital. Reise, Neapel, 17. 5. 1787, JA 27, 5.

41 An Schiller, 14. 2. 1798, WA IV, 13, 66, 20.

42 Ital. Reise, Neapel, 17. 5. 1787, JA 27, 5.

43 Ital. Reise, Rom 1788, JA 27, 267. »Rein menschlich« bedeutet bei Goethe soviel wie ›gesammelt menschlich‹, ›schlackenlos menschlich‹. Reinheit ist auch sonst bei Goethe die stärkste Versammeltheit, die höchste erreichbare Identität mit sich selbst. Vgl. auch Adolf Beck in: Viermonatsschrift ›Goethe‹ VII/VIII 1942/43.

44 Ital. Reise, Rom, 6. 9. 1787, JA 27, 108.

45 Urworte Orphisch, Daimon, V. 8, JA 2, 253.

46 Ital. Reise, Rom, 28. 1. 1787, JA 26, 195.

47 Ital. Reise (an Herder), Neapel, 17. 5. 1787, JA 27, 4.

48 Ital. Reise, Terni, 27. 10. 1786, JA 26, 139.

49 Ital. Reise, Venedig, 9. 10. 1786, JA 26, 104.

50 Vgl. G. Rodenwaldt ›Goethes Besuch im Museum Maffeianum zu Verona‹ (102. Winckelmannsprogramm), 1942, sowie R. Herbig ›Begegnungen Goethes mit griechischer Kunst in Italien‹, 1948, S. 15.

51 Ital. Reise, Verona, 16. 9. 1786, JA 26, 43.

52 Campagne in Frankreich, Münster, November 1792, JA 28, 185.

53 Maximen und Reflexionen, Hecker Nr. 1345.

54 Maximen und Reflexionen, Hecker Nr. 183.

55 Der Sammler und die Seinigen, 5. Brief, JA 33, 168.

56 Einfache Nachahmung der Natur, Manier, Stil; in: Teutscher Merkur 1788/89, JA 33, 57.

57 Winckelmann, Schönheit, JA 34, 17.

58 Campagne in Frankreich, Münster, November 1792, JA 28, 185.

59 Vgl. hierzu ›Goethes Begriff der Realität‹, unten S. 225 ff.

60 Prolog zur Eröffnung des Berliner Theaters (1821) ›Muse‹, V. 187 ff., JA 9, 297.

61 Dichtung und Wahrheit, 13. Buch, JA 24, 161.

62 Aus Goethes Brieftasche, JA 36, 116.

63 Über Wahrheit und Wahrscheinlichkeit der Kunstwerke (1797), JA 33, 90 f.

64 Urworte Orphisch, Daimon, V. 5, JA 2, 253.

65 Pandora, V. 652, JA 15, 165.

66 Wilhelm Meisters Lehrjahre II 2, JA 17, 91 f.

67 Vermächtnis V. 41 f., JA 2, 246.

68 Wahlverwandtschaften I 6, JA 21, 52. – Über die Vorstellung ›gesund‹ in Goethes Kunstbetrachtung: Gertrud Hager ›Gesund bei Goethe‹, 1955, S. 23 ff.

69 Ital. Reise, Rom, April 1788, JA 27, 270.

70 Westöstlicher Divan, Buch Suleika, Hatem, JA 5, 69.

71 Tag- und Jahres-Hefte 1817, JA 30, 306.

72 Vgl. besonders das Gespräch vom 3. 5. 1827, Gespräche III 387.

73 Riemer, 28. 8. 1808, Gespräche I 534 f.

74 Vgl. ›Goethes Beschäftigung mit der Antike‹, S. 76 ff., 87 ff.; ferner R. Harder ›Höchstes Glück der Erdenkinder‹ in: Antike, 1933, 29 f. (= Kleine Schriften, München 1960, 459 ff.).

75 Winckelmann, Antikes, JA 34, 12 f.

76 Faust II, 3. Akt, 9550 ff.

77 Faust II, 2. Akt, 7149.

78 Faust II, 2. Akt, 7150.

79 Polygnots Gemälde, Nachtrag, WA I 48, 118, 24 f.; vgl. »profundes Symbol«, 114, 7.

80 Philostrats Gemälde, JA 35, 70.

81 Diese gestalthaften Antezedenzien und Vorklänge Helenas in Goethes ganzer Dichtung durchzuverfolgen, wäre eine lohnende Aufgabe, die ich hier am Wege liegenlassen muß.

82 Faust II, 1. Akt, 6430 ff.

83 WA I 15 II, 35.

84 Eckermann, 10. 1. 1830, Gespräche IV 188.

85 Über Moira als »große Verteilung«: ›Von Homers Welt u. Werk‹, Stuttgart [3]1959, 310 f.

86 Einfache Nachahmung der Natur, Manier, Stil, JA 33, 57.

87 Faust II, 1. Akt, 6487 ff.

88 Faust II, 1. Akt, 6549 ff.

89 Faust II, 1. Akt, 6302.

90 Faust II, 2. Akt, 7888.

91 Über sie Karl Reinhardt in seiner bedeutenden Abhandlung ›Die Klassische Walpurgisnacht. Entstehung u. Bedeutung‹ in: ›Von Werken u. Formen‹, 1948, 348 ff. (wieder abgedruckt in: Tradition und Geist, Göttingen 1960, 309 ff.). Der wichtigste Gedanke Reinhardts ist der Nachweis, wie sich mit dem Fortschritt der Handlung »das Geisterfest im Stile des Barock« ins kultische Spiel, ins Mysterium wandelt.

92 Faust II, 2. Akt, 8435 ff.

93 Faust II, 2. Akt, 7304 f.

94 Faust II, 2. Akt, 8468.

95 Faust II, 2. Akt, 8487.

96 Daß die Klassische Walpurgisnacht bis hinauf zu Galateia Helena »vorbereitet«, hat W. Emrich (352 ff., 359) vortrefflich gesehen und herausgearbeitet: »Wie Radien einer ungeheuren Naturschöpfung laufen sie alle (die Vorformen Helenas) auf den Gipfel und Endpunkt der Natur, auf die ›Schönheit‹ des in Menschengestalt sich verbergenden

Göttlichen zu« (352). – Auch daß diese »Vorbereitung« Helenas bereits mit der Mummenschanz im 1. Akt einsetzt, hat Emrich vortrefflich bemerkt: 158 f.

97 Eckermann, 16. 12. 1829, Gespräche IV 181.

98 Faust II, 3. Akt, 9412.

99 Faust II, 3. Akt, 8520 ff.

100 Faust II, 3. Akt, 9212: Bestrafst, begnadigst, wie dir's wohlgefällt.

101 Faust II, 3. Akt, 9362 f.

102 Faust II, 3. Akt, 9412.

103 Der Begriff der ›Gegenwart‹ ist ein wichtiges Grundwort Goethes. Wie bereits aus mehreren Zitaten in dieser Abhandlung hervorgeht, gebraucht Goethe ›Gegenwart‹ noch in seiner ursprünglichen Bedeutung als ›Anwesenheit‹, und zwar lebendigste, unmittelbarste, wirkendste Anwesenheit, ›Parusie‹, in der sich Wesen erschließt und Wesen ergriffen wird.

104 Faust II, 3. Akt, 9588 ff.

105 Faust II, 3. Akt, 9940.

106 Faust II, 3. Akt, 9954.

107 Hierzu richtig W. Emrich 423: »Das Zurückbleiben des Schleiers in Fausts Händen ist nicht hohnvolles Zerbrechen der ästhetischen Sphäre, wie es die übliche Deutung versteht, sondern ihre höchste und vollendetste Stufe.« – Ich hätte freilich lieber »höchstmögliche Stufe« gesagt.

108 Dies Eingehen des Chors in die Naturkräfte ist nach Goethes auf die Monadenlehre aufgebautem Unsterblichkeitsgespräch mit J. D. Falk vom 25. 1. 1813 (Gespräch II 163 ff.) zu interpretieren, insbesondere durch den Satz: »Jede Monade geht, wo sie hingehört, ins Wasser, in die Luft, in die Erde, ins Feuer, in die Sterne; ja, der geheime Zug, der sie da hinführt, enthält zugleich das Geheimnis ihrer zukünftigen Bestimmung.«

109 Über den Granit, JA 40, 8 ff.

110 Paralipomena zu Faust II, Nr. 89, WA I 15 II, 185.

111 Paralipomena zu Faust II, Nr. 88, WA I 15 II, 185.

112 Faust II, 4. Akt, 10 229 u. 10 231.

113 Paralipomena zu Faust II, Nr. 188, WA I 15 II, 241.

114 Faust II, 4. Akt, 10 218 f.

115 Polygnots Gemälde, WA I 48, 113.

116 Paralipomena zu Faust II, Nr. 178, WA I 15 II, 236.

117 Maximen und Reflexionen, Hecker Nr. 167.

118 JA 4, 127.

119 Dichtung und Wahrheit, 12. Buch, JA 24, 110.

120 Dichtung und Wahrheit, 4. Buch, JA 22, 164.

121 Werther, 15. Mai, JA 16, 7.

122 Paralipomena zu Faust I, WA I 14, 287.
123 Campagne in Frankreich, Münster, November 1792, JA 28, 185.
124 So in der für das 18. Buch von ›Dichtung und Wahrheit‹ im Jahre 1816 entworfenen Skizze, Paralipomenon Nr. 63, WA I 15 II, 176.
125 Zur Interpretation dieser Helenaszene wichtig: ›Polygnots Gemälde‹, ›Über den Besuch des Odysseus in der Unterwelt‹, Ende: »Bei den Toten ist alles ewig. Der Zustand, in welchem der Mensch zuletzt den Erdbewohnern erschien, *fixiert sich für alle Zukunft.* Alt oder jung, schön oder entstellt, glücklich oder unglücklich, schwebt er immer unserer Einbildungskraft auf der grauen Tafel des Hades vor«, WA I 48, 116.
126 Faust II, 3. Akt, 8838. 127 Faust II, 3. Akt, 8881.
128 Faust II, 5. Akt, 11 586. 129 Faust II, 5. Akt, 11 528.
130 Die grundlegende Bedeutung des Symbolcharakters der Faustwirklichkeit hat außer W. Emrich, der in seinem Buch die Faustsymbolik in ihrer ganzen motivischen Verzweigung verfolgt, neuerdings vor allem Benno v. Wiese bemerkt und gebührend stark betont: »Jedes Verständnis des zweiten Teils ist an die Fähigkeit gebunden, Wirklichkeit symbolisch zu sehen und die Bildwelt der Dichtung als Spiegelbild solcher ursprünglich geschauten Symbole zu deuten.« Auch den Charakter Faustens als die »an ihren Welten symbolisch dargestellte Monade« – ich sage lieber: ›Entelechie‹ – hat von Wiese vortrefflich erkannt: aaO. 145.
131 Vgl. ›Goethes Begriff der Realität‹, S. 231 ff.
132 Eckermann, 2.5.1824 (am Ende) Gespräche III 106.
133 Von Homers Welt und Werk, Stuttgart[3] 1959, 331.
134 Beispiele symbolischer Behandlung (Ausgabe letzter Hand Bd. 31, S. 411).
135 Maximen und Reflexionen, Hecker Nr. 314.
136 Gespräch mit Förster vom 16.10.1829.
137 Proömion, V. 9 f., JA 2, 239.
138 Brief an Ch. Dietrich von Buttel vom 3. Mai 1827, WA IV 42, 167.
139 Stelle bei K.J. Obenauer ›Die Naturanschauung der Goethezeit‹ in: ›Von deutscher Art in Sprache und Dichtung‹ IV, 1941, 203.
140 Versuch einer Witterungslehre, JA 40, 55.
141 Faust II, 1. Akt, 4707 f. und 4722.
142 Faust II, 1. Akt, 4727. 143 Faust II, 5. Akt, 12 104 f.
144 Gott und Welt, Epirrhema, JA 2, 249.
145 Vgl. ›Gott, Gemüt und Welt‹, V. 29 f., JA 4, 4: »Willst du ins Unendliche schreiten, / Geh nur im Endlichen nach allen Seiten.«
146 Faust II, 3. Akt, 8932.
147 Paralipomena zu Faust II, Nr. 174, WA I 15 II, 233.

148 Dauer im Wechsel, V. 29 ff., JA 2, 243.
149 Herbst, JA 1, 241.
150 Eckermann, 4. 2. 1829, Gespräche IV 62. Hierzu natürlich auch das bekannte Gespräch mit J.D. Falk vom 25. 1. 1813 (Gespräche II 163 ff.), in dem die Überzeugung von der Unsterblichkeit auf die Monadenlehre aufgebaut wird. Der hier mehrfach auftretende Begriff der »Intention« entspricht dem Faustischen Begriff des Strebens. – Hierzu auch: an Zelter, 19. 3. 1827, WA IV 42, 95: »Wirken wir fort bis wir, vor oder nacheinander, vom Weltgeist berufen in den Äther zurückkehren! Möge dann der ewig Lebendige uns neue Thätigkeiten, denen analog in welchen wir uns schon erprobt, nicht versagen!«
151 Faust II, 5. Akt, 12 094 f.
152 An Zelter, 19. 3. 1827, WA IV 42, 95: »Die entelechische (!) Monade muß sich nur in rastloser Thätigkeit erhalten; wird ihr diese zur andern Natur, so kann es ihr in Ewigkeit nicht an Beschäftigung fehlen.«
153 Zu Goethes Begriff der Entelechie vgl. ›Goethes Begriff der Realität‹, S. 227 f.
154 Den Begriff der Entelechie haben bereits Wilhelm Hertz, ›Goethes Naturphilosophie im Faust‹, 1913, und die, die ihm gefolgt sind, vor allem Theodor Friedrich: ›Goethes Faust erläutert‹, 1932, S. 157: ›Zur Interpretation des Zweiten Faust‹, herangezogen, ohne allerdings damals genug zu bemerken, daß es nicht darum geht, die Faustdichtung Goethes *aus* seiner Naturphilosophie zu interpretieren, sondern daß Goethes Dichten und Gestalten ebenso wie sein Schauen und Denken nur die beiden verschiedenen Seiten von der Art sind, wie Goethe lebt und lebend tätig dem großen Naturleben zugewandt ist. Auf dieses große Naturleben und seine ebenso dichterische wie gedankliche Konzeption Goethes gilt es durchzustoßen als den gemeinsamen Grund seines Dichtens wie Denkens. Nur so hat es einen Sinn, Goethes Naturphilosophie zur Interpretation seines Faust heranzuziehen.
155 Faust II, 5. Akt, Lesarten zu 11 934 und 11 954, WA I 15 II, 165.
156 Eckermann 16. 12. 1829, Gespräche IV 181.
157 Paralipomena zu Faust I, WA I 14, 287.
158 An Schubarth, 3. 11. 1820, WA IV 34, 5, 8 ff. Die Stelle aus dem Brief an Schubarth kehrt mit geringfügigen Änderungen wörtlich wieder in einem undatierten Gespräch mit Riemer (Gespräche IV, 414; Riemer II, 568; Gräf 1962). Das Gespräch mit Riemer wird dadurch auf Ende 1820 datiert. Bei der wörtlichen Übereinstimmung läßt sich nur denken, daß Goethe seinen Brief an Schubarth Riemer gezeigt und dieser sich sogar die betreffende Stelle notiert hat. Das scheint ein bezeichnendes Licht darauf zu werfen, wie – bei Riemer, und wohl auch bei

Eckermann, anders bei Kanzler Müller – die ›Gespräche mit Goethe‹ entstanden sind.

159 Vier Jahreszeiten, Sommer 35, JA 1, 239.
160 Der Sammler und die Seinigen, 5. Brief, JA 33, 167.
161 Faust II, 2. Akt, 7438 f.
162 Platon, 7. Brief, 342 a ff., bes. 344 b.
163 Faust II, 3. Akt, 9412 164 Faust II, 3. Akt, 9418.
165 Vermächtnis v. 30, JA 2, 246. 166 Faust I, 3194 f., Garten.
167 Faust II, 5. Akt, 11 566.
168 An Zelter, 1. 6. 1831, WA IV 48, 206.
169 Faust I, Vorspiel auf dem Theater, 239 ff.
170 Dichtung und Wahrheit, 13. Buch, JA 24, 172.
171 Der Bräutigam, v. 16, JA 2, 229.

EDUARD SPRANGER

Goethe über sich selbst

Rede, gehalten in der Universität Tübingen am 19. Juli 1949
zur Feier von Goethes 200. Geburtstage

»Das wahre Große hebt uns über uns selbst hinaus und leuchtet uns vor wie ein Stern.« Dies Wort aus den »Wanderjahren« stehe über der Goethefeier unserer Universität. Die Erhebung, die in festlichen Stunden gelingt, bleibt oft sehr äußerlich. man muß sich schon ein beträchtliches Stück über die eigene tägliche Existenz emporverwandelt haben, um überhaupt die Regionen zu erschauen, in denen ein Geist wie Goethe wohnt. Das erste Gefühl auf solchen Höhen wird Ehrfurcht sein. Denn es ist nicht von vornherein ausgemacht, daß *wir* es sind, die das Große auf seinen Wert hin zu prüfen haben. Im gleichen Augenblick prüft das Große uns, wie weit wir noch vor ihm bestehen können, und wir sollten vor allem dankbar sein für diese Reinigung unseres Inneren. Das Edelste der Vergangenheit zu *erkennen*, dafür wird in diesen Hallen Tag für Tag unendliche Mühe verwandt. Steht es aber vor uns, so soll sein Anblick die Erschütterung hervorrufen, die Rainer Maria Rilke vor dem Apollotorso in die Worte ausbrechen läßt:
»Da ist keine Stelle, die dich nicht sieht. – Du mußt dein Leben ändern.« Dann erst wird uns auch jene Tröstung zuteil, deren wir in der Zerbrochenheit unserer gegenwärtigen Existenz bedürfen.

So viele Goethereden in diesen Monaten gehalten werden, so viele Urteile werden über den Menschen und den Dichter gewagt. Die Welt erfährt, was Professoren und Schriftsteller über Goethe denken. Sollte nicht auch die andere Erwägung fruchtbar sein, was Goethe über sich selbst gedacht hat? Mag er dabei gelegentlich dem Irrtum verfallen sein, der gerade bei dem Versuch der Selbsterkenntnis dem Menschen droht;

mag sich auch hier sein helles Auge oft bewährt haben: in jedem Falle kommen wir auf diesem Pfade an die Lebensbewegung besonders nahe heran, die in ihm selbst gespielt hat, und gewinnen Teil an der inneren Welt, aus der sein Wachsen wie sein Wirken zu verstehen ist.

Erst 1895 ist aus Goethes Nachlaß ein sehr merkwürdiges Dokument zum Vorschein gekommen, das einzig in seiner Art ist. Es muß 1797 entstanden sein, als Goethe vor der dritten Schweizer Reise, auf der er auch Tübingen besuchte, sich einige Zeit in seiner Vaterstadt Frankfurt aufhielt. 1797 ist das Jahr, in dem Schillers gesteigerter Hang zur Reflexion endlich auch Goethe ein wenig angesteckt hat. Wieder einmal hatte am 17. Januar der Freund ihm eine Charakter- und Entwicklungsdiagnose gestellt; er hatte ihm zugerufen, daß nun seine analytische Epoche vorüber sei; das heißt doch, daß er nun endlich aus der Zerstreuung seiner Bestrebungen herauskommen und alle Kräfte zum höchsten dichterischen Anlauf sammeln müsse. Das Wort scheint in Goethes Seele einen Widerhall gefunden zu haben. Ende Juli ging er als ein »skeptischer Realist« auf die Reise, ausgestattet mit fertigen Frageschemata für die Beobachtung. In der Frankfurter Luft regt sich unverkennbar das pedantische Erbteil des Vaters. Aber in dieser heimischen Luft mag ihm auch die Frage gekommen sein »Wer bist du eigentlich?« So diktiert er dem Sekretär Geist einen Text von zwei Seiten, der mit folgenden bedeutsamen Worten beginnt: »Immer tätiger, nach innen und außen fortwirkender poetischer Bildungstrieb macht den Mittelpunkt und die Base seiner Existenz. Hat man den gefaßt, so lösen sich alle übrigen anscheinenden Widersprüche. Da dieser Trieb rastlos ist, so muß er, um sich nicht stofflos selbst zu verzehren, sich nach außen wenden, und da er nicht beschauend, sondern nur praktisch ist, nach außen gerichtet entgegenwirken: daher die vielen falschen Tendenzen: zur bildenden Kunst, zu der er kein Organ, zum tätigen Leben, wozu er keine Biegsamkeit, zu den Wissenschaften,

wozu er nicht genug Beharrlichkeit hat. Da er sich aber gegen alle drei *bildend* verhält, auf Realität des Stoffes und Gehalts und auf Einheit und Schicklichkeit der Form überall dringen muß, so sind selbst diese falschen Richtungen des Strebens nicht unfruchtbar nach außen und innen.«[1]
Auf welchen Zeitgenossen sonst könnte diese Charakteristik passen als auf Goethes eigene Person? Sie betrifft die Frage, wie denn Goethe der Dichter und der Minister, Goethe der Naturforscher und der Zeichner innerlich zusammenhängen. Sie kehrt bei Goethe oft wieder und ist von ihm wechselnd beantwortet worden, besonders eingehend in der ›Konfession des Verfassers‹, die die Geschichte der Farbenlehre beschließt[2]. Auch da sucht er die einheitliche Wurzel der drei Tendenzen, gibt die bildende Kunst willig preis, nicht natürlich die Naturwissenschaften. Alles aber stellt er endlich unter den Gedanken, der das Grundmotiv des ›Faust‹ mit dem des ›Meister‹ verbindet, den Gedanken von der Fruchtbarkeit des Irrens in allem Streben. »So gewiß ist es, daß die falschen Tendenzen den Menschen öfters mit größter Leidenschaft entzünden als die wahrhaften, und daß er demjenigen weit eifriger nachstrebt, was ihm mißlingen muß, als was ihm gelingen könnte.«
Außer diesen zwei Selbstcharakteristiken aber gibt es in den Schriften des Dichters nur ganz wenige Ansätze ähnlicher Art[3]. Er teilte nicht die Neigung der Schiller und Humboldt, unablässig über sich selbst nachzudenken. Ja es ist für unser Vorhaben von entscheidender Bedeutung, daß Goethe sich geradezu mit Leidenschaft gegen den Spruch gewandt hat, den Sokrates vom Orakel zu Delphi als höchste Leitlinie seines philosophischen Lebens übernommen hatte, gegen das »Erkenne dich selbst«. Zweimal berichtet der Kanzler v. Müller von heftigen Ausfällen über das Orakelwort; Eckermann und Falk haben es bestätigt[4]. Eine Fülle von kleinen Gedichten und Aphorismen warnt vor dem Irrweg der Selbstanalyse[5]. Die ›Betrachtungen im Sinne der Wanderer‹

verstärken die Warnung zu einem entschieden positiven Rat: »Wie kann man sich selbst kennen lernen? Durch Betrachten niemals, wohl aber durch Handeln. Versuche deine Pflicht zu tun, und du weißt gleich, was an dir ist«[6]. So ist es denn auch der Vertreter der vita activa, Antonio, der im ›Tasso‹ die Worte spricht:

> Inwendig lernt kein Mensch sein Innerstes
> Erkennen; denn er mißt nach eignem Maß
> Sich bald zu klein und leider oft zu groß.
> Der Mensch erkennt sich nur im Menschen, nur
> Das Leben lehret jeden, was er sei.[7]

All solchen Äußerungen steht jedoch entgegen, daß der Dichter seine so weit auseinandersplitternden poetischen Werke als »Bruchstücke einer großen Konfession« bezeichnet hat. Wollten wir sie aber für seine Selbstcharakteristik auswerten, so kämen wir in das bedenklichste Unternehmen hinein; denn nirgendwo in seinen Dichtungen, auch im ›Werther‹ nicht, hat Goethe sich selbst einfach photographiert. Ebensowenig kann der Reichtum an Sprüchen ausgemünzter Lebensweisheit als vollgültiges Material benutzt werden; denn gerade hier hat sich die subjektive Lebensbewegung schon objektiviert und ins Allgemeine emporgeklärt. Es wird eines sehr sorgfältigen Hinhörens bedürfen, wenn man belauschen will, wie Goethe in der Zeit nach jener Skizze von 1797 über sich selbst spricht. Aber bei der Wahl meines Gegenstandes kam es mir darauf an, einmal mehr den intimen Goethe zu packen, nicht den offiziellen Goethe, geschweige denn den »Dichterfürsten«, den »Olympier«, den »Halbgott«.

Unglücklicherweise haben wir es mit dem über sich schweigsamsten Dichter zu tun. Es ist in ihm geradezu eine asketische Schweigehaltung. »Jamais il ne parle du lui même« berichtet Gräfin Christine Reinhard sogar aus Karlsbad[8].

Städtebezwingerin du, Verschwiegenheit, Fürstin der Völker!
Teure Göttin, die mich sicher durchs Leben geführt.[9]

Aber von Zeit zu Zeit löst sich doch ein Bekenntnis aus verschleierten Tiefen, oder es ist ein indirekter Schluß gestattet, der Licht darüber verbreitet, wie der große Mann sich selbst verstanden hat. Und solche Strahlen müssen wir im einzelnen vorsichtig auffangen, um sie langsam zum Bilde zusammenschießen zu lassen.

I

Selbsterkennntnisse und Selbstbekenntnisse finden wir in Fülle zunächst über die Bedingungen und Formen seines dichterischen Schaffens. Sie lassen keinen Zweifel darüber, daß Goethe, trotz alles reizbaren Ehrgeizes in der Farbenlehre, seine eigentliche Bestimmung in der Poesie erblickt hat[10].

Da geht nun ein unablässiger Kampf um die Freihaltung und Reinhaltung seiner Phantasie. *Freihaltung* – denn der Tag spült tausend andere Verpflichtungen heran, besonders im Alter. »Was euch nicht angehört, das müßt ihr meiden!« Also auch *Reinhaltung*: es ist fast befremdend, wie er es vermeidet, dem Häßlichen, dem unsäglichen Augenschmerz, zu begegnen; auch nur Szenen des Unglücks zu sehen oder zu hören. Er läßt sich alle Todesfälle, selbst in der Familie, so lange wie möglich verheimlichen und nimmt an keinem Begräbnis teil[11]. Die Berührungsfurcht geht so weit, daß er 1797 gegenüber Schiller behauptet, er kenne sich nicht genug, um zu wissen, ob er eine wahre Tragödie schreiben könnte. »Ich erschrecke aber bloß vor dem Unternehmen und bin beinahe überzeugt, daß ich mich durch den bloßen Versuch zerstören könnte«[12].

Und weiter: Im Gegensatz zu Schiller kann er – abgesehen

vom späten Alter – über das, was in ihm werden will, nicht reden. Denn es ist um das Schaffen ein heiliges Geheimnis. Die Gabe, Nicht-selbst-Erlebtes in der Phantasie, in der ahnenden Vorbildungskraft doch der Wahrheit gemäß zu antizipieren, regt sich nur in der Einsamkeit. Man darf den Gott, der solche Eingebungen schenkt, nicht überraschen und belauern. *Unbewußt* gibt das Genie der Kunst die Regel. Aber diese Regel ist metaphysischen Ursprungs. Es kommt nämlich darauf an, aus Natur und Menschenleben das verborgene Gesetz herauszuahnen. Deshalb alle Bemühungen um Urgesetzlichkeit in der Morphologie und Metamorphosenlehre[13]; deshalb der Versuch, selbst zu zeichnen, trotz ersichtlich mangelnder Begabung. Echte Kunst muß in dieser Bedeutung »objektiv« sein; sie muß Wesenstreue erreichen. Wo das zufällige Subjekt des Dichters sich vordrängt, wie bei Kleist und Hölderlin, da ist etwas Krankhaftes am Werke. »Der Geist des Wirklichen ist das wahre Ideelle« – aber man betone: der *Geist* der Wirklichkeit, also Urtypus, Gesetz, innere Notwendigkeit; denn da ist Gott[14]! Was seine dichterische Phantasie aus eigener Tiefe vorwegnehmen kann, das hat Goethe Eckermann genau auseinandergesetzt: nicht das Faktische, das Zufällige, sondern nur das, was im geheimen Zusammenklang von Ich und Welt als beiden gemeinsame gottgewollte Ordnung aufleuchtet. Erst diese Wahrheit ist es, die der Klassiker Goethe »Stil« nennt[15].

Je künstlerischer das Werk, um so weniger darf dabei noch eigentliches Wissen ums Gesetz beteiligt sein. Goethe hat es immer abgelehnt, daß sein ›Faust‹ eine »Idee« darstellen wolle. Allenfalls die ›Wahlverwandtschaften‹. Die neugierigen Frager weist er mit den Worten ab: »Sie wollen wissen, was ich selbst nicht weiß«[16]. Gerade vom 1. Teil des ›Faust‹ betont er wiederholt, daß er aus einem etwas dunklen Zustand des Individuums hervorgegangen sei, und erst unser Hermann Schneider hat dieses Dunkel höchst geistvoll durchleuchtet[17]. Um so ergreifender ist es, zu verfolgen, wie dem Greis im höchsten Alter diese Fähigkeit des glücklichen unbewußten Produzierens verlorengeht. Es ist einer seiner herrlichsten Briefe, den er fünf Tage vor seinem Tode an W. v. Humboldt über seine Arbeit am II. Teil schreibt, mit der Feierlichkeit einer letzten Offenbarung aus seiner schöpferischen Seele: »Zu jedem Tun, daher zu jedem Talent, wird ein Angeborenes gefordert, das von selbst wirkt und die nötigen Anlagen unbewußt mit sich führt, deswegen auch so geradehin fortwirkt, daß, ob es gleich die Regel in sich hat, es doch zuletzt ziel- und zwecklos ablaufen kann«. Jedoch: – »Hier treten nun die mannigfachsten Bezüge ein zwischen dem Bewußten und Unbewußten... Bewußtsein und Bewußtlosigkeit werden sich verhalten wie Zettel und Einschlag, ein Gleichnis, das ich so gern brauche. Die Organe des Menschen ... verknüpfen ohne Bewußtsein in einer freien Tätigkeit das Erworbene mit dem Angeborenen, so daß es (?) eine Einheit hervorbringt, welche die Welt in Erstaunen versetzt«[18]. –

Das Bekenntnishafte in den Werken selbst wurzelt in ihrem Hervorgehen aus der lebendigen Individualität des Schöpfers, obwohl es eine Sage ist, daß Goethe nur aus dem sogenannten »Erlebnis« heraus gedichtet habe. Er selbst nennt seine Werke »Fetzen meines Lebens«, »Spuren meines Lebens«, »abgeworfene Schlangenhäute«[19]. Er habe sie im Grunde um seiner selbst willen, also eigentlich recht egoistisch geschaffen[20]. Bei einigen Hauptgestalten ist deutlich erkennbar, was Goethe für Faust und Mephistopheles ausdrücklich bestätigt hat, daß sie als Zerlegungen oder Abspaltungen seiner eigenen Person entstanden sind: z. B. Antonio und Tasso, Prometheus und Epimetheus in der ›Pandora‹. Es ist auch gewiß, daß sie in ungleichem Maße Einblicke in das Innerste der erzeugenden Seele eröffnen. Der ›Werther‹ noch fast pathologisch subjektiv, steht für die Jugendphase an der Spitze. Viel weiter abgerückt sind die ›Wahlverwandtschaften‹ und ›Pandora‹[21]. Aber gerade von den ›Wahlverwandtschaften‹ hat Goethe gesagt, es sei keine Zeile darin, die nicht erlebt sei. Natürlich muß man hinzufügen: auch keine einzige, die gerade so erlebt wäre! Die ungewöhnliche Bewegung, mit der er die Vollendung des Romans begleitet – die Hausgenossen sollen ihn bei verschlossenen Türen lesen –, deutet auf ein Schmerzens- und Lieblingskind. Der Roman ist wie ein Sühnegeschenk an die Heiligkeit der Ehe, an der er lange vorbeigelebt hatte, und zugleich eine Schutzschrift nach überstandener neuer Gefährdung[22]. Er handelt von einer »Wunde, die im Heilen sich zu schließen beginnt«, also von Goethe selbst. Über das Urbild der Ottilie, Minna Herzlieb, scheint er noch 1815 zu Sulpiz Boisserée sich vielsagend eröffnet zu haben, »wie er sie lieb gehabt und wie sie ihn unglücklich gemacht. Er wurde zuletzt fast rätselhaft ahndungsvoll in seinen Reden«[23]. *Wir* wissen nur, daß dieser ethische Sieg Herzblut gekostet hat, wie kein anderer. Fast um die gleiche Zeit dichtete Goethe in dem ›Pandora‹-Fragment den Eintritt ins Alter, den Abschied von der Schönheit, den Verzicht auf Glück, – noch immer freilich schwankend, ob dahinter das bittere Wort »unwiederbringlich« zu setzen sei. Denn es gibt das »Stirb und werde!«

Mit solchen Deutungen der Werke auf das, was Goethe in ihnen indirekt über sich selbst gesagt hat, wäre kein Ende zu finden. Die Goetheforschung hat auf diesem Gebiet manches Verdienst und manche Versündigung aufzuweisen. Nur zaghaft werfe ich die Frage auf, ob nicht das dreiteilige Gedicht ›Paria‹, das Goethe vierzig Jahre mit sich herumgetragen hat, ehe er rief »Es werde«, in besonders leidvoll erfahrene Tiefen des eigenen Wesens hinabreicht. Es wäre eine ziemlich oberflächliche Deutung, wenn man es nur auf das Mitgefühl mit einer niederen, verachteten Menschenklasse zurückführte. Gilt nicht gerade von dem Dichter das Symbol vom Schöpfen heiligreinen Wassers, das nur dem ganz reinen Gemüte vergönnt ist:

Seligem Herzen, frommen Händen
Ballt sich die bewegte Welle
Herrlich zu kristallner Kugel?

Ist nicht diese hohe Gabe auch in ihm stets bedroht von einem unreinen Wesensbestandteil, mit dem der unergründliche Gott ihn zusammengeschmolzen hat? »So hat Brahma das gewollt«. Ist es nicht die Zerrissenheit des Dichters selbst, die zu dem grausam verführenden Brahma spricht:

Und ich werd' ihn freundlich mahnen
Und ich werd' ihm wütend sagen,
Wie es mir der Sinn gebietet,
Wie es mir im Busen schwellet,
Was ich denke, was ich fühle –
Ein Geheimnis bleibe das.[24]

Wir wagen es, noch tiefer in diese selten geöffneten Abgründe der Verschwiegenheit hineinzuleuchten. Vor allem muß man den Stein wegwälzen, mit dem Goethe selbst den Zugang blockiert hat:

Geprägte Form, die lebend sich entwickelt!

Als ob eine schöne organische Entwicklung, eine leidfreie Metamorphose von der Jugend bis zum Alter den Weg des Dichters bestimmt hätte! So konnte es in der beruhigten Rückschau des Reifgewordenen erscheinen, und diese Auffassung ist in das allgemeine Bewußtsein des deutschen Volkes eingegangen: Schiller, der unglückliche Kämpfer, Goethe, der ewige Günstling der Götter wie der Musen! Es wäre etwas sehr Zweifelhaftes um eine Haltung zur Welt, die ohne Leiden gewonnen wäre. Hier tritt nun Goethes Eigentümlichkeit ein, vom Innersten und Letzten nicht zu reden, ehe es in der eigenen Tiefe zu klarer Form verarbeitet ist.

Sogar die indirekte Rede der poetischen Gestaltung gelingt erst, wenn der lähmende Schmerz verwunden ist[25]. Man muß also gelegentliche Selbsterkenntnisse über Durchlittenes sehr ernst nehmen. Die bekannte Stelle über sein Leben bei Eckermann ist echt: »Im Grunde ist es nichts als Mühe und Arbeit gewesen, und ich kann wohl sagen, daß ich in meinen 75 Jahren keine vier Wochen eigentliches Behagen gehabt habe.« Nie sei ein zufälliges Glück an ihn herangekommen, seit Rom sei er nie wieder ganz froh geworden: »Es hat mich genug gekostet, zu werden, wie ich bin.« Viel schärfer noch in einem Schema zur Autobiographie: »Mein Leben ein einzig Abenteuer. Ewige Marter ohne eigentlichen Genuß. Niederträchtige Nekrologen« (nämlich solche, die das wegdeuten wollen). In Kondelenzbriefen an Zelter oder Rauch *redet* er wohl einmal von den seelischen Krankheiten, die ihn durchrast, von den Schiffbrüchen, die ihm gedroht haben[26]. Es gehört auch zu den Verzeichnungen des Goethebildes, daß man glaubt, sein Familienleben sei für den »Olympier« eine nebensächliche Angelegenheit gewesen. Man muß es sich klar machen, wie echt seine Liebe zu Christiane war, obwohl sie nicht an seine Totalität hinanreichte – eine zur Tragik prädestinierte Faust-Gretchen-Verbindung! Man sollte es sich klar machen, was für Lasten und Kränkungen es in dem kleinen Weimar mit sich bringen mußte, mehr als eineinhalb Jahrzehnte in einer illegitimen Verbindung zu existieren. Auch daher Pariagefühle! Es ist bezeugt, aber freilich nicht von ihm selbst, daß er die Seinen mit geradezu stürmischen Gefühlen umfaßte[27]. Als dann der gesellschaftlich sogar von Herder angefochtene Sohn erwachsen war und Ottilie, für deren Charme Goethe empfänglich war, die Hausfrau spielte, muß es oft zu Seelenmartern für den Greis gekommen sein. Aber Goethe – schweigt. Der Großherzog scheidet dahin – der Urgesunde heilt seine Seele in Dornburg aus. Der Tod der Großherzogin Luise erschüttert aufs neue, aber als August in Rom gestorben ist, da ist die Axt an die Wurzel gelegt. Goethe schweigt wieder; nur das eine Wort: »Non ignoravi me mortalem genuisse!«[28] Diesen Schlag hat er nur um 17 Monate überlebt.

»Prüfungen erwarte bis zuletzt. – Der Körper muß. Der Geist will«, schreibt er am 21. November 1830 an Zelter. Es war in Goethe eine unvergleichliche Kraft der Selbstheilung, physisch und geistig. Wie alle gesunden Naturen litt er in Krankheitsfällen ganz ungewöhnlich; es war sogleich »ein unermeßlicher Jammer«[29]. Wir kennen seine Klagen. Seine schönsten Werke tragen den Charakter der Selbstwiederherstellung. Und je älter er wurde, um so mehr kommt er zu der Gewißheit, die dann auch im Heiligtum der Pädagogischen Provinz Darstellung findet: »Alles Leiden hat etwas Göttliches; denn insofern es Leiden ist, muß es noch ertragen werden können, obgleich schwer und mit Mühe«[30]. Zu diesem Leiden gehörte für den alten Zauberer Merlin schon das wachsende Gefühl der völligen Einsamkeit, nach Schillers Tod war niemand da, mit dem er auf gleicher Ebene hätte reden können. Aber als der 77jährige auf einem Gemälde einen Begräbniszug von Mönchen im tiefen Winter sah, wehrte er ab: »Das sind lauter Negationen des Lebens. – Den Winter statuiere ich nicht. – Mönche statuiere ich nicht. – Den Tod statuiere ich nicht.« So redet Goethe über sich selbst. Aber man muß das Wort hinzudenken: »Es hat mich genug gekostet«[31].

II

Selbsterkenntnisse geben immer auch schon Einblick in das Maß der Selbstschätzung. Es hat sich mir aber die Überzeugung gebildet, daß es ein ganz bestimmter Augenblick war, der Goethe mit dem Bewußtsein erfüllt hat »Ich bin eine Persönlichkeit von historischer Bedeutung«. Dieser Augenblick ist die Begegnung mit Napoleon, richtiger: die beiden Begegnungen mit ihm in Erfurt und Weimar am 2. und 6.

Oktober 1808. Man wird erwarten dürfen, daß das, was Goethe darüber gesagt hat, das hellste Licht auf ihn selbst wirft. Aber wieder eine auffallende Komplikation! Wir haben über das erste Gespräch einen ausführlichen Bericht von Talleyrand, in dem jedoch gerade das Hauptthema: Napoleons kritisches Lob des ›Werther‹ gar nicht vorkommt. Es bestehen Anzeichen, daß Talleyrand nicht die ganze Zeit anwesend war. Goethe hat nur einem einzigen Menschen am gleichen Tage noch davon erzählt, dem Kanzler v. Müller. Dessen Tagebucheintragung ist also die wichtigste Quelle dafür, wie Goethe selbst das Ereignis sah[32]. 16 Jahre später hat der Kanzler den Dichter veranlaßt, seine Erinnerungen an die Begegnung niederzuschreiben. Sie müssen natürlich schon durch die stille Umformungsarbeit des Gedächtnisses hindurchgegangen sein. Vor allem aber ist wichtig, daß Goethe selbst 1814 dem Kanzler gestanden hat, er habe nie aufrichtig erzählt, um Klatschereien vorzubeugen[33]. Was nun historisch wahr ist, kann hier nicht ausgemacht werden. Aber psychologisch ist leicht zu rekonstruieren, daß das beschwingende Ereignis für Goethe selbst eine schmerzliche Kehrseite haben mußte. Falls nicht als Deutscher, so befand er sich doch als Minister seines Herzogs in einer höchst bedrückenden Situation. Davon hat er geschwiegen. Er hat nur das hervorgehoben, was ihn, einen stillen Dichter, plötzlich als ebenbürtig neben den größten Mann seines Jahrhunderts stellte. »Voilà un homme!« Wie man das Wort deuten mag, es deutet doch auf eine Begegnung au pair. Wir wollen nicht dabei verweilen, daß in der Folge auch Menschliches-Allzumenschliches zutage trat. Einige Erwähnungen des Ereignisses klingen allzu servil, besonders der betrübende Brief an Cotta vom 2. Dezember 1808, und die Freude über den Orden der Ehrenlegion trug Goethe noch dann zur Schau, als es in Deutschland peinlich empfunden werden mußte. Aber genug: Goethe selbst war so groß, daß er wußte, was absolute historische Größe ist, und neben diesen Mann, den er später oft Halbgott oder das Kompendium der Welt oder eine dämonische Natur genannt hat, fand er sich selbst mit einem Schlage vor den Augen der ganzen Welt gerückt. Auf keine Szene seines Lebens ist er in späteren Briefen und Gesprächen so oft wieder zurückgekommen wie auf die Begegnung mit Bonaparte. Nicht nur die Einzelheiten der Darstellung, sondern auch die Werturteile wechseln dabei je nach Zeit und Gelegenheit. Seit 1813 mindestens durfte er ja von dem zeitüberlegenen Maßstab, mit dem sein Auge, auch sein Dichterauge, den Korsen maß, nicht mehr laut sprechen. Die Nation verlangte eine ganz andere Haltung von ihm. Hier kommt es nur auf das Eine an: Seit 1808 weiß Goethe, daß er eine historische Persönlichkeit ist.

Dies erst wird den entscheidenden Anstoß gegeben haben, seine Selbstbiographie zu schreiben, die dann in den ›Annalen‹ eine etwas trockene Fortsetzung gefunden hat. Gewiß haben auch Schillers Anregung und ein Wort von Cellini mitgewirkt. So entstand das Werk, in dem Goethe am meisten von sich selbst spricht[34].

Doch wiederum seltsam! Wenn Goethe nicht an die Möglichkeit einer Selbsterkenntnis glaubte, so glaubte er auch nicht an die Möglichkeit einer getreuen historischen Darstellung, »wie es wirklich gewesen ist«. Das erste große Gespräch mit dem Historiker Luden vom 19. August 1806 und eine Äußerung gegenüber Woltmann beweisen es zur Genüge[35]. Er beklagt es sogar, daß Niebuhrs Kritische Römische Geschichte so viele schöne Mythen zerstört habe[36]. Die Weltgeschichte im großen schließlich nennt er »ein Gewebe von Unsinn« und »das Absurdeste, was es gibt«[37]. Unter solchen Umständen konnte allenfalls noch eine Biographie zu rechtfertigen sein, aber auch sie nur in Annäherung an den Mythos, sofern dieser überhistorische Wahrheit enthält. Goethe beginnt, am Mythos von seiner Person zu arbeiten. Daher der Titel: ›Dichtung und Wahrheit‹. Es ist ein Werk von höchster Kunst der Formgebung, aber auch voll nachträglicher Sinngebung. Goethe selbst hat am 15. Februar 1830 an Zelter geschrieben, es sei sein ernstestes Bestreben gewesen, »das eigentliche Grundwahre in meinem Leben« darzustellen. Das ist nicht Wahrheit im alltäglichen Sinne. Zu Eckermann hat er gesagt: »Es sind lauter Resultate meines Lebens, und die erzählten einzelnen Fakta dienen bloß, um eine allgemeine Beobachtung, eine höhere Wahrheit zu bestätigen«[38]. Viel wichtiger noch ist die Notiz des zweiten biographischen Schemas von 1810: »Hauptaperçu, daß zuletzt alles ethisch sei«.

Welcher Unterschied gegenüber den Konfessionen eines Augustin oder eines Rousseau! Alles bewegt sich auf dem Boden des Weltlichen; aber nicht alles kreist um eine Monade, die im Grunde sich selbst allein interessant ist, sondern alles scheint den einen Satz zu beweisen, daß auch die bedeutendste Existenz durch und durch bedingt sei, daß sie als Erbin vielen Geistesmächten zu danken habe, daß der Autor selbst, wie er später zu Soret gesagt hat, im Grunde nur ein être collectif sei, genannt Goethe. Die Entstehungszeit war voll von Kriegswirren: »Diese Zeit benutzte ich, um mich in mir selbst historisch zu bespiegeln.« Was herauskam, nennt der Verfasser auch: »die Stufen meiner Bildung«[39].

Bald aber geriet Goethe in eine ganz andere Lage: er mußte um die Erhaltung seiner inneren Selbstsicherheit schwer kämpfen. Denn um sie ist es seit dem Ausbruch des Freiheitskrieges ersichtlich schlecht bestellt. Ich fasse viele Einzelzüge zu folgendem Bilde zusammen. Schon vor 1813 hatten Tagesgrößen wie Kotzebue, bizarre Originale à la Jean Paul, vor allem aber die ebenso oft frondierenden wie bewundernden Romantiker die Imperatorenstellung Goethes stark bedroht. Nun kam der schwerste, lang anhaltende Konflikt: man vermißte an dem gefeierten Dichter die volle Herzensglut des Patriotismus. Und er selbst mußte sich bekennen, daß er nicht nur kein junger Theodor Körner sein konnte, sondern daß er wesensmäßig das nicht aufbringen konnte, was man von ihm erwartete. Die politische Welle aber hielt nach dem Siege über Napoleon an. Goethe war kein Politiker. Hatte er nun noch das Recht auf geistige Führung seiner Nation? Das Leiden unter diesem Schicksal hat er oft deutlich ausgesprochen. Man kann es aber auch aus indirekten Äußerungen erschließen.

Wie vor den Fesseln der bindenden Liebe, flieht Goethe vor der Berührung mit der Politik. Als Luden ihn 1813 zur Mitarbeit an dem politischen Journal ›Nemesis‹ aufforderte, lehnt er es scharf, aber noch halb mit politischer Begründung ab. Die Kleinbürger Jenas rufen sich zu: »Es geht gut, die Franzosen sind fort. Die Stuben sind gescheuert, nun mögen die Russen kommen, wenn sie wollen.« Welche Unkenntnis der nordöstlichen Gefahr! Unzweifelhaft aber ärgert ihn, den Napoleonverehrer, schon der Titel ›Nemesis‹[40]. Er traut dem politischen Instinkt der Deutschen nicht. Die Verärgerung setzt sich fest. Aber das Fremdheitsgefühl liegt doch im Wesen, mindestens des alten Goethe. Darin ist er ganz deutsch: Er läßt die Politik andere machen, nicht nur wegen der schmutzigen Hände. Das schwerwiegende Wort Napoleons in Erfurt: »Die Politik ist das Schicksal« scheint er ganz überhört zu haben. In den Annalen von 1813 bekennt er: »Wie sich in der politischen Welt irgend ein ungeheures Bedrohliches hervortat, so warf ich mich eigensinnig auf das Entfernteste«[41]. Und der West-östliche Divan beginnt:

> Nord und West und Süd zersplittern,
> Throne bersten, Reiche zittern:
> Flüchte du, im reinen Osten
> Patriarchenluft zu kosten.

Die Motive sind vielfach verschlungen. Eckermann hat unter dem Jahr 1830 eine lange Apologie Goethes ausgesponnen, auf deren Echtheit man schwerlich vertrauen darf[42]. Psychologisch gesehen, lag es doch so: Goethe war Dichter und mußte um die Erhaltung des reinen Dichtertums in sich schwer kämpfen. Die Zeitgenossen verlangten von ihm Betätigungen, die nicht des Dichters Sache sein konnten. Was Meisterschaft ist, hielt man für Egoismus[43]. Schon politische Gedichte – er nennt als Beispiel Uhland – können sie eigentlich Gedichte sein? Sodann aber: als Deutscher fühlte er in dem zeitgenössischen Patriotismus einen falschen Ton. Die ganze Teutschtümelei war ihm im Grunde seines Herzens zuwider[44]. Das hohle Geklirr der Worte und der Waffen hat er noch ganz spät in den Gestalten der Greifebeute und Raufebold und Habebald gegeißelt, als ob er Entartungen unserer Tage vorausgesehen hätte. Zur studentischen Freiheitsbewegung stand er zwiespältig. Es bildet sich in ihm eine immer schärfere Kritik des deutschen Nationalcharakters überhaupt heraus, wobei er viel über sich selbst reden mußte[45]. Denn sein eigenes gutes Deutschtum wollte er sich nicht bestreiten lassen. Zum Nationalhaß fühlte er sich unfähig, auch gegenüber den Franzosen, dieser Nation von hoher Kultur. Ob es sich aber *nur* auf die mittelalterlich deutsche Kunst – der er doch eben nähergerückt war – bezieht, wenn Boisserée uner dem 3. August 1815 notiert: »Sein Haß gegen das Deutsche?«[46]

Der Mißmut des Alters, der Mißmut des verkannten Dichters und des angewiderten Politikers machen sich fortdauernd in den ›Zahmen Xenien‹ Luft, die Beutler mit Recht »stille Selbstgespräche« genannt hat. So muß man sie lesen: als ständige Selbstverteidigungen, als manchmal saure Früchte des Verdrusses, der im Leben eine so beträchtliche Rolle spielt. Zahm sind diese von 1815 bis 1827, zum Teil aber erst aus dem Nachlaß erschienenen Angriffe auch deshalb zu nennen, weil sie keineswegs sämtlich aus absolutem Glauben an sich selbst hervorgegangen sind, sondern aus dem beunruhigenden Gefühl, den Kontakt mit dem Zeitalter verloren zu haben. »Ein alter Mann ist stets ein König Lear« ist ein vielsagendes Wort. Oder der Ausbruch des Unmuts:

Für und wider zu dieser Stunde
Quängelt ihr schon seit vielen Jahren;
Was ich getan, ihr Lumpenhunde,
Werdet ihr nimmermehr erfahren.

Endlich schon stark an der Grenze:

Den Dichter könnt ihr mir nicht nehmen,
Den Menschen geb' ich euch preis;
Auch der darf sich nicht schämen,
Greift doch an euren ...«.[47]

Wenn so viel Negatives hervorklingt, dann bleibt für den letzten Teil die Frage, wo zwischen Himmel, Erde und Hölle Goethe eigentlich seine Persönlichkeit eingeordnet hat.

III

Die Art, wie Goethe sich selbst der Geschichte eingliedert, ist nicht frei von Widersprüchen. Wo gekämpft wird, endet das Monopol der Logik.
Ein starkes Gefühl der Dankbarkeit klingt zunächst hervor: »Und was man ist, das blieb man andern schuldig.« Für Originalität hat die schon durchgeformte Welt wenig Raum, allenfalls für Energie und Fleiß. Um Epoche zu machen, muß man eine große Erbschaft getan haben. Auch das 18. Jahrhundert war keine schlechte Erbschaft. Es ist bekannt, daß Goethe im Herzen konservativ war, fortschrittlich und tolerant nur mit dem Verstande. Seine Denkart war mild-neptunistisch, nicht revolutionär-vulkanistisch[48].
Es ist nicht nur das Bedürfnis nach Ruhe für das eigenste poetische Sinnen und Schaffen, was ihn zum scharfen Kritiker der sogenannten Restaurationszeit macht, die mit neuen Revolutionen schwanger ging. Schon *ihm* erschien die Kultur Europas als krank. Eckermann läßt an allerdings schlecht

beglaubigten Stellen Goethe sagen: »Denkt man sich bei deprimierter Stimmung recht tief in das Elend unserer Zeit hinein, so kommt es einem vor, als wäre die Zeit nach und nach zum jüngsten Tage reif.« Und: »Ich sehe die Zeit kommen, wo Gott keine Freude mehr an ihr (der Welt) hat und er abermals alles zusammenschlagen muß zu einer verjüngten Schöpfung«[49]. Er sieht das Übervölkerungsproblem, das Großstadtproblem, das Maschinenwesen, die täglich wachsende soziale Krisis. Daher denn die gelegentlichen sympathisierenden Äußerungen über das junge, weiträumige Amerika, das ja wohl schwerlich *sein* Land hätte werden können. »Ja selbst wenn ich nach Amerika flüchten wollte, ich käme zu spät, denn auch dort wäre es schon zu helle«[50].

Ganz anders, wenn Goethe sich weder als Erben noch als Mitkämpfer fühlt. Dann stellt er sich auf eine übernationale und überhistorische Höhe. Sein Umfassungsvermögen wird ungeheuer. Je mehr er sich um die zeitgenössische Dichtung anderer Völker kümmert und von ihnen anerkannt wird, um so heller tritt der Gedanke der Weltliteratur hervor; Byron, Carlyle, Manzoni, Béranger wohnen mit ihm auf demselben Montserrat. 1830 beglückt ihn die Kollektivhuldigung junger französischer Dichter *sehr*[51]. Als Schöpfer der divina comedia ›Faust‹ aber denkt er in Weltepochen, freilich gemäß dem damaligen Horizont – »von Troja bis Missolunghi«. »Ich lebe in Jahrtausenden«, sagt er 1827. Er stehe darüber und verbinde das Alte und das Neue. »Ich stehe auf meiner Seite«[52].

Ausdrücke echter Bescheidenheit wechseln mit solchen des entschiedensten Selbstgefühls. Das gilt für alle seine Lebensstufen, obwohl er dem bewährten Alter mehr Recht zum Selbstbewußtsein einräumt. »Man muß etwas sein, um etwas zu machen«[53]. Einmal kommt es ganz unverhüllt heraus: »Ich habe niemals einen präsumptuoseren Menschen gekannt als mich selbst. – Man hätte mir eine Krone aufsetzen können, und ich hätte gedacht, das verstehe sich von selbst«.

– »Erst war ich den Menschen unbequem durch meinen Irrtum, dann durch meinen Ernst. Ich mochte mich stellen, wie ich wollte, so war ich allein«[54]. Einsamkeit, aber dem Boden angebannt, auf der Höhe eines Felsens von Granit! Unter den Zeitgenossen läßt er nur Byron als seinesgleichen gelten[55].

Wenn er in späteren Jahren seine Beschäftigung testamentarisch nennt, so meint er damit auch, daß er bemüht sei, schon selbst sein historisches Bild herauszuarbeiten. Riemer und Eckermann wurden dazu angestellt. Seinen Briefwechsel mit Schiller hinterläßt er dem deutschen Volke als kostbarsten Schatz. Es solle sich freuen, daß es zwei solche Kerle gehabt habe. Der späte Briefwechsel mit Zelter, dem Freunde, den er als immer grandios und tüchtig bezeichnet, wird fast schon für die Öffentlichkeit geschrieben. Daß aber seine Werke nicht eigentlich populär werden könnten, darüber war er sich klar[56].

Im höchsten Alter verwechselt er die Zeiten wunderbar. Alles Historische rückt ihm nun auf die Ebene einer einzigen bedeutungsvollen Gegenwart. An W. v. Humboldt schreibt er 1831: »Ob etwas in der vergangenen Zeit, in fernen Reichen oder mir ganz nahräumlich, im Augenblicke vorgeht, ist ganz eins; ja, ich erscheine mir selbst immer mehr und mehr geschichtlich, und da [wenn] man mir abends den Plutarch vorliest, so komme ich mir oft lächerlich vor, wen ich meine Biographie in dieser Art und Sinn erzählen sollte[57]!«

So sind wir bei der Hauptfrage unseres Themas: worin hat Goethe selbst seine überzeitliche, nicht wieder auslöschbare Größe gesehen? – Was Eckermann ihn kurz vor dem Hinscheiden über seine Verdienste um das deutsche Vaterland äußern läßt, ist eine Apologie aus der Werkstatt des Jüngers und muß beiseite bleiben[58]. Drei wesentliche Kundgebungen jedoch reihe ich einfach aneinander.

Aus dem Nachlaß: »Wenn ich aussprechen soll, was ich den

Deutschen überhaupt, besonders den jungen Dichtern gewesen bin, so darf ich mich wohl ihren *Befreier* nennen; denn sie sind an mir gewahr geworden, daß, wie der Mensch von innen heraus leben, der Künstler von innen heraus wirken müsse«. Wiederholt fällt auch das Wort: »Nun ja, wir sind so etwas deutscher Sauerteig gewesen«[59].

Sodann: Goethe fühlt sich als Anwalt alles Gesunden und Kräftigen im Leben. »Das Klassische nenne ich das Gesunde und das Romantische das Kranke«. »Die jetzige Generation fürchtet sich vor aller echten Kraft... Ich will ihre Poesie die Lazarett-Poesie nennen, dagegen die echt Tyrtäische diejenige, die nicht bloß Schlachtlieder singt, sondern auch den Menschen mit Mut ausrüstet, die Kämpfe des Lebens zu bestehen«[60].

Endlich aus einem allerdings rätselhaften Gespräch, das der russische Graf Stroganoff aufgezeichnet haben soll: »Sinn und Bedeutung meiner Schriften und meines Lebens ist der *Triumph des Reinmenschlichen.* Darum entschlage ich mich dessen nie und genieße, was mir das Glück an Ruhm geboten; aber die süßere Frucht ist mir das *Verstehen* der gesunden Menschheit«[61]. –

Wie Goethe seinen ›Faust‹ und seinen ›Meister‹ nicht nur in ihrem Erdenbezug wandeln läßt, sondern stets im Lichte des Höheren und Höchsten, so gipfeln Goethes Aussagen über sich selbst darin, wie er sein Verhältnis zu Gott versteht. Riemer zitiert sein Wort:

Was der Mensch als Gott verehrt,
Ist sein eigenstes Inneres herausgekehrt.[62]

Aber hier verliert sich jede Eindeutigkeit der Linienführung. Der Naturforscher in ihm stand anders zu Gott als der sittliche Mensch, und dieser wieder anders als der Dichter. Gott-Natur, der christliche Gott der Liebe, *das* Göttliche in seinen unerschöpflichen Bildern und Gleichnissen gehen nicht

in einem Dogmensystem auf[63]. Im Grunde hielt Goethe das Göttliche für das Unerforschliche, Unbegreifbare, und seines Geistes Feuerflug ließ sich am Bilde, am Symbolischen genügen. Wer ihm in dieser Auffassung folgt, wird geneigt sein, im Sinne Schleiermachers die Fülle frommer Erregungen gelten zu lassen, die in ihm lebendig wurden. Diese Offenheit des Organs für alle Offenbarungsformen des Göttlichen scheint es zu sein, was er mit der Wendung »Vollständigkeit des Inneren« gemeint hat[64]. Niemals verklingt ganz der christlich-warme Ton der Frankfurter Zeit; aber ebensowenig das Prometheische der Sturm- und Drangzeit und das unablässige Suchen nach Gott im Äußeren und Inneren.
Orphisch ist das Wort:

Καὶ γὰϱ ἐγὼν ὑμῶν γένος ὄλβων εὔχομαι εἶμεν

»Auch ich bin göttlichen Geschlechts«[65]. In orphischen Urworten enträtselt Goethe des Lebens Linien. Auf der unablässigen Suche nach dem Hypsiston wechseln titanischer Enthusiasmus, die Bewunderung der ewig gesetzlichen Natur, die freisinnige Ehrfurcht – bis zuletzt das Vertrauen in die unendliche Liebe und Gnade Gottes alle vereinzelten Regungen in sich aufnimmt. Aber je mehr er sich dieser späten Zeit nähert, um so tiefer wird die verhüllende Schweigsamkeit. Wir wollen und können letzte Geheimnisse nicht aufdecken[66]. Nur *einen* Grundzug wage ich als wesentlich hervorzuheben.
»Ich habe mich nicht gemacht« hat Goethe wieder und wieder gesagt[67]. Jedoch: nachdem dieses Bewußtsein der Kreatürlichkeit dieses Sich-selbst-von Gott-Geschenktseins, einmal ausgesprochen war, hat er mit männlichem Mut darauf bestanden, das Göttliche, dessen er in sich selbst gewahr wurde, mit froher Bejahung darzuleben. »Hätte Gott mich anders gewollt, so hätt' er mich anders gebaut«[68]. Der

Mensch ist nicht vor Gott nichts, er ist *auch* etwas und darf etwas sein[69]. So bemerken wir oft ein schweres Ringen seines Inneren zwischen dem Gott, den er tief in seiner Seele trug, und den Fügungen des Weltlaufes, die er als göttliche Schikkung verehren sollte. Rochlitz schließt 1813 eine lange Erörterung über Napoleons Fall mit den Worten: »Und lassen Sie uns noch Gott die Ehre geben und seine moralische Weltregierung laut anerkennen.« Da blieb Goethe stehen und sagte mit feierlichem Tone: »Anerkennen? sie? Wer muß das nicht! Ich aber schweigend«[70].

Dieser stille Kampf um die Rettung des Bildes der Gottheit in seiner Seele ist das Motiv, das Goethe veranlaßt hat, jenes seltsame, undurchdringliche Zwischenreich zwischen die ringenden irrenden Menschen und den unbegreiflichen Gott der Liebe einzufügen: *das Dämonische*. Es ist weder gut noch böse, weder vernünftig noch unvernünftig, weder göttlich noch außergöttlich[71]. Es ist *das* Mysterium. Faust ruft am Ende seines Erdenweges aus: »Noch hab' ich mich ins Freie nicht gekämpft!« Goethe aber kämpft sich durch das trübe Medium hindurch bis in die Gloriole der Liebe und Gnade, die er sich am Schluß der Tragödie öffnen läßt. Und dieser Schluß bestätigt nur die Gewißheit, die schon der Prolog im Himmel gegeben hat: Nichts kann herausfallen aus der tragenden Liebe Gottes, »aus der Liebe holden Schranken«[72]. Für sich persönlich hat Goethe das Wort: »Es irrt der Mensch, so lang er strebt«, nur bedingt anerkannt[73]. Er hat es in der eigenen Lebensführung nicht zugegeben, daß alle Mühsal des Daseins nichts als Torheit sein solle vor Gott.

> Fromm erflehet Segen euch von oben,
> Aber Hilfe schafft euch tätig wirkend.[74]

Das Gefühl, daß die um sich selbst rotierende Monade das höchste Geschenk sei, das wir von Gott und der Natur empfangen haben, war in ihm so stark, daß er seiner inneren

Unzerstörbarkeit ohne jedes weitere Wort gewiß war. Ja er machte daraus das an Kant erinnernde Postulat, daß die Natur verpflichtet sei, ihm eine andere Existenzform anzuweisen, wenn sein Körper nicht länger imstande wäre, seinem Geiste auszuhalten[75]. Nicht christlich denkt er, wenn und soweit er dieses Recht nur den höheren Naturen, den großen Monaden, zuspricht. Aber keinesfalls für paradiesischen Genuß! Die Läuterung geht weiter, bis die Individualität im Lichte der entgegenkommenden liebenden Gnade verschwebt und verschwindet. »Die entelechische Monade«, schreibt er 1827 an Zelter, »muß sich nur in rastloser Tätigkeit erhalten; wird ihr diese zur anderen Natur, so kann es ihr in Ewigkeit nicht an Beschäftigung fehlen.« Jedoch, so müssen wir hinzusetzen: Dies alles geschieht in dem göttlichen Liebeskosmos, aus dem kein Wesen herausfallen kann. Nur so gilt das Wort sicheren Selbstgefühls:

> Und keine Zeit und keine Macht zerstückelt
> Geprägte Form, die lebend sich entwickelt.

In unablässigem Emporringen, in der Folge des heiligen Stirb und Werde begegnen sich die Reiche der Natur und der Gnade. In ihrem Schnittpunkt existiert der Mensch. Diese Lösung des ›Faust‹ ist das höchste Selbstbekenntnis Goethes, das lange in seiner verschwiegenen Seele versiegelt war. Aber als er den vollendeten zweiten Teil endlich versiegelte, da bestimmte er der Nachwelt das größte Vermächtnis, zu dem *ihn* Gott und die Natur ermächtigt hatten. – Was also besitzen wir Nachfahren an Goethe? Den Allumfassenden, der sich vom Himmel die schönsten Sterne und von der Erde jede höchste Lust gefordert hat? Den titanischen Geist, dessen Schöpferkraft das Ringen des Menschentums erst mit einem bisher verborgenen kosmischen Sinn erfüllt hat, – oder den Entsagenden und Sichbeschränkenden, der mit tiefer Ehrfurcht in der Natur die heiligen Lettern der Gottheit las, im Menschenleben die Gewißheit, daß das Leiden das Göttliche ist? Den in sich Vertieften, dem die vergängliche Welt nur ein farbenreiches Gleichnis für die wahre Welt, den sonnenhaften Liebeskosmos war?

Goethe selbst hat in dichterischer Sprache die Antwort gegeben, die als ein Gleichnis aufmerksam gedeutet werden will. Der Menschenvater Prometheus beklagt den Unverstand, den Leichtsinn, die Roheit des irdischen Geschlechts. Eos, die Morgenröte, aber spricht zum neuen Tage:

> Was zu *wünschen* ist, ihr unten fühlt es;
> Was zu *geben* sei, die wissen's droben.
> Groß beginnet ihr Titanen; aber leiten
> Zu dem ewig Guten, ewig Schönen,
> Ist der Götter Werk; die laßt gewähren![76]

Die Anmerkungen beschränken sich auf Ursprungsnachweise von Zitaten und auf gelegentliche Ergänzungen, beanspruchen aber nicht, das Material auszuschöpfen.

1 Sämtliche Werke (Cottasche Jubiläumsausgabe) XXV, 277f. Vgl. hierzu B. Suphan im Goethe-Jahrbuch XVI, 20ff.

2 W. W. XL, 303ff.

3 Ich erwähne beispielsweise: Maximen und Reflexionen W. W. IV, 252. (Der Ausspruch – aus dem Nachlaß – gehört eigentlich nicht an diese Stelle und findet sich daher nicht in Max Heckers Sammlung der Maximen und Reflexionen, Schriften der Goethe-Gesellschaft Bd. XXI, Weimar 1907). – Brief an Carl Theodor Küstner vom 24. 12. 1825. – Zu den Entwürfen für die Selbstbiographie vgl. Jubiläumsausgabe Bd. XXV und Ernst Beutler, Einführung zum X. Band der Gedenkausgabe, Artemis-Verlag Zürich 1949. – An Schiller u. a. 29. 11. 1795 und 9. 7. 1796.

4 Fl. v. Biedermann, Goethes Gespräche 2. Aufl. (im folgenden abgekürzt B. G.) Bd. II S. 175 (Falk 25. 1. 1813), Bd. III S. 85 (v. Müller 8. 3. 1824) S. 213, (v. Müller 29. 6. 1825), Bd. IV S. 104 (Eckermann 10. IV. 1829).

5 U. a. W. W. IV, 29*, 100, 202, 24. – Hecker, a. a. O. Nr. 675.

6 W. W. IV, 224 (= Hecker Nr. 442).

7 W. W. xii, 138. Natürlich fehlt es nicht an entgegengesetzten Äußerungen, die von dem »Herzen, das sich selber kennt« sprechen und dazu auffordert, sich selbst zu studieren. – »Freundlicher Zuruf« (Weimarer Goethe-Ausgabe, Abt. ii, Bd. 6, S. 244): »Muß ich denn nicht selbst zugeben und voraussetzen, ohne jemals zu wissen, wie es eigentlich mit mir beschaffen sei; studiere ich mich nicht immerfort, ohne mich jemals zu begreifen, mich und andere, und doch kommt man fröhlich immer weiter und weiter« (1820). – Hecker, Maximen u. Reflexionen Nr. 657. – W. W. iii, 98.
An Zelter 26. 1. 1829: »... wie ich mich immer besser zu verstehen glaube, schein' ich anderen undeutlich zu werden«.

8 B. G. i, 499 (1807) – ii, 40. 9 W. W. i, 171.

10 U. a. B. G. iii, 66 (zu Eckermann 27. 1. 1824): »Mein eigentliches Glück war mein poetisches Sinnen und Schaffen usw.« – B. G. iii, 64 (zu F. v. Müller 20. 1. 1824): »Fürs Ästhetische bin ich eigentlich geboren; doch jetzt zu alt dazu, wende ich mich den Naturstudien immer mehr zu«. – Jedoch: B. G. iv, 76 (zu Eckermann 19. 2. 1829): »Auf alles, was ich als Poet geleistet habe, bilde ich mir gar nichts ein... Daß ich aber in meinem Jahrhundert in der schwierigen Wissenschaft der Farbenlehre der einzige bin, der das Rechte weiß, darauf tue ich mir etwas zugute« (gekürzt). – Äußerungen gegen die Farbenlehre W. W. xxx (Annalen): 9. (31.) 85.

11 Z. B. W. W. xxx, 266. – B. G. i, 407, 536.

12 An Schiller 9. 12. 1797. – An Zelter 31. 10. 1831: »Ich bin nicht zum tragischen Dichter geboren, da meine Natur konziliant ist.«

13 An Zelter, 29. 1. 1831: »Hätt' ich mich mit den Naturwissenschaften nicht abgegeben, so hätt' ich die Menschen nie kennen lernen.«

14 Zu Riemer 1827 (Ausgabe v. Arthur Pollmer, Insel-Verlag Leipzig 1921, S. 356). = B. G. iii, 484.

15 B. G. iii, 79 (zu Eckermann 26. 2. 1824). – B. G. iv, 39 (22. 10. 1828): »Meine Idee von den Frauen ist nicht von den Erscheinungen der Wirklichkeit abstrahiert, sondern sie ist mir angeboren, oder in mir entstanden, Gott weiß wie«. – ›Einfache Nachahmung der Natur, Manier, Stil‹. (W. W. xxxiii, 57): Der Stil ruht »auf den tiefsten Grundfesten der Erkenntnis, auf dem Wesen der Dinge, insofern uns erlaubt ist, es in sichtbaren und greiflichen Gestalten zu erkennen«.

16 B. G. iii, 394 (zu Eckermann 6. 5. 1827). – Jedoch in etwas anderem Sinne an Schiller 22. 6. 1797.

17 B. G. iv, 187 (zu Eckermann 3. 1. 1830) und 329 (dgl. 17. 2. 1831). – An Schiller, 28. 8. 1794: »eine Art Dunkelheit und Zaudern bei mir«. – Hermann Schneider, ›Urfaust!‹ Tübingen 1949.

18 An W. v. Humboldt, 17. 3. 1832 (Zitat gekürzt). – B. G. iv, 330 (zu

Eckermann 18.2.1831): Dämonisches in der eigenen Produktion. – Eine längere Äußerung über die Bedingungen seiner Produktivität bei Eckermann 11.3.1828 (B. G. III, 496 ff.).

19 Z. B. an Zelter, 22.6.1808: »Die Fragmente eines ganzen Lebens«. – An Zelter 23.1.1815 »meine Lebensspuren«. – B. G. I, 526 (zu Riemer 18.4.1808): »Fetzen und Lappen von seiner Existenz«. – II, 42 (zu Riemer, 23.6.1809): »Häutungen vorübergehender und vorübergegangener Zustände«. – An Zelter 7.5.1807: Eigene Werke fremd geworden.

20 An C. G. Körner, 26.11.1812.

21 B. G. III, 384 (zu Eckermann 3.5.1827) – Über Tasso B. G. III, 393 (zu Eckermann 6.5.1827). – Den Wilhelm Meister der ›Theatralischen Sendung‹ hat Goethe sein »geliebtes dramatisches Ebenbild« genannt. In Weislingen, Clavigo, Fernando spiegelt sich eine bestimmte Seite seines Wesens. – B. G. III, 58 (zu Eckermann 2.1.1824): Furcht vor dem pathologischen Zustand, aus dem der ›Werther‹ hervorgegangen.

22 An Christiane 15.9.1809. – An C. F. v. Reinhard 31.12.1809: »ein Zirkular an meine Freunde«. An denselben 21.2.1810. – An J. S. Zauper 7.9.1821. – An C. E. Schubarth 7.11.1821. – B. G. IV, 64 (zu Eckermann 9.2.1829). – B. G. IV, 261 (zu F. v. Müller 7.4.1830): Die Ehe sei heilig, obwohl eigentlich unnatürlich. – Im gleichen Sinne über die ›Wanderjahre‹ an Zelter 19.10.1821.

23 W. W. XXX (Annalen) 243. – B. G. II, 353 (zu S. Boisserée 5.10.1815).

24 An v. Reinhard 5.7.1824. – B. G. III, 39 (zu Eckermann 10.11.1823). – III, 67 f. (zu v. Müller 14.2.1824). – Zum Bild von der Kugel vgl. W. W. V, 13.

25 Z. B. B. G. III, 436 (zu v. Müller 30.8.1827).

26 B. G. III, 66 (zu Eckermann 27.1.1824) – ferner II, 144; II, 250; IV, 30. – III, 17 (zu v. Müller 26.9.1823), III, 98 (zu v. Müller 3.4.1824). – An Rauch 21.10.1827. – An Zelter 3.12.1812. – An C. E. Schubarth 9.7.1820: »... wie ich mein Leben aufgeben mußte, um zu sein; wie ich den Augenblick aufgeben mußte, um nach Jahren des Guten zu genießen«. – Aus den Vorentwürfen zur Autobiographie bei Beutler, a. a. O. S. 6. – B. G. II, 158 (zu F. v. Müller 23.10.1812): »Es hat mich genug gekostet ...«.

27 B. G. I, 508 (Mitteilung von F. Schubart 22.8.1807). – B. G. I, 295 f. (Schiller, undatiert). – B. G. II, 16 (W. v. Humboldt am 1.1.1809 über Goethes häusliches Leben). – Über seinen schlechten Ruf in Weimar B. G. IV, 249. (Soret, 17.3.1830).

28 B. G. IV, 304 (v. Müller 10.11.1830).

29 B. G. I, 383 u. ö.

30 Riemer, Mitteilungen über Goethe (Ausgabe Pollmer), S. 318, 26.6.1810 = B. G. II, 80.

31 Die Äußerung – stark gekürzt – bezieht sich auf ein Bild des Malers Lessing. Vgl. B. G. III, 309 (F. Förster 1826).

32 F. v. Müllers Bericht vom 2. 10. 1808. B. G. I, 537 ff. – Goethes Darstellung von 1824 in W. W. XXX, 411 ff. die ›Annalen‹ übergehen die Audienz. Man vgl. besonders den Brief an Cotta vom 2. 12. 1808. – Die neueste Darstellung ist die von Edwin Redslob, Goethes Begegnung mit Napoleon, Gesellschaft der Bibliophilen. Weimar 1944. – Auf die offen bleibenden Rätselfragen gehe ich hier nicht ein. Ebenso verzichte ich auf die Anführung späterer Äußerungen von Goethe über die Begegnung.

33 B. G. II, 231 (9. 6. 1814).

34 Zur Entstehungsgeschichte vgl. jetzt besonders E. Beutlers Einleitung zu Bd. X der Gedenkausgabe im Artemis-Verlag, Zürich 1949. – Über das Wort von Cellini W. W. XXX, 383. An dieser Stelle erwägt Goethe selbst die Motive und die innere Problematik einer Autobiographie. – Unzweifelhaft wirken die Jugenderinnerungen in der ›Theatralischen Sendung‹ noch frischer. – In ›Dichtung und Wahrheit‹ selbst beleuchtet Goethe das Unternehmen in Buch XII (W. W. XXIV, 113 f.), in den ›Annalen‹ unter 1809 (W. W. XXX, 245). Wichtige Äußerungen über Absicht und Wirkung der autobiographischen Schriften: An Cotta 21. 12. 1814; an Staatsrat Schultz 31. 5. 1825.

35 Das Gespräch mit Luden B. G. I, 420-445. Vgl. ferner III, 226, 340, 345, 347; IV, 131. – An Woltmann 5. 2. 1813.

36 B. G. IV, 317 (zu F. v. Müller 5. 1. 1831).

37 B. G. III, 137 (zu F. v. Müller 11. 10. 1824); ferner 149, 489.

38 B. G. IV, 358.

39 B. G. IV, 431 (zu Soret 17. 2. 1832). – An C. H. Schlosser 25. 11. 1814. – An Cotta 21. 12. 1814.

40 Zweites großes Gespräch mit Luden (13. 12. 1813) bei B. G. II, 210-217. – Über die nordöstliche Gefahr ferner B. G. III, 123 (nach H. A. Wagner 1824).

41 W. W. XXX, 275 f., 280. – An Knebel 4. 11. 1813. – Abneigung gegen die Politik: Boisserée 7. 10. 1815 (B. G. II, 357): »Goethe hat immer eine Scheu vor allen politischen Dingen gehabt.« – Besonders B. G. IV, 394 (zu Koschelew 5. 9. 1831). – Weitere Äußerungen B. G. IV, 130 (Rochlitz), 295 (A. v. Gersdorff), 302 f. (Soret), 475 (F. v. Müller, tiefer motivierend).

42 Eckermann 10. 3. 1830 (B. G. IV, 234-236). Allgemeine Kritik der historischen Zuverlässigkeit der Berichte des Genannten bei Julius Petersen ›Die Entstehung der Eckermannschen Gespräche und ihre Glaubwürdigkeit.‹ Abhandlungen der Preuß. Akademie der Wissenschaften, Berlin 1924. – Allzu unsichere Äußerungen Eckermanns sind demgemäß im Text nicht verwendet worden.

43 Riemer, Ausgabe v. Pollmer 321 (= B. G. II, 116).

44 An Blumenthal 28. 5. 1819.

45 Z.B. B. G. II, 5, 161, 163, 187, 221, 246, 311, 367. – An Boisserée 31. 5. (?) 1827: »Die unbezwingliche Selbstigkeitslust der lieben Deutschen«.

46 B. G. II, 311.

47 W. W. IV, 35. 111, 119. – Vgl. auch S. 69: »Dem ist es schlecht in seiner Haut, der in seinen eignen Busen schaut.« – S. 100: »Niemand wird sich selbst kennen, sich von seinem Selbst-Ich trennen ...« Jedoch S. 118; »Nur wer sich kennt, der hat das Recht zu lieben.« – B. G. II, 323; III, 67, 99, 160* (IV, 235).

48 ad Originalität: B. G. III, 204 (zu Eckermann 12. 5. 1825). – ad Erbschaft: B. G. III, 105 (zu Eckermann 2. 5. 1824). – Neptunistisch B. G. II, 310 (zu Boisserée 2. 8. 1815).

49 B. G. III, 501 (zu Eckermann 12. 3. 1828), IV, 41 (zu Eckermann 23. 10. 1828, gekürzt). – Vgl. auch III, 181 (zu Eckermann 20. 4. 1825). – An Zelter 26. 11. 1825.

50 B. G. III, 69 (zu Eckermann 15. 2. 1824).

51 B. G. IV, 237 (Soret, 14. 3. 1830).

52 B. G. III, 382 (Ampère, 22. 4. 1827). – B. G. III, 405 (Eckermann, 5. 7. 1827). – B. G. II, 312 (Boisserée, 3. 8. 1815). – B. G. IV, 382 (F. Förster 4. 8. 1831). – Falks Bericht vom 17. 4. 1808 (B. G. I, 522) unterliegt kritischen Zweifeln: »Wie lange mir mein alter Imperatormantel noch auf den Schultern sitzen wird, läßt sich nicht vorausbestimmen; ich weiß es selbst nicht«. –

53 Riemer a. a. O. 353 (= B. G. II, 389.) – B. G. IV, 39 (zu Eckermann 20. 10. 1828).

54 W. W. XXV, 221 (nicht datierbar).

55 B. G. III, 21 (F. v. Müller 2. 10. 1823).

56 B. G. III, 205 (zu Eckermann 12. 5. 1825). – B. G. III, 403 (zu Eckermann 20. 6. 1827). – An Boisserée 22. 10. 1826. – An Zelter 6. 12. 1830. – Nicht populär: B. G. III, 387 f. (zu Eckermann 3. 5. 1827). – B. G. IV, 36 (zu Eckermann 11. 10. 1828).

57 An W. v. Humboldt 1. 12. 1831.
Der Sinn der Stelle ist nicht ganz deutlich. Ich fasse sie so auf, daß Goethe sich ausmalt, sein Leben im Stile des Plutarch dargestellt zu lesen.

58 B. G. IV, 229 ff., angeblich am 10. 3. 1830. Vgl. hierüber Petersen a. a. O.

59 W. W. XXXVIII, 325 (gekürzt). – B. G. IV, 382 (zu F. Förster 4. 8. 1831). – Das gleiche berichtet Förster schon im Mai 1829. (B. G. IV, 123.) – B. G. IV, 318 (zu F. v. Müller, 5. 1. 1831): »Wer sie (meine Schriften) und mein Wesen überhaupt verstehen gelernt, wird doch bekennen müssen, daß er

eine gewisse innere Freiheit gewonnen.« – An C. E. Schubarth, 10. 5. 1829: »Da ich auch kein anderes Bestreben kenne, als mich selbst, nach meiner Weise, soviel als möglich auszubilden, damit ich an dem Unendlichen, in das wir gesetzt sind, immer reiner und froher Anteil nehmen möge, so kann ich nicht anders als den Weg billigen, den Sie auf gleiche Weise eingeschlagen haben.« – Zu Charlotte v. Stein 10. 2. 1807 (B. G. I, 477): »Ich will doch sehen, wer immer mit mir lebt und mir nicht ähnlich werden soll.«

60 B. G. IV, 81 (zu Eckermann 2. 4. 1829). – B. G. III, 450 (zu Eckermann 24. 9. 1827. Zitate zusammengezogen). Über den Ursprung der Bezeichnungen B. G. IV, 251; über die Ausgleichung beider Geistesarten B. G. IV, 181. – B. G. I, 342. – Hierhin gehören die zahlreichen Äußerungen gegen alle Negationen des Lebens, gegen ständige unfruchtbare Opposition und gegen bloß polemisches Wirken. – Zu Soret mit Beziehung auf Bentham: »Je suis une racine et lui un radical«. (B. G. IV, 271, 12. 5. 1830).

61 B. G. IV, 410 (nicht genau datierbar; Herkunft der Aufzeichnung unbekannt). Goethes Einstellung zum Ruhm ist ein besonderes Thema, auf das ich hier nicht eingehe. Vgl. u. a. B. G. IV, 88 (zu Eckermann 6. 4. 1829).

62 Riemer a. a. O. S. 336 (= B. G. II, 255.) – Vgl. Zahme Xenien, W. W. IV, 63: »Wie einer ist, so ist sein Gott; darum ward Gott so oft zu Spott«. – »Daher der Völker löblicher Gebrauch, daß jeglicher das Beste, was er kennt, er Gott, ja seinen Gott benennt«. – Man vgl. die Äußerungen über die Hypsistarier. – Noch heute verwertbar ist die Sammlung von Th. Vogel, Goethes Selbstzeugnisse über seine Stellung zur Religion. Leipzig 1888.

63 Die berühmteste Stelle: an F. H. Jacobi 6. 1. 1813, schließt mit den Worten: »Die himmlischen und irdischen Dinge sind ein so weites Reich, daß die Organe aller Wesen zusammen es nur erfassen mögen«. – Dorothea Schlegel 1817 (B. G. II, 400): »Goethe hat einem Durchreisenden offenbart, er sei in der Naturkunde und Philosophie ein Atheist, in der Kunst ein Heide und dem Gefühl nach ein Christ«. (Von bedingtem Quellenwert.) – B. G. IV, 442* (zu Eckermann 11. 3. 1832).

64 W. W. XX, 183 (Wanderjahre). – Im Sinne der Alloffenbarung: Zahme Xenien W. W. IV, 92:

Die geschichtlichen Symbole –
Törig, wer sie wichtig hält;
Immer forschet er ins Hohle
Und versäumt die reiche Welt. –

Über die Unerkennbarkeit und Unnennbarkeit Gottes im Sinne der negativen Theologie B. G. IV, 341 (zu Eckermann 8. 3. 1831); ferner B. G. III, 54. – »Gott hat das nicht gewollt« B. G. III, 414 (zu F. v. Müller 16. 7. 1827). – Notgedrungener Anthropomorphismus: B. G. I, 505 (= Riemer a. a. O. 279). – Gott in der Natur: B. G. IV, 334 (zu Eckermann 20. 2. 1831). – Gott in den Urphänomenen: B. G. IV, 337 (zu Eckermann 23. 2. 1831). – Über die Bibel: B. G. IV, 461 (Wehl, undatiert): »Goethe, von der etwas frommen Julie v. Egloffstein gefragt, ob er denn auch zuweilen in der Bibel lese, antwortete lächelnd: »O ja, meine Tochter, aber anders als Ihr«. – Unsicher bezeugt ist die von Falk zweimal berichtete schöne Äußerung: der Mensch sei gleichsam das erste Gespräch, das die Natur mit Gott halte. (B. G. II, 175; IV, 466).

65 H. Diels, Fragmente der Vorsokratiker 2. Aufl. II, 1. S. 480.

66 Die Äußerungen Goethes über das Christentum schwanken bekanntlich sehr. Gegen Ende des Lebens werden sie wärmer und positiver. Aber daran kann kein Zweifel sein, daß ihm die christliche Religion nur eine – im unkirchlichen Kern sehr hohe – Ausprägung menschlicher Frömmigkeit gewesen ist. Er behauptete, daß sie zur Herrin der Welt geworden sei, weil sie die Wahrheiten der natürlichen Religion in sich aufgenommen habe. B. G. II, 503 (zu F. v. Müller 8. 6. 1821). – Das Thema geht über den hier gezogenen Rahmen weit hinaus.

67 B. G. III, 95 (zu Eckermann 30. 3. 1824).

68 W. W. IV, 54. (Zahme Xenien.) Man vergleiche den vollständigen Wortlaut.

69 Riemer a. a. O. 321 f. (= B. G. II, 84, 9. 8. 1810): »Gott erzeigt uns die Ehre, uns für etwas gelten zu lassen...«

70 B. G. II, 219 (6./21. 12. 1813).

71 Über das Dämonische im Sinne Goethes vgl. neuerdings Paul Hankamer, Spiel der Mächte. Ein Kapitel aus Goethes Leben und Goethes Welt, Tübingen 1947; ferner Grete Schaeder, Gott und Welt. Drei Kapitel Goethescher Weltanschauung, Hameln 1947. – Zu beachten ist, daß in der Zeit, in der die Konzeption des Dämonischen noch nicht voll ausgebildet ist, an ihrer Stelle die Wendung »die dritte Welt« auftritt (neben der physischen und der sittlichen!). Vgl. an Schiller, 23. 12. 1797 und ›Über epische und dramatische Dichtung‹ von Goethe und Schiller.

72 Vgl. Eduard Spranger, Der Liebeskosmos im »Faust«. Neue Zürcher Zeitung. 28. 8. 1949.

73 Goethe ist zeitlebens der Maxime des Abbe in den ›Lehrjahren‹ treu geblieben, daß der Irrtum im Bildungssinne produktiv sei. Er hat daher auch das, was er seine »falschen Tendenzen« nennt, bejaht, wobei allerdings seine Bemühungen auf dem Gebiete des Zeichnens williger preisgegeben werden als seine naturwissenschaftlichen Studien; auch diese ist

er manchmal zu verwerfen geneigt, wenn er ganz die Bestimmung zum Dichter in sich fühlt. Jedoch im religiösen Sinne, d. h. vor Gott, wird für ihn alles Streben unvermeidlich zum Irren. Das Streben ist trotzdem von der Natur des Menschen nicht abzutrennen. Also ist wohl – trotz der Einwände von Wilhelm Böhm – nicht zu leugnen, daß nach Goethe der Mensch in seinem irrenden Streben wächst und daß es so in Gottes Willen liegt. – Charakteristische Äußerungen zum Thema: W. W. XXV, 209. XL, 265, 305. – B. G. III, 182 (zu Eckermann 20. 4. 1825). – Hecker, Maximen u. Reflexionen Nr. 923. – An Eichstädt 15. 9. 1804. – An seinen Sohn 14. 1. 1814: »Irrend lernt man«.

74 W. W. IX, 199.

75 Vgl. u. a. das berühmte Gespräch mit Falk am Todestage Wielands 25. 1. 1813 (B. G. II, 169 ff.). – B. G. III, 26 (zu F. v. Müller 19. 10. 1823). – B. G. IV, 163 (zu Eckermann 1. 9. 1829; die große Entelechie); ferner B. G. II, 418; III, 499; IV, 66. – An Zelter 19. 3. 1827. – »Zahme Xenien« W. W. IV, 58:

»Du hast Unsterblichkeit im Sinn;
Kannst Du uns Deine Gründe nennen?«
Gar wohl! Der Hauptgrund liegt darin,
Daß wir sie nicht entbehren können.

76 Pandora (W. W. XV, 178). – Ergänzungen zu der hier vertretenen Auffassung in der Sammlung meiner Reden und Aufsätze über Goethe unter dem Titel: ›Goethes Weltanschauung‹, Insel Verlag, Wiesbaden 1949, und in dem Aufsatz: »Goethes Bild vom Menschen‹ (Studium generale II, 1949, S. 346 ff.).

HEINRICH WÖLFFLIN

Goethes Italienische Reise

Rede an der Goethetagung in Weimar 1926

Meine Damen und Herren!

Darf ich Sie zunächst auf einen Augenblick an den Sitz der preußischen Gesandtschaft in Rom führen. Es ist das Jahr 1817. Gesandter ist Niebuhr, der römische Historiker, als Gäste sind geladen jene deutschen Künstler, die damals eben an den Josephsgeschichten der Casa Bartholdy malten (jetzt in Berlin) und damit eine neue Epoche der Malerei einzuleiten berufen schienen; an ihrer Spitze Peter Cornelius. Man kam zusammen, um gemeinsam zu lesen. Heute handelte es sich um eine literarische Novität: Goethes »Italienische Reise«. (Man erinnere sich, daß Goethe die Papiere seiner Reise erst lange nachher redigiert und zum Druck gebracht hat; er war fast siebzigjährig, als die zwei ersten Bücher erschienen, 1816/17, und er war über 81, als der Abschluß, der »Zweite römische Aufenthalt«, herauskam.) Kein Publikum der Welt konnte empfänglicher sein für diese Lektüre. Die alte Bewunderung für den Dichter verband sich hier mit dem gemeinsamen Interesse an Italien und dem großen Thema der Kunst. Aber merkwürdig: die Wirkung blieb aus. Man fand sich enttäuscht. Gewisse schildernde Szenen wie der Schiffergesang in Venedig hatten zwar nicht verfehlt einen tiefen Eindruck zu hinterlassen; aber dann nahm Cornelius das Wort, um zu sagen, wie tief es ihn bekümmere, daß Goethe Italien so gesehen habe, daß er so ganz und gar nicht das Ehrwürdige an sich habe herankommen lassen, aber das Mittelmäßige lobe. Entweder habe sein Herz nie geschlagen oder er habe es gewaltsam zugekniffen. Und alle jammerten über den Simson, der seine Locken im Weimarer Hofleben verloren habe.

Wir sind über diese Vorgänge genau unterrichtet. Niebuhr

schreibt davon als von einer wichtigen Angelegenheit an Savigny. Man merkt, wie das Gespräch dann weiter ging. Es wird Goethe nachgerechnet, was er alles in Italien nicht gesehen hat: Giotto und die Fresken der Arenakapelle in Padua, die keuschen Primitiven der Frührenaissance in Venedig und Florenz usw. Es wird ihm vorgeworfen, daß er die Kunst überhaupt zu isoliert aufgefaßt habe, zu formalistisch, und Niebuhr schließt mit der Bemerkung, daß sich eben Kunst schlechterdings nicht trennen lasse von Religion und von den anderen großen geschichtlichen Mächten. Auch der wissenschaftlich Ungebildete, wie gerade die Gegenwart beweise, sei sich dieses Zusammenhangs bewußt.

Gedankengänge, wie sie dieser Kritik zugrunde liegen, waren in Deutschland nichts Neues. Seit dem Ausgang des 18. Jahrhunderts melden sie sich. Aber auch außerhalb Deutschlands sind sie da. Es ist ein merkwürdiges Zusammentreffen, daß gleichzeitig mit Goethes »Italienischer Reise« in Frankreich Stendhals Geschichte der italienischen Malerei erschien.

Stendhal gibt Goethe nichts nach an leidenschaftlicher Liebe für Italien und an verehrungsvoller Bewunderung der antiken Kunst, aber er faßt das Problem anders. Italienische Malerei ist ihm zunächst Malerei der Italiener, also eines fremden Volkes. Aus den besonderen zeitlichen und lokalen Bedingungen muß man sie zu verstehen suchen. Und was die Antike anbetrifft, so ist es wohl wahr, daß sie allen gefällt; aber was allen gefällt, kann keinem recht gefallen. In jedem Fall sei es lächerlich, im Norden mit griechischen Säulen bauen zu wollen. Wir sind keine Griechen, und unser Himmel ist nicht der südliche Himmel.

Nun wird man Goethe schwerlich nachsagen können, daß er unempfindlich gewesen wäre für den Zusammenhang der Kunst mit Land und Leuten – wie oft spricht er davon! –, aber das ist gewiß: als er nach Italien ging, suchte er nicht das Lokal-Italienische, sondern »die große wahre Kunst«.

Von den Nazarenern aber und ihrer Vorliebe für das Primitive trennte ihn eine andere Auffassung von Wert und Würde des Menschen. Das große edle Dasein, das er ahnte, verlangte nach der reifen vollendeten Form, und das Unentwickelte, Unfreie konnte ihn nur als Durchgangsstadium interessieren.

Er war Historiker genug, um jede Erscheinung im Zusammenhang des Werdens aufzufassen und nicht als ein Vereinzeltes, und wenn es Niebuhr schien, es fehle ihm der Sinn für Kulturzusammenhänge, so wäre es wohl richtiger zu sagen, daß er die Aufmerksamkeit zuerst auf das Spezifische der bildenden Kunst gerichtet wissen wollte und daß er mißtrauisch war gegen eine Kunst, die den Nachdruck auf Naturell und Gesinnung legte, wo doch erst die bildliche Gestaltungskraft, die Fähigkeit, in sinnlich bedeutsamen Formen sich auszusprechen, den Künstler ausmache. Aus Heinrich Meyers Abhandlung über die norddeutsche, religiös-patriotische Kunst, die mit der »Italienischen Reise« gleichzeitig gedruckt wurde, kann man gut ersehen, wie Goethe seinen Kritikern geantwortet haben würde, und der Mangel an unmittelbarem Verhältnis zur Natur ist ja gerade der Punkt, an dem die versprechenden Begabungen damals scheiterten, freilich nicht nur bei den Neudeutschen.

Goethe spricht von dem Bildungsresultat seiner italienischen Reise in dem doppelten Sinn, daß es zwar eine völlige Wiedergeburt gewesen sei, und daß niemand glauben solle, Rom bedeute nur eine Ergänzung und Ausfüllung eines Besitzes, den man schon mitbringe; andrerseits aber will es ihm vorkommen, er treffe überall nur auf Bestätigung dessen, was er schon wußte, und das Schlußwort: In Rom habe ich mich selbst gefunden, heißt doch nichts anderes, als daß er sich seiner eigentlichen Natur bewußt geworden sei und von ihr Besitz ergriffen habe. Der römische Goethe ist aber für uns der klassische Goethe.

Versucht man nun, die klassische Einstellung auf bestimmte

Begriffe zu bringen, so muß man wohl anfangen mit dem Begriff des reinen Schauens, mit jenem Bedürfnis, die Welt rein und vollständig von der anschaulichen Seite her zu fassen. Nicht als ob die sinnliche Erfassung der Dinge mit dem Auge etwas Neues für Goethe bedeutet hätte; aber wenn er schon mit dem bestimmten Entschluß reist, sein Auge zu prüfen, ob es »licht, rein und hell« sei, so glaubt man eine wachsende Lust des Schauens in dem »formreichen« Italien zu beobachten. Er bemüht sich, die Dinge zu sehen, wie sie sind, er möchte unter Ausschaltung von allen Spielen der Phantasie »das Auge allein Licht sein lassen« und die Bilder der Welt »klar, ganz und lauter« in die Seele aufnehmen, wodurch der Geist von selber sich »reinigt und bestimmt«. Dieses reine Schauen, lange geübt, im Verlauf der Reise zur Vollkommenheit gebracht, gibt ihm eine beglückende »Klarheit und Ruhe«. Das Ich schweigt. Er hat sich gewöhnt, die Erscheinungen objektiv aufzufassen, nicht über die Dinge zu sprechen, sondern die Dinge selbst sprechen zu lassen.

Was Niebuhr tadelte, daß ihm auch eine Dogenprozession in Venedig nichts als ein oberflächliches Schauspiel gewesen sei und daß die Image alter Größe ihn unberührt gelassen habe, geht gerade auf diese bewußte Entäußerung von allen Assoziationen zurück, auf den festen Willen, jetzt nur noch das zu sehen, was da ist, und nicht, was man sich allenfalls noch dazu denken könnte. Es ist dieselbe Selbstdisziplin, die ihn an historischen Stätten veranlaßt, den geologischen und landschaftlichen Blick zu benutzen, um »Einbildungskraft und Empfindung zu unterdrücken«.

Auf solche Art sind die erschöpfenden Schilderungen Neapels und der »Römische Karneval« möglich geworden. Das Wichtige aber ist, daß ihm auch die höchste Poesie an diese einfache Sachlichkeit gebunden zu sein schien. Das Poetische bei Homer ist nicht das Imaginative, sondern das rein aufgefaßte Wirkliche. Er ist gar nicht willkürlich in seinen Erfindungen, sondern gibt nur das Natürliche, dieses aber allerdings mit einer »Reinheit und Innigkeit, daß man erschrickt«.

Und nun wird es Goethe klar: darin liegt überhaupt der Unterschied zwischen den Alten und den Neueren: sie geben die bloße Existenz, wir gewöhnlich den Effekt; sie schildern das Fürchterliche, wir schildern fürchterlich usw. Schon bei Mantegna am Anfang der Reise hatte er die »sichere Gegenwart« wohltätig empfunden, und er gibt ihm das Lob, daß ihm das »Effektklügelnde« fehle (ein Urteil, das auch ein Nazarener ausgesprochen haben könnte); später wird ihm diese Abwesenheit aller Effektrechnung zum allgemeinen Merkmal des Klassischen. Vollendete Kunst ist vollendete Sachlichkeit. Homer ist darin nicht anders als die antiken Bildhauer. Beide aber besaßen neben der Kenntnis der Natur noch etwas anderes: den sicheren Begriff von dem, was sich darstellen läßt und wie es dargestellt werden muß. Und dies führt uns auf etwas Weiteres, auf den Begriff der »Form«.

»Form« bezieht sich immer auf den Zusammenhang der Teile in einem Ganzen. Man weiß, wie Goethe in Italien anfing, strengere Forderungen an diesen Zusammenhang zu machen. Der freie Rhythmus einer poetischen Prosa wird ersetzt durch den bestimmteren Rhythmus des Verses. In diesem Sinn wird die »Iphigenie« umgearbeitet und dann der »Tasso«. Indem er die Form habe vorwalten und den (bestimmteren) Rhythmus habe eintreten lassen, sagt er bei dieser Gelegenheit, sei das Nebelhafte und Weichliche von selber verschwunden.

Es ist schwer zu sagen, welche Eindrücke dieses Formbedürfnis gefördert und gestärkt haben. Italien ist dem Norden gegenüber immer das Land der strengeren Form gewesen. Einen ersten jubelnden Ausbruch über den Wert der Form finden wir bei Goethe aber nicht angesichts eines Kunstwerkes, sondern angesichts eines Naturproduktes: eines Seetiers am Lido. »Was ist doch ein Lebendiges für ein köstlich herrliches Ding! Wie abgemessen in seinem Zustand, wie wahr, wie seiend!« (Das letzte Wort unterstrichen.) Es ist derselbe Eindruck, den er später vor dem antiken Tempel von Assisi in das Wort preßt: »So ganz!« Das heißt: so einheitlich geschlossen in sich. Entscheidend aber ist die Einsicht, daß in der strengen (organischen) Form eben die Garantie des Lebens liegt, daß Form nicht etwas von außen Übergestülptes bedeutet, sondern das sichtbar gewordene Leben selbst. Das Formlose hat keine Existenz und das Lockere nur eine schwache: je strenger gebunden die Teile sind, um so mehr »Sein« ist in dem Geschöpf. Die Alten sind auch darin unübertrefflich.

Und wie in der Natur, so ist auch bei ihnen das Schema nie ein starres und von vornherein determiniertes, sondern besitzt eine glückliche Beweglichkeit, so daß sich die Gestalt eines Tempels zum Beispiel nach der Umgebung, nach der Funktion im Raum jedesmal neu bestimmt. »Dieses ist eben der alten Künstler Wesen, daß sie wie die Natur sich überall zu finden wußten und doch etwas Wahres, etwas Lebendiges hervorzubringen wußten.« Sie bleiben immer natürlich und immer groß im Natürlichen.

»Groß im Natürlichen!« Das ist das Dritte. Wie die Strenge der Form im Natürlichen gegeben ist, so ist auch das Große, nach dem wir verlangen, nicht außerhalb des Natürlichen zu suchen, sondern es steckt in der Natur. »Wie freut es mich, daß ich mein Leben dem Wahren gewidmet habe, da es mir nun so leicht wird, zum Großen überzugehen, das nur der höchste reinste Punkt des Wahren ist.« Was keine wahre Existenz in sich hat, kann nie groß werden. Nur aus dem Natürlichen läßt sich das Große entwickeln. Beispiel und Beweis ist die klassische Architektur und ihr Gegensatz: die nordische Gotik. Jene ist eine zweite Natur, diese ist das Willkürliche und damit von vornherein totgeboren. Das Fragment eines antiken Tempelgebälks genügt, um eine Ahnung von reinem großen Dasein zu geben. »Das ist freilich etwas anderes als unsere kauzenden, auf Kragsteinlein übereinander geschichteten Heiligen der gotischen Zierweise, etwas anderes als unsere Tabakspfeifen-Säulen, spitzen Türmlein und Blumenzacken. Diese bin ich nun Gott sei Dank auf ewig los!« Unter den Neuern aber ist es Palladio, der wie kein zweiter in seinem Werke sinnlicher Weise die Idee des großen Menschen uns nahe bringt. Palladio habe ihm den Weg zu aller *Kunst und zum Leben* geöffnet.

Nicht nur die klassische Architektur, alle hohe Kunst wollte Goethe als eine zweite Natur aufgefaßt wissen, von Menschen hervorgebracht nach allgemeinen ewigen Gesetzen. In dem Aufsatz über »Einfache Nachahmung der Natur, Manier, Stil« von 1788 (unmittelbar nach der italienischen Reise geschrieben) nimmt der Stil die oberste Stelle ein: gemeint ist eine Kunstweise, wo das Persönliche des Schöpfers sozusagen ausgeschaltet ist und nur die reinen Ideen der Natur Gestalt gewonnen haben. Es ist, was er schon im antiken Rom ahnte: »Alles Willkürliche, Eingebildete fällt zusammen, da ist die Notwendigkeit, da ist Gott.« Kunstwerke dieser letzten Vollkommenheit auch nur zu betrachten, ist eine große Glückseligkeit. Was einen Palladio oder Raffael so bedeutend macht, ist eben, daß auch an ihnen kein Haarbreit Willkürliches war: »nur daß sie die Grenzen und Gesetze ihrer Kunst im höchsten Grade kannten und mit Leichtigkeit sich darin bewegten, sie ausübten, macht sie groß.«

Damit ist die Wendung zum Typischen in der Kunst besiegelt. Das Einmalige, Bloß-Individuelle, der Sonderfall verliert an Interesse. In allem Einzelnen soll das Allgemeine durchleuchten. »Die Gestalt dieser Welt vergeht. Ich möchte mich nur noch mit den bleibenden Verhältnissen beschäftigen.«

Die griechische Gestaltenwelt ist der bewunderungswürdige Versuch, die Naturformen des Menschenlebens festzulegen und den Kreis des Möglichen vollständig zu runden.

Alle Einstellung auf das Typische in der Welt wird auch eine Einstellung auf durchgehende Einheit sein, auf ein bindendes Gesetz. Was Goethe in Italien als die gesetzliche Organisation der Pflanzen aufgegangen ist, ist die Intuition der einen gleichen Bildungsform, die auch noch die entferntesten und scheinbar unvergleichlichsten Gebilde unter sich verbinden soll. Es war ihm von vornherein selbstverständlich, daß eine solche Betrachtungsweise auf alles Lebendige anzuwenden wäre, und auch die Kunst war ihm in ihrer Entwicklung ein solches Lebendiges. Nichts scheint ihm bei Winckelmann einen stärkeren Eindruck gemacht zu haben als die Auffassung der Stilgeschichte als einer natürlichen Entwicklung. Was aber dort nur sehr vag ausgesprochen ist, gewinnt jetzt bestimmte Gestalt. Goethe wollte die Entwicklung der Kunstform in dem großen Formbildungsprozeß der Natur eingebettet wissen. Gewisse Sätze der »Metamorphose der Pflanzen« haben ihre genaue Parallele in der Kunstgeschichte. Wenn dort von der Umbildung des Unvollkommenen ins Vollkommene gesagt ist, daß die Teile, ursprünglich koordiniert und einander ähnlich, sich differenzierten und in das Verhältnis von Über- und Unterordnung träten, so kann dies jeder Kunsthistoriker annehmen, ohne den Vorwurf riskieren zu müssen, die Geistesgeschichte der Naturwissenschaft auszuliefern. Auch das ist noch Geschichte, freilich nicht die ganze Geschichte und jedenfalls von einer anderen Art, als Niebuhr sie sich dachte und wie er bei Goethe sie entbehrte.

So ungefähr sind die Grundlagen der römischen Bildung Goethes beschaffen. Immer wieder kommt das tiefe Glücksgefühl zum Ausdruck, das den Besitz dieser Bildung und seinen täglichen Neuerwerb begleitete. »Eine stille wache Seligkeit« nennt er seinen Zustand, wobei der Akzent nicht überhört werden darf, der gerade auf dem Begriff »wach« liegt. Alle Klassik ist Kunst der Aktivität, und der klassischen Klarheit und Strenge widerspricht grundsätzlich jedes

Sichgehenlassen und jeder Rauschgenuß. »Ich bin ein Mann, der von der Mühe lebt«, konnte Goethe ohne Übertreibung von sich sagen, und wem das Herz in Italien erst beim Wein aufgeht, der durfte sich nicht auf ihn berufen. »Ich lebe sehr diät und halte mich ruhig, damit die Gegenstände keine erhöhte Seele finden, sondern die Seele erhöhen«, ist von Anfang an seine Reisemaxime.

Wenn nun diese Geistes- und Seelenhaltung offenbar etwas Einheitliches darstellt und in allen Punkten auf eine geschlossene Kunst- und Weltanschauung hindeutet, so ist es für den Historiker doch ein Bedürfnis, dem Fall das Vereinzelte zu nehmen und ihn womöglich mit etwas Verwandtem zusammenzubringen. Es fehlt nicht an Analogien. Die gewichtigste ist wohl die, die die Geschichte Albrecht Dürers aufweist. Im ungefähr gleichen Lebensalter hat Dürer seine große, eigentliche italienische Reise (er war früher schon einmal in Italien gewesen), von ungefähr gleicher Dauer angetreten, und obwohl diese Reise zu ganz anderer Zeit, am Anfang des 16. Jahrhunderts, stattfand, ist die Einstellung zu Italien und das Resultat doch von überraschend ähnlicher Art. Die Klarheit des Sehens war auch für Dürer der oberste Begriff. Es drängte ihn, über die mehr nur andeutende, mit bloß suggestiven Mitteln arbeitende deutsche Zeichnung zu erschöpfender Sachaufklärung zu gelangen, und wie die Italiener Gestalt und Raum behandelten, erschien ihm musterhaft. Auch er gewinnt dann in Italien die Vorstellung von der Würde der strengeren Form. Jetzt entstehen jene Kompositionen, wo alles nach tektonischer Regel an einem Platze steht, eine Gesetzlichkeit, die den Italienern natürlich ist, von den Deutschen aber leicht als Zwang empfunden wird. Auch Dürer nimmt in Italien die Wendung zum Typischen und sucht nicht nur die Proportionen der einzelnen Formcharaktere festzulegen, sondern ergeht sich in den gleichen Spekulationen wie Goethe, wenn er das eine durchgehende Bildungsgesetz aufsucht, das auch noch die entferntesten

Gestalten zusammenhält und trägt. Ob es sich um Pflanzen handle oder um die Varietäten der menschlichen Figur –, die grundsätzliche Einstellung ist dieselbe, und es klingt fast bis aufs Wort übereinstimmend, wenn es bei Dürer heißt: »Es ist eine große Vergleichung zu finden zwischen ungleichen Dingen.« Auch darf erwähnt werden, daß solche Spekulationen nicht ein Zeitvertreib waren, der neben der Kunst herging. Sie standen im Zentrum seiner Interessen und haben ihn jedenfalls ebenso glücklich gemacht, wie Goethe seine morphologischen Forschungen.

Mitten auf der Reise nach Rom ist in Goethe einmal die Erinnerung an Dürer aufgestiegen: er habe in München ein paar Stücke gesehen »von unglaublicher Großheit«. Es können damit nur die großen Münchener Apostelbilder gemeint sein, Beispiele jener steigernden, typenschaffenden Kunst, die über das Wirkliche hinausgeht, ohne den Grund der Natur zu verlassen. »Denn wahrhaftig steckt die Kunst in der Natur«, war Dürers Glaubenssatz geworden, wobei wir unter Kunst die gesetzmäßige Schönheit zu verstehen haben. Ist das etwas anderes als Goethes Überzeugung, daß nur aus dem Natürlichen sich Schönheit und Größe entwickeln lassen und alles Willkürliche und bloß Eingebildete tot bleiben müsse?

Aber wie? Wenn nun diese zwei großen Deutschen ihre Klassizität in Italien, an italienischer Kunst gewonnen haben, hat man dann nicht Ursache, diesem Produkt das größte Mißtrauen entgegen zu bringen, als einem Gewächs, das eben nicht auf unserem Boden gewachsen ist? An der Italienität der Begriffe, die das Klassische ausmachen, kann kein Zweifel sein. Nicht nur in den eigentlich klassischen Perioden, stets hat Italien, verglichen mit dem Norden, eine mehr oder weniger klassische Stimmung. Die »lateinische« Klarheit so gut wie die gemessene Form ist nie ganz verdunkelt worden. Dem nordischen Individualismus gegenüber berührt uns italienische Kunst immer so, als ob sie mehr auf das Typische abgestellt gewesen wäre. Jene Spekulationen über die Einheit des Bildungsgesetzes in den organischen Wesen, sie sind schon einem Lionardo und Leon Battista Alberti vertraut. Und wie sehr die Kunst Italiens im Natürlichen verankert ist, beweist allein die Tatsache, daß die Gotik hier nie eigentlich hat Fuß fassen können, geschweige denn, daß das Land imstande gewesen wäre, einen solchen Stil zu erzeugen. Umgekehrt hat im Norden das gotische Grundgefühl kaum je ganz aufgehört, lebendig zu sein.

Man hätte also immerhin Anlaß, nach der Legitimität des Klassischen bei uns zu fragen. Es gibt Leute, die sie bestreiten. Aber sollte es wirklich möglich gewesen sein, daß ohne innere Affinität Italien jene große Anziehungskraft auf uns ausgeübt hätte? Sollte es nicht auch hier gelten: »Wär' nicht das Auge sonnenhaft?« Bei Goethe so gut wie bei Dürer läßt sich nachweisen, daß die Organe für das »Italienische« sich schon im Norden ausgebildet hatten. Es muß sich also doch wohl um etwas handeln, das allgemeiner Natur und nicht auf Italien beschränkt ist.

Und blickt man näher zu, so ist es ja gar nicht auf ein Herübernehmen fertiger italienischer Kunst abgesehen. Wenigstens ist dieser Klassizismus immer rasch abgestorben bei uns. Dem rechten Meister hat sich das italienische Gut unter den Händen von selber in etwas anderes verwandelt. Der deutsche Klassizismus geht aus einem Gegensatz hervor, den der Süden gar nicht so kennt, und er behält diesen Gegensatz dauernd als Wirkungsfolie neben sich. Nenne man ihn romantisch oder wie immer, genug, es ist das Andere, dem gegenüber Italien uns, aber eben nur uns, als Erlösung ins Klare, Gestaltete, Ewige, als die Welt der reinen Formen erscheint. Auch uns ist klassische Vollendung als eine Verheißung gegeben. Nicht unfaßbar, aber doch ein Ideal, das nur auf Augenblicke zu realisieren ist. Immer wieder werden wir zurücktauchen in unser Element des Werdenden und Unendlich-Vielfältigen und als das Eigentliche das verehren, was gar nicht in Gestalt und geschlossene Form eingehen kann. Auch im klassischen Werk wird die deutsche Kunst nicht verleugnen, daß ihre Wurzeln aus solchen Tiefen Nahrung ziehen.

Ich darf das nicht weiter ausführen. Aber es ist wesentlich, sich zu vergegenwärtigen, was es heißt, daß der Dichter der »Iphigenie« und des »Tasso« eben auch der Dichter des »Götz« und des »Werther« gewesen ist und in Rom auch unklassischer Stimmung zugänglich blieb und daß der »italienisierende« Dürer vorher die Apokalypse und das Rasenstück gezeichnet hat, und dann neben der intensivsten Bemühung um italienische Form doch gleichzeitig einer ganz unitalienischen Vision wie dem »Hieronymus im Gehäus« Gestalt geben konnte. Erst aus dem Gegensatz des Andern zieht unsere klassische Kunst ihre Kraft.

Wir reisen heute anders als Goethe und sind stolz darauf, daß wir der Kunst in allen ihren Äußerungen gerecht zu werden gelernt haben. Giotto ist uns ebenso genießbar, wie die gelöste Kunst des Bernini und die weitausladende Gebärde des Barock, wir schwärmen für den feinen Naturalismus der Quattrocentisten und bewundern gleichzeitig die abstrakte Schönheit altchristlicher Mosaiken, wir schätzen Palladio und Bramante, aber wir möchten die geheimnisvollere Architektur von San Marco nicht missen, wo Goethe einfach lachte, oder den fremdartigen Zauber des Doms von Monreale, den er auch nur anzuführen nicht der Mühe wert fand. Wir sehen anders und anderes, umfassender, historischer, – aber eine Wiedergeburt aus dem Geist des Klassischen, wie sie Goethe erlebt hat, wird sich so nebenher schwerlich bewerkstelligen lassen.

Und doch hat Italien auch für uns nicht aufgehört, das Land der Menschlichkeit zu sein. Es bleibt noch immer etwas anderes, nach Italien zu reisen, als eine Reise nach Spanien, Frankreich oder England zu machen. Auch dort gibt es Kunst, große Kunst, aber jene Erneuerung des ganzen, nicht nur des ästhetischen Menschen, jene Ahnung einer vollendeten Humanität, wie sie Goethe erschöpfend mit den Worten kennzeichnete (die nicht in die Schlußredaktion übergegangen sind): »Die Seele quillt auf, der Mensch fühlt eine Art von Verklärung seiner selbst, ein Gefühl von freiem Leben, höherer Existenz, Leichtigkeit und Grazie«, sie wird immer an den italienischen Boden gebunden bleiben.

Heimat freilich kann uns Italien nicht sein. Wir können immer nur eine Reise nach Italien machen, und der Weg wird dann enden in jenem Land des Klassischen, das nicht jenseits der Berge liegt, sondern in unserer Seele... Das Himmelreich ist in Euch!

ERICH TRUNZ

Goethes späte Lyrik

Goethes späte Lyrik – das ist die Lyrik nach dem »West-östlichen Divan«. Der »Divan« entstand 1814/15, manches daraus noch in den Folgejahren. 1819 erschien die 1. Auflage. Danach aber und teils schon daneben entstand neue Lyrik, die Lyrik des späten Goethe, die bis zu seinem Tode reicht. Schlagen wir eine zeitlich geordnete Sammlung von Goethes Gedichten auf, so sehen wir: es ist erstaunlich viel, was in diesen Altersjahren, von etwa 1816 bis 1832, gedichtet worden ist, es sind viele hundert Seiten. Und blättern wir darin, so bemerken wir: Es sind fast alles Gelegenheitsgedichte an Bekannte, Fürsten, Badebekanntschaften; konventionell, freundlich, liebenswürdig; oder es sind Sprüche, kurze kleine Betrachtungen zum Weltlauf, dem das Ich sich selbstbewußt entgegensetzt. Zwischen den vielen Gelegenheitsgedichten und Sprüchen finden wir dann aber noch zwei andere Arten von Gedichten. An Menge sind sie sehr viel geringer, etwa ein Achtel oder ein Zehntel von jenen, aber an Gehalt desto bedeutender. Da sind zunächst die weltanschaulichen Gedichte des Alters: »Prooemion«, »Urworte, orphisch«, »Eins und alles«, »Vermächtnis« und andere. Sie fassen begrifflich, anschaulich und formelhaft zusammen, was erst jetzt im Alter als Ergebnis formuliert werden konnte. Und da ist schließlich noch eine letzte Gruppe: die reine Lyrik. Es gibt sie bei Goethe auch noch im höchsten Alter. – Daß er Gelegenheitsgedichte an Bekannte schrieb, ist für den Berühmten und Geübten nicht verwunderlich; daß er weltanschaulich-lehrhafte Gedichte machte, entspricht dem Geist des Alters; auch die Sprüche sind lehrhaft-sachliche Alterskunst. Die Lyrik aber bleibt das eigentliche Wunder.

Altersstil kennen wir aus der Weltliteratur auch von anderen

Werken her. Doch meist sind das epische Werke; seltener dramatische; Alterslyrik aber bleibt etwas ganz Seltenes. Zu der Seelenlage des lyrischen Schaffens scheint immer das Spontane, Hingerissene, Erfüllte des Augenblicks zu gehören; das Alter aber scheint dieser Haltung wenig zugeneigt. Goethe freilich war ihrer noch als Achtzigjähriger fähig; das scheint in seiner individuellen psychischen Veranlagung begründet. Andererseits: es gab in seinem Dasein so vieles, was dieser Seelenlage entgegenstand. Als Naturforscher, Sammler, Beamter brauchte er Verstand und Willen, praktische Weltkenntnis und konventionelle Form. Und doch – er konnte plötzlich alles hinter sich lassen und vergessen über der Erfülltheit eines Augenblicks; und dann entstanden Gedichte von reinstem lyrischem Schmelz. Die Stimme, die in ihnen spricht, bleibt aber zugleich die Stimme des Weisen, die für das deutende, lehrende Wort sich gebildet hatte. Das macht diese Lyrik so einzigartig.

Die späte Lyrik beginnt mit ein paar kleinen Gedichten wie »St. Nepomuks Vorabend«. Das Nepomukgedicht geht auf Eindrücke in Karlsbad zurück. Die Legende erzählt, als St. Nepomuk das Beichtgeheimnis der Königin nicht verriet und dafür in den Strom geworfen wurde, habe man im Wasser, das den Leichnam mit sich nahm, wundersame Lichter oder Sterne gesehen als Zeichen, daß er selbst nun Stern geworden sei. Zur Erinnerung daran hielt man in Prag und Karlsbad damals an Maiabenden Lichterprozessionen auf dem Wasser, wobei Kinderchöre sangen. Aus diesen Eindrücken entstand das Gedicht

St. Nepomuks Vorabend

Lichtlein schwimmen auf dem Strome,
Kinder singen auf der Brücken,
Glocke, Glöckchen fügt vom Dome
Sich der Andacht, dem Entzücken.

Lichtlein schwinden, Sterne schwinden;
Also löste sich die Seele
Unsres Heil'gen, nicht verkünden
Durft' er anvertraute Fehle.

Lichtlein, schwimmet! Spielt, ihr Kinder!
Kinder-Chor, o singe, singe!
Und verkündiget nicht minder,
Was den Stern zu Sternen bringe.

In der Mischung von impressionistischen Bildern, zauberischer Süße der Melodie und hintergründiger Weisheit des Geistes ist das Gedicht bezeichnend für die Lyrica dieser Spätzeit. Der Klang ist ruhig und leicht. Deswegen kann die Sprache sehr knapp, nur andeutend sein. Die 1. Zeile: ein Bild (das genau den Vers füllt); die 2. Zeile: Bild und Klang. Die 3. Zeile: nur Klang, die große Glocke, die kleine Glocke; »fügt« eine einzige Silbe, darin das: »es gehört zusammen, paßt ineinander«, und nun die 4. Zeile: Wendung ins Geistige; »Andacht« und als Steigerung »Entzücken«. Die 2. Strophe gleitet locker von den Bildeindrücken zu der Heiligenlegende, vom Präsens ins Imperfektum. Die 3. Strophe, »Vergangenheit und Gegenwart in eins« nehmend, greift zum Imperativ, der hier nur aussagt: so möge es sein; so ist es recht; ich bin glücklich, daß es so ist; wir wollen uns alle bemühen, immer besser zu begreifen, »was den Stern zu Sternen bringe«.

Aus dieser Periode stammt auch das Gedicht »Um Mitternacht«. Goethe selbst hat es einmal »ein Lebenslied« genannt. In drei Strophen, drei Mitternachtssituationen, gibt es drei Lebensalter. In jeder Stufe erscheint das Licht anders, reiner und geistiger. Und insofern hier das Alter als Entwicklung zum Geistig-Lichten und zugleich Ehrfürchtig-Mystischen am höchsten steht, ist das Gedicht ein Preis des Altseins – Alterslyrik, die nicht nur durch ihre Art des Sehens besonderen Charakter besitzt, sondern diese Sehweise selbst zu ihrem Thema erhebt. – Auch der Gedichtkreis »Wilhelm Tischbeins Idyllen« ist hier zu nennen, der Bildmotive, wie sie der Dichter liebte, symbolisch-geistig ausdeutet.

Mit einigen Gedichten dieser Art fängt es an. Dann aber gipfelt diese Lyrik jäh in einem Höhepunkt. Es ist das Marienbader Erlebnis, die Gedichte der Jahre 1822-1824. Sie sind spannungsreich und tragisch, aus einer Leidenschaft heraus, von welcher der Dichter wußte, daß es die letzte sei. Alle Schönheit der Welt hatte sich ihm zusammengezogen in eine Gestalt, er nennt sie am Ende der »Elegie« Pandora – sie, der alle Götter ihr Bestes gaben und die zugleich des Zeus vernichtende Gabe trägt. Das gleiche Erleben, das zur »seligen Höhe« führt, richtet zugrunde.

Aus dieser Zeit stammt die berühmte »Trilogie der Leidenschaft«. Sie stand für die Kenner von Goethes Werk immer seltsam inselhaft da, ohne umgebendes Nebenwerk, das dem gleichen Boden entsprossen. Hier nun konnte die neuere Forschung das Bild ein wenig vervollständigen; drei kleine Gedichte, die erst 1893 aus dem Nachlaß veröffentlicht sind, ließen sich auf Grund der Handschriften datieren. Sie gehören hierher. Es sind Worte der Qual, stoßartig, augenblickhaft, kurz; Worte, die der Greis lieber verbarg, ganz für sich behielt. Wer von den Zeitgenossen hätte es verstanden, daß er so sprach? Nach außen hin blieb er der Weise, Gehaltene, Konventionelle...

Die erste Strophe:

Könnt' ich vor mir selber fliehn!
Das Maß ist voll.
Ach! Warum streb' ich immer dahin,
Wohin ich nicht soll.

Man hat gemeint, daß alle Goethesche späte Lyrik mit Betrachtung gemischt sei; denn so paßte es zum Bilde des olympischen Weisen, das man aus Eckermann übernahm. Diese Verse jedoch lassen erkennen, daß es nicht immer so war. Es sind kurze Aufschreie der Verzweiflung, wie es sie einst in der Lili-Lyrik gegeben hatte und mitunter noch in der ersten Weimarer Zeit. Das Erschütternde ist, daß es dies jetzt, 1822/23, noch gibt. Und das zweite Gedicht:

Ach! wer doch wieder gesundete!
Welch unerträgliche Schmerzen!
Wie die Schlange, die verwundete,
Krümmt sich's im eigenen Herzen.

Das ist nicht Betrachtung, das ist Ausdruck unmittelbaren Gefühls. Und ähnlich die dritte Strophe: sie spricht von den Pfeilen der Leidenschaft, bald kommen sie rasch und geradezu, bald langsam und auf gekrümmtem Wege, oder – wie es in der Sprache des Alters heißt – »bogenhaft«.

Denn freilich sind's dergleichen Kiel' und Pfeile,
Die, hin und wieder fliegend, würkend zischen,
Gehetzt in Eile, bogenhaft in Weile
In tausendfält'gem Wollen sich vermischen.
Man weiß nicht, soll man? Oder soll's verschieben? –
Nur wer sich kennt, der hat das Recht zu lieben.

In einem Schreibkalender des Jahres 1823 stehen die fragmentarischen Zeilen:

Ich bin gefangen! Wie! in tiefer Gruft.
So wär' ich alsobald in freier Luft.

Goethe hat diese Verse versteckt, aber nicht vernichtet. Andere Zeilen – und die kennt man seit je – wurden so, daß er sie mitteilen mochte. Diese schenkte er – als Handschrift – Ulrike, denn es waren Gedichte, wie man sie einer jungen

Dame und der Marienbader Gesellschaft wohl zeigen konnte. Doch wie sehr ist das, was konventionell werden sollte, dennoch von innerer Leidenschaft erfüllt. Aber darum sind sie wohl so vollendet geworden, diese kleinen Strophen. Da ist das Gedicht vom Barometer. Das Quecksilber – »lebendig Silber« nennt er es hier – folgt zwangsläufig-unaufhörlich den Bewegungen der Atmosphäre. Und das Gedicht gleitet ganz schlicht, als sei es das gleiche Naturphänomen, über zu dem eigenen liebenden Herzen; auch das zeigt Wandlungen an – warum, inwiefern, das bedarf ja keiner Worte.

Wenn sich lebendig Silber neigt,
So gibt es Schnee und Regen,
Und wie es wieder aufwärts steigt,
Ist blaues Zelt zugegen.
Auch sinke viel, es steige kaum
Der Freude Wink, des Schmerzens,
Man fühlt ihn gleich im engen Raum
Des lieb-lebend'gen Herzens.

Das ist Goethescher Spätstil: diese Leichtigkeit und Süße, diese zarte Sprache, die fast vergessen macht, wie ernst, fast erschreckend ist, was dahinter steht, diese schicksalhafte völlige Abhängigkeit.

Seltsam war in diesen Marienbader Sommer von 1823 Musik hineingewoben. Da war erst der Gesang der bedeutenden Sängerin Anna Milder-Hauptmann, dann das Spiel der Petersburger Hofpianistin Maria Szymanowska, die Goethe oft vorspielte und ihn damit immer wieder bis zu Tränen rührte. Es ist, als müßte er, der immer mit dem Auge das Schöne der Welt erlebt hatte, der aber zugleich auch der Allseitige war, auch dies noch erfahren: die Dämonie und zugleich auch die Ordnung der Musik. Sein Roman, der einst alle dämonischen Tiefen der Liebe enthüllt hatte, die »Wahlverwandtschaften«, war ein Roman ohne Musik gewesen. Diesmal ist es anders. Er setzt sich der Ordnung der Töne aus, und er fühlt sich durch sie gereinigt, getröstet. Als die große Pianistin, aus Marienbad abreisend, ihm im August 1823 ihr Stammbuch bringt, schreibt er ihr Verse hinein, die ungewollt ein großes Bekenntnis werden. Liebe und Töne haben sich untrennbar vermischt, mit dem einen klingt das andere auf, und er findet ein Wort, das diese Einswerdung sprachlich symbolisiert: »Doppelglück der Töne wie der Liebe«.

Die Leidenschaft bringt Leiden! – Wer beschwichtigt
Beklommnes Herz, das allzuviel verloren?
Wo sind die Stunden, überschnell verflüchtigt?
Vergebens war das Schönste dir erkoren!
Trüb' ist der Geist, verworren das Beginnen;
Die hehre Welt, wie schwindet sie den Sinnen!

Da schwebt hervor Musik mit Engelschwingen,
Verflicht zu Millionen Tön' um Töne,
Des Menschen Wesen durch und durch zu dringen,
Zu überfüllen ihn mit ew'ger Schöne:
Das Auge netzt sich, fühlt im höhern Sehnen
Den Götterwert der Töne wie der Tränen.

Und so das Herz erleichtert merkt behende,
Daß es noch lebt und schlägt und möchte schlagen,
Zum reinsten Dank der überreichen Spende
Sich selbst erwidernd willig darzutragen.
Da fühlte sich – o daß es ewig bliebe! –
Das Doppelglück der Töne wie der Liebe.

Die Ordnung des Schönen symbolisiert sich hier in der rein durchgeführten Stanzenform. Im Kosmos der Form siegt der Geist über das Chaos des Lebens.

Es folgte Goethes Reise nach Karlsbad. Zwei Wochen des

Zusammenseins mit Ulrike. Dann reißt er sich los. Ein Abschied – der letzte. In den Tagen danach entsteht das große Gedicht, das er »Elegie« nennt, und das man meist als »Marienbader Elegie« bezeichnet. Ein Liebender klagt. Kein Wort über die Gründe der Trennung, über Ort oder Umwelt der Liebe, über sein oder ihr Alter. Es spricht ein dichterisches, verallgemeinertes Ich, und es geht allein um das Wesen der Liebe. Die 1. Strophe zeigt den Liebenden vor dem Wiedersehen mit der Geliebten; es soll Entscheidungen bringen, sein Glück oder sein Verderben. Die 2. und 3. Strophe bringen übergangslos ein anderes Bild: Er ist bei ihr; paradiesische Seligkeit. Und dann wieder ein Sprung: Die Entscheidung ist erfolgt. Abschied, Einsamkeit, Verzweiflung.

> Das Auge starrt auf düstrem Pfad verdrossen,
> Es blickt zurück – die Pforte steht verschlossen.

Hier ist der eigentliche Standpunkt der Elegie erreicht, den sie dann nicht mehr verläßt. Es ist der seelische Zustand nach der Trennung. Wie Wellen und Wellentäler folgen Leidenschaft und Versuche, durch Vernunft und tröstliche Gedanken ihrer Herr zu werden. Leidenschaft, Betrachtung, Rückblick und wieder Leidenschaft. Das gibt dem Gedicht seine Weite und Spannung und wechselnde Sprache. Es gibt ja so vieles, was trösten könnte: Das Auge erblickt Natur; die Felsen; die Schatten und das Licht; ist es nicht »heilig«, Sinnbild des Unendlichen? Und weiterhin die Pflanzen und die Wolken; und Wolken sind Symbol, daß das Materielle ins Geistige übergeht, in Äther verfließen kann, sich steigernd...

> Ist denn die Welt nicht übrig? Felsenwände,
> Sind sie nicht mehr gekrönt von heiligen Schatten?
> Die Ernte, reift sie nicht? Ein grün Gelände,
> Zieht sich's nicht hin am Fluß durch Busch und Matten?

Und wölbt sich nicht das überweltlich Große
Gestaltenreiche, bald Gestaltenlose?

Wir fühlen hier: dies alles war ihm ein Leben lang Abglanz des Absoluten gewesen. Jetzt aber geht der Blick darüber hin, ohne zu haften. Und doch: es zeigt den Reichtum dessen, der spricht. Aber gerade durch den Reichtum wird nun die Armut offenbar. Denn dies alles gilt nur noch für die anderen:

Verlaßt mich hier, getreue Weggenossen!
Laßt mich allein am Fels, in Moor und Moos;
Nur immer zu! euch ist die Welt erschlossen,
Die Erde weit, der Himmel hehr und groß;
Betrachtet, forscht, die Einzelheiten sammelt,
Naturgeheimnis werde nachgestammelt.

Aber dann fährt er fort:

Mir ist das All, ich bin mir selbst verloren...

Welch' Blick ins Nichts, da ihm, gerade ihm, die Natur nicht mehr religiöser Weg ist, auf den er seine Existenz gründen kann. Hinter diesen Strophen steht die besondere Art der Goetheschen Religiosität. Der Mensch hat das Absolute nicht unmittelbar, sondern nur im Abglanz, in seinen Manifestationen. Eine solche ist die Natur. Aber es gibt noch eine andere: es ist der Mensch. Darum folgt nun die Strophe der Liebe und aus ihr die berühmte Strophe der Frömmigkeit:

Dem Frieden Gottes, welcher euch hienieden
Mehr als Vernunft beseliget – wir lesen's –,
Vergleich' ich wohl der Liebe heitern Frieden

In Gegenwart des allgeliebten Wesens;
Da ruht das Herz, und nichts vermag zu stören
Den tiefsten Sinn, den Sinn, ihr zu gehören.

In unsers Busens Reine wogt ein Streben,
Sich einem Höhern, Reinern, Unbekannten
Aus Dankbarkeit freiwillig hinzugeben,
Enträtselnd sich den ewig Ungenannten;
Wir heißen's: fromm sein! – Solcher seligen Höhe
Fühl' ich mich teilhaft, wenn ich vor ihr stehe.

Doch jene glückliche Gegenwart ist vorüber. Geblieben ist nur die Einsamkeit:

Mich treibt umher ein unbezwinglich Sehnen,
Da bleibt kein Rat als grenzenlose Tränen.

So quellt denn fort und fließet unaufhaltsam!
Doch nie geläng's, die innre Glut zu dämpfen!
Schon rast's und reißt in meiner Brust gewaltsam.
Wo Tod und Leben grausend sich bekämpfen...

Das Gedicht endet mit der Allmacht der Leidenschaft und Verzweiflung.
Im März 1824, 7 Monate nach der Marienbader »Elegie«, trat der Leipziger Verlag Weygand an Goethe heran. In diesem Verlag war 50 Jahre zuvor, 1774, Goethes Roman »Die Leiden des jungen Werther« erschienen. Jetzt wollte man eine Jubiläumsausgabe drucken und bat den Dichter um ein Vorwort. Er nahm den Roman wieder auf. Die neue Wunde war noch nicht verheilt, und nun sah er erschüttert, entsetzt: dort hatte er ja, vor einem halben Jahrhundert, fast alles schon einmal gesagt. Er war wieder Werther, war es jetzt noch, jetzt im Alter. Und doch: ein Leben lag dazwischen, voll vieler Erfahrungen, langen Reifens, reicher Ernte...

Goethe schrieb das Vorwort zu der neuen Werther-Ausgabe nicht, sondern es bildete sich ihm ein Gedicht. Es geht von der Neuausgabe aus und nimmt Werther wie einen Menschen, der selbst gelebt hat, wie einen Bruder, ein anderes Ich.

Noch einmal wagst du, vielbeweinter Schatten,
Hervor dich an das Tageslicht,
Begegnest mir auf neu beblümten Matten,
Und meinen Anblick scheust du nicht...
Zum Bleiben ich, zum Scheiden du erkoren,
Gingst du voran – und hast nicht viel verloren.

Was war das Los dessen, der am Leben blieb? Leidenschaft und Trennung. »Doch tückisch harrt das Lebewohl zuletzt.« Trennung vom Geliebtesten ist Tod der Seele. Das Gedicht endet mit der Hoffnung, im Dichten Linderung der Qual zu finden.

Du lächelst, Freund, gefühlvoll, wie sich ziemt:
Ein gräßlich Scheiden machte dich berühmt;
Wir feierten dein kläglich Mißgeschick,
Du ließest uns zu Wohl und Weh zurück;
Dann zog uns wieder ungewisse Bahn
Der Leidenschaften labyrinthisch an;
Und wir, verschlungen wiederholter Not,
Dem Scheiden endlich – Scheiden ist der Tod!
Wie klingt es rührend, wenn der Dichter singt,
Den Tod zu meiden, den das Scheiden bringt!
Verstrickt in solche Qualen, halbverschuldet,
Geb' ihm ein Gott zu sagen, was er duldet.

Bald nach der Vollendung dieses Gedichts wurde Goethe klar, daß dieses zusammengehöre mit der »Elegie« und auch mit dem Gelegenheitsgedicht, das er in Marienbad der Pianistin Szymanowska ins Tagebuch geschrieben hatte. Das Motiv der Leidenschaft verbindet die drei Gedichte, er stellte sie zusammen und nannte sie »Trilogie der Leidenschaft«. Aber er änderte die Reihenfolge. Am Anfang steht jetzt das Gedicht »An Werther«, das grandiose Selbstbildnis, das in seiner Schonungslosigkeit, die nur gemildert erscheint durch die Meisterschaft der Form, an die späten Selbstbildnisse Rembrandts erinnert. Sein Hauptmotiv, die Antithese von Weisheit und Leidenschaft, verbindet es mit dem folgenden Gedicht, der großen »Elegie«. Ans Ende stellte Goethe nun das Gedicht von der Ordnung der Töne, der Ordnung der Kunst. Er wollte nicht mit der tragischen Vernichtung enden. Das eben ist es, was die »Trilogie« von Werther unterscheidet: Für diesen gibt es außer der Offenbarung der Liebe keinen Weg mehr, der im Endlichen ins Unendliche führt. Für den Dichter der »Trilogie« behalten die anderen Bereiche und Erlebniswege ihren Wert. Zwar kann die Allmacht der Leidenschaft eine Zeitlang alles andere übertönen, aber das andere wird darum nicht entwertet. Darum ist in der »Elegie« die Natur der große Gegenspieler und in dem Schlußgedicht, das nun »Aussöhnung« heißt, die Kunst. Und indem diese Ordnung gültig bleibt, öffnet sich eine Hoffnung, wenn auch nicht eine Gewißheit. Durch die Zusammenstellung zur Trilogie rückt nun die »Elegie« in ein neues Licht. An sich ist sie ein sehr stilisiertes Gedicht, das ein ganz allgemeines Ich schildert. Da aber im Gedicht »An Werther« das Goethesche Ich sehr persönlich spricht, rückt nun auch die »Elegie« in diesen individuellen Zusammenhang. So wird das Ganze zum Selbstbildnis des Gealterten, nicht nur mit Zügen der Weisheit, sondern von dämonischen Mächten zerfurcht und zerrissen bis an die Grenze tragischer Vernichtung.

Das Ulriken-Erlebnis, das sich im März 1824 noch einmal leidenschaftlich in dem Gedicht »An Werther« aussprach, klang nur langsam ab. Aus dieser Zeit, dem Beginn des Jahres 1824, stammt vermutlich eins der schönsten und geheimnisvollsten Altersgedichte, »Der Bräutigam«. Es beginnt mit dem Motiv, daß der Liebende im Schlaf, ja gerade da, seine Liebe empfindet; so tief ist sie in ihm. Es gibt dieses Motiv nur noch einmal in Goethes Dichtung, in der Geschichte der Liebe zu Lili in »Dichtung und Wahrheit«, Buch 17, eine Stelle, an der er 1824 gearbeitet hat. Da heißt es: »Es war ein Zustand, von welchem geschrieben steht: ich schlafe, aber mein Herz wacht; die hellen wie die dunklen Stunden waren einander gleich, das Licht des Tages konnte das Licht der Liebe nicht überscheinen, und die Nacht wurde durch den Glanz der Neigung zum hellsten Tage...« In diesem Buch von »Dichtung und Wahrheit« schreibt Goethe verallgemeinernd über den »Bräutigamsstand«, einen Zustand der Sehnsucht und doch auch der Harmonie; begrenzt-entsagend und zugleich glückhaft; Leben auf ein Ziel hin und zugleich erfüllte Gegenwart. Wie dort in »Dichtung und Wahrheit« zielt Goethe auch hier in dem Gedicht auf das Typische; deswegen der verallgemeinernde Titel.

Der Bräutigam

Um Mitternacht, ich schlief, im Busen wachte
Das liebevolle Herz, als wär' es Tag;
Der Tag erschien, mir war, als ob es nachte,
Was ist es mir, so viel er bringen mag.

Sie fehlte ja, mein emsig Tun und Streben
Für sie allein ertrug ich's durch die Glut
Der heißen Stunde, welch erquicktes Leben
Am kühlen Abend! lohnend war's und gut.

Die Sonne sank, und Hand in Hand verpflichtet
Begrüßten wir den letzten Segensblick,
Und Auge sprach, ins Auge klar gerichtet:
Von Osten, hoffe nur, sie kommt zurück.

Um Mitternacht! der Sterne Glanz geleitet
In holdem Traum zur Schwelle, wo sie ruht.
O sei auch mir dort auszuruhn bereitet,
Wie es auch sei das Leben es ist gut.

Das Gedicht bringt vier bildhafte Situationen. Die erste (1-2): Mitternacht; der Liebende erfüllt von seiner Liebe, die Verbundenheit im Unbewußten. Die zweite (3-6): der Tag mit seiner Arbeit, die der Liebende um der Geliebten willen tut. Dieses Bild ist etwas ausführlicher als das erste. Das dritte (7-12) hat noch mehr Raum: das Zusammensein am Abend, zusammengezogen in ein einziges symbolisches Bild. »Verpflichtet« heißt: verlobt, für die Zukunft zusammengehörig, zu diesem begrifflichen Wort kommt die sinnbildliche Haltung: »Hand in Hand«, und zu der Haltung die Bewegung: erst der Blick in die Sonne, dann der Blick zueinander. Blick in die Abendsonne ist Anteilhaben am göttlichen Licht und Wissen von dessen Wiederkehr, darum Sinnbild eines Zustands auf eine Zukunft hin.

Die Übergänge von einem Bild zum anderen sind mitten in den Strophen, darum sind sie so leicht, obgleich es keine überleitenden Wörter gibt. Der Übergang zum vierten Bild aber fällt mit dem Strophenschluß zusammen, und die neue Strophe wiederholt das Anfangsmotiv »Um Mitternacht«. Alles Bisherige ist im Präteritum gesagt, was jetzt folgt, steht im Präsens. Ein Tageslauf rundet sich; nicht von Tag zu Tag, sondern von Mitternacht zu Mitternacht; ein Zusammengehören bis in die Tiefe des Unbewußten hinein; darum am Ende wie zu Beginn: Schlaf, Traum, Mitternacht. Noch ist es der Zustand des Bräutigams (der Weg bis zur Schwelle), nicht der des Ehemanns (der dort ruht) – zwei seltsam sachliche, die großen Situationen typisierende Bilder.

Und nun folgt, über die Bilder hinausgehend, der große Lobpreis. So wie vorher der Abend, den der Bräutigam bei der Braut zubringen darf, als »gut« gepriesen wird, so jetzt das Leben, das er mit ihr zusammen verleben wird, ja das Leben überhaupt, in welchem es dies, diese Ordnung, diese Gemeinsamkeit gibt.

Das Besondere des Gedichts ist wohl: es ist ein Thema der Jugend, doch die Sicht und Sprache des Alters. Der Titel ist objektivierend, der Text aber spricht in der Ich-Form. Doch es ist nicht die Sprache eines jungen Menschen, sondern der Alte läßt den Jungen sprechen. Ein Bild des Jünglings, doch in den dunklen Farben des Altersstils. So kommt der Klang seiner Spätzeit hinein, schmerzlich, verhalten und groß. Auch in diesen Strophen – wie in der »Elegie« – ist die Liebe etwas, was diese Welt mit einer höhern verbindet; deswegen der Anklang an ein Bibelwort am Beginn. (»Ich schlafe, aber mein Herz wacht.« Hoheslied 5,2).

Mit diesem Gedicht findet die Gedichtreihe, welche aus dem Marienbader Erlebnis entstanden war, ihren Ausklang. Was konnte es danach noch für Lyrik geben? Eine Erschütterung wie diese kam nicht mehr, konnte nicht mehr kommen. Als Faust im Beginn des 2. Teils des Dramas hoffnungslos verstrickt daniederliegt, umschweben ihn Naturgeister und heilen ihn. Das ist der Goethesche Weg. Und man kann fast voraussagen: wenn es auf diese Tragik noch Harmonie gibt, nach dieser Leidenschaft noch Gesundung, so kommt sie von der Natur. Vier Jahre später, 1827, entsteht ein neuer Gedichtkreis. Wenn man jene die Marienbader Gedichte nennen kann, so könnte man diese die Gartenhaus-Gedichte nennen. Viele Wochen lebte Goethe in diesem Sommer ganz in seinem Gartenhaus an der Ilm, lebte dort als 72jähriger, wie er einst mit 26 Jahren dort gewohnt und gelebt hatte. Und hier notiert sein Tagebuch, er habe an den »Chinesisch-deutschen Jahres- und Tageszeiten« gearbeitet. Es sind kleine Naturgedichte. Sie sprechen von Landschaft, Pflanzen, Tieren; hinter dem Naturbild tritt das Ich ganz zurück. Das Auge ist das verbindende Organ. Nach der Leidenschaft der Marienbader Gedichte wirkt dies alles doppelt still, rein, sachlich, heilend. Stand dort immer der Mensch im Mittelpunkt, so ist es hier nur die Natur. – Ein Vorfrühlingsgedicht:

> Ziehn die Schafe von der Wiese,
> Liegt sie da, ein reines Grün;
> Aber bald zum Paradiese
> Wird sie bunt geblümt erblühn.
>
> Hoffnung breitet lichte Schleier
> Nebelhaft vor unsern Blick:
> Wunscherfüllung, Sonnenfeier,
> Wolkenteilung bring' uns Glück!

Der Beginn ist ein reines Anschauungsbild: »Ziehn die Schafe von der Wiese, Liegt sie da, ein reines Grün.« Aber schon das Folgende ist nicht etwas unmittelbar, sondern im Geiste Gesehenes, etwas Gedachtes, Gehofftes: »Aber bald zum Paradiese wird sie bunt geblümt erblühn.« Das Wesen des Frühlings ist Beginn, Hoffnung, Leben auf etwas hin, und nun wird das Hoffnungsmotiv verallgemeinert:

> Hoffnung breitet lichte Schleier
> Nebelhaft vor unsern Blick:

Das Anfangsbild von der grünen Wiese ist also symbolisch, aber es ist die heitere und unmittelbare Symbolik Goethescher Art.

> Wunscherfüllung, Sonnenfeier,
> Wolkenteilung bring' uns Glück.

Was möge uns Glück bringen? Die Erfüllung unserer menschlich blinden Wünsche; die Seligkeit, an der Sonne Anteil zu haben, an dem Licht, das unmittelbare Manifestation des Göttlichen ist; und »Wolkenteilung«: die Wolke, noch irdisch, materiell, aber doch schon ganz leicht und geistig, löst sich emporsteigend auf in den Äther wie der Mensch sich emporsteigend wieder auflösen wird in die Weltseele. Steigerung also hier wie dort. Das reine Licht bricht durch.

Manche dieser kleinen Naturgedichte sehen vom Ich so sehr ab und bringen den Gegenstand so rein, daß sie fast zum Dinggedicht werden in einer Art, die uns an weit Modernes erinnert. Wir sind in Goethes Lyrik meist eine reiche Verknüpfung vieler Motive gewohnt. Hier aber beschränkt jedes kleine Gedicht sich auf ein einziges Motiv, und ein ganz einfaches. So sind es einmal nur ein paar Narzissen, die im Frühling im Garten stehen, reihenweise rechts und links vom Wege.

Weiß wie Lilien, reine Kerzen,
Sternen gleich, bescheidner Beugung,
Leuchtet aus dem Mittelherzen,
Rot gesäumt, die Glut der Neigung.

So frühzeitige Narzissen
Blühen reihenweis im Garten.
Mögen wohl die guten wissen,
Wen sie so spaliert erwarten.

Das kleine Gedicht ist sehr bezeichnend für den Spätstil. Größte Einfachheit im Motiv; höchste Eigenwilligkeit im Aufbau und Satzbau. Das Subjekt »frühzeitige Narzissen« steht erst gegen Ende. Der Beginn nur Aufzählung:

Weiß wie Lilien, reine Kerzen,
Sternen gleich, bescheidner Beugung…

Welch Charakterisierung allein in diesem Genitiv »bescheidner Beugung«; alles Worte für das Herbe, Reine; aber dann, tiefer blickend:

Leuchtet aus dem Mittelherzen
Rot gesäumt die Glut der Neigung.

Was sagt allein dieser eine U-Laut, der hier beim Blüteninnern zwischen den vielen e- und ei-Lauten auftaucht wie das Rot zwischen dem vielen Weiß und Gelb. Daß im Innersten des Herb-Kühlen doch die Glut sei – was ist da noch Beschreibung und was anthropomorph?
Jetzt erst kommt die eigentliche Nennung des Gegenstandes:

So frühzeitige Narzissen
Blühen reihenweis im Garten.

Was dann folgt, hätte ein Moderner freilich nicht geschrieben. Denn der geheimnisvollen Dinglichkeit wird eine leichte, konventionelle Liebenswürdigkeit angehängt. Aber das ist Goethes Art, der die Dinge immer ohne Wichtigkeit nimmt und immer etwas vom graziös-weltmännischen Ton des 18. Jahrhunderts behält:

Mögen wohl die guten wissen,
Wen sie so spaliert erwarten.

Sie »erwarten« jemand – und so ist eine geliebte Gestalt mit in dem Gedicht und ist es doch auch wieder nicht. Diese spielerische Leichtigkeit gehört ebenfalls zu dem Spätstil der Lyrik.
Und dann ein Spätherbstgedicht:

Nun weiß man erst, was Rosenknospe sei,
Jetzt, da die Rosenzeit vorbei;
Ein Spätling noch am Stocke glänzt
Und ganz allein die Blumenwelt ergänzt.

Ein ganz kurzes Gedicht, nur 4 Zeilen. Ein Anschauen, das tief ins Innre eingeht, so daß es ein Wissen wird: »Nun weiß man erst...« Die eine Knospe repräsentiert die vollkommene Blütenschönheit, und insofern wird die umgebende »Blumenwelt« erst durch sie »ganz«. Nur ein Naturbild. Unausgesprochen tragen die Bilder dieser späten Gedichte aber ihre leise Symbolik in sich. Noch einmal ist im Herbst – unerwartet – knospenhaft das Schöne da. Das Verhältnis zur Natur in diesen kleinen Gedichten ist nicht nur Anschauung und nicht nur Stimmung, vielleicht könnte man es Geist nennen. – Und schließlich zwischen diesen kleinen, oft nur vierzeiligen Gedichten eins, ein wenig länger, vielleicht das schönste – das Abendgedicht des späten Goethe:

Dämmerung senkte sich von oben,
Schon ist alle Nähe fern;
Doch zuerst emporgehoben
Holden Lichts der Abendstern!
Alles schwankt ins Ungewisse,
Nebel schleichen in die Höh';
Schwarzvertiefte Finsternisse
Widerspiegelnd ruht der See.

Nun im östlichen Bereiche
Ahn' ich Mondenglanz und -glut,
Schlanker Weiden Haargezweige
Scherzen auf der nächsten Flut.
Durch bewegter Schatten Spiele
Zittert Lunas Zauberschein,
Und durchs Auge schleicht die Kühle
Sänftigend ins Herz hinein.

Das Gedicht ist ganz und gar bildhaft, sachgebunden. Nur ganz am Ende das Ich: »Und durchs Auge schleicht die Kühle sänftigend ins Herz hinein.«

Die meisten dieser Strophen sind Kurzgedichte, ganz dem Gegenstand verbunden, optisch, in den Ausdrucksmitteln sparsam, aber von vollendeter Technik. Und darum heißen diese Jahreszeitengedichte »Chinesisch-deutsch«. Goethe kannte nicht viel von chinesischer Lyrik und nicht viel von chinesischer Malerei. Aber er kannte genug, um das Wesentliche zu erfassen. Und das zog ihn jetzt im Alter an. Zu dem, was er aus sich heraus entwickelt hatte, schien es dort Parallelen zu geben. Ein Minimum an Mitteln, aber ein Maximum an Ausdruck; streng im Ausscheiden alles Unwesentlichen und Willkürlichen. Ganz leicht in Zeichnung und Farbe; lächelnd und zugleich ernst und fromm. Chinesische Lyrik – das sind oftmals Kurzgedichte, wie auch hier bei ihm: die Sprache knapp, andeutend, mitunter fast nur geflüstert, das Motiv zurückgeführt auf ein letztes Wesentliches, stilisiert bis zur Formel, man könnte sagen: zur Zauberformel. Höchstes handwerkliches Können vereint mit souverainem Geschmack und sicherer Hand. Die Naturmotive vermischt mit stiller Weisheit und weitblickender Ethik. Ein Glück des Sich-Bescheidens, des Gartens; eine einzige Blume vertritt die ganze Natur. Ein Lächeln des Geistes, der gelernt hat, vom Ich ganz abzusehen; ein Lächeln des Alters: Alter nicht als Abstieg, sondern als Vollendung, ein Entdecken neuer Schönheit, Schönheit im Geistigen. So reines Naturbild, so geläuterte Weisheit schlägt eine Brücke vom Westen zum Osten. Und zugleich weist diese reine und zugleich geheimnisvolle Dinglichkeit weit über ihre Zeit hinaus; es ist kein Zufall, daß Rilke gerade diese Gedichte Goethes für sich entdeckt und besonders geliebt hat.

Das Jahr darauf, 1828, brachte dann die letzte große Gruppe der Lyrik, die Dornburger Gedichte. Der Großherzog Carl August war im Juni 1828 gestorben, der letzte von jener Generation, die – außer Goethe selbst – noch das alte Weimar verkörperte. Goethe, 79jährig, zog sich zurück auf die Dornburg. Hoch über der Saale ein altes Schloß; ein großes Südostzimmer, freier Blick über das Tal; vom Fluß hinauf bis zum Schloß ein Weinberg; rings um den Bau weite blühende Gartenanlagen. Der Greis, nur kurze Nachtruhe brauchend, beobachtet täglich schon bei Sonnenaufgang den sommerlichen Himmel und macht Studien über Wetter und Wolken. Fast den ganzen Tag ist er im Freien. Dazwischen diktiert er im Zimmer. Abends beobachtet er Sonnenuntergang und Sterne. Er beginnt einen Aufsatz über die Weinrebe, einen über den Barockgelehrten Joachim Jungius und liest botanische Werke. Die Stimmung dieser Tage ist Weite, Freiheit, Überschau, ein Blick auf die grenzenlose Natur. In diesen Wochen, in dem alten Schloß mit dem weiten Blick auf »Tal, Gebirg und Garten« entstand Goethes letzte Lyrik. Und es ist die Gnade dieses Daseins, daß es noch am Ende der höchsten Kraft fähig war. – Damals entstand das späte Mondgedicht:

Dem aufgehenden Vollmonde
Dornburg, 25. August 1828

Willst du mich sogleich verlassen?
Warst im Augenblick so nah!
Dich umfinstern Wolkenmassen,
Und nun bist du gar nicht da.

Doch du fühlst, wie ich betrübt bin,
Blickt dein Rand herauf als Stern!
Zeugest mir, daß ich geliebt bin,
Sei das Liebchen noch so fern.

So hinan denn! hell und heller,
Reiner Bahn, in voller Pracht!
Schlägt mein Herz auch schmerzlich schneller,
Überselig ist die Nacht.

Es ist das letzte der Goetheschen Mondgedichte, anders als die früheren; es verbindet nicht, es setzt nebeneinander. Zu-

nächst einfache Beschreibung, wie der Mond von Wolken verdeckt wird und dann wieder erscheint. Dann das Motiv der Liebe: »Zeugest mir, daß ich geliebt bin...«
Worin liegt das Verbindende? Es ist ein Gedicht vom siegenden Licht. Und Licht ist für Goethe Offenbarung des Göttlichen durch die Natur. Auch die Liebe ist symbolisiert im Licht. Und in den Schlußworten klingt es zusammen: »Überselig ist die Nacht.«
Kurz danach entstand das Dornburger Sonnengedicht:

Früh, wenn Tal, Gebirg und Garten
Nebelschleiern sich enthüllen,
Und dem sehnlichsten Erwarten
Blumenkelche bunt sich füllen,

Wenn der Äther, Wolken tragend,
Mit dem klaren Tage streitet,
Und ein Ostwind, sie verjagend,
Blaue Sonnenbahn bereitet,

Dankst du dann, am Blick dich weidend,
Reiner Brust der Großen, Holden,
Wird die Sonne, rötlich scheidend,
Rings den Horizont vergolden.

Das Gedicht beginnt mit dem Morgen und endet mit dem Abend. Es besteht aus einer einzigen langen Satzperiode. Da ist ein langer Vordersatz »Wenn...« und der Hauptsatz, »dann...«. Wie ist die Beziehung? Ist sie so: Wenn am Morgen die Nebel fallen und Ostwind kommt, dann wird es einen klaren Sonnenuntergang geben? Nein, sie ist nicht so, oder nicht nur so. Wenn man näher hinsieht, bemerkt man: Da, wo das Gelenk des Satzes sitzt, ist gar nicht von der Natur die Rede: »Dankst du dann, am Blick dich weidend, Reiner Brust...« Nicht in der Sphäre der Natur liegt das

Wenn – Dann, sondern in der des Menschen: wenn du den Anblick dankbar und fromm aufnimmst, wenn du mit reiner Brust dies alles immer mehr als Sinnbild des Göttlichen erkennst – dann wird die Sonne dir am Abend im reinsten Gold erscheinen. Goldgelb ist nach Goethes Farbenlehre am nächsten dem Licht, ist Sinnbild des unmittelbaren göttlichen Glanzes. Am Abend? Es ist nicht nur der Abend des Tages. Hast du dein Leben lang immer wieder die Gott-Natur dankbar, reiner Brust, fromm sehen gelernt, so wird auch am Ende dieses Licht nicht ermangeln, sondern gerade dann in vollster Herrlichkeit dich in seine Strahlen aufnehmen.

Dankst du dann, am Blick dich weidend,
Reiner Brust der Großen, Holden,
Wird die Sonne, rötlich scheidend,
Rings den Horizont vergolden.

Die Dornburger Gedichte bleiben nicht bei Einzelmotiven. Sie fassen das Leben als Ganzes und enden jedesmal mit seiner Bejahung. Sie sind religiös, ohne das Göttliche unmittelbar zu nennen. Auch den Tod und die Hoffnung auf eine gewandelte Existenz deuten sie nur leise an. Das Bildsymbol ist dafür genug. Es sind Gedichte vom Licht, und ein Sonnengedicht ist es, mit dem Goethes große Lyrik ausklingt.
Die Dornburger Gedichte haben ihren eigenen Klang, wie auch die beiden anderen großen Gedichtkreise. Im Mittelpunkt der Marienbader Gedichte stand immer der Mensch mit seiner zerbrechenden Tragik. Dann folgte die stille Naturlyrik, die in heilender Hingegebenheit fast nur von den Dingen spricht. Schließlich in den Dornburger Gedichten eine großartige Symbolik, die das Wesen der Welt und die Innerlichkeit des Ich ins Gleichmaß bringt. Und dies ist in der Lyrik Goethes letztes Wort. Ist es nicht eine Steigerung? Bei der Beschäftigung mit Goethes Lyrik überwältigt ja nicht nur das einzelne vollkommene Werk, sondern auch die

unsägliche Logik des Wachstums, wie auf den Sturm und Drang die Klassik folgt, auf die Klassik die Alterswerke. Und innerhalb der Alterswerke scheint nun nochmals eine solche Entwicklung von innerer Notwendigkeit vorzuliegen und in den Dornburger Gedichten zu gipfeln. Das war 3½ Jahre vor Goethes Tode.

Was ist nun das, was alle diese Werke der späten Lyrik miteinander verbindet? Zunächst wohl dies: sie bewegen sich in Bildern, die zum Symbol werden. Das Licht ist Sinnbild des Göttlichen. Die Farbe ist Verbindung von Licht und Materie; wenn das Licht auf die dunkle Erde fällt, erscheint die Farbe, wir leben in einer farbigen Welt (»Blumenkelche, bunt sich füllend ... Blaue Sonnenbahn ... die Sonne, rötlich scheidend ...«). Wir haben nicht die Kraft, in die Sonne unmittelbar zu schauen, doch wir leben auch nicht im Dunkel. Die Wolke ist Symbol der Steigerung, sie löst sich auf in den Äther, so wie der Mensch die Sehnsucht hat, »im Grenzenlosen sich zu finden«. Das, was der Steigerung entgegensteht, ist das Materielle, Starre, Erdhafte, Dunkle. »Wolkenteilung« – das ist Steigerung ins Lichte und Geistige hinein. »Sonnenfeier« – das ist die rechte Erkenntnis des Lichts als religiöser Offenbarung. In diese Regionen hinauf führt letztlich unsere »Hoffnung«, zunächst undeutlich – »nebelhaft« –, dann immer klarer:

> Hoffnung breitet lichte Schleier
> Nebelhaft vor unsern Blick:
> Wunscherfüllung, Sonnenfeier,
> Wolkenteilung bring' uns Glück!

Diese Symbolik wird angeschlossen an das Bild der Wiese, einer wirklichen Wiese, die vor Augen liegt. Es ist eine schlichte Symbolik, die vom Alltäglichen ausgeht. Vorfrühling ist Hoffnung, doch Hoffnung reicht empor bis in die Bereiche des Religiösen.

Wo in Symbolen gesprochen wird, ist es schwer, einen Höhepunkt auszumachen, denn jedes Symbol weist über sich hinaus. Goethes späte Lyrik gibt die Verbindung auch nicht genau an. Da ist die Strophe von der Wiese und dann die von der Sonnenfeier. Was sie eigentlich verbindet, muß der Leser selbst erspüren. So setzt Goethe im Alter locker Motiv an Motiv. Die Alterslyrik komponiert weniger als die Lyrik aus der Zeit der Klassik. Ein wenig ähnelt sie darin den Werken der Jugend, doch ist die lose Aneinanderreihung dort von anderer Art, weil sie mehr der Folge der Assoziationen, der psychologischen Echtheit dient.

Und noch etwas ist für die späte Lyrik charakteristisch: die Vorliebe für das Kurzgedicht. Auch Sprüche sind kurz, doch sie sind gedanklich, oft lehrhaft. Dies aber ist reine Lyrik. Ein Naturbild, ein Symbol, Andeutung einer Betrachtung und Stimmung – sonst nichts. Das Narzissengedicht hat acht kurze Zeilen, das Rosengedicht nur vier. Diese Form gibt es in der Weltliteratur selten, nur bei den Chinesen und Japanern kommt sie häufig vor. Goethe hat sie in seiner Jugend von sich aus gefunden; kleine Seufzer, kleine Stimmungsbilder in wenigen Worten. »Wenn ich, liebe Lili, dich nicht liebte ...« Diese Form erreicht ihren Höhepunkt in den 8 Zeilen »Über allen Gipfeln ist Ruh«. Dann tritt sie zurück. Sie ergab sich immer nur aus einer besonderen Gelöstheit der Seele. Und nun im Alter ist sie wieder da, ja wird besonders gern ergriffen, freilich weniger als Stimmungsausdruck und mehr als Bild eines Gegenstandes, dem sich Betrachtung anschließt. Diese kleinen Gedichte von wenigen Zeilen klingen heiter und vergeistigt, gleichsam flockig-leicht. Oft stellen sie nur ein einziges Motiv dar, mit wenigen Farbtupfen und in der Goethe eigenen Symbolik. Diese Form bedarf einer leichten Hand und souveräner Beherrschung des Werkstoffes der Sprache.

Die Sprache nimmt ihre Wörter aus allen Bereichen. Da ist Einfaches und Schlichtes (»... Narzissen blühen reihenweis im Garten«) und Eigenwilliges, Gewähltestes (»Schwarzvertiefte Finsternisse widerspiegelnd...«). Immer ist das Wundersame vermischt mit dem Alltäglichen, gleichwie ja für Goethe das, was er als Wunder erfährt, mitten in der alltäglichen Welt ist.

Das Versmaß der kürzeren Gedichte ist meist sehr einfach:

Dämmrung senkte sich von oben,
Schon ist alle Nähe fern...

Das sind, metrisch gesprochen, Viertakter ohne Auftakt; die besondere Melodie entsteht durch den Kreuzreim, der die Verse – welche zugleich kleine Sätze oder Teilsätze sind – miteinander verspannt. Dieses schlichte Versmaß hat für die kleinen sprachlichen Wunderwerke genügt. Nur die großen Gedichte greifen zu anderer Form. In der »Trilogie der Leidenschaft« haben zwei Gedichte die Form der Stanze, deren voller Ton von vornherein andeutet, daß es hier um große Dinge geht.

In diesen ihren Eigenschaften ist die Form Ausdruck von Goethes Weltanschauung im Alter. Denn in ihr ist ja das Alltägliche zugleich das Wunderbare. Das Licht, das wir täglich sehen, ist Sinnbild des Höchsten; der Baum, der vor unserm Fenster steht, zeigt die von Gott gemachte Natur und ist insofern »heilig öffentlich Geheimnis«. So löst diese Altersweltanschauung alles Gegenständliche auf ins Symbolisch-Hintergründige. Sie tut das ganz anspruchslos. Oft genügt für ein Gedicht nur ein einziges Naturmotiv, ein Blumenbeet oder ein Baum. Daß diese Dinge für die Natur als Ganzes stehen, das bedarf keiner Worte mehr. So ist in diesen Gedichten die Welt der Blumen und Bäume, der Wolken und Felsenwände, geheimnisvoll und farbig, durchströmt von dem Licht, das Goethe immer als Offenbarung verehrte.

Er spricht in seiner späten Lyrik stets in Bildern und Symbolen. Anders ist es in den weltanschaulichen Gedichten dieser Zeit: sie sind gedanklich, belehrend, Erkenntnisse vermittelnd (z. B. »Vermächtnis«). Die reine Lyrik aber bleibt in der Anschauung. Hier sind die Dinge in ihrem geheimnisvollen Sein und ihrer farbigen Fülle und der Mensch in seiner Gebrechlichkeit und seiner Herrlichkeit und mit seiner Fähigkeit, die Schönheit der Dinge in sich aufzunehmen. Darum diese schlichten Hinweise auf das Schöne in der Welt, auf die Narzissen im Frühling und die Rosenknospe im Herbst. Goethe wußte: auch wir, seine Leser, sehen im Frühling im Garten die Reihe der Narzissen und sehen dann später im Herbst die letzte Knospe am Rosenstock. Und diese Gedichte in ihrer Zartheit und schwebenden Leichtigkeit helfen uns, in der Rosenknospe das irdische Geheimnis zu erkennen.

Vortrag vor der Goethe-Gesellschaft Hamburg, 1948. Gedruckt in der »Deutschen Vierteljahrsschrift für Literaturwiss. u. Geistesgesch.« 23, 1949. Dann, überarbeitet, in der dänischen Zeitschrift »Meddelelser fra Tysklaererforeningen« 1959.
Die späte Lyrik ist als Gruppe zusammengestellt in der »Hamburger Ausgabe«, Bd. 1. Der Kommentar dazu gibt Hinweise auf die Handschriften, die ersten Drucke und den Stand der Forschung.

PIERRE BERTAUX

Die erotischen Spiele

Am Ende seines Lebens (1938) entwarf Sigmund Freud in seinem unvollendet gebliebenen *Abriß der Psychoanalyse* eine allgemeine Trieblehre, eine Theorie der Triebe. »Nach langem Zögern und Schwanken haben wir uns entschlossen, nur zwei Grundtriebe anzunehmen, den *Eros* und den *Destruktionstrieb.* Das Ziel des ersten ist, immer größere Einheiten herzustellen und so zu erhalten, also Bindung, das Ziel des anderen im Gegenteil, Zusammenhänge aufzulösen und so die Dinge zu zerstören. [...] Wir heißen ihn *Todestrieb.* [...] In den biologischen Funktionen wirken die beiden Grundtriebe gegeneinander oder kombinieren sich miteinander. [...] Dieses Mit- und Gegeneinanderwirken der beiden Grundtriebe ergibt die ganze Buntheit der Lebenserscheinungen.« Die gesamte verfügbare Energie des Eros nennt Freud *libido.*

Es besteht hier keineswegs die Absicht, Freuds Theorien (bekanntlich gibt es deren mehrere) auf den Fall Goethe anzuwenden. Ich will nur von der Annahme von zwei Grundtrieben ausgehen, von denen der eine sich als *libido* manifestiert, der andere aber nicht – wie es Freud tat – als Todestrieb, als *Thanatos,* bezeichnet werden soll. Der Unterschied zwischen Spieltrieb und Freudschem *Thanatos* ist wohl nicht so groß, wie man zunächst meinen mag. In den Äußerungen des Spieltriebs ist die Perspektive des Todes enthalten. Im Schachspiel bedeutet das Wort *matt* »tot«.

Man soll auch mit Freud feststellen, daß die beiden Grundtriebe in den biologischen (und psychologischen) Funktionen bald gegeneinander wirken, bald (was der häufigste Fall ist) sich miteinander kombinieren.

Die Kombination der *libido* mit dem Spieltrieb würde ich als das Erotische bezeichnen.

Nach dieser klärenden Vorbemerkung möchte ich dem Erotischen, also der Kombination von Sexualtrieb und Spieltrieb, in Goethes Verhalten ein wenig nachgehen.

Dies soll keineswegs den Versuch einer Psychoanalyse Goethes darstellen: Solches soll den Fachleuten überlassen werden. Es soll auch keine Darstellung von Goethes Sexualleben, kein Katalog seiner Liebschaften sein. Ich will lediglich einige durchaus bekannte Züge seiner Biographie hervorheben, die vielleicht ein besseres Verständnis Goethes als Menschen einleiten dürften. Ich will auch prinzipiell von Goethes Aussagen ausgehen. Er war ja ein Fachmann der Tiefenpsychologie und der Selbstanalyse; er war ein Freund des Mediziners Carus, der den Begriff des Unbewußten damals prägen half. Und Freud meinte, jeder sei der bestmögliche Analyst seiner selbst. Bei Goethe ist dies gewiß der Fall. Wie sollte man sich nicht an seine wohl diskreten, doch – wenn man sie nur aufmerksam liest – erstaunlich vielsagende Berichte halten?

1759, mitten im Siebenjährigen Krieg, war Frankfurt – wie wir gesehen haben – von den Franzosen besetzt worden, und der französische Königsleutnant Graf Thorane im Hause am Hirschgraben bei Goethes einquartiert worden. Thorane hatte eine französische Theatergruppe aus Frankreich kommen lassen.

Zur ein paar Jahre älteren Mademoiselle Derone, der Tochter einer französischen Schauspielerin, faßte Wolfgang eine Neigung.

»Manchmal, wenn die Mutter auf den Proben oder in Gesellschaft war, fanden wir uns in ihrer Wohnung zusammen, um zu spielen oder uns zu unterhalten. Ich ging niemals hin, ohne der Schönen eine Blume, eine Frucht oder sonst etwas zu überreichen.«

Von Gretchen in Frankfurt haben wir schon erzählt.

Als Leipziger Student hat er, wie gesagt, mit seinem Freund

Behrisch »einen gewissen Hang zu einigen Mädchen, welche besser waren, als ihr Ruf«. Seine frühere Neigung zu Gretchen hat er »nun auf ein Ännchen übertragen, von der [er] nicht mehr zu sagen wüßte, als daß sie jung, hübsch, munter, liebevoll und angenehm war. [...] Ich sah sie täglich ohne Hindernisse, sie half die Speisen bereiten, die ich genoß, sie brachte mir wenigstens Abends den Wein, den ich trank. [...] Es fand sich zu mancherlei Unterhaltung Gelegenheit und Lust. Da sie sich wenig vom Hause entfernen konnte noch durfte, so wurde denn doch der Zeitvertreib etwas mager. [...] Durch ungegründete und abgeschmackte Eifersüchteleien verdarb ich mir und ihr die schönsten Tage. Sie ertrug es eine Zeit lang mit unglaublicher Geduld, die ich grausam genug war aufs Äußerste zu treiben. Allein zu meiner Beschämung und Verzweiflung mußte ich endlich bemerken, daß sich ihr Gemüt von mir entfernt habe, und daß ich nun wohl zu den Tollheiten berechtigt sein möchte, die ich mir ohne Not und Ursache erlaubt hatte.«
Da entspringt, wie bereits gesehen, die älteste von Goethes überlieferten dramatischen Arbeiten, das kleine Stück *Die Laune des Verliebten.*

Auf einem Ausflug nach Dresden begegnet er einer jungen Dame und schreibt an seinen Freund und Mentor Behrisch: »Sie ist manchmal Sonntags allein zu Hause. Vierzehn Tage Vorbereitung, und so ein Sonntag sollte die Ehrbarkeit vom Schlosse wegjagen.« Der Ton eines Zynikers? Das möchte er wohl. Aber er fügt hinzu: »Wirklich... könnte ich's aber nur ungestraft tun [...], so würde ich die Affäre des Teufels übernehmen und das gute Werk zunichte machen. Kennst Du mich in diesem Ton, Behrisch?«
Später schreibt er, er sei ein Teufel.
»Zwei Seelen, ach!« Goethe schwankt zwischen der Sentimentalität eines Schwärmers und der Rastlosigkeit eines Le-

bensgenießers. Dabei ist nichts Originelles, wenn nicht vielleicht die Bewußtheit des gespaltenen Wesens.

Goethes »Bindung an die Schwester« ist von den Psychologen untersucht worden. Der fünfzehn Monate jüngeren Cornelia Goethe galt eine von ihr erwiderte Zuneigung. Das Stück *Die Geschwister*, in dem für Wilhelm die Entdeckung, daß Marianne nicht seine Schwester ist und daher ihrer Liebe nichts im Wege steht, die Lösung ist, läßt sich nicht so einfach auf Goethes Verhältnis zu Cornelia übertragen. Man hat auch gemeint, das Stück sei symbolisch für sein Verhältnis zur Frau von Stein. Ein kurzer Briefwechsel entstand tatsächlich zwischen Frau von Stein und Cornelia, in dem letztere mit Schrecken feststellt, daß der Arzt Zimmermann, der sie behandelt, zwischen ihr und der Frau von Stein eine gewisse Ähnlichkeit in der Silhouette gefunden habe.

Cornelia, die »ich mir, wenn ich manchmal über ihr Schicksal phantasierte, nicht gern als Hausfrau, wohl aber als Äbtissin, als Vorsteherin einer edlen Gemeinde gar gern denken mochte«, scheint kaum als Objekt sexueller Phantasien in Betracht zu kommen.

Wolfgang Goethe scheint nicht, wie es die Psychologen ausdrücken, »schwestergebunden« gewesen zu sein. Als sie heiratete, hörte er auf, ihr zu schreiben, besuchte sie kaum, schien von ihrem frühen Tode (8. Juni 1777) wenig betroffen.

Ganz spät sprach er sich einmal zu Eckermann über die Liebe von Bruder und Schwester aus, die rein und geschlechtslos sei, wenn sich auch in unzähligen Fällen bekannter und unbekannter Weise die sinnlichste Neigung eingeschlichen habe.

Dann Friederike Brion in Sesenheim. »Ich war grenzenlos glücklich an Friederikens Seite: gesprächig, lustig, geistreich, vorlaut, und doch durch Gefühl, Achtung und Anhänglichkeit gemäßigt. Sie in gleichem Falle, offen heiter, teilnehmend und mitteilend. Wir schienen allein für die Gesellschaft zu leben und lebten bloß wechselseitig für uns.« Wenn sich beim Spielen, beim Pfänderspielen Gelegenheit ergab, seine »so herzlich Geliebte« zu küssen, versäumte er es nicht. Die Familie von Friederike faßte für das Paar ein günstiges Vorurteil »wegen jenes wunderlichen Enthaltens selbst von unschuldigen Liebkosungen«, man ließ sie »unbeobachtet, wie es überhaupt dort und damals Sitte war, und es hing von [ihnen] ab, in kleinerer oder größerer Gesellschaft die Gegend zu durchstreifen und die Freunde der Nachbarschaft zu besuchen«, diesseits und jenseits des Rheins, nach Hagenau, auf den Ottilienberg, zu den Rheininseln, von denen sie die Schnaken vertrieben. Diese Schnaken allein, sagte er dem Pastor, dem Vater von Friederike, könnten ihn von den Gedanken abbringen, ein guter und weiser Gott habe die Welt erschaffen. Der alte fromme Herr meinte, diese Mücken und anderes Ungeziefer sei erst nach dem Falle unserer ersten Eltern entstanden oder, wenn deren im Paradiese gewesen, hätten sie daselbst nur angenehm gesummet und nicht gestochen.

»Solchen Zerstreuungen und Heiterkeiten gab ich mich um so lieber und zwar bis zur Trunkenheit hin, als mich mein leidenschaftliches Verhältnis zu Friederiken nunmehr zu ängstigen anfing.« Er vergleicht die »jugendliche, aufs Geratewohl gehegte Neigung« mit einer in die Nacht geworfenen Bombe. »Friederike blieb sich immer gleich; sie schien nicht zu denken noch denken zu wollen, daß dieses Verhältnis sich so bald endigen könne.«

Daß er in seine Partnerin verliebt war, bekennt er später; doch »spielten«, nach seinen eigenen Worten, »Verstand und Überlegung mit«. »Meine Leidenschaft wuchs, je mehr ich den Wert des trefflichen Mädchens kennen lernte, und die Zeit rückte heran, da ich so viel Liebes und Gutes, vielleicht auf immer, verlieren sollte.«

War das Idyll in Sesenheim noch ein Spiel? Für Friederike Brion gewiß nicht; aber für Goethe, was soll es anderes gewesen sein, auch wenn man annimmt, daß es für Spielernaturen nichts Ernsteres gibt als das Spielen?

»Ob ich dich liebe, weiß ich nicht«

– mit diesem Vers fängt das erste der Sesenheimer Lieder an.

Friederike, ihrerseits, betrachtet sich als mit Goethe verlobt. Obwohl Pastor Brion aus einer Hugenottenfamilie stammt, hat die Pfarre nichts Steifes. Man ist ausgelassen und munter, spielt allerlei Spiele – Versteckspiele, Verkleidungen, Pfänderspiele, bei denen das Pfand ein Kuß ist. Es wird viel getanzt, auch in den Nachbardörfern, am Pfingstmontag 1771 »von zwei Uhr nach Tisch bis zwölf Uhr in der Nacht an einem fort, außer einigen Intermezzos von Essen und Trinken« – tändeln, necken und schäkern wohl auch.

Nach mehreren Besuchen verbringt Goethe – der einundzwanzigjährige Goethe – vier, fünf Wochen im Mai/Juni 1771 im liberalen Pfarrhaus: ein Bauernhaus, in Fachwerk gebaut, mit einer großen Scheune daneben. »Man ließ uns unbeobachtet, wie es überhaupt dort und damals Sitte war.«

Friederike scheint – wenigstens in Goethes späterer Darstellung – den gerngesehenen Gast zum Spielen zu zweien ermuntert zu haben. Soll sie nicht gesagt haben: »Gewöhnlich zerstreut man sich einzeln; Scherz und Spiel wird nur obenhin gekostet, so daß zuletzt für den einen Teil nichts übrig bleibt, als die Karten zu ergreifen, und für den andern, im Tanze sich ausrasen.«

Goethe ergänzt: »Wir entwarfen demnach unsern Plan, was vor und nach Tische geschehen solle, machten einander wechselseitig mit neuen geselligen Spielen bekannt, waren einig und vergnügt.«

Die Sesenheimer Wochen sind wohl die glücklichsten seines

ganzen Lebens gewesen: »grenzenlos glücklich« war er – trotz des Mißverständnisses, auf dem dieses Glück beruhte. Wie schade, daß Goethes Briefe an Friederike, die sie sorgfältig aufgehoben hatte, in einer Gestalt auf uns gekommen sind, die sie unleserlich macht.

Doch ringt Goethe mit dem Aberglauben, der Sorge, der Reue. »Nun kam mir Friederikes Liebe zu mir recht unselig vor, ich wünschte über alle Berge zu sein.«

Am 6. August 1771 promoviert er in Straßburg. Er wird zum Licentiaten der Rechte – nicht zum Doktor, obwohl er sich als »Doktor utriusque juris« unterzeichnet. Am Tage darauf nimmt er Abschied von Sesenheim, doch ohne zu erklären, der Abschied sei endgültig. Ein Fluchtverhalten.

Das Spiel, dieses Spiel, ist aus. Goethe kehrt nach Hause, nach Frankfurt zurück.

Im Mai 1772 kommt Goethe, wie gesehen, nach Wetzlar. Am 9. Juni geht er zu einem Ball in Volpertshausen, wo er Charlotte Buff, die Braut seines Kollegen Kestner, kennenlernt. »Sie gehörte zu denen, die, wenn sie nicht heftige Leidenschaften einflößen, doch ein allgemeines Gefallen zu erregen geschaffen sind. Eine leicht aufgebaute, nett gebildete Gestalt, eine reine gesunde Natur und die daraus entspringende frohe Lebenstätigkeit, eine unbefangene Behandlung des täglich Notwendigen, das alles war ihr zusammen gegeben, [...] Die heiterste Luft wehte in ihrer Umgebung.« Sie »vermittelte ihm die Alltagswelt«. Lotte war »schon versagt«, also – so sagt er – »anspruchslos«. So erleben sie zu dritt, Braut, Bräutigam und Goethe, »eine echt deutsche Idylle«.

Doch beschließt Goethe, den Ort zu verlassen. »Ich trennte mich von Charlotten zwar mit reinerem Gewissen als von Friederiken, aber doch nicht ohne Schmerz.« Dieses Verhältnis war durch Gewohnheit und Nachsicht von seiner Seite »leidenschaftlicher als billig« geworden. So faßte er den

Entschluß, sich freiwillig zu entfernen, ehe er durch das Unerträgliche vertrieben würde. Ohne Abschied verläßt er Wetzlar und geht auf Wanderung, die Lahn hinunter.

Bei Frau von Laroche begegnet ihm ihre älteste Tochter, Maximiliane, »eher klein als groß von Gestalt, niedlich gebaut; eine freie anmutige Bildung, die schwärzesten Augen und eine Gesichtsfarbe, die nicht reiner und blühender gedacht werden konnte«. »Hier entstanden sogleich neue Wahlverwandtschaften... die Töchter fielen mir zu, von denen die älteste mich gar bald besonders anzog.« Er, der eben von Lotte wegging, fühlt sich bald von Maximiliane, »Maxi«, angezogen: »Es ist eine sehr angenehme Empfindung, wenn sich eine neue Leidenschaft in uns zu regen anfängt, ehe die alte noch ganz verklungen ist. So sieht man bei untergehender Sonne gern auf der entgegengesetzten Seite den Mond aufgehen und erfreut sich an dem Doppelglanze der beiden Himmelslichter.«

Die Heldin des Werther-Romans, Lotte nachgebildet, wird jedoch die schwarzen Augen von Maximiliane erhalten.

»Maxi« kommt mit der Mutter nach Frankfurt, wo sie einen italienischen Kaufmann heiratet, Peter Anton Brentano. Goethe würde gern im Hause Brentano verkehren, aber Brentano verschließt ihm die Tür seines Hauses, wohl nicht ohne Grund.

Darauf schreibt Goethe den *Werther* in vier Wochen.

Im Januar 1775 lernt Goethe die Tochter eines Frankfurter Bankiers, Anna Elisabeth Schönemann, kennen. »Es währte nicht lange, daß Lili mir in ruhiger Stunde die Geschichte ihrer Jugend erzählte.« Sie konnte nicht leugnen, daß sie eine gewisse Gabe, anzuziehen, an sich habe bemerken müssen, womit zugleich eine gewisse Eigenschaft, fahren zu lassen, verbunden sei. Hierdurch gelangten wir im Hin- und Widerreden auf den bedenklichen Punkt, daß sie diese Gabe auch an mir geübt habe, jedoch bestraft worden sei, indem sie auch von mir angezogen worden.« Sie hatte die seltsame Sitte zu »streichen«, d.h., wenn etwas Anstößiges gesagt worden war, wenn »ein Fremder, bei Tafel neben ihr sitzend, etwas Unziemliches vorbrachte. Ohne das holde Gesicht zu verändern, strich sie mit ihrer rechten Hand gar lieblich über das Tischtuch weg und schob alles, was sie mit dieser sanften Bewegung erreichte, gelassen auf den Boden«: Messer, Gabel, Salzfaß. [...] »es war Jedermann erschreckt: die Bedienten liefen zu, Niemand wußte, was das heißen sollte, als die Umsichtigen, die sich erfreuten, daß sie eine Unschicklichkeit auf eine so zierliche Weise erwidert und ausgelöscht.«

Das Gedicht »Lilis Park« gehört in diesen Zusammenhang: »Ist doch keine Menagerie / So bunt als meiner Lili ihre! / Sie hat darin die wunderbarsten Tiere / Und kriegt sie 'rein, weiß selbst nicht wie... Zu ihren Füßen liegt das Tier.«

Sie sieht es an: »Ein Ungeheuer! doch drollig!
Für einen Bären zu mild,
Für eine Pudel zu wild;
So zottig, täpsig, knollig!...
»Allons tout doux! eh la menotte!
Et faites Serviteur,
Comme un joli Seigneur.«
[...]
Und ich! – Götter, ist's in euren Händen,
Dieses dumpfe Zauberwerk zu enden...
Ich fühl's! ich schwör's! Noch hab ich Kraft.

Ein erstes Mal versuchte Goethe von Lili Abschied zu nehmen und floh nach Süden, in Richtung Italien. Doch vom Gipfel des Gotthard, da er schon Italien in der Ferne als gelobtes Land erblickte, kehrte er nach Frankfurt zurück, weil er »Lili nicht entbehren konnte«. »Solange ich abwesend war, glaubte ich an die Trennung, glaubte nicht an die Scheidung«. Als er aber in die Umgebung Lilis zurückkam,

war es wie »ein unleidliches Fegefeuer, ein Vorhof der Hölle. [...] Ich entschloß mich daher abermals zur Flucht«.
Gerade gelegen kam ihm die Einladung des jungen herzoglichen Paares nach Weimar. Er floh zum zweiten Mal. Während der Flucht notierte er in seinem Tagebuch gleichsam einen Abschiedsbrief an Lili: »Lili, adieu! Lili, zum zweitenmal! Das erstemal schied ich noch hoffnungsvoll, unsere Schicksale zu verbinden. Es hat sich entschieden! *Wir müssen einzeln unsere Rollen ausspielen«.* (Hervorhebung von mir. P. B.)
Im November 1775 ist Goethe in Weimar. Im Juli 1776 hört er aus Frankfurt, Lili sei verlobt. Er schreibt an Frau von Stein: »Gestern Nacht lieg' ich im Bette, schlafe schon halb, Philipp bringt mir einen Brief; dumpfsinnig las ich, daß Lili eine Braut ist, kehre mich um und schlafe fort.«
Hier ist eine Vermutung anzustellen über eine Episode, von der Goethe nur durch den Schleier einer Fiktion berichtet, die aber wohl einem konkreten Erlebnis entspricht. Das Erlebnis wird in den »Briefen aus der Schweiz«, erste Abteilung, erzählt. Diese waren als ein Fragment von *Werthers Reisen* gedacht und sollten »das Herankommen Werthers bis zur Epoche, wo seine Leiden geschildert sind, einigermaßen darstellen«; also eine Vorgeschichte zum Werther-Roman.
Diese Briefe sollen sich unter Werthers Papieren gefunden haben. Vor seiner Begegnung mit Lotte solle er in der Schweiz gewesen sein.
»Frei wären die Schweizer? frei diese wohlhabenden Bürger in den verschlossenen Städten? [...] Was man den Menschen nicht alles weis machen kann! besonders wenn man so ein altes Märchen in Spiritus aufbewahrt.« Werther, der Briefschreibende, ist ein Liebhaber der Malerei, sein »Kunstfreund« desgleichen. Dieser zeigt ihm ein Bild, eine Danae in Lebensgröße. Doch macht ihn das Anblicken des Bildes

nicht glücklich, sondern unruhig. Er kennt »die Natur« in Gestalt eines bemoosten Felsens, eines Wasserfalls, eines Baumstamms – aber »vom Meisterstück der Natur, vom menschlichen Körper, von dem Zusammenhang, der Zusammenstimmung seines Gliederbaues« hat er »nur einen allgemeinen Begriff, der eigentlich gar kein Begriff ist«. Seine Einbildungskraft reicht nicht aus; und eine nackte Frau hat er noch nie gesehen.

»Ich veranlaßte Ferdinanden, zu baden im See; wie herrlich ist mein junger Freund gebildet! welch ein Ebenmaß aller Teile! welch eine Fülle der Form, welch ein Glanz der Jugend! [...] Nun bevölkere ich Wälder, Wiesen und Höhen mit so schönen Gestalten.« Überall sieht er Adonisse und Narzisse...

Dieses erste Erblicken des menschlichen – männlichen – Körpers entspricht einem Erlebnis Goethes, das er in *Dichtung und Wahrheit* erzählt. Im Sommer 1775 waren die Gebrüder Stolberg – Friedrich Leopold Graf zu Stolberg und Christian Graf zu Stolberg – und Graf Haugwitz auf einer Reise in die Schweiz begriffen, in Frankfurt eingetroffen; junge Phantasten, unter denen »von sittlich Ästhetischem nicht die Rede war«. In der Schweiz angekommen, die für »das Land der Freiheit« galt, widerstehen sie nicht der Versuchung, im Züricher See nackt zu baden. »Nackte Körper jedoch leuchten weit«, und die Schweizer nehmen Ärgernis daran. »Die guten harmlosen Jünglinge, welche gar nichts Anstößiges fanden, [...] ganz nackt wie eine heidnische Gottheit sich zu sehen, wurden von Freunden erinnert, dergleichen zu unterlassen.« Von nun an meiden sie »die allzu taghaften See-Ufer« und baden nunmehr im Fluß. »Entfernt von aller Wohnung, ja von allem betretenen Fußpfad«. Doch werden sie von ferne erblickt, wirft man Steine nach ihnen. Der Skandal spricht sich bis zum väterlichen Freund Lavater herum. Die Gebrüder Stolberg verlassen die Schweiz, Goethe bleibt.

Wahrscheinlich hat er dann den zweiten Teil seines Programms ausgeführt, nämlich, nicht nur »Adonis und Narciss«, sondern auch eine Venus zu sehen: »Ich nahm mir fest vor, es koste, was es wolle, ein Mädchen in dem Naturzustande zu sehen, wie ich meinen Freund gesehen hatte. Wir kamen nach Genf. Sollten in dieser großen Stadt, dachte ich, nicht Mädchen sein, die sich für einen gewissen Preis dem Mann überlassen? Und sollte nicht Eine darunter schön und willig genug sein, meinen Augen ein Fest zu geben?«

Einer Kupplerin erzählt er, er sei ein Maler, habe Landschaften gezeichnet und wolle nun seine heroischen Landschaften durch die Gestalten schöner Nymphen erheben. Ein ehrbares Mädchen werde sich nicht leicht dazu entschließen, meinte die Alte, allerdings sei es eine Frage des Preises.

Es ist abgemacht. »Heute werden Sie nicht wohlfeil davon kommen«, meinte die Alte. »Das Mädchen verlangt (&&&), und mir können Sie auch für meine Bemühungen unter (&&) nicht geben.« Aber »so einen Augenschmaus haben Sie noch nicht gehabt, und... das Anfühlen haben Sie umsonst.«

In einem kleinen, sauberen, artig möblierten Zimmer steht ein sehr reinliches Bett, zu der Seite des Hauptes eine Toilette mit aufgestelltem Spiegel, zu den Füßen ein Gueridon mit einem dreiarmigen Leuchter, auf dem schöne helle Kerzen brennen. Er selbst sitzt auf einem Sessel am Kamin, dem Bett gegenüber.

Es kommt »ein großes, herrlich gebildetes, schönes Frauenzimmer« herein. Sie tut, als ob sie ihn nicht sehe.

»Sie fing an, sich auszukleiden; welch eine wunderliche Empfindung, da ein Stück nach dem anderen herabfiel und die Natur, von der fremden Hülle entkleidet, mir als fremd erschien und beinahe, möcht' ich sagen, mir einen schauerlichen Eindruck machte. Ach mein Freund [...]«

»Alle Bewegungen folgten so natürlich auf einander, und doch schienen sie so studiert zu sein. Reizend war sie, indem

sie sich entkleidet, schön, herrlich schön, als das letzte Gewand fiel. Sie stand, wie Minerva vor Paris mochte gestanden haben, bescheiden bestieg sie ihr Lager, unbedeckt versuchte sie in verschiedenen Stellungen sich dem Schlafe zu übergeben, endlich schien sie entschlummert.«
Dabei bleibt es nicht. Plötzlich vernimmt er ihre Stimme: »Komm, komm, mein Freund, in meine Arme, oder ich schlafe wirklich ein.«
Daß dem ein persönliches Erlebnis Goethes zugrunde liegt, ist höchst wahrscheinlich, und dadurch noch wahrscheinlicher, daß die vorhergehende Episode des im See nackt badenden Freundes nicht erfunden, sondern verbürgt ist. Nur hat Goethe, statt Zürich, Genf als die Stadt des Geschehens genannt.
Aus dem ist zu schließen, daß mit 26 Jahren Goethe noch nie eine nackte Frau mit Augen gesehen hatte, was den damaligen Sitten völlig entspricht.

Von Goethes erotischem Leben in Weimar, von seinem Eintreffen November 1775 bis zur Flucht nach Rom im September 1786, weiß man nicht viel Konkretes. Alle Welt kennt die Affäre mit Frau von Stein, man kennt auch den Klatsch am Weimarer Hof. Man kennt auch einige Hinweise in Goethes Briefen an den Herzog Karl August, die vielleicht nicht wörtlich zu nehmen sind. Aber was soll man davon halten?
Fangen wir mit dem Klatsch an. Voss schreibt an seine Braut: »In Weimar geht es erschrecklich zu. Der Herzog läuft mit Göthen wie ein wilder Pursche auf den Dörfern herum, er besauft sich und genießet brüderlich einerlei Mädchen mit ihm.« Ob es auch stimmt, können wir nicht wissen, aber es ist nicht völlig glaubwürdig. Dazu wird Goethe zu vorsichtig gewesen sein.
Eine Frau, eine der ganz wenigen, die in Weimar seiner würdig gewesen wäre, war die Schauspielerin Corona Schröter.

Sie war schön, konnte gut malen, vertonte Gedichte von Goethe, sprach vier Sprachen. Als Student hatte Goethe sie in Leipzig bewundert. Im März 1776 ging er nach Leipzig im Auftrag des Fürsten, um Corona Schröter für das Weimarer Liebhabertheater zu gewinnen. Nach der ersten Begegnung schrieb Goethe an Frau von Stein: »Die Schröter ist ein Engel – wenn mir doch Gott so ein Weib bescheren wollte, daß ich Euch könnt' in Frieden lassen – doch sie sieht Dir nicht ähnlich genug.«

Im Herbst 1776 siedelt sich die Schröter in Weimar an, eigentlich bis zu ihrem Tode. Sie ist die einzige gute Schauspielerin, die je die Weimarer Bühne betrat. Sie spielte die Titelrolle von Goethes *Iphigenie*, auch in Gesellschaft und auf der Straße: sie ging aus in weißem griechischem Gewand, das sie »mit edler attischer Eleganz« trug, doch mit fleischfarbenem Trikot. Sie war auf ihren guten Ruf bedacht, hatte immer eine beleibte Gesellschafterin bei sich, eine Garde-Dame. Sie spielte Würde und Distanz.

Schauspielerinnen galten als die gegebenen Mätressen der Fürsten; und Karl August war in Corona verliebt. Was konnte da Goethes Perspektive sein? Andererseits war Frau von Stein auf Corona Schröter so sehr eifersüchtig, daß sie am 6. April 1779 zur Aufführung der *Iphigenie*, bei der Goethe den Orest spielte, einfach nicht hinging. Gleichfalls blieb sie der Aufführung des Singspiels *Die Fischerin*, mit Vertonung von Corona Schröter, am 22. Juli 1782 im Park von Tiefurt, fern.

Anscheinend haben Goethes Beziehung zu Corona Schröter immer einen platonischen Charakter gehabt. Doch meinte Riemer, der Goethe am besten kannte, dessen Anbetung für Corona Schröter sei leidenschaftlicher Natur, das Verhältnis zu ihr habe ihn stärker erregt als das zu Frau von Stein. Das ist nicht unglaubwürdig.

Schließlich wurde Corona Schröter in den Ruhestand geschickt und mit einer schmalen Pension abgefunden. Sie zog sich zurück, blieb jedoch in Weimar, wo sie bald vergessen wurde. Sie starb einsam in Ilmenau. Es kam kein Kranz aus Weimar. In Weimar war es nicht Sitte, von Toten oder gar von Begrabenen zu sprechen.

Bei ihrem Tode, im Jahre 1802, notierte Goethe in den Annalen, er habe sich gerade nicht in der Verfassung gefühlt, ihr ein wohlverdientes Denkmal zu widmen. Als solches könne das Trauergedicht gelten, das bei dem Abscheiden Miedings, des Hoftischlers und Theaterdekorateurs, Goethe von Corona hatte vortragen lassen.

Vielleicht denkt er noch einmal an sie, wenn er am 10. Februar 1829 Eckermann anvertraut, seine ersten zehn Jahre in Weimar, also bis zur Reise nach Italien, seien »durch Liebschaften verdüstert« worden.

Und Charlotte von Stein? Hat die geistige Freundschaft eine körperliche Nähe ausgeschlossen?

Oberstallmeisterin Charlotte von Stein, sechs Jahre älter als Goethe, ist bei Goethes Ankunft in Weimar schon 34 Jahre alt und hat sieben Kinder zur Welt gebracht. »Schön kann sie nie gewesen sein«, wird Schiller zehn Jahre später schreiben, »aber ihr Gesicht hat einen sanften Ernst und eine ganz eigene Offenheit.« Sie ist klein, hat feine Gesichtszüge, große dunkle Augen, sie ist »elegant mit Simplizität«, stets weiß gekleidet. Im Vergleich zu ihr sind die sonstigen Damen am »Musenhof in Weimar« nur »flache Kreaturen«.

Die beiden werden von der – kleinen – Gesellschaft in Weimar beobachtet, man weiß alles: daß sie sich fast täglich treffen, dauernd korrespondieren. Von Goethe hat Charlotte 1700 Briefe und Zettel erhalten. Ihre Briefe an ihn hat sie zurückgefordert und vernichtet. Aber man sagt (Schiller wieder einmal, 1787), »daß ihr Umgang ganz rein und untadelhaft sein soll«.

Das ist nicht nur möglich, sondern wahrscheinlich.

Der Ton von Goethes Äußerungen über sie oder in den an

sie gerichteten Briefen darf uns nicht irreführen: Die Hauptsache ist, daß er ihr gern schreibt, auch überschwenglich, weil sie ihm ein guter Gesprächspartner ist. Er kann ihr Spinoza vorlesen, dessen Lehre mit ihr besprechen, ihr eine Studie nach Spinoza in die Feder diktieren.

Sie ist gebildet, belesen, kann Verse und Stücke machen. Sie ist eine stark mitempfindende Person. Sie ist lebenserfahren, lebenskundig. Sie ist ohne Leidenschaft. Sie ist in Goethe nicht verliebt, spielt nicht sentimental. Sie ist keine Heiratskandidatin.

Und das ist für Goethe das Allerwichtigste. Er hat immer Panik gehabt und sich dagegen gewehrt, von einer der Damen »in einen Sack gesteckt« zu werden. Diese Vorstellung ist ihm ein Alptraum. Nun: Bei Charlotte von Stein hat er das nicht zu befürchten. Sie meinte selbst, das »Fangen mit Netzen« entspreche ganz und gar nicht ihrer Natur.

Mit einer solchen Partnerin fühlt sich Goethe frei, unverpflichtet, unverbindlich, die »hohe Minne« im Stil des altprovenzalischen *amour courtois* zu spielen. Zehn Jahre lang wird effektiv Charlotte von Stein ihm näher sein als irgendein anderer Mensch in seinem ganzen Leben. An Lavater wird er im Herbst 1780 über sie schreiben: »Sie hat meine Mutter, Schwester und Geliebte nach und nach geerbt und es hat sich ein Band geflochten, wie die Bande der Natur sind.«

Der letzte Vers des *Faust,* »Das Ewig-Weibliche / Zieht uns hinan« ist wohl erst zu verstehen, wenn man Goethes Verhältnis zu Charlotte von Stein – das eben kein »Verhältnis« im üblichen Sinn des Wortes gewesen ist – ins Auge faßt.

Und nun, 1786, die Flucht nach Italien, ohne Charlotte im voraus zu verständigen. Zwei Monate lang, bis zur Ankunft in Rom, führt er für sie ein Reisetagebuch »für später«. Im Augenblick hat er kein sehr reines Gewissen. Erst am 13. Dezember schreibt er ihr aus Rom, er wolle ihr sagen und versichern, er sei ihr nah, »ganz nah«, und daß er sich nur um ihretwillen »des Daseyns freue«. Das empfindet sie aber als literarische Floskel, als Kompliment, und wohl mit Recht. Zwei Jahre wird er wegbleiben und fern von ihr vergnügt leben. Die zwei Jahre hindurch wird die gekränkte Geliebte ihm fast keine Zeile zukommen lassen.

Kann sie das verstehen, diesen heimlichen Aufbruch, diesen Bruch mit Weimar und allem, was der Name Weimar bedeutet? Wer versteht, was die Seidenraupe dazu bewegt, sich in einem gewissen Alter einzuspinnen – dieses innere Bedürfnis, die notwendig gewordene Metamorphose in der Abkapselung der Puppe zu vollbringen? Wird Goethe dem deutschen Wesen nicht vorwerfen, daß »der Deutsche nichts Positives anerkennt und in steter Verwandlung begriffen ist, ohne jedoch zum Schmetterling zu werden«? Er aber will sich aus der Puppe zum »Schmetterling« weiterentwikkeln.

Das, was sie nicht verstehen konnte, hätte sie zu verhindern versucht. Dann lieber ihr gegenüber schweigen und sich eine Zeitlang zurückziehen, bis die Wandlung vollzogen ist. So tun auch die Insekten.

Südlich der Alpen atmet Goethe auf. Er ist nun ein freier Mensch. Frei auch hinsichtlich des Geschlechtlichen, das doch zur normalen, ausgewogenen Lebensführung gehört.

Von Italien aus schreibt er dem Herzog von Weimar, dieser habe als *doctor longe experimentissimum* vollkommen recht, daß »eine dergleichen mäßige Bewegung das Gemüt erfrischt und den Körper in ein köstliches Gleichgewicht bringt«. Das habe er selbst »mehr als einmal« erfahren, dagegen auch die Unbequemlichkeit gespürt, »wenn ich mich von dem breiten Wege auf den engen Pfad der Enthaltsamkeit und Sicherheit einlisten wollte«. Die Idee ist, daß er in Rom unter die Askese einen Schlußstrich setzt.

Zum ersten Mal in seinem Leben braucht es nicht mehr bei flüchtigen Begegnungen zu bleiben; zum ersten Mal in seinem Leben – er ist bald vierzig – ist er öffentlich und unbeanstandet im Besitz einer jungen Frau. Es ist das berühmte Faustina-Erlebnis – so nennt er die junge Dame, die in den *Römischen Elegien* besungen wird.

Doch ist wieder einmal die Sache nicht so einfach.

Von »Faustina« ist in der *Italienischen Reise* überhaupt nicht die Rede. Von Goethe selbst gibt es, außer in den Elegien, keine Angabe über sie. Wir glauben zu wissen, daß sich Goethe im Januar 1788 »mit einer jungen Witwe einließ«: Hätte er denn zehn Monate in Italien gewartet, bis es zum erotischen Erlebnis kam?

Die Vorsicht hat gewiß eine Rolle gespielt. Dem Herzog schrieb er am 3. Februar 1787: »Mit dem schönen Geschlecht kann man sich hier wie überall nicht ohne Zeitverlust einlassen. Die Mädchen oder vielmehr die jungen Frauen, die als Modelle bei den Malern sich einfinden, sind allerliebst mitunter und gefällig, sich beschauen und genießen zu lassen. Es wäre auf diese Weise eine sehr bequeme Lust, wenn die französischen Einflüsse nicht auch dies Paradies unsicher machten.« Am 29. Dezember 1787 schreibt er, die öffentlichen Mädchen seien unsicher wie überall, die unverheirateten Mädchen seien keuscher als irgendwo und erwarteten, daß man sie heirate. Einmal verheiratet... »Ja, man kann fast sagen, daß alle verheirateten Weiber dem zu Gebote stehen, der die Familie erhalten will. [...] Zu naschen ist nur bei denen, die sich unsicher sind als öffentliche Creaturen. Was das Herz betrifft, so gehört es gar nicht in die Terminologie der hiesigen Liebeskanzlei.«

Die Angst vor Geschlechtskrankheiten wird ihm eine gewisse Zurückhaltung nahegelegt haben. In einer Elegie, die in den meisten Ausgaben nicht abgedruckt ist, dichtet er von der Syphilis:

Doch welch ein feindlicher Gott hat uns im Zorn die neue
 Ungeheure Geburt giftigen Schlammes gesandt?
Überall schleicht er sich ein, und in den lieblichsten Gärtchen
 Lauert tückisch der Wurm, packt den Genießenden an
[...]

Gerade wie Goethe in Italien war, ließ sich der Herzog eine in Holland erworbene »Franzosenkrankheit« von einem Arzt in Mainz mit Quecksilber behandeln.

In der *Italienischen Reise* berichtet Goethe über zwei Begegnungen, die eine in Neapel, die zweite in Rom.
Am 2. Juni 1787 nimmt er Abschied von seinen Bekannten in Neapel. Er besucht »eine wohlgestaltete junge Dame von sehr zarter und sittlicher Unterhaltung«, eine Herzogin von Giovene, eigentlich eine geb. Freiin von Mudersbach aus Würzburg, die mit einem Italiener kurz verheiratet gewesen ist. Sie ist Hofdame der Königin Maria Carolina und lebt im Königlichen Schloß von Capodimonte bei Neapel. Sie wohnt in einem großen und hohen Zimmer. Die beiden unterhalten sich zuerst über Literatur. Die Dämmerung ist angebrochen. »Wir gingen im Zimmer auf und ab. [...] Sie stieß einen Laden auf, und ich erblickte, was man in seinem Leben nur einmal sieht. [...] Wir standen an einem Fenster des oberen Geschosses, der Vesuv gerade vor uns; die herabfließende Lava, deren Flamme bei längst niedergegangener Sonne schon deutlich glühte und ihren begleitenden Rauch schon zu vergolden anfing; der Berg gewaltsam tobend [...], übrigens Meer und Erde, Fels und Wachstum deutlich in der Abenddämmerung, klar, friedlich, in einer zauberhaften Ruhe. [...] War unser Gespräch durch dieses Schauspiel unterbrochen, so nahm es eine desto gemütlichere Wendung. [...] Die schöne Frau, vom Monde beleuchtet, als Vordergrund dieses unglaublichen Bildes, schien mir immer schö-

ner zu werden, ja ihre Lieblichkeit vermehrte sich besonders dadurch, daß ich in diesem südlichen Paradiese eine sehr angenehme deutsche Mundart vernahm. Ich vergaß, wie spät es war, so daß sie mich zuletzt aufmerksam machte, sie müsse mich, wiewohl ungerne, entlassen, die Stunde nahe schon, wo ihre Galerien klostermäßig verschlossen würden. Und so schied ich zaudernd von der Ferne und von der Nähe.« Anstatt nach Hause zu gehen, sucht er einen Freund Kniep auf, sie trinken eine Flasche Wein.

Am Tage darauf fährt er aus Neapel »halb betäubt« hinaus; »vergnügt jedoch, daß weder Reue noch Schmerz hinter mir blieb«.

Die zweite Begegnung ist die mit der »schönen Mailänderin« in Rom. Der Schilderung dieser Episode schickt er folgende Zeilen voraus: »Ich war dem Gelübde, mich durch dergleichen Verhältnisse von meinem Hauptzwecke nicht abhalten zu lassen, vollkommen treu geblieben.«

Dann berichtet er, wie er im Oktober 1787 die Bekanntschaft einer »gar hübschen römischen Nachbarin« macht, die mit ihrer Mutter zusammen wohnt. Mit der Mutter, der Tochter und einer dritten jungen Dame, einer Mailänderin, gehen sie zu einer Art Lottospiel, bei dem Goethe mit der Römerin gemeinsame Kasse macht. »Die beiden Schönen, denn schön durfte man sie wirklich nennen, standen in einem nicht schroffen, aber doch entschiedenen Gegensatz; dunkelbraune Haare die Römerin, hellbraune die Mailänderin; jene braun von Gesichtsfarbe, diese klar, von zarter Haut; dies zugleich mit fast blauen Augen, jene mit braunen; die Römerin einigermaßen ernst, zurückhaltend, die Mailänderin von einem offnen, nicht sowohl ansprechenden, als gleichsam anfragenden Wesen.«

Plötzlich empfindet er, daß sich seine Neigung für die Mailänderin schon entschieden hat, »blitzschnell und eindringlich genug«.

Den nächsten Morgen sitzt er wieder mit den beiden Mädchen, diesmal allein. »Da vermehrt sich das Übergewicht auf die Seite der Mailänderin.« Sie beklagt sich, ungebildet zu sein, »ich gäbe alles darum, Englisch zu können«. Auf der Stelle gibt ihr Goethe ihre erste Englischstunde anhand einer englischen Zeitung, die da liegt.

Doch erfährt er bald, seine kurz erst so liebgewonnene Schülerin sei verlobt. Er ist aus dem Traum geweckt. »Ich hatte Jahre und Erfahrung hinreichend, um mich, obwohl schmerzhaft, doch auf der Stelle zusammenzunehmen.« »Es wäre wunderbar genug, rief ich aus, wenn ein wertherähnliches Schicksal dich in Rom aufgesucht hätte, um dir so bedeutende, bisher wohlbewahrte Zustände zu verderben.«

»Gar bald legte sich auch dieses Verhältnis in meinem so viel beschäftigten Gemüte wieder zurecht, und zwar auf eine sehr anmutige Weise; denn indem ich sie als Braut, als künftige Gattin ansah, erhob sie sich vor meinen Augen aus dem trivialen Mädchenzustande. [...] Mein Dienst, wenn man eine freie Aufmerksamkeit so nennen darf, bezeichnete sich durchaus ohne Zudringlichkeit und beim Begegnen eher mit einer Art von Ehrfurcht. [...] Die übrige Welt [...] merkte nichts, [...] und so gingen Tage und Stunden einen ruhigen behaglichen Gang.«

Die Mailänderin hieß Maddalena Riggi. Sie war damals 23 Jahre alt, wurde von Angelica Kauffmann porträtiert, hatte später in zwei Ehen sieben Söhne und eine Tochter.

Beim Abschied von Rom im April 1788 ist von ihr wieder einmal die Rede. »Man wird es natürlich finden, daß ich bei meinen Abschiedsbesuchen jene anmutige Mailänderin nicht vergaß. Ich hatte die Zeit her von ihr manches Vergnügliche gehört: wie sie mit Angelica immer vertrauter geworden und sich in der höhern Gesellschaft, wohin sie dadurch gelangt, gar gut zu benehmen wisse.«

Er findet sie in ihrer Wohnung, »im reinlichen Morgenkleide, wie ich sie zuerst in Castel Gandolfo gesehen«. Bald tritt der Bruder herein, »und der Abschied schloß sich in freundlicher, mäßiger Prosa«. Eine für Goethe typische Szene folgt darauf.

»Als ich vor die Türe kam, fand ich meinen Wagen ohne den Kutscher, den ein geschäftiger Knabe zu holen lief. Sie sah heraus zum Fenster des Entresol, den sie in einem stattlichen Gebäude bewohnten: es war nicht gar hoch, man hätte geglaubt, sich die Hand reichen zu können.«

Dieser Abschied auf Nimmerwiedersehen, die Unmöglichkeit, sich auch nur die Hand zu reichen, die paar Minuten, bis der Kutscher herkommt – »es war ein wunderbares, zufällig eingeleitetes, durch inneren Drang abgenötigtes lakonisches Schlußbekenntnis der unschuldigsten und zartesten wechselseitigen Gewogenheit, das mir auch deshalb nie aus Sinn und Seele gekommen ist«.

Und nun zur in Goethes Reisebericht völlig verschwiegenen »Faustina«-Episode.

»Faustina« soll die dritte Tochter des Wirtes Agostino di Giovanni gewesen sein. Sie war 1764 geboren, hatte 1784 geheiratet, aber im selben Jahre war ihr der Mann gestorben. Vier Jahre später, 1788, erkauft sich Goethe ihre Liebe von der willfährigen Mutter:

Sie ergötzt sich an ihm, dem freien, rüstigen Fremden,
[...]
  Freut sich, daß er das Gold nicht wie der Römer bedenkt.
[...]
Mutter und Tochter erfreun sich ihres nordischen Gastes,
  Und der Barbare beherrscht römischen Busen und Leib.

Goethe machte ihre Bekanntschaft im Januar 1788; das Liebesverhältnis hat höchstens vier Monate gedauert, denn am 23. April reiste er von Rom ab. Sie wohnte nicht bei ihm, er suchte sie heimlich auf und schlich sich zu ihr, zu ihrem kleinen Haus auf dem Land, bei Nacht und zumindest einmal als Pfarrer verkleidet. Er gibt ihr das Wort:

»Bist du ohne Bedacht nicht oft bei Mondschein gekommen,
Grau, im dunklen Surtout, hinten gerundet das Haar?
Hast du dir scherzend nicht selbst die geistliche Maske gewählet?«

Ein anderes Mal vermißt ihn die Geliebte:

»Warum bist du, Geliebter, nicht heute zur Vigne gekommen?
Einsam, wie ich versprach, wartet' ich oben auf dich.«
Beste, schon war ich hinein; da sah' ich zum Glücke den Oheim
Neben den Stöcken, bemüht, hin sich und her sich zu drehn.
Schleichend eilt' ich hinaus! – »O, welch ein Irrtum ergriff dich,
Eine Scheuche nur war's, was dich vertrieb! Die Gestalt
Flickten wir emsig zusammen aus alten Kleidern und Rohren. [...]«

Auf das Biographische reduziert wiegt dieses angeblich entscheidende römische Liebeserlebnis für unsere Begriffe recht wenig.

Es gibt jedoch auch eine Möglichkeit, die von der Goethe-Forschung erwogen, dann aber m. E. vorschnell verworfen wurde, nämlich, daß die *Römischen Elegien* in römischem Kostüm – auch wieder eine Maske! – das Erlebnis mit Christiane Vulpius darstellen. Die Elegien wurden nämlich nicht in Rom, sondern nach der Rückreise verfaßt, in Weimar, wo Goethe Christiane bei sich hatte. Zum ersten Mal genoß er mit ihr die heidnische Liebe ganz, ohne Einschränkung und ganz bequem: zu Hause.

Einen Monat nach Goethes Rückkehr aus Italien, am 12. Juni 1788, nach Weimar, war nämlich die Schwester des Schriftstellers Christian August Vulpius mit einer Bittschrift ihres Bruders zu ihm gekommen. Die Geschwister sind unbemittelt und elternlos. Sie ist in einer kleinen Blumenfabrik beschäftigt. Sie bittet um eine Anstellung für ihren Bruder, der »auch schreibt«, was »eben nun nicht die beste Recommandation ist«, meint Goethe.

Christiane Vulpius ist dreiundzwanzig, nicht groß, nicht eben schön, eher hübsch, mit rundem Kinn, runden appetitlichen Wangen, schönen unfrisierten Locken.

Er bestellt sie in sein Gartenhaus, sie wird seine Geliebte und bleibt bei ihm achtundzwanzig Jahre, bis zu ihrem Tode. Ein Sohn, August, wird geboren, vier weitere unglückliche Geburten folgen. Es ist zu vermuten, daß eine Unverträglichkeit der Rhesusfaktoren vorlag. Sie führt seinen Haushalt. Er wird sie später, 1806, heiraten, aber das wäre nicht nötig gewesen: nach zwanzig Jahren eines gemeinschaftlichen Lebens bezeichnet er sie als seine »Freundin und vieljährige Hausgenossin«. Er schreibt: »Das gefällt mir eben an ihr, daß sie nichts von ihrem Wesen aufgibt, sondern bleibt wie sie war.« Er schreibt auch: »Das Reich des Geistes ist für sie nicht vorhanden.«

Als sie am 18. Juni 1816 starb, notierte Goethe in seinem Tagebuch: »Sie verschied gegen Mittag. Leere und Todesstille in und außer mir.«

Obwohl bei der Geburt des Sohnes August der Herzog Pate stand, mokierte sich die Weimarer Gesellschaft, ja selbst Goethes Freund Herder, über die Mesalliance und den unehelichen Sohn. Nicht etwa, daß man in Weimar besonders prüde gewesen wäre; man beanstandete nicht, daß der junge, doch schon berühmte Schiller sich mit seiner erklärten Geliebten Frau von Kalb in Weimar aufhielt. Aber dieses hergelaufene Mädchen ...

Bald wird die Weimarer Gesellschaft wissen, was Goethe von ihr hält und in den *Römischen Elegien* ausspricht:

Schöne Damen und ihr, Herren der feineren Welt,
Fraget nach Oheim und Vetter und alten Muhmen und Tanten;
Und dem gebundnen Gespräch folge das traurige Spiel.
Auch ihr übrigen fahret mir wohl, in großen und kleinen Zirkeln, die ihr mich oft nah der Verzweiflung gebracht.
[...]
Die Liebste [soll hier nicht eher Christiane als »Faustina« gemeint sein?] [...] erkundigt sich nie nach neuer Märe, sie spähet
Sorglich den Wünschen des Manns, dem sie sich eignete, nach.

Wichtig ist, in unserem Zusammenhang, daß Christiane das einzige weibliche Wesen ist, mit dem Goethe nicht gespielt hat. Alles andere war in irgendeiner Form ein Spiel: hier nicht. Hier findet Goethes Spielernatur ihre natürliche Grenze.

Nicht etwa, daß Christiane keinen Spaß verstanden hätte, ganz im Gegenteil. Sie ist munter und lebenslustig, sie tanzt auf Dorfbällen, vergnügt sich auf Landpartien mit ihren wenigen Freundinnen, sie pflegt den Umgang mit den Schauspielern und ihren Familien.

Goethes Mutter, die Christiane sehr mag, weil sie ihren Sohn glücklich macht, spricht nur freundlich von ihres Sohnes »Bettschatz«. Sie hört vom üblen Klatsch in Weimar, Christiane gehe während Goethes Abwesenheit fortwährend tanzen. Sie schreibt ihr: »Tantzen Sie immer liebes Weibgen, frölige Menschen die mag ich gern!«

Christiane nimmt es hin, daß Goethe sich wochen-, ja monatelang nach Jena zurückzieht; sie wartet daheim auf seine Rückkehr. Inzwischen hält sie Haus für den »Herrn Geheimrat«. Zum erstenmal empfindet Goethe ein Gefühl, das er nun zur fruchtbaren Arbeit dringend braucht: das Behagen.

Auch scheint Goethe ihr die Treue gehalten zu haben. Den »lieblichen Nebengeschöpfen« hat er kaum noch Aufmerksamkeit geschenkt. Zu diesen »Nebengeschöpfen« gehört Demoiselle Ulrich, eine Waise aus gutem Bürgerhause, die als Gesellschafterin Christianes engagiert worden war. Als Christiane starb, heiratete Fräulein Ulrich den Sekretär und Mitarbeiter Goethes, Riemer, den sie nicht mochte, wohl nur, um in Goethes Nähe zu bleiben.

In einem einzigen uns bekannten Fall hat die Eifersucht Christiane übermannt, wohl nicht ganz unbegründet. Aber das hat eine lange Vorgeschichte.

Vor vielen Jahren, als Goethe aus Wetzlar nach Frankfurt zurückkam, hatte Goethe – wie schon berichtet – bei Madame Laroche ihre Tochter Maximiliane bewundert. »Maxi« hatte dann einen Frankfurter Kaufmann italienischer Herkunft, Pietro Antonio Brentano, geheiratet. Sie war ziemlich früh gestorben, Kinder hinterlassend, unter ihnen die später berühmt gewordenen Bettina und Clemens.

Bettina Brentano hatte in Frankfurt im Jahre 1806 die Bekanntschaft von Goethes Mutter gemacht. Sie verehrte »Frau Rat« und ließ sich von ihr Geschichten aus der Kindheit Wolfgangs erzählen; so die Geschichte des Topfmarkts.

Dabei entstand bei Bettina eine Verehrung des Dichters in Weimar, die ins Überschwengliche ging, lange bevor sie Goethe in Person begegnete. Dem befreundeten Tieck soll sie gesagt haben: »Weißt Du, Tieck, von Goethe muß ich um jeden Preis ein Kind haben – das muß ein Halbgott werden!«

Am 23. April 1807, bei Gelegenheit einer Reise über Weimar, besucht sie Goethe und berichtet seiner Mutter, »Frau Aja«, über diese erste Begegnung.

Bettina war mit einem Empfehlungsbrief Wielands gekommen und ließ sich bei Goethe melden. Die Tür des Wartezimmers, ein Stübchen mit weißen Wänden, ging auf, »und da stand er feierlich ernst und sah mich unverwandten Blikkes an; ich streckte die Hände nach ihm, glaub' ich – bald wußt' ich nichts mehr, Goethe fing mich rasch auf an sein Herz. *Armes Kind, hab' ich Sie erschreckt*, das waren die ersten Worte, mit denen seine Stimme mir ins Herz drang; er führte mich in sein Zimmer und setzte mich auf das Sofa gegen sich über.« Aber es ist ihr unmöglich, so wohlerzogen dazusitzen. »Ich sagte plötzlich: hier auf dem Sofa kann ich nicht bleiben und sprang auf. – Nun! sagte er, machen Sie sich's bequem; nun flog ich ihm an den Hals, er zog mich aufs Knie und schloß mich ans Herz. – Still, ganz still war's, alles verging. Ich hatte so lange nicht geschlafen; Jahre waren vergangen in Sehnsucht nach ihm – ich schlief an seiner Brust ein; und da ich aufgewacht war, begann ein neues Leben.«

Bei Wieland schäkert Goethe ein wenig mit ihr in Gesellschaft, schenkt ihr heimlich einen Veilchenstrauß. »Ich nahm heimlich seine Hand und zog sie an mein Herz. [...] Er sagte: hast du solche List, so wirst du auch wohl mich zu fesseln wissen mein Leben lang.«

Der Mutter Goethes schreibt Bettina: »Ich schließe mich an die Epoche der empfindsamen Romane, und komme glücklich im Werther an, wo ich denn gleich die Lotte zur Tür hinauswerfen möchte.«

»Die andern sollen nur keine weiteren Prätensionen machen. Sie frägt zwar, ob ich ihn allein gepachtet habe? – ja, Frau Rat, darauf kann ich Ihr antworten. Ich glaub', daß es eine Art und Weise gibt, jemand zu besitzen, die niemand streitig machen kann; diese üb' ich an Wolfgang, keiner hat es vor mir gekonnt, das weiß ich, trotz allen seinen Liebschaften, von denen Sie mir erzählt. – Vor ihm tu' ich zwar sehr demütig, aber hinter seinem Rücken halte ich ihn fest, und da müßte er stark zappeln, wenn er los will.«

»Stark zappeln« müssen, um sich nicht »fesseln« zu lassen? Goethe hat den Instinkt des wilden Tieres, der ihn von ferne die Schlinge spüren läßt, die man ihm um den Hals legen will.

Goethes Mutter versucht Bettina zu warnen. Am 12. Mai 1808 schreibt sie ihr: »Sei nicht gar zu toll mit meinem Sohn, alles muß in seiner Ordnung bleiben.«

Bettina antwortet zwar: »– Da braucht Sie nicht zu fürchten, daß ich die Ordnung umstoße. Ich häng' mich nicht wie Blei an meinen Schatz, ich bin wie der Mond, der ihm ins Zimmer scheint«, aber »ich würde es ewig bereuen, wenn ich versäumte, was ich das Recht habe zu genießen.«

Am 25. Mai geht von der scharfblickenden Elisabeth Goethe, die ihren Sohn gut kennt und versteht, eine letzte Warnung an Bettina: »Mein Sohn hat mir's wieder geschrieben, ich soll Dir sagen, daß Du ihm schreibst. Schreib' aber ordentlich, Du wirst Dir sonst das ganze Spiel verderben.«

Über den Spieltrieb ihres Sohnes hat Frau Rat am besten Bescheid gewußt.

Wie sieht Bettina aus? Die berühmte Caroline, geborene Michaelis, später die Frau August Wilhelm Schlegels, die als Schellings Gemahlin starb, beschreibt Bettina in einem nicht unbedingt wohlwollenden Brief an ihre Freundin Pauline Gotter vom 1. März 1809: »Innerlich verständig, aber äußerlich ganz töricht, anständig und doch über allen Anstand hinaus, alles was sie ist und tut ist nicht rein natürlich, und doch ist es ihr unmöglich anders zu sein. Sie leidet an dem Brentanoischen Familienübel: einer zur Natur gewordenen Verschrobenheit. [...] Nicht immer gerät ihr der Witz, und dann kann sie wohl auch grob sein oder lästig. [...] Du wirst neugierig sein zu wissen, ob sie dabei hübsch und jung ist, und da ist wieder drollicht, daß sie weder jung noch alt, weder hübsch noch häßlich, weder wie ein Männlein noch wie ein Fräulein aussieht.«

Im Sommer 1810 ist Bettina Brentano (damals fünfundzwanzig) in Teplitz. Goethe ist da, mit Karl August, Gentz, Fürst von Ligne, Frau von Levetzow, Fichte usw. Zur Begegnung mit Goethe soll man ihr das Wort lassen.

»Es war in der Abenddämmerung im heißen Augustmonat, er saß am offenen Fenster, ich stand vor ihm und hielt ihn umhalst, der Blick, scharf wie ein Pfeil ihm ins Auge gedrückt, blieb drin haften. Vielleicht weil er's nicht länger ertragen mochte, fragte er ob mir nicht heiß sei, und ob ich nicht wolle, daß mich die Kühlung umwehe; ich nickte, so sagte er: ›mach doch den Busen frei, daß ihm die Abendluft zu gut kommt.‹ – Da ich nichts dagegen sagte, obschon ich roth ward, so öffnete er meine Kleidung und sah mich an und sagt: Das Abendroth hat sich auf Deine Wangen eingebrannt, – und küßte mich auf die Brust, und senkt die Stirne darauf. – Kein Wunder, sagt ich, meine Sonne sinkt mir ja im eigenen Busen unter. – Er sah mich lange an und waren beide still. – Er fragt: Hat Dir noch nie jemand den Busen berührt? – Nein, sage ich, mir selbst ist's so fremd, daß Du mich anrührst. – Da drückte er viele, viele und heftige Küsse mir auf den Hals; mir bangte, er solle mich loslassen und war doch so gewaltig schön, ich mußte lächeln in der Angst, daß mirs galt, diese zückenden Lippen, dies heimliche Atemsuchen, wie der Blitz wars, erschütterte das mich, meine Haare, die sich natürlich locken, hingen herunter. [...] Dann sagte er, so leise erst: ›Du bist wie das Gewitter, die Haare regnen, die Lippen wetterleuchten und die Augen donnern.‹ – Und Du wie Zeus winkst mit den Brauen und der Olymp erzittert. – ›Wenn Du künftig Abends Dich entkleidest und die Sterne leuchten Dir in den Busen wie jetzt, willst Du da meiner Küsse gedenken?‹ – Ja! – ›und willst denken, daß ohne Zahl wie die Sterne ich tausendfach das Siegel meiner Liebe Dir in den Busen drücken möchte?‹« ...

Von dem Brief (ist es ein Brief?) gibt es mehrere Fassungen. Mit Recht vermutet man, dieser Text sei kein echter Brief und sei viel später, nach Goethes und Arnims Tod, geschrieben worden.

Ein Jahr später, 1811, heiratet Bettina den Freund ihres Bruders, Achim von Arnim. Ende August, Anfang September ist das neuvermählte Arnim-Ehepaar in Weimar und verkehrt in Goethes Haus.

Es ergibt sich, wie zu erwarten, die Gelegenheit zu einem peinlichen Zwischenfall. In einer Kunstausstellung begegnet Christiane den Arnims. Da geraten sich die beiden, Christiane und Bettina, in die Haare. Darauf erzählt Bettina überall in Weimar, auf die Beleibtheit von Christiane anspielend (Frau von Schiller nannte Christiane »die dicke Hälfte«): »eine tollgewordene Blutwurst hat mich gebissen«.

Der darauffolgende Bruch zwischen den beiden Häusern wurde erst nach Christianes Tod ausgeglichen.

Goethe notiert in seinem Tagebuch: »Frau von Arnims Zudringlichkeit abgewiesen.«

Das war schon lange fällig. In ein Spiel, das er nicht leitete, oder das ihm aus den Händen zu gleiten drohte, läßt sich Goethe nicht ein.

Ein besonderes Erlebnis wird in einem Gedicht festgehalten, das »Das Tagebuch« heißt. In den meisten Goetheausgaben fehlt es. Erst lange nach Goethes Tod wurde es veröffentlicht, doch wurde die Sonderausgabe 1880 von der preußischen Staatsanwaltschaft, sowie auch die große Kurzsche Goetheausgabe, die es enthielt, als unsittlich konfisziert. Die Wiener Polizei folgte dem preußischen Beispiel und verbot auch eine andere Ausgabe.

Dieses Tagebuch-Gedicht hat Goethe 1810 geschrieben, in Erinnerung an eine frühere Fahrt zur Kur. Mehr weiß man nicht: weder der Ort noch das Datum des Vorkommnisses ist bekannt. Ein Radbruch des Wagens hatte ihn veranlaßt, die Reise zu unterbrechen und in einem Dorfgasthaus zu übernachten. Die Nichte des Wirtes – zu Töchtern und Nichten in Wirtshäusern hat er immer einen Hang gehabt – hat es ihm angetan. Nach Mitternacht kommt sie, wohl nicht aus eigener Initiative, sondern durch ihn ermutigt, auf sein Zimmer und legt sich zu ihm ins Bett. Goethe küßt sie auf Stirn und Mund, doch tritt eine Hemmung auf. Keine Entsagung, sondern ein Versagen. Das Mädchen ist ruhig, »als wenn sie nichts entbehrte«, und schläft ein. Daß sich Goethe selbst verwünscht, sich grinsend verlacht, macht die Sache nicht besser; auch in diesem Sinne ist der Geist willig, doch schwach das Fleisch:

> Verfluchter Knecht, wie unerwecklich liegst du!
> Und deinen Herrn ums schönste Glück betriegst du.
>
> Doch Meister Iste hat nun seine Grillen
> Und läßt sich nicht befehlen noch verachten,
> Auf einmal ist er da, und ganz im stillen
> Erhebt er sich zu allen seinen Prachten.

Er nimmt die Panne mit Humor – und macht daraus ein Gedicht.

Ist das, wie von einigen gesagt worden ist, ein Schwanengesang? Naht das Alter, und damit die Tugend? Goethe selbst schreibt:

> So sollst du, muntrer Greis,
> Dich nicht betrüben,
> Sind gleich die Haare weiß,
> Doch wirst du lieben.

Und auch:

> »Dir wird die Welt, du wirst ihr nie veralten!«

Bei Gelegenheit einer Reise im Sommer 1814 an den Rhein, Main und Neckar begegnet Goethe dem Frankfurter Bankier Johann Jakob von Willemer und seiner »kleinen Gefährtin«, einer Demoiselle Jung, einer Tänzerin österreichischer Herkunft. Marianne ist etwa dreißig. Der Bankier hat ihr Privatunterricht geben lassen, sie hat Sprachen gelernt, Gesangsstunden bekommen, sie spielt Gitarre. Der junge Clemens Brentano kommt zu Willemers in die Gerbermühle, am Wege von Frankfurt nach Offenbach, und schreibt an seinen Freund Arnim: »Die Junge liebte mich, weint oft in meiner Nähe, ich sprach davon mit Willemer, seine Eifersucht vertrieb mich, wir haben uns noch lieb...«

Goethe, der auf der Reise Hammers Übersetzung der Gedichtsammlung des persischen Dichters Hafis, den Divan, mit sich führt und eine neue Reihe von Gedichten nach orientalischem Modell unternimmt, findet in Marianne eine leibhaftige Suleika. Sie stickt ihm türkische Pantoffeln, windet ihm einen Turban aus Musselin um das Haupt. Sie stiften unter sich ein orientalisches Ritual mit einer eigenen symbolischen Sprache. Ein literarisch-erotisches Spiel beginnt. Es entstehen die Gedichte des *West-östlichen Divan*, von denen einige Marianne zu verdanken sind, was sie erst lange nach Goethes Tod bekanntgab. Sie hatte sich gut eingespielt.

Im Sommer 1815 bleibt Goethe etwas länger in der Gerbermühle. Marianne, die Willemer inzwischen geheiratet hat, singt Goethes *Gott und die Bajadere*. Ist sie nicht selbst eine kleine Tänzerin, eine Bajadere gewesen?

Schließlich wird Goethe das symbolische Spiel in Kostüm – noch eine Maskerade – zu heikel. Den *West-östlichen Divan* betrachtet er als abgeschlossen. Wieder einmal flieht er vor dem »drohenden Übel« und nimmt Abschied von Willemers.

Beim Abschied teilt er Marianne mit, beide hätten nun ihre Rolle zu Ende gespielt.

Der junge, geistreiche Reisebegleiter Goethes, Boisserée, der bei dem Abschied gegenwärtig war, notiert in seinen Tagebüchern einen Satz Goethes. Über seine verschiedenen Lieben soll er gesagt haben: »Die Verhältnisse mit Frauen allein können doch das Leben nicht ausfüllen und führen zu gar vielen Verwicklungen, Qualen und Leiden, die uns aufreiben, oder zur vollkommenen Leere.«
Gleich nach dem endgültigen Abschied von Willemers erzählt Boisserée folgendes: Bei Gelegenheit einer Reise von Frankfurt über Karlsruhe nach Weimar essen sie zu Mittag in Hardtheim. Die Gäste werden von einer Kellnerin bedient, die Boisserée nicht hübsch findet. »Der Alte sieht sie immer an«, bemerkt Boisserée. Seinerseits notiert Goethe: »Ein junges, frisches Mädchen bedient uns, ist nicht schön, hat aber verliebte Augen. Kuß.«

In Marienbad zur Kur, lernt der 1822 nunmehr dreiundsiebzigjährige Geheimrat aus Weimar ein junges Mädchen kennen, deren Mutter Goethe vor Zeiten, 1806, in Karlsbad gekannt hat. Die Tochter, Ulrike, ist jetzt neunzehn. Sie weiß nicht einmal, daß der alte Herr ein Dichter ist. Sie hält ihn für »einen großen Gelehrten«, weil er sich mit Wetterbeobachtungen und meteorologischen Phänomenen befaßt, auch Steine sammelt.
Goethe fragt den Arzt, ob ihm eine Heirat bei seinem Alter schaden könne, ob ihn der Arzt für heiratsfähig erachte.
Goethe macht mit 73 Jahren den ersten Heiratsantrag seines Lebens. Richtiger, er läßt ihn durch seinen Freund, den inzwischen zum Großherzog avancierten Karl August, vortragen. Der Großherzog verspricht der Familie Levetzow eine Pension von 10 000 Talern für Ulrike, falls der Geheimrat vor ihr sterben sollte. Sie wird die erste Dame am Hofe und in Weimar sein. Goethe schreibt an seine Schwiegertochter, die Schwierigkeiten des Zusammenlebens, die sie beängstigten, könnten behoben werden: Der Großherzog stellt dem

»jungen Paar«, d.h. Goethe-Ulrike, ein eigenes Haus zur Verfügung, dem Schloß gegenüber.
Doch hat Ulrike keine Lust zu heiraten. Sie weist den Antrag zurück. Später wird sie auch nicht heiraten: sie stirbt fast hundertjährig als Stiftsfräulein »zum Heiligen Grabe«. Sie sagt, sie habe Goethe »wie einen Vater« liebgehabt. Er war »ein so freundlicher, liebenswürdiger alter Herr«, der sie »sein liebes Töchterchen« nannte. Von Heiraten habe er selber nie gesprochen, weder zu ihr noch zu ihrer Mutter.
Als man sie später fragte, warum sie nie geheiratet und einen Freier nach dem anderen abgewiesen habe, antwortete sie: »Ich hätte mich zu sehr mit ihnen gelangweilt.«
Ist das Goethes Abschied von der Liebe gewesen?
Auf der Heimreise notiert er im Wagen die Verse der Marienbader Elegie:

> Der Kuß, der letzte, grausam süß, zerschneidend
> Ein herrliches Geflecht verschlungner Minnen.

Im ersten Gedicht der Trilogie der Leidenschaft (die Elegie ist das zweite) heißt es »an Werther«:

> Scheiden ist der Tod!

Doch das dritte Gedicht heißt »Aussöhnung«:

> Die Leidenschaft bringt Leiden! – Wer beschwichtigt
> Beklommnes Herz, das allzuviel verloren?

War das der Abschied von der Liebe? Die alte Glut wird noch eine letzte Flamme werfen. Eine schöne Polin, Madame Szymanowska, Hofpianistin der Zarin, als erste Pianistin der Welt gerühmt, als Komponistin bekannt, ist Goethe im August 1823 in Marienbad begegnet. Er schreibt ihr ins Stammbuch das Gedicht »Aussöhnung« (»Die Leidenschaft bringt Leiden«). Da Madame Szymanowska kein Deutsch versteht, übersetzt er für sie das Gedicht ins Französische. An Zelter schreibt er: »Die ungeheure Gewalt der Musik auf mich in diesen Tagen! [...] Das Klangreiche der Szymanowska.« Die Musik faltet ihn auseinander, sagt er, wie man eine geballte Faust freundlich aufmacht.

Im November kommt die Szymanowska für ein Konzert nach Weimar. Nach dem Souper wird ein Toast »auf die Erinnerung« ausgebracht. Goethe improvisiert eine Abschiedsrede für die Szymanowska: »Erinnerung, [...] das ist nur eine unbeholfene Art, sich auszudrücken! Was uns irgend Großes, Schönes, Bedeutendes begegnet, muß nicht erst von außen her wieder erinnert, gleichsam erjagt werden, es muß sich vielmehr gleich vom Anfang her in unser Inneres verweben, mit ihm Eins werden. [...] Es gibt kein Vergangenes, nur ein ewig Neues, das sich aus den erweiterten Elementen des Vergangenen gestaltet, die echte Sehnsucht muß stets produktiv sein.«

Als am Tage darauf die Szymanowska von ihm Abschied nimmt, schließt sie Goethe in die Arme, er küßt sie: sein letzter Kuß. Sein Gesicht ist von Tränen überströmt.

Diesmal ist das erotische Spiel aus.

ERNST ROBERT CURTIUS

Goethe als Kritiker

I

Die literarische Kritik hat im deutschen Geistesleben keine anerkannte Stelle. Deutschland hat keinen Sainte-Beuve gehabt und konnte ihn wohl auch nicht haben. Literarische Kultur ist bei uns Sache verstreuter Einzelner, nicht Bedürfnis des lesenden Publikums. Ein gesicherter Bestand literarischer Tradition fehlt. Was als Dichtung produziert wird, pflegt als »Weltanschauung« konsumiert zu werden. Die großen deutschen Zeitungen hatten fest angestellte Musik- und Theaterkritiker (Musik, Theater und Film bilden bekanntlich die »Kultur« oder das »Kulturelle« – sie können »betrieben« werden). Aber sie hatten keinen Literaturkritiker. Der Büchereinlauf wurde an zufällige Mitarbeiter verteilt. Ihre Stimmen hatten kein Gewicht, konnten es nicht haben. Mit den führenden Zeitschriften war es nicht besser. Die kurze Blüte der *Süddeutschen Monatshefte* mit Josef Hofmiller als Kritiker war die Ausnahme, welche die Regel bestätigt. Frankreich hatte einen Albrecht Thibaudet, England ein Rezensionsorgan wie das *Times Literary Supplement*. Wir konnten dem nichts entgegenstellen.

Das war nicht immer so. Es ist eine Verfallserscheinung, die zu analysieren wäre. Tacitus und Quintilian haben den Verfall der römischen Beredsamkeit untersucht. Adam Müller hielt 1812 in Wien *Zwölf Reden über die Beredsamkeit und deren Verfall in Deutschland.* Man könnte ein Kapitel schreiben über die Kritik und deren Verfall in Deutschland. Denn zwischen 1750 und 1830 gab es eine deutsche Kritik. Diese Zeitspanne entspricht dem Lebenslauf Goethes. Sie ist aber zugleich die Ära der Revolutionen, aus denen die moderne Welt hervorgegangen ist. In England spielt sich die industrielle Revolution ab; in Frankreich die gesellschaftliche; in Deutschland die philosophische und wissenschaftliche, bezeichnet durch die Namen Lessing und Herder, Winckelmann und Friedrich Schlegel, Kant, Fichte und Hegel. Von diesen drei Revolutionen war die französische am leichtesten zu erkennen. Die deutsche wurde begreiflicherweise zunächst nur in Deutschland registriert, und zwar durch die Romantik. Friedrich Schlegel und Adam Müller faßten sie als Entsprechung zur französischen Revolution auf. Die industrielle Revolution Englands ist sehr viel später als historischer Vorgang erster Ordnung erkannt und benannt worden.

Wenn die deutsche Romantik von einer philosophischen und wissenschaftlichen Revolution sprach, so bediente sie sich einer politischen Metapher. Aber ein realer und bedeutsamer Vorgang war damit bezeichnet: eine Bewegung, die alle Gebiete des geistigen Lebens umfaßte. Sie war verteilt auf drei Generationen, die ineinandergriffen. Philosophen und Altertumsforscher, Dichter und Historiker wirkten zusammen; absichtslos und doch so, als wäre ihnen ein gemeinsames Werk aufgetragen. Das vermittelnde Element aber, das alldurchdringende Fluidum war der Geist der Kritik, dies Wort in dem weitesten Sinn genommen, der Kants Vernunftkritik ebenso umfaßt wie Lessings *Laokoon*; die Kunstgeschichte Winckelmanns wie die literarhistorischen Vorlesungen der Schlegels; Schleiermachers *Reden über Religion* wie Adam Müllers *Vorlesungen über die deutsche Wissenschaft und Literatur* (1805).

Das Wesen der ganzen Bewegung war: Vergegenwärtigung und Verstehen der gesamten europäischen Tradition. Ein solches Verstehen war aber zugleich Neuwertung und Bewußtmachung. Es bedeutete, wenn ich diesen Ausdruck brauchen darf, eine Integration. Das war nur von einer neuen Bewußtseinsstufe aus möglich: Überwindung der Aufklärung durch eine kritische Philosophie. Sie hat in dem halben Jahrhundert, das von Kants *Kritik der reinen Vernunft* bis zu Hegels Tode reicht, alle Stufen dialektischer Entwicklung durchlaufen – ein Prozeß, der seine einzige Analogie in dem Denken der Vorsokratiker hat. Die deutsche Philosophie spaltete sich in gegnerische Schulen. Aber für die Kritik bedeutete das nur einen Gewinn. Sie konnte sich von jedem Schulstandpunkt lösen, um das Philosophieren selbst als pure Funktion und als Potenzierung des Geistes zu begreifen. Das besagt der Satz des Novalis, den Walter Pater zu zitieren liebte: »Philosophieren heißt vivifizieren«. Das meint auch Friedrich Schlegel wenn er die Kritik definiert als »Verstehen des Verstehens«.

Die Theologie des Aristoteles faßte den göttlichen Weltgeist als das »Denken des Denkens« auf. Diese Funktion nahm der deutsche Idealismus für die Philosophie in Anspruch. Friedrich Schlegels Formel überträgt sie auf die Kritik. Man könnte den Gehalt des Gedankens auch so ausdrücken: Kritik ist die Literatur der Literatur. Oder deutlicher: Kritik ist die Form der Literatur, deren Gegenstand die Literatur ist. T.S. Eliot hat einmal gesagt, der Roman sei die Form, in welcher die Literatur »die größte Zahl affiziere«. Kritik, so fügen wir hinzu, ist die Form, in der sie die kleinste Zahl affiziert. Hermetische Lyrik findet Glossatoren und Adepten. Kritik scheint den *happy few* vorbehalten zu sein; in Deutschland jedenfalls.

2

In dem großen Zeitalter der deutschen Kritik steht Goethe als Empfangender und Teilnehmender, als Mitwirkender und als Gegenwirkender. Lessing, Herder, Winckelmann hat er aufgenommen. Am 21. Februar 1781 schreibt er an Frau von Stein: »Keine Viertelstunde vorher, eh die Nachricht von Lessings Tod kam, macht ich einen Plan, ihn zu besuchen. Wir verlieren viel, viel an ihm. Mehr als wir glauben«. Die Beziehung zu Herder war trotz aller Trübungen höchst produktiv und wurde in *Dichtung und Wahrheit* dargestellt. Dem »herrlichen« Winckelmann hat Goethe eines seiner schönsten und unbekanntesten Werke gewidmet, eine Biographie aus universalhistorischer Perspektive. Hier findet er auch Anlaß, ein Wort über die Philosophie und ihre Stellung in der deutschen Bewegung zu sagen. Von jeher hätten die Philosophen den Haß der »Welt- und Lebensmenschen« auf sich gezogen. Da die Philosophie ihrer Natur nach auf das Allgemeinste und Höchste Anspruch macht, »so muß sie die weltlichen Dinge als in ihr begriffen, als ihr untergeordnet ansehen und behandeln«. Goethe erblickt darin »anmaßliche Forderungen«, wie denn Winckelmann sich bitter über die Philosophie seiner Zeit und ihren ausgebreiteten Einfluß beklagte. »Doch steht, indem uns die Ereignisse neuerer Zeit vorschweben, eine Bemerkung hier wohl am rechten Platze, die wir auf unserem Lebenswege machen können, daß kein Gelehrter ungestraft jene große philosophische Bewegung, die durch Kant begonnen, von sich abgewiesen, sich ihr widersetzt, sie verachtet habe, außer etwa die echten Altertumsforscher, welche durch die Eigenheit ihres Studiums vor allen anderen Menschen vorzüglich begünstigt zu sein scheinen«. Der Philosophie wird Reverenz erwiesen, aber der Altertumsforscher wird in aller Form von ihr dispensiert. So ist er gleichsam doppelt begünstigt. Goethe befreit die Geschichtsforschung von den totalitären Ansprüchen der Philosophie. Der Standpunkt ist bezeichnet, den Ranke und Burckhardt einnehmen werden. Die Distanzierung gegenüber der Philosophie weist auf das neunzehnte, das historische Jahrhundert voraus. Sie bedeutet zugleich einen Markstein der Grenze, die Goethe zwischen sich und den jüngeren Kritikern zieht. Wie diese Grenzlinie verläuft, ist hier nicht zu schildern. Mit den Anrainern (den Schlegels und Adam Müller) kann Berührung oder auch Streit statthaben. Vom Goetheschen »Kunststaat« sind sie ausgeschlossen.

Wir hatten Kritik als die Literaturgattung definiert, deren Gegenstand die Literatur ist. Diese weite Fassung der Begriffe empfiehlt sich besonders angesichts einer so universalen kritischen Leistung, wie die Goethes es gewesen ist. Die Beurteilung neuer Produktionen ist nur eine Provinz des kritischen Reiches. Es gibt meines Wissens nur eine einzige vollständige Beschreibung dieses Reiches: die *History of Criticism* von George Saintsbury, die nun ein halbes Jahrhundert alt ist. Der Verfasser erklärt die Wertung Goethes als Kritiker für einen »abgestandenen Aberglauben«. Und doch hatte Sainte-Beuve 1858 Goethe als dem »größten aller Kritiker« gehuldigt. Ich erkläre mir den Widerspruch daraus, daß Saintsbury Goethe wenig kannte und ihn deshalb nicht richtig sehen konnte. Goethes Kritik wird nämlich erst dann sichtbar, wenn man sie im Zusammenhang mit dem ganzen Geisteskosmos Goethes begreift. Seine Rezensionen von Grübels *Gedichten in Nürnberger Mundart* oder Hagens *Olfried und Lisena* z.B. können kurios erscheinen, aber sie müssen im ökonomischen System des Ordners und des Geschmackbildners Goethe gesehen werden. Den Kritiker Goethe findet man am wenigsten in den *Schriften zur Literatur*. Seine Reflexionen über Dichtung und die Funktion des Dichters in der Gesellschaft sind verstreut über den *Wilhelm Meister*, den *Tasso*, die *Noten zum Divan*, die *Maximen*. Die Gespräche mit Eckermann bieten reiches Material; zwar vielfach bedingt durch wechselnde Stimmungen, denen der vom Sonnen- und Barometerstand so empfindlich Abhängige bis zuletzt unterworfen war; bedingt auch durch die etwas subalterne Persönlichkeit des Hörers; autoritativ dennoch insofern, als Goethe die Niederschriften durchgesehen hatte. Aber noch mehr muß man hinzunehmen, um das Corpus goethischer Kritik zu konstituieren: manches aus den Jugenddramen, die in aristophanischer und lukianischer Manier literarische Zeitkrankheiten verspotten; vieles aus den Gedichten; aus den Anmerkungen zu *Rameaus Neffe;* dem unerschöpflichen Reichtum der Briefe. Auch die Schriften zur Naturwissenschaft sind von kritischen Goldadern durchzogen. In den *Materialien zur Geschichte der Farbenlehre* wird der Begriff der Überlieferung erörtert, was zu einer vergleichenden Charakteristik der Bibel, des Plato und des Aristoteles Anlaß gibt.

3

Wir dürfen weiter gehen. Goethes Literaturtheorie wird transparent erst im Lichte seiner Naturlehre. Wie man weiß, ist für Goethe wie für den biblischen Schöpfungsbericht der Urgegensatz von Licht und Finsternis ein Grundphänomen. Auch bei Goethe wird jenes als göttliche Schöpfung bestimmt: »Das Licht ist eine der ursprünglichen, von Gott erschaffenen Kräfte und Tugenden, welches sein Gleichnis in der Materie darzustellen sich bestrebt«. Das Materielle ist entweder durchsichtig; oder undurchsichtig (dunkel); oder halb durchsichtig (trüb). »Wenn nun die Tugend des Lichts durch das Trübe hindurchstrebt, so daß seine ursprüngliche Kraft zwar immer aufgehalten wird, jedoch aber immer fortwirkt, so erscheint sein Gleichnis Gelb oder Gelbrot«. Das ist ein Lehrsatz der Farbenlehre. In die Sprache der Poesie transponiert:

Als die Welt im tiefsten Grunde
Lag an Gottes ew'ger Brust,
Ordnet' er die erste Stunde
Mit erhabner Schöpfungslust,
Und er sprach das Wort: »Es werde!«
Da erklang ein schmerzlich Ach!
Als das All mit Machtgeberde
In die Wirklichkeiten brach.

Auf tat sich das Licht: so trennte
Scheu sich Finsternis von ihm,
Und sogleich die Elemente
Scheidend auseinander fliehn.
Rasch, in wilden wüsten Träumen
Jedes nach der Weite rang,
Starr, in ungemeßnen Räumen,
Ohne Sehnsucht, ohne Klang.

Stumm war alles, still und öde,
Einsam Gott zum erstenmal!
Da erschuf er Morgenröte,
Die erbarmte sich der Qual;
Sie entwickelte dem Trüben
Ein erklingend Farbenspiel,
Und nun konnte wieder lieben,
Was erst auseinanderfiel.

Die Morgenröte entspricht dem Gelb oder Gelbrot. »Setzt aber ein Finsteres dem Trüben Grenze, so daß des Lichts Tugend nicht fortzuschreiten vermag, sondern aus dem erhellten Trüben als ein Abglanz zurückkehrt, so ist dessen Gleichnis Blau und Blaurot«. Das Licht: Gleichnis Gottes; die Farben: Gleichnisse des Lichtes – schon wenn er die Grundaxiome der Farbenlehre ausspricht, denkt Goethe in Gleichnissen. Heiter und trübe, düster und dunkel werden dann selbst Gleichnisse für Zustände der Geschichte und der Seele. »Des Menschen Verdüsterungen und Erleuchtungen machen sein Schicksal« (zu Eckermann 1828). Anwendung auf Geschichte und Literatur: »Es ist in der altdeutschen düsteren Zeit ebensowenig für uns zu holen, als wir aus den serbischen Liedern und ähnlichen barbarischen Volkspoesien gewonnen haben. Man liest es und interessiert sich wohl eine Zeit dafür, aber bloß um es abzutun und sodann hinter sich liegen zu lassen. Der Mensch wird überhaupt genug durch seine Leidenschaften und Schicksale verdüstert, als daß er nötig hätte, dieses noch durch die Dunkelheiten einer barbarischen Vorzeit zu tun. Er bedarf der Klarheit und der Aufheiterung, und es tut ihm not, daß er sich zu solchen Kunst- und Literaturepochen wende, in denen vorzügliche Menschen zu vollendeter Bildung gelangten, so daß es ihnen selber wohl war und sie die Seligkeit ihrer Kultur wieder auf andere auszugießen imstande sind«. Wie Erleuchtung und Verfinsterung, so entsprechen sich Barbarei und Bildung. Zwischen den Polen beider Gegensatzpaare findet ein notwendiger Wechsel, eine Pendelbewegung statt. Zeiten der Verfinsterung müssen also periodisch wiederkehren. Ist dies als gesetzmäßiger Vorgang begriffen, so steht man auf einer Stufe, von der aus eine neue Barbarisierung – wie wir sie heute erleben – zwar nicht bejaht, aber auch nicht mehr beklagt werden kann. »Der Kreis, den die Menschheit auszulaufen hat, ist bestimmt genug, und ungeachtet des großen Stillstandes, den die Barbarei machte, hat sie ihre Laufbahn schon mehr als einmal zurückgelegt. Will man ihr auch eine Spiralbewegung zuschreiben, so kehrt sie doch immer wieder in jene Gegend, wo sie schon einmal durchgegangen«.

Vorherrschaft des Lichtes über das Trübe ist der Goethe gemäße Zustand. Er bezeichnet ihn mit den Worten »heiter«. Im verfallenen Sprachbewußtsein der Gegenwart gilt es als Synonym für »froh«. Ursprünglich wurde es aber nur vom wolkenlosen Tag- und Nachthimmel gebraucht wie das lateinische *serenus.* Bei der Niederschrift des vierten Aktes von *Iphigenie auf Tauris* notiert Goethe auf dem Schwalbenstein bei Ilmenau: *sereno die, quieta mente.* 1775 wählt er sich den »herrlichen Morgenstern« zum Wappen. In Dornburg – Sommer 1828 – liegt er oft vor Tagesanbruch im Fenster, um sich »an der Pracht der jetzt zusammenstehenden drei Planeten zu weiden und an dem wachsenden Glanz der Morgenröte zu erquicken.« Israels Zug durch die Wüste wird im Bilde einer Trübung gesehen: »Der heitere Nachthimmel, von unendlichen Sternen glühend, auf welchen Abraham von seinem Gott hingewiesen worden, breitet nicht mehr sein goldenes Gezelt über uns aus... Alle fröhlichen Phänomene sind verschwunden, nur Feuerflammen erscheinen an allen Ecken und Enden. Der Herr, der aus einem brennenden Busche Moses berufen hatte, zieht nun vor der Masse her in einem trüben Glutqualm, den man tags für eine Wolkensäule, nachts als ein Feuermeteor ansprechen kann«.

Im Bilde nächtiger Sternenklarheit erschaut Goethe das Gleichnis erwünschtesten Weltbezuges:

Hast du so dich abgefunden,
Werde Nacht und Äther klar,
Und der ew'gen Sterne Schar
Deute dir belebte Stunden,
Wo du hier mit Ungetrübten,
Treulich wirkend, gern verweilst,
Und auch treulich den geliebten
Ewigen entgegeneilst.

Als Goethe 1826 ein Geschichtswerk von Schlosser anzeigte, bemerkte er: »Der Verfasser gehört zu denjenigen, die aus dem Dunklen ins Helle streben, ein Geschlecht, zu dem wir uns auch bekennen«. »Dunkel«, »düster«, »trübe« sind im Sprachgebrauch des Kritikers Goethe Formeln der Ablehnung. Höchstes Lob dagegen bedeutet es, wenn er von dem Hirtenroman des Longus sagt: »Es ist darin der hellste Tag... keine Spur von trüben Tagen, von Nebel, Wolken und Feuchtigkeit, sondern immer der blaueste, reinste Himmel«. Er zieht das Werk dem »guten Virgil« vor. Ein Verstoß gegen das orthodoxe Credo des Klassizismus.

4

Das Urteil über Longus könnte ein Warnungssignal für alle sein, die Goethe auf das klassische Griechentum festlegen möchten. Klassische Tendenz ist im italienischen Goethe wirksam, wenn auch nicht allein wirksam (im Garten der Villa Borghese wurde die Hexenszene des *Faust* geschrieben); dann in der Epoche der Freundschaft mit Schiller. Der späte Goethe aber gewinnt ein neues Verhältnis zum Altertum. Die Spätantike wird sein Wahlraum. Er meint, schon einmal unter Hadrian gelebt zu haben (1815 zu Boisserée)[1]. Die »klassische« Walpurgisnacht ist eine Abbreviatur der Gesamtantike, in der die Schlachtfelder von Pydna und Pharsalus so stark akzentuiert sind wie die heroische Urzeit. Ihre mythologisch-philosophische Staffage ist überwiegend spätantiken Autoren entnommen; aber auch Faustens Gang zu den Müttern knüpft an Nachrichten des Plutarch an. Nicht nur ein »klassischer« Ausschnitt – nein die Antike in allen ihren Phasen und Metamorphosen wird bejaht; ohne *padeia* und *furor paedagogicus.* Eine geisterhafte Antike, in der andeutenden und abstrahierenden Manier der Spätwerke großer Meister gegeben. »Die Behandlung mußte aus dem Spezifischen mehr in das Generische gehen«, hat Goethe zu Riemer gesagt, welcher fortfährt: »Tizian, der große Kolorist, malte im hohen Alter diejenigen Stoffe, die er früher so konkret nachzuahmen gewußt hatte, auch nur *in abstracto,* z. B. den Sammet, nur als Idee davon: eine Anekdote, die Goethe mir mehrmals mit Beziehung auf sich erzählte«.

Herman Hefele hat den Versen der klassischen Walpurgisnacht »barocke Kraft und Herrlichkeit« nachgerühmt. Die Meeresszene, der Hymnus auf das Bewegte, ist »ein in Worte gegossener römischer Prachtbrunnen Berninis« – »wie denn der Barock die Form ist, in der der deutsche Geist das Klassische am lautersten zu gestalten versteht«. Die geistvolle Formulierung bezeichnet aber, wenn man die kunstgeschichtliche Draperie abstreift, doch nichts anderes als die Tatsache, daß *Faust II* in die Kategorie des Klassischen nicht eingeht. Das antikische Wesen wird aus der Perspektive einer Spätzeit gesehen, die an keine historische Epoche gebunden ist. Das Rom des Bürgerkrieges ist reflektiert in dem Epos der neronischen Ära. Das Hellas der Heroenzeit steht neben dem der Kreuzfahrerburgen. Germanen besiedeln den Peloponnes. Philemon und Baucis werden aus hellenistisch-ovidischer Sphäre an das nordische Meer verpflanzt. Zeiten und Räume schieben sich ineinander und werden transponiert in die allegorisch-symbolische Gleichzeitigkeit, die wir aus der Mysterienbühne des Mittelalters, aus Calderon und aus Hofmannsthal kennen. Diese Kunstweise, die so ungriechisch ist, ließe sich als ein Weiterleben mittelalterlicher oder renaissancehafter Art auffassen – wenn nicht die Cäsur einer an Racine gebildeten Klassik *(Iphigenie, Tasso)* sie davon schiede. Nicht Kontinuität liegt vor, sondern Wiederkehr auf höherer Stufe – »Spiraltendenz«, um einen Begriff aus Goethes Naturlehre zu entlehnen.

Eine solche Übertragung ist goethischer Denkform gemäß. Der Urgegensatz des Heiteren und des Trüben übergreift, so sahen wir, die Sphären von Natur und Geist. Aus den Komplementärfarben erschaute Goethe »ein großes Gesetz, das durch die ganze Natur geht«, das Gesetz des »geforderten Wechsel«. »Vielleicht«, fügte er an, »beruhen auch die eingeflochtenen heiteren Szenen in den Shakespeareschen Trauerspielen auf diesem Gesetz … allein auf die höhere Tragödie der Griechen scheint es nicht anwendbar«. Hier haben wir den Fall, daß klassisch musterhafte Werke dem alldurchwaltenden Gesetz zu widerstreben scheinen. So kann sich auch aus der Naturbetrachtung eine Relativierung klassischer Normen ergeben. Es ist sehr charakteristisch, wie Goethe sich in einer solchen Situation des Denkens verhält. Er stellt fest, alles hänge ineinander; ein Gesetz der Farbenlehre könne auf eine Untersuchung der griechischen Tragödie führen. »Nur muß man sich hüten, es mit einem solchen Gesetz zu weit zu treiben und es zur Grundlage für vieles andere machen zu wollen; vielmehr geht man sicherer, wenn man es immer nur als ein *Analogon*, als ein Beispiel gebraucht«. Die Übertragung von Naturbegriffen auf Geistbegriffe hat also bei Goethe immer nur den Sinn eines analogischen Bezuges. Das gilt in eminentem Sinne auch für die Begriffe von Metamorphose und organischer Bildung. »Die Pflanze geht von Knoten zu Knoten und schließt ab mit der Blüte und dem Samen«. Goethe findet Analogien dazu in der Bildung der Raupe, der Wirbeltiere, endlich »ganzer Korporationen« wie des Bienenstaates. »So bringt ein Volk seine Helden hervor, die gleich Halbgöttern zu Schutz und Heil an der Spitze stehen; und so vereinigen sich die poetischen Kräfte der Franzosen in Voltaire«. Große Völker wie die Franzosen erscheinen dem Naturforscher als »Korporationen« wie der Bienenstaat. Dieser bringt die Königin hervor und setzt sie sich zum Haupt. So ist Voltaire das potenzierte Frankreich. Es handelt sich hier um ein geistreich spielendes und unverbindliches Aperçu. Der würde fehlgehen, der Goethes Geschichtsmorphologie auf das Schema der Knoten- und der Wirbelbildung zurückführen wollte. Es ist lehrreich, daß sich für das Phänomen Voltaire eine andere Ableitung findet, die von Botanik und Osteologie frei ist: »Wenn Familien sich lange erhalten, so kann man bemerken, daß die Natur endlich ein Individuum hervorbringt, das die Eigenschaften seiner sämtlichen Ahnherren in sich begreift und alle bisher vereinzelten und angedeuteten Anlagen vereinigt und vollkommen ausspricht. Ebenso geht es mit Nationen, deren sämtliche Verdienste sich wohl einmal, wenn es glückt, in einem Individuum aussprechen. So entstand in Ludwig XIV. ein französischer König im höchsten Sinne, und ebenso in Voltaire der höchste unter den Franzosen denkbare, der Nation gemäßeste Schriftsteller«. Oder eine dritte

Wendung desselben Gedankens: »Es war die Metamorphose einer hunderjährigen Literatur, die seit Ludwig XIV. heranwuchs und zuletzt in voller Blüte stand«.

Natur und Geschichte werden in einem Blick erfaßt. Als Kritiker ist Goethe auch Historiker. Er zeigt die geistigen Produktionen auf ihrem geschichtlichen Hintergrund. Paris, »wo an jeder Straßenecke ein Stück Geschichte sich entwikkelt hat«, bietet Bedingungen für die Ausbildung jener glanzvollen Literatur, die sich von Molière bis Diderot entfaltet. Die Romane von Scott »ruhen auf der Herrlichkeit der drei britischen Königreiche«. Dagegen der deutsche Schriftsteller! Deutschlands Urgeschichte liegt zu sehr im Dunkel, die spätere hat »aus Mangel eines einzigen Regentenhauses« kein allgemeines nationales Interesse. Klopstock versuchte sich an Hermann, »allein der Gegenstand liegt zu entfernt, niemand hat dazu ein Verhältnis«. Und Lessing! In seiner *Minna von Barnhelm* mußte er mit den Händeln der Sachsen und Preußen vorliebnehmen, weil er nichts Besseres fand. Er war in eine schlechte Zeit hineingeboren und daher zu polemischer Wirkung genötigt: in der *Emilia Galotti* hatte er seine »Piken« auf die Fürsten, im *Nathan* auf die Pfaffen. Goethe selbst hatte mit Götz von Berlichingen einen glücklichen Griff getan. »Beim Werther und Faust mußte ich dagegen wieder in meinen eigenen Busen greifen, denn das Überlieferte war nicht weither«. Im *Wilhelm Meister* mußte er den allerelendesten Stoff wählen, der sich nur denken läßt: »herumziehendes Komödiantenvolk und armselige Landedelleute«. Es ist der Hochbetagte, der so spricht (1826). »Hätte ich aber, fährt er fort, so deutlich wie jetzt gewußt, wieviel Vortreffliches seit Jahrhunderten und Jahrtausenden da ist, ich hätte keine Zeile geschrieben, sondern etwas anderes getan«.

5

Das Wort kann befremdend erscheinen, aber es schließt vieles auf. Erst in seiner mittleren Zeit entdeckt Goethe, er sei »eigentlich zum Schriftsteller geboren«. Aber 1791 an Jacobi: er attachiere sich täglich mehr an die Naturwissenschaften und merke, »daß sie in der Folge mich vielleicht ausschließlich beschäftigen werden«. Lange glaubte er sich zum Künstler bestimmt. Es war, um eine ihm bedeutsame Formel zu gebrauchen, eine »falsche Tendenz«. Die Geschichte einer solchen ist *Wilhelm Meisters theatralische Sendung*. Goethe selbst hatte lange den »Wahn«, es sei möglich, ein deutsches Theater zu bilden und er könne selber dazu beitragen. »Ich schrieb meine Iphigenie und meinen Tasso und dachte in kindischer Hoffnung, so würde es gehen. Allein es regte sich nicht und rührte sich nicht und blieb alles wie zuvor«. Zeichner, Naturforscher, Reformator der Schaubühne, Staatsdiener, Schriftsteller – diese und andere Möglichkeiten lagen in ihm. Als Greis erst konnte er sie in ihrer Bedingtheit überschauen. Er war sich selbst historisch geworden, ja in den letzten Jahren, als einsam Überlebender, »mythisch«. Auch eine späte Produktion wie der *Divan* war ihm nach einem Jahrzehnt fremd geworden: »es ist wie eine abgestreifte Schlangenhaut am Wege liegen geblieben« (1827); im Bild, das Goethe schon in seiner frühen Weimarer Zeit auf sich anwandte. Die Historisierung des eigenen Lebens, die unvernünftige Tadler veranlaßt, an *Dichtung und Wahrheit* zu mäkeln, bedeutet nicht Verknöcherung oder Erstarrung, sondern eine Auswirkung der Entelechie. Die Stufen des sich vollendenden Lebens werden transparent und können zusammengeschaut werden in höherer Einheit. Darum nannte Goethe das Gedicht *Um Mitternacht* – diesen reinen Dreiklang – sein »Lebenslied«, »eine meiner liebsten Produktionen«. Erst auf dieser höchsten Stufe meint Goethe zu wissen, »wieviel Vortreffliches seit Jahrhunderten und

Jahrtausenden da ist«. Das »Vortreffliche« als Kategorie des Wertens entspricht der Lebensstufe des höchsten Alters – denn es impliziert die Dauer und damit ein Zeitgefühl, das mit Jahrhunderten und Jahrtausenden rechnet. Jugend denkt in Jahren, das reife Alter in Jahrfünften, Jahrzehnten:

> Lustrum ist ein fremdes Wort!
> Aber wenn wir sagen:
> Lustra haben wir am Ort
> Acht bis neun ertragen
> Und genossen und gelebt
> Und geliebt bisweilen,
> Wird, wer nach dem Gleichen strebt,
> Heute mit uns teilen...

1825 wurde Goethes fünfzigjähriges Dienstjubiläum gefeiert. 1827 meint er, es wäre wohl der Mühe wert, »es noch einige fünfzig Jahre auszuhalten«; denn er möchte den Panamakanal, den Suezkanal und den Rhein-Donau-Kanal noch erleben. Kanalbau ist in Faustens Meliorationstätigkeit einbegriffen. Der Palast des letzten Aktes steht in einem weiten Ziergarten, an einem »großen, gradgeführten« Kanal, auf dem Erzeugnisse fremder Weltgegenden einfahren. Faust ist ein Hundertjähriger. Das säkulare Denken ist auf die Bühne menschlicher Existenz projiziert. Damit ist der Bezirk der Makrobiotik berührt, der Goethes Zeitgenossen so magisch anzog. Goethe selbst unterhielt die Besucher seiner letzten Jahre gern von der Langlebigkeit der Ninon de Lenclos. Er schilt Sömmering, der sich mit Fünfundsiebzig sterben ließ. Er wägt die »Avantagen und Desavantagen« der verschiedenen Lebensalter ab und findet, er besitze in seinem achtzigsten Jahr Vorteile, die er nicht mit früheren vertauschen möchte. Nach Karl Augusts Tode jammert es ihn, daß »kein Unterschied ist« und daß auch ein solcher Mensch so früh dahin muß. »Nur ein lumpiges Jahrhundert länger, und wie würde er an so hoher Stelle seine Zeit vorwärts gebracht haben!«

Der geforderten säkularen Lebensdauer muß ein millennares Geschichtsbewußtsein entsprechen. Als Oberbaudirektor Coudray 1827 erzählt, er wolle Wielands Grab in Osmannstedt durch eine eiserne Einfassung sichern, bemerkt Goethe: »Da ich in Jahrtausenden lebe, kommt es mir immer wunderlich vor, wenn ich von Statuen und Monumenten höre. Ich kann nicht an eine Bildsäule denken, die einem verdienten Manne gesetzt wird, ohne sie im Geiste schon von künftigen Kriegern umgeworfen und zerschlagen zu sehen. Coudrays Eisenstäbe um das Wielandsche Grab sehe ich schon als Hufeisen unter den Pferdefüßen einer zukünftigen Kavallerie blinken«. Wer sich nicht von dreitausend Jahren Rechenschaft zu geben weiß, der bleibe »im Dunkeln, unerfahren«.

Mit dem Blick des Lynkeus auf die Frachten ferner Länder überschaut Goethe das Königsgut der Jahrtausende. Mit welcher Bescheidenheit! Beim Betrachten pompejanischer Gemälde versinkt er in stille Andacht und bricht dann in die Worte aus: »Ja, die Alten sind auf jedem Gebiete der heiligen Kunst unerreichbar. Sehen Sie, meine Herren, ich glaube auch etwas geleistet zu haben, aber gegen einen der großen attischen Dichter wie Äschylus und Sophokles bin ich doch gar nichts«. Oder: »Die Araber hatten in fünf Jahrhunderten nur sieben Dichter, die sie gelten ließen, und unter den verworfenen waren mehrere Canaillen, die besser als ich waren«. Er nennt Tieck ein Talent von hoher Bedeutung. »Allein, wenn man ihn über sich selbst erheben und mir gleichstellen will, so ist man im Irrtum. Ich kann dieses gerade heraussagen, denn was geht es mich an, ich habe mich nicht gemacht. Es wäre ebenso, wenn ich mit Shakespeare vergleichen wollte, der sich auch nicht gemacht hat und der doch ein Wesen höherer Art ist, zu dem ich hinaufblicke und das ich zu verehren habe«. Und ein letztes »Auf alles, was ich als

Poet gleistet habe, bilde ich mir gar nichts ein. Es haben treffliche Dichter mit mir gelebt, es lebten noch trefflichere vor mir, und es werden ihrer nach mir sein«. Solche und ähnliche Worte zeigen uns, wie Goethe sich aus millennarer Sicht einstufte. Sie interpretieren den Ausspruch, er hätte keine Zeile geschrieben, hätte er deutlich gewußt, »wieviel Vortreffliches seit Jahrhunderten und Jahrtausenden da ist«. Sie weisen endlich auf eine Forderung, die aller Kritik höherer Art gestellt ist, freilich meist unerfüllt bleibt: Rangordnung der Autoren. Das heißt aber auch: Unterscheidung der Geister.

6

Die Aneignung der orientalischen Poesie erweiterte das Reich des Kritikers Goethe. Es war ein Alexanderzug: Hellas und Asien traten in ein neues Verhältnis, das fruchtbare Spannungen enthielt. In den *Noten und Abhandlungen zum Divan* heißen die Europäer die »Westländer«. Orient und Okzident waren nicht mehr zu trennen. Aber der Orient sollte dem Okzident nicht angeglichen werden. Sir William Jones schätzte und liebte seinen Orient. Allein um dessen Produktionen bei seinen Landsleuten »einzuschwärzen«, verglich er sie mit den Griechen und Lateinern. Dazu nötigte ihn das ausschließende Vorurteil der englischen »Altkritiker« (auch »Klassizisten« heißen sie bei Goethe), das nichts wollte gelten lassen, »als was von Rom und Athen her auf uns vererbt worden«. Die Entdeckung der arabischen und persischen Poesie schlug eine Bresche in Goethes Klassizismus, aber sie bestätigte und verstärkte zugleich eine Bildungsschicht, die in Goethes Jugend, ja in seine Kindheit zurückreichte: die biblische. Das Alte Testament war ihm das Urbild der Überlieferung. Es barg Lehre, Poesie und die ältesten Urkunden des Menschengeschlechts. In Goethes Jugend fand man »unter den Protestanten Deutschlands« Leser der heiligen Schriften, die alle Hauptstellen auswendig wußten, sie zur Anwendung bereithielten und eine »lebendige Konkordanz« waren. Man nannte sie »bibelfest«, und ein solcher Beiname »gab eine vorzügliche Würde und eine unzweideutige Empfehlung«. Goethe erinnert sich dessen, als er beim Studium orientalischer Poesie auf die koranfesten Gläubigen trifft, denen der Ehrentitel *Hafis* erteilt wurde. Befragt, warum er ihn trage, antwortet Mohamed Schemseddin:

> Weil in glücklichem Gedächtnis
> Des Korans geweiht Vermächtnis
> Unverändert ich verwahre
> Und damit so fromm gebahre,
> Daß gemeinen Tages Schlechtnis
> Weder mich noch die berühret,
> Die Propheten-Wort und -Samen
> Schätzen, wie es sich gebühret –
> Darum gab man mir den Namen.

Der westländische Dichter darf einstimmen:

> Und so gleich ich dir vollkommen,
> Der ich unsrer heil'gen Bücher
> Herrlich Bild an mich genommen,
> Wie auf jenes Tuch der Tücher
> Sich des Herren Bildnis drückte,
> Mich in stiller Brust erquickte,
> Trotz Verneinung, Hindrung, Raubens,
> Mit dem heitern Bild des Glaubens.

Hafis und Goethe begegnen sich im Zeichen der heiligen Schriften, und die Versenkung in östlicher Dichtung trifft mit erneutem Bibelstudium zusammen. »Denn wie alle unsere Wanderungen im Orient durch die heiligen Schriften veranlaßt worden, so kehren wir immer wieder zu denselben zurück, als den erquicklichsten, obgleich hie und da getrübten, in die Erde sich verbergenden, sodann aber rein und frisch wieder hervorspringenden Quellwassern«. Goethes Eindringen in die Welt des Islam war kein Exotismus, sondern eine Rückkehr in die reine Patriarchenluft des Ostens. Durch die Reiseberichte eines Marco Polo, eines Pietro della Valle, eines Chardin ward die Anschauung sodann bis in die neueren Jahrhunderte und räumlich bis China erweitert, wo es schon vorzügliche Romane gab, »als unsere Vorfahren noch in den Wäldern lebten«.

Kein Begriff aus Goethes Geschichtsanschauung ist so bekannt geworden wie der der Weltliteratur. Eine seiner Wurzeln ist die Aneignung des Orients; dessen Integration in die Menschheits-Überlieferung. Eine andre die Lehre von den Stufen der Kultur, deren Goethe 1831 vier unterscheidet: die idyllische; die soziale oder civische; die allgemeinere; die universelle. Diese letzte »ist die Vereinigung aller gebildeten Kreise, die sich sonst nur berührten, die Anerkennung *eines* Zweckes, die Überzeugung, wie notwendig es sei, sich von den Zuständen des augenblicklichen Weltlaufs zu unterrichten. Alle fremden Literaturen setzen sich mit der einheimischen ins Gleiche, und wir bleiben im Weltumlaufe nicht zurück«. Der Weltumlauf, die steigende »Facilität der Kommunikation«, war ein Aspekt seiner Zeit, den Goethe begrüßte. Er lobte die Schnellposten, diese Neuerung des deutschen Verkehrswesens; läßt sich von der Eröffnung der Dampfschiffahrt auf dem Rhein und von der Degenhardtschen Flugmaschine berichten. Die Kanäle der Parsen, »aus deren Zirkulation die Fruchtbarkeit des Landes entquoll«, weisen auf Faustens Kanalbau voraus. Er erhoffte die Einheit Deutschlands, d.h. den Anschluß Preußens an den süddeutschen Zollverein, gleiches Münzwesen, Maß und Gewicht – aber wohlgemerkt keine staatliche Einigung: »gesetzt, wir hätten in Deutschland seit Jahrhunderten nur die beiden Residenzstädte Wien und Berlin, oder gar nur eine, da möchte ich doch sehen, wie es um die deutsche Kultur stände«. Die Einheit Deutschlands erwartet er von »unsern guten Chausseen und künftigen Eisenbahnen«. All das klingt in dem Begriff der Weltliteratur an. Zwei polnischen Besuchern, denen er »einen prächtigen Indian mit Trüffeln« vorsetzt, entwickelt er, bei der blinden Menge gestalteten sich die nationalen Verschiedenheiten zu unübersteiglichen Grenzen. Daraus gehe nun für die Höhergebildeten die Pflicht hervor, ebenso mildernd auf die Beziehungen der Völker einzuwirken, wie die Schiffahrt zu erleichtern oder Wege über Gebirge zu bahnen. Der Freihandel der Begriffe und Gefühle steigere ebenso wie der Verkehr in Produkten und Bodenerzeugnissen den Reichtum und das allgemeine Wohlsein der Menschheit. Das Wort Weltliteratur scheint in dem Gespräch nicht gefallen zu sein, aber ihr Begriff ist entwickelt, und zwar als Komplement eines freihändlerischen Ideals. So wenig die Zollfreiheit nach Goethes Ansicht eine staatliche Einigung Deutschlands bewirken sollte, ebensowenig stellte er die Weltliteratur den nationalen Literaturen entgegen. Manchmal betont er das Universelle stärker, manchmal beachtet er mehr das »Nationelle«. Weltliteratur ist, wie alle Begriffe Goethes, keine definitorische Abgrenzung, sondern Einheitspunkt vieler Bezüge, Zentrum divergierender Perspektiven: sie ist ein Aufgegebenes. In der *Divan*-Epoche enthielt sie eine Korrektur des klassizistischen Vorurteils. Nach dem Abklingen jener Epoche aber schlägt das Pendel wieder zum Hellenentum aus: »Nationalliteratur will jetzt nicht mehr viel sagen, die Epoche der Weltliteratur ist an der Zeit, und jeder muß jetzt dazu wirken, diese Epoche zu beschleunigen. Aber auch bei solcher Schätzung des Ausländischen dürfen wir nicht bei etwas Besonderem haften bleiben und dieses für musterhaft ansehen wollen. Wir müssen nicht denken, das Chinesische wäre es, oder das Serbische, oder Calderon, oder die Nibelungen; sondern im Bedürfnis von etwas Musterhaftem müssen wir immer zu den alten Griechen zurückgehen, in deren

Werken stets der schöne Mensch dargestellt ist. Alles übrige müssen wir nur historisch betrachten, und das Gute, soweit es gehen will, uns daraus aneignen«.

Soweit es gehen will! Goethes übergreifende Denkweise steht im Gegensatz zur systematischen: wenn er eine Position statuiert, ist auch die Negation inbegriffen. »Deutschland«, sagt er nach dem Besuch eines jungen Dichters, »steht in allen Fächern so hoch, daß wir kaum alles übersehen können, und nun sollen wir noch Griechen und Lateiner sein, und Engländer und Franzosen dazu! Ja, obendrein hat man die Verrücktheit, auch nach dem Orient zu weisen, und da muß denn ein junger Mensch ganz konfus werden«. *Man* hat eine Verücktheit... an der Goethe wohl gar nicht beteiligt war? Aber noch sechs Jahre später: »Man bildet sich vergebens ein, daß man allen literarischen Erscheinungen *face* machen könnte; es geht einmal nicht; man tappt in allen Jahrhunderten, in allen Weltteilen herum und ist doch nicht überall zuhause, stumpft sich Sinn und Urteil ab, verliert Zeit und Kraft. Mir geht es selbst so; ich bereue es, aber zu spät. Man liest Folianten und Quartanten durch und wird um nichts klüger, als wenn man alle Tage in der Bibel läse; man lernt nur, daß die Welt dumm ist, und das kann man in der Seifengasse hier zunächst auch erproben«.

Folianten und Quartanten: wir können es nachprüfen an Goethes Benutzung der Weimarer Bibliothek, die aktenmäßig erfaßt ist. Die Zusammenstellungen ergeben, daß Goethe im Durchschnitt täglich mindestens einen mittleren Oktavband las. Das Verzeichnis der ausgeliehenen Werke erschließt die Weite seines Interessenkreises. Goethe hat etwas von jenem literarischen Polyhistorismus, den wir auch bei Herder und Jean Paul finden. Auch das ist eine Wurzel von Goethes Konzeption der Weltliteratur. Aber die Polyhistorie wird bei Goethe einer höheren Betrachtungsweise dienstbar gemacht: der vergleichenden. Sie umgreift seine Naturlehre und seine Geschichtslehre. Auf die Literatur angewandt, ergibt sie die Idee einer vergleichenden Literaturgeschichte, die ihrerseits wieder der Kritik zugute kommt: wenn Goethe z.B. den Manierismus Jean Pauls, den er in seiner klassischen Zeit ganz ablehnte, durch verwandte Züge der orientalischen Poesie erhellt und nunmehr würdigen kann. Vermöge der vergleichenden Methode erhebt sich die Polyhistorie zur echt historischen Betrachtung. Hieraus entwickelt sich ein weiterer Zusammenhang. Als Naturforscher wie als Historiker gibt sich Goethe stets Rechenschaft von der Geschichte der Forschung. Die *Noten und Abhandlungen zum Divan* wie die *Geschichte der Farbenlehre* geben Wissenschafts- und Gelehrtengeschichte vermischt mit eigenen Betrachtungen. Der Literaturgeschichte ist damit ein Bezirk zugewiesen, den sie freilich selten genug betritt. Sie engt sich bei uns oft allzusehr auf Dichtungsgeschichte ein, wobei in der Schwebe bleibt, wie Dichtung gegen Literatur sinnvoll abzugrenzen sei.

Was ist das Wesen der Poesie? Ihre Stelle im System des »objektiven Geistes«? Ihre Funktion in der menschlichen Gemeinschaft? Ihr Verhältnis zu den bildenden und den redenden Künsten? Zur Philosophie? Das sind Fragen, die seit Homer immer wieder gestellt und wechselnd beantwortet worden sind. Ihren Komplex kann man als Dichtungstheorie bezeichnen. Er harrt geschichtlicher Durchleuchtung. Sie würde der Literaturgeschichte wie der Kritik zugute kommen. Aber auch für das Verständnis Goethes – das keineswegs abgeschlossen ist – würde solche Betrachtung Wesentliches bieten können. Es wird verstellt durch konventionelle Auffassungen. Wird seine Dichtungstheorie erörtert, so pflegt man darauf zu verweisen, daß er seine Werke als Bruchstücke einer großen Konfession, aber auch als Gelegenheitsdichtung bezeichnet. Was ist damit eigentlich gemeint?

Mit dem Gelegenheitsgedicht hat es folgende Bewandtnis. In der Spätantike trat die Redekunst fast nur noch bei privaten und öffentlichen Anlässen, in sog. Gelegenheitsreden, hervor[2]. Bedurft wurden Lob- und Festreden, Einladungsreden, Begrüßungsreden, Abschiedsreden, Hochzeitsreden, Geburtstagsreden, Trostreden und dergleichen. Alle diese Gattungen werden im Mittelalter, in der Renaissance und der Folgezeit aus der Prosa in die Poesie übertragen, die als Teil der Rhetorik galt. Der Kasualrede entspricht die Kasualdichtung. Gelegenheitsgedichte zu festlichen Anlässen wurden in Auftrag gegeben. In Goethes Jugend zirkulierten sie reichlich. Der Knabe betrachtete sie mit einem gewissen Neid, weil er solche Dinge »ebenso gut, ja noch besser zu machen glaubte«. Bald ergab sich dazu Gelegenheit in dem zarten ersten Liebesidyll, das sich um das Offenbacher Gretchen webt. Goethe führt die Verhältnisse in *Dichtung und Wahrheit* anmutig vor Augen. Hochzeits- und andere Carmina werden angefertigt. Das sind Gelegenheitsgedichte im eigentlichen und ursprünglichen Sinn. Das sind Gelegenheitsgedichte im eigentlichen und ursprünglichen Sinn. Das freie lyrische Schaffen aber gehorchte ganz anderen Gesetzen. »Ich war dazu gelangt«, bemerkte Goethe im Anschluß an seine Spinozastudien in Frankfurt, »das mir inwohnende dichterische Talent ganz als Natur zu betrachten, um so mehr, als ich darauf gewiesen war, die äußere Natur als den Gegenstand desselben anzusehen. Die Ausübung dieser Dichtergabe konnte zwar durch Veranlassung erregt und bestimmt werden; aber am freudigsten und reichlichsten trat sie unwillkürlich, ja wider Willen hervor«. Dieses spontane, naturhafte Dichten wird hier als Gegensatz zum Verfertigen von Festpoemen charakterisiert. Aber schon in *Dichtung und Wahrheit* verschiebt sich der Sprachgebrauch. Bei der Würdigung Johann Christian Günthers wird das Gelegenheitsgedicht »die erste und echteste aller Dichtarten« genannt. In den zwanziger Jahren bedeutet das Wort soviel wie objektive Dichtung. Von seinen Arbeiten sagt Goethe, sie seien alle »durch mehr oder minder bedeutende Gelegenheit aufgeregt, im unmittelbaren Anschauen irgendeines Gegenstandes verfaßt«. Noch deutlicher Eckermann: »Die Welt ist so groß und reich und das Leben so mannigfaltig, daß es an Anlässen zu Gedichten nie fehlen wird. Aber es müssen alles Gelegenheitsgedichte sein, das heißt, die Wirklichkeit muß die Veranlassung und den Stoff dazu hergeben ... Von Gedichten aus der Luft gegriffen halte ich nichts«. Die Subjektivität ist »die allgemeine Krankheit der jetzigen Zeit«. Solange ein Dichter »bloß seine wenigen subjektiven Empfindungen ausspricht, ist er noch keiner zu nennen; aber sobald er die Welt sich anzueignen und auszusprechen weiß, ist er ein Poet«. Gelegenheitsdichtung ist also das Gegenteil der Aussprache persönlicher Zustände. Sie ist welthaltige Poesie.

Diese Klärung schien nötig, weil das Wort vom Gelegenheitsdichter Goethe eine gedankenlose Konvention geworden ist. Auch mit der ärmlichen Formel »Erlebnis und Dichtung« ist wenig gewonnen. Goethe hat ganz andere Prägungen für sein Dichtertum gefunden. Prüfen wir sie, so ordnen sie sich zu einer Stufenfolge. Wir versuchen sie anzudeuten.

Auf der ersten Stufe erscheint die Poesie als Phänomenologie des Menschenlebens. Sie erfaßt und gestaltet die Irrungen des Herzens, die Wirrungen des Zusammenlebens. Das bedeutet zugleich einen Weg zur Einsicht, zur Weisheit, zur Heilung. Der Dichter, sagt Wilhelm Meister, »sieht das Gewirre der Leidenschaften, Familien und Reiche sich zwecklos bewegen, er sieht die unauflöslichen Rätsel der Mißverständnisse, denen oft nur ein einsilbiges Wort zur Entwicklung fehlt, unsäglich verderbliche Verwirrungen verursachen ... Eingeboren auf dem Grund seines Herzens, wächst die schöne Blume der Weisheit hervor, und wenn die andern wachend träumen und von ungeheuren Vorstellungen aus allen ihren Sinnen geängstigt werden, so lebt er den Traum des Lebens als ein Wachender, und das Seltenste, was geschieht, ist ihm zugleich Vergangenheit und Zukunft. Und so ist der Dichter zugleich Lehrer, Wahrsager, Freund der Götter und der Menschen«. Der angebliche Egoist Goethe (als solchen sah ihn Schiller 1788/89) darf als »Freund des Menschen« das ergreifende Wort sprechen:

> Warum sucht ich den Weg so sehnsuchtsvoll,
> Wenn ich ihn nicht den Brüdern zeigen soll?

Er sucht den Weg, sieht sein Leben als »labyrinthisch irren Lauf«, aber zugleich als Pyramidenbau, der ihm aufgegeben. Stufe um Stufe klimmt er empor:

> Weltverwirrung zu betrachten,
> Herzensirrung zu beachten,
> Dazu ward der Freund berufen,
> Schaute von den vielen Stufen
> Unsres Pyramidenlebens
> Viel umher, und nicht vergebens...

Die letzte Entfaltung des phänomenologischen Befundes gibt die Strophe

> Des Menschen Leben scheint ein herrlich Los

mit den Kernversen:

> Keins wird vom andern wünschenswert ergänzt,
> Von außen düsterts, wenns von innen glänzt.

Die »Aussöhnung« indessen wird hier der Musik übertragen.

Poesie als Darstellung und Klärung »verworrener Bestrebung«, eingeordnet in eine Phänomenologie des menschlichen Daseins – das ist eine Konstante goethischer Dichtung.

Im überlieferten Schematismus der Dichtungstheorien hatte diese Konzeption keine Stelle. Aber sie ist ein Schlüssel für weite Bezirke goethischen Schaffens. Sie kann sich im Gedicht, im Drama, im Maskenzug, im Roman entfalten. Sie durchquert alle Gattungen und verbindet sie als ein Organisches, das sich in verschiedensten Gestalten erkenntlich erweist. Vor Goethe war sie nicht in der Welt, nach ihm nicht mehr. Sie ist Goethes Beitrag zur Lehre vom Dichtertum, gebunden an seine Monade.

Aber der Geschichtsforscher und Literaturkenner Goethe mußte auf seinem Wege auch ältere Dichtungstheorie antreffen. Eine Schultradition, die von der Antike dem Islam wie dem Abendland vererbt wurde und die sich durch Mittelalter und Renaissance bis in das 18. Jahrhundert fortsetzt, band Poesie und Rhetorik als »schöne Redekünste« zusammen. Auf seiner Wanderung durch die Weltliteratur hat Goethe diese »allgemeine Rubrik« gerügt. Sie entwürdige die Poesie, indem sie diese der Rhetorik bei-, wo nicht unterordne. Diese »Verwahrung« Goethes würde in einer Darstellung der europäischen Literatur als historisch bedeutsam zu würdigen sein. Sie ergab sich ihm bei der Erforschung östlicher Poesie. Dort trat ihm aber auch eine Dichtungsform in reiner Prägung entgegen, die er mit dem Tiefsinn des Jahrtausende überschauenden Alters sich aneignet: die enkomiastische, wie er sich ausdrückt, nun selber ein Kunstwort der griechischen Rhetorik entlehnend. *Enkomion* heißt Lob. Enkomiastische Dichtung ist zuvorderst Fürstenlob. Wir finden es auch an hellenistischen und abendländischen Höfen, nirgends aber so reich entfaltet wie im Orient. Der Perser Enweri ist »ein freier Enkomiast und findet, daß kein besser Handwerk sei, als mitlebende Menschen durch Lob zu ergetzen. Fürsten, Wesire, edle und schöne Frauen, Dichter und Musiker schmückt er mit seinem Preis und weiß auf einen jeden etwas Zierliches aus dem breiten Weltvorrate anzuwenden«. Lob ist das Amt des Hofdichters. Lob – das wird nun zugleich zur Chiffre, in der sich Goethe den Inbegriff aller Poesie deutet. Noch mehr! Das Wort loben ist bei dem späten Goethe mit feierlichem Gehalt erfüllt – eine Abbreviatur verklärter Weltschau. Es wird ablösbar vom Sagen, übertragen auf das Sein. In sternklarer Nacht schaut Goethe das Unendliche,

Wenn sie sich einander loben,
Jene Feuer in dem Blauen.

Die Geschichte wird zum Tedeum: »der Lobgesang der Menschheit, dem die Gottheit so gern zuhören mag, ist niemals verstummt, und wir selbst fühlen ein göttliches Glück, wenn wir die durch alle Zeiten und Gegenden verteilten harmonischen Ausströmungen, bald in einzelnen Stimmen, in einzelnen Chören, bald fugenweise, bald in einem herrlichen Vollgesang vernehmen«. Ein Lob, durch alle Sphären zum Empyreum aufsteigend – das enthüllt sich nun als Wesen der Poesie. »Hiebei ist so viel zu bemerken: daß der eigentliche Dichter die Herrlichkeit der Welt in sich aufzunehmen berufen ist und deshalb immer eher zu loben als zu tadeln geneigt sein wird. Daraus folgt, daß er den würdigsten Gegenstand aufzufinden sucht und, wenn er alles durchgegangen, endlich sein Talent am liebsten zu Preis und Verherrlichung Gottes anwendet«.
Poesie als Lob und Gotteslob – *carmen Deo nostro* – wäre also ein weiterer Aspekt von Goethes Dichtungstheorie. Gotteslob freilich eines Gläubigen, der kein Rechtgläubiger war. Waren es aber die verehrten persischen Dichter gewesen? War in der Gesetzesreligion des Islam Raum für Dichtung? Ihr Stifter selbst hatte sich dagegen verwahren müssen, auf eine Stufe mit den Dichtern der heidnischen Zeit gestellt zu werden. Aber in der späteren Entwicklung trat neben Gesetz und Dogmatik eine Mystik, die zu der rechtgläubigen Praxis in Widerspruch treten konnte, besonders wenn

sie sich erotischer Symbolik bediente. Unter den Großen der persischen Poesie waren Männer wie Hafis, dessen Gedichte geistliche wie weltliche Deutung zuließen. Der Osten schien also auch die Möglichkeit einer weltlich-überweltlichen Dichterfrömmigkeit zu enthalten, die dem Abendland versagt geblieben war; damit aber eine neue »Herrlichkeit der Poesie«. Eine Herrlichkeit, »in die sich reine Menschheit, edle Sitte, Heiterkeit und Liebe flüchtet, um uns über Kastenstreit, phantastische Religionsungeheuer und abstrusen Mystizismus zu trösten und zu überzeugen, daß doch zuletzt in ihr das Heil der Menschheit aufbewahrt bleibe«. In ihrer »Herrlichkeit« schließt die Poesie das Heil der Menschheit ein. Das Heil aber ist ein Begriff der religiösen Sphäre. Ihr nähert sich also auch diese Bestimmung der Poesie an, die sich gegen Abartungen des Glaubens so bewußt absetzt. Die Religion des Propheten ließ doch dem Poeten sein Recht. Beide Persontypen des Geistes waren in ihr geborgen; wenn auch in komplementärer Sonderung. »Wollen wir nun den Unterschied zwischen Poeten und Propheten näher andeuten, so sagen wir: beide sind von einem Gott ergriffen und befeuert, der Poet aber vergeudet die ihm verliehene Gabe im Genuß, um Genuß hervorzubringen, Ehre durch das Hervorgebrachte zu erlangen, allenfalls ein bequemes Leben. Alle übrigen Zwecke versäumt er, sucht mannigfaltig zu sein, sich in Gesinnung und Darstellung grenzenlos zu zeigen. Der Prophet hingegen sieht nur auf einen einzigen bestimmten Zweck, solchen zu erlangen, bedient er sich der einfachsten Mittel«.

Neue Perspektiven tun sich hier auf. Dichtung als Frucht und Mittel des Genusses. Unsere Pädagogen führen zwar gern das Wort im Munde, genießen mache gemein. Aber Goethe hat zu diesem Gegenstand noch ganz anderes zu sagen. Er gibt eine Ethik des Genusses, des eigenen und – auf höherer Lebensstufe – stellvertretenden:

Was ihr sonst für euch genossen,
Läßt in andern sich genießen.
Niemand wird uns dann beschreien,
Daß wirs uns alleine gönnen;
Nun in allen Lebensreihen
Müsset ihr genießen können.
Und mit diesem Lied und Wendung
Sind wir wieder bei Hafisen;
Denn es ziemt, des Tags Vollendung
Mit Genießern zu genießen.

Die Genußdichtung Anakreons, die des Hafis, die Goethes: Stufen des Pyramidenlebens der Weltliteratur.

Als Genießender und Genuß Schaffender ist der Dichter Verschwender. Dieser Gedanke leitet vom *Divan* zum *Faust* über. Im Mummenschanz der Kaiserpfalz kündigt der Herold verschiedene Poeten an, »Naturdichter, Hof- und Rittersänger, zärtliche so wie Enthusiasten«. Im Gedräng von Mitwerbern aller Art läßt keiner den andern zum Vortrag kommen. Der Satiriker schleicht mit wenigen Worten vorüber. Die Nacht- und Grabdichter lassen sich entschuldigen, »weil sie soeben im interessantesten Gespräch mit einem frisch erstandenen Vampiren seien, woraus eine neue Dichtart sich vielleicht entwickeln könnte«. Man verzichtet auf sie und ruft die griechische Mythologie hervor, »die, selbst in moderner Maske, weder Charakter noch Gefälliges verliert«. Im Zuge der Gestalten erscheint ein Wagen, den ein schöner Knabe lenkt. Vom Herold befragt, nennt er sich:

Bin die Verschwendung, bin die Poesie;
Bin der Poet, der sich vollendet,
Wenn er sein eigen Gut verschwendet.

Ist Eros bei Platon Sohn der Armut und des Reichtums, so ist dem Knaben Lenker der Reichtum (Plutus) als Vater beigegeben, »ein König reich und milde«. Plutus bringt Schätze an den Kaiserhof. Als die Kisten abgeladen sind, wendet er sich zum Knaben Lenker:

> Nun bist du los der allzu lästigen Schwere
> Bist frei und frank, nun frisch zu deiner Sphäre!
> Hier ist sie nicht! Verworren, scheckig, wild
> Umdrängt uns hier ein fratzenhaft Gebild.
> Nur wo du klar ins holde Klare schaust,
> Dir angehörst und dir allein vertraust,
> Dorthin, wo Schönes, Gutes nur gefällt,
> Zur Einsamkeit! – da schaffe deine Welt.

Zum Knaben Lenker stellt sich Euphorion. Beide Gestalten prägen das gleiche Urbild aus: es ist die Poesie in ihrer »Herrlichkeit«, erscheinend und entschwebend als jugendlicher Genius. Beide sind Knaben, beide zuerst geborgen in der Hut des milden Vaters, der sie dann entläßt. Es wäre verkehrt, den Vater mit allzu handfester Psycho-Symbolik zu deuten. Soviel ist jedoch sicher: der als Knabe verkörperte Genius – diese letzte Verleibung von Goethes Dichtungsidee – soll mit dem Bilde einer zeugenden Potenz zusammengeschaut werden, deren Sphäre die des Sohnes übergreift. Die Sphäre der Poesie ist ein abgegrenzter, gereinigter Bezirk des Weltwesens: »Nur wo du klar ins holde Klare schaust« – dieser eine Vers enthält in stärkster Zusammendrängung das Wesen goethischer Poesie- und Lebenslehre: klarer Blick ins Klare; ein klares Innen dem klaren Außen antwortend. Licht des Tages, »aus Morgenduft gewebt und Sonnenklarheit«; Licht der ewigen Sterne, wenn Nacht und Äther klar werden: doppelte Erscheinungsform der »heiteren« Welt, der Goethe, des Lichts begierig, sich zugeordnet weiß. Das Mittelalter hat eine Lichtmetaphysik gekannt. Wir finden bei Goethe eine Lichtpoetik, die Göttliches und Menschliches, Westliches und Östliches, Vergangenes und Gegenwärtiges umgreift.

Laß den Anfang mit dem Ende sich in eins zusammen-
ziehn –

der Vers spricht das Eigentümlichste des goethischen Lebensgefühls aus und läßt im Goetheleser manche Äußerungen anklingen, die auf das gleiche hindeuten. Nur eine sei noch angeführt, weil sie einen abschließenden Blick auf das Walten der Metamorphose in Goethes Dichtertum eröffnet: »mir drückten sich gewisse große Motive, Legenden, uraltgeschichtlich Überliefertes so tief in den Sinn, daß ich sie vierzig bis fünfzig Jahre lebendig und wirksam im Innern erhielt; mir schien der schönste Besitz, solche werte Bilder oft in der Einbildungskraft erneut zu sehen, da sie sich denn zwar immer umgestalteten, doch ohne sich zu verändern einer reineren Form, einer entschiednern Darstellung entgegenreiften«. Durch ein halbes Jahrhundert trägt Goethe Bilder in sich, die aus der Überlieferung in ihn eingingen und ihn erlasen, um Gebilde zu werden. Die Aussage ist bedeutsam. Sie deutet die Wechselwirkung von Bewußtem und Unbewußtem in Goethes Schaffen an, wobei »große Motive, Legenden, uraltgeschichtlich Überliefertes« als kaum überhörbarer Hinweis auf die archetypischen Bilder im Sinne von C. G. Jung gelten dürfen. Sie tauchen je und je aus dem Strom auf, in dem Legende und Geschichte vermischt sind. Goethe gibt uns hier eine Sicht seiner Poesie, welche ihre Deutung aus dem Erlebnis ganz ausschaltet. Er schließt sein Schaffen an die goldne Kette der Menschheitsüberlieferung an. Jene Bilder sind die Fracht des Überpersönlichen und Übergeschichtlichen. Sie nehmen den obersten Rang in der gestuften Welt ein, die Goethe das Objektive nennt. Es ist ein Begriff, der – in vielfach verdünnten Graden seines Gehalts – auch in seiner beurteilenden Kritik so charakteristisch vorwaltet. Deren Normen und Grundbegriffe sollen hier nicht mehr erörtert werden. Genüge es, wenn wir unser Goetheverständnis in einigen Punkten geklärt haben.

1 Auf Verse Hadrians spielt Goethe 1770 an, dann in den *Römischen Elegien* (Erstes Buch, Nr. xv). In den *Wanderjahren* wird »segnend jenes edlen kaiserlichen Wanderers Hadrian« gedacht.

2 Vgl. das Kapitel *Rhetorik* in meinem Buch *Europäische Literatur und lateinisches Mittelalter* (Bern 1948).

LEO KREUTZER

Inszenierung einer Abhängigkeit

Johann Peter Eckermanns Leben für Goethe

Am Ende hängen wir doch ab
Von Kreaturen, die wir machten.
Faust II (Mephistopheles)

Ende Mai 1823 macht Johann Peter Eckermann sich von Hannover aus auf den beschwerlichen Weg zu Fuß nach Weimar. Armer Leute Sohn aus Winsen an der Luhe, hatte er dort und später auch in der Residenz Hannover Förderer gefunden, die ihm schließlich sogar ein Studium in Göttingen ermöglichten, nicht ohne die Auflage allerdings, das müsse ein »Brotstudium« sein. Also Rechtswissenschaft. Das hat er aber inzwischen abgebrochen, er fühlt sich zum Schriftsteller berufen. Goethe ist sein Idol, ihm möchte er »einmal einige Augenblicke persönlich nahe« sein. Er hat ihm von seinen Arbeiten geschickt und hofft, Goethe werde etwas für ihn tun. Er ist jetzt Anfang Dreißig.

Goethe hat ihn kommen sehen. Zu Anfang des Jahres war er sehr schwer krank gewesen, fast wäre er nicht davongekommen. Dann wäre vieles liegengeblieben, ungeordnet, unredigiert, unveröffentlicht. Ohne einen Eckermann wäre das im März 1832 kaum sehr viel anders gewesen. Nach einem solchen muß Goethe Ausschau gehalten haben. Nicht jeder war brauchbar.

Als Eckermann am 9. Juni um einen Besuchstermin bittet, liegt Goethe vor: ein vor Jahren im Selbstverlag erschienes Bändchen mit dessen Gedichten, eine Skizze seines »Lebens- und Bildungsganges« und ein Manuskript mit »Beiträgen zur Poesie«, Dokument einer innigen Goethe-Verehrung. Dem professionellen Blick bei flüchtiger Durchsicht Anhaltspunkte genug. Die Zeit dafür wird Goethe sich genommen haben. Er bestimmt den Mittag des darauffolgenden Tages, zwölf Uhr, als die Zeit, da Eckermann ihm willkommen sein werde.

Mit diesem Tag, dem 10. Juni 1823, beginnen dessen Aufzeichnungen seiner ›*Gespräche mit Goethe in den letzten Jahren seines Lebens.*‹ Eckermann rechnet ihn »zu den glücklichsten« seines Lebens. Goethe hatte aber auch genau die Wirkung getroffen, welche dieser brauchte.

Er erscheint, als er nach dem seinen Besucher nicht wenig befangen machenden Empfangsritual endlich persönlich auftritt, diesem sogleich als »erhabene Gestalt«. Eckermann registriert durchaus, wie das nicht allein mit dem Bild zusammenhängt, das er bereits mitgebracht hat: Er registriert, daß Goethe im »Oberrock und in Schuhen« erscheint. Ein Hauch von Repräsentation also, welchem aber Leutseligkeit und Wohlwollen unverzüglich mildernd beigemischt werden, denn Goethe kommt sofort auf Eckermanns Manuskript zu sprechen. Er will den ganzen Morgen darin gelesen haben und sagt seinem Verfasser darüber einiges routiniert allgemein bleibend Schmeichelhaftes, auch, daß er es schnellstens an seinen Verleger Cotta weiterleiten werde.

Damit ist das abgetan, und Goethe kommt zur Sache: Er erkundigt sich nach Eckermanns weiteren Plänen. Er erfährt, daß der an den Rhein weiter wolle, also auf seiner literarischen Reise nach der Klassik noch ein bißchen Romantik aufsuchen möchte. Das muß ja nun, aus Weimarer Sicht, nicht unbedingt sein, und Goethe beginnt, die Dispositionen des jungen Mannes behutsam zu durchkreuzen. Der solle doch zunächst einmal ruhig bei Bekannten in Jena Cottas Entscheidung abwarten. »Wenn Sie in Jena sind, so sind wir ja nahe beieinander und können zueinander und können uns schreiben, wenn etwas vorfällt.« Eckermann ist überwältigt bis zur Sprachlosigkeit, das hat er in seinen kühnsten Träumen nicht erhofft. Nun erscheint ihm Goethe bereits »so wie man sich einen bejahrten Monarchen denkt«: wie *er* sich einen solchen denkt, wie er ihn braucht, um sich zugleich unendlich unterlegen und wunderbar aufgehoben zu fühlen. Und um das Maß übervoll zu machen, sagt Goethe ihm beim Abschied auch noch, »daß er mich noch einmal zu sehen wünsche und zu einer passenden Stunde senden wolle«.

Das tut Goethe schon am darauffolgenden Morgen, mit einem eigenhändig geschriebenen Billett. An diesem Tag erscheint er seinem Besucher jedoch »ganz ein anderer als gestern, er zeigte sich in allen Dingen rasch und entschieden wie ein Jüngling«. Das macht: Goethe hat sich so gut wie entschieden. Bei dem gestrigen Besuch hatte er sich vor allem beobachtend verhalten, er brauchte weitere Anhaltspunkte. Dabei ist er tatsächlich ein gutes Stück vorangekommen. Noch einmal das Problem überschlafen, und heute weiß er bereits: Wahrscheinlich ist das sein Mann. Es sei nicht gut, sagt er zu Eckermann, »daß Sie so rasch vorübergehen, vielmehr wird es besser sein, daß wir einander etwas näher kommen. Ich wünsche Sie mehr zu sehen und zu sprechen«.

Goethe hat für Eckermann eine kleine Prüfung vorbereitet. Er legt ihm bei diesem zweiten Besuch die *Frankfurter Gelehrten Anzeigen* aus den Jahren 1772 und 1773 vor, sie enthalten – ungezeichnet – die meisten der kleinen Rezensionen, die er damals geschrieben hat. Eckermann soll den Krempel mitnehmen und sich ein Urteil darüber bilden, ob diese alten Sachen es wert seien, in eine künftige Gesamtausgabe aufgenommen zu werden; da Eckermann seine »Art und Denkungsweise« kenne, werde er seine Arbeiten aus den übrigen schon herausfinden. Was Goethe noch herausfinden will: ob Eckermann sich in seine Art und Denkungsweise tatsächlich so weit, so zuverlässig eingefühlt hat, wie das für ihn aus dessen Geschriebenem und aus dem gestrigen Gespräch bereits einigermaßen ersichtlich war.

Als nächsten Besuchstermin bestimmt Goethe den übernächsten Tag. Jetzt spätestens besteht Anlaß, das Timing zu bewundern. Vierundzwanzig Stunden nach dem ersten überraschend und beglückend die Aufforderung zum zweiten Besuch: der hat das wirklich ernst gemeint! Diesmal aber legt Goethe den nächsten Termin gleich fest. Bis dahin hat Eckermann zu zeigen, daß er der Bitte des Meisters, was der aber bereits wohlwollend voraussetzt, tatsächlich »vollkommen gewachsen« ist. Er wird sich ranhalten müssen, um durch das umfangreiche Material zu steigen, die Aufgabe wird ihn ganz erfüllen. Sie wird ihm das Gefühl vermitteln, welch ein erfülltes Leben das doch sei, für so jemanden zu arbeiten.

Goethe greift indessen dem Ausgang der Prüfung bereits ein wenig vor, eigentlich ist er sich schon sehr sicher. Bis zu seiner Abreise nach Marienbad »in etwa acht Tagen«, so Goethe schon an diesem 11. Juni, solle Eckermann doch noch in Weimar bleiben. Und danach in Jena solle er auch nicht bloß wenige Tage oder Wochen verweilen, sondern sich für den ganzen Sommer häuslich einrichten, um dort den Herbst und damit Goethes Rückkehr aus der Kur abzuwarten. In Jena werde er für seine Studien alles Notwendige vorfinden, auch einen geselligen Umgang und eine reizvolle Umgebung. »Sie werden Muße und Gelegenheit finden, in der Zeit für sich selbst manches Neue zu schreiben und nebenbei auch meine Zwecke zu befördern.« Schon sehr bald wird Eckermann hauptsächlich Goethes Zwecke befördern und nur noch ganz nebenbei auch für sich selbst etwas schreiben können. Die Nachwelt hat davon, klar, ungleich mehr gehabt. Und ihren Dank, damit muß er sich früh abgefunden haben, hat Eckermann sich nur auf diese Weise sichern können, das macht diesen Dank so zynisch: all diese Großen Vorsitzenden, denen Eckermann stets ein schöner Beweis dafür war, daß man doch auch, daß manch einer eben *nur* als Assistent auf die Nachwelt kommen könne.

Noch vor seiner Abreise nach Marienbad leitet Goethe die

Phase von Eckermanns Prüfung in die gewünschte Mitarbeit über. Er gibt ihm am 16. Juni für den Aufenthalt in Jena die Frankfurter Rezensionen mit, zu der »sorgfältigen Redaktion«, von deren Notwendigkeit er schon am 11. Juni gesprochen hatte. Und, als eine zweite Arbeit, auch gleich die bereits vorliegenden elf Hefte seiner Zeitschrift *Kunst und Altertum*. Eckermann solle sie »gut studieren«, ein allgemeines Inhaltsverzeichnis davon machen und vor allem »aufsetzen«, welche Gegenstände noch nicht als abschließend behandelt zu betrachten seien, »damit es mir vor die Augen trete, welche Fäden ich wieder aufzunehmen und weiter fortzuspinnen habe«. Dies werde ihm, Goethe eine »große Erleichterung« sein, Eckermann aber werde dabei den »Gewinn« haben, mit einer solch praktischen Aufgabe betraut, den Inhalt der Aufsätze schärfer zu erfassen als »bei einem gewöhnlichen Lesen nach persönlicher Neigung.« So früh bereits wird also die Formel der künftigen »Zusammenarbeit« festgelegt: für den Meister »Erleichterung«, »Gewinn« für den Gehilfen.

Die längere Abwesenheit Goethes droht indessen die kaum hergestellte Bindung noch einmal zu gefährden. Goethe trifft seine Maßnahmen. Eckermann solle sich in Jena zu seinem Kreise halten, auch werde sein Sohn August dort einmal nach ihm sehen; und er wünsche zu erfahren, wie es ihm ergehe, Eckermann soll ihm nach Marienbad schreiben. Der ist für so viel »Sorgfalt« dankbar und entnimmt diesen Vorkehrungen genau das, was er ihnen entnehmen soll: daß Goethe ihn bereits »zu den Seinigen« zählt.

Das sieht er nun zweifellos richtig, auch wenn er es nicht in seiner ganzen Bedeutung durchschaut, nämlich darin, daß er bereits jetzt unweigerlich dazu bestimmt ist, Goethes Eckermann zu werden und künftig ein Leben für Goethe zu führen. Noch sieht er sich als der – mit Goethes Hilfe – künftige Autor Johann Peter Eckermann, Lyriker, Dramatiker, Essayist. Kaum in Jena, erhält er von Cotta die Bestätigung, seine *›Beiträge zur Poesie mit besonderer Hinweisung auf Goethe‹* seien gegen ein »ansehnliches« Honorar zur Veröffentlichung angenommen. Das bestärkt ihn in seinem »Trieb, in dieser Zeit etwas Neues hervorzubringen und dadurch mein ferneres Glück als Autor zu begründen«. Er hat Pläne zu »unzähligen Gedichten, größeren und kleineren, auch zu dramatischen Gegenständen verschiedener Art«. Außerdem verlangt ihn »nach einer großen Stadt, die nicht allein ein vorzügliches Theater besitze, sondern wo sich auch ein freies großes Volksleben entwickele, damit ich bedeutende Lebenselemente in mich aufzunehmen und meine innere Kultur auf das rascheste zu steigern vermöge«. Hier ist offenkundig nicht von Weimar die Rede.

Aber da erhält er im August einen Brief von Goethe. Dieses Jahr in Marienbad mit der Stoffsammlung zu seiner *›Marienbader Elegie‹* beschäftigt, behält Goethe doch auch Eckermann im Auge. Er bedankt sich für das inzwischen übersandte Inhaltsverzeichnis von *Kunst und Altertum*, es sei zur rechten Zeit gekommen und entspreche völlig seinen Wünschen und Zwecken. Die Frankfurter Rezensionen möchte er bei seiner Rückkehr auf die gleiche Weise redigiert finden. Und dann kann Eckermann diesem Brief noch entnehmen, daß Goethe sich fast nur mit ihm zu befassen scheint, indem er Eckermanns »Gesinnungen, Zustände, Wünsche und Pläne« teilnehmend mit sich herumtrage, damit er sich, nach Weimar zurückgekehrt, »desto gründlicher« mit ihm über sein Wohl besprechen könne. Mehr sage er aber in diesem Brief nicht. Mehr brauchte er auch nicht zu sagen, denn Eckermann fühlt sich durch den Brief in seiner Suche nach einem eigenen Weg »vorläufig wieder beruhigt«. Er beschließt, »keinen eigenmächtigen Schritt zu tun«, vielmehr sich ganz Goethes Rat und Willen zu überlassen.

Sogleich nach seiner Rückkehr, Mitte September, langt Goethe dann voll hin. Er eröffnet Eckermann »nach einem beiderseitigen fröhlichen Begrüßen« umstandslos, er wünsche, daß der »diesen Winter« bei ihm in Weimar bleibe, selbstredend hauptsächlich, um hier seine Bildung zu vervollständigen. »Sie sollen von allem das Beste haben, weil die besten Hilfsmittel in meinen Händen sind. Dann stehen Sie fürs Leben fest und kommen zum Behagen und können überall mit Zuversicht auftreten.«

Noch kurz zuvor hatte Eckermann sich in einer großen Stadt ansiedeln wollen, um sich dort »zu einer ganz ungestörten Produktion isolieren zu können«. Nun wird ihm bedeutet, nirgendwo als in Weimar finde er »auf einem so engen Fleck noch so viel Gutes«. »Ich wiederhole daher: bleiben Sie bei uns, und nicht bloß diesen Winter, wählen Sie Weimar zu Ihrem Wohnort.« Eckermann bekommt zu hören, er befinde sich in Weimar, genau besehen, in einem Zentrum. »Es gehen von dort die Tore und Straßen nach allen Enden der Welt. Im Sommer machen Sie Reisen und sehen nach und nach, was Sie zu sehen wünschen. Ich bin seit fünfzig Jahren dort, und wo bin ich nicht überall gewesen! – Aber ich bin immer gerne nach Weimar zurückgekehrt.« Was einem Goethe genügt hat, wird Eckermann sich da gesagt haben, das werde ich doch nicht als für mich nicht genügend unbescheiden zurückweisen; ja, so hat er wohl gedacht, das sähe ihm ähnlich.

Er ist in Weimar geblieben, obwohl er nicht die Spur einer Chance hatte, in dem Nest für sein Leben und seine Arbeit das zu finden, was Goethe ihm in diesem Gespräch versprach, und was der da ja tatsächlich hatte finden können. Also Eckermann bleibt, und Goethe will auch gleich dafür sorgen, daß er in seiner Nähe ein Logis bekommt, so wird er stets bequem zur Hand sein.

›Das erste Mal‹:

Zu einem großen Tee bei Goethe am 14. Oktober;
bei Goethe zu Tisch am 19. Oktober;
in Goethes Arbeitszimmer am 25. Oktober.

In der Aufzeichnung eines Gesprächs am 18. Oktober 1823 nennt Eckermann Goethe zum erstenmal »der Alte«.

Schon bald nachdem die Entscheidung gefallen ist, fühlt Goethe Eckermann auf den Zahn: Was hat der für eigene literarische Pläne? Etwa eine größere Arbeit? Goethe warnt. Habe man »ein größeres Werk im Kopfe, so kann nichts daneben aufkommen, so werden alle Gedanken zurückgewiesen, und man ist für die Behaglichkeit des Lebens selbst so lange verloren«. Mit einem größeren Werk im Kopf ist man vor allem dafür verloren, sich um die kleineren und größeren Werke anderer verdient zu machen. Goethe rät: »Machen Sie vorderhand immer nur kleine Gegenstände, immer alles frisch weg, was sich Ihnen täglich darbietet, so werden Sie in der Regel immer etwas Gutes leisten, und jeder Tag wird Ihnen Freude bringen. Geben Sie es zunächst in die Taschenbücher, in die Zeitschriften; aber fügen Sie sich nie fremden Anforderungen, sondern machen Sie es immer nach Ihrem eigenen Sinn.« Der Tip verfehlt nicht seine Wirkung auf Eckermanns »eigenen Sinn«: Am Ende der Aufzeichnung über dieses Gespräch vom 18. September 1823 hält Eckermann fest, er habe daraufhin »verschiedene größere Pläne«, die ihm keine geringe Last gewesen seien, von sich geworfen. Er hat sich freigemacht. Frei für Goethe.

Inszenierung einer Abhängigkeit. Zu ihr scheint auch zu gehören, daß der Gehilfe eher aus Äußerungen Dritter zu entnehmen beginnt, wie eigentlich es sich mit ihm verhält. Zu den Gratifikationen, die ihm zugeteilt werden, gehört ja, daß er unentwegt wichtigen Zeitgenossen vorgeführt wird, die auf der Durchreise beim Meister hereinschauen. Kaum ist Eckermann von Jena nach Weimar übergesiedelt, da stellt Goethe ihn einem preußischen Staatsrat vor, der gerade in seinem Haus zu Besuch ist. »Zu weiterem Gespräch« mit diesem Herrn Schultz allein bleibend, erfährt Eckermann von ihm, es sei doch sehr erfreulich, daß er in Weimar bleiben und Goethe bei der Redaktion seiner bisher ungedruckten Schriften helfen wolle. »Er hat mir schon gesagt, welchen Gewinn er sich von Ihrer Mitwirkung verspricht, und daß er nun auch noch manches Neue zu vollenden hofft.« So deutlich und definitiv wird Eckermann das da noch gar nicht gesehen haben. Aber das kann er seinen Gesprächspartner ja nicht gut merken lassen, und so spielt er seinerseits mit bei der Herstellung einer Realität, in der er sich immer mehr verfängt. Er habe, so improvisiert er in seiner Antwort, keinen anderen Lebenszweck, als der deutschen Literatur nützlich zu sein, und, »in der Hoffnung hier wohltätig einzuwirken«, wolle er gerne seine eigenen literarischen Vorsätze »vorläufig« zurückstellen. Immer noch glaubt er, sein Verzicht auf etwas Eigenes sei nur vorübergehend, immer noch beruhigt er sich mit dem Gedanken, ein »praktischer Verkehr« mit Goethe werde ihn in die Lage versetzen, später »weit besser zu vollbringen, was ich jetzt nur in geringerem Grade zu tun imstande wäre«.

Dann der Tag, an dem Goethe ihn auflaufen läßt, an dem er Eckermann Gelegenheit gibt, einmal so richtig festzustellen, was dabei herauskommt, wenn er dem folgt, was er für sein eigenes Bedürfnis hält. Am 27. Oktober 1823 ist Eckermann zu einem großen Tee und Konzert im Goetheschen Hause eingeladen, er hatte aber vorgehabt, an diesem Abend ins Theater zu gehen. Er hat das Gefühl, er werde sich bei der Gesellschaft, welche, wie die Liste der »zu invitierenden Personen« ausweist, »sehr zahlreich und glänzend« sein wird, nicht in seinem Element fühlen und passe überhaupt besser »in eine lustige Komödie als eine so gute Gesellschaft«. Er bespricht das mit Goethe, und der bestärkt ihn, dann doch lieber ins Theater zu gehen. Dort sind seine Gedanken aber immerzu »bei Goethe«, und als er auf dem Heimweg noch einmal an dem Haus am Frauenplan vorbeigeht und die Lichter und Festgeräusche wahrnimmt, da bereut er seine Entscheidung.

Nächstes Bild, vier Wochen später. Da hat Eckermann in Goethes Auftrag etwas über Platens Gedichte geschrieben. Am 24. November darf er dafür ein Lob entgegennehmen: Er habe eine »schöne Gabe«. Und dann kommt's. Wenn ihm vielleicht von andern Orten her literarische Anträge gemacht würden, so solle er die ablehnen oder doch mit ihm wenigstens vorher darüber sprechen: »... denn da Sie einmal mit mir verbunden sind, so möchte ich nicht gerne, daß Sie auch zu andern ein Verhältnis hätten.« Klar, mittlerweile, daß Eckermann sofort beteuert, er wolle sich bloß zu ihm halten, und es sei ihm »vorderhand um anderweitige Verbindungen durchaus nicht zu tun«. Da stößt Goethe nach. Als Herausgeber einer Kulturzeitschrift kommt er nicht umhin, sich über die aktuelle literarische Produktion auf dem laufenden zu halten, aber er hat keine Lust, all das Zeugs zu lesen, das er ohnehin meist für Müll hält. Er braucht jemanden, der für ihn liest, sozusagen mit seinen Augen: das traut er dem Eckermann zu. »Ich möchte, daß Sie sich von allem, was in unserer Literatur Bedeutendes hervortritt, in Kenntnis setzen und mir das Verdienstliche vor Augen brächten, damit wir in den Heften von Kunst und Altertum darüber reden und das Gute, Edle und Tüchtige mit Anerkennung erwähnen könnten.«

Gegen Ende dieses Jahres 1823, ein halbes Jahr nur nach seinem Antrittsbesuch ist Eckermann ziemlich fertig. Er ist jetzt Goethes Eckermann. Eine Szene Ende Februar 1824 zeigt ihn so weit, daß nicht mehr Goethe *ihm* je und je Aufgaben überträgt, sondern daß *er* seinerseits das Gespräch auf die Arbeiten bringt, »die uns gemeinschaftlich in bezug auf die neue Ausgabe seiner Werke beschäftigen«. Dieses erste Jahr des »gemeinschaftlichen« Schaffens bringt jedoch noch einmal zwei leichte Rückfälle Eckermanns in einen »eigenen Sinn«.

Anfang Mai kommt er auf seine ursprüngliche Absicht zurück, nach einem kurzen Besuch Weimars, wo er ja bloß

Goethes persönliche Bekanntschaft habe machen wollen, an den Rhein zu gehen, »wo ich an einem passenden Ort längere Zeit zu verweilen gedachte«. Er berichtet, Goethe selber habe ihm da geraten, diese Reise nunmehr doch zu unternehmen. In Wirklichkeit wird er sie ihm erlaubt haben. Und dies nicht ohne Bedingungen. »Es war jedoch sein ganz entschiedener Wunsch, daß ich nach Weimar zurückkehren möchte. Er führte an, daß es nicht gut sei, kaum geknüpfte Verhältnisse wieder zu zerreißen, und daß alles im Leben, wenn es gedeihen solle, eine Folge haben müsse.« So praktisch und zweckmäßig konnte Goethe mit seiner Bildungsidee operieren. Er läßt Eckermann dann »nicht undeutlich merken«, er habe ihn, in Verbindung mit Riemer, zu seinem Nachlaßverwalter ausersehen. Auch solle Eckermann vor seiner Abreise noch einige Konvolute mit Briefen ordnen, damit Goethe »ruhiger sei und eine Sorge weniger habe«; und er möge wieder in Weimar sein, bevor Goethe seine diesjährige Reise ins Bad antrete.

Ende November 1824 erhält Eckermann dann das Angebot, »für ein englisches Journal unter sehr vorteilhaften Bedingungen monatliche Berichte über die neuesten Erzeugnisse deutscher Literatur einzusenden«. Er ist »sehr geneigt« darauf einzugehen, meint aber, es wäre »vielleicht gut, die Angelegenheit zuvor mit Goethe zu bereden«. Damit drückt er sich nun entschieden zu fein aus, denn Goethe hatte ihm das ja vor Jahresfrist in aller Form zur Auflage gemacht.

Eckermanns Vorstoß geht fürchterlich in die Hose. Er produziert eine der beiden Situationen in seinen Aufzeichnungen, in denen Goethe als »ganz verdrießlich« geschildert wird, das andere Mal handelt es sich darum, daß er Goethe gegenüber ein Detail der Farbenlehre vorsichtig in Frage stellt. Goethe fordert ihn rundweg auf: »Schreiben Sie das Anerbieten ab, es liegt nicht in Ihrem Weg.« Überhaupt solle er sich vor Zersplitterung hüten und seine Kräfte zusammenhalten. »Wäre ich vor dreißig Jahren so klug gewesen, ich würde ganz andere Dinge gemacht haben. Was habe ich mit Schiller an den Horen und Musenalmanachen nicht für Zeit verschwendet!« Nein, Goethe braucht jemanden, der *sein* Zersplittertes ordnet und für die Ausgabe letzter Hand redigiert, dazu soll der seine Kräfte zusammenhalten, das ist der Weg, den er dem bestimmt hat. Den er dem Eckermann bestimmt hat. Am 9. Dezember teilt dieser ihm mit, er habe das englische Anerbieten abgelehnt. »Gottlob«, sagte Goethe, »daß Sie wieder frei und in Ruhe sind.«

Vielleicht hätte Eckermann Goethe gegenüber die »vorteilhaften Bedingungen« nicht erwähnen sollen, die Aussicht also, zu etwas Geld zu kommen. Goethe hat Eckermann manches zugewendet: ein Theater-Abonnement, Geschenke je und je, Belehrungen, Bildung; »zu Tisch bei Goethe« heißt es bei ihm immer wieder, das war fast eine Art Freitisch. Aber keine »Stellung«, keine Einkünfte, kein Geld. Denn das wird überall gern gesehen, damit kann man überall hingehen. Damit kann man *weggehen*. Durchgeschlagen hat Eckermann sich mit Sprachunterricht für die zahlreich in Weimar auftauchenden und hier ein wenig verweilenden jungen Engländer.

So geht das also jetzt die Jahre hindurch: wie man es aus seinen Aufzeichnungen kennt. Eckermann sichtet, redigiert, regt an, steht als Gesprächspartner ständig zur Verfügung, so kommt der schier unerschöpfliche Steinbruch für Zitate zu fast allem und jedem zustande, den er in seinen ›*Gesprächen mit Goethe*‹ hinterlassen wird. Goethe sagt gern »Ihr Jüngeren« oder »Ihr Jungen«, wenn er mit Eckermann redet, und er tut dann so, als spreche aus den Auskünften über den Wert seiner Arbeiten und Ansichten, mit denen Eckermann ihm allzeit gefällig ist, tatsächlich die Stimme einer gegenwärtigen Jugend. Er läßt den Gehilfen für sich lesen, gelegentlich sogar für sich fühlen. Unter dem 8. April 1829 hält Eckermann die skurrilste Szene fest, die sein Buch überliefert. Goethe empfängt ihn an diesem Tage in heiterster Stimmung, er freut sich über einen Brief, den er vom König von Bayern erhalten hat. Eckermann versichert ihm, er teile seine Freude, darin werden in der Tat *seine* Freuden bestanden haben. »Aber ist es nicht merkwürdig«, sagt er zu Goethe, »ich habe mich seit einer Stunde auf einem Spaziergang sehr lebhaft mit dem König von Bayern in Gedanken beschäftigt und nun erfahre ich diese angenehme Nachricht.« Und dann berichtet er todernst, Goethe habe ihm darauf erwidert: »Es kündigt sich oft etwas in unserem Innern an.«

Überhaupt pflegt Goethe sehr bald schon wie selbstverständlich »wir« zu sagen, wenn er mit Eckermann seine Arbeit durchgeht und seine Entscheidungen bespricht. »Wissen Sie was«, sagt er zu ihm am 29. Januar 1827, als es um einen Titel für seine Novelle geht, »wir wollen es die Novelle nennen.« Eine besonders artige Verwendung dieses »wir« findet sich in der Aufzeichnung zum 10. Februar 1830. »Wenn Sie nun«, sagt er da zu Eckermann, »den 38. und 39. Band zusammenstellten, so daß wir Ostern die letzte Lieferung absenden könnten, so wäre es hübsch, und wir hätten den Sommer zu etwas Großem frei. Ich würde im Faust bleiben und den vierten Akt zu überwinden suchen.«

So ist es eigentlich ziemlich erstaunlich, daß Eckermann 1830 noch einmal zu einem Versuch ansetzt, einem »eigenen Sinn« folgend, sich von Goethe und Weimar zu lösen. Aber auch der endet damit, daß er weiter bei der Stange bleibt. Goethes Mittel waren ziemlich rabiat gewesen.

Eckermann hat im Sommer dieses Jahres Goethes Sohn August nach Italien begleitet. In Genua erhält er einen Brief des Chefs, dem er die Genehmigung seiner vorzeitigen Rückkehr entnimmt. Er macht in Genf Station, von dort aus schreibt er Goethe am 12. September einen langen Brief mit einem Reisebericht, vor allem aber einer »schweren Beichte«. Er fühlt sich, schreibt Eckermann da, an einer »Art von Scheideweg« und möchte nicht nach Weimar zurückkehren. Er habe seit Jahren »in freien Stunden« Notizen über seine Gespräche mit ihm gemacht, »so daß sich etwa zu zwei Bänden reichlich Materialien finden«. Er ersucht Goethe nun, »ob es mir nicht vergönnt sein wolle, jenes Manuskript, das mir so sehr am Herzen liegt, von Weimar entfernt, in stiller Zurückgezogenheit zu vollenden«. Damit meint er, wie er an späterer Stelle seines Kündigungsschreibens verschämt herausläßt, den Wohnort seiner Braut in der Nähe von Göttingen, also jener Johanna Bertram, die ihn in einer inzwischen fast elfjährigen Verlobungszeit kaum zu Gesicht bekommen hat. Er glaube, schreibt er an Goethe, nicht eher »frei und froh« zu werden, »als bis ich Ihnen jenes lange gehegte Werk in deutlicher Reinschrift, geheftet, zur Genehmigung der Publikation vorlegen könne«.

Dann legt er dar, weshalb er weiterhin glaube, sein »eigentliches Leben« sei die Schriftstellerei. »Meine ganze Natur drängt mich jetzt, aus mir selbst heraus auf einen größeren Kreis zu wirken, in der Literatur Einfluß zu gewinnen und zu weiterem Glück mir endlich einigen Namen zu machen.« Sein Leben sei seit einigen Jahren »in Stocken geraten«, und er möchte, »daß es noch einmal einigen frischen Kurs bekäme«. Hierzu vermöge er aber nichts ohne ihn, Goethe, ohne seine Zustimmung und seinen Segen. »Ihre ferneren Wünsche in bezug auf mich sind mir verborgen, auch weiß ich nicht, was man höchsten Orts vielleicht Gutes mit mir im Sinne hat. So aber, wie ich es ausgesprochen, steht es mit mir, und da ich Ihnen nun klar vorliege, so werden Sie leicht sehen, ob wichtigere Gründe zu meinem Glück meine nächste Zurückkunft wünschen lassen, oder ob ich getrost vorderhand meinen eigenen geistigen Vorsätzen folgen kann.« In einem weiteren Brief aus Genf vom 14. September bekräftigt er noch einmal, es sei ihm »wirklich das höchste Bedürfnis, mich wenigstens vorderhand von Weimar entfernt zu halten«.

Goethe reagiert darauf am 26. September – Eckermann ist inzwischen von Genf nach Frankfurt weitergereist – zunächst mit einem kurzen hinhaltenden Schreiben: »... bleiben Sie ja in Frankfurt, bis wir wohl überlegt haben, wo Sie Ihren künftigen Winter zubringen wollen.« Dann, am 12. Oktober, sein Brief, der Eckermann alles zu überlassen scheint, ihm aber aufs deutlichste zu verstehen gibt, daß er mit der Realisierung »eigener geistiger Vorsätze« weit nicht kommen werde. Wenn Eckermann nach Nordheim abzugehen und daselbst einige Zeit zu verweilen wünsche, »so wüßt' ich nichts entgegen zu setzen«. Und wenn er sich dort mit dem Manuskript der Konversationen beschäftigen wolle, so sei das ihm, Goethe, desto angenehmer, »weil ich zwar keine baldige Publikation desselben wünsche, es aber gern mit Ihnen durchgehen und rektifizieren möchte. Es wird seinen Wert erhöhen, wenn ich bezeugen kann, daß es ganz in meinem Sinne aufgefaßt sei. Mehr sage ich nicht, überlasse Ihnen und erwarte das Weitere.«

Dem kann Goethe ja nun auch in aller Ruhe entgegensehen, mehr braucht er wieder einmal gar nicht zu sagen. Denn damit ist klargestellt: Wenn Eckermann gedacht hatte, sich ausgerechnet mit Hilfe seiner *›Gespräche mit Goethe‹* von diesem zu emanzipieren und auf eigene Füße zu stellen, so werde daraus nichts. Goethe kann in der Tat den Wert des Buches erhöhen, indem er ihm seinen Segen erteilte. Er könnte aber, und nichts anderes gibt er Eckermann zu verstehen, seinen Wert auch vernichten, indem er sich – vielleicht, wer weiß, sogar ausdrücklich und öffentlich – von ihm distanzierte. Eckermann hat Goethe sieben saure Jahre lang gedient, aber die Braut Freiheit bekommt er nicht.

Goethe überläßt seinem Eckermann die Entscheidung, aber erst nachdem er selbst alle Weichen gestellt hat. Von Frankfurt aus reist Eckermann tatsächlich nach Nordheim zur Braut, aber nur, um dort festzustellen, daß sich alle Umstände vereinigt haben, »um meine Rückkehr nach Weimar erwünscht zu machen«. »Die baldige Herausgabe meiner Konversationen hatte Goethe nicht gebilligt, und somit war denn an eine erfolgreiche Eröffnung einer rein literarischen Laufbahn nicht mehr zu denken. Sodann das Wiedersehen meiner seit Jahren innigst Geliebten und das täglich erneute Gefühl ihrer großen Tugenden erregten den Wunsch ihres baldigen Besitzes und das Verlangen nach einer sichern Existenz auf das lebhafteste.« So wenig lebhaft, so ohne Leben vermag dieser Mensch dergleichen auszudrücken.

Statt der eigenen also nun die sichere Existenz, und die ist, wenn überhaupt, nur in Weimar zu haben. Eckermann weiß wieder, wo es langgeht. »Der Mensch denkt und Gott lenkt, und ehe man eine Hand umwendet, sind unsere Zustände und Wünsche anders, als wir es voraus dachten. Vor einigen Wochen hatte ich eine gewisse Furcht, nach Weimar zurückzukehren, und jetzt stehen die Sachen so, daß ich nicht allein bald und gerne zurückkomme, sondern auch mit Gedanken umgehe, mich dort häuslich einzurichten und für immer zu befestigen.« Eckermann denkt und Goethe lenkt, Eckermann übersiedelt nicht nach Nordheim, vielmehr muß die Braut jetzt mit nach Weimar. Dort wurde im darauffolgenden Jahr auch richtig geheiratet.

Wieder in Weimar ist Eckermann Ende November 1830. Am 25. ist er wie eh und je »zu Tisch bei Goethe«. Und er hat die große Freude, daß Goethe, wie einst beim allerersten Gespräch im Juni 1823, als erstes auf sein Manuskript zu sprechen kommt, auf die Aufzeichnungen der Gespräche. »Es muß Ihre erste Arbeit sein, und wir wollen nicht eher nachlassen, als bis alles vollkommen und im reinen ist.«

In Wirklichkeit ist Goethes ganzes Interesse, wie sich sehr rasch herausstellt, beim vierten Akt des ›*Faust*‹ und beim vierten Buch von ›*Dichtung und Wahrheit*‹. Dem Gehilfen aber »empfiehlt« er alsbald »die Redaktion seiner kleinen bis dahin ungedruckten Schriften, desgleichen eine Durchsicht seiner Tagebücher und abgegangenen Briefe, damit es – uns! – uns klar werden möchte, wie damit bei künftiger Herausgabe zu verfahren«. Arbeit mithin zuhauf, Eckermann hatte gewußt, was ihn erwarten würde, wenn er den Absprung aus Weimar wieder nicht schaffen würde: »An eine Redaktion meiner Gespräche mit ihm war nicht mehr zu denken.«

Und damit Eckermann auch an einen Absprung aus Weimar nicht mehr denke, eröffnet Goethe ihm am 1. Januar 1831, er werde ihn in seinem Testament zum Herausgeber seiner Briefe ernennen, dieweil das Konzept ihrer künftigen Redaktion und Herausgabe, welches Eckermann noch im Dezember 1830 erarbeitet hatte, seine Zustimmung finde. Im Mai schließt er mit ihm dann einen förmlichen Vertrag über die Herausgabe seines literarischen Nachlasses ab, der Eckermann mit fünf Prozent am Honorar beteiligt.

Jene ihm von Goethe zur Wertsteigerung in Aussicht gestellte Bestätigung, die aufgezeichneten Gespräche mit ihm seien ganz in seinem Sinne aufgefaßt, hat Eckermann nicht mehr erlangt. Zur Ausarbeitung seiner Notizen hat er die Zeit erst nach Goethes Tod gefunden, obwohl die Braut noch Anfang 1831 gedrängt hatte: »Sage Goethe, daß Du an Deinen Konversationen arbeiten möchtest, sie wünschtest herauszugeben, damit Du ordentlich Geld verdientest, das übrige alle wäre nur Plagerei.« Goethes Segen für sein Buch mußte er sich in einem Traum holen, den er auf den 14. November 1836 – im Frühjahr waren seine ›*Gespräche mit Goethe, Erster und Zweiter Teil*‹ endlich erschienen – datiert hat. Es sei eine alte Wahrheit, so beglaubigt er etwas überflüssigerweise sich selbst diesen Traum, »daß dasjenige, womit wir uns den Tag über lebhaft beschäftigen, uns auch nachts im Traum zu schaffen macht, und so war es denn nicht zu verwundern, daß in den ersten Jahren nach Goethes Tode, wo jeder Tag sein Andenken lebhaft in mir zurückrief, ich auch nachts in meinen Träumen häufig mit ihm zu tun hatte.« Goethe und keine Ende: auf wen träfe das so zu wie auf Eckermann?

In jenem Traum nun vom 13. auf den 14. November 1836

fragt Eckermann den Geist Goethes, was er denn zu den Gesprächen sage, und noch postum hält er an der Gewohnheit fest, des Meisters Worte im Gedächtnis zu bewahren. »Ich habe«, läßt er Goethe sagen, »das Buch gelesen. Ihr habt Eure Streiche nicht schlecht gemacht, und ich muß Euch loben.« Da ist Eckermann, »wie man denken mag«, in hohem Grade beglückt.

Aber nicht nur, daß er auch in seinen Träumen von Goethe nicht losgekommen ist: er hat sich auch von Weimar nicht mehr lösen können. Die Einnahmen aus den Gesprächen und seinen Rechten an den Nachlaß-Bänden der »Ausgabe letzter Hand« waren keineswegs ausreichend, und, wenn überhaupt je, war jetzt an die »Eröffnung einer rein literarischen Laufbahn« nicht mehr zu denken. Eine kleine Pension von jährlich dreihundert Talern, die der Großherzog ihm gewährte, war aber an die Auflage gebunden, sie in Weimar zu verzehren. Jeder Staat, hat Ernst Beutler angemerkt, rechne so. »Auch sollte der Name Eckermann Weimar erhalten bleiben. Die Residenz war arm geworden an Namen.«

Es war also dafür gesorgt, daß Eckermanns Leben bis zu seinem Tod im Jahre 1854 so blieb, als wär's ein Stück von Goethe.

Bei dem Text ›*Inszenierung einer Abhängigkeit*‹ handelt es sich um den Versuch, Eckermanns ›*Gespräche mit Goethe*‹ als Dokument einer Beziehung zu lesen. Deren Rekonstruktion stützt sich ausschließlich auf die beiden ersten Teile von Eckermanns Aufzeichnungen. Die Frage, »wie es wirklich war«, interessierte nicht.

GEORG LUKÁCS

Der Briefwechsel zwischen Schiller und Goethe

Die Dokumente bedeutender Künstler über ihre eigene Praxis, über ihre theoretischen Bemühungen zur Vertiefung dieser Praxis sind stets außerordentlich bedeutsam. Sie sind gleich wichtig für die Entwicklung unserer Ästhetik wie auch dafür, die großen Probleme der Kunst dem lesenden Publikum pädagogisch näherzubringen. Es folgt aus der Natur der Sache, daß die intimsten Probleme der künstlerischen Praxis gerade in solchen unmittelbaren Äußerungen seitens großer Künstler in Briefen, Gesprächen, Tagebüchern usw. am besten studiert werden können. Die wichtigsten und theoretisch am schwersten erfaßbaren Fragen, z. B. die der künstlerischen Umarbeitung des unmittelbaren Lebensstoffes, erscheinen hier konkret, lebendig mit der Praxis verknüpft. Wir können die Kunstwerke in ihrem Entstehungsprozeß studieren, indem wir die ersten Projekte und die Zwischenstadien mit den fertigen Werken vergleichen, indem wir auf diese Weise den künstlerischen Wert der theoretischen Klärung und der praktischen Verbesserung Schritt für Schritt verfolgen. In solchen Dokumenten des Schaffensprozesses bedeutender Künstler liegt ein noch ungehobener Schatz unseres kritischen und literaturtheoretischen Erbes. Sehr viele Vulgarisierungen in der Auffassung der künstlerischen Probleme könnten bei einem tieferen und eingehenderen Studium des hier vorhandenen Erbes vermieden werden.

Selbstverständlich muß auch dieses Erbe kritisch bearbeitet werden. Sosehr wir an diese Dokumente als Lernende herantreten müssen, um durch ihr Studium die Probleme des Schaffensprozesses und der schöpferischen Methode gewissermaßen experimentell zu erlauschen, sowenig sind die Resultate solcher Dokumente unmittelbar auf unsere Theorie und Praxis anwendbar. Die allgemeine Ungunst des kapitalistischen Zeitalters für die Entwicklung der Kunst hat das sehr weit verbreitete Vorurteil hervorgebracht, als ob nur die Künstler selbst etwas Richtiges über die Kunst aussagen könnten. Hinter diesem Vorurteil ist insofern eine richtige Erkenntnis verborgen, als die bedeutenden Künstler die großen Probleme ihrer Entwicklungsperiode der Kunst mit der größten Intimität, in stärkster Verknüpfung mit der Praxis aussprechen und formulieren. Doch sie sprechen diese Probleme in einer so engen Verknüpftheit mit ihrer unmittelbaren Praxis aus, daß solche Aussagen erst einer eingehenden Untersuchung bedürfen, um aus Atelierwahrheiten zu allgemeinen kunsttheoretischen Wahrheiten zu werden. Diese ergänzende Untersuchung, diese kritische Bearbeitung muß auf der Doppellinie des Historischen und des Systematisch-Ästhetischen vor sich gehen. Gerade in der unmittelbaren künstlerischen Praxis ist es selbst bei einem sehr hohen Grad der Bewußtheit für den bürgerlichen Künstler so gut wie unmöglich, die historischen Voraussetzungen seiner Problemstellungen wirklich klar zu sehen. Er erhält vom gegenwärtigen Leben einen bestimmten und bestimmt gearteten Stoff; er wird in eine bestimmte Tradition der Fragestellungen in bezug auf Formgebung hineingeboren. Er versucht, in diesem Komplex seinen Weg zu finden – einerlei, ob er sich zu diesem Stoff und zu dieser Formtradition bejahend oder verneinend verhält –, ohne eine wirkliche Klarheit über die wirklichen, entscheidenden gesellschaftlichen Kategorien, die beide bestimmen, zu besitzen, und in sehr vielen Fällen, ohne eine solche Klarheit auch nur anzustreben. Und in ästhetisch-systematischer Hinsicht folgt aus dem praktischen Charakter jener Äußerungen, daß sie sich selten bemühen, die technischen Probleme der unmittelbaren Praxis von den allgemeinen Problemen der künstlerischen Formgebung begrifflich zu trennen. Ja, im Gegenteil, der Reiz und das Lehrreiche solcher Äußerungen besteht gerade darin, daß die Formprobleme in ihrer unmittelbaren Verknüpftheit mit den praktisch-technischen Problemen behandelt werden. Um aber hier wirklich und fruchtbar lernen zu können, muß der Lehrer lernen, diese Verknüpftheit begrifflich aufzulösen und sowohl historisch wie systematisch eine kritische Distanz zu den Äußerungen der großen Künstler über ihre eigene Praxis zu gewinnen.

Der Briefwechsel zwischen Goethe und Schiller, eines der wichtigsten Dokumente dieser Art, bildet selbstverständlich auch keine Ausnahme von dieser Regel. Freilich ist er in gewisser Hinsicht ein einzigartiges Dokument. Denn Goethe und Schiller waren nicht nur die bedeutendsten Schriftsteller ihrer Periode, sondern standen auch kunsttheoretisch auf der Höhe einer außerordentlichen philosophischen Entwicklung, der Entwicklung der idealistischen Dialektik in Deutschland, der Entwicklung der Philosophie und Kunsttheorie von Kant bis Hegel. Die theoretischen Werke Goethes und Schillers bilden eine der wichtigsten Etappen auf dem Entwicklungsweg der deutschen Philosophie und Ästhetik von der subjektiv idealistischen Dialektik Kants zu der objektiv idealistischen Dialektik Hegels.

Die tiefe und innige Verknüpfung hochentwickelter ästhetischer Theorie mit tiefem Eingehen auf die feinsten Details der künstlerischen Praxis ist das Einzigartige an diesem Briefwechsel. In ihrer theoretisch-praktischen Zusammenarbeit kritisieren Goethe und Schiller nicht nur wechselseitig ihre entstehenden und entstandenen Werke, sondern sind zugleich bemüht, bis zu den letzten Prinzipien der künstlerischen Formgebung, bis zu den letzten Prinzipien der Eigenart und der Trennung der literarischen Genres vorzudringen. Aber gerade die hohe philosophische Kultur, die die gedankliche Grundlage dieser Bestrebungen Goethes und Schillers bildet, macht eine historische und kritische Durcharbeitung dieses ihres Erbes notwendig. Denn ihre philosophische Kultur ist eben die Kultur der idealistischen Dialektik der klassischen Periode Deutschlands mit ihrer Größe in der Formulierung bedeutender und neuer Probleme, aber zugleich und davon untrennbar: mit ihrer idealistischen Verzerrung, mit ihrem idealistischen Auf-den-Kopf-Stellen dieser Probleme.

Die systematisch-kritische Durcharbeitung dieser Probleme kann nur von der historischen Analyse der Periode ausgehen, in der und für deren Bedürfnisse die Goethe-Schillerschen Bemühungen um eine große Kunst und um deren theoretische Begründung entstanden sind. Der Briefwechsel umspannt die Jahre 1794 bis 1805. Also die spätere Schaffensperiode Schillers: seine ästhetischen Schriften, seine Balladen, seine Dramen vom »Wallenstein« bis zum »Demetrius«-Fragment; bei Goethe: »Hermann und Dorothea«, die verschiedenen Epospläne, die Balladen, »Die natürliche Tochter«, die Wiederaufnahme der Arbeit am »Faust« usw. Die bürgerlichen Literaturhistoriker pflegen diese gemeinsame Schaffensperiode Goethes und Schillers als »klassische« der realistischen Jugendentwicklung schroff gegenüberzustellen. Oberflächlich angesehen, scheint ziemlich viel für eine solche Gegenüberstellung zu sprechen, insbesondere viele Äußerungen Goethes und Schillers selbst. Trotzdem ist diese schroffe Gegenüberstellung nicht richtig. Es besteht freilich ein Gegensatz zwischen der Jugendperiode und der späteren Entwicklung Goethes und Schillers. Dieser Gegensatz läßt sich aber nicht auf formalkünstlerische oder subjektiv-psychologische Motive (Unreife und Reife usw. nach der Meinung der bürgerlichen Literaturhistoriker) zurückführen. Er bedeutet vielmehr den Gegensatz und zugleich den Zusammenhang zweier historischer Entwicklungsetappen der bürgerlichen Klasse. Die Jugendperiode sowohl Goethes wie Schillers ist der letzte künstlerische Gipfelpunkt der vorrevolutionären Aufklärungsperiode. Sowohl ihre Jugendpraxis wie die sie begleitenden Kunsttheorien stehen auf den Schultern der französisch-englischen

Aufklärung des 18. Jahrhunderts. Sie bilden die letzte bedeutende Zusammenfassung der spezifischen Art des künstlerischen Realismus der Aufklärung, der Entwicklungsperiode der Bourgeoisie vor der Französischen Revolution. Die sogenannte klassische Periode Goethes und Schillers ist dagegen der erste Gipfel der nachrevolutionären künstlerischen Entwicklungsperiode der Bourgeoisie; jener Periode, deren größte realistische Gestalter Balzac und Stendhal sind und die in Heine ihren letzten Vertreter von europäischer Bedeutung findet. In ihren Grundzügen muß diese Periode von 1789 bis 1848 auch als eine Periode des großen Realismus gewertet werden, wenn dieser Realismus auch von dem der Aufklärungsperiode sich in sehr wesentlichen Zügen unterscheidet, wenn dieser Realismus auch in vielen seiner Etappen (insbesondere bei Schiller) sehr problematisch ist und oft ins Gegenteil umschlägt. Die Theorie und die Praxis der gemeinsamen Wirksamkeit Goethes und Schillers bildet die Brücke zwischen der Literatur der vorrevolutionären Aufklärung und der des nachrevolutionären Realismus. Besonders wichtig ist das Lebenswerk Goethes als ein lebendiges Hinüberwachsen der Literatur der ersten Periode in die folgende. Wir werden im Laufe der Analyse der Anschauungen Goethes und Schillers sehen, wie eine Reihe der wichtigen schöpferischen Probleme dieser nachrevolutionären Etappe bei ihnen bereits auftaucht und eine immer interessante, oft sehr tiefe Lösung findet.

Die Besonderheit dieser Goethe-Schillerschen Entwicklungsphase kann auch nur aus ihrer gesellschaftlichen Grundlage begriffen werden. Wenn wir sie als eine nachrevolutionäre Phase bezeichnen, so ist dabei wesentlich bestimmend, daß auf ihre formalen und inhaltlichen Probleme die große Tatsache des Ausbruchs der Französischen Revolution entscheidend eingewirkt hat. Denn es ist gerade ihre Eigenart, daß sie fast gleichzeitig mit der Französischen Revolution einsetzt und die verschiedenen Etappen der Entwicklung der ganzen Periode verfolgt. Während in Frankreich selbst die große literarische Widerspiegelung der revolutionären Umwälzungen erst nach dem Abschluß der ganzen Periode, erst nach dem Sturz Napoleons einsetzt, während auch das industriell höchst entwickelte England seine bedeutenden literarischen Reaktionen auf diese Entwicklungsperiode erst später zeigt, setzt die unmittelbare und literarisch außerordentlich hochstehende schriftstellerische Reaktion auf jenes Weltereignis in dem ökonomisch und politisch zurückgebliebenen Deutschland am raschesten ein. Diese rasche Reaktion hängt sicherlich gerade mit der Zurückgebliebenheit Deutschlands sehr eng zusammen. Die Zurückgebliebenheit in der kapitalistischen Entwicklung hat für Deutschland die bürgerliche Revolution als politische Tatsache damals noch nicht auf die Tagesordnung gestellt. Die kapitalistische Entwicklung war jedoch genügend fortgeschritten, um eine verhältnismäßig breite bürgerliche Elite hervorzubringen, die ideologisch die Vorbereitungsperiode der Französischen Revolution mitgemacht hat, und die jetzt in ihrer Weise dichterisch und philosophisch auf den Umschlag der Vorbereitung in die Revolution selbst reagieren mußte. Die ökonomische wie politische Zurückgebliebenheit Deutschlands bei dieser Ungleichmäßigkeit der Entwicklung bestimmt die ganze Eigenart dieser Reaktion und damit die Eigenart des dichterischen Gipfelpunkts dieser Tendenzen in Deutschland, der schöpferischen Probleme und Lösungen Goethes und Schillers. Der entscheidende Zug aller deutschen Reaktionen auf die Französische Revolution ist ihr vorwiegend ideologischer Charakter. Die Umsetzung der Theorie in die Praxis gehört zu den allerseltensten Ausnahmen (Georg Forster). Damit hängt einerseits zusammen, daß die Gegensätze innerhalb der revolutionären Klasse selbst, innerhalb der Bourgeoisie, notwendig viel weniger zugespitzt sein konnten, als sie in Frankreich gerade in der Revolution und infolge der Revolution waren.

Dieser geringere Grad der Zuspitzung der Klassengegensätze läßt auf ideologischem Gebiete – mit sehr verändertem Inhalt – ähnliche Typen der Problemstellungen und Lösungen entstehen, wie sie in Frankreich nur in der vorrevolutionären Periode möglich waren: nämlich die Fragen rein vom allgemein menschlichen Standpunkt aus zu stellen (d. h. vom Standpunkt der bürgerlichen Klasse als Führerin aller vom Feudalismus unterdrücken Gesellschaftsschichten). Diese allgemein bürgerliche Form der Fragestellungen und die synthetische Form ihrer Beantwortung schließt selbstverständlich sehr scharfe Gegensätze zwischen den verschiedenen Richtungen innerhalb der bürgerlichen Klasse nicht aus. Diese scharfen Gegensätze widerspiegeln die objektiv ökonomisch vorhandenen widerspruchsvollen Tendenzen innerhalb der zum politischen Handeln noch nicht herangereiften bürgerlichen Klasse. Sie werden aber, da der Zeitpunkt des politischen Handelns objektiv noch nicht gekommen ist, auf rein ideologischem Gebiet ausgetragen. Der allgemeine Charakter dieser Lage wirkt nicht nur in der Richtung, daß die Problemstellungen und Lösungen einen solchen allgemein bürgerlichen, synthetischen Charakter erhalten, sondern bestimmt zugleich ihren idealistisch-utopischen Charakter. Die konkrete Nachwirkung dieser allgemeinen Lage der deutschen Bourgeoisie, ihrer ökonomischen und politischen Schwäche bei bereits vorhandener ideologischer Führerrolle in der Gesellschaft, bringt als allgemeine Tendenz gerade in den führenden Schichten der bürgerlichen Ideologen jene Richtung hervor, deren bedeutendste Repräsentanten Goethe und Schiller geworden sind. Diese Richtung tendiert zu einer Verschmelzung der Spitzen von Bourgeoisie und Adel auf der Grundlage einer allmählichen, schrittweisen Verbürgerlichung des ökonomisch-politischen Lebens in Deutschland, d.h. sie erstrebt bestimmte soziale Resultate von 1789 ohne Revolution. Sie lehnt die revolutionäre Methode, insbesondere die Mobilisierung der

»Plebejer«, wie Engels sagt, für die Ziele der bürgerlichen Revolutionen entschieden ab. Gleichzeitig aber bejaht sie die ökonomischen und politischen Inhalte von 1789, sie propagiert schrittweise die evolutionäre Liquidierung des Feudalismus in Deutschland unter der gemeinsamen Führung des kulturell entwickeltsten Teiles der Bourgeoisie zusammen mit dem sich verbürgerlichenden, den Feudalismus freiwillig liquidierenden Teil des Adels.

Diese Stellungnahme zur Französischen Revolution, dieses aus der Ablehnung der revolutionären Methode und aus der Annahme des sozialen Inhalts der Revolution entspringende Programm bildet die gemeinsame Grundlage für das Weimar-Jenaer Zusammenwirken Goethes und Schillers, bildet die gesellschaftlich-ideologische Grundlage für den deutschen »Klassizismus«, für die erste Etappe der europäischen Literaturentwicklung von 1789 bis 1848. Diese Gemeinsamkeit der grundlegenden ökonomisch-politischen Auffassungen und Ziele ist letzten Endes der Schlüssel zur Freundschaft Goethes und Schillers. Sie ist, so könnte man ein wenig paradox zugespitzt sagen, eine politische Freundschaft, die Bildung eines politischen Blocks auf kulturell-ideologischem Gebiete. Und dieser Charakter ihres Zusammenwirkens erklärt dann sowohl die außerordentliche Tiefe und Intimität ihrer Zusammenarbeit wie zugleich die Grenzen ihrer Freundschaft, welche die bürgerlichen Literaturhistoriker entweder zu vertuschen versuchen oder durch »tiefsinnige« psychologische Hypothesen erklären wollen.

Zur Bildung solcher literarhistorischer Legenden hat freilich der alte Goethe selbst einiges beigetragen. Seine Darstellung der Hemmnisse der Freundschaft mit Schiller und des allmählichen Entstehens dieser Freundschaft in seinen »Annalen« leidet darunter, daß er seinen Standpunkt nach der italienischen Reise mit dem Sturm-und-Drang-Standpunkt Schillers kontrastiert, obwohl jener Schiller, dem er damals in Weimar und Jena begegnet ist, schon längst nicht mehr der Dichter der Dramen »Die Räuber« und »Kabale und Liebe« gewesen ist. Die gemeinsame gesellschaftliche Tendenz Goethes und Schillers war schon jahrelang vor ihrer Freundschaft wirksam, aber es mußten sich in der deutschen Intelligenz jene Differenzierungen, die die Französische Revolution hervorgebracht hat, durchsetzen, damit diese gemeinsame Tendenz über die vorhandenen persönlichen Differenzen, die ebenfalls gesellschaftlich bedingt waren, triumphierte.

In seinem Memoirenwerk »Kampagne in Frankreich« gibt Goethe ein anschauliches Bild dieser Differenzierungen, dieser Scheidungen der Wege. Er beschreibt seinen Besuch in Mainz bei Sömmering, Huber und Forster und erzählt, daß man bei diesem Zusammensein ängstlich vermieden hat, auch nur ein Wort über die Zeitereignisse fallenzulassen. »Von politischen Dingen war die Rede nicht; man fühlte, daß man sich wechselseitig zu schonen habe: denn wenn sie republikanische Gesinnungen nicht ganz verleugneten, so eilte ich offenbar, mit einer Armee zu ziehen, die eben diesen Gesinnungen und ihrer Wirkung ein entschiedenes Ende machen sollte.«

Aber selbstverständlich konnte keine liebenswürdige Diplomatie im persönlichen Verkehr die vorhandenen objektiven Gegensätze überbrücken oder auch nur auf die Dauer vertuschen. Bekanntlich löste sich gerade in dieser Periode die alte Freundschaft, die Goethe mit Wieland und Herder verband; die Mainzer Ergebnisse führten zu einem schroffen Bruch zwischen Schiller und seinem Jugendfreund Huber usw.

Aber der Zerfall des persönlichen Zusammenwirkens zeigt sich nicht nur in der Richtung des Abfalls eines Teils der bisherigen Weggenossen nach links unter dem Einfluß der Französischen Revolution, sondern auch in der entgegengesetzten Richtung. Ich verweise nur auf die Konflikte Goethes mit dem Grafen Stolberg, mit Schlosser usw. Goethe selbst hat diesen seinen Standpunkt in einem Brief an seinen

Freund Meyer sehr klar ausgesprochen. Es handelt sich dort – zwei Jahre nach Beginn der Freundschaft mit Schiller – um die Aufnahme August Wilhelm Schlegels in den Kreis der Mitarbeiter Goethes und Schillers. Und Goethe schreibt über ihn: »Leider ist freilich schon bemerklich, daß er einige demokratische Tendenz haben mag, wodurch denn manche Gesichtspunkte sogleich verrückt und die Übersicht über gewisse Dinge ebenso schlimm als durch die eingefleischt aristokratische Vorstellungsart verhindert wird.« Und in voller Übereinstimmung mit den hier ausgesprochenen Anschauungen begrüßt er sehr objektiv und sehr kühl in einem Brief an Fritz von Stein (Sohn der Charlotte von Stein) die beginnende Freundschaft mit Schiller als eine Zusammenarbeit »zu einer Zeit, wo die leidige Politik und der unselige körperlose Parteigeist alle freundschaftlichen Verhältnisse aufzuheben und alle wissenschaftlichen Verbindungen zu zerstören droht.«

Es ist selbstverständlich, daß diese gesellschaftlich-politische Gemeinsamkeit der Tendenzen die tiefgreifenden Differenzen zwischen Goethe und Schiller für keinen Augenblick aufheben kann, daß also ihrer Freundschaft von Anfang an bestimmte Grenzen gesetzt sind. Goethe steht von Anfang an auf einem aufklärerisch-humanistischen, im wesentlichen evolutionären Standpunkt. Sein Realismus verhilft ihm dazu, diese Gesamtanschauung durch die Periode der Französischen Revolution hindurch zu bewahren und den neuen Verhältnissen ideologisch anzupassen. Schiller ist ein kleinbürgerlich-idealistischer Revolutionär, dessen revolutionärer Humanismus, dessen ideologischer Ansturm gegen das feudal-absolutistische Deutschland schon vor der Französischen Revolution zum Scheitern kommt. Aus dem Zusammenbruch seiner Jugendideale arbeitet er sich zu einer vielfach ähnlichen Haltung gegenüber der Französischen Revolution durch wie Goethe, aber bei aller inhaltlicher Gemeinsamkeit behält seine Stellungnahme doch weiter eine kleinbürgerlich-idealistische Nuance, die in sämtlichen Fragen von den wichtigsten schöpferischen Problemen bis zu denen des persönlichen Lebens überall zum Ausdruck gelangt. Mehring hat nicht unrecht, wenn er in Schillers kleinlich-kleinbürgerlichem moralisierendem Verhalten zu Goethes Lebensgefährtin Christiane Vulpius den Grund der zunehmenden Kühle in den persönlichen Beziehungen zwischen Goethe und Schiller sieht.

Aber es handelt sich doch hier mehr um ein Symptom dieser Gegensätzlichkeit als um den Grund selbst. Die verschiedenen Äußerungen Goethes und Schillers über ihr persönliches Verhältnis (bei Goethe mehr nachträglich, z. B. in den Gesprächen mit Eckermann, bei Schiller in gleichzeitigen Briefen an Körner und Humboldt) zeigen, daß diese Differenzen auf allen Gebieten und ständig vorhanden waren und sich im Laufe der Zeit immer mehr vertieften. Der Gegensatz zeigt sich bereits in dem entscheidenden Gespräch, mit dem ihre Freundschaft beginnt, in dem Gespräch über Goethes »Metamorphose der Pflanzen«. Wenn hier Schiller das Goethesche »Urphänomen« nicht als Erfahrung, sondern als bloße Idee bezeichnet, also die Goethesche halbmaterialistische Dialektik ins Kantische übersetzte, so war von beiden Seiten große Diplomatie notwendig, um nicht gleich hier zu einem Bruch zu kommen. Derselbe Gegensatz geht durch ihre ganze schöpferische Methode hindurch. Die Charakteristik, die der späte Goethe über die Prinzipien der schöpferischen Methode gibt, ist fast immer – zumeist uneingestanden – gegen Schiller gerichtet; die polemische Spitze kommt freilich nicht selten klar zum Ausdruck, so z. B. wenn Goethe in der »Epoche der forcierten Talente« Schiller und die Romantik in dieser Hinsicht zusammenstellt. Wir führen nur eine sehr bezeichnende Äußerung Goethes aus seiner späten Epoche an: »Es ist ein großer Unterschied, ob der Dichter zum Allgemeinen das Besondere sucht, oder im Besonderen das Allgemeine schaut. Aus jener Art entsteht Allegorie, wo das Besondere nur als Beispiel, als Exempel des Allgemeinen gilt; die letztere aber ist eigentlich die Natur der Poesie; sie spricht ein Besonderes aus, ohne ans Allgemeine zu denken oder darauf hinzuweisen. Wer nun dieses Besondere lebendig faßt, erhält zugleich das Allgemeine mit, ohne es gewahr zu werden, oder erst spät.« (Maximen und Reflexionen).

Freilich bedeutet dieser Gegensatz der Weltanschauungen und der schöpferischen Probleme kein Hindernis der Zusammenarbeit, ja macht sie zeitweilig für beide außerordentlich fruchtbar. Dies um so mehr, als einerseits Schiller über den Zusammenhang der Problematik seines Schaffens mit dem Idealismus sich sehr im klaren war und stets bemüht gewesen ist, diese mit Goethes Hilfe zu korrigieren. Außerordentlich charakteristisch ist hierfür die briefliche Debatte über die Umarbeitung von Schillers Ballade »Die Kraniche des Ibykus«, eine Debatte, in der Schiller die einfachsten anschaulichen Tatsachen, z. B. daß die Kraniche in Zügen fliegen, aus Goethes Kritik erfährt, zugleich aber diese Erkenntnis mit bewundernswerter Raschheit und Entschiedenheit für seine Ballade dichterisch verwertet. Andererseits hat Goethe, bei aller allgemeinen Ablehnung der idealistischen Züge im Schaffen Schillers, bei aller Kritik im einzelnen gegenüber Schiller die höchste Bewunderung für die Energie, mit der dieser aus einem dürftigen Anschauungsmaterial zum Wesentlichen vordringt und dieses Wesentliche dichterisch anschaulich gestaltet. So schreibt er von einer Rheinreise an Schiller, daß die Beobachtung der Wasserfälle die Beschreibung Schillers in der Ballade »Der Taucher« durchaus bestätigt hat. Schiller antwortet darauf sehr charakteristisch: »Ich habe diese Natur nirgends als etwa bei einer Mühle studieren können, aber weil ich Homers Beschreibung von der Charybde genau studierte, so hat mich dieses vielleicht bei der Natur erhalten.«

Im Briefwechsel selbst lassen sich deutlich zwei Perioden

unterscheiden, deren Grenze ungefähr Schillers Übersiedlung nach Weimar (1800) ist. Die Abkühlung erscheint besonders stark von Goethes Seite. Es ist sehr bezeichnend, daß, während er an der Entstehung des »Wallenstein« den lebhaftesten theoretischen und praktischen kritischen Anteil nimmt, seine Kritik an Schillers späteren Dramen sich auf kurze und höfliche Komplimente beschränkt, während Schiller trotz seiner kritischen Bemerkungen über Goethe, die er seinen engeren Freunden gegenüber äußert, an der Entstehung des »Faust« noch immer einen leidenschaftlichen kritischen Anteil nimmt.

Wir können also zusammenfassend sagen, daß die gesellschaftlich-politische Zusammengehörigkeit den Rahmen der gemeinsamen Wirksamkeit Goethes und Schillers bestimmt. Im Zentrum dieser Zusammenarbeit steht das Trachten nach Schaffung einer *bürgerlich-klassischen Kunst.* Die Versuche, die großen theoretischen Probleme der Kunst zu klären, stehen ausnahmslos im Dienst dieser dichterisch-praktischen Frage. Und so sehr Goethe und Schiller, wie wir im folgenden sehen werden, die Analyse der griechischen Kunst und ihrer Theorie dazu ausgenutzt haben, die ganz allgemeinen Gesetze der Kunst, die Gesetze der einzelnen Genres unabhängig von den historischen Bedingtheiten aufzudecken, so sehr ist ihnen beiden jederzeit bewußt, daß die Kunst, der sie zustreben, der Ausdruck jener großen Zeit ist, die mit der Französischen Revolution begonnen hat.

Schiller hat diese Stellung der Kunst in der Zeit, die Aufgabe der Kunst dieser Zeit in seinen »Prolog zum Wallenstein« ganz klar ausgesprochen.

Und jetzt an des Jahrhunderts ernstem Ende,
Wo selbst die Wirklichkeit zur Dichtung wird...
Jetzt darf die Kunst auf ihrer Schattenbühne
Auch höhern Flug versuchen, ja sie muß,
Soll nicht des Lebens Bühne sie beschämen.

Die Gemeinsamkeit dieser Tendenz bei Goethe und Schiller ist um so augenfälliger, als sie in beiden bereits vor ihrer Zusammenarbeit, bereits unter dem Einfluß der Französischen Revolution eingesetzt hat. Goethe hat seinen »Wilhelm Meister« schon vor der Aufnahme der intimen Beziehung zu Schiller im wesentlichen zu Ende geführt, und ist am meisten programmatisch für seine oben geschilderte Stellungnahme zu den gesellschaftlichen Problemen der Epoche. Der »Wilhelm Meister« klingt aus in die begeisterte Propaganda der Kapitalisierung der Landwirtschaft unter freiwilligem Abbau der feudalen Überreste; er klingt aus in die Propaganda der Verschmelzung zwischen den fortgeschrittenen Vertretern des Adels und denen des gebildeten Bürgertums (drei Ehen zwischen Adligen und Bürgerlichen). Freilich ist die erste Konzeption des »Wilhelm Meister« ein Produkt der vorrevolutionären Periode (1778 bis 1785), aber der erste »Wilhelm Meister« behandelt nur die Auseinandersetzung mit Kunst und Theater; die große gesellschaftliche Perspektive gehört ausschließlich der zweiten Fassung an. Ebenso wurde das komische Epos »Reineke Fuchs«, in welchem Hegel mit Recht eine großartige satirische Darstellung der bürgerlichen Gesellschaft erblickt, noch vor der Zusammenarbeit mit Schiller abgeschlossen. Die gleichzeitige Niederschrift der ganz schwachen Komödien gegen die plebejischen Tendenzen der Französischen Revolution (»Die Aufgeregten«, »Der Bürgergeneral«) bildet die notwendige Ergänzung der von uns bereits analysierten politischen Linie Goethes.

Schillers wesentliche poetische Produktion der späteren Periode setzt allerdings erst nach der Zusammenarbeit mit Goethe ein, obwohl schon früher etliche Gedichte entstanden sind (z. B. »Die Götter Griechenlands«), in denen seine neue Tendenz klar zum Ausdruck kommt. Aber die Geschichtsschreibung Schillers steht bereits im Dienst dieser von uns geschilderten Tendenzen. Im Vorwort zum »Abfall der Niederlande« wird klar ausgesprochen, daß eine bürgerliche »Musterrevolution«, eine Revolution wie sie zu sein hat, dargestellt werden soll. Die »Geschichte des Dreißigjährigen Krieges« beschäftigt sich mit einem anderen großen Problem der bürgerlichen Revolution: mit der feudalen Zerrissenheit der nationalen Einheit Deutschlands und mit den Versuchen ihrer Wiederherstellung. Und die Auseinandersetzung Schillers mit Kant, die Serie seiner ästhetischen Schriften ist, wie dies bereits Mehring richtig erkannt hat, eine gedankliche Auseinandersetzung mit den Problemen der Französischen Revolution. Auch gipfelt bekanntlich die theoretisch-ästhetische Tätigkeit Schillers, freilich bereits in der Zeit der Zusammenarbeit mit Goethe, in einer philosophischen Theorie der spezifischen Eigentümlichkeiten der modernen, der bürgerlichen Kunst (»Über naive und sentimentalische Dichtung«).

Diese Tendenzen erstarken in beiden während der gemeinsamen theoretischen und praktischen Tätigkeit. Es entstehen gemeinsame Publikationsorgane zur theoretischen, praktischen und polemischen Propaganda ihrer Anschauungen: »Die Horen«, der »Musenalmanach«, die »Propyläen«, die Bemühungen um Repertoire und Ensemble des Weimarer Theaters usw. Der Briefwechsel zwischen ihnen, insbesondere sein erster Teil, enthält die internen theoretischen Auseinandersetzungen für diese gemeinsame Wirksamkeit, für den Kampf um eine bürgerlich-klassische Kunst.

Im Vordergrund dieser Auseinandersetzungen steht das *Problem der Form.* Deshalb, und weil Goethe und Schiller das Vorbild und die Grundlage für die Lösung des Formproblems stets in der griechischen Kunst gesucht haben, wird ihre gemeinsame Wirksamkeit zumeist mit dem Terminus »Klassizismus« bezeichnet. Wir werden aber im folgenden wiederholt sehen können, daß es bei Goethe und Schiller keineswegs um den Versuch einer einfachen Nachahmung der Antike handelt, sondern um die Erforschung ihrer

Formgesetze und um die Anwendung dieser Formgesetze auf die Stoffe, die den Dichtern die moderne Zeit bietet. Dieser Schritt hinaus über die einfache Nachahmung der Antike, hinaus über ihre mechanische Behandlung als Vorbild auf der Grundlage der Nachahmung von Äußerlichkeiten ist in Deutschland bereits durch Lessing getan worden. Goethe und Schiller gehen aber in dieser Behandlung der Antike wesentlich weiter als Lessing (und Winckelmann). Unter Weiterbildung der Theorie Hirts wird bei ihnen die Kategorie des Charakteristischen als wesentliches Kennzeichen der antiken Kunst herausgearbeitet, wobei sie freilich, im Gegensatz zu Hirt, bestrebt sind, aus dem Charakteristischen ein bloßes Moment der Schönheit zu machen. Sie streben also eine dialektische Synthese des Charakteristischen mit dem Winckelmann-Lessingschen Schönheitsbegriff der rein harmonischen »edlen Einfalt und stillen Größe« an. (Am klarsten sind diese Versuche der Synthese in Goethes Aufsatz »Der Sammler und die Seinigen« ausgesprochen.)

Der Zusammenhang dieser Bestrebungen mit den spezifischen Problemen der Gegenwart wird von Goethe und Schiller klar erkannt und wiederholt ausgesprochen. In einem sehr interessanten Aufsatz »Literarischer Sansculottismus« (1795) wirft Goethe die Frage auf, wer eigentlich ein klassischer Schriftsteller sei und weshalb es in Deutschland keine klassischen Schriftsteller im eigentlichen Sinne geben könne. Er sagt: »Wer mit den Worten, deren er sich im Sprechen oder Schreiben bedient, bestimmte Begriffe zu verbinden für eine unerläßliche Pflicht hält, wird die Ausdrücke *klassischer Autor, klassisches Werk* höchst selten gebrauchen. Wann und wo entsteht ein klassischer Nationalautor? Wenn er in der Geschichte seiner Nation große Begebenheiten und ihre Folgen in einer glücklichen und bedeutenden Einheit vorfindet; wenn er in den Gesinnungen seiner Landsleute Größe, in ihren Empfindungen Tiefe und in ihren Handlungen Stärke und Konsequenz nicht vermißt; wenn er selbst, vom Nationalgeiste durchdrungen, durch ein einwohnendes Genie sich fähig fühlt, mit dem Vergangenen wie mit dem Gegenwärtigen zu sympathisieren; wenn er seine Nation auf einem hohen Grade der Kultur findet, so daß ihm seine eigene Bildung leicht wird; wenn er viele Materialien gesammelt, vollkommene oder nur unvollkommene Versuche seiner Vorgänger vor sich sieht, und so viel äußere und innere Umstände zusammentreffen, daß er kein schweres Lehrgeld zu zahlen braucht, daß er in den besten Jahren seines Lebens ein großes Werk zu übersehen, zu ordnen und in einem Sinne auszuführen fähig ist.« Und Goethe sieht auch ganz klar, daß zur Produzierung dieser gesellschaftlichen Bedingungen des klassischen Schriftstellers die wirkliche Liquidation des Feudalismus, die Durchführung der sozialen Inhalte der bürgerlichen Revolution notwendig ist. In Konsequenz seiner allgemeinen politischen Linie spricht er freilich diese Einsicht nur in negativer Form, aber doch sehr deutlich aus. Er sagt: »Wir wollen die Umwälzungen nicht wünschen, die in Deutschland klassische Werke vorbereiten könnten.«

Die Notwendigkeit, die Probleme der klassischen Kunst von der Formseite aufzuwerfen und zu lösen, ist bereits durch diese Auffassung der gesellschaftlich-politischen Lage und ihrer Aufgaben durch Goethe und Schiller bedingt. Aber diese Notwendigkeit hat noch tiefere, freilich ebenfalls historisch-gesellschaftliche Gründe. Goethe und Schiller haben, indem sie bestimmte gesellschaftliche Tendenzen der Aufklärung weiterführen, eine klare Einsicht in die ungünstige Einwirkung der Entwicklung des Kapitalismus auf die Entwicklung der Kunst. (Denken wir an Schillers Analyse der ungünstigen Wirkungen der kapitalistischen Arbeitsteilung in den »Briefen über ästhetische Erziehung«.) Die Arbeitsteilung zerreißt die unmittelbare Wechselwirkung zwischen Kunst und Gesellschaft, zerstört damit die produktive Einwirkung der Forderungen des Publikums, der allgemeinen Bedingungen der Aufnahmefähigkeit, der gesellschaftlichen Vorbereitung der dichterischen Stoffe, der unmittelbaren gesellschaftlichen Bestimmung der Genres usw. Der Schriftsteller, der sich nicht von den bürgerlich-unmittelbaren, die Form zerstörenden und zersetzenden Tendenzen tragen lassen will, ist in der Frage der Formgebung auf sich selbst gestellt, ja gezwungen, in allen wesentlichen Formproblemen gegen den Strom zu schwimmen. Goethe schreibt über diese Lage des modernen Dichters an Schiller: »Leider werden wir Neueren wohl auch gelegentlich als Dichter geboren, und wir plagen uns in der ganzen Gattung herum, ohne recht zu wissen, woran wir eigentlich sind; denn die spezifischen Bestimmungen sollten, wenn ich nicht irre, eigentlich von außen kommen und die Gelegenheit das Talent determinieren. Warum machen wir so selten ein Epigramm im griechischen Sinn? Weil wir so wenig Dinge sehen, die eins verdienen. Warum gelingt uns das Epische so selten? Weil wir keine Zuhörer haben. Und warum ist das Streben nach theatralischen Arbeiten so groß? Weil bei uns das Drama die einzige sinnlich reifende Dichtart ist, von deren Ausübung man einen gewissen gegenwärtigen Genuß erhoffen kann.«

Aus dieser gesellschaftlichen Lage, aus diesem Fehlen der von Goethe geforderten »Determination von außen« entsteht nach Goethe und Schiller die allgemeine Trübung der Formprobleme, das Schwanken der Kunst zwischen einem empirisch-kriecherischen Realismus und einer manieriert-idealistischen Phantastik, entsteht die allgemeine Verwirrung der Genres, die allgemeine Vermischung der Genres in der modernen Literatur und Kunst. Schiller schreibt über diese Frage an Goethe: »Überhaupt frage ich Sie bei dieser Gelegenheit, ob die Neigung so vieler talentvoller Künstler neuerer Zeiten zum *Poetisieren in der Kunst* nicht daraus zu erklären ist, daß in einer Zeit, wie die unserige, es keinen Durchgang zum Ästhetischen gibt, als durch das Poetische, und daß folglich alle auf Geist Anspruch machenden Künstler, eben deswegen, weil sie nur durch ein poetisches Empfinden geweckt worden sind, auch in der bildenden Darstellung nur eine poetische Imagination zeigen. Das Übel wäre so groß nicht, wenn nicht unglücklicherweise der poetische Geist in unseren Zeiten auf eine der Kunstbildung so ungünstige Art spezifiziert wäre. Aber da auch schon die Poesie so sehr von ihrem Gattungsbegriff abgewichen ist (durch den sie allein mit den nachahmenden Künsten in Berührung steht), ist sie freilich keine gute Führerin der Kunst, und sie kann höchstens negativ (durch Erhebung über die gemeine Natur), aber keineswegs positiv und aktiv (durch Bestimmung des Objekts) auf den Künstler einen Einfluß äußern.« Aus dieser Lage entsteht nach Schillers Auffassung die falsche Doppeltendenz der neueren Kunst: einerseits das Kleben an der unmittelbaren, empirischen Wirklichkeit, ohne bis zu den wesentlichen Bestimmungen des darzustellenden Gegenstands vorzudringen, und andererseits das idealistische Hinausgehen über die sinnliche Wirklichkeit.

Aus derselben Lage entsteht auch die ständige Vermischung der Genres. Goethe sagt in einem Brief an Schiller: »Es ist mir dabei recht aufgefallen, wie es kommt, daß wir Modernen die Genres sosehr zu vermischen geneigt sind, ja, daß wir gar nicht einmal imstande sind, sie voneinander zu unterscheiden ... Diesen eigentlich kindischen, barbarischen, abgeschmackten Tendenzen sollte nun der Künstler aus allen Kräften widerstehen, Kunstwerk von Kunstwerk durch undurchdringliche Zauberkreise sondern, jedes bei seiner Eigenschaft und seinen Eigenheiten erhalten, so wie es die Alten getan haben und dadurch eben solche Künstler wurden und waren. Aber wer kann sein Schiff von den Wellen sondern, auf denen es schwimmt? Gegen Strom und Wind legt man nur kleine Strecken zurück.« Und Goethe führt hier detailliert aus, wie die ganze moderne Kunst auf die Malerei, die ganze moderne Literatur auf das Drama zustrebt und dadurch die Formen der Plastik und des Epischen zersetzt und zerstört.

Es liegt nahe, bei solchen Äußerungen den Klassizismus Goethes und Schillers festzustellen, und zweifellos sind in solchen Tendenzen bestimmte Elemente des Klassizismus vorhanden. Es wäre aber eine grobe Vulgarisierung der Kunstanschauungen Goethes und Schillers, in ihrem Formsuchen nichts anderes als Klassizismus zu erblicken. Wir werden gleich sehen, daß Balzac in seiner Kritik Stendhals ebendieselben Tendenzen zum Malerischen und Dramatischen als spezifische Wesenszeichen des modernen Romans auffaßt und bejaht. Allerdings bekämpfen Goethe und Schiller diese Tendenzen. Das reicht aber nicht aus, um aus ihnen »Klassizisten« zu machen. Denn auch Stendhal stand diesen Tendenzen – gerade bei Balzac – sehr kritisch gegenüber.

Das Hinausgehen über die klassizistischen Tendenzen äußert sich schon darin, daß die Genres in den Augen Goethes und Schillers nicht voneinander mechanisch-starr abgetrennte Gebilde sind, sondern daß Goethe und Schiller gleichzeitig mit der strengen Absonderung der Genres voneinander immer an ihre dialektischen Zusammenhänge denken, an ihre dialektische Verbundenheit. (Daß diese Dialektik besonders bei Schiller idealistisch ist, bringt, wie wir später sehen werden, eine Reihe von Verzerrungen in die Fragestellung und Lösung, ändert aber nicht das methodologische Hinausgehen über die klassizistisch schroffe Trennung der Genres.) Wir erwähnen nur eine Äußerung Schillers an Goethe über den dialektischen Zusammenhang zwischen Tragödie und Epos: »Ich setze noch hinzu: Es entsteht daraus ein reizender Widerstreit der Dichtung als *Genus* mit der *Spezies* derselben, der in der Natur wie in der Kunst immer sehr geistreich ist. Die Dichtkunst als solche macht alles sinnlich gegenwärtig, und so nötigt sie auch den epischen Dichter, das Geschehene zu vergegenwärtigen, nur daß der Charakter des Vergangenseins nicht verwischt werden darf. Die Dichtkunst, als solche, macht alles Gegenwärtige vergangen und entfernt alles Nahe (durch Idealität), und so nötigt sie den Dramatiker, die individuell auf uns eindringende Wirklichkeit von uns entfernt zu halten und dem Gemüt eine poetische Freiheit gegen den Stoff zu verschaffen. Die Tragödie in ihrem höchsten Begriff wird also immer zu dem epischen Charakter *hinauf*streben und wird nur dadurch zur Dichtung. Das epische Gedicht wird ebenso zu dem Drama *herunter*streben und wird nur dadurch den poetischen Gattungsbegriff ganz erfüllen; just, das, was beide zu poetischen Werken macht, bringt beide einander nahe... Daß dieses wechselseitige Hinstreben zueinander nicht in eine Vermischung und Grenzverwirrung ausarte, das ist eben die eigentliche Aufgabe der Kunst, deren höchster Punkt überhaupt immer wieder dieser ist, Charakter mit Schönheit, Reinheit mit Fülle, Einheit mit Allheit usw. zu vereinbaren.« Daraufhin analysiert Schiller Goethes »Hermann und Dorothea« als Epos, das zur Tragödie, und seine »Iphigenie« als Drama, das zum Epos hinstrebt.

Diese dialektische Wechselwirkung der literarischen Genres, diese ihre gegenseitige Bereicherung aneinander ist ein typisches Kennzeichen der literarischen Theorie und Praxis der nachrevolutionären Periode. Vom Standpunkt der Theorie der Genres könnte man sogar den Kern der romantischen Ästhetik in der Betonung, freilich zugleich in der Überbetonung dieses Moments erblicken. Und wenn es den meisten romantischen Schriftstellern und Literaturtheoretikern auch nicht bewußt war, so stammt diese Tendenz eben aus der steigenden Widersprüchlichkeit des modernen bürgerlichen Lebens, die mit der alten Reinheit und Einfachheit der klassischen Form nicht mehr zu bewältigen war.

Die Unwiderstehlichkeit der romantischen Bewegung, die in den ersten Jahrzehnten des 19. Jahrhunderts die ganze europäische Literatur überflutete, beruht gerade darauf, daß sie ein organisches, notwendiges Produkt des heranwachsenden neuen Lebens war. Freilich hat die Romantik, wie bereits hervorgehoben wurde, die Dialektik des Ineinander-Übergehens der Formen bis zur Auflösung derselben, fast bis zur vollständigen Vermischung und Vernichtung der Genres getrieben; sie hat damit die neue Tendenz der entstehenden neuen Lebensformen bis zum äußersten outriert. Die gemeinsame Tendenz der wirklich großen Schriftsteller der Periode von 1789 bis 1848 besteht gerade darin, daß sie diese romantische Tendenz, als ein notwendiges Resultat der neuen Lebensformen, in ihre schöpferische Methode und in ihre Theorie der Literatur aufnehmen, jedoch nur als aufzuhebendes Moment, und daß sie gerade durch Aufhebung der romantischen Tendenzen versuchen, die neue große literarische Form zu schaffen. Der Kampf mit der Romantik ist zugleich der Kampf um die dichterische Bewältigung der neuen Lebensformen.

Dieser Kampf mit der Romantik erfolgt in Theorie und Praxis aller bedeutenden Dichter dieser Periode. Balzac zeigt im Vorwort zur »Comédie humaine« sehr klar die Bedeutung der Walter Scottschen Romantik für sein eigenes Schaffen, und er zeigt zugleich, daß die Überwindung dieser Romantik in Richtung auf einen großen gesellschaftlichen Realismus nur durch dialektische Steigerung und Aufhebung der romantischen Tendenzen möglich ist. Und in seiner außerordentlich bedeutenden Kritik der »Chartreuse de Parme« von Stendhal spricht er klar aus, daß es neben Klassik und Romantik noch eine dritte Richtung der Literatur gibt, die eine Synthese beider Richtungen anstrebt. Er sagt: »Ich glaube nicht, daß ein Gemälde der modernen Gesellschaft möglich wäre mit der strengen Methode der Literatur des 17. und 18. Jahrhunderts. Die Einführung des dramatischen Elementes des Gleichnisses, des Bildes, der Beschreibung, des Dialoges scheint mir unbedingt notwendig in der modernen Literatur.«

Es ist selbstverständlich, daß diese Tendenzen bei Goethe

und Schiller nicht so klar und bewußt hervortreten konnten wie später bei Balzac oder Heine. Die romantische Literaturbewegung als große europäische Kunstrichtung beginnt ja erst nach ihrer gemeinsamen Wirksamkeit; Goethe und Schiller erleben gemeinsam erst die Anfänge der deutschen Romantik, die Versuche der Brüder Schlegel, die romantische Kunst theoretisch zu formulieren, die ersten Werke Tiecks usw. Dazu kommt noch, daß sich Schiller, wie bekannt, vollständig ablehnend zu der Literaturtheorie der Schlegel verhielt. Um so interessanter ist es, daß der Sache nach diese Tendenzen sowohl bei Goethe wie auch bei Schiller auftreten, und daß das spätere Grundproblem der großen europäischen Literatur, die Aufhebung der romantischen Tendenzen zu einem Moment eines großen realistischen Zusammenhangs, bei ihnen bereits vor dem Auftreten der Romantik als besondere literarische Richtung vorhanden ist. (Vergleiche insbesondere den »Wilhelm Meister« und Schillers briefliche Analyse und Kritiken dazu.)

Freilich ist diese Aufhebung hier ebensowenig vollständig gelungen wie bei den späteren großen Schriftstellern dieser Periode. Insbesondere in der späteren Dramatik Schillers, wo die romantischen Motive vor dem Auftreten der Romantik als großer europäischer Literaturströmung deutlich vorhanden sind, ist ihre Überwindung in den seltensten Fällen wirklich gelungen. »Die Braut von Messina« bleibt, trotz aller Versuche Schillers, ihr eine antike Notwendigkeit zu geben, doch das erste »Schicksalsdrama«; »Die Jungfrau von Orleans« zeigt wiederum jene romantische Auflösung der Einheit der dramatischen Form durch stimmungshaftes Zeitkolorit, durch Hineinspielen von Wunderlyrik wie das spätere romantische Drama von Tieck bis Victor Hugo usw. Der Tendenz nach ist freilich die Reduzierung der romantischen Motive auf ein aufgehobenes Moment die vorherrschende Richtung der Theorie und Praxis Goethes und Schillers. Und diese Richtung bestimmt im wesentlichen ihre theoretische Stellungnahme zu allen Stilfragen, die mit Aufnahme und Überwindung der romantischen Motive, mit der Anerkennung des gegenwärtigen Lebens als stoff- und formbestimmendes Moment für die Dichtung zusammenhängen. (Daß der alte Goethe die Romantik schroff ablehnt, hat mit diesem Problem nichts zu tun. Er lehnt die reaktionär-obskurantistisch gewordene deutsche Romantik ab, interessiert sich aber bis an sein Lebensende lebhaft für Walter Scott, Victor Hugo, Manzoni usw.)

Die dichterischen Bestrebungen Goethes und Schillers sowie ihr theoretischer Kampf um die Reinheit der literarischen Form bewegen sich also auf einer widerspruchsvollen Doppellinie. Ihren Ausgangspunkt bildet einerseits die Feststellung der Tatsache, daß alle moderne Kunst ihrem Wesen nach, von der historischen Lage aus, in der sie entstanden ist, unvollkommen, problematisch sein muß. Die großen kunsttheoretischen Abhandlungen ihrer Zusammenarbeit (»Der Sammler und die Seinigen« von Goethe, »Über naive und sentimentalische Dichtung« von Schiller) begründen diese Feststellung theoretisch. Und Goethe kommentiert seinen Aufsatz in einem Brief an Schiller folgendermaßen: »Alle neueren Künstler gehören in die Klasse des *Unvollkommenen* und fallen also mehr oder weniger in die getrennten Rubriken. (Goethe versucht in seinem Aufsatz, die typischen Unvollkommenheiten der modernen Künstler zu systematisieren. Die unten zitierten Bezeichnungen sind ›Rubriken‹ aus diesem System. G.L.)... Wenn man nun den Michelangelo zum *Phantasmisten*, den Correggio zum *Undulisten*, den Raffael zum *Charakteristiker* macht, so erhalten diese Rubriken eine ungeheure Tiefe, indem man diese außerordentlichen Menschen in ihrer Beschränktheit betrachtet und sie doch als Könige oder hohe Repräsentanten ganzer Gattungen aufstellt.« Goethe geht hier noch weiter in der Betonung der Problematik der modernen Kunst, als Schiller in seinem berühmten Aufsatz gegangen ist, denn er will auch in der Renaissance die moderne Problematik, wenngleich auf ganz hoher Stufe, erblicken, während Schiller Shakespeare als naiven, d. h. als einen den Griechen stilistisch verwandten und gleichwertigen Künstler behandelt hat. Andrerseits betrachten Goethe und Schiller die Antike nicht als ein prinzipiell unerreichbares Vorbild, die Vollendetheit der antiken Kunst nicht als etwas a priori für den gegenwärtigen Künstler Unmögliches. Das Studium der Antike, die Entdeckung und Anwendung der Kunstgesetze der Praxis der Antike soll im Gegenteil dazu dienen, durch künstlerische Bewußtheit, durch volle Klarheit über die Gesetze der Formgebung die künstlerische Problematik der modernen Zeit zu überwinden.

Hierin kommt freilich zugleich die idealistische Seite dieser Kunsttheorie deutlich zum Ausdruck. Goethe und Schiller haben zwar zuweilen außerordentlich tiefe und klare Einblicke in den Zusammenhang zwischen der gesellschaftlichen Entwicklung ihrer Gegenwart und der Problematik der modernen Kunst. Sie sind aber nicht imstande, das Problem der künstlerischen Form als ein – freilich nicht mechanisches – Produkt der gesellschaftlichen Entwicklung aufzufassen. Die gesellschaftliche Determination der künstlerischen Form spielt zwar in ihrer Kunsttheorie eine große Rolle, sie sind aber infolge ihrer philosophisch-idealistischen Einstellung nicht imstande, aus ihren eigenen tiefen Einsichten in richtiger Weise alle richtigen Konsequenzen zu ziehen. Sie verirren sich in den idealistischen Utopismus, in der Illusion, Krankheiten, die aus dem gesellschaftlichen Sein entspringen, durch Heilung des künstlerischen Bewußtseins aus der Welt schaffen zu können, in die Illusion, die Problematik der modernen Kunst von der Formseite aus überwinden zu können.

Hierin und nicht in dem Zurückgehen auf die Antike liegt ein gewisser klassizistischer Zug der Ästhetik Goethes und Schillers. Die Erforschung der Kunstgesetze der Antike ist eine durchaus berechtigte und notwendige Tendenz, ohne die wirklich große Kunst schwerlich geschaffen, ohne die die Formgesetze der Kunst unmöglich erkannt werden können. Marx hat die Griechen die »normalen Kinder« der Menschheitsentwicklung genannt und in den großen Kunstschöpfungen der Griechen »Normen und unerreichbare Muster« gesehen. Freilich gilt bei Marx diese Norm nur in »gewisser Beziehung«. Das heißt, Marx fordert, daß die spezifischen Bedingungen, aus denen heraus Stoff und Form einer bestimmten Kunstperiode auf der Grundlage ihres gesellschaftlichen Seins entstehen, genau und konkret untersucht werden, daß also klar erkannt wird, welche Formen für eine bestimmte Periode der Kunstentwicklung angewendet und wie sie angewendet werden können. Marx sagt: »Die Schwierigkeit besteht nur in der allgemeinen Fassung dieser Widersprüche. Sobald sie spezifiziert werden, sind sie schon erklärt.« Die idealistische Grundeinstellung Goethes und Schillers hindert sie, die Spezifikation konsequent durchzuführen.

Freilich steckt auch hinter solcher Unfähigkeit, dieses Problem richtig zu stellen und zu lösen, eine gesellschaftliche Notwendigkeit: die notwendige Problematik der ganzen modernen Kunst. Marx spricht davon, daß »die kapitalistische Produktion gewissen geistigen Produktionszweigen, wie der Kunst und Poesie, feindlich ist«. Diese Feindlichkeit empfinden alle bedeutenden modernen Künstler, und sie empfinden sie um so tiefer, je weiter die kapitalistische Produktion fortschreitet. Gerade die Periode der Französischen Revolution und die gleichzeitig siegreich vordringende industrielle Revolution in England bedeuten auch in dieser Hinsicht einen tiefen Einschnitt in der Entwicklung der modernen bürgerlichen Kunst und Kunsttheorie. Die naive Begeisterung, mit der die großen Realisten des 18. Jahrhunderts das bürgerliche Alltagsleben für die Dichtung erobert, mit der sie, ohne viel über die Form nachzudenken, den Typus des modernen Romans geschaffen haben, hört auf und macht einem erzwungenen Nachdenken über die Problematik dieses Seins und der ihm adäquaten künstlerischen Form Platz.

Dieses Nachdenken bewegt sich auf einer Doppellinie, deren Widersprüchlichkeit den Künstlern und Kunsttheoretikern sehr selten auch nur einigermaßen, und niemals vollständig, bewußt werden konnte. Es handelt sich dabei um die Verflechtung der folgenden beiden Probleme. Entweder soll aus dem Studium der Antike das System jener künstlerischen Gesetzmäßigkeit abgeleitet werden, mit deren Hilfe der Künstler die *spezifische Eigenart* des modernen Lebens ausdrücken kann. Also das Studium der Antike dient dazu, die Formen und die Formgesetzte der *modernen bürgerlichen Periode* zu entdecken und aufzubauen. Oder aber es soll vermittels dieser Erkenntnis ein System allgemeiner »zeitloser« Gesetze erkannt werden, mit deren Hilfe auch in der Gegenwart – trotz der kunstfeindlichen Problematik des gegenwärtigen Lebens – eine klassische Kunst geschaffen werden kann, also die Überwindung der *gesellschaftlich-inhaltlichen Problematik der bürgerlichen Gegenwart* mit Hilfe der schöpferisch erneuerten antiken Form.

Der erste Weg, den von den modernen Künstlern Balzac am konsequentesten verfolgt hat, den auch Goethe in seinem »Wilhelm Meister« und in seinem »Faust« gegangen ist, führt zu der Theorie des modernen Romans, zu der rücksichtlosen Gestaltung der ganzen Problematik und unkünstlerischen Häßlichkeit des modernen Lebens, zur künstlerischen Überwindung dieser Problematik gerade durch das Zuendegehen dieses Weges. Daß dabei doch stets eine tiefe künstlerische Problematik bestehen bleiben muß, hat gerade Balzac am deutlichsten empfunden und klar ausgesprochen. Seine künstlerischen Bekenntnisnovellen, am klarsten sein »Chef d'œuvre inconnu«, zeugen davon, wie das konsequenteste Zuendegehen dieses Weges, den die spezifisch modernen Kunstprinzipien vorschreiben, zu einer Selbstauflösung, zu einer Vernichtung der künstlerischen Form führen muß.

Der andere Weg führt notwendig zu einer gewissen Abwendung von den tiefsten Fragen des modernen Lebens, zu einer gewissen Flucht vor dieser Problematik. Denn soll aus dem Stoff des modernen Lebens ein Formgebilde entstehen, das die antike Klarheit der Linienführung, die antike Einfachheit und Sparsamkeit der Komposition usw. enthält, so muß schon der Stoff von dieser ihm innewohnenden Problematik gereinigt und damit zu einem gewissen Abstand von den Zentralfragen des modernen Lebens gebracht werden. Goethes »Hermann und Dorothea« ist das typische Produkt dieses zweiten Weges, zweifellos jenes größere Werk Goethes, in welchem er der antiken Einfachheit und Größe künstlerisch am nächsten gekommen ist. Er hat aber dieses Ziel nur um den Preis erreicht, daß er das erstrebte Epos zur Idylle verengte. Er hat ungewollt – und unerkannt sowohl von ihm wie von Schiller – die tiefe Einsicht Schillers aus »Naive und sentimentalische Dichtung« bestätigt, die Elegie, Satire und Idylle als die typischen Formen des Modern-Sentimentalischen dargestellt und begründet hat. Trotz antiker Form ist »Hermann und Dorothea« ebenso sentimentalisch-problematisch wie der »Wilhelm Meister«, nur in anderer Weise.

Diese Gegenüberstellung von »Hermann und Dorothea« und »Wilhelm Meister« spielt eine große Rolle in dem Briefwechsel zwischen Goethe und Schiller. Beide sind sich klar darüber, daß der »Wilhelm Meister« der erste große Versuch ist, die Probleme des modernen bürgerlichen Lebens in Deutschland in bewegter Totalität, als umfassendes Gesamtbild darzustellen, daß mit »Wilhelm Meister« der neue Typus eines großen modernen Romans entstanden ist. Beide erkennen, daß die Größe dieses Romans gerade darin besteht, die Totalität dieser Probleme in einem großen epischen Zusammenhang zu gestalten, daß dementsprechend der »Wilhelm Meister« ein Roman ist, dessen Form ununterbrochen zur Größe des Epos hinaufstrebt. Sie haben damit ein wesentliches Kennzeichen des modernen Romans erkannt. Hegel nannte später den Roman die »moderne Epopöe«. Goethe und Schiller haben aber nicht erkannt und konnten nicht erkennen, daß das Mißlingen dieses Hinaufstrebens des Romans zum Epos ein Wesenszeichen und nicht ein »Fehler« des Romans ist. Von Fehler kann man nur insofern sprechen, als man von der künstlerischen Problematik der ganzen Kunst der bürgerlichen Periode spricht. Nur insofern man erkennt, daß die adäquate künstlerische Widerspiegelung eines in solcher Weise notwendig widerspruchsvollen Stoffes bloß eine in sich widerspruchsvolle Form, wie der bürgerliche Roman, sein kann, eine Form, deren Größe und Vollendung gerade in dem konsequenten Zuendeführen der ihr zugrunde liegenden Problematik liegt.

Goethe und Schiller haben diese Problematik der künstlerischen Form des Romans auch in der hohen Vollendung des »Wilhelm Meister« erkannt. Und sie haben die formale Tatsache, nämlich das Hinaufstreben zum Epos und das Mißlingen dieses Hinaufstrebens, ebenfalls klar gesehen. Aber sie haben, aus einseitiger Befangenheit in dem Ideal des antiken Epos, diese richtige Erkenntnis falsch, als »Fehler« des »Wilhelm Meister« bewertet. Goethe spricht unwillig von »Wilhelm Meister« als »Pseudoepos«. Und Schiller spricht in einem Brief, in welchem er seinen endgültigen Gesamteindruck über den »Wilhelm Meister« zusammenfaßt, sehr klar die Begründung dieser einseitigen Auffassung aus. Er schreibt: »Auch den Meister habe ich ganz kürzlich wieder gelesen, und es ist mir noch nie so auffallend gewesen, was die äußere Form doch bedeutet. Die Form des Meister, wie überhaupt jede Romanform, ist schlechterdings nicht poetisch, sie liegt ganz nur im Gebiete des Verstandes, steht unter allen seinen Forderungen und partizipiert auch von allen seinen Grenzen. Weil es aber ein echt poetischer Geist ist, der sich dieser Form bediente und in dieser Form der poetischen Zustände ausdrückte, so entsteht ein sonderbares Schwanken zwischen einer prosaischen und poetischen Stimmung, für das ich keinen rechten Namen weiß. Ich möchte sagen: es fehlt dem Meister (dem Roman nämlich) an einer gewissen poetischen Kühnheit, weil er, als Roman, es dem Verstande immer recht machen will – und es fehlt ihm wieder an einer eigentlichen Nüchternheit (wofür er doch gewissermaßen die Forderung rege macht), weil er aus einem poetischen Geiste geflossen ist.« Und er stellt dieser Problematik des »Wilhelm Meister« die Vollendetheit von »Hermann und Dorothea« gegenüber. »Wer fühlt nicht alles das im Meister, was den Hermann so bezaubernd macht? Jenem fehlt nichts, gar nichts von Ihrem Geiste, er ergreift das Herz mit allen Kräften der Dichtkunst und gewährt einen immer sich erneuernden Genuß, und doch führt mich der Hermann (und zwar bloß durch seine rein poetische Form) in eine göttliche Dichterwelt, da mich der Meister aus der wirklichen Welt nicht ganz herausläßt.«

Es ist sehr charakteristisch, daß Schiller diesen Gegensatz rein auf die Form zurückführt und nicht sieht, daß hinter der verschiedenen Formgebung in beiden Werken verschiedene Stellungnahmen zum Lebensstoff selbst verborgen sind; damit verzerrt er in idealistischer Weise seine sonst so tiefe Konzeption von der Form. Es ist aber ebenso charakteristisch, daß Goethe auf diese Kritik mit dem Ausdruck seiner vollkommenen Übereinstimmung reagiert. Er schreibt: »Es freut mich, daß Hermann in Ihren Händen ist und daß er sich hält. Was Sie vom Meister sagen, verstehe ich recht gut, es ist alles wahr, und noch mehr. Gerade seine Unvollkommenheit hat mir am meisten Mühe gemacht. Eine reine Form hilft und trägt, da eine unreine überall hindert und zerrt. Er mag indessen sein, was er ist, es wird mir nicht leicht wieder begegnen, daß ich mich im Gegenstand und in der Form vergreife, und wir wollen abwarten, was uns der Genius im Herbste des Lebens gönnen mag.« Goethe bewertet also hier den »Wilhelm Meister« als einen »Fehlgriff«. Beide entscheiden sich ohne Schwankungen für »Hermann und Dorothea« gegen »Wilhelm Meister«, für das zur Idylle verkleinerte Epos gegen den großen modernen Roman.

Wäre diese ihre Entscheidung in theoretischer und praktischer Hinsicht konsequent durchgeführt gewesen und geblieben, so könnte man wirklich vom Klassizismus ihrer gemeinsamen Tendenzen sprechen. Obwohl freilich auch »Hermann und Dorothea« dem Wesen nach viel weniger klassizistisch ist, als Goethe und Schiller in dieser ihrer Formbegeisterung vermeinten. Und dort, wo Goethe wirklich bestrebt war, aus der Formenerkenntnis der Antike heraus »echt klassische« Werke zu schaffen, ist er gescheitert. Er war viel zu sehr modern-realistischer Künstler, um den gegenwärtigen Lebensstoff jemals wirklich vergessen oder beiseite schieben zu können. »Hermann und Dorothea« verdankt seine Existenz und seine Form ebenso der Französischen Revolution wie das bewußt in klassizistischer Richtung gestaltete Drama »Die natürliche Tochter«. Und es ist kein Zufall, daß jene Pläne Goethes, die fast ganz rein aus Formenerkenntnis und Formbegeisterung entstanden (»Achilleis«), Fragmente blieben. Für Schiller ist diese Tendenz zur reinen Form viel gefährlicher geworden (»Die Braut von Messina«), obwohl auch bei ihm nicht zu verkennen ist, daß die Grundlage seiner späteren Dramen immer wieder die großen Probleme der Epoche bilden (Frage der nationalen Einheit usw.) Man würde aber ins entgegengesetzte, falsche und unhistorische Extrem verfallen, wenn man in der »klassizistischen« Tendenz Goethes und Schillers nun einen bloßen »Fehler« sähe. Es steckt hinter dieser widerspruchsvollen Fragestellung Goethes und Schillers eben doch das große zentrale Problem der modernen Kunst des 19. Jahrhunderts: die Frage der künstlerischen Überwindung der Häßlichkeit, des unkünstlerischen Charakters des bürgerlichen Lebens. Und will man diese Periode der modernen Kunstentwicklung richtig verstehen – und Goethes und Schillers gemeinsame Wirksamkeit leitet diesen letzten großen Aufschwung der bürgerlichen Kunst ein und bildet in vieler Hinsicht ihren Gipfelpunkt –, so muß man die realistischen Tendenzen in Goethes und Schillers »Klassizismus« trotz ihrer gewissen fluchtartigen Tendenzen, trotz bestimmter idealistischer Verzerrungen in ihren Problemlösungen richtig bewerten.

Bei Goethe liegen die Fragen viel offener und klarer als bei Schiller. Goethe ist zeit seines Lebens ein bedeutender Realist gewesen. Die Wendung zur klassizistischen Reinigung des Lebensstoffes ist bei ihm ein bewußtes Ausweichen vor den letzten tragischen Widersprüchen und Konflikten, die ihm das moderne Leben gestellt hat. Er spricht dies ganz offen aus, wenn er in einem Brief an Schiller über seine Unfähigkeit spricht, eine Tragödie zu schreiben: »Ich kenne mich zwar nicht selbst genug, um zu wissen, ob ich eine wahre Tragödie schreiben könnte; ich erschrecke aber bloß vor dem Unternehmen und bin beinahe überzeugt, daß ich mich durch den bloßen Versuch zerstören könnte.« Goethe sagt also hier sehr deutlich, daß sein Ausweichen vor den letzten Konsequenzen der Widersprüchlichkeit des modernen Lebens keineswegs auf künstlerische Erwägungen, auf Formprinzipien zurückgeht. Diese sind bloße Konsequenzen seiner Grundhaltung zum modernen Leben, und seine größten Werke sind gerade dadurch entstanden, daß er in entscheidenden Momenten diesen seinen Lebensinstinkt immer wieder überwunden hat.

Komplizierter liegt die Frage bei Schiller. Schiller war ein geborener Tragiker, dessen Lebenselement der Widerspruch in seiner tragischen Zuspitzung gewesen ist. Bei ihm scheint also die klassizistische Neigung rein aus Formerwägungen entstanden zu sein. Aber der Schein trügt. Einerseits entsteht diese Tendenz aus seiner politischen Stellungnahme zu den Problemen der nachrevolutionären Periode, aus seiner Ablehnung der revolutionären Methode des Sturzes des Feudalismus. Dadurch scheidet aus seiner Stoffwelt das tiefste tragische Problem seiner Epoche aus, und man kann, wenn man den »Wilhelm Tell« mit seinen Jugenddramen vergleicht, die formalen Konsequenzen dieser politischen Wendung sehr deutlich sehen. Andrerseits wird Schillers richtige Fragestellung in bezug auf die stilistische Bewältigung der Probleme des modernen Lebens durch seinen philosophischen Idealismus verzerrt.

Goethe und Schiller führen stets einen berechtigten und richtigen Kampf gegen den kleinlichen photographischen Naturalismus ihrer Zeitgenossen. Dieser Kampf verzerrt sich aber bei dem philosophischen Idealisten Schiller zuweilen zu einer schroff antithetischen, ausschließenden Gegenüberstellung von »Wahrheit« und »Wirklichkeit«. Er sagt in der Einleitung zur »Braut von Messina« über das Verhältnis von Kunst und Wirklichkeit: die Kunst kann »wahrer sein als alle Wirklichkeit und realer als alle Erscheinung. Es ergibt sich daraus von selbst, daß der Künstler kein einziges Element aus der Wirklichkeit brauchen kann, wie er es findet, daß sein Werk in *allen* seinen Teilen ideell sein muß, wie es als ein Ganzes Realität haben und mit der Natur übereinstimmen soll«. Als philosophischer Idealist, der den Weg vom subjektiven Idealismus zum objektiven gesucht hat, konnte Schiller das Hinausgehen über die kleinliche Reproduktion der unmittelbaren Wirklichkeit nicht anders formulieren, als indem er die wesentlichen Bestimmungen des Lebens, die die Kunst gestalten soll, von jedem Zusammenhang mit dem Leben loslöst und als Bestandteile einer Ideenwelt auffaßt. Diese allgemeine Verzerrung der Probleme ins Idealistische steigert sich bei Schiller noch dadurch, daß er zwischen einer großartigen objektiven Auffassung der Widersprüche des historischen Lebens und einer moralisierenden

Verengung dieser Probleme – philosophisch zwischen einem objektiven Idealismus, der aus ihm einen der wichtigsten Vorläufer Hegels macht, und einer bloßen Nachfolge, Auslegung und Anwendung des kantischen subjektiven Idealismus – hin und her schwankt. Seine künstlerische Praxis ist somit ein ziemlich genaues Spiegelbild seiner philosophischen Zwischenstellung zwischen Kant und Hegel. Neben monumentalen, zusammenfassend großartig historischen Gemälden, wie sie die dramatische Literatur seit Shakespeare nicht gekannt hat, findet man Verzerrungen der großen historischen Zusammenhänge in ein kleinliches, subjektives kantisches Moralisieren. Man denke etwa daran, wie großzügig historisch die Königin Elisabeth in »Maria Stuart« ursprünglich angelegt war, und was in der Ausführung aus ihr geworden ist.

Das trotz dieser weltanschaulichen Verzerrungen berechtigte Grundproblem Goethes und Schillers ist also die Auffassung und Darstellung der wirklichen großen Widersprüche des modernen Lebens, die Erkenntnis, daß das kleinliche und allzu genaue Kleben an den Details des Alltagslebens ein Hindernis für die Gestaltung der großen Probleme in ihrer reinen Gestalt bildet. Ebenso berechtigt ist ihre Erkenntnis, daß das moderne bürgerliche Leben in dieser Beziehung einen gefährlich widerspruchsvollen Stoff für die Kunst bietet. Und zwar in doppelter Hinsicht. Es ist sehr interessant zu beobachten, daß Schiller trotz seiner idealistisch-philosophischen Tendenzen diese Doppelgefahr – den kleinlichen Pseudorealismus und die leer-idealistische Stilisierung (Rhetorik, Phantastik usw.) – ganz klar sieht und über die Gefährlichkeit der Tendenz der zweiten Art für sein eigenes Schaffen sich vollständig im klaren ist. Er befürchtet z. B. bei der Arbeit am »Wallenstein«, in eine gewisse Trockenheit zu verfallen. Diese Trockenheit, schreibt er an Goethe, »entstand aus einer gewissen Furcht, in meine ehemalige rhetorische Manier zu fallen, und aus einem zu ängstlichen

Bestreben, dem Objekte recht nahe zu bleiben... Es ist daher viel nötiger als irgendwo, wenn beide Abwege, das *Prosaische* und das *Rhetorische*, gleich sorgfältig vermieden werden sollen, eine recht reine poetische Stimmung zu erwarten.«

Den Ausweg aus diesen Schwierigkeiten suchen Goethe und Schiller eben durch die Erforschung der Formgesetze der antiken Kunst als Gesetze der Kunst überhaupt. Aber dieses Suchen ist nur scheinbar ein bloßes Suchen der Form. Der Formbegriff, mit dem Goethe und Schiller arbeiten, ist aufs allerengste mit den entscheidenden Problemen des Inhalts verknüpft. Mag die Formulierung des dialektischen Wechselverhältnisses zwischen Form und Inhalt bei Goethe und Schiller oft noch so mangelhaft oder idealistisch verzerrt sein, ihre Grundtendenz geht dahin, das dialektische Wechselverhältnis zwischen Form und Inhalt zu bestimmen.

Schiller formuliert die Bestrebungen beider in einem Brief an Goethe in zwei Punkten. Der erste Punkt ist die Bestimmung des künstlerischen Gegenstandes. »Vorderhand scheint mir, daß man mit großem Vorteil von dem Begriff der *absoluten Bestimmtheit des Gegenstandes* ausgehen könnte. Es würde sich nämlich zeigen, daß alle durch eine ungeschickte Wahl des Gegenstandes verunglückten Kunstwerke an einer solchen Unbestimmtheit und daraus folgenden Willkürlichkeit leiden.« Diese Bestimmung des Problems des künstlerischen Gegenstands, die Goethe von dieser Periode ab, oft mit einer pedantischen Genauigkeit verfolgte, leitet hinüber zu der Konkretierung der spezifischen Formprobleme, der Probleme der Genres. Schiller sagt darüber, anschließend an die oben zitierte Bemerkung: »Verbindet man mit diesem Satz nun den andern, daß die Bestimmung des Gegenstands jedesmal durch die Mittel geschehen muß, welche einer Kunstgattung eigen sind, daß sie innerhalb der besonderen Grenzen einer jeden Kunstspezies absolviert werden muß, so hätte man, deucht mir, ein hinlängliches Kriterium, um in der Wahl der Gegenstände nicht irregeleitet zu werden.« Man sieht also, daß bei Goethe und Schiller auch die Formprobleme im engeren Sinne aus der Beschaffenheit des künstlerischen Gegenstandes abgeleitet werden.

Goethe und Schiller lernen von den Griechen primär nicht einzelne formelle Eigentümlichkeiten (wie z. B. der französische Klassizismus des 17. Jahrhunderts es oft getan hat), sondern das künstlerische Grundgesetz, daß jedes Kunstwerk die wesentlichen Bestimmungen seines Gegenstandes klar und mit Notwendigkeit auszudrücken habe, daß die Kunst sich einerseits nicht in Details verlieren darf, die mit diesen wesentlichen Bestimmungen nur lose oder überhaupt nicht zusammenhängen, daß sie aber andrerseits diese Bestimmungen vollständig und in ihrem richtigen Zusammenhang auszudrücken habe, daß jede Unklarheit oder subjektive Willkür in der Gestaltung dieser Bestimmungen für die Kunst verhängnisvoll werden muß.

Der spezifische Charakter der einzelnen Genres wird von diesem Grundgesetz abgeleitet. Die Eigentümlichkeit der Gegenstände, die Eigentümlichkeit des Zusammenhangs ihrer wesentlichen Bestimmungen schreibt bestimmte Formen des künstlerischen Ausdrucks vor. Solche typische Formen des künstlerischen Ausdrucks sind die Genres. Und es ist sehr interessant, im Laufe des Briefwechsels zu beobachten, wie leidenschaftlich und tief Goethe und Schiller jeden einzelnen Stoff daraufhin untersuchen, in welcher Form er die maximale, ja die einzig mögliche Art seines adäquaten Ausdrucks erhalten könne. Wir haben bereits in einem anderen Zusammenhang darauf hingewiesen, daß die Trennung der Genres bei Goethe und Schiller zwar sehr scharf, aber keineswegs schroff-mechanisch ist. Die Kritik, die Schiller an den Tragödien des italienischen Klassizisten Alfieri übt, zeigt, daß für sie beide das bloß abstrakte Herausarbeiten der wesentlichen Momente des Stoffes, selbst wenn dies den Gesetzen des betreffenden Genres entspricht, keineswegs ausreicht, daß sie dieses Herausarbeiten der wesentlichen Bestimmungen im griechischen und nicht im klassizistischen Sinne, also im Sinne eines großen Realismus und nicht im Sinne einer abstrakten Stilisierung, aufgefaßt haben. Schiller sagt über Alfieri: »Ein Verdienst muß ich ihm auf jeden Fall zugestehen, welches aber freilich zugleich einen Tadel enthält. Er weiß einem den Gegenstand zu einem poetischen Gebrauch zuzubringen und erweckt die Lust, ihn zu bearbeiten: ein Beweis zwar, daß er selbst nicht befriedigt, aber doch ein Zeichen, daß er ihn aus der Prosa und Geschichte glücklich herausgewunden hat.«

Die Theorie der Genres, die bei Goethe und Schiller mit einem erneuten und vertieften Studium der Poetik von Aristoteles zusammenhängt, geht auch von diesem Zentralproblem aus. Schiller formuliert seine Sympathie mit Aristoteles durchaus in aktuellem Sinn, im Sinne seines Kampfes gegen die Doppelgefahr in der modernen Kunst: »Der Aristoteles ist ein wahrer Höllenrichter für alle, die entweder an der äußeren Form sklavisch hängen oder die über alle Form sich hinwegsetzen.« Und er lobt Aristoteles besonders darum, weil er in der Fabel, in der Verknüpfung der Begebenheiten das zentrale Problem der ganzen Poesie erblickt. Er formuliert nun dieses Problem als Resultat seiner Studien und seiner dichterischen Arbeit am Wallensteinstoff folgendermaßen: »Ich finde, je mehr ich über mein eigenes Geschäft und über die Behandlungsart der Tragödie bei den Griechen nachdenke, daß der ganze Cardo rei in der Kunst liegt, eine poetische Fabel zu erfinden. Der Neuere schlägt sich mühselig und ängstlich mit Zufälligkeiten und Nebendingen herum, und über dem Bestreben, der Wirklichkeit recht nahezukommen, beladet er sich mit dem Leeren und Unbedeutenden, und darüber läuft er Gefahr, die tiefliegende Wahrheit zu verlieren, worin eigentlich alles Poetische liegt. Er möchte gerne einen wirklichen Fall nachahmen und bedenkt nicht, daß eine poetische Darstellung mit der Wirklichkeit eben darum, weil sie absolut wahr ist, niemals koinzidieren kann.«

Wie streng Goethe und Schiller in ihrer Zusammenarbeit diese entscheidend wichtige Forderung der künstlerischen Gestaltung, die entscheidende Rolle der Fabel, der Handlung in Epik und Dramatik genommen haben, können wir aus der Kritik sehen, die Schiller an Goethe über dessen Eposprojekt »Die Jagd« schrieb (Goethe hat im hohen Alter aus diesem Stoff seine »Novelle« geschrieben): »Ich erwarte Ihren Plan mit großer Begierde. Etwas bedenklich kommt es mir vor, daß es Humboldt damit auf dieselbe Art ergangen ist wie mir, ungeachtet wir vorher nicht darüber kommuniziert haben. Er meint nämlich, daß es dem Plan an individueller epischer Handlung fehlt. Wie Sie mir zuerst davon sprachen, so wartete auch ich immer auf die eigentliche Handlung; alles, was Sie mir erzählten, schien mir nur der Eingang und das Feld zu einer solchen Handlung zwischen einzelnen Hauptfiguren zu sein, und wie ich nun glaubte, daß diese Handlung angehen sollte, waren Sie fertig.« Hier ist zugleich eine vernichtende und heute noch akutelle Kritik jener in der Niedergangsperiode der Bourgeoisie vorherrschend gewordenen erzählenden Gestaltungsweise enthalten, die meint, mit der Darstellung eines Milieus und mit der Beschreibung eines in diesem Milieu üblichen allgemeinen Geschehnisses die Erfindung und Gestaltung einer wirklichen individuellen Fabel, die gerade in ihrer Individualität das typische Problem dieses Stoffes in seinen wesentlichen Bestimmungen ausdrückt, umgehen zu können.

Selbstverständlich begnügten sich Goethe und Schiller nicht mit dieser grundlegenden Bestimmung des Problems der Gestaltung in der Literatur. Ihr Hauptbestreben war gerade darauf gerichtet, innerhalb dieser Gemeinsamkeit die tiefgehende innere Verschiedenheit von Epik und Dramatik aufzudecken. Als Zusammenfassung einer langwierigen und außerordentlich interessanten brieflichen Diskussion hat Goethe seine kurze, sehr inhaltsreiche Abhandlung »Über epische und dramatische Dichtung« geschrieben. Er versucht in dieser Abhandlung, die allgemeinsten Formgesetze von Epik und Dramatik zu formulieren, indem er sowohl das Gemeinsame wie das Unterscheidende energisch hervorhebt. »Der Epiker und Dramatiker sind beide den allgemeinen poetischen Gesetzen unterworfen, besonders dem Gesetze der Einheit und dem Gesetze der Entfaltung; ferner behandeln sie beide ähnliche Gegenstände und können beide alle Arten von Motiven brauchen; ihr großer wesentlicher Unterschied beruht aber darin, daß der Epiker die Begebenheit als *vollkommen vergangen* vorträgt und der Dramatiker sie als *vollkommen gegenwärtig* darstellt.«

Damit trifft Goethe einen der allertiefsten bestimmenden Unterschiede von Epik und Dramatik. Und er illustriert diesen Gegensatz außerordentlich plastisch, wenn er von den personifizierten Vortragenden der beiden Genres, von dem Rhapsoden und dem Mimen ausgeht. (Die Tatsache, daß diese formalen Unterschiede und ihre Personifizierung auch bei Goethe sich idealistisch verselbständigen, daß der Mime und der Rhapsode sich von der gesellschaftlichen Grundlage etwas ablösen, ändert an der wesentlichen Richtigkeit der Goetheschen Gegenüberstellung nichts Entscheidendes.) Diese Gegenüberstellung konkretisiert Goethe in bezug auf die Art der Handlungsführung, indem er die in der Dichtung möglichen Motive der Handlungsführung systematisiert und jene, die vorwiegend episch oder dramatisch sind, von denen absondert, die in beiden Gattungen vorkommen könnten. Es ist nun sehr einfach und einleuchtend, daß die Gegenüberstellung des Vergangenen beziehungsweise Gegenwärtigen Goethe dazu führt, in den vorwärtsschreitenden Motiven, welche die Handlung fördern, die spezifisch-dramatischen, in den rückwärtsschreitenden, welche die Handlung von ihrem Ziele entfernen, die vorwiegend epischen zu erblikken.

Er kommt zu dieser Gegenüberstellung von dem Studium der Homerischen Gedichte, insbesondere von dem der Odyssee, und es ist sehr interessant, zu verfolgen, wie tief die Konzeption dieser Gegenüberstellung gerade mit seiner Konzeption des modernen Romans zusammenhängt, obwohl er die Romanform als problematisch betrachtet und in dem »Wilhelm Meister« bloß ein Pseudoepos sieht. Durch die Veränderung aller gesellschaftlichen Umstände, die den Gegensatz zwischen antikem Epos und modernem Roman hervorbringen, bekommt das rückwärtsschreitende Motiv für den modernen Roman eine ganz andere Bedeutung als für das antike Epos. Das Vorherrschen dieses Motivs im modernen Roman, wo es sich um den Kampf von Individuen innerhalb der Gesellschaft handelt, ist ein genaues Spiegelbild einer der zentralen Fragen des modernen bürgerlichen Romans, der Frage der Unmöglichkeit, einen aktiven positiven Helden zu gestalten. Das rückwärtsschreitende Motiv war im antiken Epos die objektive Schwierigkeit der Erfüllung eines großen, allgemein-nationalen, allgemein-gesellschaftlichen Schicksals. (Man denke in erster Linie an die Ilias.) Im bürgerlichen Roman drückt dieses Motiv die Herrschaft der gesellschaftlichen Umstände über das Individuum, das Sich-Auswirken der gesellschaftlichen Notwendigkeit durch die Kette scheinbarer Zufälligkeiten im Leben des Individuums aus. Schiller analysiert in sehr interessanter Weise, warum Lothario, die positivste Gestalt im »Wilhelm Meister« unmöglich den Hauptthelden abgeben könne. Er sieht zwar vorwiegend die formalen und psychologischen Ursachen dazu, hinter seinen Argumenten steckt aber das richtige Gefühl, daß eine so als ganz positiv konzipierte Gestalt sich im bürgerlichen Leben unmöglich als Mittelpunkt einer Handlung, durch Handlung ausdrücken könnte, daß gerade Wilhelm Meister durch seine Schwächen und Halbheiten viel besser geeignet ist, Träger einer solchen, die ganze Wirklichkeit umfassenden, alle wesentlichen Menschen und menschliche Verhältnisse lebendig einbeziehenden Handlung zu sein.

Diese Gegenüberstellung, die Goethe und Schiller im Laufe des Briefwechsels in den verschiedensten Formulierungen variieren, wird bei ihnen auf eine ganze Reihe der wichtigsten spezifischen Probleme von Epik und Dramatik angewendet. Es ist hier unmöglich, diese Anwendungen auch nur andeutend anzuführen. Wir verweisen nur auf einige sehr bezeichnende Beispiele. Goethe betont z. B. den großen Unterschied zwischen der Exposition in Epik und Dramatik. Er sagt: »So hat auch das epische Gedicht den großen Vorteil, daß seine Exposition, sie mag noch so lang sein, den Dichter gar nicht geniert, ja, daß er sie in die Mitte des Werkes bringen kann, wie dies in der Odyssee sehr künstlich geschehen ist. Denn auch diese retrograde Bewegung ist wohltätig; aber eben deshalb, dünkt mich, macht die Exposition dem Dramatiker viel zu schaffen, weil man von ihm ein ewiges Fortschreiten fordert, und ich würde das den besten dramatischen Stoff nennen, wo die Exposition schon ein Teil der Entwicklung ist.«

Schiller wendet nun diese Einsichten ununterbrochen auf seine eigene Praxis und auf die theoretische Formulierung dieser Praxis an. Und er nähert sich beim Zuendedenken dieser Probleme des dramatischen Aufbaus immer mehr jener Form des analytischen Dramas, die später für die Entwicklung der bürgerlichen Tragödie (insbesondere bei Hebbel und Ibsen) außerordentlich wichtig geworden ist. Er schreibt über dieses Thema: »Ich habe mich dieser Tage viel damit beschäftigt, einen Stoff zur Tragödie aufzufinden, der von der Art des Ödipus Rex wäre und dem Dichter die nämlichen Vorteile verschaffte. Diese Vorteile sind unermeßlich, wenn ich auch nur den einzigen erwähne, daß man die zusammengesetzteste Handlung, welche der tragischen

Form ganz widerstrebt, dabei zugrunde legen kann, indem diese Handlung ja schon geschehen ist und mithin ganz jenseits der Tragödie fällt. Dazu kommt, daß das Geschehene, als unabänderlich, seiner Natur nach viel fürchterlicher ist und die Furcht, daß etwas *geschehen sein* möchte, das Gemüt ganz anders affiziert, als die Furcht, daß etwas geschehen möchte. Der Ödipus ist gleichsam nur eine tragische Analysis. Alles ist schon da, und es wird nur herausgewikkelt. Das kann in der einfachsten Handlung und in einem sehr kleinen Zeitmoment geschehen, wenn die Begebenheiten auch noch so kompliziert und von Umständen abhängig waren.« Auch hier ist sehr klar ersichtlich, wie sehr das Lernen von der Antike, die Erforschung ihrer künstlerischen Gesetzmäßigkeiten von den spezifischen Bedürfnissen der modernen Kunst bedingt war.

Besonders interessant sind jene Bemerkungen Goethes und Schillers, die sich, von diesen Gesichtspunkten ausgehend, darauf richten, welche Momente eines bestimmten Stoffes für die dichterische Bearbeitung überhaupt und für die epische beziehungsweise dramatische Bearbeitung im besonderen geeignet sind. Auch hier nimmt die Kritik Goethes und Schillers viele spätere falsche und unkünstlerische Tendenzen der Literatur vorweg und bewahrt eine aktuelle Bedeutung auch für die Gegenwart. Ich führe nur ein Beispiel an. Goethe untersucht – als theoretische Grundlage für seine »Achilleis« – die Frage: »ob zwischen Hektors Tod und der Abfahrt der Griechen von der trojanischen Küste noch ein episches Gedicht inneliege oder nicht?« Von seinen Resultaten ist das bemerkenswerteste: »Die Eroberung von Troja selbst ist, als ein Erfüllungsmoment eines großen Schicksals, weder episch noch tragisch und kann bei einer echten epischen Behandlung nur immer vorwärts oder rückwärts in der Ferne gesehen werden. Virgils theoretisch-sentimentale Behandlung kann hier nicht in Betracht kommen.« Der Versuch, solche Erfüllungsmomente zu gestalten, ist eine der typischen Schwächen und Stillosigkeiten der späteren bürgerlichen Literatur. (Man denke an Flauberts »Salammbô«, an einiges von Zola usw.)

So ist die Grundlinie der Erforschung der Gesetze der Kunst durch das Studium der Antike bei Goethe und Schiller immer auf eine Theorie der spezifisch modernen Kunst gerichtet oder ist wenigstens, auch dort, wo formal und thematisch der größte Gegensatz zu walten scheint, aufs innigste mit den Problemen der modernen Kunst verbunden. Daß die Kunsttheorie Goethes und Schillers die Überwindung der spezifischen Häßlichkeit und des spezifischen unkünstlerischen Charakters des bürgerlichen Lebens mitunter in einer etwas formalen Weise, in einer vom Realismus wegführenden Richtung sucht, hebt die Grundtatsache nicht auf. Insbesondere muß man sich hüten, die oft übertriebenen zugespitzten Formulierungen gegen den vulgären Realismus ihrer Zeitgenossen allzu wörtlich zu nehmen und aus ihnen eine Tendenz zu einem vollständigen Antirealismus abzuleiten, wie dies viele bürgerliche Interpreten tun.

Die sehr bedeutsamen formalen Bemerkungen Goethes und Schillers über die Änderungen, die die Umschreibungen prosaischer Szenen in Verse verursachten (bei der Arbeit am »Wallenstein« beziehungsweise am »Faust«), sind gerade in ihrer großen Konkretheit das Gegenteil eines Formalismus: sie zeigen jene inhaltlichen und strukturellen Veränderungen auf, die mit der Versform verknüpft sind, und tragen somit auch dazu bei, die Theorie des dichterischen Ausdrucks, das Verständnis der Wechselwirkung zwischen Inhalt und Form zu konkretisieren. Wir können hier nur einen Teil dieser sehr bedeutsamen Bemerkungen anführen, sie genügen aber vollständig, um zu zeigen, daß das Trachten nach hoher Form bei Goethe und Schiller gerade das Gegenteil dessen vorstellte, was durch die formalistischen Experimente unserer Zeit vorübergehend die Literatur beherrscht hat und wovon sehr viel auch heute noch in den Köpfen spukt. Schiller schreibt über seine Erfahrungen bei dem Umschreiben des »Wallenstein« aus der ursprünglichen Prosa in Verse folgendes: »Ich habe noch nie so augenscheinlich mich überzeugt als bei meinem jetzigen Geschäft, wie genau in der Poesie Stoff und Form, selbst äußere, zusammenhängen. Seitdem ich meine prosaische Sprache in eine poetisch-rhythmische verwandle, befinde ich mich unter einer ganz anderen Gerichtsbarkeit als vorher; selbst viele Motive, die in der prosaischen Ausführung recht gut am Platz zu stehen schienen, kann ich jetzt nicht mehr brauchen; sie waren bloß gut für den gewöhnlichen Hausverstand, dessen Organ die Prosa zu sein scheint; aber der Vers fordert schlechterdings Beziehungen auf die Einbildungskraft, und so mußte ich auch in mehreren meiner Motive poetischer werden. Man sollte wirklich alles, was sich über das Gemeine erheben muß, in Versen, wenigstens anfänglich, konzipieren, denn das Platte kommt nirgends so ins Licht, als wenn es in gebundener Schreibart ausgesprochen wird... Der Rhythmus leistet bei einer dramatischen Produktion noch dieses Große und Bedeutende, daß er, indem er alle Charaktere und alle Situationen nach *einem* Gesetz behandelt und sie, trotz ihres inneren Unterschiedes, in *einer* Form ausführt, er dadurch den Dichter und seinen Leser nötigt, von allem noch so Charakteristisch-Verschiedenen etwas Allgemeines, rein Menschliches zu verlangen. Alles soll sich in dem Geschlechtsbegriff des Poetischen vereinigen, und diesem Gesetz dient der Rhythmus sowohl zum Repräsentanten als zum Werkzeug, da er alles unter seinem Gegensatz begreift. Er bildet auf diese Weise die Atmosphäre für die poetische Schöpfung, das Gröbere bleibt zurück, nur das Geistige kann von diesem dünnen Element getragen werden.«

Der entscheidende Gesichtspunkt bei der Beurteilung der Grundtendenz dieser Kunsttheorie muß der sein, daß – bei allen Elementen der Wegwendung von dem aktuellen Leben – Goethe und Schiller doch die Häßlichkeit und den unkünstlerischen Charakter des modernen Lebens auf dem Wege des Kampfes mit dem als unausweichlich hingenommenen Stoffe, auf dem Wege der künstlerischen Überwindung des unkünstlerischen Charakters des Stoffes versucht haben, daß sie also denselben Weg gegangen sind, ja man kann sagen, jenen Weg erschlossen haben, den die bedeutenden Realisten der ersten Hälfte des 19. Jahrhunderts einschlugen. Die Reinigung ihrer Thematik von den allzu wirklichkeitsnahen, allzu aktuellen Elementen ändert an dieser Aktualität im großen historischen Sinne nichts Wesentliches. Manchmal wird freilich die Thematik in eine derart luftige und abstrakte Ferne gerückt, daß der Zusammenhang mit der Aktualität der Thematik nicht nur schwer sichtbar wird, sondern sich sogar inhaltlich verzerrt. (»Die natürliche Tochter«). Aber der Zusammenhang ist stets da, und die Distanzierung der Thematik auf den allgemeinen großen gesellschaftlichen Widerspruch, der ihr nach Goethes und Schillers Anschauung zugrunde liegt, kann zu einer großzügig realistischen Behandlung des aktuellen Themas führen. So schreibt Goethe sehr interessant an seinen Freund Meyer über Schillers »Wallenstein«. Er lobt, daß Schiller »Wallensteins Lager« als Prolog vorausschickt, wo die Masse der Armee, gleichsam wie der Chor der Alten, sich mit Gewalt und Gewicht darstellt, weil am Ende des Hauptstücks doch alles darauf ankommt: daß die *Masse* nicht mehr bei ihm bleibt, sobald er die *Formel* des Dienstes verändert. Es ist in einer viel *pesanteren*, und also für die Kunst bedeutenderen Manier, die Geschichte von Dumouriez ...«

So liegt die dialektische Widersprüchlichkeit der Position Goethes und Schillers nicht in einem äußerlichen Widerstreit von Realismus einerseits und »Klassizismus« andrerseits. Vielmehr ist diese dialektische Widersprüchlichkeit der tiefste Widerspruch der großen bürgerlichen Kunst, insbesondere der Periode 1789 bis 1848, die Basis ihrer ganzen sogenannten klassizistischen Praxis. Diese Widersprüchlichkeit kommt sowohl dann zum Ausdruck, wenn Goethe und Schiller ihren klassischen Weg konsequent zu Ende gehen, wie auch dann, wenn sie dem klassischen Formideal untreu werden und in scheinbarer Inkonsequenz sich einer Thematik zuwenden, die mit klassischen Formmitteln überhaupt nicht zu bewältigen ist. Diese scheinbare Inkonsequenz liegt tief im Wesen der Goethe-Schillerschen Klassik begründet. Wir haben bereits von den vorromantisch-romantischen Tendenzen Schillers gesprochen und erwähnen jetzt nur nebenbei, daß er in dieser Periode ununterbrochen mit einem Thema gespielt hat, welche das Paris seiner Gegenwart darstellen sollte. Bei Goethe ist diese Doppeltendenz selbstverständlich noch viel klarer sichtbar. Es ist keineswegs ein Zufall, daß er nach einer sehr langen Pause gerade zur Zeit seiner Zusammenarbeit mit Schiller die Arbeit am »Faust« wieder aufgenommen hat. Daß dabei sowohl Goethe wie Schiller an dieser Arbeit, am Stil des »Faust«, einen gewissen Widerspruch zu ihren klassischen Tendenzen konstatierten, darf uns nicht überraschen. Wesentlich ist, daß Goethe gerade diese Arbeit wieder aufnahm, und daß Schiller sie begeistert begrüßte und theoretisch und praktisch an der Klärung der mit ihr verbundenen Formprobleme mitarbeitete.

Der Schein der theoretischen Inkonseqenz vom Standpunkt der klassischen Kunsttheorie kommt in Goethes Formulierung sehr deutlich zum Ausdruck, z. B. wenn er schreibt, »daß ich mir's bei dieser barbarischen Komposition bequemer mache und die höchsten Forderungen mehr zu berühren als zu erfüllen denke«. Aber seine weiteren Ausführungen zeigen, wie tief diese »barbarische Komposition« gerade in ihrer Gesetzlichkeit mit den wichtigsten prinzipiellen Fragestellungen der Goethe-Schillerschen Ästhetik zusammenhängt. Daß Goethe die Formgesetze in ihrer Anwendung auf den »Faust« aus seinen Erkenntnissen über die Epik und nicht aus denen über Drama und Tragödie ableitet, zeigt, wie sehr die von uns zitierten Aussprüche über das dialektische Ineinanderübergehen der Genres bei Goethe und Schiller nicht eine formalistische Gedankenspielerei war, sondern aus der Erkenntnis der besonderen Probleme der modernen Kunst stammte. So schreibt Goethe im Anschluß an die früher zitierte Stelle: »Ich werde sorgen, daß die Teile anmutig und unterhaltend sind und etwas denken lassen; bei dem Ganzen, das immer ein Fragment bleiben wird, mag mir die neue Theorie des epischen Gedichts zustatten kommen.« (Die – relative – Selbständigkeit der Teile ist nach der Goethe-Schillerschen Ästhetik ein Kennzeichen der Epik im Gegensatz zur Dramatik.) Diese Bemerkungen Goethes schließen eine briefliche Kritik an den bis dahin ausgearbeiteten Teilen des »Faust« ab, in der Schiller betont, daß die Ausarbeitung des Ganzen nur in der Richtung einer Gestaltung der extensiven Totalität des modernen Lebens vor sich gehen kann. Indem Goethe den epischen Charakter der Gesamtkonzeption des »Faust« betont, zieht er nur die letzten Konsequenzen aus dieser richtigen Feststellung Schillers über die Thematik seines bedeutendsten Werkes.

Die Bestimmung des »Faust« als eine »barbarische Komposition« weist sehr deutlich auf die von uns immer wieder betonte widerspruchsvolle Stellung Goethes und Schillers zum modernen Leben als zum Stoff der Dichtung hin. Die Gestalt der Helena aus dem zweiten Teil des »Faust«, an deren Gestaltung Goethe in dieser Periode heranging, drückt vielleicht am plastischsten diesen Kampf Goethes und Schillers mit dem modern-bürgerlichen Leben als Stoff aus. Mit der ersten Aufnahme dieses Kampfes, d. h. mit der griechischen Gestaltung der Helena inmitten des barbarisch-mittelalterlich-bürgerlichen Faustmilieus, geht Goethe über seinen unmittelbaren Stoff in der Faustsage, über seine ursprüngliche Jugendkonzeption des »Faust« weit hinaus. Man kann also hier deutlich verfolgen, wie sehr die »barbarische Komposition« des ganzen »Faust« mit der gesellschaftlichen, seinsmäßigen Grundlage und mit der sachlichen Grundrichtung des Goethe-Schillerschen »Klassizismus« zusammenhängt, wie sehr der scheinbare Widerspruch, der hier zutage tritt, nur die Erscheinungsform der wirklichen, gesellschaftlich tief begründeten Widersprüchlichkeit der ganzen Position Goethes und Schillers ist.

Goethe schreibt über die Konzeption der Helena-Tragödie: »Nun zieht mich aber das Schöne in der Lage meiner Heldin so sehr an, daß es mich betrübt, wenn ich es zunächst in eine Fratze verwandeln soll. Wirklich fühle ich nicht geringe Lust, eine ernsthafte Tragödie auf das Angefangene zu gründen.« Schillers Antwort auf diesen Brief drückt die Stellungnahme beider zu diesem großen Problem der modernen Kunst sehr klar aus: »Lassen Sie sich aber ja nicht durch den Gedanken stören, wenn die schönen Gestalten und Situationen kommen, daß es schade sei, sie zu verbarbarisieren. Der Fall könnte Ihnen im zweiten Teil des Faust noch öfters vorkommen, und es möchte ein für allemal gut sein, Ihr poetisches Gewissen darüber zum Schweigen zu bringen. Das Barbarische der Behandlung, das Ihnen durch den Geist des Ganzen auferlegt wird, kann den höheren Gehalt nicht zerstören und das Schöne nicht aufheben, nur es anders spezifizieren und für ein anderes Seelenvermögen zubereiten. Eben das Höhere und Vornehmere in den Motiven wird dem Werk einen eigenen Reiz geben, und Helena ist in diesem Stück ein Symbol für alle die schönen Gestalten, die sich hineinverirren werden. Es ist ein sehr bedeutender Vorteil, von dem Reinen mit Bewußtsein ins Unreinere zu gehen, anstatt von dem Unreinen einen Aufschwung zum Reinen zu suchen, wie es bei uns übrigen Barbaren der Fall ist. Sie müssen also in Ihrem Faust überall Ihr *Faustrecht* behaupten.«

Dieses offene Eingeständnis Goethes und Schillers über den Widerspruch, in dem die Arbeit am bedeutendsten Werke Goethes zu ihrer bewußt formulierten Kunstkonzeption steht, und zugleich die Erkenntnis, daß es sich hier nicht um einen einfachen Widerspruch zwischen Theorie und Praxis handelt, beleuchtet am klarsten Wesen und Bedeutung dieser kunsttheoretischen Äußerungen Goethes und Schillers. Es handelt sich um die gedankliche Widerspiegelung der einheitlichen, von Goethe und Schiller selbst nicht erkannten Widersprüchlichkeit ihrer Lage als große Dichter, die in der letzten, von den tiefsten Widersprüchen zerrissenen Aufschwungsperiode der bürgerlichen Kunst das Höchste erstreben und erreichen. Ihre Theorie und Praxis bilden die Brücke zwischen der ersten – man könnte sagen – naiven Aufschwungsperiode der bürgerlichen Klasse, von der Renaissance bis zur Aufklärung, und zwischen der letzten schon bewußten widerspruchsvollen Aufschwungsperiode von 1789 bis 1848. Die historische Analyse der Anschauungen Goethes und Schillers zeigt diese Vermittlungsfunktion zwischen den beiden Perioden sehr deutlich. Goethe und Schiller treten mit voller Bewußtheit das Erbe des ganzen bürgerlichen Aufschwungs von der Renaissance bis zur Aufklärung an und bilden diese Erbschaft im Sinne der neuen Probleme des beginnenden 19. Jahrhunderts, der Periode nach der Französischen Revolution, um. Sie sind also stets zugleich Erben und Überwinder der Aufklärung. Selbstverständlich würde eine sehr eingehende Betrachtung ihrer Anschauungen zeigen, daß sie auch in manchen Punkten bei Schwächen und Vorurteilen der im großen und ganzen überwundenen Periode stehengeblieben sind. (Z. B. in manchen Kompositionsmethoden des »Wilhelm Meister« und in Schillers bejahender Beurteilung dieser Methoden als »epischer Maschinerie«.) Es würde sich zugleich zeigen, daß sie in manchen Punkten gegenüber dem klaren kämpferischen Geist der Aufklärung zurückgewichen sind. Und eine ähnliche Widersprüchlichkeit kann man in bezug auf ihre Art, die Probleme der neuen Epoche aufzuwerfen und zu lösen, beobachten. Die Widersprüche ihrer Kunsttheorie, die wir an der Hand einiger großer Probleme andeutend analysiert haben, entspringen dieser Situation an der Wende zweier Entwicklungsabschnitte der bürgerlichen Gesellschaft. Ohne eine solche historische Analyse der gesellschaftlichen Grundlagen der Widersprüchlichkeit ihrer Kunsttheorien können diese für unsere Zeit überhaupt nicht lebendig gemacht werden. Erst wenn wir den historischen Zusammenhang, die gesellschaftliche Basis dieser Anschauungen klar erkannt haben, wenn wir diese Anschauungen nicht isoliert, sondern als Elemente eines heroischen Kampfes großer bürgerlicher Künstler gegen den der Kunst feindlichen Charakter der kapitalistischen Gesellschaft, für einen großen Realismus begreifen, kann der aktuelle Gehalt dieser Anschauungen für uns lebendig werden. Dann wird der Gedankengehalt des Briefwechsels zwischen Schiller und Goethe nicht nur ein historisches Dokument von höchster Wichtigkeit für die Kunstanschauungen einer großen Zeitwende sein, sondern ein wesentliches, aktuell bedeutsames kunsttheoretisches Erbe, dessen kritische, historisch-systematische Bearbeitung unsere heutigen praktischen und theoretischen Bemühungen aufs fruchtbarste bereichern und fördern wird.

GOTTFRIED BENN

Goethe und die Naturwissenschaften

In der großen Weimarer Ausgabe füllen die naturwissenschaftlichen Arbeiten vierzehn Bände; rechnet man hinzu, daß in den fünfzig Bänden Briefe und siebenunddreißig Bänden Tagebücher viele und umfangreiche Stellen von eben diesen Themen handeln, gibt schon dieser statistische Überblick einen Eindruck von der Bedeutung des naturwissenschaftlichen Werks. Vergegenwärtigt man sich, daß es historische Arbeiten von ihm, wie von Schillers Hand, gar nicht gibt, philosophische nur eine, wird dieser Eindruck noch vertieft. Die Studien zu ihnen begannen in den Studentenjahren in Leipzig und Straßburg, die eigentliche Produktion kann man mit dem Aufsatz »Die Natur« im Tiefurter Journal vom Jahre 1782 beginnen lassen, enden sieht man sie, wenn man den Brief Eckermanns vom 3. April 1832, die Todesanzeige, an Kiesewetter, zugrunde legt, erst in den letzten Lebenstagen. Eckermann schreibt: »Nachdem der zweite Teil seines unsterblichen Faust im vorigen Sommer beendet war, beschäftigte er sich vergangenen Winter vorzüglich mit Naturstudien. Er nahm teil an den Pariser Differenzen zwischen Cuvier und St.-Hilaire und schrieb noch in der letzten Zeit einen dahin zielenden bedeutenden Aufsatz über osteologische Gegenstände und das synthetische und analytische Verfahren bei der Behandlung der Naturwissenschaften im allgemeinen. Dieser Aufsatz ist kurz vor seinem Hinscheiden an die Redaktion der Berliner Jahrbücher gesandt und wird in jener Zeitschrift wahrscheinlich nächstens erscheinen. Außerdem beschäftigte ihn mit mir gemeinschaftlich eine abermalige Redaktion des zweiten Teils der Farbenlehre, so daß er auch während seiner Krankheit sehr viel über Farben gesprochen hat.« Dies waren also seine letzten Beschäftigungen.

Gesehen vom Standpunkt der absoluten Wissenschaft sind diese naturwissenschaftlichen Schriften wohl mehr eine Hinterlassenschaft als ein Werk. Aphorismen, Buchrezensionen, Paralipomena, Autobiographisches stehen neben den grundlegenden und folgenreichen Untersuchungen; vieles ist nur notiert, vieles nur Skizze, von Goethe selbst veröffentlicht wurde nur etwa die Hälfte der heute vorliegenden Seiten. Denn selbst die fertigen und abgeschlossenen Arbeiten zu publizieren, war für ihn schwierig, zum Beispiel die Arbeit über die »Metamorphose der Pflanzen«, von deren Erscheinen im Frühjahr 1790 doch heute viele Kulturhistoriker den Beginn der naturwissenschaftlichen Epoche in Deutschland datieren, wollte Göschen nicht drucken, die kleine, zwei Bogen umfassende Schrift ging an einen anderen Verlag, und erst 1817 war es möglich, die längst vergriffene Schrift zum zweitenmal zu edieren. Die Arbeit über den Zwischenkieferknochen, die Herbst 1784 als Manuskript an Soemmering, Kamper und Blumenbach abging, wurde zum erstenmal 1830, und zwar von der Leopoldinisch-Karolinischen Akademie in Halle, gedruckt. Aus Fragmenten, Bruchstücken, undatierten Handschriften wurden die jetzt vorliegenden Bände um das Jahr 1900 herum zusammengestellt und herausgegeben, unter den Herausgebern findet man die Namen S. Kalischer und Rudolf Steiner.

Goethes Gedanken als Forscher sammeln sich ihrem Inhalt nach im wesentlichen um drei Hauptgebiete: die Farbenlehre, die vergleichende Gestaltlehre (Morphologie) sowie die Gesteins- und Witterungskunde. Aber damit sind nur drei Kreise bezeichnet, die Themen und Stoffe seiner Arbeiten nicht erschöpft. Man findet, um nur einige herauszugreifen, so überraschende Titel wie: Von dem Hopfen und dessen Krankheit, Ruß genannt – Monströses Runkelrübenblatt – Beschreibung eines großen Falterschwammes – Durchgewachsene Nelke – Durchgewachsene Rose – Die Skelette der Nagetiere – Die Faultiere und die Dickhäutigen – Probleme böhmischer Erdbrände – Uralte neuentdeckte Naturfeuer und Glutspuren – Über das Gerinnen – Über Löwenzahn, Dattelpalmen, Türkisches Korn –, und hierzu vielfach Zeichnungen, Karten und Tabellen.

Einmal in Weimar angesiedelt, beginnt er und läßt nicht mehr davon ab, das Buch der Natur, »das einzige, welches auf allen Seiten großen Gehalt bietet«, zu studieren, und er studiert es systematisch, vielfältig, fachmännisch, kasuistisch und allgemein. Er seziert Kokosnüsse, analysiert Muscheln, konstruiert ein geologisches Modell, erweitert die Charpentiersche mineralogische Karte. Seine ganze Umgebung reißt er mit, Frau von Stein muß ihm Moose suchen lassen, feuchte mit Wurzeln; der Apotheker Buchholtz in seinem Garten Pflanzen für ihn ziehen; der Berginspektor Mahr in Ilmenau ihn fortlaufend mit Petrefakten und Mineralien versorgen; Knebel muß Eisenkörper nach gewissen Modellen zur Herstellung magnetischer Versuche für ihn gießen lassen. Er selbst hält sich wochenlang in Jena auf, wandert des Morgens im tiefsten Schnee in das fast leere anatomische Auditorium, um bei Loder die Bänderlehre zu hören, dann weiter zu Döbereiner, um die neue Wissenschaft der Stöchiometrie zu lernen. Wieder in Weimar hält er anatomische Kurse in der Kunsthochschule, veranlaßt die Herzogin Amalie, mit elektrischen Versuchen zu beginnen, sie hat einen Elektrophor gekauft, schreibt sie, welcher sehr gut und stark ist, und diese Beschäftigung mache ihr viel Freude. »Sie müssen noch eine Erdfreundin werden«, ruft er Frau von Stein zu, und bald schreibt sie: »Durch seine Vorstellung wird jedes äußerst interessant, so sind mir's durch ihn gehässigen Knochen geworden und das öde Steinreich.« Keine ministerielle Repräsentation, kein höfischer Auftrag hält ihn von dieser Arbeit ab: Auf der Kampagne in Frankreich begleitet ihn Gehlers physikalisches Lexikon, doziert er dem Fürsten Reuß ein eben beobachtetes physikalisches Phänomen. Während der Belagerung von Mainz macht er wiederholt Jagd auf pathologische Knochen, im schlesischen Lager in Breslau treibt er vorzugsweise vergleichende Anatomie. Auf der italienischen Reise hat er seinen Linné mit, über den er sagt, daß nach Shakespeare und Spinoza von ihm die größte Wirkung auf sein Leben ausgegangen sei. In Rom, Padua, Frascati, überall beschäftigen ihn seine »botanischen Grillen«, »das Pflanzenreich rast in seinem Gemüt«. Der sanfte Wind bewegt nicht nur lyrisch die Myrte und den Lorbeer, sondern bringt ihm Gedanken über die Luftperspektive und die undurchsichtigen Medien vom blauen Himmel herab. Unmittelbar symbolisch wird der Vorgang von Palermo, den er in der Italienischen Reise schildert, nämlich, wie er eines Morgens mit dem festen, ruhigen Vorsatz, seine dichterischen Träume fortzusetzen, nach dem öffentlichen Garten geht, allein ehe er sich's versah, von einem anderen Gespenst erhascht wurde, das ihm schon diese Tage nachgeschlichen war: Die Fülle in freier Erde und unter freiem Himmel wachsender Pflanzen, die er sonst nur in Kübeln und Töpfen, ja in der größten Zeit des Jahres nur hinter Glasfenstern in Sälen gewohnt war, regte ihn zu botanischen Betrachtungen auf. »Gestört war mein guter poetischer Vorsatz, der Garten des Alcinous war verschwunden, ein Weltgarten hatte sich aufgetan.« Nichts überläßt er dem Zufall, in keiner Richtung ist er lässig, auch einem Fach, zu dem er seiner Anlage nach keinen Hang besaß, ja das eigentlich seine Natur bedrängte, wie die Astronomie, wendet er sich immer wieder zu, er installiert sich im August und September 1799 in seinem Garten am Stern, richtet sich ein, um einen ganzen Mondwechsel zu beobachten, opfert auch im folgenden Jahre, ohne die Winterkälte zu scheuen, manche Nacht der Beobachtung des Mondes, des Saturns und anderer Planeten mit Hilfe eines von Knebel gekauften sechsfüßigen Herschelschen Teleskops und lädt wiederholt auch Schiller zu einer solchen astronomischen Partie ein. Nicht das Alter, keine äußere Beschwerlichkeit hält ihn davon zurück, zu suchen, zu lernen, »der großen formenden Hand nächste Spuren zu entdecken«, noch als Achtzigjähriger plant er eine Reise nach Freiberg behufs mineralogischer und geognostischer Studien zu unternehmen, im gleichen Alter, wo er bekannte, daß ihm in den drei vergangenen Jahren, in denen er gegen seine Gewohnheit den Sommer in Weimar bleiben mußte, unter allem, was er vermißte, am empfindlichsten war, für mineralogische und geognostische Studien aller Nahrung zu entbehren. Bis kurz vor seinem Tode vernehmen wir diese rastlose, diese rührende Stimme, selber nun schon in jener einsamen stummen Nähe der großen leise sprechenden Natur: »Die naturwissenschaftlichen Aufsätze rekapituliert«, hören wir aus dem letzten Winter bei Eckermann, »Chromatica besprochen, die Dorl-Versuche (Dorl = farbige Kreisel) werden wiederholt.« Ein halbes Jahr vor seinem Tode bittet er brieflich noch um Auskunft, was es mit den »verglasten Burgen« auf sich habe, von denen der amtliche Bericht über die Naturforscherversammlung 1830 in Heidelberg meldet, und zieht seine eigenen derartigen Beobachtungen heran. Er wünscht noch am 21. Januar 1832 in einem Brief an Wackenroder von diesem die Luftart, wodurch die Schoten der Calutea arborescens sich aufblähen, näher bestimmt zu sehen –, ja er durfte von sich sagen, was er ausgangs seines Daseins an den Grafen Sternberg schrieb, er sei der alte Schiffer gewesen, der sein ganzes Leben auf dem Ozean der Natur mit Hin- und Widerfahren von Insel zu Insel zugebracht und die seltamsten Wundergestalten in allen drei Elementen beobachtet habe.

Auch Voltaire beschäftigte sich eine Weile mit Naturwissenschaften, besaß in Cirey physikalische Apparate, Laboratorium, Dunkelkammer und bearbeitete die Preisaufgabe der Akademie der Wissenschaften in Paris vom Jahre 1738: »Wesen und Fortpflanzung des Feuers«, aber das war bei ihm eine Episode, die schnell vorüberging, kein innerer Zwang vollzog seinen Eintritt in dies Erfahrungsgebiet. Die

Veranlassung war Madame Chatelet, seine Freundin, die große Mathematikerin, die Newton und Leibniz übertrug, in deren Schloß in der Champagne saß man mit Maupertuis, Clairaut, Samuel König, das neue Réaumursche Thermometer ging von Hand zu Hand, und nach der Abendmahlzeit diskutierten sie auf der Terrasse über die Erhaltung der Energie, bis die Kerzen tief in die Leuchter brannten. Es war das Thema der Zeit, die Aktualität der Stunde, den reinen Spiritualisten führte keine innere Fügung, kein unausweichliches Verlangen vor die Fragen nach der Gesetzlichkeit des Seins; es war eine Liebhaberei, nicht aufgenommen in die innere Organisation, wie sie nicht aus ihr entstand, höchst rudimentär hängt sie seiner literarischen Entwicklung an. Es ist wichtig, vergleichweise darauf hinzuweisen, da die Geringschätzung von Goethes naturwissenschaftlichen Arbeiten, die im zweiten Drittel des neunzehnten Jahrhunderts einsetzte und in der Berliner Rektoratsrede von Du Bois-Reymond vom Jahre 1882: »Goethe und kein Ende« einen nahezu ausfälligen Charakter annahm, Voltaire als den eigentlichen Naturforscher unter den Dichtern ansprach und Goethes Arbeiten die totgeborene Spielerei eines autodidaktischen Dilettanten nannte. Shakespeare, Molière, Schiller ruft der Rektor aus, blieben schaffensfreudig bei der Stange – wir wollen schon hier, ohne an dieser Stelle auf das Jahrhundert einzugehen, bemerken, daß wir die Stange und die Schaffensfreudigkeit anders sehen, wir sehen die Korrespondenz des ganzen Werkes, die Geschlossenheit in der unauflöslichen Verschlungenheit der Teile: die Differenzierung in der lyrisch-anschaulichen Individuation, aber das Erkenntnismäßige als Integration im Sinne des Spencerschen Evolutionsschemas, als die basierende, grundlegende, als die form- und maßgebende Konzentration: aus ihr die Sicherheit, die Ruhe, von der das Differenzierte ausgeht, in die es zurückkehrt; aus ihr die Atmosphäre der Diesseitigkeit, des Irdischen, der Plastizität: »man suche ja nicht hinter den Phänomenen, sie selber sind die Lehre«; aus ihr die breite Wendung ins Ethisch-Volkshafte, ins Gültig-Normenmäßige, – die Naturwissenschaft: »sie beweist und lehrt so bündig, daß das Größte, das Geheimnisvollste, das Zauberhafteste so ordentlich, einfach, öffentlich, unmagisch zugeht, sie muß doch endlich die armen unwissenden Menschen von dem Durst nach dem Dunklen, Außerordentlichen heilen, da sie ihnen zeigt, daß das Außerordentliche ihnen so nahe, so deutlich, so unaußerordentlich, so bestimmt wahr ist«; aus ihr die Herrschaft, die erworbene Gewalt über das Individuell-Dämonische: wenn wir die tiefsinnige Bemerkung von Thomas Mann heranziehen dürfen: »Wer zweifelt, daß in Goethe Möglichkeiten einer Größe lagen: wilder, üppiger, gefährlicher, natürlicher als die, welche sein Selbstbändigungsinstinkt zu entfalten ihm gestattete«, so lag offensichtlich wohl hier, darf man fortfahren, in dieser Art Arbeiten eines der Bändigungsmotive dieser großen, in der Anlage sicher nahezu malignen Macht, in dieser Bitte an seinen guten Genius, die tägliche Bitte, wie er an Knebel schreibt, »mich immer auf dem ruhigen bestimmten Wege zu leiten, den uns der Naturforscher so natürlich vorschreibt«.

Um Goethes Erscheinung als Naturforscher anschaulich zu sehen, müssen wir uns nun aber einen Augenblick fragen, was eigentlich zu seinen Lebzeiten in Deutschland als Naturwissenschaft galt. Das Lehrbuch, aus dem er in Straßburg Chemie, Anatomie, klinische Medizin lernte, stammte von Boerhaave und aus dem Jahre 1727, Boerhaave, der, halb Theologe, halb Mediziner, Anfang des Jahrhunderts in Leyden Professor für Botanik, Chemie, Medizin und Pharmakologie war, ein Gebiet, das heute von etwa sechs Ordinarien und vierzig Privatdozenten pro Universität verwaltet wird. Die Chemie, die er bei Spielmann hörte, der gleichzeitig Vorsteher des botanischen Gartens war, war im Grunde Alchimie, die mittelalterliche Scheidekunst voll Verwandlungsträumen, mehr als die vier Elemente des Altertums waren nicht bekannt (heute arbeitet man mit neunzig), man kannte keine einheitliche Reduktion, nicht die Vorstellung eines Äquivalents, der Begriff des Atoms entstand erst 1808 durch Dalton. In der Physik kannte man das Wort Elektrizität seit 1672 durch Guericke, man nannte sie ein Fluidum der Körper, unterschied Glas- und Harzelektrizität; 1789 war der Froschschenkelversuch Galvanis in Bologna, der bekanntlich die Zeit in ungeheure Erregung versetzte, 1800 konstruierte Volta die erste unabhängige Elektrizitätsquelle, das erste Element. Wir finden bei Goethe, undatiert, auf einem Bogen Konzeptpapier folgendes merkwürdige Schema mit der Überschrift: »Physikalische Wirkungen«: »magnetische, turmalinische, elektrische, galvanische, perkinische, chromatische, sonore Wirkungen«; und über die elektrischen bemerkte er: »wirkt stark auf die Nerven, gibt verlorene Stimmung wieder« – also das, was wir unter Elektrizität verstehen, kannte er noch nicht. Das ist wissenswert insofern, als ihm die elektrischen Reizungsversuche an Sinnesnerven, die das ganze Problem Licht, Farbe, Sinnesphysiologie und -psychologie neu fundierten, also zeitlich noch nicht zugehörten. In der Optik galt die Emissionstheorie des Lichts von Newton. Newton, dessen Name das achtzehnte Jahrhundert beherrschte wie Darwins das neunzehnte, wie Einsteins das zwanzigste, – Sir Isaac Newton, der schwärmerisch Verehrte, unter den Ulmen von Cambridge, der größte der Sterblichen; bei Voltaire lesen wir, wie er am 8. April 1727 den Sarg Newtons durch sechs Herzöge und Grafen nach der Westminsterabtei geleitet sah. Dies muß man sich vor Augen halten, will man die Polemik Goethes gegen Newton in ihrer ganzen Qualität verstehen, ihn, den er doch immerhin mit Redewendungen bedachte wie: »bis zum Unglaublichen unverschämt« – »barer Unsinn« – »fratzenhafte Erklärungsart« – »aber ich sehe wohl, Lügen bedarf's und über die Maßen« – oder: »was ist denn Pressefreiheit, nach der jedermann so schreit und seufzt, wenn ich nicht sagen darf, daß Newton sich in seiner Jugend selber betrog und sein ganzes Leben anwendete, diesen Selbstbetrug zu perpetuieren« – oder wenn er nur von dem »ekelhaften Newtonschen Weiß« sprach, wo doch Newtons Theorie des Weiß sich vom Standpunkt des physikalischen Wissens aus als richtig erwies. Vollenden wir diesen summarischen Überblick: die Paläontologie war im Entstehen, Blumenbach, der im Zwischenkieferstreit eine Rolle spielte, hatte die erste Archaeologia telluris, die Altersbestimmung der Erdschichten auf Grund eingeschlossener tierischer Überreste, im letzten Viertel des Jahrhunderts begonnen. Goethes größtes Interesse gehörte ihr; den unvergleichlich schönen Aufsatz »Fossiler Stier« verdanken wir dieser seiner Neigung. Sie führte ihn dazu, »das ungeheure Alter der Erde« klar zu sehen, in eine Zeit, »wo die Elefanten und Rhinozerosse auf den entblößten Bergen bei uns zu Hause waren«, ließ sie ihn durch die Knochentrümmer blicken. Eine Mineralogie und Kristallforschung, zu der Goethe so viele Beiträge lieferte, gab es in seiner Jugend nicht, der Schwede Bergman, der Franzose Romé de l'Isle begannen um 1790 ihre grundlegenden Werke; Goethe war nicht durch Bücher zu dieser Materie gekommen, praktische Aufgaben wie die Wiedereröffnung des Ilmenauer Bergwerks, die ihm als Präsidenten der Bergwerkskommission zufiel, wiesen ihn der Steinforschung zu, bald aber nicht weniger allerdings sein Trieb, seine Neigung, schon bezeichnet er sich als »der Granitfreund«, »mein ganzes Heil kommt von der Geologie«, schreibt er ein andermal, und wirklich welche Hingebung: »Wir sind auf die hohen Gipfel gestiegen und in die Tiefen der Erde eingekrochen, in Klüfte, Höhlen, Wälder, in Teiche, unter Wasserfälle, bei den Unterirdischen immer nach einem Stück Stein lüstern.« Ein verhältnismäßig alter und ausgearbeiteter Teil der Naturforschung war die Witterungskunde, man kannte schon Thermo-, Baro-, Hygrome-

ter, im Jahr 1781 gab es ein internationales Netz von Wetterstationen, siebenunddreißig an Zahl, darunter die Station Goodhab in Grönland. Die Beiträge Goethes zu dieser Materie sind sehr zahlreich; als Beispiel seiner Art, ein naturwissenschaftliches Thema anzuschlagen, höre man die ersten Sätze des Vorworts zur »Wolkengestalt«, eine Einführung zu den Arbeiten von Luke Howard, man hört aus ihr die autobiographische, die naive, die seelenvolle Art, die chronologisch gesehen noch ganz achtzehntes Jahrhundert ist:
»Mit kindlich, jugendlich frischem Sinn, bei einer städtisch häuslichen Erziehung, blieb dem sehnsuchtsvollen Blick kaum eine andere Ausflucht als gegen die Atmosphäre. Der Sonnenaufgang war durch Nachbarhäuser beschränkt, desto freier die Abendseite, wie denn auch der Spaziergang sich wohl eher in die Nacht verlängert, als daß er dem Tag zuvorkommen wollte. Das Abglimmen des Lichts bei heiteren Abenden, der farbige Rückzug der nach und nach versinkenden Helle, das Andrängen der Nacht beschäftigte gar oft den einsamen Müßiggänger. Bedeutende Gewitterregen und Hagelstürme erregten entschiedene Aufmerksamkeit. Weder dem Auge des Dichters noch des Malers können atmosphärische Erscheinungen jemals fremd werden, und auf Reisen und Wanderungen sind sie eine bedeutende Beschäftigung, weil von trockenem und klarem Wetter auf dem Lande, sowie zur See von einem günstigen Winde das ganze Schicksal einer Ernst- oder Lustfahrt oft allein abhängt.«
Auf diesem Hintergrund, von dem die günstigen Winde noch fast in das homerische Zeitalter reichen, die »bedeutende Beschäftigung« noch etwas gravitätisch die Naturbeobachtung und -erfahrung sanktioniert, können wir nun Goethes Forschungsarbeit erkennen, und zwar in ihrer Doppelrichtung des Faktisch-Wissenschaftlichen wie des Erkenntnistheoretischen, und wir wollen dazu von der Arbeit ausgehen, die seine populärste ist, nämlich die über den Zwischenkieferknochen.

»Ich habe gefunden weder Gold noch Silber, aber was mir unsägliche Freude macht, das Os intermaxillare beim Menschen«, so schreibt er am Tage der Entdeckung an Herder, und an Frau von Stein: »es ist mir ein köstliches Vergnügen geworden, ich habe eine anatomische Entdeckung gemacht, sage aber niemand ein Wort.« Mit dieser Entdeckung hat es folgende Bewandtnis: das Os intermaxillare, wie es Blumenbach, das Os incisivum, wie es Kamper, beide Zeitgenossen Goethes, in der tierischen Osteologie genannt hatten, gilt nach der Beschreibung der heutigen Anatomie als ein paarig angelegter kleiner Knochen des Oberkiefers, der im frühen embryonalen Leben innerhalb seiner selbst sowie mit seiner Umgebung aufs engste verwächst. Es ist das Knochenstück, das die vier oberen Schneidezähne trägt. Die Verwachsung ist beim Menschen so vollkommen, daß man sie am Schädel des Erwachsenen nicht mehr feststellen kann, während sie beim tierischen Schädel, einschließlich des Affenschädels, zu erkennen bleibt. Es galt daher das Fehlen dieses Knochens bei der Anatomie des achtzehnten Jahrhunderts als spezifische Eigentümlichkeit des Menschen und, da man ihn als »Schnauzenknochen« charakterisiert und als Träger des niederen animalischen Ausdrucks des Tiergesichts dargestellt hatte, galt er als das anatomische Stigma der Trennung zwischen Mensch und Tier. Goethe entdeckte nun Spuren dieser Naht auch am menschlichen Schädel und wies als erster das Vorhandensein dieses Knochens beim Menschen nach. Seine Untersuchung stieß zwar zuerst in der Fachwelt auf Widerspruch, aber im Anfang des neunzehnten Jahrhunderts ging sie als anerkannte Tatsache in die Lehrbücher der Anatomie über, die betreffende Naht (Naht = sutura), zwischen Eck- und zweitem Schneidezahn gelegen (Schneidezahn = incisivus), heißt heute offiziell in der topographischen Nomenklatur: Sutura incisiva Goethei. Goethe fand nun diesen Knochen nicht von ungefähr. Er trug die Überzeugung von der »Konsequenz des osteologischen Typus durch alle Gestalten hindurch«, die Überzeugung, »daß die Natur ihre großen Maximen nicht fahrenlasse«, als eigenen Besitz, fand ihn vermehrt und bestätigt durch Spinozas Einheitsgedanken, lebte ihr im unaufhörlichen Austausch mit Herder und dessen bedeutender, erst heute in ihrer ganzen Großartigkeit erkannten Entwicklungsidee, daher die obenerwähnte Mitteilung an Herder den Schlußsatz trägt: »Es soll dich auch recht herzlich freuen, denn es ist wie der Schlußstein zum Menschen, fehlt nicht, ist auch da. Aber wie! Ich habe mir's auch in Verbindung mit deinem Ganzen gedacht, wie schön es da wird.« Aus dieser Überzeugung heraus suchte er sich, schuf er sich, entdeckte er die Methode, die an sich noch viel bedeutungsvoller wurde wie ihr Resultat der Knochen selbst: die genetische Methode, die Methode der anatomischen und embryologischen Vergleichung, heute als vergleichende Morphologie bekannt, diese spezifische Methode des neunzehnten Jahrhunderts. Ganz systematisch war er vorgegangen, hatte lange Zeit alle ihm erreichbaren Tierschädel durchstudiert, in Jena alle Schädelknochen, frisch und solche in Spiritus, präpariert und analysiert. Hatte sie alle zeichnen lassen, »von vier Seiten und jede im Umriß und ausschattiert«. Hatte Merck auf Reisen geschickt, um ihm Schädel fremder interessanter Tiere zu kaufen, zum Beispiel Myrmecophaga, Bradytypus, Löwen, Tiger und dergleichen. Er selbst reist nach Braunschweig, »um einem ungeborenen Elefanten ins Maul zu sehen«. Er bittet Soemmering, ihm den Kasseler Elefantenkopf auf vier Wochen zu borgen und ihn nach Eisenach zu senden, sofort bricht er dorthin auf und schreibt an Frau von Stein: »Zu meiner großen Freude ist der Elefantenschädel aus Kassel hier angekommen und, was ich suche, ist über mein Erwarten daran sichtbar. Ich halte ihn im innersten Zimmerchen versteckt, damit man mich nicht für toll halte. Meine Hauswirtin glaubt, es sei Porzellan in der ungeheuren Kiste.« Fast zwei Jahre beschäftigen ihn immer nur die Schädel, einmal ist er beschäftigt mit dem einer Meerkatze, den man gegen das Licht halten muß, um die Sutur zu sehen; einmal schreibt er wieder aus Jena: »Wir haben auch den Ober- und Unterkiefer eines Physeters in Jena, wir hatten in Jena auch einen Babirussakopf«; »wir haben Löwen und Walrosse gefunden, alles zur Ausarbeitung des Knöchleins«, und am 27. März 1784 findet er das Knöchlein, und ein neues wissenschaftliches Zeitalter ist geboren.

Die genetische Methode, dazu die vergleichende Morphologie – das dialektische Instrumentarium der neuen biologischen Ära: hier ist es! Sein Inhalt der Entwicklungsgedanke, der Gestaltwandel des Individuums wie der Art, die »Versatilität des Typus« (»dieser Proteus«), »aus der die vielen Geschlechter und Arten der vollkommenen Tiere durchgängig abzuleiten sind«. Eine Idee gegen Linné, gegen dessen zu eng gefaßten oder im Konditionalen nicht scharf genug gefaßten Begriff von der Konstanz der Art; eine Idee gegen die Biologie der Zeit, gegen Haller, dessen »nil noviter generari«, nichts Neues entsteht, das Standardzitat des Jahrhunderts war; eine Idee gegen die Einschachtelungs- und Präformationslehre, die im Samen die fertig vorgebildete, nur verkleinerte Pflanze erblickte, im Ei das schon gestaltmäßig vorhandene Miniaturgeschöpf: ein reines Auswachsen, eine Auswicklung, eine rein quantitative Voluminisierung, die Bewegung aus dem Keim in Leben und Tod hinein. Eine Idee über Spinoza hinaus, über dessen kristallisiertes Sein, über dessen Welt aus Ausdehnung und Gedanke, seine immobile Ontologie –: hinaus in eine Identität, die sich bewegte, eine Realität, die dialektisch wurde, eine Diesseitigkeit, in der die Transzendenz sich aktivierte. Eine Idee, die mit dem neuen Begriff, der auf der ersten italienischen Reise bei botanischen Studien ans Licht trat, dem Begriff der *Metamorphose*, die größte Konzeption des nachbaconschen Zeitalters wurde: sie umschloß die Identität und war gleichzeitig das naturwissenschaftliche Prinzip der Gestaltung; sie

war Kontinuität, aber eine, die sich im Individuum unterbrach; sie war Monismus, aber sie hatte Nuance: Ausdehnung und Zusammenziehen, sie hatte Stil: Eile und Erschlaffen, sie hatte Mittel: Äußerungen und Verbergen; sie war eine Interpretation der Welt aus sich selber, aber sie umschloß die ruhelose Dialektik des ἓν καὶ πᾶν, ein Begriff, der vermittelte zwischen der Gesetzlichkeit ewiger Formen und der schöpferischen Freiheit des Lebens, wie es, ins Geisteswissenschaftliche gewendet, Korff so vollendet sagt.
Diese genetische Methode nun, unter der Idee der natürlichen Gestaltwandlung durch die organische Welt geführt, ergab die weittragendsten Resultate. Die Wirbeltheorie des Schädels: der Wirbel war das osteologische Urphänomen, die Schädelknochen waren aus diesem Wirbel abzuleiten, eine Theorie, die mit gewissen Einschränkungen und Ergänzungen bis heute gilt. »Sagen Sie Herder«, schreibt Goethe 1790 aus Venedig an Frau von Kalb, »daß ich der Tiergestalt und ihren mannigfaltigen Umbildungen um eine ganze Formel näher gerückt bin und zwar durch den sonderbarsten Zufall.« Hier stoßen wir zum erstenmal auf diesen Zufall und müssen ihn kurz betrachten. Es war der typische Goethesche Zufall, auch gelegentlich als »Aperçu« vorgestellt oder als der »prägnante Punkt«, von dem sich alles ableiten läßt, vom Autor als das bewußte Hilfsmittel seiner intuitiven Methode angesehen. Aus mehreren Jahrzehnten rückblikkend, schreibt er hierüber: »Ebenso war es mit dem Begriff, daß der Schädel aus Wirbelknochen bestehe. Die drei hintersten erkannte ich bald, aber erst im Jahre 1790, als ich aus dem Sande des dünenhaften Judenkirchhofs in Venedig einen zerschlagenen Schöpsen aufhob, gewahrte ich augenblicklich, daß die Gesichtsknochen gleichfalls aus Wirbeln abzuleiten seien, indem ich den Übergang vom ersten Flügelbein zum Siebbein und den Muscheln ganz deutlich vor Augen sah, da hatt' ich denn das Ganze im Allgemeinsten beisammen.« Das Ganze im Allgemeinen oder oben der son-

derbare Ausdruck: Formel, es ist für ihn immer dieselbe monistische Totalität, aus der sich das Besondere konkretiert. Aus diesem Geist heraus sollte eine allgemeine Morphologie über die Gestalt der Tiere geschrieben werden; der uns erhaltene Aufsatz »Das Skelett der Nagetiere« ist ein Fragment daraus, ein Fragment, über das Johannes Müller, Deutschlands größter Physiologe, noch Schüler und Zeitgenosse Goethes, schrieb: »Nichts ähnliches ist aufzuweisen, was dieser aus dem Mittelpunkt der Organisation entworfenen Projektion gleichkäme. Irre ich nicht, so liegt in dieser Andeutung die Ahndung eines fernen Ideals der Naturgeschichte.« Von hier aus sollte der Typus der höheren Tiere und seine Ableitung ins Besondere und die Gesetze der Organisation überhaupt dargestellt werden. Von hier drang mit Notwendigkeit der Weg zu deszendenz-theoretischen Fragen vor: »Der Mensch ist aufs nächste mit den Tieren verwandt« lesen wir; und: »daß man nämlich den Unterschied des Menschen vom Tier in nichts einzelnem finden könnte«, also darwinistische Klänge, aber außerhalb der Begrenztheit der späteren stilisierenden Theorie: »Man behauptet zum Beispiel, es hange nur vom Menschen ab, bequem auf allen vieren zu gehen, und Bären, wenn sie sich eine Zeitlang aufrecht hielten, könnten zu Menschen werden«, daran glaubte er nicht, an diese Art Giraffenhalsanalyse also glaubte er nicht, er sah ja alles Entstehen immer weit mehr vom Grund aus, vom Schöpferischen, vom primär Generativen der Natur: »Sie macht keine Sprünge. Sie könnte zum Exempel kein Pferd machen, wenn nicht alle übrigen Tiere voraufgingen, auf denen sie wie auf einer Leiter bis zur Struktur des Pferdes heransteigt.« Er sieht ja immer alles gestalthaft, immer denkt er universalistisch: »Die Übereinstimmung des Ganzen macht ja ein jedes Geschöpf zu dem, was es ist, und der Mensch ist Mensch so gut durch die Gestalt und Natur seiner oberen Kinnlade als durch Gestalt und Natur des letzten Gliedes einer kleinen Zehe: Mensch.

Und so ist jede Kreatur nur ein Ton, eine Schattierung einer großen Harmonie, die man auch im großen und ganzen studieren muß, sonst ist jedes einzelne ein toter Buchstabe«, das bedeutet also, im allermodernsten Sinne, Leben als Symbol. Das große wissenschaftliche Werk aber entsteht aus den botanischen Studien: »Die Metamorphose der Pflanzen« – das erkenntnistheoretische Leitmotiv: »Die sinnliche Form einer übersinnlichen Urpflanze« zu suchen; das Methodische: »Vorwärts und rückwärts ist die Pflanze immer Blatt, mit dem künftigen Keim so unzertrennlich vereint, daß man eines ohne das andere nicht denken darf«; systematisch formuliert: alle Seitenorgane einer höheren Pflanze – nur von solchen handelt die Schrift –, also Samenblatt, Stengelblatt, Kelchblatt, Blumenblatt, Staubfäden, in wie verschiedener Gestalt sie auch erscheinen mögen, sind auf ein Grundorgan zurückzuführen, welches Goethe Blatt nennt, er meint also, alle jene der Pflanzenachse anhängenden Glieder seien nur modifizierte oder metamorphosierte Blätter. Was die Entstehung dieser Arbeit und ihre Gedanken angeht, so fehlt auch hier das »Aperçu« nicht: beim Anblick einer Fächerpalme in Padua erkennt er plötzlich, wie mannigfaltig die Übergänge zwischen den verschiedenen Formen der sich nacheinander entwickelnden Stengelblüten einer Pflanze sein können. Hier also entstand jenes Werk, das nach einer Bemerkung Auguste St.-Hilaires zu der kleinen Zahl der Bücher gehört, welche nicht nur ihren Urheber unsterblich machen, sondern die selber unsterblich sind. Dies Werk, auf das bis heute auf jeder Lehrkanzel für Botanik und in jeder Systematik des Pflanzenlebens Bezug genommen wird, ein Werk, das bei anfänglicher Ablehnung die Gegenbewegungen des Jahrhunderts alle überstand, ja heute als besonders weitsichtig anzusehen ist; der Vorwurf, der zeitweise dem Verfasser gemacht wurde, daß er im geheimen Linnéist sei und an die schematische Konstanz der Arten glaube, ist gegenstandlos geworden, da die Botaniker von heute (Almquist) die biologische Konstanz der Arten in der Natur seit der Eiszeit für absolut gegeben ansehen und alle dagegensprechenden Züchtungsversuche als unter fremden Bedingungen erfolgt für unverbindlich erklären. Wenn wir also das Vorhergehende bis hierher zusammenfassen, würden wir als erste Etappe Helmholtz zustimmen, der Mitte des vorigen Jahrhunderts schrieb, jedenfalls gebühre Goethe der große Ruhm, die leitenden Ideen zuerst vorausgeschaut zu haben, zu denen der eingeschlagene Entwicklungsgang der Naturwissenschaft hindrängte; aber wir können, die ganze Epoche überblickend, noch weitergehen und hinzufügen, wenn man gewisse technische Großentdeckungen der letzten hundert Jahre wie den Augenspiegel, die Röntgenstrahlen, die Hertzwellen in die Reihe der nicht weniger glänzenden und folgenreichen Erfindungen der vorausgegangenen Epochen setzt: zu Schießpulver, Buchdruck, Kompaß, Luftpumpe, Blitzableiter, so bleiben aus der biologischen Forschung des ganzen Jahrhunderts übrig zwei Lehrsätze von Lamarck (vergleiche Oskar Hertwig, Das Werden der Organismen) und die Mendelschen Gesetze, beides innerhalb der Goetheschen Lehre gelegen, innerhalb seiner theoretischen Normen, seines naturwissenschaftlichen Instinkts –: der Rest ist Diskussion, Züchtungstohuwabohu, Brutschrankeuphorie, und die Kardinalfrage der neuzeitlichen Lebensforschung: wie entstehn neue Gene, blieb bis heute ungelöst.

Aber es gibt Reiche, die ohne Werden sind, Sphären ohne Gestalt und ohne Vergleich: das Licht ist ein solches Reich, die Farbe eine solche Sphäre – wie verhält sich vor ihnen die morphologische Methode? Was den berühmten Streit zwischen Goethe und Newton angeht, so kann man es zunächst einmal so formulieren, daß eigentlich gar keine Differenz zwischen ihnen bestand, insofern als Goethe sich mit der Psychologie und Physiologie der Farben befaßte, Newton mit den physikalischen Formeln des Lichts. Newton hatte dargestellt, daß das Weiß aus allen Farben des Spektrums zusammengesetzt sei, und diese Farben entstünden bei der Brechung. Goethe, ausgehend von der Einheitlichkeit der Weiß*empfindung,* wollte auf die Einheitlichkeit ihrer *physikalischen* Ursache geschlossen sehen und bildete eine Theorie, die nicht die Farben aus dem Licht zu entwickeln suche, sondern davon überzeugen wolle, »daß die Farbe zugleich von dem Licht und von dem, was sich ihm entgegenstellt, hervorgebracht wird«, also, das Licht ist weiß, und das Auge entwickelt die Farben. Ganz eindeutig daß hier das Weiß zu dem Urphänomen gestempelt werden sollte in Parallele zu Urwirbel, Urpflanze, Urtyp (übrigens nicht wörtlich zu nehmen, denn in der Chromatik bezeichnet Goethe als »Urphänomen« gewisse Farbenerscheinungen in trüben Mitteln: »Wir sehen auf der einen Seite das Licht, das Helle, auf der anderen die Finsternis, das Dunkle, wir bringen die Trübe zwischen beide«) aber prinzipiell sucht sein Denken auch in dieser Materie den prägnanten Punkt, von dem aus sich, in diesem Fall nicht Anschauungen, aber die Farben entwikkeln; wir sehen auch hier jenen Grundriß: das Urphänomen (die Trübe), die menschliche Totalität (das Auge), das aus dem ersteren die Metamorphose (des Lichts zur Farbe) abwandelt. Etwas gespannter wird die Lage schon, wenn man sich folgenden Spruch aus den Paralipomena mit den Folgerungen vergegenwärtigt: »Das Ohr ist stumm, der Mund ist taub, aber das Auge vernimmt und spricht.« Wenn das Auge nämlich spricht, spricht es nicht von Brechungsindex, Newtonschen Spalten, Fraunhoferschen Linien, virtuellen Bildern, sondern es spricht von seiner Welt, dem Licht, »es bildet sich am Licht fürs Licht, damit das innere Licht dem äußeren Licht entgegenträte«. Wenn das Auge spricht und sich bewegt, so bewegt es sich innerhalb einer Physik ohne Mathematik, einer Physik von: Physis, Natur, Natur des Menschen: »Mathematischen Formeln verbleibt immer etwas Steifes und Ungelenkes, mechanische Formeln sprechen mehr zu dem gemeinen Sinn, aber sie sind auch gemeine und

behalten immer etwas Rohes, sie verwandeln das Lebendige in ein Totes, sie töten das innere Leben, um von außen ein Unzulängliches heranzubringen.« Wellenlänge, Einfallswinkel, Emission – gewiß: »Farben und Licht stehen zwar untereinander in dem genauesten Verhältnis, aber wir müssen uns beide als der ganzen Natur angehörig denken, denn sie ist es ganz, die sich dadurch dem Sinne des Auges besonders offenbaren will« – also: die Natur will sich offenbaren, im übrigen: »Die Art, sich die Sache vorzustellen, können wir niemanden aufdrängen.«
Noch immer könnten die Newtonsche und die Goethesche Existenz nebeneinander hergehen, ohne sich zu vernichten, aber nun beginnen von Goethes Seite die hartnäckigen, vom rein Charakterologischen aus gesehen kann man fast sagen: störrischen Versuche, die Newtonsche Theorie, deren mathematische Richtigkeit für jeden, abgesehen von Goethe, außer Frage stand, fortgesetzt zu attackieren, zu mißkreditieren und herabzusetzen. Zwei Züge seines Wesens, nein ein äußeres Erlebnis und dann allerdings die intimste und innerste Struktur seines Seins vereinigten sich, um ihn in einem dreißigjährigen Kampf nicht erlahmen zu lassen, gegen »das Papsttum der einseitigen Naturlehre vorzugehen, welches sich anmaßt, durch Zeichen und Zahlen den Irrtum in Wahrheit zu verwandeln«, und »gegen die knüffliche Behendigkeit dieses Pfaffengeschlechts«. Das äußere Erlebnis war seine Erfahrung mit den Gelehrten, die er gelegentlich seiner früheren wissenschaftlichen Arbeit gemacht hatte. Gegen die Arbeit über den Zwischenkieferknochen zum Beispiel verhielten sie sich völlig ablehnend, diesen Knochen gibt es nicht, behaupteten sie nach wie vor weiter; Soemmering nannte die Arbeit »in manchem Betracht recht artig«, aber auch »ein wenig schulfüchsig«; Kamper, ein sehr bedeutender und, soweit man sich unterrichten kann, auch universeller Geist, Anatom in Holland, dem Goethe persönlich das Manuskript geschickt hatte, äußerte sich in einem

Brief an einen Dritten, er habe ein sehr elegantes Manuskript erhalten, bewundernswert gut geschrieben, glänzende Handschrift, »c'est-à-dire d'une main admirable«, aber der Inhalt sei unmöglich, was solle er damit anfangen, niemand interessiere sich für diesen Knochen, den es nicht gibt. Auch die »Metamorphose der Pflanzen« hatte eine äußerst laue Aufnahme in der Öffentlichkeit gefunden, es war also nicht so weit abliegend für Goethe zu schließen, er habe auch diesmal recht, und die Zunft würde es schon allmählich begreifen, die Gelehrten, denen er bekanntlich zutraute, ihre fünf Sinne abzuleugnen, nur um in ihrer Begriffswelt ungestört dahinleben zu können, diese der Weisheit tägliche Vermehrer, nach Vorschrift sammelnd Lebenselement. Aber in diesem Fall hatten sie nicht umzulernen, vielmehr seine eigenen Freunde gingen zu ihnen über, Lichtenberg, Johannes Müller – nur ein unersetzlicher Schiller begriff, wie wir lesen, durch die Natürlichkeit seines Genies schnell die Hauptpunkte, auf die es ankam. Übrigens stand er isoliert nur hinsichtlich seiner Polemik mit Newton, seiner handgreiflichen Mißdeutungen von dessen Experimenten, seiner Gegenbeweise gegen dessen Theorie, nicht jedoch mit seiner Farbenlehre, die seit dem Erscheinen bis auf den heutigen Tag eine seiner bewundertsten Schriften ist. Nicht mit Unrecht sagt Georg Brandes in seinem Goethebuch über sie: »Niemand wird es bereuen, sie zu lesen, und sei es auch nur um der Sprache willen. Die Darstellung ist klassisch, anschaulich, schön, wie ein schönes Gedicht.« Und selbst ihr letzter Kritiker, der Nestor der deutschen Naturforscher, Spezialist für Farben, in einem Buch aus dem Jahre 1931, der es im allgemeinen an Ausfällen, ja man kann schon sagen anstößigen Bemerkungen gegen Goethe nicht fehlen läßt: er hält ihn für mitschuldig an dem Irrweg, an der mißachteten Stellung, in der die deutsche Naturforschung im ersten Drittel des neunzehnten Jahrhunderts dahinkümmerte, haltloses Geschwätz an Stelle treuer Forschung setzend; Goethes Farbenkrankheit, sagt er, eine ähnlich mißgegangene Leidenschaft wie die Liebe zu Frau von Stein, wenn doch in diesem Augenblick ein Fachmann zugegen gewesen wäre, dieser Irrweg wäre vermieden; dieser also, ein Nobelpreisträger, aus dessen Mund es jedenfalls nicht sehr angenehm ist, bei solcher Gelegenheit folgendes zu vernehmen: »Statt wäre nicht das Auge sonnenhaft, wie könnten wir das Licht erblicken, kann man mit gleichem Recht fragen, wäre nicht das Auge tintenhaft, wie könnten wir die Schrift erblicken oder irgendeinen anderen Satz von gleicher ›Tiefe‹« – also auch er muß hinsichtlich der Farbenlehre zugestehen: »Die Wissenschaft hat nach allen Richtungen ungeheure Fortschritte, und zwar größere gemacht als in irgendeinem früheren Jahrhundert, und dennoch steht die Farbenlehre bis auf unsere Tage fast noch ebenso da, wie Goethe sie hinterlassen hat. Zwar haben geniale Köpfe wie insbesondere Helmholtz, Fechner, Brücke und Hering ungemein Wertvolles zu ihrer Entwicklung beigebracht. Die benachbarten Wissenschaften haben sich weitgehend vervollkommnet und zahllose einzelne Fragen, welche noch Goethe wegen des Zustandes des zeitgenössischen Wissens im Dunkel lassen mußte, haben inzwischen ausreichende Aufklärung gefunden. Aber ein Blick in die zeitgenössische Literatur läßt erkennen, daß jene große synthetische Arbeit, deren Bedürfnis der Genius empfunden hatte, der in dieser wie in so mancher anderen Richtung seinen Zeitgenossen um ein Jahrhundert voraus war, noch bis auf die neueste Zeit nicht geleistet worden ist.« Also, sie war keineswegs resultatlos, diese mißgegangene Leidenschaft, diese Leidenschaft ohne Fachmann, dies Dahinkümmern mit Geschwätz statt treuer Forschung, sie war nur nicht mathematisch-physikalisch, sie war nur nicht analytisch, sie war nicht erklärt voraussetzungs-, das heißt ideenlos, sondern diese Leidenschaft ging auf Anschauung, sie war »anschauliches Denken«, und damit rühren wir an die intimste und innerste Struktur des Goetheschen Seins, betreten sein zentralstes Reich, auch das erregendste, das unabsehbarste, für uns heute von so enormer Aktualität: denn dies anschauliche Denken, ihm von Natur eingeboren, aber dann in einer sich durch das ganze Leben hinziehenden systematischen Arbeit als exakte Methode bewußtgemacht und dargestellt, als heuristisches Prinzip mit aller polemischen Schärfe dem mathematisch-physikalischen Prinzip gegenübergestellt, es ist, auf eine kurze Formel gebracht, der uns heute so geläufige Gegensatz von Natur, Kosmos, Bild, Symbol oder Zahl, Begriff, Wissenschaft; von Zuordnung der Dinge zum Menschen und seinem natürlichen Raum oder Zuordnung der Begriffe in widerspruchslose mathematische Reihen; von Identität alles Seins oder Chaos zufälliger, korrigierbarer, wechselnder Ausdrucks- und Darstellungssysteme; mit einem Wort, es ist die Problematik, die uns aus jedem Vortrag in jedem Hörsaal, in jeder Akademie, in jedem Institut heutigentags entgegentritt, uns, mitten, wie wir hören, im Zusammenbruch des zweiten großen rationalistischen Erfassungsversuchs der Welt, Parallele zum Ausgang der Antike, uns, vor deren Augen die Relativitätstheorie durch Auflösung des physikalischen Raumes den idealen, den aus den ästhetischen Kategorien Kants, doppelt beschwört, die Philosophie thematisch wie in ihren repräsentativen Dialektikern sich zur reinen Ontologie wendet, die Quantentheorie aus dem Munde Plancks in seinem Vortrag vom vorigen Jahr in der Kaiser-Wilhelm-Gesellschaft: »Der Positivismus und das physikalische Weltbild« den Begriff der Realität, diesen, wie er selber sagt, metaphysischen Begriff in hoher Inbrunst ehrt, mit einem Wort uns, in deren Gegenwart die geistig-wissenschaftliche Gesamtvernunft das komplizierte, zerfaserte, hybrid übersteigerte Begriffsnetz der modernen induktiven Naturexegese beiseiteschiebt und eine neue, die alte, Wirklichkeit durch Wiedergewinnung eines natürlichen Weltbildes sucht.

Kann man sich dabei auf Goethe berufen? Was heißt bei ihm

im speziellsten Sinne anschauliches oder gegenständliches Denken? Was zunächst diesen Ausdruck »gegenständliches Denken« betrifft, der in der Tat das ganze Thema umschließt, so stammt er nicht von Goethe, sondern wurde über ihn geprägt, und zwar von Heinroth in seiner »Anthropologie«; aber Goethe greift ihn sofort in einem längeren Aufsatz, betitelt: »Bedeutende Fördernis durch ein einziges geistreiches Wort«, mit großer Genugtuung auf und erläutert an ihm seine geistige Art. In einer These zusammengefaßt heißt diese Art: Goethe lebte der Ansicht, daß die Natur ihre Geheimnisse von selbst darlegen müsse, daß sie bedenken, sie beschreiben nur die durchsichtige Darstellung ihres ideellen Inhalts sei. Dies die Helmholtzsche Definition des Goetheschen »gegenständlichen Denkens«. Das bedeutet also und stellt sich uns dar als eine höchst merkwürdige Verflechtung von Platonismus und Erfahrung: einerseits enthält die Natur Ideen, und ihre Gegenstände befinden sich innerhalb dieser Ideen, und diese Ideen tragen sich dem Denken zu, bieten sich ihm dar infolge der unauflöslichen Einheit von Natur und menschlicher Anschauung, aber andererseits ist dies Denken bei Goethe von nie erlahmender Aktivität, von klassischer Exaktheit in Beobachtung und Deutung, unermüdlich im Sammeln, im Tabellenanlegen, rastlos hingegeben dem Material, es ist sogar betont weitsichtig im methodischen Gefühl: tritt vom Gegenstand zurück, wenn er sich nicht ohne weiteres erschließt, wartet ab, greift ihn wieder auf, umzieht ihn mit Gedanken, bildet ihn in jahrzehntelangen Prozessen geistig um. Es ist ein produktives Denken im Rahmen wissenschaftlicher Themen, ein weittragendes perspektivisches Erfühlen von Zusammenhängen und Ursprüngen, ein Eintauchen des Denkens in den Gegenstand und eine Osmose des Objekts in den anschauenden Geist. Ein imposantes Denken, was die Resultate angeht, die wir im vorhergehenden sahen, aber eines, das sich als Methode nicht völlig klarstellen und übertragen läßt. Ein ausgesprochen affektgeführtes Denken, körperlich umwogt, mit starker Hirnstammkomponente, will man es biologisch basieren, im Gegensatz zum Rindentyp des intellektualistischen *Professionals*; man höre die zahlreichen emotionellen Hinweise in den Briefen: »ein peinlich süßer Zustand« die Arbeit in der Osteologie, als »Herzenserleichterung« wird die Pflanzenmetamorphose niedergeschrieben, das Os intermaxillare macht dem Entdecker »solche Freude, daß sich ihm alle Eingeweide bewegen«, eine Arbeit wird ihm »versüßt«, wenn Herder zuschaut, alles entfaltet sich aus dem Inneren, aus dem Ich, darum »muß man tüchtig geboren sein, um ohne Kränklichkeit auf sein Inneres zurückzugehen«. Ein gegenständliches Denken, dem dichterischen sehr nah, eine Stelle aus dem obengenannten Aufsatz »Bedeutende Fördernis« ist höchst aufschlußreich: »Was von meinem gegenständlichen Denken gesagt ist, mag ich wohl auch ebenmäßig auf eine gegenständliche Dichtung beziehen. Mir drückten sich gewisse große Motive, Legenden, uralt-geschichtlich Überliefertes so tief in den Sinn, daß ich sie vierzig, fünfzig Jahre lebendig und wirksam im Inneren erhielt; mir schien der schönste Besitz, solche uralte Bilder oft in der Einbildungskraft erneut zu sehen, da sie sich zwar dann immer umgestalten, doch ohne sich zu verändern einer reineren Form, einer entschiedeneren Darstellung entgegenreiften.« Wir sehen also ein Denken, das auf den Typus, das große Motiv, das Legendäre, die letzten arthaften Schichten zielt. Dies Denken übernommen, eingelebt in die exakte Forschung, eingelebt, nicht eingeschwärmt, will heißen keineswegs beiläufig, keineswegs zufällig, vielmehr durchgearbeitet, bewußtgemacht, systematisch, methodisch angewandt, ja polemisch von hoher Virulenz: »Widersacher kommen nicht in Betracht, denn mein Dasein ist ihnen verhaßt, sie verwerfen die Zwecke, nach denen mein Tun geleitet ist. Ich weise sie daher ab und ignoriere sie.« Ein andermal: »Unterstehe sich keiner, gegen mich induktiv vorzugehen, induktive Einwände gegen mich vorzubringen, da könnte dann ein dritter und vierter kommen, und mit Versuchen hat schließlich jeder recht.« Erinnern wir uns: »durch Zeichen und Zahlen die Wahrheit in Irrtum verkehren« und: »das knüffliche Pfaffengeschlecht«.

Wir haben also bei Beginn des neunzehnten Jahrhunderts die beiden Typen des Denkens: den Goetheschen Typ: »Ich achte darauf, daß sich mein Denken von den Gegenständen nicht sondere, daß die Elemente der Gegenstände, die Anschauungen, in dasselbe eingehen und von ihm auf das Innigste durchdrungen werden, daß meine Anschauung selbst ein Denken, mein Denken ein Anschauen sei«, und den Typ der aufsteigenden Naturwissenschaft: »Das Experiment ist die geistige Geburt des Gegenstandes, den wir erst *zertrümmern* müssen, um seine gelösten Glieder zu einem neuen Ganzen zu verbinden« (Dove). Es entsteht also die Frage: gibt es eine primäre Identität von Denken und Sein? Kann man durch innere Anschauung die Naturgesetze ohne Zuhilfenahme der »rohen« Empirie erkennen? Wie verhält sich die Empirie des gesunden natürlichen Menschen (»ich raste nicht, bis ich eine prägnanten Punkt finde, der vieles *freiwillig* aus sich *herausbringt* und mir *entgegenträgt*« – oder: »im Erlebnis findet sich der Mensch schon recht eigentlich in der Welt, er braucht sie nicht erst begrifflich zu übersteigen«) zu der Empirie der willkürlich und wiederholt angewandten Bedingungen, zu der Empirie des Experiments? Wie verhält sich das Weltbild des »anschaulichen Denkens«, in dem »der Geist in seine alten Rechte wieder eingesetzt wird, sich unmittelbar gegen die Natur zu stellen« (»gegen« im Sinne des gleichwertigen, gleichrangigen Gegenüber ohne die theologischen und teleologischen Zwischenschaltungen der vergangenen Jahrhunderte), von dem Goethe meinte, daß es die bedeutende Hinterlassenschaft seiner Epoche an das neunzehnte Jahrhundert darstelle, zu dem dann von diesem Jahrhundert tatsächlich entwickelten mathematisch-physikalischen, also gänzlich unanschaulichen Weltbild? Wie verhält sich das Weltbild des primären Synthetikers zu dem des kasuistischen Analytikers, der nach Goethe in Gefahr gerät, wenn er seine Methode da anwendet, wo keine Synthese zugrunde liegt? Welche Mittel, welche Methode, um es ganz klar auszusprechen: welche menschliche Art führt tiefer in die Anschauung des Lebens, vor sein Bild, sein Symbol, oder ist beides abstammungsgemäß und charakterologisch etwas ganz Verschiedenes: dort der emotionaltranszendentale Akt der Anschauung und hier der rein naturalistische Griff zwecks Ausnutzung und Verwertung? Was ist es also mit Goethe und dem neunzehnten Jahrhundert, Goethe und der induktiven Ära, wie entstand trotz Goethe, gegen Goethe der Positivismus der reinen Begreiflichkeit, wie verhielten sich diese beiden Wahrheiten: seine und die dann kam?

Es ist längst entschieden, daß Goethe kein Gegner des Experiments war. In seinen Briefen an Soemmering, an Jacobi lesen wir wiederholt: »Ich höre nicht auf zu experimentieren und die Experimente zu ordnen.« In dem Brief an Jacobi vom 29. Dezember 1794 schildert er seine Arbeitsmethode als dahin zielend: »Die Phänomene zu erhaschen, sie zu Versuchen zu fixieren, die Erfahrungen zu ordnen und die Vorstellungsarten darüber kennen zu lernen, bei dem ersten so *aufmerksam*, bei dem zweiten so *genau* als möglich zu sein, beim Dritten *vollständig* zu werden und beim vierten *vielseitig* genug zu bleiben, dazu gehört eine Durcharbeitung seines lieben Ichs, von deren Möglichkeit ich auch sonst nur keine Idee gehabt habe.« Wir hören, wie er dem Herzog Ernst dankt für ein physikalisches Kabinett, dem Prinzen August für übersandte englische prismatische Linsen, wir erfahren sogar, welchen Aufwand er selber zur Beschaffung von Instrumenten betreffend die Farbenlehre gemacht hat; sie haben ihm, wie er mitteilt, über zweitausend Gulden gekostet. Es ist kein Zweifel, er hat sein Leben lang experimentiert, allerdings mit der Skepsis, die bei seiner Gesamtlage unvermeidlich war; wir finden in seinem streng wissenschaftlich-theoretischen Aufsatz: »Der Versuch als Vermittler von Objekt und Subjekt« jenes Paradoxon, daß sich aus Versuchen nichts unmittelbar beweisen lasse; wir finden Sätze von so frappanter Aktualität, von so unmittelbarer Modernität, als ob sie aus den heutigen Kritiken über die Induktion, zum Beispiel Dinglers »Zusammenbruch der Wissenschaften« kämen. Aber er beherrschte das Experiment, das ist keine Frage; interessant ist nur die Frage, wie entstand um ihn herum unter Auflehnung gegen diese Majestät des anschaulichen Denkens, unter Ausschaltung der pompösen Suggestion dieser doch auch sehr resultatreichen intuitiven Art der bis heute kausal-analytisch völlig rätselhafte, monographisch völlig ungeklärte Ausbruch des Postivismus mit seiner aus dem Affekt losgelösten mechanischen Anhäufung von Stofflichkeiten, seiner gegen das Erlebnis erkämpften Konglomeration von Begriffen, Daten, Exaktheiten, denen keine menschliche Synthese mehr zugrunde lag?

Welches immer sein Ausgangspunkt war: die Renaissance mit ihrer Mobilisierung des Vitalen im Verein mit den verstreuten arabischen Kulturelementen, innerhalb derer sich Mathematik, Astronomie, Medizin vergangener Kulturen in den Laboratorien der Alchimisten und den Warten der Sterndeuter bewahrten – oder ob hinter beiden der treibende Begriff einer absoluten Wahrheit stand, der von den monotheistischen Religionen, Judentum, Christentum, Islam, jahrhundertelang von Geschlecht zu Geschlecht entwickelt und zu letzter dialektischer Verfeinerung geführt, nun den bei den polytheistischen Völkern rudimentär gebliebenen Reduktionstrieb mit in der Richtung riß, daß überall der Urgrund der Dinge nur einer sei, dieser eine aber sei zu erfassen und erfahren –; welche Impulse immer von Kant ausgingen, von seiner Darstellung des Allgemeingültigen und Notwendigen der Erkenntnis gegenüber dem Zufälligen und Ungeordneten der rein naturalistischen Erfahrung, also von dieser Verklärung der reinen Theorie; was immer von den französischen Ereignissen dazukam mit ihrer Verbreiterung in die Maße von Genuß und Macht, dem Erwachen großer Schichten zur Verirdischung ihrer Triebe, in der sich die Technifizierung entband: die eigentliche Geburtsstunde dieses Seinsbildes wurde jener 23. Juli 1847, jene Sitzung in der Berliner Physikalischen Gesellschaft, in der Helmholtz das von Robert Mayer aufgeworfene Problem von der Erhaltung der Kraft mechanisch begründete und als allgemeines Naturgesetz vorrechnete. An diesem Tag begann die Vorstellung von der völligen Begreiflichkeit der Welt, ihre Begreiflichkeit als Mechanismus. Dies Datum ist genau so epochal wie ein früheres, das mit post und ante unter uns lebt. Von hier ging das aus, was Du Bois-Reymond wenige Jahre darauf so formulieren konnte: »Es gibt kein anderes Erkennen als das mechanische, keine andere wissenschaftliche Denkungsform als die mathematisch-physikalische.« Und die Naturwissenschaft, erklärte er weiter, ist das absolute Organ der Kultur, die Geschichte der Naturwissenschaften die eigentliche Geschichte der Menschheit. Hier mündet vieles, Fernes und Nahes, Klöster und Scheiterhaufen, der Dom des Buschetto und der Gutshof von Ferney. Hier wurde aus Deutschland geerntet, was nach dem ersten Totenfest des Idealismus um 1800, als Klopstock, Herder, Kant, Schiller innerhalb zweier Jahre dahingingen, begann, was nach dem zweiten um 1832 sich entfaltete, als Niebuhr, Stein, Hegel, Schleiermacher, W. von Humboldt neben Goethe innerhalb eines Lustrums schieden; was aus den zerstörerischsten Büchern der Epoche, denen von D. F. Strauß und Feuerbach, um sich brannte; was in Doves Gesetz der Stürme an Kurven, Parabeln, Inklinationen sich in die nun errechenbaren Sphären trug; was anstelle des Humus, der Erde, der chthonischen Macht als künstlicher Dünger ver-

trieben wurde: handgreiflich gemachte Erkenntnis, verifizierbares Gesicht, Wahrheit der Suppenwürzenpromethiden, ihre Transzendenz bewies und rechtfertigte sich ja bis in die Guanohaufen von Paraguay: Liebig, experimentell und merkantil, der erste in der uns heute so geläufigen Reihe von Konquistadoren zwischen Induktion und Industrie.
Nun mußte allerdings das Goethesche Massiv umschifft werden zwecks sonorer Entfaltung der Empirie. Nicht ohne Verbalinjurien, wie Geschwätz, Irrweg und Phantasie. Es brauchte Raum und Flußbett das mechanische Weltbild, Vorspiel des materialistischen: prästabiliert, aber nicht harmonisch, stupider Treibriemenparoxysmus: die sechs Huxleyschen Affen vor die Front: wenn sie in ihrem blinden Unverstand Billionen Jahre auf der Schreibmaschine klapperten, brächten sie notwendigerweise die ganze britische Staatsbibliothek hervor und auch die Shakespeareschen Sonette. Zellenananke: der Kopf Homers, das Haupt Vergils als Skalpe auf die Elektroden, Reizung, billig zu haben, Aggregate von Molekeln, aus denen die Ilias, die Äneis im Zwangsverfahren diffundierte. Begreifbarkeit, interastral: wollte man den Marsbewohner sprechen – nur Ketten von Holzstößen in der Form des pythagoreischen Lehrsatzes in der Sahara in Brand gesteckt, und schon beblinzelten die Planetarier die intergalaktale Hieroglyphe. Dies alles wälzte sich nun, keineswegs geheimnisvoll am lichten Tag, sondern im Gegenteil von Morgens bis Mitternacht platt und jedem eurasischen Schädel konform, durch das knospenüberblähte, zum Massenabsprung geduckte Jahrhundert.

Ist es nach einem Aphorismus Goethes das Glück des Genies, zu Zeiten des Ernstes geboren zu werden, war es offenbar die Chance der verifizierbaren Wahrheit, ihren frischen Inhalt in die Zeiten rassenhafter Hausse zu entleeren. In das unentwirrbare Konglomerat von riesenhafter Vermehrung des Geschlechts, Eingreifen Wallstreets in den Kapitalmarkt,

Kolonisationsräuschen, Trieb- und Luxussteigerung ganzer Kontinente, Wirtschaftsaufstieg wucherungsbereiter Stände, Gründerklemmen, Kaiserreichsproklamationen und -debakels fiel die Theorie von 1859: Ertüchtigung, Kampf und Sieg! Im schlichten Schafspelz des Ignorabismus, im Stangenkittel des Laboremus, als Bläserchor der Weltwende mit dem Auroramarsch des dritten Zeitalters, Comtescher Instrumentierung rückte sie vor. Einzige Laute denkähnlicher Praktiken das Brodeln in Kolben aus Jenaer Glas, in dem die Anilinfarben destillierten, das Knirschen verrußter Trommeln, auf denen Muskelzuckungen sich registrierten. Und die Zeit schlug an mit ihrer Hippe und erntete eine ablesbare Wahrheit, eine Wahrheit mit Betriebssicherheit, eine Wahrheit für Berufsschichten, der ganze ranglose Consensus omnium konnte sich an ihr erbauen; und es stimmte doch alles, das war doch alles greifbar: objektive Welt, Zahl, Statistik, Ballistik, Dauerware, es ging doch glänzend, großer Aufstieg, die Magnifizenzen konnten neben die Hofprediger treten, und Dom und Aula lieferten gemeinsam dem Imperium die Grundlage für seine Panthersprünge. Wer aber sollte das Genie verifizieren, alle Monisten zusammen hatten nicht so viel Tiefsinn es abzuleiten; wer sollte Goethe verifizieren, diese Distanz des anschaulichen Denkens, und was heißt das: »die Natur hat kein System?« – nun, dann müssen wir ihr eines beibringen. Vielleicht Dramatiker, aber selbst sein Faust nur zum Nationalgedicht geworden, weil sein Held ein Magister und Doktor, ein Gelehrter war, ein Kollege, und die Universitäten seit jeher einen so bedeutenden Platz im deutschen Geistesleben innegenommen hatten (Du Bois-Reymond); dieser Orphiker, der orakelt, alles Lebendige habe eine Atmosphäre, was ist das für eine Atmosphäre? – kennen wir nicht, keine Hygro-, Thermo-, Barometer dafür angegeben; unseretwegen zur Erbauung, stille Stunden, großer Gefühlskünder, aber keine Ahnung vom mechanischen Wärmeäquivalent, oder was heißt das: »Daß er nicht enden kann, das macht ihn groß, und daß er nie beginnt, das ist sein Los« – wo bleibt da die Auslese der Tüchtigen; –, einzig Nietzsche, obschon auch er im Kiel der Zuchtwahl, der Übermensch eine rein selektive und kolonisatorische Vision, adaptierte mit der untrüglichen Raubvogelpupille diese Triebvarianten, zwischen Seeigelbarden und Rattenzüchtern transmutierend, und sprach es aus: »Darwin neben Goethe zu setzen, heißt die Majestät verletzen, majestatem genii.«

Wir sind nun an dem Punkt, wo die Frage entsteht, was hat es für uns überhaupt für einen allgemeinen Sinn, daß sich Goethe mit dem Zwischenkiefer beschäftigt, was hat es überhaupt für einen Sinn, daß dieser Zwischenkieferknochen von irgendwem gelegentlich einmal entdeckt wurde, ist denn diese wissenschaftliche Ananke sehr großartig, nein, sie ist höchst fragwürdig, oder wollte jemand Goethe nun gegen das neunzehnte Jahrhundert stellen, das wäre doch völlig sinnlos, es gibt Grade von Größe, die gänzlich unverbindlich sind. Was hat es also für einen Sinn, ihn in diesen Zusammenhang faktischer, beweisbarer und bestreitbarer Vorfälle von neuem einzustellen, in den konventionellen historischen Verlauf weltanschaulicher Antithetik, in die Sphäre des wurmartigen Betastens und Herumkriechens niederer Erkenntnisgrade, wie Nietzsche die Wissenschaft charakterisiert, ihn aus jenem Reich, das mit einer Gesetzgebung der Werte beginnt, ein Namengeben ist mit ihr verbunden? Auf diese Frage gibt es keine materielle Antwort, aus dieser Frage entwickelt sich nur eine Perspektive und dann ein Bild.

Noch nie hatte sich die Natur innerhalb ihrer zu uns gehörigen Regionen, auch nicht in den beiden allein Vergleichbaren: Dante und Shakespeare, mit einem solchen Ausdruck an ein menschliches Sein gebunden, und zwar sowohl in bezug auf ihre naturalistische Kraft wie in bezug auf ihr Symbol. Es geschah in dem Augenblick, als die menschliche Rasse zum letztenmal mit einem alten Blick, mit einem alten Gedanken über die Erde sah, noch die Schwingen gebreitet, doch schon den Flug bereitet, dem Abflug nah. Es schlägt sich ein Bogen, es zieht sich eine metaphysische Spannung von des Thales Primärvorstellung: alles ist Wasser, das heißt alles ist Eins, zu jenem Hymnus über die Natur aus dem Jahre 1782 und zu der Vorstellung der Urphänomene, die Goethes ganzes Schaffen durchzieht: die Spannung der Anschauung gegenüber der Analyse, der Idee gegenüber der Erfahrung, der Größe gegenüber dem Beweis. Es verbinden sich zwei epochale Erscheinungen, wenn die Grundlage der antiken Physik, daß der Mensch das Maß aller Dinge sei, der Mensch, seine Physis, sein Leben, in den vielen Worten über die niedere und höhere Erfahrung wieder aufklingt, in den Worten *gegen* die Erfahrung, *für* den Menschen, seine Natur, seine Herkunft: »Alles Denken hilft nichts zum Denken«, denn: »Man muß von Natur richtig sein«, oder: »Alle, die ausschließlich die Erfahrung preisen, bedenken nicht, daß die Erfahrung nur die Hälfte der Erfahrung ist«; oder das einschneidendste: »Hätte ich nicht die Welt durch Antizipation bereits in mir getragen, ich wäre mit sehenden Augen blind geblieben, und alle Erfahrung wäre nichts gewesen als ein ganz totes und vergebliches Bemühen.«

Es ist aus dem Hellenischen geschöpft, um im Olympischen zu enden, wenn er das höchste Glück des Menschen nennt, das Erforschliche erforscht zu haben und das Unerforschliche ruhig zu verehren. Es ist die antike, die primäre, noch einmal vor der relativierten, der raumneurotisch entarteten Ratio in dieser Kombination von Kausalität und Mythe, die die größte Erkenntnis, die vom Wesen und Kern der Dinge, als für den Menschen erreichbar und erreicht betrachtet. Es ist ein wahrhaft alter und beladener Blick, der die Camera obscura haßt wie das Fernrohr, auf jene Sterne gerichtet, die dann nicht mehr seine Sterne sind, die über seinem Haus, die über seinem Garten. Er sagt: »Der Mensch an sich selbst, insofern er sich seiner gesunden Sinne bedient, ist der größte und genaueste physikalische Apparat, den es geben kann, und das ist eben das größte Unheil der neuen Physik, daß man die Experimente gleichsam vom Menschen abgesondert hat und bloß in dem, was künstliche Instrumente zeigen, die Natur erkennen will« – das kommt von weither, das ist ptolemäisch.

Das zielt auf die Gene, die Erbmasse, es sind die Mütter, die Altväter, es ist das Urphänomen, das entwickelt ein innewohnendes Bild. Auf antiken Tempeln, da wohnen wir und wissen es nicht mehr, wie die Frau in dem Gedicht »Der Wanderer«, geboren über Resten heiliger Vergangenheit, die Worte weggewandelt, die Urworte orphisch. Es ist ein Wissenschaftler, der dies denkt, die Stuben vollgestellt mit Wirbeln, Föten und Gestein, ein Beobachter, exakt wie Faraday, ein Stilist, wo es sein soll, rationalistisch kalt wie Voltaire, der sich dahin wendet. Noch einmal das Archaische, noch einmal das Dasein, das von einem Tag zum anderen sich durchhilft, die Blätter abfallen sieht und nichts dabei denkt, als daß der Winter kommt. Noch einmal das Haus und der steingefaßte Brunnen, die Urbeschäftigung auf der Weide und dem Acker, die begleitenden Tiere: Hund und Roß, die Geräte: Ruder, Schaufel und Netz – und dann die Zivilisation. Noch einmal Luna in der großgemessenen Weite, noch einmal die Sterne im alten Raum, noch einmal der Regenbogen, in dem sich ein Gott versöhnte – und dann die optischen Trivialitäten. Noch einmal die ungetrennte Existenz, der anschauende Glaube, die Identität von Unendlichkeit und Erde, noch einmal das antike »Glück am Sein«: »Denn wir sind denn doch auf das höchste Altertum gegründet, und diesen Vorteil wird uns niemand entreißen«, schreibt er an Schopenhauer. »Laß uns so viel als möglich an der Gesinnung halten, in der wir herankamen«, schreibt der fast Achtzigjährige an Zelter, »wir werden, mit vielleicht noch wenigen, die letzten sein einer Epoche, die so bald nicht wiederkehrt« – ja, die nicht wiederkehrte, der Physikalismus siegte, Newton Imperator, Darwin Rex, und die progressive Zerebration, unter welchem Begriff die Anthropologie das Menschheitsschicksal verzeichnet, die noch einmal verhalten hatte bei der Einfalt, der Unschuld und ihrem heiligen Wert, nun rührte sie an des Daseins unendlicher Kette und trug den Fortschritt vor, die intellektualistische Potenzierung des Werdens, die degradative Dezimierung der Genesis und des Seins –, das bestimmte Integral des Nihilismus.

Die progressive Zerebration – phylogenetisch gesehen, ganz exakt historisch gedacht: immer zwanghafter die Distanz zwischen Instinkt und Rinde, zwischen Anschauung und Begriff, zwischen Farbe und Zahl, immer gefährlicher die Spannung, immer zerstörerischer der Funken: Geruch von Vernichtung und verbranntem Fleisch durch das Jahrhundert: Nietzsche –, hier am Anfang noch einmal: »Das ungeheure Reich simplifiziert sich mir in der Seele«, noch einmal: »Beschaun mit Denken.«

Die uralte Antithetik zwischen Werden und Sein, zwischen Wirken und Sein, die abendländische Grundfrage, die Sphinxfrage, hier von einem, den man auf allen Gebieten gelten lassen muß, entschieden im Sinne des Seins. Nicht im quietistischen, nicht im buddhistischen, nicht im morbiden Sinne: »In keinem Fall darf es ruhn«, hören wir, gemeint ist das ewige lebendige Tun: »Alles muß in Nichts zerfallen, wenn es im Sein *beharren* will«, sagt er aktivistisch; nicht im epigenetischen Sinne: »sondern und umbilden, ganz ins Unendliche geht dies Geschäft der Natur«, ach, er hat es uns ja gelehrt: Gestaltung, Umgestaltung wallet auf, wallet ab –, aber es ist: *das Sein.* Das Sein, »von einem unbekannten Zentrum zu einer nicht erkennbaren Grenze«, das Sein, die Natur: man reißt ihr keine Erklärungen vom Leibe, sie ist alles, ich vertraue mich ihr, sie mag mit mir schalten, ich preise sie mit allen ihren Werken – hier, über alle soziologischen, materialistischen, selektiven Theorien seiner augenblicklichen Lage hinaus, für das Sein des Menschen die bis heute letzte große gültige Instanz.

Und diese große gültige Instanz keineswegs olympisch, keineswegs mythisch, auch sie in der ruhelosen Dialektik des ἓν καὶ πᾶν. Hören wir noch einmal, wie sie sich äußert, sie äußert sich innerhalb unseres Themas, sie eignet dem Präsidenten der Bergwerkskommission, es ist der 24. Februar 1784. Nach acht Jahren Arbeit an Flözen, Flözkalk, Stollen, Untersuchungen und Expertisen in Mineralogie und Geologie, nach dem das Sturmheider Werk hat aufgegeben werden müssen, »jene ersoffene, abgeleerte Tiefe den Wassern und der Finsternis auf immer überlassen«, soll an einem Punkt, der durch die Sorgfalt unserer Herren Geschworenen bestimmt ist, der neue Johannisschacht eingeschlagen, das alte Ilmenauer Bergwerk wiedereröffnet werden. Ich heiße der Mangel, ich heiße die Schuld, ich heiße die Sorge, ich heiße die Not – gebannt für diese graue Stadt, eine Ecke Thüringens, neue Knappschaften sind angeworben, eine Genossenschaft im Entstehen, die wird ergreifen, was man erkannt, die wird feststehen und hier sich umsehen. Nun spricht diese Stimme, und was ist das für eine Stimme, die sagt:

»Lassen Sie uns also die geringe Öffnung, die wir heute in die Oberfläche der Erde machen werden, nicht mit gleichgültigen Augen ansehen, lassen Sie uns die ersten Hiebe der Keilhaue nicht als eine unbedeutende Zeremonie betrachten. Nein, wir wollen vielmehr die Wichtigkeit dieser Handlung lebhaft empfinden, uns herzlich freuen, daß wir bestimmt waren, sie zu begehen und Zeuge derselben zu sein.«

Was ist das für eine Stimme, treten wir einen Augenblick zu den Bergleuten, hören wir ihr zu, sie erläutert sich selbst: »Ich freue mich mit einem jeden, der heute sich zu freuen die nächste Ursache hat, ich danke einem jeden, der an unserer Freude auch nur entferntesten Anteil nimmt.« Das ist doch die Stimme des Erzvaters vor der Hütte, der die Herden ruft, die Silhouette des Hirten steht am Abendhimmel. Nun fährt sie fort: »Ich bin von einem jeden, der bei der Sache angestellt ist, überzeugt, daß er das Seine tun wird. Ich erinnere niemanden mit weitläufigen Worten an seine Pflicht, ich will und kann das Beste hoffen. Meine Herren, ein jeder Ilmenauer Bürger und Untertan kann dem aufzunehmenden Bergwerk nutzen und schaden. Es tue ein jeder, auch der Geringste, das Seinige, was er in seinem Kreis zu dessen Beförderung tun kann, und so wird es gewiß gut gehen« – das ist doch noch einmal die Stimme der Polis, der Feste und der Epen, die Stimme der Stätten vor der Mauer, die Stimme der Quelle und des Grabes. Und nun der Schluß, sie wollen das Bergwerk besichtigen, sie werden ihm folgen, er wird vorangehen. »Wenn es Ihnen gefällig ist«, sagt diese große Instanz, gleichzeitig große Instanz und Hochgericht für alle Dämonen, keineswegs olympisch, keineswegs mythisch, auch sie in der ruhelosen Dialektik des ἓν καὶ πᾶν, sie kann und will das Beste hoffen: »Wenn es Ihnen gefällig ist, wollen wir gehen.«

WERNER HEISENBERG

Die Goethesche und die Newtonsche Farbenlehre im Lichte der modernen Physik

Wer die Wissenschaft vorwärts treiben will, in gemeinsamer Arbeit oder im Wettbewerb mit anderen, der mag sich damit begnügen, die ganze Kraft im kleinen Kreis einer vorgenommenen Arbeit einzusetzen. Wer aber diesen Fortschritt im ganzen überschauen will, der tut gut daran, immer wieder Vergleiche zu ziehen mit den wissenschaftlichen Aufgaben einer früheren Zeit, und jener eigentümlichen Wandlung nachzuspüren, der ein großes Problem im Laufe der Jahrzehnte oder Jahrhunderte unterworfen ist. Eine fruchtbare Fragestellung kann selbst dann, wenn sie eine klare Beantwortung gefunden hat, späteren Zeiten immer wieder in neuer Beleuchtung erscheinen.

Die stetige Wandlung der modernen Naturwissenschaft in Richtung auf eine abstrakte, der lebendigen Anschauung entzogene Naturbeherrschung ruft von selbst die Erinnerung wach an den großen Dichter, der vor über hundert Jahren den Kampf für eine lebendige Naturwissenschaft in der Farbenlehre gewagt hat. Dieser Kampf ist abgeschlossen, die Entscheidung über »richtig« und »falsch« ist längst in allen Einzelfragen gefallen. Die Goethesche Farbenlehre hat in der Kunst, der Physiologie, der Ästhetik vielfache Früchte getragen. Aber der Sieg, der Einfluß auf die Forschung des folgenden Jahrhunderts, ist der Newtonschen Farbenlehre geblieben. Durch die außerordentliche Entwicklung, die diese Newtonsche Physik seit jener Zeit durchgemacht hat, sind auch – gerade in den letzten Jahrzehnten – die Konsequenzen dieser Forschungsrichtung deutlicher hervorgetreten als je. Die befremdende Abstraktheit der Vorstellungen, die uns, etwa in der modernen Atomphysik, gestatten, die Natur zu beherrschen, wirft deutlicher als bisher ein Licht auf den Hintergrund jenes berühmten Streites um die Farbenlehre. Von diesem Hintergrund soll im folgenden in erster Linie die Rede sein.

Es ist bekannt, daß Goethe den äußeren Anstoß zu einer intensiven Beschäftigung mit der Natur auf der italienischen Reise empfangen hat. Die geologische Struktur des Landes, die mannigfaltigen Formen der Pflanzen, die unter dem südlichen Himmel gedeihen, die leuchtenden Farben der italienischen Landschaft nehmen während der Reise sein Interesse immer wieder gefangen und werden für uns aus den lebhaften Schilderungen seines Tagebuches von neuem lebendig. Ebenso erfahren wir aus diesen Aufzeichnungen, wie sich die Eindrücke gewissermaßen von selbst zu einer wissenschaftlichen Ordnung zusammenschließen und wie sich so unmittelbar aus der erlebten Natur Vorstellungen entwickeln, die später die Grundlagen der Goetheschen Naturbetrachtung wurden. Nach der Rückkehr nach Weimar beginnt Goethe, die gewonnenen Erfahrungen auszuarbeiten: als erste Frucht dieser Arbeit erscheint im Jahre 1790 die »Metamorphose der Pflanzen«. Die theoretische Beschäftigung mit den Farben, die Goethe in Italien begonnen hat und die nach seinen Konfessionen zur Farbenlehre von der Frage des Kolorits ausgegangen ist, wird in dieser Zeit zunächst zurückgestellt. Ein Prisma, das sich Goethe nach der Rückkehr von Hofrat Büttner in Jena geliehen hatte, um daran die Farberscheinungen bei der Lichtbrechung zu studieren, bleibt unausgepackt auf dem Tisch liegen. Erst als – wohl im Frühling 1791 – der Eigentümer das Prisma zurückerbittet und es durch einen Diener abholen läßt, benutzt Goethe die Gelegenheit, einmal durch das Prisma hindurchzusehen, um die zu erwartenden Farberscheinungen zu beobachten. Dabei entdeckt er zu seiner größten Überraschung, daß große weiße Flächen nicht, wie er es nach seinen Studien der Newtonschen Farbenlehre angenommen hatte, farbig erscheinen, sondern weiß, daß das gleiche auch für große dunkle Flächen gilt, daß aber nur an den Rändern zwischen hellen und dunklen Flächen farbige Säume entstehen. Goethe erkennt daran, »daß eine Grenze notwendig sei, um Farben hervorzubringen«. Diese Entdeckung, von der Goethe glaubt, daß sie im Widerspruch zur Farbenlehre Newtons stünde, gibt nun den Anstoß zu einer intensiven Beschäftigung mit der Entstehung der Farben bei der Lichtbrechung. Die Farben entstehen, so schließt Goethe, aus der Vereinigung von Hell und Dunkel und nicht aus dem Licht allein, wie Newton lehrt. Dieser Schluß bestätigt sich ihm an vielen anderen Erscheinungen. Die Sonne, die am Tage strahlend weiß leuchtet, scheint gelb und rot, wenn sie durch eine dazwischenliegende Dunstschicht verdunkelt wird. Der Rauch, der von einem Kamin aufsteigt, erhält im Sonnenlicht einen bläulichen Schimmer. Durch vielfältige andere Erfahrungen weiter überzeugt, glaubt Goethe schließlich in dieser Entstehung der Farben aus Licht und Dunkel, aus der Beimengung des Trüben zum Lichte das »Urphänomen« gefunden zu haben. Dieses Urphänomen schließt – gleichsam als leitende Idee nicht dem Verstande, sondern der Erfahrung anvertraut – die verschiedenen Farberscheinungen unserer Sinnenwelt zu einer einheitlichen Ordnung zusammen. Die Ordnung, die in Goethes Farbenlehre harmonisch und auch in den letzten Einzelheiten mit lebendigem Inhalt erfüllt vor uns aufgebaut wird, umfaßt das ganze Reich der objektiven und subjektiven Farberscheinungen. Gerade die Farben, die nur durch Vorgänge im Auge selbst bedingt sind und die daher eigentlich auf einer »Täuschung« durch unsere Sinne beruhen, behandelt Goethe mit besonderer Sorgfalt. Und wenn Goethe von dem Urphänomen der Farbentstehung in einem der schönsten Gedichte des »Westöstlichen Diwans« spricht, so spüren wir daraus die Bedeutung, die für Goethe selbst diese Entdeckung gewonnen hat.

Goethe hat geglaubt, daß seine Farbenlehre in unübersehbarem Gegensatz zu der Newtons stünde. Deshalb muß nun auch von der Newtonschen Theorie die Rede sein. In dieser Lehre, die ja auch heute noch die Grundlage jeder physikalischen Optik bildet, gilt das weiße Licht als zusammengesetzt aus Lichtern der verschiedenen Farben, in ähnlicher Weise etwa, wie der von ferne wahrgenommene Ton der Brandung, so sehr er in unserer Empfindung als etwas Eigenes und Besonderes erscheint, zusammengesetzt ist aus dem Rauschen der einzelnen Wellenschläge. Aus dem Weißen können durch äußere Einwirkungen Farben ausgesondert werden. Da zu diesem Aussondern stets Materie notwendig ist, die Licht wegnimmt und damit zu vergleichen ist mit dem, was Goethe das Trübe oder Dunkle nennt, so ist es auch nach der Newtonschen Theorie sehr wohl verständlich, daß aus dem weißen Licht nur durch die Wechselwirkung mit dem Trüben die Farben entstehen. Trotzdem ist in beiden Theorien die Ordnung der Erscheinungen vollständig verschieden. Die einfachste Erscheinung der Newtonschen Theorie ist der engbegrenzte, einfarbige Lichtstrahl, der durch komplizierte Vorrichtungen vom Licht anderer Farbe und anderer Richtung gereinigt ist. Der einfachste Begriff der Goetheschen Lehre ist das helle, um uns flutende Tageslicht. Jene, unserer Anschauung so entfernte Grunderscheinung der Newtonschen Lehre eröffnet nun der Meßkunst und der Mathematik den Zugang zu den optischen Phänomenen. Die Ausbreitung und die Fortpflanzung des Lichtes lassen sich durch Messungen bestimmen und in mathematischer Form festlegen, und auch der Farbe kann eine Zahl – in unserer heutigen Bezeichnung eine Wellenlänge des Lichtes – zugeordnet werden. Damit wird die Optik zu dem, was man gemeinhin eine exakte Wissenschaft nennt, und bewährt sich als solche, indem sie uns lehrt, die genauesten optischen Instrumente zu bauen, die uns Teile der Welt erschließen, die den Sinnen unmittelbar nicht zugänglich wären. Andererseits ist es verständlich, daß diese Lehre, die eine gewisse Herrschaft über die Lichterscheinungen ermöglicht und sie praktischen Zwecke dienstbar macht, doch an keiner Stelle dazu verhilft, die farbige Welt, die uns umgibt, lebendiger mit unseren Sinnen aufzunehmen.

Aus diesem Vergleich wird deutlich, in welcher Weise die beiden Lehren, die Goethesche und die Newtonsche, aneinander Kritik üben mußten. Der Ausgangspunkt der Newtonschen Lehre erscheint Goethe befremdlich und unnatürlich. Das Weiße, also eigentlich das Licht in seiner reinsten Form, soll zum Zusammengesetzten abgewertet werden, und als Grundphänomen betrachten die Physiker ein durch Spalte, Linsen und Prismen mit den kompliziertesten Vorrichtungen hindurchgequältes Licht. Wir verstehen wohl, wenn Goethe seiner Enttäuschung mit den Worten Luft macht: »Ebenso macht sich der Physiker zum Herrn über die Erscheinungen, sammelt Erfahrungen, zimmert und schraubt sie durch künstliche Versuche zusammen... nur begegnen wir der kühnen Behauptung, das sei nun auch noch Natur, wenigstens mit einem stillen Lächeln, einem leisen Kopfschütteln. Kommt es doch dem Architekten nicht in den Sinn, seine Paläste für Gebirgslager und Wälder auszugeben.« Ganz allgemein mißbilligt er den Wunsch der Physiker, hinter der Welt der Erscheinungen zu ihren Ursachen vorzudringen. »Wäre denn aber auch ein solches Urphänomen gefunden, so bleibt immer noch das Übel, daß man es nicht als solches anerkennen will, daß wir hinter ihm und über ihm noch etwas Weiteres aufsuchen, da wir doch hier die Grenzen des Schauens eingestehen sollten. Der Naturforscher lasse die Urphänomene in ihrer ewigen Ruhe und Herrlichkeit bestehen.«

Umgekehrt kann der Physiker der Goetheschen Farbenlehre zum Vorwurf machen, daß sie sich nicht zu einer exakten Wissenschaft ausbauen lasse, die zu einer wirklichen Beherrschung der optischen Phänomene führen kann. Besondere Farbenerscheinungen, die etwa noch nicht beobachtet worden sind, lassen sich nach der Goetheschen Lehre kaum genau vorhersagen – wohl aber ist dies ein Anspruch, den die Newtonsche Theorie erheben kann. Auch sind in der Goetheschen Lehre bewußt Elemente verbunden, auf deren Trennung der Physiker stets aufs sorgfältigste bedacht sein muß: das Subjektive vom Objektiven zu sondern, erscheint dem Physiker die erste Voraussetzung jeder Forschung. Er kann daher in der Goetheschen Farbenlehre seine Kenntnisse zwar auf einzelnen, getrennten Gebieten bereichern; er kann über die Reaktionen des Auges auf Farbeindrücke, über die Farben chemischer Verbindungen, über Beugungserscheinungen etwas lernen, aber eben die Einheit der Goetheschen Lehre besteht für seinen Standpunkt nicht. Denn die Reaktionen des Auges müssen ihre Erklärung in dem feineren biologischen Bau der Netzhaut und der Sehnerven (die von dort den Farbeindruck zum Gehirn weiterleiten) finden, die Farben der chemischen Verbindungen müssen sich berechnen lassen aus dem atomaren Aufbau der Verbindungen, schließlich die Beugungserscheinungen folgen mathematisch aus den Eigenschaften einer sich fortpflanzenden Welle... Ein unmittelbarer Zusammenhang der drei Erscheinungen erscheint von dieser Grundlage aus unverständlich. Es offenbart sich hier ein allgemeiner Zug der Natur: Vorgänge, die unseren Sinnen eng verwandt und zusammengehörig erscheinen, verlieren oft diese Zusammengehörigkeit, wenn wir ihre Ursachen untersuchen.

Allen denen, die sich in neuerer Zeit mit der Goetheschen und Newtonschen Farbenlehre beschäftigt haben, ist es klar gewesen, daß sich offenbar nicht viel Einsicht gewinnen läßt durch die Untersuchung der Frage, welche der beiden Lehren richtig oder falsch sei. Zwar läßt sich eine Entscheidung hierüber in allen sachlichen Einzelfragen fällen, und die naturwissenschaftliche Methode Newtons trägt an den wenigen Stellen, an denen ein wirklicher Widerspruch vorliegt, wohl den Sieg über die intuitive Kraft Goethes davon. Aber die beiden Theorien handeln eben im Grunde von verschiedenen Dingen, und es bleibt eher die Frage übrig, wie es möglich ist, daß mit dem Begriff Farbe so verschiedene Gegenstände verknüpft werden können.

Es ist dieser Frage gegenüber darauf hingewiesen worden, daß Goethe und Newton in der Methode zwei völlig verschiedene Wege gegangen seien. Während Newton offenbar bestrebt ist, die Farben einer exakten Messung zugänglich zu machen, und damit versucht, die Welt der Farben in einer ähnlichen Weise mathematisch zu ordnen, wie ihm das in der Mechanik gelungen war, kommen bei Goethe mathematische Betrachtungen gar nicht vor. Im Gegenteil hat Goethe ausdrücklich auf die Beziehungen zur Mathematik in seiner Farbenlehre verzichtet, hat dabei allerdings betont, daß ihm an verschiedenen Stellen die Beihilfe von Meßkünstlern erwünscht erschien. – Bei näherem Zusehen erweist sich allerdings dieser Unterschied doch wohl als weniger wichtig, als es im ersten Augenblick scheint. Worauf Goethe verzichtet, ist nicht eigentlich die Mathematik selbst, sondern nur das mathematische Handwerk. Wenn wir von der Mathematik in ihrer reinsten Form sprechen, so wie sie sich etwa in der Theorie der Symmetrien und der ganzen Zahlen offenbart, so ist leicht zu erkennen, daß auch die Goethesche Farbenlehre einen nicht geringen Teil Mathematik enthält. Etwa in dem Abschnitt über die »Sinnlich-sittliche Wirkung der Farben« wird über ihre symmetrische Ordnung nach polaren Verhältnissen gesprochen. Goethe stellt uns eine Anordnung der sechs Grundfarben auf einem regelmäßigen Sechseck oder einem in sechs Teile geteilten Kreise vor, wobei die Farben in der Reihenfolge: rot, blaurot, blau, grün, gelb, gelbrot erscheinen, wenn wir den Kreis umschreiben. Jede Farbe liegt in diesem Kreise der Komplementärfarbe gegenüber, so dem Grünen das Rot, dem Blauen das Gelbrot. Diese symmetrische Anordnung der Farben gibt den Anlaß zum Studium der mannigfachsten Beziehungen der Farben untereinander. Gegenüberliegende Farben ergeben, wie

Goethe sagt, »rein harmonische, aus sich selbst entspringende Zusammenstellungen, welche immer Totalität mit sich führen«. Die Zusammenstellung von zwei Farben auf dem Kreise, die durch nur eine dazwischenliegende getrennt sind, nennt Goethe charakteristisch, weil sie, wie er sagt, »sämtlich etwas Bedeutendes haben, das sich uns mit einem gewissen Ausdruck aufdringt, aber uns nicht befriedigt, indem jedes Charakteristische nur dadurch entsteht, daß es als ein Teil aus einem Ganzen heraustritt, mit welchem es ein Verhältnis hat, ohne sich darin aufzulösen«. Die Zusammenstellung benachbarter Farben auf dem Kreise schließlich nennt er »charakterlose Zusammenstellung«. Man wird bei dieser Behandlung der Farbbeziehungen mit dem Farbkreis unmittelbar an die mathematischen Symmetrien erinnert, die etwa in einem kunstvollen Ornament zu finden sind, oder die uns in der einfachsten Form ein Kaleidoskop vor Augen führt. Ähnlich einfache symmetrische Ordnungen lassen sich im Aufbau des ganzen Werkes verfolgen.

Ein etwas klareres Bild von dem Unterschied der Goetheschen Farbenlehre von der Newtons wird schon gewonnen, wenn man nach dem Zwecke fragt, dem die Farbenlehre dienen soll. Dies soll nicht dahin mißverstanden werden, als sei eine wissenschaftliche Lehre stets in bezug auf einen bestimmten Zweck geschrieben und verfolge nur die Absicht, diesen Zweck zu erreichen. Aber jede wissenschaftliche Theorie entsteht auf einem geistigen Hintergrund, der in irgendeiner Weise Vorstellungen darüber enthält, wie die gedachte Theorie sich später etwa anwenden lasse. Dabei ist dieser Hintergrund häufig durch die geschichtliche Entwicklung der betreffenden Wissenschaft bedingt und dem Verfasser der Theorie vielleicht nur undeutlich bewußt. Wenn wir in diesem Sinne von einer Absicht der Theorie sprechen, so kann kein Zweifel darüber sein, daß die Goethesche Farbenlehre dem Künstler, in erster Linie dem Maler dienen soll. Goethe selbst berichtet uns ausdrücklich, wie er eine Lehre von den Farben in der Kunst vermißt habe, wie es ihm aufgefallen sei, daß die »lebenden Künstler bloß aus schwankenden Überlieferungen und einem gewissen Impuls handelten, daß Helldunkel, Kolorit, Harmonie der Farbe immer in einem wunderlichen Kreise sich durcheinander drehten«. Von dem Wunsche, eine solche Theorie der Farben in der Kunst zu schaffen, ist Goethes Farbenlehre sicher ausgegangen. Hinter diesem Wunsche steht noch als allgemeiner Hintergrund ein anderer Wunsch, den Goethe an der ersten Stelle, an der er in der Italienischen Reise über die Pläne zur Farbenlehre spricht, in den Satz faßt:

»Ich sehe, daß ich mit einiger Übung und anhaltendem Nachdenken auch diesen schönen Genuß der Weltoberfläche mir werde zueignen können.«

Der Hintergrund, auf dem die Newtonsche Farbenlehre entstand, war ein ganz anderer. Die Erfahrungen der Naturwissenschaft seit Galilei und Kepler hatten gelehrt, daß die Mechanik in mathematischen Gesetzen zusammengefaßt und verstanden werden kann. Newton war der erste Forscher, der erkannt hatte, in welch ungeheurem Umfang eine solche Durchdringung der Natur möglich sei. Auch in der Optik gab es eine Reihe von Untersuchungen, welche zeigen, daß große Teile dieses Gebietes durch mathematisch faßbare Gesetze beherrscht werden können, und es ist unmittelbar verständlich, daß Newtons Bestreben darauf gerichtet war, eben in dieser mathematischen Durchdringung der Farbenlehre Fortschritte zu erzielen. Inwieweit sich dieser Wunsch schon damals mit der Erkenntnis verbunden hat, daß die genaue Kenntnis der physikalischen Gesetze auch zu einer technischen Beherrschung der Natur führen kann, ist wohl schwer anzugeben. Die Tatsache, daß Newton sich selbst um die Verbesserung der Fernrohre lange und eingehend bemüht hat, deutet aber darauf hin, daß auch diese Seite der exakten Naturwissenschaft ihm durchaus geläufig war.

Die spätere Entwicklung hat gezeigt, wie sehr die beiden

Farbenlehren den Zweck, den sie erreichen sollten, auch wirklich erreicht haben. Die Fernrohre und Mikroskope unserer Zeit wären ohne diese mathematische Theorie des Lichtes nie entstanden. Viele Maler haben aus der Goetheschen Theorie Belehrung und Bereicherung erfahren.

Es ist auch häufig ausgesprochen worden, daß sich hinter dieser Verschiedenheit der Absicht bei Goethe und Newton ein tieferer Unterschied der ganzen Weltbetrachtung zeige und daß die grundsätzlich andersartige Einstellung des Dichters und des Mathematikers zur Welt zu so verschiedenen Lehren von der Farbe geführt habe. Sicher ist hierin ein wesentlicher Grund für den Streit in der Farbenlehre ausgesprochen. Doch würde man wohl unrecht tun, wenn man daraus folgern wollte, daß etwa dem Naturforscher jene andere dichterische Seite der Welt fremd sein müsse. Wir brauchen nur an Kepler zu erinnern, der ja die wichtigsten Grundlagen dieser mathematischen Naturwissenschaft mit geschaffen hat. Kepler spürt in seinen vielfältigen und komplizierten Zahlenspekulationen stets die Harmonie der Sphären; und wer die Begeisterung vernimmt, mit der er neue Entdeckungen über den harmonischen Zusammenklang der Planetenbahnen feiert, der wird nicht anstehen, Kepler als einen ausgesprochen dichterischen Geist zu bezeichnen. Newton hat einen großen Teil seines Lebens philosophischen und religiösen Untersuchungen gewidmet, und es ist wohl richtiger zu glauben, daß allen wirklich großen Naturforschern auch die Sphäre der Dichtung wohl vertraut gewesen ist. Jedenfalls ist es ja auch das Bestreben der Physiker gewesen, den Harmonien in den Naturereignisen nachzuspüren. Umgekehrt wäre es auch ein Irrtum zu glauben, daß etwa dem Dichter Goethe an dem Erwecken eines lebendigen Eindrucks von der Welt mehr gelegen habe als an dem Sammeln wirklicher Erkenntnisse. Schon jede echte große Dichtung vermittelt wirkliche Einsicht in sonst schwer erkennbare Bereiche der Welt, und erst recht ein Werk wie die

Farbenlehre soll neue Erkenntnisse vermitteln und ist mit allem Anspruch auf wissenschaftliche Genauigkeit geschrieben.

Am richtigsten kann man vielleicht den Unterschied der Goetheschen und der Newtonschen Farbenlehre bezeichnen, wenn man sagt, daß sie von zwei ganz verschiedenen Schichten der Wirklichkeit handelten. Wir müssen hier daran denken, daß jedes Wort unserer Sprache sich auf verschiedene Bereiche der Wirklichkeit beziehen kann und daß erst durch den Zusammenschluß im großen, oft erst durch die Tradition und die Gewohnheit entschieden wird, welcher Bereich gemeint ist. In der Naturwissenschaft der neuen Zeit beginnt sehr bald die Scheidung der Wirklichkeit in eine objektive und eine subjektive. Während die zweite nicht notwendig allen Menschen gemeinsam ist, wird die objektive Wirklichkeit den Menschen stets in der gleichen Weise von außen aufgezwungen, und sie wird deshalb von der beginnenden Naturwissenschaft zum Gegenstand der Untersuchungen gemacht. Diese Naturwissenschaft stellt also gewissermaßen den Versuch dar, die Welt soweit zu beschreiben, als dabei von uns selbst, von unserem Denken und unserem Handeln abgesehen werden kann. Die Sinne gelten dabei als die mehr oder weniger vollkommenen Hilfsmittel, mit denen wir uns Kenntnis von der objektiven Welt verschaffen können, und es ist nur natürlich und folgerichtig, wenn der Physiker versucht, die Sinne durch künstliche Beobachtungsmittel zu steigern, bis wir in die letzten, entlegensten Bereiche der objektiven Wirklichkeit dringen, die uns längst nicht mehr unmittelbar zugänglich sind. An dieser Stelle entsteht dann die trügerische Hoffnung, daß es durch weitere Verfeinerung der Beobachtungsmethoden schließlich gelingen könnte, die ganze Welt kennenzulernen.

Dieser objektiven Wirklichkeit, die nach festen Gesetzen abläuft und die uns auch dort bindet, wo sie sinnloser Zufall scheint, steht nun die andere Wirklichkeit gegenüber, die wichtig ist, die etwas für uns bedeutet. In dieser anderen Wirklichkeit wird das, was geschieht, nicht gezählt, sondern gewogen, und das Geschehene wird nicht erklärt, sondern gedeutet. Wenn hier von sinnvollen Zusammenhängen gesprochen wird, so handelt es sich um eine Zusammengehörigkeit im Innern der menschlichen Seele. Dieser Wirklichkeit, die zwar subjektiv, aber sicher nicht weniger kräftig als jene andere ist, gilt auch Goethes Farbenlehre; jede Art von Kunst meint diese Wirklichkeit, und jedes bedeutende Kunstwerk bereichert uns mit neuen Erkenntnissen in ihrem Bereich.

Es sieht zunächst so aus, als ob diese beiden Wirklichkeiten für immer als unüberbrückbare Gegensätze einander gegenüberstehen müßten. Der Kampf Goethes gegen die Newtonsche Farbenlehre wäre dann nur ein Ausdruck für diesen nicht zu schlichtenden Gegensatz. Aber die Entwicklung der Naturwissenschaft in den letzten Jahrzehnten hat gezeigt, daß jene Einteilung der Welt in zwei Bereiche doch unser Bild von der Wirklichkeit stark vergröbert. Deshalb soll nun von der neueren Entwicklung der Physik die Rede sein.

Durch die Vorstellung, daß unsere Sinne nur gewissermaßen unvollkommene Hilfsmittel bilden, um die objektive Welt zu erkennen, wurde die Naturwissenschaft dazu bestimmt, sich von der unmittelbaren Sinnenwelt immer weiter zu entfernen. Die verfeinerte Beobachtungstechnik brachte neue Seiten der Natur ans Licht, die unserer Anschauung verborgen bleiben, und im gleichen Maße wurden die Begriffe, mit denen die Naturwissenschaft arbeitet, abstrakter und unanschaulicher. Schon der einfarbige Lichtstrahl, der einen Grundbegriff der Newtonschen Optik bildet, ist ein unserer Anschauung ungewohnter Begriff. Ganz deutlich aber vollzieht sich die Ablösung der Naturwissenschaft von der Sinnenwelt in der Lehre von den elektrischen Erscheinungen. In der ersten Hälfte des vergangenen Jahrhunderts war versucht worden, die Elektrizitätslehre durch den Begriff der

Kraft mit der Mechanik zu verbinden. Durch die Entdekkungen von Faraday und Maxwell zeigte sich aber, daß man die elektrischen und die magnetischen Erscheinungen dann am einfachsten ordnen kann, wenn man vom Begriff des elektrischen Feldes ausgeht. Dieser Feldbegriff kann zwar durch den Vergleich mit den Schwingungen elastischer Körper der Anschauung näher gebracht werden, aber es handelt sich hier bereits deutlich um eine anschauliche Hilfsvorstellung, die geeignet ist, mathematische Zusammenhänge klarzulegen. Sie hat mit dem, was wir sinnlich unmittelbar an der Elektrizität wahrnehmen, nichts zu tun. Denn wenn man auch von einem Äther sprach, dessen elastische Schwingungen elektrisch wirken sollten, so war doch dieser Äther nicht sinnlich wahrnehmbar. Gleichzeitig aber offenbart sich eine besondere Kraft der abstrakter werdenden Naturwissenschaft, verschiedenartige Erscheinungen in ihren Zusammenhängen zu erkennen und auf eine gemeinsame Wurzel zurückzuführen. Die Erforschung der objektiven Welt erhält dadurch ihre tiefste Rechtfertigung, daß sie zu ungeahnten weiten Zusammenhängen geführt und daß sich das so entstandene Weltbild bei aller Kompliziertheit im einzelnen in diesen großen Zusammenhängen immer weiter vereinfacht hat. Durch die Entdeckung von Maxwell wurde das Licht als elektromagnetische Erscheinung erkannt und damit wurden ganz verschiedenartige Bereiche unserer Sinnenwelt: die elektrischen und die magnetischen Erscheinungen, das Licht, die unsichtbaren ultravioletten und ultraroten Strahlen, die Wärmestrahlen als verschiedene Seiten des gleichen physikalischen Bereichs erkannt. Diese Entwicklung wird schließlich folgerichtig zu Ende geführt in der modernen Atomphysik. Die Atomphysik unternimmt, alle unseren Sinnen oder unseren Experimenten zugänglichen Eigenschaften der Materie zu erklären, d.h. sie zurückzuführen auf Eigenschaften der Atome, die in einfachen mathematischen Gesetzen niedergelegt werden können. Die unendliche Mannigfaltigkeit der Erscheinungen spiegelt sich so gewissermaßen in den unendlich vielen Folgerungen eines einfachen mathematischen Axiomensystems. Tatsächlich kann die moderne Atomphysik die Eigenschaften der festen Körper, die chemischen Gesetzmäßigkeiten, die Wirkungen der Wärme und was wir sonst noch an der Materie wahrnehmen können, aus den Eigenschaften der Atome erklären. Diese Erklärung ist allerdings bisher nur in relativ wenigen Fällen mit der notwendigen letzten mathematischen Präzision durchgeführt worden, aber in allen diesen Fällen hat die Theorie auch der genauesten Probe in der wunderbarsten Weise standgehalten. Durch die Erklärung der sinnlichen Eigenschaften der Materie aus dem Verhalten der Atome ergibt sich aber auch, daß den letzten Bausteinen der Stoffe sinnliche Eigenschaften überhaupt nicht in einfacher Weise zugesprochen werden können. Das Atom kann zwar an seinen Wirkungen durch die außerordentliche Verfeinerung der experimentellen Technik beobachtet werden, aber es ist nicht mehr Gegenstand unserer unmittelbaren sinnlichen Anschauung. Der Naturforscher muß also hier darauf verzichten, die Grundbegriffe, auf die er seine Wissenschaft baut, mit der Sinnenwelt unmittelbar zu verknüpfen. Als Grundbegriffe bewähren sie sich vielmehr durch die einheitliche, gesetzmäßige Ordnung, mit der sie die unendlich mannigfaltigen Erscheinungen der Sinnenwelt durchdringen und verständlich machen. Und daß es sich hier um eine echte Ordnung handelt, beweist uns die Technik, die sich aus dieser Ordnung entwickelt hat und die dem Menschen erlaubt, die Kräfte der Natur seinen Zwecken dienstbar zu machen.

Durch diese Entwicklung hat sich allerdings die objektive Welt der Naturwissenschaft in einer merkwürdigen Weise gewandelt. Der Wunsch, die Welt zu beschreiben in einer Weise, bei der von unserem eigenen Denken und Handeln ganz abgesehen werden kann, war entstanden aus der Absicht, die Irrtümer auszuschalten, die etwa durch Sinnestäuschungen oder durch die Ungenauigkeiten unserer Wahrnehmung entstehen könnten. Es sollte ein möglichst genaues Bild der Welt gezeichnet werden. Nun stellt sich heraus, daß sich dieses genauer werdende Bild von der lebendigen Natur immer weiter entfernt. Die Naturwissenschaft handelt nicht mehr von der Welt, die sich uns unmittelbar darbietet, sondern von einem dunklen Hintergrund dieser Welt, den wir durch unsere Experimente ans Licht bringen. Diese objektive Welt wird also doch gewissermaßen erst durch unseren täglichen Eingriff, durch die verfeinerte Technik des Beobachtens hervorgebracht, und insofern stoßen wir auch hier an die unüberschreitbaren Grenzen der menschlichen Erkenntnis.

Aus dieser Entwicklung ist zu erkennen, daß der Kampf Goethes gegen die physikalische Farbenlehre auf einer erweiterten Front auch heute noch ausgetragen werden muß. Wenn Helmholtz von Goethe sagt: »daß seine Farbenlehre als der Versuch betrachtet werden muß, die unmittelbare Wahrheit des sinnlichen Eindrucks gegen die Angriffe der Wissenschaft zu retten«, so stellt sich uns heute diese Aufgabe dringender als je; denn die ganze Welt wird verwandelt durch die ungeheure Erweiterung unserer naturwissenschaftlichen Kenntnisse und durch den Reichtum der technischen Möglichkeiten, der uns wie jeder Reichtum teils als Geschenk, teils als Fluch gegeben ist. Daher sind in den letzten Jahrzehnten immer wieder warnende Stimmen laut geworden, die zur Umkehr raten. Sie weisen darauf hin, daß dieser Abkehr von der unmittelbaren sinnlich gegebenen Welt und der damit verbundenen Teilung der Welt in verschiedene Bereiche schon jetzt eine große Zersplitterung des Geisteslebens gefolgt sei und daß wir uns mit der Entfernung von der lebendigen Natur gewissermaßen in einen luftleeren Raum begeben, in dem kein weiteres Leben möglich sei. Dort, wo diese Warner nicht einfach zur Aufgabe der bisherigen Naturwissenschaft und Technik überhaupt raten, ermahnen sie uns, bei der Entwicklung der Naturwissenschaft in enger Verbindung mit der anschaulichen Erfahrung zu bleiben. Es genüge nicht, die Gesetze zu erkennen, nach denen alle Vorgänge in der objektiven Welt ablaufen, sondern es sei notwendig, sich in jedem Augenblick alle Folgerungen dieser Gesetze für unsere Sinnenwelt gegenwärtig zu halten. Der Naturforscher müsse sich durch den ständigen Umgang mit der Natur in seinen eigenen Experimenten die beobachteten Erscheinungen so vertraut machen, daß die Gesetze selbst nur noch als zweckmäßige Zusammenfassungen dieser Erfahrungen erscheinen. Dadurch also, daß die Welt unserer Experimente uns ebenso anschaulich und lebendig wird, wie die uns draußen umgebende Natur, soll die Gefahr der vollständigen Trennung der beiden Wirklichkeiten vermieden werden. Nun ist es zwar von vornherein klar, daß nur der die Zusammenhänge der Natur erkennen kann, dem ihr Verhalten in dem betreffenden physikalischen Gebiet vollständig vertraut ist. Ohne die genaueste Kenntnis vieler experimenteller Resultate ist noch kein Fortschritt in der Naturerkenntnis erzielt worden. Aber die Gefahren unserer heutigen Naturwissenschaft sind damit ja nicht überwunden; denn unsere komplizierten Experimente sind eben nicht die Natur selbst, sondern eine durch unsere auf Erkenntnis gerichtete Tätigkeit veränderte und verwandelte Natur. Wer an dieser Stelle ändern wollte, der müßte schon die ganze moderne Technik und die mit ihr verbundene Naturwissenschaft aufgeben wollen. Ob eine solche Umkehr auf dem von der modernen Wissenschaft beschrittenen Wege für die Menschheit ein Glück oder ein Unglück wäre, vermag niemand zu sagen. Aber wie das Urteil hierüber auch lauten mag, sicher ist eine solche Umkehr unmöglich, und wir müssen uns damit abfinden, daß es unserer Zeit bestimmt ist, den einmal beschrittenen Weg zu Ende zu gehen.

Als sich der beginnenden Neuzeit durch das Aufblühen der Seefahrt und die kühnen Taten der ersten Weltumsegler die Möglichkeit eröffnete, ferne Länder zu erobern und unendliche Schätze von dort in die Heimat zu tragen, da konnte man vielleicht auch zweifeln, ob nicht in dem neuen Reichtum Glück und Unglück mit gleichen Gewichten verteilt seien; vielleicht sind auch damals warnende Stimmen laut geworden, die eine Rückkehr zu den ruhigeren und anspruchsloseren Lebensverhältnissen der früheren Epochen wünschten. Aber warnende Stimmen verhallen in solchen Zeiten ungehört. Der Zug nach den fremden Ländern und Schätzen kann erst dann ein natürliches Ende finden, wenn alle Länder durchforscht und ihre Schätze verteilt sind. Dann wird der Blick wieder frei für die vielleicht wichtigeren Aufgaben, die uns im kleineren Kreise gestellt sind. In ähnlicher Weise werden sich in unserer Zeit Naturwissenschaft und Technik weiter entwickeln. Ebensowenig, wie irgendwelche Grenzpfähle den Zug in die fremden Länder hindern konnten, wird auch der Weg der Technik durch äußere Hindernisse aufzuhalten sein. Nur die Natur selbst kann diesem tätigen Vorwärtsdringen in ihre entlegensten Bereiche dadurch Einhalt gebieten, daß sie uns zeigt, daß auch das hier zu erobernde Land nicht unendlich ist. Der wichtigste Zug der modernen Physik besteht vielleicht eben darin, daß sie uns klarmacht, wo die Grenzen unseres aktiven Verhaltens zur Natur liegen.

Die Atomphysik ist von der zunächst natürlich scheinenden Annahme ausgegangen, daß auch unsere Kenntnis von den Atomen durch weitere Steigerungen der Beobachtungsmittel immer weiter vervollkommnet werden könnte. Die Atome schienen, auch wenn sie die letzten unteilbaren Bausteine jeder Materie darstellen, doch nur gewissermaßen als verkleinerte Abbilder von Stücken gewöhnlicher Materie, so daß das Atom wenigstens in unserer Vorstellung mit allen Eigenschaften begabt ist, die wir auch an den Stoffen im großen wahrnehmen. Erst im Laufe der Zeit erkannte man, daß die kleinsten Bausteine, z. B. die Elektronen, wenn sie die sinnlichen Eigenschaften der Materie im großen erklären sollen, nicht auch diese sinnlichen Eigenschaften selbst besitzen können, weil ja sonst die Frage nach dem Grund dieser Eigenschaften zwar verschoben, aber nicht gelöst worden wäre. Wenn sich z. B. ein warmer Körper von einem kalten durch die stärkere Bewegung der Atome in seinem Innern unterscheiden soll, so kann ein einzelnes Atom nicht warm oder kalt sein. So wurde das Atom im Laufe der Zeit aller sinnlichen Eigenschaften entkleidet. Die einzigen Eigenschaften, die es lange Zeit zu behalten schien, waren die geometrischen: die Raumfüllung, ein bestimmter Ort, eine bestimmte Bewegung. Die Entwicklung der modernen Atomphysik hat aber den letzten unteilbaren Bausteinen aller Stoffe auch diese Eigenschaften noch in einem gewissen Sinne genommen, indem sie uns zeigt, daß der Grad der Anwendbarkeit solcher geometrischer Begriffe bei den kleinsten Materieteilchen abhängig wird von den Experimenten, die wir an diesen Teilchen vornehmen. Es ist zwar bei einem verhältnismäßig geringen Anspruch auf Genauigkeit möglich, auch vom Ort und von der Geschwindigkeit eines Elektrons zu sprechen, und diese Genauigkeit ist, gemessen an den Gegenständen unserer täglichen Erfahrung, schon außerordentlich groß. Gemessen am Maßstab von atomarer Kleinheit ist sie jedoch gering, und ein für diese Welt im kleinen charakteristisches Naturgesetz hindert uns, Ort und Geschwindigkeit eines Teilchens mit beliebiger Genauigkeit zu kennen. Zwar lassen sich Experimente ausführen, die uns erlauben, etwa den Ort eines Teilchens mit großer Genauigkeit festzustellen, aber bei dieser Messung müssen wir das Teilchen einer starken äußeren Einwirkung aussetzen, so daß eine große Unbestimmtheit seiner Geschwindigkeit die Folge ist. Die Natur entzieht sich also der genauen Festlegung in unseren anschaulichen Begriffen durch die unvermeidliche Störung, die mit jeder Beobachtung verbunden ist. Während es ursprünglich das Ziel jeder Naturforschung war, die Natur möglichst so zu beschreiben, wie sie an sich, d. h. ohne unseren Eingriff und ohne unsere Beobachtung wäre, so erkennen wir jetzt, daß eben dieses Ziel unerreichbar ist. In der Atomphysik ist es in keiner Weise möglich, von den Veränderungen abzusehen, die jede Beobachtung an dem beobachteten Gegenstand hervorbringt. Durch die Art der Beobachtung erst wird entschieden, welche Züge der Natur bestimmt werden und welche wir durch unsere Beobachtungen verwischen. Durch diese Eigenschaft sind die kleinsten Bausteine der Materie von dem Bereich unserer anschaulichen Begriffe getrennt. Erst dieser Umstand rechtfertigt auch die Annahme, daß es sich bei den Elektronen, Protonen und Neutronen, aus denen nach der Ansicht der heutigen Physik die Stoffe aufgebaut sind, wirklich um letzte unteilbare Bausteine der Materie handelt, daß es also keinen Sinn hätte, noch an eine räumliche Struktur dieser Bausteine zu denken.

Aus diesem Sachverhalt folgt in zweierlei Weise, daß der Bereich, der durch Naturwissenschaft und Technik im bisherigen Sinne erschlossen werden kann, nur endlich ist. Einerseits dürfte die Tatsache, daß wir in der Atomphysik bei den letzten unteilbaren Bausteinen der Materie angelangt sind, in nicht allzu ferner Zeit zu einer vollständigen Übersicht führen über die in der Natur ausnützbaren Kräfte und damit über die Möglichkeiten, die der Technik noch offenstehen. Andererseits gibt uns die Art, wie sich die atomaren Erscheinungen von den Erscheinungen unserer täglichen Erfahrung abschließen, ein wichtiges Beispiel dafür, daß in der Naturforschung schon durch die Art der Fragestellung und durch die Methode der Forschung ein endlich abgeschlossener Bereich der Fülle der Erscheinungen ausgesondert wird. Es erschien ja früher als die Aufgabe der exakten Naturwissenschaft, die Bewegung der Körper im Raum in ihrem gesetzmäßigen Ablauf zu verstehen und zu beschreiben. Nun erkennen wir, daß mit dieser Fragestellung der Bereich der atomaren Erscheinungen nicht angegriffen werden kann. Dort, wo wir die Frage nach Ort und Ablauf im Innern eines atomaren Systems an die Natur richten, da zerstören wir durch den beim Experiment notwendigen Eingriff gewisse für die Welt im kleinen charakteristischen Zusammenhänge.

Es liegt nahe, diese Gedanken zu verallgemeinern und sich wieder an den Vorwurf zu erinnern, den Goethe der Newtonschen Physik gemacht hat. Wenn Goethe sagt, daß das, was der Physiker mit seinen Apparaten beobachtet, nicht mehr die Natur sei, so meint er ja wohl auch, daß es weitere und lebendigere Bereiche der Natur gebe, die eben dieser Methode der Naturwissenschaft nicht zugänglich seien. In der Tat werden wir gerne glauben, daß die Naturwissenschaft dort, wo sie sich nicht mehr der leblosen, sondern der belebten Materie zuwendet, immer vorsichtiger werden muß mit den Eingriffen, die sie zum Zwecke der Erkenntnis an der Natur vornimmt. Je weiter wir unseren Wunsch nach Erkenntnis auf die höheren, auch die geistigen Bereiche des Lebens richten, desto mehr werden wir uns mit einer nur aufnehmenden, betrachtenden Untersuchung begnügen müssen. Von diesem Standpunkt aus erschiene die Einteilung der Welt in einen subjektiven und einen objektiven Bereich als eine allzu große Vereinfachung der Wirklichkeit. Vielmehr könnten wir an eine Einteilung in viele ineinandergreifende Bereiche denken, die sich durch die Fragen, die wir an die Natur richten, und durch die Eingriffe, die wir bei ihrer Beobachtung zulassen, voneinander abschließen. Bei dem Versuch, eine solche Einteilung in einfachen Begriffen festzulegen, werden wir erinnert an eine verwandte Ordnung der Bereiche, die wir in Goethes Nachträgen zur Farbenlehre lesen. Goethe betont dabei, daß alle Wirkungen, die wir in der Erfahrung bemerken, auf die stetigste Weise zusammenhängen; daß es gleichwohl unvermeidlich sei, sie voneinander zu trennen. Er ordnet sie vom niederen zum höheren Rang aufsteigend: zufällig, mechanisch, physisch, chemisch, organisch, psychisch, ethisch, religiös, genial. Vom Standpunkt der modernen Naturwissenschaft würden wir die ersten Bereiche vielleicht etwas anders gegeneinander abgrenzen: statt mechanisch würden wir die Gesamtheit der Erscheinungen setzen, die der klassischen Physik zugänglich sind, also der Erscheinungen, bei denen eine streng kausale, raum-zeitliche Beschreibung durchgeführt werden kann. Der Bereich der Chemie würde die atomaren Vorgänge mit umfassen, und seine gesetzmäßige Struktur wäre durch die moderne Atomphysik klargelegt. Einen eigenen Bereich der Physik, die ja in gewissem Sinne die beiden vorhergehenden umschließt, würden wir daneben nicht einführen. Auch dem Zufälligen würden wir kein besonderes Gebiet zuteilen; vielmehr spielt der Zufall auch in den höheren Bereichen eine durch die Naturgesetze genau vorgeschriebene Rolle. Die vier untersten Bereiche der Goetheschen Ordnung lassen sich also in ihrer gesetzmäßigen Struktur, ihren Zusammenhängen und ihren gegenseitigen Abgrenzungen klar durchschauen. Die Grenzen und die innere Struktur des nächsten Bereichs, des Organischen, glaubt die moderne Biologie, wenn auch undeutlich, bereits zu erkennen. Die höheren Bereiche bestimmt festzulegen, darf wohl in unserer Zeit noch niemand wagen.

Trennt man in dieser Weise die Wirklichkeit in verschiedene Gebiete, so löst sich der Widerspruch zwischen der Goetheschen und der Newtonschen Farbenlehre von selbst. Die beiden Theorien stehen an verschiedenen Stellen in jenem großen Gebäude der Wissenschaft. Sicher kann die Anerkennung der modernen Physik den Naturforscher nicht hindern, auch den Goetheschen Weg der Naturbetrachtung zu gehen und weiter zu verfolgen. Freilich wäre die Hoffnung, daß wir von dieser Erkenntnis aus schon bald zu einer lebendigeren und einheitlicheren Stellung zur Natur zurückkehren könnten, noch verfrüht; denn unserer Zeit scheint es aufgegeben, die niederen Bereiche der Natur durch die Experimente zu erkennen und durch die Technik uns anzueignen. Wir müssen bei diesem Vordringen auf den Gebieten der exakten Naturwissenschaft also einstweilen an vielen Stellen auf die lebendige Berührung mit der Natur verzichten, die Goethe als Vorbedingung für die tiefere Naturerkenntnis erschien. Wir nehmen diesen Verzicht auf uns, weil wir dafür ganz weite Zusammenhänge erkennen und in mathematischer Klarheit durchschauen können – Zusammenhänge, die doch wohl die Vorbedingung auch für völlig klares Verständnis der höheren Bereiche darstellen. Wem dieses Verlassen der unmittelbar lebendigen Region ein zu großes Opfer erscheint, der wird einstweilen den Weg der exakten Naturwissenschaft nicht verfolgen können. Nur dort, wo diese Wissenschaft an den äußersten Grenzen ihrer bisherigen Forschungsweise Beziehungen zum Leben selbst entdeckt, wird ihm ihr Sinn verständlich.

Aber vielleicht dürfen wir den Naturforscher, der das Gebiet der lebendigen Anschauung verläßt, um die großen Zusammenhänge zu erkennen, vergleichen mit einem Bergsteiger, der den höchsten Gipfel eines gewaltigen Gebirges bezwingen will, um von dort das Land unter ihm in seinen Zusammenhängen zu überschauen. Auch der Bergsteiger muß die von den Menschen bewohnten fruchtbaren Täler verlassen. Je höher er kommt, desto weiter öffnet sich das Land seinem Blick, desto spärlicher wird aber auch das Leben, das ihn umgibt. Schließlich gelangt er in eine blendend klare Region von Eis und Schnee, in der alles Leben erstorben ist, in der auch er selbst nur noch unter großen Schwierigkeiten atmen kann. Erst durch diese Region hindurch führt der Weg zum Gipfel. Aber dort oben steht er in den Momenten, in denen in vollster Klarheit das ganze Land unter ihm ausgebreitet liegt, doch vielleicht dem lebendigen Bereich nicht allzu fern. Wir verstehen, wenn frühere Zeiten jene leblosen Regionen nur als grauenvolle Öde empfanden, wenn ihr Betreten als eine Verletzung der höheren Gewalten erschien, die sich wahrscheinlich bitter an dem rächen werden, der sich ihnen zu nahe wagt. Auch Goethe hat das Verletzende in dem Vorgehen der Naturwissenschaft empfunden. Aber wir dürfen sicher sein, daß auch dem Dichter Goethe jene letzte und reinste Klarheit, nach der diese Wissenschaft strebt, völlig vertraut gewesen ist.

Anhang

Nachwort des Herausgebers

Zu Goethes zweihundertstem Geburtstag erschien im Limes-Verlag Wiesbaden eine Sammlung von Goethe-Studien unter dem Titel »Spiegelungen Goethes in unserer Zeit«. Sie vereinigte neun Beiträge, divergierend nicht nur durch Sprachstil und Bauweise, sondern auch durch Denkrichtung und Arbeitsweise. Eine Untersuchung des vor einigen Jahren in Paris verstorbenen französischen Germanisten Edmond Vermeil über »Revolutionäre Hintergründe in Goethes Faust«, die Unternehmung mehr eines politischen Historikers als eines Philologen der üblichen Art, stand neben Walter Benjamins großer Studie über die »Wahlverwandtschaften«, die noch unter Hugo von Hofmannsthals Ägide zuerst veröffentlicht worden war. Die marxistische Interpretation des deutschen Klassizismus durch Georg Lukács wurde konfrontiert mit Emil Staigers Analyse der Goetheschen »Novelle«, die allem, was nicht Werkimmanenz darstellt, von Grund auf abhold ist. Der Herausgeber beschränkte sich damals in einem kurzen Vorwort auf die Feststellung, er habe sich – und vermutlich nicht sich allein – ein Fest bereiten wollen, indem er einige der tiefsinnigsten und auch sprachlich bedeutsamsten Goethe-Studien unserer Epoche zur Anthologie zusammenfügte. Vieles war damals, kurz nach dem Kriegsende, als Text verschollen. Walter Benjamins Studie zum Beispiel leitete, neun Jahre nach dem freiwilligen Tode des Emigranten, die Rückkehr dieses bedeutenden Geistes in den deutschen Sprach- und Kulturbereich ein.

Der damalige Herausgeber möchte sich auch diesmal wieder, nach achtzehn Jahren, ein Goethefest bereiten. Mancher Text, der damals als verschollen gelten mußte, ist inzwischen nachgedruckt worden und wird in seiner Bedeutung nunmehr richtig eingeschätzt. Das gilt beispielsweise für Hofmannsthals »Unterhaltung über den ›Tasso‹ von Goethe« aus dem Jahre 1906: so konnte der Tasso-Essay in der vorliegenden Sammlung gegen den viel weniger bekannten und in seiner Bedeutung auch heute noch unterschätzten späteren Essay des Dichters über »Goethes Opern und Singspiele« ausgetauscht werden.

Auch sonst ergaben sich – nicht bloß durch die breitere Anlage unseres neuen Bandes – neue Überlegungen zur Komposition dieser Anthologie von Goethe-Studien. Schon 1949 hatte das Inhaltsverzeichnis erkennen lassen, daß nicht daran gedacht werden sollte, Gesamtwürdigungen Goethes nebeneinander zu stellen, also gleichsam, um eine Formel Gottfried Benns abzuwandeln, ein »Fazit der Goethe-Perspektiven« zu bieten. Sie alle, die Beiträger jenes Bandes mit dem Titel »Spiegelungen Goethes in unserer Zeit«, beschränkten sich auf Einzelaspekte und Einzelwerke des Goethekosmos. Nur Thomas Manns später »Phantasie über Goethe« war es vorbehalten, die Gesamterscheinung zu evozieren: in der Form eines Kunstgebildes, das dem »Geist der Erzählung« ebensoviel zu danken hatte wie der gemanistischen Kleinarbeit.

Diesmal ist selbst für Thomas Mann keine Ausnahme gemacht worden. Der Band »Goethe im zwanzigsten Jahrhundert« verzichtet ausdrücklich darauf, Reden oder Studien zum Gesamtphänomen zu reproduzieren. Auch Arbeiten sehr hohen Ranges, ebenso wichtig durch die Sehweise wie durch die Person des Betrachters, wurden bei der Auswahl zurückgewiesen. Dies galt für Valéry ebenso wie für André Gide oder für Ortega y Gassets Bitte um einen Goethe »von innen«. T. S. Eliots kühle Absage an den Weimaraner gehörte ebensowenig ins Programm unseres Sammelbandes wie die Bemühung sowjetischer Goetheforscher, etwa des Leningrader Germanisten Victor Shirmunskij. Nicht der Gesamtaspekt Goethe sollte abgewandelt werden. Hier galt der Primat der Einzelanalyse. Je genauer und – scheinbar –

traditionsloser die einzelnen Werke und Aktivitäten erörtert wurden, etwa Goethes Tätigkeiten als Kritiker, als Naturforscher, als Autobiograph, um so deutlicher mußten sich, das war unsere Meinung, die wirklichen Dimensionen des Phänomens Goethe einem Betrachter in der Mitte des zwanzigsten Jahrhunderts erschließen. Daß dabei ein Goethebild entstehen mußte, das nicht nur widerspruchsvolle Interpretationen im einzelnen zuließ, sondern auch durch die Divergenz von Entstehungszeit und Blickrichtung die einzelnen Beiträge oft sehr schroff gegeneinanderstellte, war dem Herausgeber klar. Diese Kontraste waren ihm lieb und wichtig. Sie gehörten, so meinte er, zur Sache selbst: zu Goethe im zwanzigsten Jahrhundert. Darum wurde nichts getan, um die – doch wohl nicht miteinander zu vereinbarenden – Gegensätze der Interpretationsmethode zwischen Paul Rilla (Wilhelm Meisters theatralische Sendung) und Hermann Hesse (Wilhelm Meisters Lehrjahre) abzuschwächen oder gar zu Gunsten einer fragwürdigen Harmonisierung zu eliminieren.

Von den neun Beiträgen der Anthologie aus dem Jahre 1949 sind nur drei auch hier wieder abgedruckt: die Studien von Benjamin, Staiger, Wölfflin. Thomas Manns »Phantasie über Goethe« wurde ersetzt durch seinen Essay über den Werther aus dem Jahre 1938. Hofmannsthals Dialog über den Tasso trat zurück hinter einer Untersuchung des Librettisten Hofmannsthal über den Librettisten Goethe. Da der Band »Goethe und seine Zeit«, als Sammlung der Goethe-Studien von Georg Lukács, inzwischen im Rahmen der Gesamtausgabe aller philosophischen und literaturhistorischen Arbeiten des ungarischen Philosophen zugänglich geworden ist, konnte die im früheren Band abgedruckte kleine Arbeit über das »Zwischenspiel des klassischen deutschen Humanismus« ausgetauscht werden gegen die große ästhetisch-kritische Interpretation des Briefwechsels zwischen Schiller und Goethe als eines Grunddokumentes der Weimarer Klassik.

Die Arbeit Vermeils über die Rolle der französischen Revolution für die Entstehung von Faust I durfte keinen Platz finden im vorliegenden Band, weil es sich um eine Originalabhandlung in französischer Sprache handelte, während diesmal nur Arbeiten aufgenommen werden sollten, die in deutscher Sprache geschrieben worden waren. Auch eine Untersuchung Karl Kerényis über die »Meergötterszene in Faust II« mußte zurücktreten, da inzwischen durch Wolfgang Schadewaldts Arbeit über »Faust und Helena« das Gesamtproblem der Klassischen Walpurgisnacht und des Helena-Aktes neu und umfassend analysiert worden war.

Das neue Inhaltsverzeichnis respektiert nirgendwo die Chronologie der Entstehungsdaten. Eine Arbeit Thomas Manns aus dem Jahre 1938 eröffnet die Sammlung, Ernst Blochs Interpretation der Welt des jungen Goethe, die im Jubiläumsjahr 1949 entstand, schließt sich an, mit Hofmannsthals Beitrag ist man in der Welt der zwanziger Jahre, Gottfried Benns Rede war dazu bestimmt, die große Provokation des Goethejahres 1932 zu werden.

Nicht die Chronologie der Beiträger durfte respektiert werden, sondern allein die Goethe-Chronologie. Darum beginnt unser Band mit Arbeiten über den jungen Goethe, führt hinüber zu Deutungen der späten Lyrik und der Schlußszene von Faust II, worauf sich vier Einzelstudien über Einzelaktivitäten des Kritikers, Ästhetikers und Naturforschers Goethe anschließen. Primat also der Einzelanalyse vor der Gesamtdeutung. Vorherrschaft überdies – es kann nicht verheimlicht werden – der Nichtgermanisten vor den eigentlichen Goethe-Philologen.

Nimmt man es mit der Profession besonders genau, so kann unter den älteren Beiträgen eigentlich nur Max Kommerells schöne Studie über die Römischen Elegien und den Divan als Arbeit eines Germanisten »vom Fach« angesprochen werden; amtierende Professoren der Literaturgeschichte sind Frau Wilkinson in London, Emil Staiger aus Zürich und der Kieler Germanist Erich Trunz, Herausgeber der Hamburger Goethe-Ausgabe. Neben ihnen stehen Interpretationen der Schriftsteller und Philosophen, der Pädagogen und Soziologen, des Kunsthistorikers Wölfflin, des Romanisten Curtius, des Physikers Werner Heisenberg und des klassischen Philologen Wolfgang Schadewaldt.

Durch solche Zusammensetzung des Goethe-Symposions ergibt sich eine Majorität der Goethe-Interpreten gleichsam ohne amtliche Verpflichtung gegenüber den Arbeiten derjenigen, die selbstverständlich durch Forschung und Lehre immer wieder zu Themen des Goetheschen Lebens und Werks zurückgeführt werden. Dennoch wäre es unziemlich, das Verhältnis zwischen Minorität und Majorität – mit eigenen Kategorien Goethes – als ein solches der »Kenner« und der »Liebhaber« zu charakterisieren.

Zunächst einmal ist die Rolle des »Liebhabers« in Goethes kritischen und ästhetischen Äußerungen stets als wichtig und anerkennenswert verstanden worden: es fehlt bei ihm durchaus noch der pejorative Akzent, der heute gesetzt wird, wenn man den Fachmann gegen den bloßen »Amateur« auszuspielen sucht. Dem positiven Phänomen des »Dilettantismus« haben Goethe und Schiller sehr gründliche und tiefsinnige Betrachtungen gewidmet.

Aber Curtius oder Schadewaldt sind natürlich alles andere als bemühte Amateure, wenn sie sich mit Goethe beschäftigen. Für Ernst Robert Curtius ist Goethes Begriff der Weltliteratur zugleich ein konstituierendes Element seiner eigenen Arbeit und Lebensweise. Spricht er daher über Goethe als Kritiker, so nimmt er in eigener Sache das Wort. Für Wolfgang Schadewaldt, zum andern, war die Synthese aus »Hellas und Hesperien«, die anzustreben sei, niemals fragwürdig geworden. Klassische Walpurgisnacht und Helena-Akt zeigen den Kenner *und* Liebhaber der Griechen natürlich in seinem ureigenen Bereich. Der Weg Schadewaldts von der Homerforschung zur heutigen Edition des großen

Goethe-Wörterbuchs war folgerichtig; hier hat sich niemand auf Nebenpfade verirrt. Von Homer gelangt man immer wieder zu Goethe: beim Lesen des Werther, der großen Epen, aber auch – wenn man richtig zu lesen versteht – bei den »Wahlverwandtschaften«.

Noch eines fällt auf, überblickt man die scheinbar heterogenen Beiträge vorliegender Anthologie als Gesamtheit: daß jeden eigentlich, der sich mit Goethe beschäftigt, auch wenn es nur um ein Einzelwerk oder einen Sonderaspekt der Goetheschen Totalität zu gehen scheint, die Beschäftigung unter der Hand und unversehens zur *Selbstdarstellung* verführt. Vor Goethe wird ein jeder sich seiner selbst inne. Daß Thomas Mann, über wen auch immer er einen Versuch zu schreiben hatte, eine Selbstdarstellung und Anverwandlung vollzog, ist bekannt. Thomas Mann als Platen und Storm, einmal als Lessing, ganz am Ende seines Lebens noch als Tschechow. Sprach er von Goethe, so wurde das Selbstporträt manchmal mit heiterer Schamlosigkeit entworfen. Das macht: der Verfasser des »Zauberberg« war sich stets der Affinität zu dem großen Anderen, dem Unerreichbaren bewußt. Wenn er daher, am Schluß seines Werther-Essays, den Besuch der Hofrätin Kestner in Weimar im Jahr 1816 erwähnt, so schließt der Erzähler Thomas Mann die kritische Analyse mit einem Ausblick des Romanciers ab: »Ich meine, daß sich auf diese Anekdote eine nachdenkliche Erzählung, ja ein Roman gründen ließe, der über Gefühl und Dichtung, über Würde und Verfall des Alters manches abhandeln und Anlaß geben könnte zu einem eindringlichen Charakterbilde Goethes, ja des Genies überhaupt. Vielleicht findet sich der Dichter, der es unternimmt.«

Er arbeitete damals an einer »nachdenklichen Erzählung«, die auf diese Anekdote »gegründet« wurde. Kurz vor Kriegsausbruch 1939 konnte der Roman »Lotte in Weimar« abgeschlossen werden.

Ernst Bloch spricht in seinem Beitrag über »Ariel und die

dichterische Phantasie«, um bei dieser Gelegenheit zu bemerken: »Noch hat wohl niemand unternommen, einen Grundriß all dieser Traumwelten der dichterischen Phantasie zu entwerfen; er dürfte, in den ständig fließenden Beziehungen all seiner Archetypen und Entelechien, der komplizierteste sein und überhaupt mehr einem Kaleidoskop als einem Grundriß gleichen.« Daß er hier plötzlich als philosophischer Autor in eigener Sache spricht, der gerade an seinem Hauptwerk »Das Prinzip Hoffnung« arbeitet, ist gleichfalls evident.

Hermann Hesse interpretiert die pädagogischen Grundprinzipien der Lehrjahre und kommt dabei zu folgender Deutung: »Es ist das Geheimnis des dichterischen Genies, daß in seiner Hand das Selbstverständliche, daß die einfachen Dinge und Tatsachen des Lebens ihm, dem Ehrfürchtigen, beständig neu und lebendig und heilig sind. Er, der den Werther geschrieben hat, ist der größte Prophet für die Heiligkeit des Lebens geworden, nichts ist ihm ferner, nichts fremder und verhaßter, ja unverständlicher als jede Art von Blasiertheit, von Teilnahmslosigkeit, von müder Vereinsamung, die er denn auch im Wilhelm Meister nur dem ausgesprochen Geisteskranken gelegentlich erlaubt. Alles zielt auf Anerkennung und Förderung des Lebenden, auf Verehrung und Dankbarkeit, auf die Achtung gegen fremdes Verdienst, auf die Bereitschaft, fremdes Bedürfnis, fremdes Recht anzuerkennen.« Will es nicht scheinen, als werde hier nicht nur die Romanwelt des frühen Hermann Hesse beschworen, denn der Essay entstand um das Jahr 1911, so daß jene Sätze über den Wilhelm Meister wie eine Apologie Peter Camenzinds anmuten, sondern als präsentiere sich auch schon ein erster Entwurf dessen, was später als »kastalisches« Prinzip aufzutreten bestimmt war?

»Es war Goethe natürlich, Festliches hervorzubringen: er sieht wie keiner die Kette von Festen im Walten der Natur. Ja das Dasein erkennt er als ein Fest, und dies Freudige, der

Feier Zugeneigte tritt bei ihm mit wachsender Lebensreife immer entschiedener hervor. So ist der erste Teil ›Faust‹, das Werk der Jugend, Tragödie; der zweite ist eine Kette von Festen und Feierlichkeiten, er ist voll Zeremoniell und Liturgie, er ist, als Ganzes genommen, das Fest aller Feste und, da er auf Schritt und Tritt Musik postuliert, die Oper aller Opern.« Scheinbar spricht Hugo von Hofmannsthal hier allein über Goethes Singspiele und Opernentwürfe. Es sind dies alles eigentlich belanglose Nebenarbeiten des Meisters, vieles blieb Fragment wie der Entwurf zu einem zweiten Teil der Zauberflöte. Aber für Hofmannsthal war die Einleitung zu jenem Goetheband mit den Singspielen und Opernfragmenten vor allem als Vorwand gedacht, seine eigene Ästhetik der Opernkunst, seine Gedanken zum Verhältnis des zweiten Faust zu Faust I, schließlich eine authentische Interpretation des Märchens und Librettos von der Frau ohne Schatten zu formulieren. Darum werden »Mignons Exequien« von Hofmannsthal ebenso einbezogen wie die Opernmomente in Faust II.

Eine Selbstrechtfertigung also des Librettisten Hugo von Hofmannsthal und eine Beschreibung seiner eigenen poetischen Grundinspiration als Rekreation von Festen und Zeremonien: von der silbernen Rose und den Riten der »Frau ohne Schatten« bis zur Funktion des Glases mit frischem Wasser in der »Arabella«. Immer wieder die Begegnung mit Goethe als Selbstdarstellung.

Bei Walter Benjamin findet sich, als seine Deutung der »Wahlverwandtschaften« ihrem Höhepunkt zustrebt, nämlich einer Darstellung dessen, was die Gestalt der Ottilie für Goethe bedeutet hat, eine Betrachtung allgemeiner Art, die gleichfalls als Selbstaussage zu verstehen ist. Walter Benjamin schreibt: »Hier gründet die uralte Anschauung, daß in der Enthüllung das Verhüllte sich verwandelt, daß es ›sich selbst gleich‹ nur unter der Verhüllung bleiben wird. Also wird allem Schönen gegenüber die Idee der Enthüllung zu der der Unenthüllbarkeit. Sie ist die Idee der Kunstkritik. Die Kunstkritik hat nicht die Hülle zu heben, vielmehr durch deren genaueste Erkenntnis als Hülle erst zur wahren Anschauung des Schönen sich zu erheben. Zu der Anschauung, die der sogenannten Einfühlung niemals und nur unvollkommen einer reineren Betrachtung des Naiven sich eröffnen wird: zur Anschauung des Schönen als Geheimnis.«

Mit dem Phänomen der Kunstkritik hatte sich Benjamin schon früh, bereits in seiner Dissertation, auseinandergesetzt. Diesmal hat man den Eindruck, hier werde gleichzeitig ein Monolog und ein Dialog geführt: monologische Konfession des Kritikers Walter Benjamin und Dialog mit Hugo von Hofmannsthal, der als geheimer Adressat dieser Abhandlung gemeint war und der, als er die Replik gab und Benjamins Studie in seinen »Neuen Deutschen Beiträgen« druckte, gleichfalls in eigener Sache zu handeln gedachte.

Es ist aber mehr gemeint mit Benjamins These: allem Schönen gegenüber müsse jegliche Bemühung des kritischen Interpreten stets enden bei Erkenntnis einer »Unenthüllbarkeit«. Die meisten Interpretationen unserer Anthologie lassen ahnen, daß der Kritiker sich des Approximativen seiner Enthüllungsversuche durchaus bewußt war. Darum ist – vergleicht man unsere Beiträge etwa mit den Arbeiten der Goethe-Philologie aus dem neunzehnten Jahrhundert – der Geist einer Rechthaberei und Worthuberei hier allenthalben weggebannt. Auch Georg Lukács zeigt sich, was mit seinem geheimen Klassismus zusammenhängen mag, als Interpret der ästhetischen Kontroversen zwischen Schiller und Goethe als Meister eines ästhetischen »Verstehens«.

Nirgendwo wird versucht, die Enthüllung biographischer Tatsachen als Enthüllung des gemeinten Sinnes irgendeines Goethewerks zu verstehen. Daß sich fast alle Interpreten an die allgemein historischen und die biographischen Tatsachen halten, also Briefstellen und Selbstaussagen beim Deutungsversuch als Materialien mitverwenden, ist selbstverständlich.

Niemand macht den absurden Versuch, jene Werke, die so reichlich gespeist werden durch geschichtliches Erleben wie die »Natürliche Tochter« oder Faust II, als Flaschenpost zu behandeln.

Dennoch befinden sich alle Beiträge, die marxistischen wie die philosophisch-idealistischen, nunmehr jenseits des früheren Positivismus und des Historismus. Friedrich Meinecke hat zwar in seinem Buch über »Die Entstehung des Historismus« auch den Geschichtsdenker Goethe, ebenso wie Herder, für den Historismus in Anspruch genommen. Vielleicht läuft der Streit darüber auf Terminologie hinaus. Die Interpreten Goethes im zwanzigsten Jahrhundert aber haben wenig mehr gemein mit dem Historismus sogar noch eines Wilhelm Dilthey.

Annäherung an den Text wird allenthalben versucht, denn jeder dieser Beiträger weiß, welche Bewandtnis es heute mit der Beziehung zwischen Sprache und »Wirklichkeit« haben muß. Was Benjamin über die dialektische Wechselwirkung zwischen Enthüllung und Unenthüllbarkeit als Problem des Kritikers bezeichnet hatte, war bei Hofmannsthal im Brief des Lord Chandos schon Jahrzehnte vorher auch als Phänomen der dichterischen Kreation verstanden worden. Darum sind unsere Beiträge – nicht nur dort, wo sie von Lyrikern wie Schröder, Epikern wie Thomas Mann, Dramatikern wie Hofmannsthal geschrieben wurden – weit mehr als das, was herkömmlicherweise im Begriff »Sekundärliteratur« zusammengefaßt wird. Diese neunzehn Studien, Versuche und Reden sind selbst deutsche Literatur im zwanzigsten Jahrhundert.

Für wichtige und wirksame Hilfe beim Zustandekommen des vorliegenden Bandes bin ich Frau Elfriede Zimmermann und den Herren Dr. Leo Kreutzer und Dr. Jürgen Haupt von der Technischen Hochschule Hannover zu herzlichem Dank verpflichtet.

Hannover, 1.7.1967 Hans Mayer

Nachwort 1987

»Du mußt es dreimal sagen.« Das ist ein Satz des Mephistopheles natürlich, der sich Zugang erbitten möchte zum Studierzimmer des Doktor Faustus. Aber vielleicht ist es auch ein kühnes und mephistophelisches Unterfangen, nun zum drittenmal, abermals mit Goethe zu sprechen, seinen »lieben Deutschen« eine Anthologie vorzulegen, die sie schon zweimal vor Augen haben konnten, 1949 und 1967, ohne sonderlich hinzuschauen. Allein die Texte zur Rezeptionsgeschichte Goethes im Zwanzigsten Jahrhundert sind in ihrer Zusammenstellung, und auch in jedem einzelnen Falle, so wichtig, klug gedacht und gut geschrieben, daß man hoffen möchte, bei diesem Dritten Anklopfen möchte sich die Tür öffnen. Ganz wie im Ersten Akt der von Goethe so geliebten »Zauberflöte«, wo aus der Dritten Tür endlich der Sprecher heraustritt. Freilich endet sein Gespräch mit dem Prinzen Tamino als Abweisung.

Die Ausgabe des Limes Verlags Wiesbaden vom Jahre 1949 nannte sich »Spiegelungen Goethes in unserer Zeit«. Sie enthielt neun Texte von acht berühmten Autoren. Hugo von Hofmannsthal war zweimal vertreten. Drei dieser Texte finden sich abermals im vorliegenden Band: Walter Benjamin natürlich mit seinem berühmten Essay über die »Wahlverwandtschaften«; Emil Staigers Interpretation der »Novelle«, die bis heute nicht übertroffen wurde; Heinrich Wölfflins als wichtiges Dokument einer vergangenen Zeit zu wertende Deutung des »italienischen« Goethe.

Sechs Autoren von damals (1949) sind auch diesmal dabei. In drei Fällen freilich wurden frühere Beiträge gegen andere und fur das neue Konzept der Anthologie wichtigere Texte ausgetauscht. An die Stelle der beiden frühen Hofmannsthal-Texte trat bereits 1967 die viel originellere »Einleitung zu einem Band von Goethes Werken, enthaltend die Opern und Singspiele«. Thomas Mann hatte im Jahre 1949 die Zustimmung gegeben, daß seine »Phantasie über Goethe« in dem hessischen Verlag nachgedruckt werden dürfe. Es handelte sich damals um den einzigen Beitrag der ersten Anthologie, der gleichsam eine Gesamtdeutung des Goethe-Phänomens intendierte. Alle anderen Studien behandelten bereits damals besondere Teilaspekte dieses Gesamtphänomens. Folgerichtigerweise mußte auch die »Phantasie über Goethe« innerhalb der neuen Konzeption fortgelassen werden. An ihre Stelle trat Thomas Manns merkwürdige und besonders charakteristische Interpretation des Werther. In den inzwischen erschienenen Tagebüchern Thomas Manns vom Jahre 1944 kann man nachlesen, wie ernst er selbst diesen Beitrag genommen hat.

Georg Lukács sollte im Jahre 1949 unter allen Umständen dabei sein. Sein Text freilich »Das Zwischenspiel des klassischen Humanismus« war eine Verlegenheitslösung. Man mußte sie einer umfangreicheren Schrift von Lukács entnehmen. Es handelte sich also nicht einmal um einen in sich abgeschlossenen Text. Er konnte dann bereits 1967, und auch jetzt wieder, ersetzt werden durch die Interpretation des Briefwechsels zwischen Schiller und Goethe: die ihrerseits zu den besten Arbeiten des Literaturwissenschaftlers Georg Lukács gerechnet werden darf.

Karl Kerényi gab 1949 dem Herausgeber die Erlaubnis, den Text über »Das Ägäische Fest. Die Meergötterszene in Goethes Faust II« mit dem Untertitel »Eine mythologische Studie« nachzudrucken. Die spätere umfangreiche Studie von Wolfgang Schadewaldt über »Faust und Helena« machte es notwendig, auf eine Übernahme des Textes von Kerényi zu verzichten. Eliminiert wurde auch eine bemerkenswerte Arbeit des französischen Germanisten Edmond Vermeil über die Beziehungen zwischen Faust I und der Französischen Revolution. Im Jahre 1949 war es wichtig, gegenüber einem sich ankündigenden Rückfall in die wohlvertraute entpolitisierende und scheinbar entpolitisierte Germanistik, diese Gedankengänge in Deutschland bekanntzumachen. Das neue Konzept aber der Anthologie mußte auf einen Text verzichten, den man im Jahre 1949 natürlich nur als Übersetzung aus dem Französischen hatte vorlegen können. »Goethe im Zwanzigsten Jahrhundert«: das setzt deutsche Originaltexte von hohem geistigem und sprachlichem Rang voraus. Andernfalls wäre es ohnehin nicht zu rechtfertigen gewesen, bei einer Übersicht über die Rezeptionsgeschichte Goethes im Zwanzigsten Jahrhundert auf André Gide zu verzichten und José Ortega y Gasset oder T. S. Eliot.

Das Goethe-Jahr 1949 ist keines gewesen. Sogar Thomas Manns berühmte Ansprache in der Frankfurter Paulskirche und im Weimarer Nationaltheater handelte nicht eigentlich vom Geburtstagskind des 28. August 1749. Es war Abrechnung Thomas Manns mit seinen deutschen Hörern und ihren Nachfahren. Verglichen mit der Fülle und in manchen Fällen auch hohen Qualität der deutschen Goethe-Interpretationen im Jahre 1932 machte das Jahr 1949 die Erkenntnis unabweisbar: Goethe war kein Thema für die Überlebenden zweier Weltkriege. Der damals aufkommende und seitdem grassierende Ausdruck »Bildungsbürgertum« war stets abschätzig gemeint. Der Goethe-Preis der Stadt Frankfurt war bei seiner Konstituierung am Ausgang der Zwanziger Jahre allgemein sehr ernstgenommen worden: Stefan George, Sigmund Freud, Gerhart Hauptmann. Die Bemühung des Frankfurter Oberbürgermeisters Dr. Walter Kolb in der Nachkriegszeit seit 1946, den Goethe-Preis zu verbinden mit Namen wie Thomas Mann, Hermann Hesse und Karl Jaspers, war legitim und erfolglos in einem. Es wurde eine Tradition nur scheinbar weitergeführt, zu der sich nicht mehr allzu viele bekannten in der jungen Bundesrepublik Deutschland.

Die Neuausgabe des Jahres 1967 vermochte ebensowenig, mit Lessing zu reden, von einem »fruchtbaren Augenblick«

zu profitieren. Austreibung und Revolte des Jahres 1968 hatten sich bereits angekündigt. Im Jahre 1932 hatte sich der von einer damaligen Kommunistischen Partei Deutschlands in sektiererischer Weise dominierte »Bund proletarisch-revolutionärer Schriftsteller« verächtlich abgewandt vom bourgeoisen Treiben einer Goethe-Verehrung. Der damalige deutsche Sprecher dieses Bundes, der Lyriker Johannes R. Becher, lud siebzehn Jahre später den Schriftsteller Thomas Mann ebenso eindringlich wie herzlich ein, nach Weimar zu kommen und eine Goethe-Rede zu halten. Die Einleitungsworte im Nationaltheater sprach Becher selbst. Im Jahre 1967 jedoch herrschte in einer deutschen literarischen Öffentlichkeit abermals der Geist einer Bilderstürmerei.

Wie die damalige Neukonzeption der Anthologie aussehen sollte, das wurde im Nachwort erläutert. Es kann darauf hingewiesen werden.

Wird das Jahr 1987 »fruchtbarer« sein für eine Rezeption? Es ist schwer, darauf zu antworten. Es gibt einmal den Tatbestand einer neuen kulturpolitischen Restauration. Ein neues Bürgertum mit sehr dezidiertem Klassenbewußtsein, das man freilich nicht unbedingt als Bildungsbürgertum verstehen sollte, mißversteht wieder einmal Klassiker und Klassizismus als materielle Besitztümer. Warum es sich dabei notwendigerweise um ein Mißverstehen handeln muß; warum gerade und vor allem Goethe in seinem Gesamtwerk ein Interpret des deutschen »Unglücklichen Bewußtseins« gewesen ist, des Mißverhältnisses folglich zwischen geistigen Postulaten und politisch-gesellschaftlichem Beharren: das beweisen nahezu alle Beiträge des vorliegenden Bandes. Er hat sich, dieser dritte Versuch mit dem Thema »Goethe im Zwanzigsten Jahrhundert«, inzwischen auch einer neuen Generation der Beiträger geöffnet. Von Heinrich Wölfflin und den anderen Beiträgern aus dem letzten Viertel des Neunzehnten Jahrhunderts spannt sich nun der Bogen zu

Goethe-Deutern einer jüngeren Ära, die spezifisch neue Fragen stellen können an das Phänomen Goethe.
Zu solchen neuen Fragen, die möglich wurden im Zeichen einer wirklichen oder vielleicht auch nur scheinbaren Enttabuisierung, gehört das Problem der Goetheschen Erotik und Sexualität. Pierre Bertaux, der französische Germanist vom Jahrgang 1907, Sohn des Goethe-Übersetzers Félix Bertaux, eines Freundes von Thomas und Heinrich Mann, hat sich spät erst, nach Abschluß seiner bekannten Arbeiten über Friedrich Hölderlin, wieder einmal zu Goethe als dem »Stern der schönsten Höhe« bekannt. Siegfried Unselds Interpretation des lange Zeit nach Goethes Tode betreten angeschauten, beschwiegenen und tabuisierten Gedichts »Das Tagebuch« ist vermutlich erst möglich geworden unter den neuen gesellschaftlichen Konstellationen unserer Gegenwart. Vergleicht man die Annäherung an diesen erotischen (oder eigentlich gegen-erotischen) Text mit der Art und Weise, wie sich Thomas Mann in dem Roman »Lotte in Weimar« eben dieser Sphäre annähert, so wird der Betrachtungswandel evident.
Adolf Muschg ist Professor der deutschen Literaturwissenschaft und Schriftsteller. Er hat den Versuch unternommen, Goethes wohl mißglückte Revolutions-Komödie »Die Aufgeregten« neu für die Bühne zu bearbeiten und einer »Umfunktionierung« zu unterziehen. Auch seine Beschäftigung mit einem berühmten Text aus Wilhelm Meisters Wanderjahren ist als eine solche dialektische Konstellation zu verstehen.
Leo Kreutzer, Professor der deutschen Literaturgeschichte an der Universität Hannover, versucht, in ebensolcher Brechung und dialektischen Deutung der Geschehnisse, das Phänomen des Johann Peter Eckermann und anderer Eckermanns in Goethes Laufbahn zu verstehen. Weder als Apologie des treuen Dieners noch als hämische Denunzierung eines Ausbeuters.

Was fehlt und leider fehlen mußte? Die Aufnahme eines der drei bedeutenden Texte von *Albrecht Schöne*, die er im Jahre 1982 mit dem Untertitel »Neue Einblicke in alte Goethe-Texte« publiziert hat. Jeder der drei Texte, über »Alexis und Dora«, über das unauslotbare Gedicht »Harzreise im Winter«, über die Erste Walpurgisnacht, hätte Aufnahme finden können und müssen im vorliegenden Band. Es handelt sich wohl um die wichtigsten neueren Beiträge zur Goethe-Forschung. Angesichts der Struktur des Bandes hätte der Text »Satanskult«, also Schönes Neudeutung und Rekonstruktion von Goethes ursprünglicher Walpurgisnacht, hierher gehört. Alle Beratungen aber zwischen Herausgeber und Verlag führten immer zum Ergebnis, daß Umfang und besondere Anlage dieser Studie die Gesamtstruktur des Bandes sprengen müßten. Wer Albrecht Schönes Buch zur Hand nimmt, wird diese Bedenken verstehen können. Unendlich schade ist es trotzdem.

»Du mußt es dreimal sagen.« Mit welchem Ergebnis?

Tübingen, den 25. Juli 1987 Hans Mayer

Quellenhinweise zur Ausgabe und zu den einzelnen Texten

1949 erschien, herausgegeben von Hans Mayer, im Limes Verlag, Wiesbaden, die einbändige Ausgabe *Spiegelungen Goethes in unserer Zeit.* 1967 folgte, bei Christian Wegner Verlag, Hamburg, eine veränderte Auswahl unter dem Titel *Goethe im zwanzigsten Jahrhundert. Spiegelungen und Deutungen.* Die Auswahl der nun in zwei Bänden vorliegenden Ausgabe im Insel Verlag wurde erneut verändert: bei einem Verzicht auf drei Beiträge wurden die Arbeiten folgender Autoren hinzugenommen: Theodor W. Adorno, Pierre Bertaux, Leo Kreutzer, Adolf Muschg und Siegfried Unseld.

Theodor W. Adorno. Zum Klassizismus von Goethes Iphigenie
Aus: Theodor W. Adorno, NOTEN ZUR LITERATUR IV. Gesammelte Schriften Bd. 11. © Suhrkamp Verlag Frankfurt am Main 1974.
(Erstdruck in: Neue Rundschau 78, 1967, H. 4, S. 586-599)

Walter Benjamin. Goethes »Wahlverwandtschaften«
Aus: Walter Benjamin, SCHRIFTEN. Bd. I. © Suhrkamp Verlag Frankfurt am Main 1955.
(Erstdruck in: Neue deutsche Beiträge 2, 1925, H. 1, S. 83-138, H. 2, S. 134-168)

Gottfried Benn. Goethe und die Naturwissenschaften
Aus: Gottfried Benn, SÄMTLICHE WERKE. Stuttgarter Ausgabe. Band III: Prosa 1. Klett-Cotta, Stuttgart 1987
(Erstdruck in: Die neue Rundschau 43, 1942, H. 4, S. 463-490)

Pierre Bertaux. Die erotischen Spiele
Aus: Pierre Bertaux, GAR SCHÖNE SPIELE SPIEL' ICH MIT DIR! Zu Goethes Spieltrieb. © Insel Verlag Frankfurt am Main 1986.

Ernst Bloch. Der junge Goethe, Nicht-Entsagung, Ariel
Aus: Ernst Bloch, DAS PRINZIP HOFFNUNG. Bd. II. © Suhrkamp Verlag Frankfurt am Main 1959.
(Erstdruck in: Sinn und Form 6, 1954, S. 830-858)

Ernst Robert Curtius. Goethe als Kritiker
Aus: Ernst Robert Curtius, KRITISCHE ESSAYS ZUR EUROPÄISCHEN LITERATUR. Francke Verlag, Bern 1950.
(Erstdruck in: Merkur 2, 1948, H. 3, S. 333-355)

Werner Heisenberg. Die Goethesche und die Newtonsche Farbenlehre im Lichte der modernen Physik
Aus: Werner Heisenberg, WANDLUNGEN IN DEN GRUNDLAGEN DER NA-

TURWISSENSCHAFTEN. Vorträge. Leipzig, 3. Aufl. 1942 und in weiteren Auflagen bei S. Hirzel Verlag, Stuttgart.
(Erstdruck in: Geist der Zeit 19, 1941, H. 5, S. 261-275)

Hermann Hesse. Wilhelm Meisters Lehrjahre
Aus: Hermann Hesse, GESAMMELTE SCHRIFTEN. Bd. VII. © Suhrkamp Verlag Frankfurt am Main 1957.
(Erstdruck in: Eckart 8, 1914, S. 297-312)

Hugo von Hofmannsthal. Einleitung zu einem Band von Goethes Werken, enthaltend die Opern und Singspiele
Aus: Hugo von Hofmannsthal, Gesammelte Werke, PROSA IV. © 1955 S. Fischer Verlag, Frankfurt am Main.
(Erstdruck als Einleitung zu: Goethes sämtliche Werke. Herausgegeben nach einem von Georg Witkowski aufgestellten Gesamtplan von Curt Noch und Paul Wiegler. Bd. VIII: Letzte Dramen, Singspiele, Theaterreden, Maskenzüge. Ullstein Verlag, Berlin 1923 f.)

Max Kommerell. Goethes große Gedichtkreise
Aus: Max Kommerell, GEDANKEN ÜBER GEDICHTE. Vittorio Klostermann Verlag, Frankfurt am Main. 2. Auflage 1956. (4. Auflage mit Register und Berichtigungen 1985).
(Erstdruck in der 1. Auflage, ebd. 1943, S. 216-318)

Leo Kreutzer. Inszenierung einer Abhängigkeit. Johann Peter Eckermanns Leben für Goethe
Aus: Leo Kreutzer, MEIN GOTT GOETHE. Essays. Copyright © 1980 by Rowohlt Taschenbuch Verlag GmbH, Reinbek bei Hamburg.
(Erstdruck ebd.)

Georg Lukács. Der Briefwechsel zwischen Schiller und Goethe
Aus: Georg Lukács, GOETHE UND SEINE ZEIT. Francke Verlag, Bern 1947.
(Erstdruck in russischer Sprache als Einleitung zu: Gete i Schiller: Perepiska 1794-1805. T. 1, Moskau, Leningrad 1937. S. V-XXXII. Deutsch zuerst in: Internationale Literatur 3, 1938, S. 99-125)

Thomas Mann. »Goethes Werther« (1938)
Aus: Thomas Mann, ALTES UND NEUES. Kleine Prosa aus fünf Jahrzehnten. © 1953 S. Fischer Verlag, Frankfurt am Main.
(Erstdruck in: Corona. Studies in Celebration of the 80th Birthday of Samuel Singer. Edited by Arno Schirokauer and Wolfgang Paulsen. Durham/North Carolina 1941, S. 186-201)

Adolf Muschg. Der Mann von fünfzig Jahren. (»Wilhelm Meisters Wanderjahre«)
Aus: Adolf Muschg, GOETHE ALS EMIGRANT. Auf der Suche nach dem Grünen bei einem alten Dichter. © Suhrkamp Verlag Frankfurt am Main 1986. suhrkamp taschenbuch 1287.

Wolfgang Schadewaldt. Faust und Helena. Zu Goethes Auffassung vom Schönen und der Realität im zweiten Teil des »Faust«

Aus: Wolfgang Schadewaldt, GOETHESTUDIEN. Artemis Verlag, Zürich und Stuttgart 1963.

(Erstdruck in: Deutsche Vierteljahresschrift für Literaturwissenschaft und Geistesgeschichte 30, 1963, H. 1, S. 1-40)

Rudolf Alexander Schröder. Goethes »Natürliche Tochter«

Aus: Rudolf Alexander Schröder, DIE AUFSÄTZE UND REDEN. Gesammelte Werke in fünf Bänden. Zweiter Band. Copyright 1952 by Suhrkamp Verlag Berlin und Frankfurt am Main.

(Erstdruck in: Goethe-Kalender 1938, S. 63-100 u. d. T. »Ein Wort über die ›Natürliche Tochter‹«)

Eduard Spranger. Goethe über sich selbst

Erstdruck in: Deutsche Vierteljahresschrift für Literaturwissenschaft und Geistesgeschichte 23, 1949, H. 4, S. 357-379

Emil Staiger. Goethe: Novelle

Aus: Emil Staiger, MEISTERWERKE DEUTSCHER SPRACHE AUS DEM 19. JAHRHUNDERT. Atlantis Verlag, Zürich, 2. verm. Auflage 1948. Mit freundlicher Genehmigung des Autors.

(Erstdruck in: Trivium 1, 1942, S. 4-30)

Erich Trunz. Goethes späte Lyrik

Erstdruck in: Deutsche Vierteljahresschrift für Literaturwissenschaft und Geistesgeschichte 23, 1949, H. 4, S. 409-432

Siegfried Unseld. Goethes »Tagebuch« – ein »höchst merkwürdiges« Gedicht

Erstdruck. Dieser Text ist eine Zusammenfassung der Abhandlung: Siegfried Unseld, ›DAS TAGEBUCH‹ GOETHES UND RILKES ›SIEBEN GEDICHTE‹. Insel-Bücherei Nr. 1000. Insel Verlag Frankfurt am Main 1978.

Heinrich Wölfflin. Goethes Italienische Reise

Erstdruck in: Jahrbuch der Goethe-Gesellschaft 12, 1926, S. 327-337.

Für die freundliche Überlassung der Abdruckrechte bedanken sich Herausgeber und Verlag.